Schulreform — Kontinuitäten und Brüche
Das Versuchsfeld Berlin-Neukölln

Band I
1912 bis 1945

Schulreform — Kontinuitäten und Brüche
Das Versuchsfeld Berlin-Neukölln

Herausgegeben von
Gerd Radde
Werner Korthaase
Rudolf Rogler
Udo Gößwald
im Auftrag des
Bezirksamts Neukölln
Abt. Volksbildung,
Kunstamt

Leske+Budrich
Opladen

Dieses Buch erscheint zur Ausstellung
Die ideale Schule
im Heimatmuseum Neukölln
Ganghoferstraße 3
1000 Berlin 44
7.5.1993 bis 3.4.1994

Buchgestaltung und Umschlag:
Jürgen Freter
Bildredaktion:
Kirsten Hellwig
Lektorat und Redaktion:
Monika Bönisch
Satz:
Leske + Budrich
Druck und Verarbeitung:
Druck Partner Rübelmann, Hemsbach

© 1993
Heimatmuseum Neukölln
für die Gesamtausgabe,
für die Texte bei den Autoren,
für die Abbildungen bei den
Urheberrechtsinhabern oder Leihgebern

ISBN 3-8100-1129-0

Inhalt

            9 Vorwort von Bezirksstadtrat Wolfgang Schimmang

          10 Einführung von Udo Gößwald

          16 Andreas Ludwig
              Schule als kommunale Aufgabe im Urbanisierungsprozeß

          24 Brigitte Jacob
              Reinhold Kiehls Großschulbauten

          32 Ekkehard Meier
              „Stets deutsch und gegenwartsnah"
              Zur Namensgebung höherer Schulen in Neukölln

Dokument 1 50 Albrecht Dürer – „der Deutscheste aller Deutschen"
              (Auszug aus der Denkschrift Oscar Marschalls, 1910/11)

          53 Ekkehard Meier
              Neuköllner Saubermänner –
              Der Kampf gegen die Schmutz- und Schundliteratur

          68 Werner Korthaase
              Schulreform im Zeichen der Sozialpädagogik –
              Dr. Artur Buchenau als Neuköllner Stadtschulrat

Dokument 2 80 Artur Buchenau: Die Deutsche Gesellschaft für soziale Pädagogik
              (1919)

          82 Herbert Crüger
              Verschwiegene Zeiten –
              Erinnerungen an meine Schulzeit in den zwanziger Jahren

          93 Gerd Radde
              Lebensstätten der Schüler –
              Neuköllner Lebensgemeinschaftsschulen
              als Beispiel der Berliner Schulreform

        102 Ekkehard Meier
              Geschlossene Gesellschaft –
              Zur Mentalität deutschnationaler Gymnasiallehrer

Dokument 3   116 Mathilde Vaerting: Die Beziehung des Miteinander
                  zwischen Lehrer und Schüler (Auszug, 1931)

             118 Volker Hoffmann
                  Die Rütlischule –
                  Entwicklung und Auflösung eines staatlichen Schulversuchs

             130 Werner Korthaase
                  Neuköllner Schulpolitik im Dienste der Arbeiterschaft –
                  Dr. Kurt Löwenstein als Kommunalpolitiker

             146 Dieter Henning
                  Von der Schulkolonie zur ersten Gartenarbeitsschule

             153 Dorothea Kolland
                  Kurt Löwensteins Konzept kultureller Bildung
                  am Beispiel der Musik

             161 Werner Korthaase
                  Die Neuköllner Arbeiter-Abiturienten-Kurse –
                  Der Beginn des Zweiten Bildungsweges in Deutschland

Dokument 4   172 Fritz Karsen: Neue Schule in Neukölln (1929)

             175 Gerd Radde
                  Fritz Karsens Reformwerk in Berlin-Neukölln

Dokument 5   188 Fritz Karsen: Die Karl-Marx-Schule –
                  Einem Feinde der Schule ins Stammbuch (1932)

             190 Felix Krolikowski
                  Die Schulgemeinde an der Aufbauschule
                  des Kaiser-Friedrich-Realgymnasiums

Dokument 6   206 Waldemar Dutz: Der Gemeinschaftsgedanke
                  in unserer gegenwärtigen Schule (um 1928)

             214 Werner Korthaase
                  „Schule der Zukunft"

Dokument 7   218 Bruno Taut: Erläuterung zum Entwurf
                  der Schulanlage am Dammweg (1927)

223 Nathan Steinberger
Der sozialistische Schülerbund im Spannungsfeld
von Schulreform und Schulkampf –
Bericht eines ehemaligen Karsen-Schülers

232 Rudolf Rogler
Mit dem Wind im Rücken –
Porträt des Reformpädagogen Alfred Lewinnek

243 Volker Hoffmann
Gegen Kindernot und Schulreaktion –
Schulkämpfe in Neukölln 1930-1932

Dokument 8 252 Kurt Löwenstein: Die Lehren des Neuköllner Schulstreiks (1930)

255 Ursula Bach
Die Evangelische Stadtkirchengemeinde Neukölln
und die Schulreform

272 Rudolf Rogler
Kleine Geschichte einer liberalen Schule –
Die Walther-Rathenau-Schule am Boddinplatz

288 Dodo Stanić
Neue Kunstpädagogik an der Walther-Rathenau-Schule

Dokument 9 292 Max Osborn: Eine Schülerausstellung (1931)

Dokument 10 297 Krammerer: Zeichen- und Kunstunterricht (1928)

299 Karen Hoffmann
Die natürlichste Sache der Welt?
Erfahrungen mit der Koedukation

310 Doris Mischon-Vosselmann
Machtübernahme an den Schulen

Dokument 11 327 Felix Behrend: Hitlerjugend und höhere Schule (1939)

Inhalt

330 Ekkehard Meier
Wer immer strebend sich bemüht...
Kurt Schwedtke – eine deutsche Beamtenkarriere

346 Doris Mischon-Vosselmann
Das Ende der Karl-Marx-Schule

358 Mathias Homann
Der Philologenverband und Dr. Felix Behrend

366 Mathias Homann
Schulalltag im Dritten Reich –
Erfahrungen am Kaiser Wilhelms-Realgymnasium

Dokument 12 385 Johannes Eilemann: Ein Wort über die Neuköllner Schulen
und über deutsche Erziehung (Auszug, 1934)

387 Mathias Homann
„Niemals einer Nazi-Agitation unterlegen"?
Die Lehrer während des Dritten Reichs

397 Dieter Henning
Die Nutzung „heiligen Bodens" –
Die Gartenarbeitsschule aus nationalsozialistischer Sicht

400 Werner Vathke
Den Bomben entkommen, der „Obhut" entronnen –
Meine Kinderlandverschickung 1943-1945

415 Verzeichnis der Abkürzungen

Gegen das Vergessen von Geschichte

Es bereitet Freude, dieses Werk über die Geschichte des Schulwesens in Neukölln, dem größten Bezirk des Landes Berlin, vorstellen zu können. Mit dieser Freude sei zugleich Dank verbunden, denn es wird auf den ersten Blick deutlich, mit welcher Liebe und mit welchem Fleiß an diesem Werk gearbeitet wurde. Ein solches Buch entsteht nicht von heute auf morgen. Es bedarf dazu zeitraubender Vorarbeiten, bis die erforderlichen Unterlagen gefunden, ausgewertet oder gesammelt sind. Denn leider wurde das Archiv des Bezirksamtes von den Machthabern des 3. Reiches besonders von allen das Schulwesen von Neukölln betreffenden Unterlagen „gesäubert". Es sollten offenbar alle Erinnerungen an eine für die Entwicklung des deutschen Schulwesens wichtige Epoche, die von Neuköllner Pädagogen wesentlich mitgestaltet wurde, getilgt werden.

Aber das beabsichtigte Auslöschen der Erinnerungen an historische Verdienste ist nicht gelungen. Schon seit Jahren bemüht sich das Heimatmuseum Neukölln, alle erreichbaren Dokumente und auch Erinnerungsprotokolle über die Schulgeschichte zu sammeln, und es stellten sich Autoren ein, die ebenfalls über die Neuköllner Schulgeschichte forschen. Wir sind namentlich Herrn Oberschulrat a.D. Dr. Gerd Radde zu großem Dank verpflichtet, denn er legte als Nestor der Geschichtsschreibung über die Neuköllner Schulreform deren Grundlagen.

Im heutigen Neukölln gibt es 34 Grundschulen, 6 Gesamtschulen, 6 Hauptschulen, 5 Realschulen, 5 Gymnasien, 5 Berufsschulen und 9 Sonderschulen mit insgesamt rund 37 000 Schülerinnen und Schülern. Mehr als 3 400 Lehrkräfte unterrichten und erziehen – teilweise unter schwierigen Bedingungen – an Neuköllner Schulen. Mehrere Schulen bemühten sich bereits um die Erforschung ihrer Geschichte. Im Herbst 1993 soll der zweite Band erscheinen. Ich versichere allen, die auf diesem Gebiete tätig werden, weiterhin meine Unterstützung.

Mancher wird, wenn er dieses Buch liest, in Neuland eintreten und erfahren, welche bedeutenden Beiträge zur Entwicklung der Reformpädagogik von Neukölln aus beigesteuert worden sind. Vieles von dem, was damals durchgesetzt wurde, ist heute Teil des pädagogischen Alltags. Es muß trotzdem täglich neu erworben, realisiert und weiterentwickelt werden.

Allen Mitarbeiterinnen und Mitarbeitern an diesem Buch gilt der Dank des Bezirksamtes Neukölln von Berlin, mein ganz persönlicher Dank deshalb, weil ich Schüler der nach dem Zweiten Weltkrieg begründeten „Fritz-Karsen-Schule" und ihres bedeutenden Oberstudiendirektors Fritz Hoffmann sein durfte. Fritz Hoffmann gehörte zu den Pionieren der Neuköllner pädagogischen Reformbewegung der Weimarer Republik.

Dieses Buch sei all jenen Neuköllner Pädagogen und Schülern gewidmet, die unerschrocken für ihre demokratischen Ideale eintraten, litten und starben.

Wolfgang Schimmang
Bezirksstadtrat für Volksbildung

Die ideale Schule
Zur Einführung

Zu seinem 100. Todestag am 17. Februar 1927 befaßten sich zwei Neuköllner Lehrer mit dem Werk des bedeutenden Pädagogen und Sozialreformers Johann Heinrich Pestalozzi: Fritz Karsen, Schulleiter des Kaiser-Friedrich-Realgymnasiums, der späteren Karl-Marx-Schule, und Emil Fischer, Gründer des Naturkundlichen Schulmuseums, heute: Heimatmuseum Neukölln. Während Karsen Pestalozzis „Idee der Befreiung des Menschen im Menschen"[1] hervorhebt, stilisiert Fischer Pestalozzi zum „edlen Menschenfreund", der „die Familie als Brunnenstube reiner Menschlichkeit, die Mutterliebe als Quell aller erzieherischen Weisheit und Kraft" gesehen habe.[2] Obwohl beide Autoren den lebenspraktischen erzieherischen Idealen von Pestalozzi große Bedeutung zumaßen, könnten die Interpretationen seiner Grundgedanken kaum gegensätzlicher sein.

Ein anderer, der sich intensiv mit Pestalozzi beschäftigt hatte und im selben Jahr, 1927, mit der Herausgabe seiner gesammelten Werke begann, war Artur Buchenau. Er war Mitglied des Arbeiter- und Soldatenrates nach der Novemberrevolution 1918 und wirkte von 1919-1921 als Stadtschulrat von Berlin-Neukölln. Mit ihm begann eine Epoche, in der Neukölln zu einem Versuchsfeld für Reformpädagogik wurde,[3] das weit über die Grenzen Berlins hinaus im Deutschland der Weimarer Republik Anerkennung fand.

Mit dieser Publikation, die in zwei Bänden vorliegt, widmet sich das Neuköllner Heimatmuseum einem Thema, das nicht nur regionalgeschichtlich von großer Bedeutung ist. Im ersten Band wird die Entwicklung des Schulwesens im Berliner Arbeiterbezirk Neukölln im Kontext der tiefgreifenden politischen Umbrüche zwischen 1912 und 1945 dargestellt. Im Mittelpunkt steht dabei das Verhältnis von Kontinuität und Diskontinuität der Schulreform. Zunächst werden einige Grundzüge des Schulwesens vor dem I. Weltkrieg entwickelt, wobei den Finanzen in bezug auf die Bewältigung der „Schulfrage" als kommunaler Aufgabe und den städtebaulichen Aspekten der ersten Großschulbauten besonderes Gewicht zukommt. Dann werden die neuen bildungspolitischen Akzente skizziert, die durch die Ablösung der Monarchie und die Einführung demokratischer Gesellschaftsstrukturen nach der Novemberrevolution 1918 wirksam werden konnten. Im Vordergrund stehen dabei die schulpolitischen Bestrebungen, die durch Artur Buchenau eingeleitet und durch seinen Nachfolger Kurt Löwenstein in enger Zusammenarbeit mit Fritz Karsen weiterentwickelt wurden. Das gesellschafts- und schülerbezogene Versuchsfeld in Neukölln repräsentierte gerade auch die Reformpädagogik, die nach dem I. Weltkrieg in Groß-Berlin auf breiter Basis angestrebt wurde. Davon zeugt der von Karsen realisierte Versuch einer Gesamtschule, deren Arbeits- und Lebensformen sich am „Gesamtbild der Zeit" (Karsen) orientierten.

Den höheren Schulen in Neukölln lassen sich vier Attribute zuordnen, die als bildungspolitische Strömungen in den zwanziger Jahren bestimmend waren: die liberale Walther-Rathenau-Schule, die konservative Albrecht-Dürer-Schule, das national-liberal geprägte Kaiser Wilhelms-Realgymnasium und das sozialistische Kaiser-Friedrich-Realgymnasium (ab 1930 Karl-Marx-Schule). In dem ideologischen Streit um die Namensgebungen dieser Schulen wird deutlich, welche ideengeschichtlichen Hauptlinien in der Weimarer Republik zur Geltung gelangten.

Das Verhältnis von Lehrern und Schülern hat bei der Erarbeitung des Buches eine besondere Rolle gespielt, und es gehört zum Anspruch der Forschungen des Heimatmuseums, daß alltagsgeschichtliche Untersuchungen, die auf mündlichen Quellen beruhen, einen wichtigen Stellenwert haben. So kommen mit Felix Krolikowski, Nathan Steinberger, Werner Vathke oder Herbert Crüger ehemalige Schüler zu Wort, die aus ihrer Sicht die Zeitverhältnisse reflektieren.

Die Lebensgemeinschaftsschulen werden in ihren je eigenen Reformansätzen beschrieben. Dabei entsteht zugleich ein differenziertes Bild des unterschiedlichen Wirkens einzelner Schulleiter und ihrer Kollegien. Adolf Jensen, Wilhelm Wittbrodt, Günther Casparius und Fritz Hoffmann stehen für eine Schule, in der Lehrer, Schüler und Eltern im „Geist der Gemeinschaft" (Buchenau) zusammenwirkten.

Weil von Beginn an den reformpädagogischen Ansätzen erheblicher Widerstand aus konservativen Kreisen entgegengebracht wurde und sich die Auseinandersetzungen am heftigsten an der Ersetzung des Religionsunterrichts durch das Fach Lebenskunde entzündeten, wird die Position der Evangelischen Stadtkirchengemeinde Neukölln ausführlich dargelegt.

Gerade aber auch für manche Eltern von Arbeiterkindern, die selbst Schule nur als „Zuchtanstalt" kannten, war es eine gänzlich neue Erfahrung, daß ihre Kinder Schule nun ganz anders erlebten: „... die Schule lebt bloß als Erinnerungsbild bei ihnen [den Eltern], und es gibt in meinem Amtszimmer die köstlichsten Entrüstungen von Eltern, die nicht begreifen können, daß es keine Strafen mehr geben soll, daß man nicht bestimmte Lehrbücher zugrunde legt, ... daß man keine Hausaufgaben aufgibt, die alle Schüler in gleicher Weise erledigen müssen, ... daß am Ende gar die Zensuren einer freieren Form der Beurteilung weichen sollen ..."[4], schrieb Fritz Karsen 1929.

Wir müssen uns vor Augen führen, in welchem Ausmaß der Nationalsozialismus entscheidende Ansätze der Reformpädagogik erstickt und ihre Kerngedanken entstellt hat, um sie im Interesse der Gefolgschaftsideologie zu unterdrücken. In welcher Weise sich die Machtübernahme an den Schulen in Neukölln vollzog, wird detailliert nachgezeichnet. Am Beispiel der veränderten Inhalte im Unterricht und auch des Verhaltens der Lehrer am Kaiser Wilhelms-Realgymnasium wird der Einfluß der nationalsozialistischen Erziehungsdoktrin untersucht. An einer Figur wie Kurt Schwedtke, der Fritz Karsen nach der Machtübernahme der Nazis als Schulleiter des Kaiser-Friedrich-Realgymnasiums ablöste, wird der Typus eines Lehrers beschrieben, der sich den autoritativen Führungsstil der nationalsozialistischen Ideologie zu eigen machte und damit die Karriereleiter emporkletterte.

Mit dem „Gesetz zur Wiederherstellung des Berufsbeamtentums", das im April 1933 in Kraft trat, war die Grundlage geschaffen, um politisch mißliebige Lehrerinnen und Lehrer aus dem Schuldienst zu entlassen. Schikane, Drohungen und Verfolgung waren die Fortsetzung. Für viele Lehrer ebenso wie für viele Schüler, insbesondere die jüdischer Herkunft, bedeutete dies Emigration; viele entkamen den Nazis nicht und wurden Opfer der Terrorherrschaft.

Weder die reformpädagogische Theorie noch ihre Praxis hat jemals wieder den Grad der Verbreitung erreicht wie in den zwanziger Jahren. Die Ideologie des Kalten Krieges hat ihr übriges getan, daß in der Nachkriegszeit – dies galt ebenso für die DDR – die Reformpädagogik nur in Ansätzen wieder zur Geltung kam. In welcher Weise das reformpädagogische Erbe in Neukölln nach 1945 wirksam werden konnte, wird Gegenstand des zweiten Bandes sein.

Es ist offenkundig, daß eine Schulform, die in Neukölln tatsächlich über ein Jahrzehnt praktiziert wurde, noch heute interessant für die Diskussion um eine andere, offene und repressionsfreie Schule ist. Mathilde Vaerting, die von 1912 bis 1923 am 1. Lyzeum, der heutigen Albert-Schweitzer-Schule, in Neukölln unterrichtet hatte und bis zur Machtübernahme der Nazis als erste Wissenschaftlerin in Deutschland einen Lehrstuhl für Pädagogik an der Universität in Jena innehatte, faßte zum Lehrer-Schüler-Verhältnis folgenden Grundgedanken zusammen: „Jede Unterordnung unter die Macht eines Mächtigen ist für den Charakter sehr schädlich. Der Lehrer schaltet sich in dem Maße, wie er Unterordnung vom Schüler fordert, von jedem positiven Erziehungseinfluß selber aus, leider nicht auch vom negativen. Erst im Verhältnis des Miteinander können positive erzieherische Kräfte im Aufbau des kindlichen Charakters wirksam werden."[5]

Vordergründige Kritik an einem Verhältnis von Lehrern und Schülern, das nicht auf einem Machtverhältnis gründet, wird immer wieder laut: Autoritätsverlust wird beklagt, Leistung werde nicht in ausreichendem Maße erbracht. In äußerst fragwürdiger Art und Weise erleben wir seit einiger Zeit eine Renaissance konservativer Kulturkritik, die wieder nach Autorität ruft. Anderseits gibt es ermutigende Anzeichen dafür, daß sich Lehrer, Eltern und Erzieher verstärkt den Bedürfnissen, Fragen und Problemen der Schüler direkt zuwenden. „Wir müssen zuhören, zuhören und nochmals zuhören",[6] formuliert Wilfried Seiring, leitender Oberschulrat bei der Berliner Schulaufsicht. Offenkundig ist die Schulpolitik angesichts der neuen Gewaltbereitschaft vieler Jugendlicher in eine Krise geraten. Die Schüler und Schülerinnen müssen mit ihren Ängsten und Zukunftssorgen ernstgenommen werden. Eltern, Lehrer und Erzieher werden sich den Fragen der Kinder und Jugendlichen stellen müssen, besonders dann, wenn es ihre eigenen Fragen an die Zukunft einer humanen und gerechten Gesellschaft sind. Die Voraussetzung dafür sind Schulen, die offen sind für die Verschiedenheit von sozialen und kulturellen Prägungen. Die Schülerinnen und Schüler brauchen weniger „Belehrung" als vielmehr aktive Betätigungsfelder, um die eigenen Interessen und Ausdrucksformen zu entwickeln: mehr Chancen für praktische Demokratie. Noch immer gilt die kritische Position Theodor W. Adornos: „Demokratie hat nicht derart sich eingebürgert, daß sie die Menschen wirklich als ihre eigene Sache erfahren, sich selber als die Subjekte der politischen Prozesse wissen. Sie wird als ein System unter anderen empfunden, so wie wenn man auf einer Musterkarte die Wahl hätte zwischen Kommunismus, Demokratie, Faschismus, Monarchie; nicht aber als identisch mit dem Volk selber, als Ausdruck seiner Mündigkeit."[7]

Unter dem Titel „Erziehung zur Mündigkeit" führte Adorno 1969 kurz vor seinem Tod ein Gespräch mit Hellmut Becker, dem Direktor des Max-Planck-Instituts für Bildungsforschung, über Grundfragen der Pädagogik nach der Erfahrung von Auschwitz. Adornos Thesen wurden für viele Lehrer und Lehrerinnen der 68er Generation zu den Leitmotiven ihrer pädagogischen Praxis. 25 Jahre nach dem Pariser Mai 1968, dem Höhepunkt der europäischen Studentenbewegung,

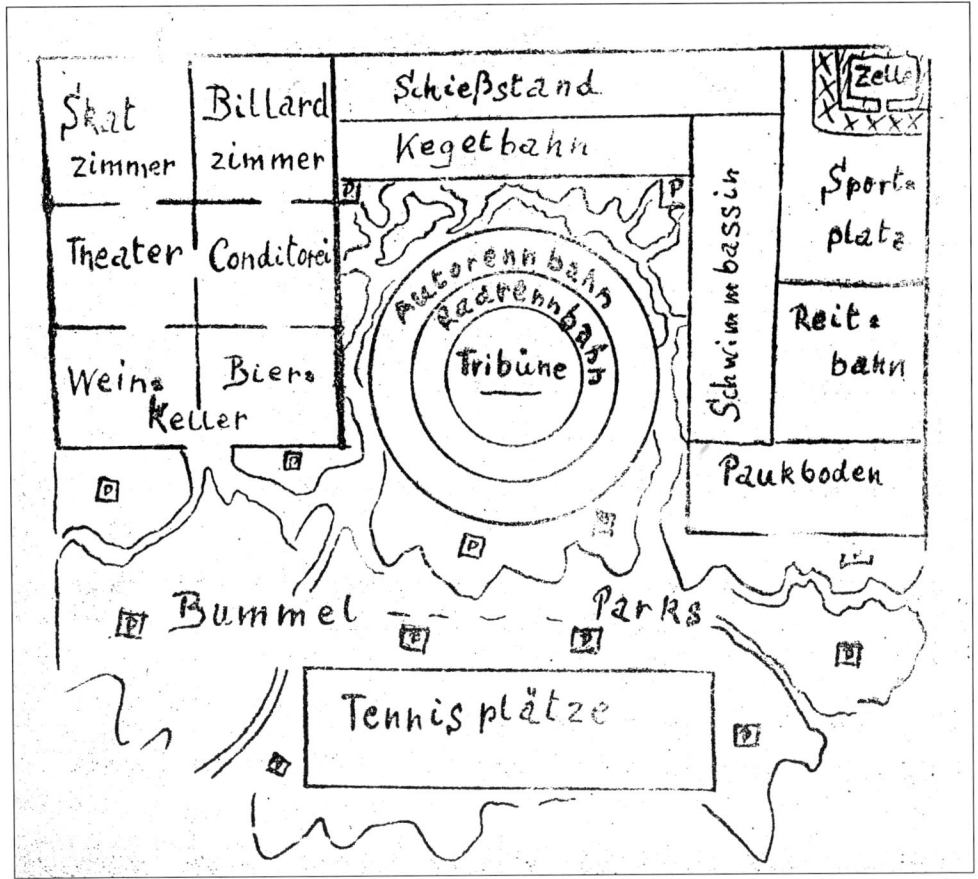

„Idealer Entwurf für eine moderne Schule". Zeichnung eines Primaners in einer Abiturzeitung der Albrecht-Dürer-Oberrealschule, 1928 — *Heimatmuseum Neukölln*

gilt es auch zu erinnern an die Demonstrationen zum 1. Mai in Berlin-Neukölln, eine Gegenveranstaltung zu den DGB-Feiern, an der viele Neuköllner Schüler und Lehrer teilnahmen. Was ist aus der Utopie einer freien Schule geworden? Wie stellt sich für uns heute die wünschenswerte Schule dar? Diese Thematik ist in der Ausstellung des Heimatmuseums mit dem provokativen Titel „Die ideale Schule" angesprochen und hat im zweiten Band dieser Publikation einen wichtigen Stellenwert.

Die ideale Schule, das wird den Leser nicht überraschen, ist genauso wie der ideale Lehrer nur als eine Projektion zu verstehen, die Widerspruch herausfordern muß, dadurch aber zugleich Ansprüche an eine andere Schule formulieren hilft. Es scheint, als ob gerade das Gegeneinander von „guten" und „schlechten" Schulen, von experimentierfreudigen und verharrend konservativen Lehrern den Prozeß der Erziehung, der vieler Einflüsse bedarf, vorantreiben kann. Die „guten" wie die „weniger guten" sind wie die „schlechten" und „gar nicht so schlechten" Einrichtungen und Pädagogen Teil der Lösung und gleichzeitig Teil der Probleme von Erziehung. In diesem Sinne sind Reformen Veränderungen, die bei Gestaltern und Betroffenen Prozesse als steuerbar und damit als

Ausprägung menschlichen Willens erkennbar werden lassen. Je nach dem augenblicklichen gesellschaftlichen Konsens der Begriffe und Schlagwörter wird die nächste Reform ihren Gegenstand finden. Reformen sind darüber hinaus auch Bestätigungen für die Aktiven, sie sind lebenserhaltend, weil sie Trott, Gleichförmigkeit und Gleichgültigkeit überwinden helfen. Sie lassen das Bildungssystem menschlich erfahrbar werden und damit nicht zu einem Regelwerk ohne erzieherischen Einfluß verkommen.[8]

„Ich habe lernen gelernt", sagte Herbert Kaplan, ehemals Schüler an der Karl-Marx-Schule, als er das Neuköllner Museum im Sommer 1992 besuchte.[9] Als Jude von den Nazis verfolgt, hatte er Deutschland mit seinen Eltern verlassen müssen und in Israel eine neue Heimat gefunden. Mit Begeisterung erinnerte er sich an eine sozialdemographische Befragung der Schüler über die Lebensverhältnisse ihrer Eltern, die zusammen mit dem Erdkundelehrer Koppelmann entwickelt worden war. Gemeinsam wurden die Ergebnisse ausgewertet und in der Schule ausgestellt. Er erinnerte sich auch noch an den Versuchsschulraum, der nach Entwürfen von Bruno Taut gebaut wurde und in dem probeweise Erdkundeunterricht durchgeführt wurde. In der Ausstellung wird dieser Raum nachgebaut und Ausgangspunkt für die Diskussion von Schularchitektur und neuen Unterrichtsformen sein.

Die Lehrer der Reformschulen genossen hohes Ansehen bei ihren Schülern, waren ihnen Partner, forderten aber auch Leistungen, wie die Jahresarbeiten und Projektberichte zeigen, die sich in der Sammlung des Museums befinden. Einer, der für viele steht und doch eine besondere Begabung als Pädagoge hatte, war Alfred Lewinnek, Mathematiker und Klassenlehrer an der Karl-Marx-Schule. „Mit dem Wind im Rücken" heißt der Aufsatz über ihn in diesem Band. Dieses Portrait des Reformpädagogen Lewinnek bringt eine Einfühlsamkeit, Genauigkeit und zugleich einen ideellen Verwandtschaftsgrad zum Ausdruck, der es den Lesern ermöglicht, eine Brücke zu schlagen zwischen den pädagogischen Impulsen, die in der Spätphase der Weimarer Republik entwickelt wurden und den Desideraten, die unsere gegenwärtige Schulpraxis kennzeichnen.

Die vorliegende Neuköllner Schulgeschichte bietet eine regionalgeschichtliche Studie, die unterschiedlichste Ansätze und verschiedenste Ziele von Bildung und Erziehung aufzeigt. Die beiden Bände verstehen sich als Studien zur (Berliner) Schulgeschichte, die möglichst dicht am jeweiligen Gegenstand bleiben und gerade deshalb die Diskussion um eine „ideale Schule" nach Ansicht der Herausgeber ungemein befruchten können.

In dem Arbeitskreis zur Schulgeschichte Neuköllns, den Rudolf Rogler im Auftrag der Abteilung Volksbildung einberufen und geleitet hat, wirkten viele wichtige Zeitzeugen, Kolleginnen und Kollegen aus Schulen, Hochschulen, Forschungseinrichtungen und Museen zur Schulgeschichte mit, leisteten wesentliche Zuarbeiten und gaben wertvolle Anregungen. Eine Vortragsreihe der Volkshochschule Neukölln widmete sich 1990 dem Thema „Schulreform in Neukölln". Das Heimatmuseum hat mehrfach Zusammenkünfte von ehemaligen Schülern der Reformschulen organisiert und Veranstaltungen in Zusammenarbeit mit dem Projekt „Erfahrungswissen im Heimatmuseum" durchgeführt. Seit 1991 wurde im Rahmen einer ABM-Maßnahme durch Karen Hoffmann eine umfangreiche Dokumentation der schulgeschichtlichen Sammlung des Heimatmuseums Neukölln und des Bezirksarchivs erstellt.

Die Herausgabe dieses Buches wurde entscheidend getragen durch die engagierte Mitwirkung von Gerd Radde. Er hat uns Jüngeren immer mit großer Aufgeschlossenheit, Geduld und gutem Rat zur Seite gestanden und mir persönlich in den vielen Diskussionen wichtige Gesichtspunkte der Schulgeschichte neu erschlossen. Dem über lange Jahre gehegten historischen Fachwissen von Werner Korthaase und seinen Kontakten mit einstigen Arbeiter-Abiturienten verdanken wir viele notwendige Hinweise. Den längsten Atem für dieses schwierige und zeitintensive Unternehmen hat Rudolf Rogler gehabt. Er hat neben seiner Tätigkeit als Lehrer und pädagogischer Mitarbeiter des Museums unermüdlich Grundlagenforschung zur Schulgeschichte Neuköllns betrieben und damit das Fundament für dieses Buch gelegt. Für das Lektorat und die Redaktion des ersten Bandes dieser Publikation zeichnet Monika Bönisch. Sie hat uns manchen Irrweg erspart und wesentlich zur Konzeption des Buches beigetragen.

Im Namen der Herausgeber gilt allen, die an diesem Projekt mitgewirkt haben, herzlicher Dank, besonders natürlich den Autorinnen und Autoren, die viel Zeit und Energie investiert haben, um den Leserinnen und Lesern neue und sehr aufschlußreiche Einsichten in die Schulgeschichte des Bezirks zu vermitteln. Dank gilt auch den Spendern, die unsere Sammlung sowohl mit vielen der in diesem Buch abgebildeten Fotografien als auch mit zahlreichen anderen Objekten bereichert haben, sowie den Leihgebern, die eine beachtliche Grundlage für diese Publikation und die Ausstellung gelegt haben.

Udo Gößwald
Leiter des Heimatmuseums Neukölln

Anmerkungen

1 F. Karsen: „Heinrich Pestalozzi. Zu seinem 100. Todestag (17.Februar)." — *Arbeiterbildung* (Feb. 1927)

2 E. Fischer: „Johann Heinrich Pestalozzi, der edle Menschenfreund." — *Berlin-Neuköllner Heimat-Blätter*, Nr. 2 (Feb. 1927)

3 Das Jahr 1912 markiert die Umbenennung Rixdorfs in Neukölln. Über die Entwicklung vor 1900 liegt eine Monographie von Kurt Zabel, *Die geschichtliche Entwicklung der Rixdorfer Schulen*, Rixdorf 1899, vor.

4 F. Karsen: „Neue Schule in Neukölln." — *Die Weltbühne 25*, Nr. 18 (Apr. 1929)

5 M. Vaerting: *Lehrer und Schüler. Ihr gegenseitiges Verhalten als Grundlage der Charaktererziehung.* Leipzig 1931

6 zit. n. *die tageszeitung* v. 27. 1. 1993

7 Th. W. Adorno: „Was bedeutet: Aufarbeitung der Vergangenheit?" — ders.: *Erziehung zur Mündigkeit.* Frankf. / M. 1975. S. 15

8 Abschnitt von R. Rogler

9 Interview mit Herbert Kaplan v. 15. 7. 1992

Andreas Ludwig

Schule als kommunale Aufgabe im Urbanisierungsprozeß

Bereits zu Beginn unseres Jahrhunderts war interessierten Beobachtern deutlich, daß die Entwicklung Berlins zu einem dichtbevölkerten Großraum erheblich soziale Unterschiede in den einzelnen, damals noch selbständigen Städten bedingte. Wohlhabende Städte wie Charlottenburg, Schöneberg und Wilmersdorf konnten ihre Bewohner mit allen wesentlichen Gesundheits- und Bildungseinrichtungen versorgen, während arme Städte wie Neukölln oder Lichtenberg dazu finanziell nur mühsam in der Lage waren. Eine Einheitsgemeinde Groß-Berlin würde, so hoffte man, diese eklatanten Unterschiede ausgleichen können.[1]

Neukölln mußte also versuchen, den notwendigsten Bedarf an gesundheitlicher Versorgung, sozialer Fürsorge und Elementarbildung für seine Bewohner zu schaffen, und dies auf der Grundlage knapper Steuermittel, denn ein Großteil der Bevölkerung waren Arbeiter und wenig wohlhabende Handwerker. Dennoch hatte die Stadt, wie wir sehen werden, nicht die schlechtesten Entwicklungschancen und nahm diese auch lange Zeit wahr, bis sie sich in die Städtekonkurrenz mit ihren bürgerlichen Nachbarn begab. Die Eingemeindung nach Berlin im Jahre 1920 korrigierte diese Entwicklung und ermöglichte dem Bezirk die Schulreformen, für die er in den zwanziger Jahren bekannt wurde.

Neukölln galt zu Beginn unseres Jahrhunderts als Stadt einer „beispiellosen Vermehrung der Bevölkerungsziffer"[2]. Innerhalb weniger Jahrzehnte entwickelte es sich von einer Kleinstadt zur drittgrößten Stadt des Berliner Raums, nach der Hauptstadt selbst und Charlottenburg. Die Stadt erreichte dabei eine Größe, die auch im Vergleich mit allen anderen preußischen Städten bemerkenswert war. Im Jahre 1900 stand das damalige Rixdorf gemessen an der Bevölkerungszahl an 37. Stelle der preußischen Städte insgesamt, im Jahre 1910 bereits auf dem 19. Rang und hatte dabei so bedeutende Städte wie Aachen, Kassel, Bielefeld oder Wiesbaden hinter sich gelassen. Seine Bevölkerungszunahme galt als Ausnahmeerscheinung unter den Städten, wobei hohe Zuwanderungszahlen,[3] aber auch hohe Geburtenraten diese Bevölkerungsexplosion verursacht hatten.

Dieses enorme Bevölkerungswachstum macht den Entwicklungsboom der Stadt pla-

---

Zunahme der Bevölkerung Rixdorfs/Neuköllns 1875-1920[4]

Jahr	Bevölkerungszahl	Zunahme innerhalb des Jahrfünfts
1875	15 309	
1880	18 729	22,3 %
1885	22 729	21,6 %
1890	35 702	56,8 %
1895	59 945	67,9 %
1900	90 422	50,8 %
1905	153 513	69,8 %
1910	237 289	54,6 %
1915	267 203	12,6 %
1920	265 294	-0,7 %

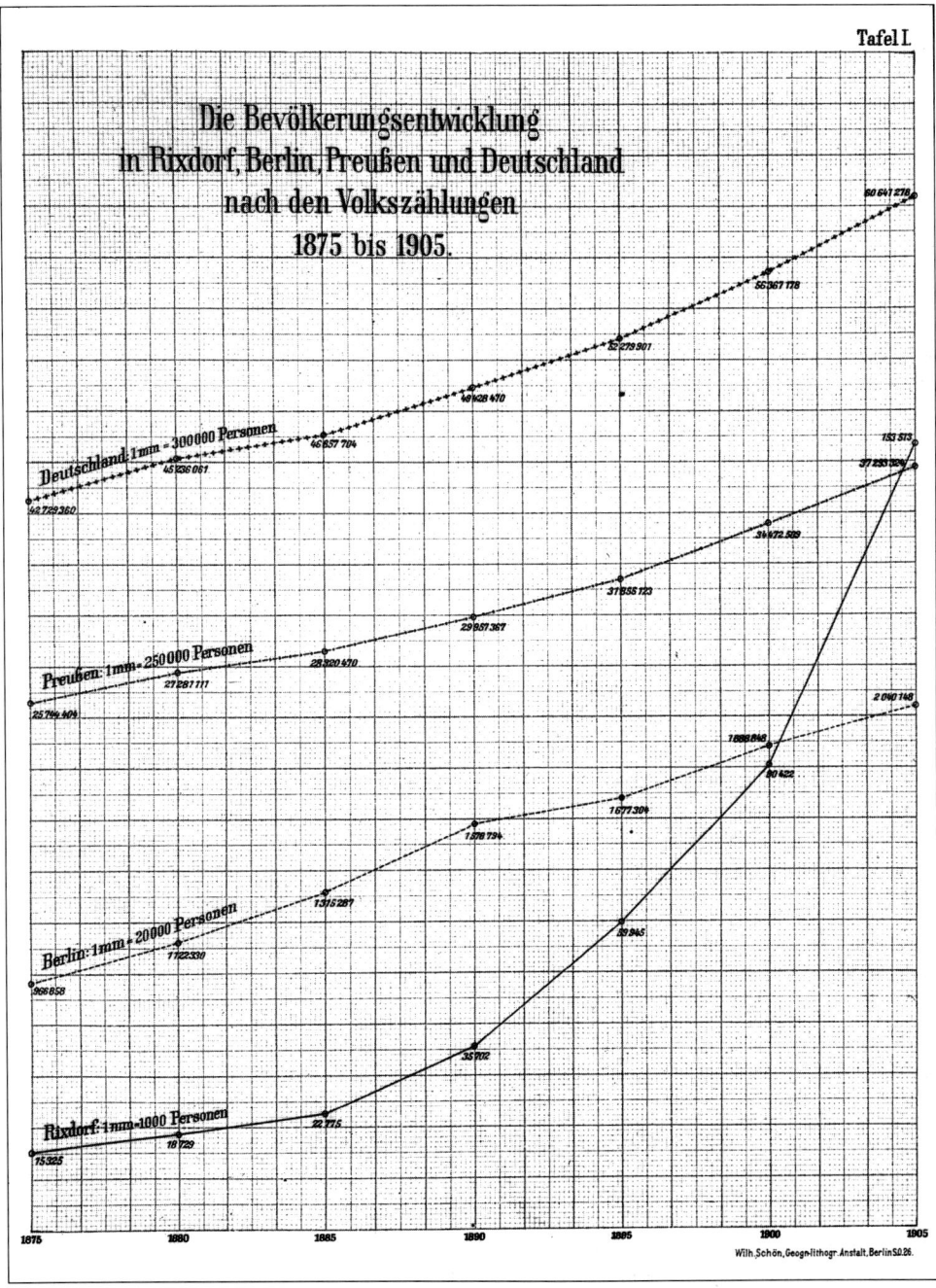

Tafel I aus dem Verwaltungsbericht der Stadt Rixdorf — *Bezirksarchiv Neukölln*

stisch, steht jedoch in Deutschland nicht einzig da. Eine Phase hohen Bevölkerungswachstums haben in der zweiten Hälfte des 19. und zu Beginn des 20. Jahrhunderts alle Industriestädte, wenn auch phasenverschoben, durchgemacht, wobei in den Berliner

61 Schülerinnen mit ihrem Lehrer vor dem Schulgebäude in der Bergstraße 144 (möglicherweise Martha-Gunkel-Schule), um 1910 — *Heimatmuseum Neukölln*

Vorortgemeinden sowie in den Industriestädten vor allem des Ruhrgebiets ähnliche Entwicklungen zu beobachten sind. Die nachfolgende Grafik zeigt, daß Neukölln im Vergleich mit anderen Städten des Berliner Raums, auf die wir uns an dieser Stelle beschränken wollen, ein sehr hohes, wenn auch vergleichsweise spät einsetzendes Bevölkerungswachstum aufwies. Die anhaltend hohe Steigerung auch nach der Jahrhundertwende deutet zudem darauf hin, daß die Stadt auch im Vergleich mit anderen Berliner Vororten weiterhin große Leistungen bei der Versorgung ihrer Bevölkerung mit kommunalen Einrichtungen zu vollbringen hatte.

Diese allgemeine Belastung wird bezüglich der Volksschulen noch verstärkt durch die Alterszusammensetzung der Neuköllner Bevölkerung. Der Anteil der 5- bis 15jährigen an der städtischen Gesamtbevölkerung betrug 1880, also zu Beginn der Expansionsphase der Stadt, gut 20 Prozent, 1905, auf deren Höhepunkt, immer noch knapp 20 Prozent — dies zu einer Zeit, in der der Anteil der schulpflichtigen Kinder in anderen Gemeinden des späteren Groß-Berlin längst auf Werte unter 16 Prozent gesunken war. Gegenüber den schwerindustriell geprägten Städten vor allem des Ruhrgebiets muß die Neuköllner Entwicklung jedoch noch als gemäßigt angesehen werden, denn dort lag der Anteil der Kinder in der entsprechenden Altersgruppe weit höher, um 1880 bei etwa 24 und im Jahre 1905 bei 24 bis 25 Prozent (SILBERGLEIT, S. 20-23).

Welche Auswirkungen dies auf die Neuköllner Schulentwicklung gehabt hat, wird am ehesten durch eine Übersicht über die realen Schülerzahlen deutlich: während kurz nach der Jahrhundertwende gut 14 000 Volksschüler in Neukölln Klassenräume und Lehrer benötigten, hatte sich deren Zahl bis 1909 bereits verdoppelt und waren es 1913, kurz vor Ausbruch des Ersten Weltkrieges, bereits mehr als 35 000. Höhepunkt der Schülerzahlen waren die Jahre 1916 und 1917, als über 38 000 Schüler gezählt wurden, danach nahmen sie aufgrund des Rückgangs des natürli-

56 Jungen mit Lehrer Heudtlaß vor der 3. Gemeindeschule Prinz-Handjery-Straße 62/64 (heute Briesestraße), um 1900 — *Heimatmuseum Neukölln*

chen Bevölkerungswachstums in den letzten Jahren vor dem Ersten Weltkrieg wieder ab.[5]

Die Stadtgemeinde mußte sich daher einem äußerst aufwendigen Schulbauprogramm unterziehen, das die kommunalen Finanzmittel in der Regel überstieg. Im Verlauf der historischen Entwicklung vollzog sich der Übergang von einer vorsichtigen, abwartenden Haltung zu einer Anleihefinanzierung der Schulbauten; Rixdorf schloß sich damit dem Verhalten anderer Städte an, die Investitionsvorhaben der sozialen Daseinsvorsorge auf Grundlage von Kommunalanleihen finanzierten. Erstmals 1875 mußte der Bau eines neuen Schulhauses auf diese Art finanziert werden, und da es sich um eine in der Neuköllner Kommunalpolitik neue und noch nicht selbstverständliche Maßnahme handelte, wurde eine eingehende Begründung für die Notwendigkeit einer Verschuldung formuliert, die zudem ein Schlaglicht auf den Zustand des damaligen Rixdorfer Schulwesens wirft: „In ähnlichem Falle, wie in Ansehung der Straßenzustände [deren Verbesserung durch die gleiche Anleihe intendiert war], befand sich die Gemeinde im Jahre 1874 in Hinsicht auf die vorhandenen Räumlichkeiten ihrer Schule. Es waren 3 Schulhäuser vorhanden, welche Raum für 800 Schulkinder enthielten, es waren dagegen aber 1 500 Kinder schulpflichtig, so daß es für 700 Kinder an Schulraum fehlte."[6]

Die Politik der Gemeindeverwaltung erfuhr zu dieser Zeit, vor allem bedingt durch die Wahl Boddins zum Gemeindevorsteher 1874, einen grundsätzlichen Wandel. Für die Zeit vor seinem Amtsantritt wird generell von Versäumnissen gesprochen, die nun, wie auch der Schulhausbau zeigt, nachgeholt werden mußten (ebd., S. 152f.). Einige Jahre danach, 1880, sah der Autor der Rixdorfer Stadtgeschichte die Gemeinde bereits auf der „Höhe der Zeit"; vor allem habe man in den vergangenen Jahren dem Neubau von Gemeindeschulen besondere Aufmerksamkeit gewidmet. In den darauffolgenden zehn Jahren wurden zwei neue Gemeindeschulen errichtet, um den steigenden Bedarf an Schulraum zu befriedigen, dann stieg die Zahl der Neuköllner Schulen bis zum Ersten Weltkrieg weiter an: 1901 gab es acht Schulen, 1906 bereits zwölf, 1910 16, 1914 19 und 1920 schließlich 20 Gemeindeschulen, wobei jede Schule doppelt gezählt wurde, da sie jeweils eine Knaben- und eine Mädchenschule umfaßte (Verw.ber. 1908/09, 1919-20).

Die räumliche Verteilung der Neuköllner Schulbauten folgte dabei im wesentlichen der baulichen Entwicklung der Stadt, wobei bei der Betrachtung des Stadtplans einige Ungleichgewichte auffallen: in der „Innenstadt", zwischen der heutigen Karl-Marx-Straße und der Sonnenallee gelegen, gab es um 1909/10 gar keine Schule, während der benachbarte „Deutsche Stadtteil" eine erhebliche Konzentration an Gemeindeschulen aufwies. Die dort gelegenen Schulen mußten die unterversorgten Stadtviertel „Innenstadt" und „Britzer Stadtteil" mitversorgen, während es für die mit Schulen ebenfalls unterversorgten nördlichen Bezirke (Berliner bzw. Köllnischer Stadtteil) keine Ausweichschulen in unmittelbarer Nähe gab – beides im übrigen Gebiete, die um diese Zeit starken Zuwachs zeigten.[7] Neben dem sicher für die Innenstadt vorherrschenden Problem knappen städtischen Baugrundes zeigt diese Ungleichgewichtigkeit auch, daß die Ausstattung der Viertel mit Schulen, in denen sich die Stadt besonders heftig entwickelte, schlichtweg hinterherhinkte.

Jedoch befriedigt diese Erklärung für den geringen Stand des Volksschulwesens nicht völlig, da die Stadt gleichzeitig erhebliche Anstrengungen unternahm, das gesamte kommunale Schulwesen durch die Einrichtung weiterbildender Schulen zu differenzieren. Damit ist sowohl die Einrichtung einer obligatorischen Fortbildungsschule, in etwa der heutigen Berufsschule entsprechend, gemeint als auch die Gründung verschiedener Mittelschulen sowohl für Jungen wie für Mädchen und schließlich die Errichtung eines Realgymnasiums. Diese Entwicklung zeigt, daß die Stadtgemeinde nach der Jahrhundertwende den Sprung von der quantitativen zu einer qualitativen Verbesserung des Schulwesens anstrebte und eine abgestufte Versorgungsleistung erbringen wollte. Die Konkurrenz zu Berlin und anderen benachbarten Vororten mag dabei ebenso eine Rolle gespielt haben wie der Versuch, mittelständischen Bevölkerungsgruppen ein angemessenes Schulangebot innerhalb der Stadt zu garantieren. Wir wollen dieser Entwicklung hier nicht weiter nachgehen, sondern lediglich festhalten, daß der Anteil der Schulausgaben, der den Volksschulen zugute kam, aus diesem Grund stetig sank und im Jahre 1909 nur noch gut drei Viertel ausmachte – vor dem Hintergrund der weiterhin bestehenden Mängel des städtischen Volksschulwesens eine deutliche Bevorzugung der bessergestellten Bewohner Neuköllns.

Kommunale Leistungsfähigkeit und Städtekonkurrenz – dieser Zwiespalt, in dem sich die städtische Schulpolitik befand, führt zurück auf die Argumentation der Befürworter einer Berliner Einheitsgemeinde, die diese Problematik durch einen Ausgleich der Lasten gerade der ärmeren Gemeinden lösen wollten. Obwohl Neukölln erhebliche Anstrengungen unternahm, seine Volksschulen angemessen auszustatten, konnte es einem Vergleich mit den wohlhabenderen Vororten im Berliner Raum kaum standhalten. Gemessen an den durchschnittlichen Schülerzahlen lag die Stadt deutlich hinter den bürgerlichen Vororten und auch hinter insgesamt bürgerlich geprägten Gemeinden in anderen Landesteilen, jedoch vergleichsweise günstiger als eindeutig schwerindustrielle Städte. Die folgende Tabelle verdeutlicht dies ebenso wie die Tatsache, daß Neukölln im allgemeinen Trend des Rückgangs der Schülerzahlen pro Klasse lag.

Durchschnittliche Klassenstärken ausgewählter Städte in Preußen 1886-1906[8]

Stadt	1886	1891	1896	1901	1906
Berliner Raum:					
Rixdorf/Neukölln	68	—	56	55	58
Charlottenburg	65	51	51	46	45
Schöneberg	65	—	58	51	46
Wilmersdorf	—	—	—	—	42
Potsdam	52	53	52	50	46
Berlin	55	55	53	49	46
Bürgerliche Städte (Residenz-, multifunktionale und Handelsstädte):					
Frankfurt/Main	55	53	52	52	49
Köln	61	63	61	55	51
Kassel	55	54	50	50	49
Industriegemeinden:					
Bochum	80	78	72	65	60
Oberhausen	84	—	74	67	65
Gelsenkirchen	89	—	77	70	61
Kattowitz	76	—	73	68	64
Oppeln	89	—	65	69	69

Im Jahre 1886 wiesen die wichtigsten Berliner Vorortgemeinden etwa gleich hohe Schülerzahlen pro Klasse auf, die zwar deutlich über denen der Handels- und Residenzstädte lagen, gleichzeitig aber ebenso deutlich unter denen der schwerindustriell geprägten Gemeinden des Ruhrgebiets und Oberschlesiens. Bis zum Jahre 1906 verlor Neukölln aus einer zuvor vergleichsweise günstigen Position seine Stellung innerhalb des Berliner Raums und näherte sich den hohen Schülerfrequenzen der Ruhrgebietsorte an. Dies läßt den Schluß zu, daß die insgesamt deutlichen Nachteile der Stadt gegenüber anderen Gemeinden des Berliner Raums ein Ergebnis des Urbanisierungsprozesses waren, in dem nicht nur alle Orte zu einer Agglomeration zusammenwuchsen, sondern sich auch soziale und lokale Differenzierungen erst langsam zu voller Schärfe ausprägten. Neukölln gehörte nicht zu den Gewinnern dieser Entwicklung.

Im Vergleich der Berliner Gemeinden gab Rixdorf/Neukölln nach Britz die geringste Summe pro Kopf der Bevölkerung für seine Volksschulen aus. Die folgende Tabelle zeigt die teilweise erheblichen Unterschiede, die zwischen den Gemeinden im Berliner Raum bestanden.

Volksschullasten Berliner Gemeinden, 1909[9]

Ort	Ausgaben pro Schulkind
Rixdorf	67,81 M
Lichtenberg	71,94 M
Rummelsburg	91,42 M
Berlin	97,18 M
Wilmersdorf	119,56 M
Charlottenburg	137,03 M
Grunewald	214,42 M

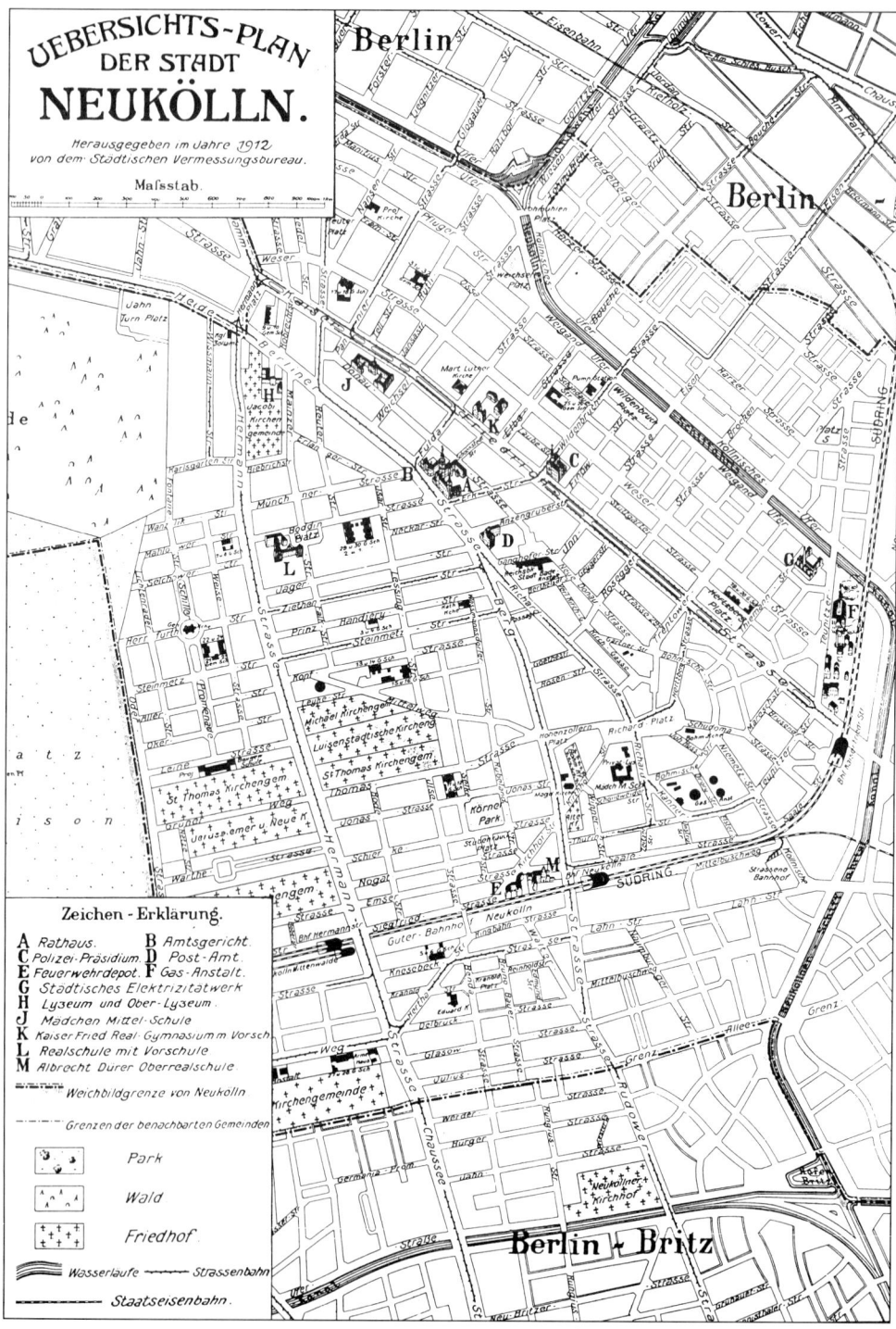

Kartenausschnitt des Übersichtsplans der Stadt Neukölln von 1912 aus dem Verwaltungsbericht der Stadt Neukölln 1910/11 mit Markierung der Schulstandorte — *Bezirksarchiv Neukölln*

Wie wir gesehen haben, befand sich der Neuköllner Magistrat unter dem Zwang, verschiedenen Logiken folgen zu müssen: während die Gemeinde auf Grundlage eines außerordentlich starken Bevölkerungswachstums und gleichzeitig eher ärmeren Bewohnern erhebliche Anstrengungen zur Versorgung ihrer Schulkinder unternehmen mußte, glaubte sie andererseits, sich der Städtekonkurrenz mit Berlin, Charlottenburg und Schöneberg stellen zu müssen, indem sie die Steuersätze senkte[10] und ein differenziertes Schulwesen anbot. Alle genannten Zahlen weisen darauf hin, daß dies zu Lasten der Volksschulen geschah.

Dieses Dilemma hatten schon Zeitgenossen wie der mehrfach zitierte Georg Haberland erkannt und auch den einzigen Ausweg aus diesem ruinösen Gemeindeegoismus gewiesen: „Von diesem Gesichtspunkte aus läge der Grundgedanke nahe, alle entstehenden Lasten zusammenzufassen und auf die einzelnen Gemeinden nach ihrer Steuerkraft umzulegen" (HABERLAND, S. 28). Jedoch gelangte diese Position erst ab 1920 durch die Bildung der Gesamtgemeinde Groß-Berlin zur Realisierung, und erst auf dieser Grundlage wurde es auch für Neukölln möglich, seine bekannten wegweisenden Schulmodelle zu entwickeln.

Anmerkungen

1 G. Haberland: *Groß-Berlin. Ein Beitrag zur Eingemeindungsfrage*. Berlin 1904

2 H. Silbergleit: *Preußens Städte*. Berlin 1908, S. 111

3 Der Anteil des Wanderungsgewinns am gesamten Bevölkerungswachstum betrug um die Jahrhundertwende etwa 90 % und sank dann kontinuierlich bis zum Beginn des Ersten Weltkrieges auf 57 % ab; vgl. Verw.ber. der Stadt Neukölln für die Geschäftsjahre 1912 und 1913, S. 47.

4 Zahlenangaben aus Silbergleit, S. 7; für 1905 aus Verw.ber. der Stadt Rixdorf für die Rechnungsjahre 1908 - 09, S. 9; für 1910 aus Verw.ber. der Stadt Neukölln für die Geschäftsjahre 1910 und 1911, S. 1 sowie Kriegsverw.ber. der Stadt Neukölln für die Kriegsjahre 1914 - 1918, S. 5 und Verw.ber. der Stadt Neukölln 1919 / 1920, S. 3

5 Zahlenangaben nach Verw.ber. Neukölln 1908 / 09, S. 70; 1912 / 13, S. 111; 1914 - 1918, S. 176; 1919 / 20, S. 41; der Anteil der Schülerzahlen an der Gesamtbevölkerung war nach der Jahrhundertwende bei leicht sinkender Tendenz weitgehend stabil und lag zwischen knapp 13 % und 15,5 %. Grundlage war ein anhaltend hoher Geburtenüberschuß in der Stadt, der 1904 2 454 Personen betrug, auf seinem Höhepunkt im Jahre 1910 jedoch bereits 4 136, um danach langsam wieder abzunehmen, vgl. Verw.ber. 1912 / 13, S. 47.

6 zit. n. E. Brode: *Geschichte Rixdorfs*. Rixdorf 1899, S. 140; der durch Anleihemittel finanzierte Neubau schuf lediglich Platz für insgesamt 1 400 Kinder, so daß bereits zur Zeit der Beantragung der Kommunalanleihe eine fortdauernde Unterversorgung mit Schulraum absehbar war.

7 Vgl. U. Gößwald, C. Jančik: „Aufbruch in die Moderne? Rixdorf um 1908." – D. Kolland (Hrsg.): *Zehn Brüder waren wir gewesen... Spuren jüdischen Lebens in Neukölln*. Berlin 1988, S. 29-44, bes. S. 29f. Gerechnet auf einen durchschnittlichen Bevölkerungsanteil der unter 14jährigen von 30,78 % wiesen der Tempelhofer und der Treptower Stadtteil eine ausgeglichene Versorgung mit Schulen auf.

8 Silbergleit, S. 206-209; die niedrigste Klassenstärke aller preußischen Städte wies 1886 Potsdam auf, die höchste nach Recklinghausen Oppeln und Gelsenkirchen; 1906 lag die niedrigste Frequenz in Wilmersdorf, die höchste in Oppeln.

9 G. Haberland: *Groß-Berlin*. Berlin 1917, S. 29

10 Rixdorf, das kurz nach der Jahrhundertwende noch 150 % erhoben hatte, senkte den Steuerzuschlag im Jahre 1906 auf 100 %, um sich den in Berlin, Charlottenburg und Schöneberg erhobenen Sätzen anzupassen (Verw.ber. 1906, S. 3).

Brigitte Jacob

Reinhold Kiehls Großschulbauten

In dem 1919 veröffentlichten Aufsatz „Kinder und Schulen" schrieb der Architekt Heinrich Tessenow:„ Wir beachten es kaum noch, daß im alltäglichen Großstadtleben, etwa in der Großstadtstraße, fast überhaupt keine Kinder mehr zu sehen sind, außer – mit Büchern beladen – auf dem Weg in die Schule oder auf dem Weg von der Schule nach Hause; im übrigen sind die Kinder so ungefähr von morgens bis abends, jahraus, jahrein, durch Buchstaben und Zahlen und Dazugehöriges festgehalten oder in der Großstadt – Schafherden gleich – in umzäunten Plätzen.[1]"

Heinrich Tessenow schrieb noch in den Kriegsjahren dieses vehemente Pamphlet gegen die Großstadt mit all ihren negativen Folgen, vor allem für die Kinder, denen er prophezeite, daß sie durch die Eigenart der Schulbildung Schäden an Leib und Seele erleiden würden. Ob sich dies bewahrheitet hat, mögen Pädagogen und Schulhistoriker beurteilen. Tessenow jedoch dachte an die Großstadt in ihrer sprudelnden Komplexität und Unüberschaubarkeit, Maß- und Maßstabslosigkeit. „Die Schule der Großstadt", so Tessenow, „ist verpflichtet zu suchen, daß jedes Kind ein möglichst tüchtiger Großstädter werde" (ebd., S. 155).

Im Sinne Tessenows war Rixdorf eine Großstadt. Die Bevölkerung war innerhalb von 14 Jahren von 60 000 im Jahre 1895 auf 210 000 im Jahr 1909 angewachsen; diese Expansion bedeutete ein Flut wirtschaftlicher und sozialer Probleme. Werner Hegemanns Aussage, Berlin sei die größte Mietskasernenstadt der Welt, läßt sich ohne Übertreibung auch auf Rixdorf verlängern. In der Folge dieses immensen Bevölkerungswachstums bestand ein proportional gestiegener Schulraumbedarf. Gerade in den dicht bewohnten Gemeinden mit vorwiegender Arbeiterbevölkerung wie Rixdorf kamen zu Beginn des 20. Jahrhunderts auf 1 000 Einwohner 187 Volksschüler, in den westlichen Vororten dagegen, wie beispielsweise Dahlem, betrug der Anteil der Volksschüler auf 1 000 Einwohner lediglich 28.

Im Jahre 1902 wurde eine Statistik veröffentlicht, nach der die Volksschulen in Rixdorf mit 55 Schülern pro Klasse „bestückt" waren und damit noch vor Berlin mit 48 und Schöneberg mit 49 rangierten. Pro Schüler stand durchschnittlich 1 m^2 Klassenraum zur Verfügung. Eine Reduzierung der Klassenstärke und der damit verbundene Bau zusätzlicher Schulen war dringend geboten.

Die Schulraumversorgung oblag der Bauverwaltung in den Gemeinden. In Rixdorf wurde am 23. 3. 1905 in der Stadtverordnetenversammlung Reinhold Kiehl zum Stadtbaurat gewählt. Unter seiner Ägide, die nicht einmal acht Jahre dauern sollte, entstanden mehrere Schulen, die nicht nur den grundrißlichen (noch heute gültigen) Nutzungsanforderungen genügten, sondern architektonisch ein Bekenntnis zur beginnenden Moderne darstellten. Noch im gleichen Jahr 1905 wurden parallel zum Entwurf des Rathauses die ersten Schulprojekte entwickelt, was die Dringlichkeit der Aufgabe unterstreicht.

Die Schulbauten, die in den Folgejahren entstehen sollten, wurden zumeist in eine bereits bestehende Baustruktur eingepaßt; entweder waren die städtebaulichen Rahmenbedingungen vorgegeben, die Blockgrößen durch die Straßenverläufe festgelegt, oder es waren Bebauungsmuster vorhanden, die eine Vernetzung des Schulbaus mit dem Bestand notwendig machte. Somit unterlagen die öffentlichen Schulbauten in ihrer architektonischen Ausformung, im Unterschied zu den auf Repräsentanz ausgerichteten Verwaltungsbauten beispielsweise, der Anpassung an eine vorhandene typologische Struktur. Ihre städtebauliche Entfaltung, die akzentuierende Wirkung im Stadtbild, war oftmals eingeschränkt, was die für den Schulbau zuständigen Stadtbauräte, so auch Reinhold Kiehl, zu spezifischen und individuellen Lösungen herausforderte.

Dem öffentlichen Straßenraum kam in der Folge eine besondere Bedeutung zu. Kiehls Entwurf für das Reformrealgymnasium und Realschule in der Donaustraße 120-127, 1911-14 errichtet, ist ein Beispiel für den stadträumlichen Umgang mit Gebäude und Schulfreifläche. Der auf einer Postkarte als „größte Schule Deutschlands" gepriesene Bau erweitert den öffentlichen Straßenraum optisch durch die Plazierung des Schulhofes an der Straßenkante, ein beinahe gleitender Übergang von der Straße über den Hof zum Gebäude. Die zum Hof orientierten Hauptfassaden bilden die Platzkanten, die Illusion eines öffentlichen Platzes erweitert den engen baulichen Zusammenhang. Der Schulhofbereich wird von der Straße nur durch einen Zaun und eine Baumreihe getrennt: der Vorgartencharakter war von Kiehl intendiert. Die Hauptfront ordnet sich nicht in die vor-

Das Schulgebäude in der Donaustraße 120-127, heute Rixdorfer Grundschule. Blick auf den Schulhof, 1912 — *Landesbildstelle Berlin*

handene Bauflucht, sie rückt von der gegebenen Situation ab, schafft Abstand und großzügige Distanz zum öffentlichen Straßenraum. Dieses Raumordnungsprinzp, das Kiehl noch bei verschiedenen Schulprojekten zur Anwendung bringen sollte, folgt dem Leitbild der im städtebaulichen Umfeld vorgegebenen Proportion und Maßstäblichkeit. Das Abrücken aus der Bauflucht verleiht dem Bau nunmehr die Würde und Achtung, die ihr als öffentlichem Gebäude zukommen soll. Die architektonische Ausformulierung der Fassaden erwächst aus der gesamten Raumvorstellung für das Grundstück. Die Hauptfassade ist axialsymmetrisch gegliedert, die vertikale Betonung durch den mittig plazierten Uhrenturm über dem Mittelrisalit und den flankierenden Seitenrisaliten ordnen die lange Front des viergeschossigen Baukörpers. Der Frontispiz markiert den Haupteingang und betont die Mittelachse. Das Sockelgeschoß, in Beton ausgeführt, bildet den „Boden" des Gebäudes, die drei verputzten Obergeschosse den Mittelbereich. Ein hohes Satteldach mit Gauben bekrönt den Bau und bildet den proportionalen Abschluß. Dieses Gestaltungsmuster umschließt wie ein Rahmen den gesamten Baukörper und gibt ihm eine maßvolle, distanzierte Ruhe und Einheitlichkeit in der Ausformung der Außenflächen.

Waren in den Jahren vor der Jahrhundertwende Schulen entstanden, die durch die Verwendung des Ziegels als einziges Material eher Eintönigkeit und Kasernencharakter übermittelten, so zeigt dieser Bau Sensibilität und Behutsamkeit im Umgang mit Nutzung und Stadtraum gleichermaßen. Dem repräsentativen Bedürfnis wird ebenso nachgekommen wie den puren nutzungstechnischen Anforderungen. Kiehl verzichtet wohltuend auf die großen Gesten, den historisierenden Gestaltungsakt und den eklektizistischen Habitus der Nachgründerjahre. Die Architektur ist nicht nur Objekt des Betrachtens, sie ist Bestandteil der pädagogischen Aufgabe. Diese will Eindrücke vermitteln, die das Kind in seiner Entwicklung positiv prägen; das Schöne und Wahre, das Edle und Echte im gesellschaftlichen Verständnis wird durch die Architektur der Bauteile transportiert. Sie ist das Spiegelbild der geltenden Normen und Werte der Gesellschaft.

Das Realgymnasium in der Donaustraße ist eine Großschule, als Typus entstanden aus dem erheblichen Raumbedarf und den zugleich knapp werdenden Grundstücksressourcen. Bereits zu Ende des 19. Jahrhunderts, als Ludwig Hoffmann Stadtbaurat von Berlin wurde, entstand die Idee von Großschulen, um die großen Schülerzahlen aufzufangen. Zugleich aber wurde auch Kritik an dieser Idee laut. Im Hinblick auf die hygienischen Verhältnisse in den „Riesenschulhäusern" wurde der Vergleich zu den überfüllten Mietskasernen gezogen.

Reinhold Kiehls zweiter Schulbau nach seinem Amtsantritt war die heutige Hermann-Boddin-Grundschule. Sie entstand 1907-08 und dokumentiert sinnfällig die Problematik, die große Zahl der Schüler unterzubringen. „Hatte die Stadt Berlin als prägender Nachbar ihren Doppelschultypus auf insgesamt 36 Klassen festgeschrieben, so sieht sich die Vorortgemeinde Rixdorf 1906 gezwungen, eine Schulanlage mit zunächst 64, im Endzustand 72 Klassen zu beschließen"[2]. Die Schulanlage für insgesamt 3 600 Kinder wurde in eine bereits bestehende Blockbebauung mit Brauerei und Wohnbauten zwischen Boddin- und Isarstraße integriert. Kiehls Konzeption verzichtet auf die Zusammenlegung der Doppelschule innerhalb eines geschlossenen Komplexes; zwei spiegelbildlich angeordnete Bauteile, die an die vorhandenen Nachbarbauten angebunden sind, bilden das Rückgrat der Anlage. Sie umrahmen an der Straßenseite die mittig plazierte Turn-

Gemeindeschule Boddinstraße 52-56, 1908 — *Heimatmuseum Neukölln*

halle mit integriertem Schulmuseum. Im Blockinnenbereich befindet sich, durch eine Böschung zur Brauerei abgeschirmt, die

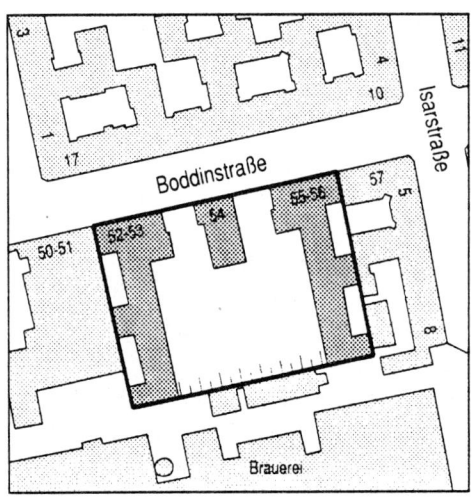
Lageplan der Hermann-Boddin-Grundschule — *AIV zu Berlin: Berlin und seine Bauten. V, Bd. C: Schulen. Berlin 1991, S. 51*

Schulhofanlage. Die bauliche Anordnung der beiden „Schulhälften" um die zentral gelegene Turnhalle, die eher einem bürgerlichen Wohnhaus denn einer Sportanlage gleicht, öffnet den Blick in die Hofanlage. Die Halbierung der Baumasse ermöglicht Einblicke, eine Transparenz und Durchlässigkeit, die den Blick auf das Objekt des Betrachtens richten. Wie bei der Anlage in der Donaustraße sind die Hauptfassaden dem Hof zugewandt, bilden die räumliche Begrenzung und durchbrechen in ihrer architektonischen Formulierung die Strenge und Schwere zeitgleich realisierter Schulbauten. Kiehl wählte bei der Doppelschule eine schmale Sockelzone aus Beton. Die quadratischen Fensterformate betonen nicht die Gebäudehöhe, sondern die Fläche. Das Dach bildet in der Proportion einen klaren Abschluß und fügt sich in den Maßstab der Gesamtanlage ein. Die axialsymmetrische Ordnung wird aufgegeben; durchgängiges

Gestaltungsmotiv ist die geschoßweise unterschiedliche Ornamentierung der Brüstungsfelder. Kiehl setzte sich mit der Gestaltung der Fläche auseinander und reduzierte die oft dogmatisch durchgehaltene Symmetrie in seiner Fassadengestaltung. Durch die spiegelbildliche Anordnung der beiden Baukörper auf dem Grundstück und ihre Architektur entsteht ein symmetrisches Bild innerhalb der raumbildenden Konzeption. Ausschließlich durch diese Doppelung entsteht der „Rahmen", der dem Anspruch nach symmetrischer Ordnung Rechnung trägt.

Die Vitalität der Architektur resultiert aus der Reduktion der Ornamentierung. Das Dekor wird sparsam und zurückhaltend eingesetzt, es ordnet sich der Nutzung unter. Der akzentuierende Einsatz attributiver Gestaltungselemente unterstreicht die Architektur der Gesamtanlage. Vor dem Hintergrund der Intention, den Schülern positive Eindrücke mit auf den Lebensweg zu geben, wird die helle, freundliche und unaufdringliche Architektur verständlich. Julius Posener schreibt über Reinhold Kiehl: „Die Grundlagen sind gesichert. Ich möchte sie einen schöpferischen Eklektizismus nennen, diese Architekten waren sich sicher, daß ihnen alle Formen der Vergangenheit zur Verfügung standen, solange sie imstande waren, ihnen den Stempel der Gegenwart aufzudrücken."[3] Kiehls Doppelschule modifiziert die Formen der Vergangenheit und transformiert sie in die Gegenwart der Großstadt. Der freie Umgang mit dem baugeschichtlichen Erbe setzte eine tiefe Kenntnis der Architekturgeschichte voraus. Wie Ludwig Hoffmann für seine öffentlichen Gebäude in Berlin, so schöpfte Reinhold Kiehl aus dem reichen Fundus der Historie. Er hielt sich an die historischen Stilformen, sie blieben authentisch und ablesbar, aber er unterwarf sie einer Reduktion, modellierte die Form. Damit gelang ihm wie auch Ludwig Hoffmann der Aufbruch in die Moderne, wenngleich sich dieser, wie Julius Posener einschränkend bemerkt, in Grenzen hielt. Die öffentlichen Bauvorhaben waren in ihrer stadträumlichen Konzeption und Ausgestaltung stark auf den Verantwortlichen, den Stadtbaurat zugeschnitten. Die Bauten trugen eine ausgesprochen individuelle Handschrift. Es existierte keine Konkurrenz bei der Projektierung öffentlicher Bauvorhaben, trotzdem ist keine Verflachung bei der Bearbeitung der Aufgaben zu spüren. Jeder Maßnahme wurde mit Konzentration und Aufmerksamkeit begegnet. Einmal bewährte Konzepte wurden nicht wiederholt, vielmehr wurden sie weiterentwickelt und „reiften aus". Architektur war immer auf den räumlichen Zusammenhang bezogen, zugeschnitten auf die Nutzungsanforderungen, die Grundstücksform und das zu integrierende Umfeld.

Die 1912 entstandene Realschule am Boddinplatz nimmt den Bezug zur Umgebung durch unterschiedliche Elemente auf. Kiehl schließt an die vorhandene Bebauung an. In der Fortsetzung, um ein Geschoß niedriger,

Blick auf das ehemalige Lehrerwohnhaus und den Hof der Schule, um 1915 — *Landesbildstelle Berlin*

ist das ehemalige Lehrerwohnhaus angefügt. Die U-förmige, dreigeschossige Anlage umschließt einen eingezäunten Hof, der sich zum Boddinplatz hin öffnet und ähnlich der Anlage in der Donaustraße ihn beinahe fließend aufnimmt. Dies zeigt die neue, am Stadtraum orientierte Auffassung, den Bau als komplexes Gesamtwerk in ein bestehendes Gefüge maßvoll einzubinden.

Die Kante zwischen Vorderhaus und Hofflügel wird markant durch den Treppenturm mit einer Laterne akzentuiert. Das rustizierende Sockelgeschoß bildet wiederum die Basis, über der sich zwei verputzte Obergeschosse erheben. Die Traufkante des Daches bleibt unter der Traufe des Nachbarbaus, eine bewußt und wohl überlegt eingefügte Abgrenzung. Die einheitliche Architektur, die nicht nach Vorderhaus und Hofgebäude unterscheidet, hat Kiehl ja bereits bei den voranbeschriebenen beiden Schulen umgesetzt.

Der Turmtrakt mit der Laterne als Bekrönung nimmt die im Umfeld vorhandenen Überhöhungen in den Eckgebäuden auf, doch er befreit den Turm von den eklektizistischen Attributen und reduziert ihn auf die Grundform, die klare vertikale Betonung. Die Fassadenarchitektur kommt mit wenigen, sparsamen Akzenten aus, die helle Farbgebung setzt sich vom Grau der Nachbarbauten ab. Der platzbildende Schulkomplex wiederum formuliert das vorhandene Umfeld in seiner Grundform, ignoriert es nicht, sondern wertet es auf. Dies ist kein plattes Aufnehmen der vorhandenen Struktur, sondern ihre Weiterentwicklung und Fortführung. Die Reduktion auf die charakteristischen und die räumliche Ordnung bestimmenden Faktoren, ihre „Verarbeitung" und Fortschreibung mit sparsamen und unterstützenden Mitteln dokumentiert die beginnende Moderne im Wilhelminismus.

Reinhold Kiehl war ein Architekt für die Großstadt, seine Architektur spiegelt das Bekenntnis zur dichten, hektischen, im Wachstum und Umbruch begriffenen Stadt. Maßstab und Proportion sind auf die großstädtischen Strukturen gerichtet. Reinhold Kiehl

Blick auf den Boddinplatz und die Realschule, um 1920 — *Landesbildstelle Berlin*

akzeptierte die Enge, Dichte und Vielfältigkeit der Stadt und gab eine räumliche Antwort auf die sozialen Folgen dieser Verhältnisse. Seine Bauten sind städtisch, zugleich dem Anspruch verpflichtet, im Häusermeer ruhige Inseln zu schaffen und die von dem baugeschichtlichen Erbe getragene Schönheit zu vermitteln.

Man mag Kiehl die Konvention vorwerfen, mit der er seine Architektur entwarf; das große Neue mag man vermissen, wenn man an die 20er Jahre denkt. Aber den konsequenten Schritt in die Moderne haben Architekten wie Kiehl, Hoffmann und Messel gewagt. Sich aus dem baugeschichtlichen Bauchladen nicht mehr zu bedienen, die Stile nicht mehr zu nehmen, wie man sie brauchte – dies ist der kreative Akt. Die Architektur sollte für die Lösung der drängenden Probleme und Aufgaben als Basis nutzbar sein. Dies mag keinen „neuen" Stil kreiert haben, aber diese Architektur, auf städtischen Raumvorstellungen aufbauend, wies erst den Weg in die 20er Jahre.

Nachsatz

Tessenow bekannte sich in seiner Architekturhaltung konsequent zu kleinstädtischen Strukturen. Die Qualität, die diese Übersichtlichkeit und Überschaubarkeit ohne Zweifel für das Aufwachsen von Kindern hat, traf jedoch bei Reinhold Kiehls Amtsantritt bereits nicht mehr zu. Rixdorf war eine expandierende Stadt; das Bevölkerungswachstum machte eine sukzessive und planbare Stadtentwicklung von seiten der öffentlichen Hand schon nicht mehr möglich. Kiehl hatte, wie heute neudeutsch bezeichnet, Krisenmanagement zu betreiben. Daß dem Schulbau als Einrichtung, die der öffentlichen Hand keine Einnahmen bringt, erst dann notgedrungen Bedeutung zukam, als die Raumnot offenkundig war, ist ein grundsätzliches gesellschaftspolitisches Problem und keine Erscheinung der Zeit um die Jahrhundertwende. In dem Zwiespalt zwischen dem Verkauf großer Flächen für die Ansiedlung von Gewerbe einerseits und kostenintensiven gemeinnützigen Belangen andererseits wurden primär die steuereinbringenden Projekte gefördert.

Für Kiehl als verantwortlichem Stadtbaurat für die Bauten der öffentlichen Hand bestand die Frage bei der Konzipierung der Schulbauten nicht in der Auseinandersetzung mit der für die Großstadtkinder besten pädagogischen und baulichen Lösung, sondern eher pragmatisch in der Bewältigung des Problems an sich. Die Überbauung der privaten Grundstücke war bereits vollzogen, es galt nunmehr eine möglichst qualitätvolle Bebauung auf den verbleibenden Restflächen vorzusehen. Es ging somit nicht mehr um grundsätzliche Leitlinien im Schulbau, sondern um die pure Verwertung und Sicherung der Grundstücke für die Schulnutzung, die sich noch in öffentlichem Besitz befanden. Gute Erreichbarkeit, vorhandene technische Infrastruktur, ausreichende Grundfläche waren die Kriterien, nach denen die Standorte ausgewählt wurden. Die laufenden Betriebskosten darüber hinaus möglichst gering zu halten, gebot die chronische Finanznot der Stadt. Eine Großschule benötigt einen Hausmeister, zehn Einzelschulen entsprechend mehr... Auf diesem Hintergrund konnte sich die Frage nach kleineren Schuleinheiten in Randlage nicht stellen. Die Kinder, für die es in der Stadt ohnehin keinen Platz gab, spielten mit ihren spezifischen Bedürfnissen bei der Auswahl der Schulstandorte und der Ausgestaltung der Räumlichkeiten keine Rolle. Hier hat Heinrich Tessenow recht, indem er die Defizite der Großstadt in bezug auf die Situation der Kinder beurteilt. Die Großschule als „Lernfabrik" konnte demnach nichts anderes sein, als die Unterbringung der Kinder und die Versorgung von Wissen sicherzustellen. Schulbauten sind in diesem Verständnis Funktionseinheiten, deren Betriebskosten möglichst minimal gehalten werden und die der gesellschaftlichen Verpflichtung, Wissen anzubieten, nachkommen müssen.

Auf diesem problematischen Hintergrund hat Reinhold Kiehl die Schulen entworfen. In seinem Bekenntnis zur Großstadt stellte sich für ihn die Frage nach kleinen Schuleinheiten nicht, die städtebauliche Diskussion in der Kaiserzeit zielte auf eine großstrukturelle Ordnung. Kiehl, ein Verfechter der Einheitsgemeinde Großberlin, wollte Rixdorf / Neukölln baulich in seinem Verständnis von Stadt entwickeln, und die Schulen stellten in diesem Konzept lediglich *einen* Bereich dar.

In diesem Gesamtzusammenhang ist die bauliche Umsetzung der Schulprojekte zu sehen. Die aus heutiger Sicht vorhandenen Defizite sind somit nicht isoliert zu analysieren, sondern auf dem Hintergrund der problematischen Umstände zu diskutieren. Daß die oben beschriebenen Schulen auch heute noch den höheren Ansprüchen an die Nutzung gerecht werden, spricht für die räumliche Konzeption und die Architektur. Einen baugeschichtlichen Vergleich mit den „modernen" Schulen der 70er Jahre, die dem Begriff der „Schulmaschine" wohl eher nahekommen als die Kiehlschen Schulbauten, wäre für die Einordnung interessant und würde das schiefe Bild der auf reine Autoritäts- und Staatsgläubigkeit angelegten Kritik der „alten" Schulen schlüssig relativieren können.

Anmerkungen

1 H. Tessenow: *Geschriebenes. Gedanken eines Baumeisters.* Braunschweig 1982, S. 154

2 *Berlin und seine Bauten.* Teil V, Bd. C: *Schulen.* Hrsg. v. AIV zu Berlin. Berlin 1991, S. 51

3 J. Posener: „Reinhold Kiehl in seiner Zeit." — *Architekt Reinhold Kiehl, Stadtbaurat in Rixdorf bei Berlin. Biografie – Werkverzeichnis – Beiträge.* Hrsg. v. BezA Neukölln, Abt. Bau- u. Wohnungswesen. Berlin 1987, S. 131

Ekkehard Meier

„Stets deutsch und gegenwartsnah"
Zur Namensgebung höherer Schulen in Neukölln

I.

Bis in die Architektur hinein spiegeln die Schulbauten, die im Kaiserreich kurz vor und nach der Jahrhundertwende entstanden, das Selbstverständnis einer bürgerlichen Schicht wider, die einen ihr angemessenen Platz innerhalb der spätfeudalen Gesellschaft im Deutschen Reich erkämpfen wollte. Selbst in einer armen Stadt wie Rixdorf/Neukölln waren Schulen aufwendige Prestigeobjekte, und voller Stolz sprechen die Festschriften von „modernen Schulpalästen". Als Wunderwerke der modernen Technik wurden diese „Bildungskathedralen" entworfen und gebaut, bewundert und bestaunt wie Bahnhofshallen und andere technische Anlagen der Zeit. Wer sich die großzügig geplanten und durchgeführten Bauten, etwa das ehemalige Kaiser-Friedrich-Realgymnasium (KFR) in der Sonnenallee oder die Albrecht-Dürer-Oberrealschule (ADO) in der Emser Straße, ansieht, spürt noch heute etwas vom ungebrochenen Glauben an Fortschritt und Technik. Im Innern dieser Gebäude aber waltete der Geist einer vorindustriellen feudalen Gesellschaft. Ungebrochen hielt das Bürgertum an den überkommenen christlichen Gebräuchen und Zeremonien fest. Anläßlich der Eröffnung des KFR 1899 segnete der erste evangelische Geistliche der Stadt, Pfarrer Schröder, das Schulhaus und die neue Schule ein. Die Gymnasien verstanden sich als christliche Schulen und speziell in Preußen als protestantische Schulen, treu zum Kaiser stehend, denn der oberste Landesherr war gleichzeitig oberster Kirchenherr. Als Oberlehrer August Graf von Pestalozza am 9. 7. 1917 zum königlichen Gymnasialdirektor bestellt wurde, lautete denn auch der Kernsatz des Gutachtens: „Es ist nicht zu bezweifeln, daß er seine Schüler zu Gottesfurcht und zur Treue gegen den König erziehen wird."[1]

„Der Unterricht wurde mit einem Gebet eröffnet. Die Schüler sollten in straffer Hal-

Kaiser-Friedrich-Realgymnasium, Rixdorf, Kaiser-Friedrich-Str. 208-210, heute Ernst-Abbe-Oberschule in der Sonnenallee 79-81, um 1910 — *Heimatmuseum Neukölln*

tung vor dem Lehrer stehen, auf den Gängen und vor dem Unterricht sich lautlos bewegen, gewaschen und in sauberem Aufzuge. Mit dem schriftlichen Lob sollte sparsam umgegangen werden. In disziplinarischen Fällen und besonders bei erotischen Verirrungen der Jugendlichen griff man streng durch."

Andererseits kümmerte sich Direktor Henczynski persönlich um das Wohl seiner Zöglinge. „So soll er manchmal die Schüler des Morgens auf die Sauberkeit der Stiefel inspiziert haben, und wenn er einen der kleineren Sünder erwischte, die sich bei der Säuberung ungeschickt anstellten, selbst mitgeholfen haben. Durch solche und ähnliche kleine Gesten, z.B. nahm er gelegentlich an einer Schneeballschlacht der Schüler teil, wollte er beweisen, daß die alte Schule nicht bloß ein Kerker des Geistes und der Freiheit war".[2]

Die Schule war ein Spiegelbild der kaiserlichen Gesellschaft im Kleinen. Ganz Herrscher seiner Schule residierte der Direktor der ADO im Obergeschoß der neuen Anstalt. Sieben Zimmer standen ihm und seiner Familie zur Verfügung, damit er die Schule angemessen nach außen repräsentieren konnte. Wenn man die Schule im Kaiserreich als patriarchalisch bezeichnen kann, so ist das nicht unbedingt gleichzusetzen mit autoritär, denn der Begriff umfaßte auch Vorstellungen von Fürsorge und Fürsorgepflicht gegenüber Schülern und Lehrern, Vorstellungen, die ja bis heute in den Schulalltag und das Beamtenleben hineinwirken, wenn etwa der Dienstherr von seinen Beamten die Treuepflicht einfordert, dafür aber Sonderurlaub und Sondervergünstigungen „gewährt". Das Erziehungsideal und das politische Weltbild der Gymna-

Albrecht-Dürer-Oberrealschule, Emser Straße, um 1909. Als Realschule einst aus dem Kaiser-Friedrich-Realgymnasium ausgelagert, wurde sie 1908 zur Oberrealschule ausgebaut — *Heimatmuseum Neukölln*

siallehrer im Kaiserreich gewinnen Gestalt in der Rede des damaligen Leiters der Schule, Dr. Henzcynski, die er 1913 anläßlich der Einweihungsfeier der Realschule in der Boddinstraße hielt. Er forderte von den neuen weiterführenden Schulen, daß sie „der Charakterbildung dienen und die Schüler zu Ordnung, Fleiß, Pünktlichkeit, unbedingter Pflichttreue, Sauberkeit, Kameradschaftlichkeit, Mut, Willenskraft und Verantwortungsfreudigkeit erziehen." Letzteres sei „besonders wichtig in einer bis in die weitesten Kreise hin demokratisch gesinnten Zeit, wo man sich mit seinem Mangel an Verantwortungsfreudigkeit gern hinter Mehrheitsbeschlüssen verkriecht, wo immer seltener der Mut gefunden wird, der dazu gehört, auch Taten entschlossen durchzuführen, die nicht den Beifall der oft kurzsichtigen Menge finden." Henczynski versäumt nicht, das „leuchtende Vorbild der Verantwortungsfreudigkeit, das wir in seiner Majestät, unserem Kaiser und Könige haben, der allen Widersachern zum Trotz unsere Seemacht begründet hat", zu preisen. Wenige Monate später starb Henczynski den „Heldentod" für König und Vaterland.

II.

Der Ausbau eines neuen Schul- und Bildungssystems wurde durch die Schulkonferenz von 1890 sowie die Schulreform von 1900 beschleunigt. Die Gleichberechtigung der Oberschulen mit den humanistischen Gymnasien bedeutete eine größere Annäherung der Schultypen und der Bildungsschichten. Viele im Bürgertum sahen infolge dieser „volkstümlichen Reform" die eigenen Bildungsprivilegien bedroht. Einzelnen begabten Kindern aus der Arbeiterschicht sollte der Weg nach oben offenstehen, aber ansonsten grenzte man sich scharf nach unten ab. Von der Reform erhoffte man sich, daß damit der Gefahr der Einheitsschule und der „Gleichmacherei des geistigen Lebens" vorgebeugt würde. Nur auf diesem Hintergrund wird verständlich, warum der Kulturkampf in den Krisenzeiten am Ende der Weimarer Republik in Neukölln so unerbittlich geführt wurde. Der Streit wurde vordergründig um Namen geführt, um Kaiser Wilhelm, Walther Rathenau und Karl Marx, aber es war ein Stellvertreterkrieg, eine Auseinandersetzung um die Berechtigung zu studieren, letztlich um Geld und gesellschaftliche Positionen. Die neuen Schulformen, Realgymnasium und Oberrealschule, sollten eine geistige und technische Elite heranbilden, die den Herausforderungen einer modernen Industriegesellschaft gewachsen war. Natürlich sollte den Sprößlingen des (Bildungs-)Bürgertums Wissen vermittelt werden: vor allem in den Realien, in den Naturwissenschaften und in den modernen Fremdsprachen. Aber nicht weniger wichtig als die Wissensvermittlung war die Vermittlung der sogenannten Sekundärtugenden und damit die Vermittlung bestimmter Arbeitshaltungen.

Schon von der architektonischen Gestaltung her waren die Gebäude darauf angelegt, die preußischen Tugenden im Schulalltag unmittelbar zu erleben. Jeden Morgen mußte der Sextaner die einschüchternd hohen Treppen erklimmen, ehe er in seinem Klassenraum mit den engen, fest eingebauten Bänken ankam. Der lehrerzentrierte Frontalunterricht ergab sich von selbst, zumal der Herr Oberlehrer auf einem kleinen Podest thronte. Die Treppenanlagen, die langen Flure, der Pausenhof – alles wirkte eher beklemmend, ängstigend, reglementierend. Preußische Tugenden wie Ordnung, Sauberkeit und Disziplin mußten nicht eigens verordnet werden, sie übertrugen sich von der Architektur auf die Schüler und wurden selbstverständlich praktiziert. Schon früh wurde in diesen Anstalten die Jugend auf den „Ernst des Lebens"

Eingangsportal der Albrecht-Dürer-Oberschule, 1936 — *Heimatmuseum Neukölln*

eingestimmt. Wie bewußt planerischer Geist bei der Gestaltung der Schulen zu Werke ging, mag ein Hinweis aus der Festrede verdeutlichen, die Stadtbaurat Kiehl 1908 anläßlich der Einweihung der ADO hielt. „Während bei der Töchterschule im Innern heitere Form und Farbgebung gewählt ist, ist diese hier ernster gestimmt, entsprechend dem männlichen Geiste, der hier waltet." [3]

Nun wird kaum jemand etwas gegen die Vermittlung von Sekundärtugenden einzuwenden haben. Problematisch wird es aber dann, wenn diese Tugenden wie im Kaiserreich für dynastische und militärische Zwecke mißbraucht werden. Monarchie, Kirche, Militär und Schule waren im Zweiten Deutschen Reich ganz selbstverständlich miteinander verzahnt. Vergeblich ersuchte der Stadtverordnete Kloth 1913 die Behörde, „in Zukunft Einweihungsfeiern von höheren Lehranstalten nicht mit dynastischen oder patriotischen Feiern zusammenzulegen" (Bez.Arch. Neuk., Nr. 1056 Bl. 70). Die Höhere Schule hatte einen politischen Erziehungsauftrag. Die Schüler sollten zur Liebe auf das Herrscherhaus und zu begeisterten Deutschen erzogen werden, die tatkräftig im Kampf gegen die aufkommende Arbeiterbewegung und die SPD mitarbeiteten. Zugleich bereitete die Schule auf den Militärdienst vor. Ausbildungssystem und Berechtigungssystem gehörten zusammen und waren fester Bestandteil der Staatsschule. Wer das zehnte Schuljahr am Gymnasium absolviert hatte, bekam das Einjährige und hatte einen kürzeren Militärdienst zu leisten.

Seit der Jahrhundertwende wurde auch in Neukölln die Bevölkerung gezielt und systematisch auf einen Krieg vorbereitet.[4] Die geistige, literarische und bürokratische Mobilmachung erfaßte lange vor Kriegsbeginn die Gesellschaft im Kaiserreich, und die höheren Schulen waren zentraler Bestandteil dieser Kriegsvorbereitungen. In Krisen- und Notzeiten – wie später im Krieg oder während des Kapp-Putsches – sollten die Schulgebäude mit ihren Turnhallen als Lazarette und als Soldatenunterkünfte verwendet werden. Manche Schulfächer, allen voran die sogenannten Leibesübungen, dienten der Vorbereitung auf eine militärische Auseinandersetzung. Als im Jahr 1911 die Hundertjahrfeier zur Eröffnung des Turnplatzes in der Hasenheide feierlich begangen werden sollte, marschierten Schulklassen und Militärs einträchtig zur großen Parade auf (Bez.Arch. Neuk., Nr. 1513).

III.

Die Namensgebung eines Gymnasiums war eine politische Entscheidung und beinhaltete zugleich ein (bildungs-)politisches Programm. Stolz erfüllte die neue Schule, die den Namen eines Fürsten aus dem verehrten Herrscherhause tragen durfte. Aber die Wahlmöglichkeiten waren doch sehr eingeengt, denn die preußische Sparsamkeit waltete selbst bei der Vergabe von Namen. Außer Friedrich und Wilhelm blieb schließlich nur noch die Kombination beider Namen. Rixdorf hatte mit seinen beiden ersten Gymnasien, dem Kaiser Wilhelms-Realgymnasium (KWR) und dem KFR, die Möglichkeiten schon fast ausgeschöpft. Als Alternativen boten sich im Zuge der Deutschkundebewegung – zumindest für Realgymnasien und Oberrealschulen – Namen berühmter Philosophen, Schriftsteller und Künstler an, wie z.B. Kant, Goethe, Herder, Lessing, Schiller, Fichte u.a., die Deutschlands Ruhm als Kulturnation verkünden sollten. Allerdings durften Namen nicht doppelt vergeben werden, was zumal für Rixdorf einige Probleme aufwarf, denn im reichen Westen Berlins waren Gymnasien schon früher als an der ärmeren Peripherie im Südosten gegründet worden und hatten Namen erhalten, so daß die Wahlmöglichkeiten noch weiter eingeschränkt waren. Daß in Rixdorf schließlich die Wahl auf Dürer fiel, hing mit der Person des Bürgermeisters von Rixdorf, Dr. Weinreich, und dem ersten Direktor der Anstalt, Dr. Oscar Marschall, zusammen, denn beide förderten die Bestrebungen der Gebildeten Reformbewegung und des Dürerbundes.[5]

Der bürgerliche Nationalismus und das bürgerliche Selbstwertgefühl suchten nach Anknüpfungspunkten und Traditionen in der deutschen Geschichte. In der bürgerlichen Gesellschaft des 15./16. Jahrhunderts mit dem Nationalheros Luther und der Stadtkultur Nürnbergs um Hans Sachs und Dürer glaubte man ein Vorbild gefunden zu haben.

Ehrenhalle in der Albrecht-Dürer-Oberrealschule mit Gedenktafel für die Gefallenen des Ersten Weltkrieges, 1936. Inschrift: Für das Vaterland starben im Kampfe gegen eine Welt den Heldentod. Vergiss mein Volk die treuen Toten nicht — *Heimatmuseum Neukölln*

In der Nachfolge von Richard Wagners „Meistersinger von Nürnberg" drechselte und stutzte man sich die Welt um 1500 für die aktuellen politischen Bedürfnisse im Biedermeierstil zurecht.

– Der christologische Dürer der romantischen Ära wird zur Idealgestalt des deutschen Bürgertums verklärt.
– Der militaristische Dürer wird als Militärfachmann zum Vorbild der siegreichen preußisch-deutschen Armee. Allein zwischen 1867 und 1889 erschienen vier neue Studien zu Dürers „Befestigungslehre", herausgegeben vom preußisch-deutschen Offizierskorps.
– Der volkstümliche Dürer, dessen Werke Eingang ins deutsche Heim hielten, vermittelte „echte deutsche Gemütlichkeit". Glaser spricht von „einem neuen Wohnzimmer-Dürer, dessen Aquarelle und Gemälde durch das Wunder der photographischen Reproduktion und dessen Stiche und Holzschnitte durch die billigen Faksimilewiedergaben der Reichsdruckerei zum erstenmal einem großen Publikum zugänglich gemacht wurden."
– Der deutsch-nationale Dürer wird von Julius Langbehn künstlerisch und politisch als Gegenbild zur modernen Kunst, speziell zum französischen Impressionismus umgedeutet. Julius Langbehns Schriften *Dürer als Führer* und *Rembrandt als Erzieher* wurden auch in der Weimarer Republik in gekürzten Schulausgaben in der Schule gelesen. Mit ihrer Kritik an der Industriegesellschaft, dem Bürokratismus, Materialismus und Utilitarismus spielten sie eine nicht unbeträchtliche Rolle in der Vorstellungswelt des konservativen deutschen Bildungsbürgertums. In ihrem Traum von einer rückwärtsgewandten Utopie kam als Staatsform für die Deutschen nur ein aristokratisches, individuell abgestuftes Gebilde mit einer starken monarchischen Spitze in Frage.
– 1902 begründete Ferdinand Avenarius, der Neffe Richard Wagners, den Dürerbund, um „eine gesunde Kultur" zu fördern. Innerhalb weniger Jahre wurde er zum „Lehrmeister der Geschmacksbildung des deutschen Mittelstandes" und hat dabei „seinen Lesern den Instinkt für das Bodenständige geschärft" (Brockhaus 1929).
– „Deutsch und gegenwartsnahe sollte sie sein und mit ihrem Volkstum unlöslich verbundene Menschen erziehen. Das sollte der stolze Name Albrecht Dürer bekunden und die Verpflichtung, welche die Anstalt damit auf sich nahm, hat sie gehalten" (*Neuköllner Zeitung* v. 2.4.38).

Die Albrecht-Dürer-Oberrealschule blieb als das einzige Gymnasium in Neukölln von allen Namensänderungen und Umbenennungen unbehelligt – vom Kaiserreich, über die Weimarer Republik und die Nazizeit bis in unsere Tage.

IV.

Schule in der Demokratie bedeutet noch nicht demokratische Schule. Die Gebäude waren nach dem I. Weltkrieg stehengeblieben, das Personal blieb, wenn auch durch den Krieg etwas dezimiert, und wurde in der jungen Republik weiterbeschäftigt. Die bisherigen Schulleiter, die von den kaiserlichen Behörden ihre Bestallungsurkunden erhalten hatten, harrten auf ihren Posten aus. Die meisten höheren Schulen waren im Kaiserreich gegründet worden, hatten in den Zeiten der Monarchie ihre Namen erhalten. Die alten Namen wie Kaiser-Friedrich-Realgymnasium oder Kaiser Wilhelms-Realgymnasium prangten weiterhin an der Eingangstür und wirkten etwas befremdlich in einer sich rasch verändernden Gesellschaft.

Die Parteien der Weimarer Koalition, die die Republik bejahten, hatten nur wenig Chancen, Funktionsstellen mit eigenen Leuten zu besetzen. Kurt Löwenstein war zwar zum Stadtschulrat gewählt, aber nicht bestätigt worden, da die SPD dem öffentlichen Druck und den wüsten antisemitischen Ausschreitungen der Rechten nachgegeben hatte. Auch Karsens Arbeit an der Lichterfelder Kadettenanstalt war von Anfang an von heftigen antisemitischen Ausfällen begleitet.[6] Für beide schien es in Neukölln mit seiner linken Mehrheit im Bezirksparlament leichtere Arbeitsbedingungen zu geben. Aber selbst hier war ihre Arbeit als Volksbildungsstadtrat und als Schulleiter von Anfang an heftigen Angriffen von konservativen und rechten Gruppierungen ausgesetzt, wobei ein latenter Antisemitismus stets virulent war. Sowohl das Kollegium als auch der „christlich-unpolitische" Elternbeirat protestierten 1920 vehement, als Karsen zum neuen Schulleiter des KFR berufen werden sollte (siehe U. BACH in diesem Band). Die Besetzung widerspreche demokratischen Grundsätzen, da sie gegen den Willen des Kollegiums und der Mehrheit der Eltern vorgenommen worden sei. Geradezu bedrohlich schien die Gefahr, daß ein neuer Geist in die Schule einziehen könnte, der nicht mehr nur auf Autorität und Unterordnung basierte. Das Kollegium befürchtete,

„daß eine Vergewaltigung der Gewissen der Schüler und eine vollkommene Zerstörung des Geistes, dem die Anstalt ihre Erfolge und ihr Ansehen in Neukölln verdankt, mit dieser Neubesetzung beabsichtigt ist. Diesem Geiste ist die Persönlichkeit des neuen Direktors ... völlig wesensfremd. Sein erstes Auftreten den Schülern und Lehrern gegenüber hat Lehrerschaft und Elternschaft in der Überzeugung bestärkt, daß in Kürze eine vollständige Entfremdung zwischen Schülern und Lehrern und, was noch bedenklicher erscheint, zwischen Söhnen und Eltern eintreten wird. Die Gefahr erscheint um so größer, als Herrn Dr. Karsen die Gabe eigen ist, durch sein Auftreten die Schüler zu bestärken, so daß ihnen die allmähliche Zersetzung des in Haus und Schule gepflegten Geistes nicht klar zum Bewußtsein kommen wird."

Das Kollegium des KFR forderte daher, Karsen „durch eine Persönlichkeit zu ersetzen, die das Fortbestehen des von Elternschaft und Lehrer bisher gepflegten Geistes in der Schule gewährleistet." Und die christlich-unpolitischen Elternvertreter gingen offen auf Konfrontationskurs: „Wir werden allen Internationalisierungsversuchen, allen Angriffen auf das religiöse Fundament des Schulunterrichts, kommen sie von einem Führer der Schule oder von anderer Stelle, mit unbeugsamer Energie entgegentreten."

Der Reformpädagoge Karsen wurde dennoch zum Schulleiter bestellt; Kollegium sowie Elternschaft wurden vom Ministerium zur Toleranz ermahnt. Ein neuer Geist zog in die Schule ein, aber der „altehrwürdige" Name der Schule blieb – vorerst jedenfalls.

V.

Die Chance zu einer neuen Namensgebung von Gymnasien ergab sich beim Neubau einer Schule – aber dafür fehlte meist das Geld – oder bei der Umwandlung in einen neuen Schultyp, wie z.B. im Falle der 1908 erbauten städtischen Realschule in der Boddinstraße 34-39. Die Realschule sollte 1923 in ein Realgymnasium umgewandelt werden und auf Beschluß des Bezirksschulausschusses den Namen Walther Rathenau erhalten.[7]

Rathenau war sicher einer der faszinierendsten und schillerndsten Persönlichkeiten der Republik: Großindustrieller, Präsident der AEG, Organisator im preußischen Kriegsministerium während des I. Weltkriegs, Teilnehmer an der Friedenskonferenz von Versailles, Mitglied der Sozialisierungskommission, Wiederaufbauminister, Reichsaußenminister, der den Vertrag von Rapallo abgeschlossen hatte. Von nationalistischen Kreisen wurde er als Erfüllungspolitiker und Jude beschimpft und verfolgt. „Knallt ab den Walther Rathenau die gottverdammte Judensau!" wurde auf den Straßen und in den Kneipen nach der Vertragsunterzeichnung von Versailles gegrölt. Am 24.6.1922 wurde Rathenau bei einem rechtsterroristischen Anschlag ermordet.

Wenig später stellten DDP und SPD den Antrag, die Koenigsallee in Rathenauallee umzubenennen. Die sich daran anschließende Debatte in der BVV Wilmersdorf sagt mehr als lange Ausführungen über Stimmungslage und Bewußtseinszustand der Nation in den zwanziger Jahren aus. Die Deutschnationalen empfanden den Antrag als einen Angriff auf die Monarchie und lehnten heftig ab. Was half die listig nachgeschobene Begründung der SPD, daß die Allee nach dem Bankier Koenig, einem der Mitbegründer der Kolonie Grunewald, benannt worden sei. Da Anlaß zu Verwechslungen gegeben sei, sei eine Umbenennung angebracht. Der Zwischenruf von seiten der DNVP, eine Verwechslung sei auch bei Kaiser's Kaffeegeschäft möglich, ließ die Situation rasch eskalieren. Einspruch der SPD: Nicht viele Leute trauten dem Ex-Kaiser zu, solch ein erfolgreiches Geschäft zu bestreiten. Als der linkssozialistische Bezirksverordnete Friedländer von einem der Zuschauer als „Judenjunge" angepöbelt wurde, kam es zu Tätlichkeiten. Die Sitzung endete im Tohuwabohu: minutenlanges Lärmen, Ohrfeigen, Handgemenge, Eingreifen der Schutzpolizei, Schlagstockeinsatz.[8] Der alte Name blieb und überdauerte alle Zeitläufte bis heute.

In Neukölln ging es weniger gewalttätig, aber in der Sache nicht weniger unnachgiebig zu. Der Elternbeirat der Realschule und des Realgymnasiums i.E. legte sofort Protest ein, als er von der geplanten Namensgebung erfuhr:

– Deutschlands außenpolitische Lage sei so prekär, daß „alles das vermieden werden sollte, was den inneren Frieden Deutschlands gefährden oder stören könnte."
– Bei Rathenau handle es sich nicht um den Namen eines hervorragenden Pädagogen oder Philosophen oder einer anderen Persönlichkeit, „die für die Schulwissenschaft oder für die Erziehung der Jugend Hervorragendes geleistet" habe. Daß es sich hierbei um ein Scheinargument handelt, wird deutlich, wenn man sich die Vorschlagsliste des Elternbeirats durchliest, denn die Genannten erfüllen nur z.T. die selbstgestellten Anforderungen: Kant, Schleiermacher, Schlegel, Franke, Luther, Boddin, Fichte, Hans Sachs, Ludwig Richter.
– Ein Name aus einem vergangenen Zeitalter „wäre empfehlenswerter, denn der Name Rathenau sei politisch nicht neutral. Es verbinden sich vielmehr mit dem Namen Rathenau die Erinnerungen an den durch die Ermordung Rathenaus eingetretenen weiteren Niedergang des Deutschen Reiches und daran, daß durch den Zusammenprall der politischen Gegensätze der verabscheuenswürdige Mord an Rathenau ausgelöst worden ist." Zwar wird ein verbales Zugeständnis gemacht – der Mord an Rathenau sei „verabscheuungswürdig" –, aber nach dieser Pflichtübung wird der Tote für den Anschlag und für die Folgen der Tat haftbar gemacht. Nicht die Mörder, die rechtsextremistischen Terroristen, tragen letztendlich die Schuld an Rathenaus Tod, sondern der Ermordete selbst. Trotz aller gegenteiligen Beteuerungen – der Jude Rathenau gehörte zu den am bestgehaßten Politikern in der Weimarer Republik. Für die christlich-unpolitische Liste jedenfalls stand fest: Hätte es Rathenau nicht gegeben, wäre auch der Rechtsterrorismus nicht ent-

standen, könnten die anständigen Deutschen in Ruhe schlafen.

Gegen eine Mehrheit innerhalb der Lehrerschaft, des Elternbeirats und des Schülerausschusses setzte die SPD im März 1923 den Namen Rathenau durch, bei Stimmenthaltung des Zentrums und gegen die Stimmen der Rechten. Das Schlagwort von der Republik ohne Republikaner war traurige Wirklichkeit. Bereits nach wenigen Jahren der Republik wurde immer offensichtlicher, daß die SPD „zur alleinigen Bekennerin und Hüterin der Republik" (*Vorwärts* v. 24.3.23) geworden war.

Schon lange vor den Nazis machte sich der Antisemitismus lautstark bemerkbar, etwa wenn in der *Deutschen Zeitung* vom 4.10.1924 unter der Überschrift „Die Schulanarchie in Neukölln" gegen die Namensgebung und gegen den Juden „Dr. Löwenstein-Karlow" polemisiert wird:

„Am jüdischen Neujahrstag fand an der Walther-Rathenau-Schule zu Neukölln zu Ehren des neuen Namens eine Rathenaufeier statt. Es war sehr feierlich. Der ganze rote Magistrat von Neukölln und vor allem war dem Fest Glanz und Weihe verliehen durch die Gegenwart des Kultusministers von Neukölln. Freude in Judas Hallen! Sie haben's wieder einmal geschafft! Wie haben wir Eltern uns dagegen gewehrt, daß man der Schule unserer Jungen einen Namen gibt, der ein politisches Programm bedeutet wie kaum ein zweiter."

VI.

Die städtischen Behörden unter der Leitung von Löwenstein und das Provinzialschulkollegium wollten das KWR, das noch immer auf dem Gelände der Karsenschule untergebracht war, in den Krisenjahren 1923/24 auflösen. Die Schülerzahlen waren rückläufig, so daß man die Schüler des KWR auf die anderen Gymnasien hätte verteilen können. Der SPDgeführte Magistrat von Neukölln und die KPD hatten kein großes Interesse an einem humanistischen Gymnasium im Bezirk. Doch Elternbeiräte, die Rechtsparteien und die Lokalpresse gaben nicht nach. Als die Republik eine kurze Scheinblüte erlebte, drückte 1925 die DNVP mit den Stimmen der SPD einen Antrag im Preußischen Landtag durch, der einen Neuaufbau der Schule ermöglichte. Die KPD protestierte heftig, aber vergeblich.

„Wir haben keine Ursache, der Wiederbelebung einer Schule zuzustimmen, die eine Schule für die besitzenden Klassen ist. Die Fürsorge für die Volksschulen liegt in der gegenwärtigen Zeit des Lehrerabbaus und der Einschränkung der Zuwendungen aus öffentlichen Mitteln für die Schule dermaßen im argen, daß wir es nicht verantworten können, öffentliche Mittel, sei es auch nur bescheidenen Umfangs, für eine neue Sonderschule für die besitzenden Klassen zu verausgaben. Wir glauben auch, daß die Rechtsparteien den Antrag nur gestellt haben, weil diese Schule einen Namen trägt, der Ihnen so sehr angenehm ist. (Heiterkeit und Widerspruch rechts) Sie wollen mit der Eröffnung des Kaiser-Wilhelm-Realgymnasiums eine Propagandamöglichkeit für den monarchischen Gedanken ins Leben rufen. Ich bin überzeugt: Wenn die Schule August-Bebel-Schule hieße oder Karl-Marx-Realgymnasium (Zurufe) oder auch Kilian-Schule, dann würden Sie den Antrag nicht einbringen, daß diese Schule eröffnet werden soll. Im Gegenteil, wenn Sie die kommunistischen Schulleute, Direktoren usw. beseitigen könnten, dann würden Sie das mit großem Vergnügen tun. (Sehr richtig! rechts) Damit bestätigen Sie vollkommen,

Kaiser Wilhelms-Realgymnasium, Zwillingestraße 21-29, 1929 — *Heimatmuseum Neukölln*

meine Damen und Herren, daß Sie die Eröffnung dieser Schule aus rein agitatorischen Gründen für den monarchischen Gedanken haben wollen. (Widerspruch rechts)".[9]

Im Jahr 1929 sollte das staatliche Kaiser Wilhelms-Realgymnasium endlich ein neues Schulhaus in der Zwillingestraße erhalten. Großes war geplant. Für 1,5 Mio Reichsmark sollte „Deutschlands modernste Schule", die nichts Kasernenmäßiges mehr an sich hatte, entstehen. Das Lehrerpodium war verschwunden, die altmodischen Bänke waren durch bewegliche kleine Tische ersetzt worden, Buchdrucke und Landschaftsfotos schmückten die Wände, und die Schulräume waren mit modernen Radiogeräten ausgestattet. Der Anspruch, eine Musterschule im Arbeiterbezirk Neukölln aufzubauen, schien sich zu erfüllen, zumal der Direktor der Schule, Dr. Felix Behrend, in seiner Ansprache zur Einweihung des neuen Gebäudes erklärte, die Schüler zu Bürgern der deutschen Republik erziehen zu wollen. Aber wieder einmal zeigte sich, daß sich die Fassade schneller verändern läßt als die Mentalitäten und Verhaltensweisen der Menschen sowie die gewachsenen Strukturen.

Im elften Jahr der Republik trug die Schule immer noch den Namen des alten Kaisers. Der Umzug in den Neubau bot eine gute Gelegenheit, den Namen der Schule zu ändern. Das preußische Kultusministerium, allen voran Becker und Grimme sowie einige Mitglieder im Provinzialschulkollegium, wollten ein politisches Zeichen setzen und schlugen den Namen des ersten Reichspräsidenten, Friedrich Ebert (SPD), vor. „Unseres Erachtens sollte gerade eine Staatsanstalt den Namen des ersten Reichspräsidenten in einer solchen Form lebendig erhalten und gewissermaßen als Symbol für die Erziehungsarbeit einer Schule aufrichten. Dafür wäre eine Schule in der Reichshauptstadt, insbesondere in dem Arbeiterviertel Neukölln, gewiß am geeignetsten."

Rückansicht des Gebäudes des Kaiser Wilhelms-Realgymnasiums, heutiger Haupteingang, 1929 — *Heimatmuseum Neukölln*

Kaiser Wilhelms-Realgymnasium, Vorderseite Hauptportal, 1929 — *Heimatmuseum Neukölln*

Schulleiter Behrend ahnte, was auf ihn zukommen würde. Zwar vermutete er, daß bei einer Befragung das Kollegium den Vorschlag befürworten werde, aber er machte einige grundsätzliche Bedenken geltend: die Presseangriffe gegen den Namen der Schule, die kontrovers zugespitzten Auseinandersetzungen in der Bezirksverordnetenversammlung von Neukölln, die Gefahr von „Entgleisungen", falls die Umbenennung bei der Einweihungsfeier der Schule bekanntgegeben würde. Um jedem Meinungsstreit aus dem Weg zu gehen, schlug Behrend vor, den Namen Johann J. Heckers zu wählen, des Begründers des Realschulwesens, mit dessen Namen die Schule seit ihrer Entstehung verbunden war. Aber eine Berliner Realschule trug bereits den Namen Heckers, und eine Doppelbenennung sollte nach Möglichkeit unterbleiben.

Im Falle Friedrich Ebert war das Kultusministerium jedoch bereit, eine Ausnahme zu machen und den Namen ein zweites Mal zu vergeben, da man sich von dem Namen eine politische Signalwirkung versprach. Noch hatte das Ministerium die Hoffnung, daß „der Name des ersten Reichspräsidenten als ein über den Parteien stehendes Symbol die Geister einigen kann und muß." In diesem kleinen Wörtchen „muß" steckt schon die ganze Trostlosigkeit und Hoffnungslosigkeit der letzten Jahre der Weimarer Republik. Ein demokratischer Konsens hatte nie existiert, und er ließ sich auch nicht durch eine verordnete Namensänderung herbeiführen.

VII.

Sobald die geplante Namensänderung ruchbar wurde, schaltete sich der Verband der evangelischen Elternbünde ein und lief Sturm gegen dieses Vorhaben. Das Provinzialschulkollegium wurde aufgefordert, „darauf hinzuwirken, daß der Versuch, die parteipolitische Propaganda mit ihren üblen Folgeerscheinungen auch auf die staatlichen Schulen zu verpflanzen, vereitelt wird."

Zwischen vielen anderen Dokumenten versteckt hat sich ein Schreiben des christlich-unpolitischen Elternbeirats des Staatlichen Gymnasiums in Neukölln erhalten, das zeigt, wie bereitwillig die konservativen Elternverbände den Nazis den Weg zur Macht bereitet haben. Das Schreiben vom 1.10.1932 ist an den Preußischen Minister für Wissenschaft, Kunst und Volksbildung gerichtet und bittet um Streichung des § 19, Ziffer 3, 2. Satz der Schulordnung. Dieser Absatz war in viele Schulordnungen aufgenommen worden, da das Ministerium die extremistischen politischen Jugendorganisationen aus der Schule heraushalten wollte.

„Es ist den Schülern indes untersagt, solchen Vereinigungen anzugehören und an ihren Veranstaltungen teilzunehmen, die sich nach ihren Satzungen oder nach ihrer Betätigung gegen den Staat und die geltende Staatsform richten, seine Einrichtungen bekämpfen oder Mitglieder der Regierung des Reiches oder eines Landes verächtlich machen, die verfassungsmäßigen Grundrechte der Deutschen mißachten, Glieder der deutschen Volksgemeinschaft ihrer Abkunft, ihres Glaubens oder ihres Bekenntnisses wegen bekämpfen oder die sonst in ihren Bestrebungen und Zielen die Erziehung zum Bürger der Deutschen Republik im Sinne des Artikels 148 der Reichsverfassung gefährden."

Dieser Absatz sollte also ersatzlos gestrichen werden, wobei die Begründung für diese Forderung höchst aufschlußreich für das Selbstverständnis der christlich-unpolitischen Liste ist. „Der Inhalt des 2. Satzes, Ziffer 3, Par. 19 der Schulordnung trägt den veränderten Verhältnissen im deutschen Volk und nicht zuletzt der vaterländischen Denkart unserer Jugend in keiner Beziehung Rechnung und dürfte daher als überholt anzusehen sein. Überdies wird die Verantwortung für die Zugehörigkeit der Schüler zu außerschulischen Vereinen und für den Besuch deren Veranstaltungen gemäß Satz 1, Ziffer 3 des Par. 19 den Erziehungsberechtigten übertragen."[10]

Erst vor diesem Hintergrund wird man die Mahnung des Elternbeirats ganz würdigen können, der 1929 anläßlich der geplanten Umbenennung den zuständigen Minister auffordert: „Dieser Fall gibt den zuständigen höchsten Instanzen die Gelegenheit zu beweisen, daß es ihnen ernst ist mit dem so oft amtlich auch in der Öffentlichkeit verkündeten Grundsatz, daß die Parteipolitik vor der Schule Halt zu machen hat."

VIII.

Das Ministerium hatte sich indessen auf einen geordneten Rückzug eingestimmt. In Anbetracht der heftigen öffentlichen Diskussion erschien selbst eine Kompromißlösung problematisch. Ließ man nämlich den kaiserlichen Namen fortfallen und entschloß sich zu einer neutralen Bezeichnung – „Staatliches Reformgymnasium und Reformrealgymnasium in Berlin Neukölln" – so waren noch längst nicht alle Schwierigkeiten überwunden. „Unseres Erachtens werden die Kreise, von denen solche (Entgleisungen) zu besorgen wären, nicht so sehr an dem neuen, sondern an dem Wegfall des alten Namens Anstoß nehmen." Im Ministerium breitete sich Ratlosigkeit aus.

Inzwischen hatte sich auch die Republikanische Beschwerdestelle eingeschaltet. Der bisherige Name errege „erhebliches Befremden" bei der Neuköllner Arbeiterschaft. Der Vorschlag, den Namen des Kaisers „durch den Namen eines führenden republikanischen Staatsmannes oder Wissenschaftlers zu ersetzen", war von Behrend bereits aufgegriffen worden. Der Übergang zur „Ebertschule" schien ihm „hart", da seine Schüler aus eher bürgerlichen Kreisen kämen. Seine eigenen Überlegungen – evtl. Hecker oder Reinhard, vielleicht aber auch Hugo Preuß, Max Weber, Friedrich Naumann, Albert Einstein – stießen auf wenig Gegenliebe. Ministerialrat Landé erhob sofort Bedenken gegen den Namen „Einsteinschule". Demokraten, selbst „der Vater der Weimarer Reichsverfassung" Hugo Preuß, waren schon lange nicht mehr mehrheitsfähig. Vizepräsident Adolf Grimme trat zwar für eine sofortige Umbenennung ein, aber er konnte sich nicht durchsetzen. Das Ministerium resignierte.

Das Ergebnis des ganzen Streits ist geradezu niederschmetternd und eine Bankrotterklärung für die junge Republik. Der neue Name soll nicht am Verfassungstag verliehen werden, ein Name wie Hugo Preuß ist „nicht zweckmäßig", der Name „eines linksgerichteten Staatsmannes oder Wissenschaftlers" könne zu Verwechslungen mit der Karsenschule führen, die schließlich auch noch Kaiser-Friedrich-Realgymnasium heiße. Möglicherweise gab Behrends letzteres Argument den Anstoß dazu, daß wenig später das KFR in Karl-Marx-Schule umbenannt wurde, um wenigstens dort Flagge zu zeigen. Mit Erlaß vom 24. 8. 1929 wurde das staatliche KWR in „Staatliches Gymnasium in Berlin-Neukölln (Reformgymnasium und Reformrealgymnasium)" umbenannt.[11] Im Gegenzug dazu setzten „die Linken" im Herbst 1929 den Namen Karl-Marx-Schule für das KFR in Neukölln durch. Der Name, der auf bürgerliche Kreise wie ein rotes Tuch wirken mußte, wurde im Mai 1930 von Adolf Grimme (SPD), der Becker als preußischen Kultusminister abgelöst hatte, offiziell bestätigt. Den Hauptbeteiligten an dieser Aktion, Grimme, Karsen und Löwenstein, wird klargewesen sein, daß diese Umbenennung nicht mehr als

Die republikanische Musterschule.
Unter kaiserlichem Namen

Wie heute früh gemeldet, wurde gestern in Neukölln der Neubau eines staatlichen Realgymnasiums eingeweiht, das eine Musterschule der Republik werden soll. Wir haben ausführlich über das hohe und helle Haus berichtet, das die Republik mit grossem Kostenaufwand hergestellt hat, und die Persönlichkeit des Leiters, des Oberstudiendirektors Dr. Behrend, bürgt dafür, dass auch der Unterricht in diesen schönen, neuen Räumen im modernen republikanischen Geist gestaltet wird. Mit Erstaunen freilich nimmt man davon Kenntnis, dass diese republikanische Musterschule auch in ihrer neuen Gestalt den Namen Kaiser-Wilhelms-Realgymnasium weiterführen soll. Die Spitzen der staatlichen und städtischen Behörden, unter der Führung des Unterrichtsministers Dr. Becker, nahmen an der gestrigen Einweihungsfeier teil. Ist niemand von ihnen auf den Gedanken gekommen, welchen Eindruck es auf die republikanische Bevölkerung machen muß, wenn gerade diese republikanische Musterschule als Kaiser-Wilhelms-Realgymnasium eingeweiht wird? Wollte man die monarchistische Tradition pflegen, statt die republikanische Tradition zu begründen? Warum muss die Republik für ihre neue Schule den Namen des Schlossherrn von Doorn beibehalten? Der preussische Unterrichtsminister sollte den Fehler, der hier begangen ist, schleunigst wieder gutmachen und dieser Musterschule der Republik einen Namen geben, der als Symbol des neuen Volksstaates und nicht als verstaubtes Etikett der Vergangenheit wirkt.

Berliner Tageblatt v. 30. 5. 1929

---

eine symbolische Geste war, der Versuch, ein Signal zu setzen angesichts der Rückzugsgefechte gegen die vorwärtsdrängende völkische Bewegung.

IX.

Kaum hatten die Nazis die Regierungsgeschäfte übernommen, setzten sie alles daran, die Novemberrevolution und deren Folgen wieder zurückzudrehen. Die Karl-Marx-Schule hieß wieder KFR, und das namenlose KWR erhielt mit Erlaß vom 21. 4. 1933 seinen alten Namen aus der Kaiserzeit zurück. Die Walther-Rathenau-Schule wurde noch vor den Sommerferien 1933 in Richard-Wagner-Schule umgetauft. Ein Jahr später durfte sich die Mädchenschule nach der ostpreußischen Dichterin Agnes-Miegel-Schule nennen. Nur die Albrecht-Dürer-Oberschule behielt ihren bewährten Namen. Insgesamt gesehen gingen die Nazis in Neukölln relativ behutsam vor. Man unterließ alles, was die Mehrheit der Bevölkerung aus der Arbeiterschaft provozieren konnte. Mit der Schulreform von 1938 wurden noch einmal für einige Schulen Umbenennungen vorgenommen, aber auch da hielt man sich auffallend zurück. Keines der Neuköllner Gymnasien wurde nach einer der Nazigrößen benannt. Das KFR, die ehemalige Karsenschule, hieß seit 1938 Hermann-Löns-Schule. Die Adresse lautete schon lange nicht mehr Sonnenallee, sondern Braunauer Straße 79/81. Das KWR trug seit 1938 die Bezeichnung „Staatliche Kaiser-Wilhelm-Schule", und die Richard-Wagner-Schule wurde in „Lettow-Vorbeck-Schule" umgetauft.

Mit dieser Namensgebung wagten sich die Nazis in Neukölln am weitesten vor, denn Lettow-Vorbeck war ein bekannter Antide-

Eine Schule, vier Namensänderungen: Anhand der Zeugnisse eines Schülers lassen sich verfolgen:
1. Kaiser-Friedrich-Realgymnasium, 2. Karl-Marx-Schule, 3. Städtisches Kaiser-Friedrich-Realgymnasium,
4. Hermann-Löns-Schule — *Heimatmuseum Neukölln*

mokrat, nach dem allerdings auch noch nach dem II. Weltkrieg eine Bundeswehrkaserne benannt werden konnte. In der Öffentlichkeit war er als alter Haudegen aus den ostafrikanischen Kolonien populär. Im März 1919 war er mit seinen Leuten unter der Parole „Im Felde unbesiegt" im Triumphzug durch das Brandenburger Tor gezogen, bejubelt von Hunderttausenden von Berlinern. Wenig später nahm er an der Seite der Rechtsradikalen von der „Deutschen Vaterlandspartei" am Kapp-Putsch teil. Sein Buch *Heia Safari* über den Kampf in Deutsch-Ostafrika wurde in einer Auflage von mehreren Hunderttausend verbreitet. Im sog. Dritten Reich war Paul von Lettow-Vorbeck, „der Löwe von Afrika", Zentralfigur einer großangelegten Kampagne unter dem Motto „Wir wollen unsere alten Kolonien wiederhaben". Seit den dreißiger Jahren wurde er als verklärte Kultfigur in Heftchenromanen und als ungekrönter Herrscher in den

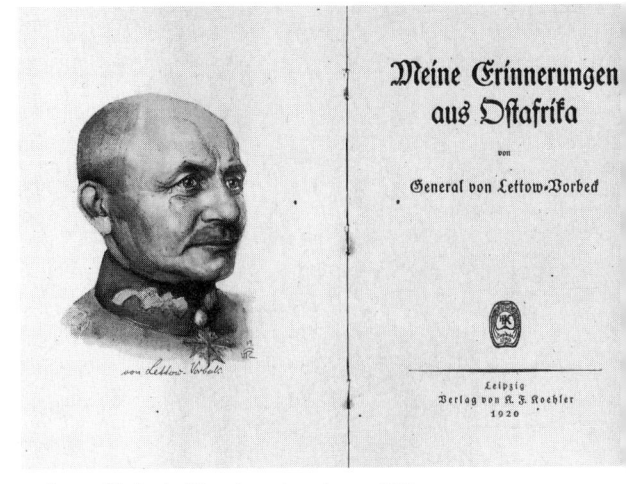

Lettow-Vorbecks Memoiren, Ausgabe von 1920

Sammelalben des Margarinekonzerns „Sanella" gefeiert. Allzu großen politischen Flurschaden wird die Namensgebung eines Gymnasiums nach diesem „Helden", der 1964 im 94. Lebensjahr im schleswig-holsteinischen

Titelseite des Fotoalbums von Kunstlehrer Arthur Busse mit Umbenennungen, o.J. — *Heimatmuseum Neukölln*

Feierlichkeiten anläßlich der Umbenennung des Städtischen Oberlyzeums Berlin-Neukölln, Berliner Straße 10 (heute Karl-Marx-Straße), in Agnes-Miegel-Schule, 1934 — *Heimatmuseum Neukölln*

Pronstorf mit militärischen Ehren zu Grabe getragen wurde, wohl nicht angerichtet haben.

X.

Nach 1945 begann die stumme, die namenlose Zeit. Die Schulen erhielten Zahlen, aber keine Namen. Erst Anfang 1953, nach einigen Kompetenzstreitigkeiten zwischen dem Bezirksamt von Neukölln und dem Senat, erhielt die 2. OWZ den Namen Albert Schweitzers. 1956 folgten die anderen drei Oberschulen Wissenschaftlichen Zweiges: die 1. OW hieß wieder Albrecht-Dürer-Oberschule, die 3. OW wurde nach Johannes Kepler und die 4. OW nach Ernst Abbe benannt. Man verzichtete auf allzu politische Namen und rettete sich in die Naturwissenschaften, in die Kunst des zeitlosen Dürer und ins Allgemein-Menschliche wie im Falle Albert Schweitzer. Aber schätzen wir das nicht gering. Mit letzterem war auch eine Abwendung von allem Dynastischen, Militaristischen und Nationalistischen verbunden, denn jemand wie Albert Schweitzer, der Urwalddoktor von Lambarene, paßte so gar nicht in diese preußisch-deutsche Tradition hinein. Einen Brief von Joseph Goebbels, der „mit Deutschem Gruß" endete, erwiderte er höflich „mit zentralafrikanischem Gruß".

Die Namen der Gymnasien waren in diesem Jahrhundert einem raschen Wandel unterworfen. Im Innern hat sich das Gymnasium vom Kaiserreich bis heute kaum verändert und wirkt wie ein Fossil in einer sich wandelnden Gesellschaft. Der Außenanstrich ist erneuert worden, und das Gestühl sowie das Lehrpersonal sind vielleicht etwas beweglicher geworden. Die reformpädagogischen Experimente der Weimarer Republik, die eine demokratische Arbeits- und Lebensschule schaffen wollten, haben in der pädagogischen Literatur, kaum in der praktischen (Schul-)Politik und schon gar nicht in der Architektur ihren Niederschlag gefunden. Bruno Tauts groß angelegter Entwurf einer demokratischen Schullandschaft blieb Papier – wie so vieles, was in den Zwanzigern angedacht wurde. Die Gebäude und die Strukturen waren im Kaiserreich, das infolge seiner relativen Stabilität und Kontinuität die deutsche Gesellschaft viel stärker geprägt hat als die kurzfristigen Erscheinungen wie Weimarer Republik und Nationalsozialismus, entstanden, und sie veränderten sich nur langsam und geringfügig.

Die Umstellung von der patriarchalisch autoritären Lernschule im Kaiserreich auf eine demokratische Arbeitsschule in der Weimarer Republik hätte auch eine andere äußere Gestaltung erfordert, ebenso wie in den Wendezeiten nach 1945. Es erscheint mehr als zweifelhaft, ob sich ein demokratisches Schulleben und moderne Arbeitsformen überhaupt in die Praxis umsetzen lassen in Anstalten, die für eine andere Gesellschaft mit anderen Werthaltungen konzipiert worden sind. Vielleicht sind die Immobilität der äußeren Rahmenbedingungen und die lange Dauer der Strukturen mit Ursachen dafür, daß die bescheidenen Ansätze einer demokratischen Schule – z.B. Gruppenarbeit, Selbsttätigkeit der Schüler, Projektunterricht – nur wenig Chancen hatten und haben, sich erfolgreich zu behaupten, so daß wir auch heute wohl eher von einer Schule in der Demokratie als von einer demokratischen Schule sprechen müssen.

Anmerkungen

1 Das Kaiser-Wilhelm-Realgymnasium Neukölln. Bl. 94 — GStA Merseburg Rep 76 VI Sekt 15 Nr. 35; siehe auch J. Hoffmeister: „Das Kaiser-Friedrich-Realgymnasium zu Rixdorf." — *Neuköllner Heimatverein e.V. Mitteilungsblatt*, Nr. 10 (1957), 143-150

2 W. Dutz, „Einiges zur Geschichte der Walther-Rathenau-Schule." — *Der Schulfreund 2*, Nr. 6 (1928), 61

3 Bez.Arch. Neuk. Nr. 1056; *Rixdorfer Tageblatt* v. 31. 1. 08

4 Bez.Arch. Neuk. Nr. 997, 1007, 1014, 1017, 1028, 1036

5 H. Glaser: *Die Kultur der Wilhelminischen Zeit. Topographie einer Epoche.* Frankfurt / M. 1984. J. Campbell Hutchinson: „Der vielgefeierte Dürer." — R. Grimm, J. Hermand (Hrsg.): *Deutsche Feiern.* Wiesbaden 1977, S. 37f. G. Kratzsch: *Kunstwerk und Dürerbund. Ein Beitrag zur Geschichte der Gebildeten im Zeitalter des Imperialismus.* Göttingen 1969

6 B. Kruppa: *Rechtsradikalismus in Berlin 1918-1928.* Berlin / New York 1988, S. 142-145

7 BA Potsdam 49-01 REM Spezialia 5798; siehe auch H. Hannover, E. Hannover-Drück: *Politische Justiz 1918-1933.* Hamburg 1977, S. 112-124

8 *Berlin-Wilmersdorf – Die Jahre 1920 bis 1945.* Hrsg. U. Christoffel. Berlin 1985, S. 38, 104

9 Rede des Abgeordneten Kilian (KPD) in der 30. Sitzung des Preußischen Landtags am 1. 4. 1925. GStA Merseburg, Rep 76 VI Sekt 15 Nr. 35 Kaiser Wilhelms-Realgymnasium Neukölln, Bl. 328 / 329; zur Namensänderung Bl. 410-432, 447

10 BA Potsdam REM 49.01 Nr. 4344 Schulzucht 1932-1943, Bl. 84 / 85

11 Protokoll der Bezirksverordnetenversammlung Neukölln , Sitzung v. 17. 4. 1929, Top 15, Drucks. Nr. 62: Antrag der Bezirksverordneten Harnisch und Genossen (SPD) auf Umbenennung des KWR wird angenommen. „Die Bevölkerung Neuköllns hat mit Bestimmtheit erwartet, daß ... der Name eines führenden Republikaners oder eines Wissenschaftlers gewählt wird." Der Zusatzantrag der KPD (Umbenennung in Friedrich-Engels-Gymnasium) wird abgelehnt. — Bez.Arch. Neuk. / 5-2a-9

Dokument 1　　　Oscar Marschall

Albrecht Dürer —
„der Deutscheste aller Deutschen"

Als es sich darum handelte, für die nunmehr völlig ausgebaute Oberrealschule nach dem Vorbilde der übrigen höheren Schulen Groß-Berlins eine unterscheidende Bezeichnung zu wählen, wurde mit Recht hervorgehoben, daß es gerade einer Oberrealschule wohl anstehe, als Paten einen Mann zu wählen, der nicht ohne Berechtigung als der „Deutscheste aller Deutschen" bezeichnet worden ist.

In höherem Maße als die anders gearteten höheren Lehranstalten ist die Oberrealschule vermöge ihres Lehrplans befähigt, durch gründliches, historisches Erfassen und Erschließen deutschen Volkstums eine nationale Grundlage für das ganze Erziehungs- und Bildungswerk zu schaffen.

Daß insbesondere die Oberrealschule zu Neukölln eine höhere Schule auf wesentlich deutscher Grundlage im Sinne Fichtes sein will, geht schon aus ihrem besonderen, seitens der Behörde genehmigten Lehrplan hervor, der in Abweichung von dem sonst für Oberrealschulen geltenden Normallehrplan dem deutschen Unterricht einen wesentlich breiteren Raum zuweist.

Nun verkörpert Albrecht Dürer alles, was man als Deutsch bezeichnet.

Er besitzt deutschen Tiefsinn und deutsches Gemüt, deutsche Naturliebe, deutsche Mannhaftigkeit und deutschen Humor.

So ist es natürlich, daß er auch die Schönheit mit deutschen Augen suchte und schaute. Alles, was unserem Volkstum ursprünglich fremd, erhielt bei ihm einen deutschen Charakter; sowohl die Antike als auch die Gestalten der biblischen Geschichte, sowie die Eigenart der italienischen Renaissance setzte er ins Deutsche um.

Sein großartiges, umfassendes Lebenswerk ist dadurch ein echtes Spiegelbild deutscher Art und deutschen Wesens geworden.

Albrecht Dürer gilt infolgedessen als Schildträger, sein Name als Losungswort für alle diejenigen unserer Volksgenossen, die nach einer echt deutschen, auf deutschem Denken und Empfinden beruhenden Kultur streben, nicht nur auf dem Gebiete der Kunst, sondern auf jedem Gebiete geistigen Schaffens.

Nicht unerwähnt sollen auch die mannigfachen Beziehungen bleiben, die zwischen Albrecht Dürer und den Bildungsstoffen, die gerade eine Oberrealschule vermittelt, bestehen.

Albrecht Dürer war ein außerordentlich exakter, durchaus wissenschaftlicher Beobachter und Darsteller des Naturlebens. Seine zahlreichen Tier- und Pflanzenstücke zeigen einen überraschenden Realismus in der Darstellung, der über Art und Gattung der geschilderten Gegenstände keinerlei Zweifel bestehen läßt, ganz gleich, ob es sich um einen Hasen oder Rebhühner oder Hirschkäfer oder allerlei Gewürm, oder um Rispengras, Wegerich, Löwenzahn oder minder bekannte Sumpfpflanzen handelt.

Ebenso wirken seine landschaftlichen Studien wegen der Schärfe der Beobachtung noch völlig modern.

Von seinem wissenschaftlichen Streben zeugen seine vier Bücher von den menschlichen Proportionen sowie seine Schrift über Geometrie, Unterweisung mit dem Zirkel und Richtscheit in Linien, Ebenen und ganzen Körpern.

Auf dem Gebiete der Physik und Technik beherrscht Albrecht Dürer das gesamte Wissen seiner Zeit, ja, er wird von seinen Zeitgenossen als einer der bedeutendsten Ingenieure, u.a. auch als der hervorragendste Schriftsteller über Festungsbau angesehen.

Wichtiger aber als diese immerhin sehr interessanten Beziehungen Albrecht Dürers zu den exakten Wissenschaften ist aber doch, daß er auch als Mensch in hohem Maße verdient, der Jugend als nachahmenswertes und leuchtendes Vorbild hingestellt zu werden.

Albrecht Dürer war ein durchaus ernster, in sich gefestigter Mensch, der wie viele seiner tiefsinnigen Bilder (Melancholie, Nemesis, die apokalyptischen Reiter) zeigen, auch zu faustischem Grübeln neigte.

...

Charakteristisch für den Menschen Dürer ist insbesondere sein rastloser Eifer und Schaffensdrang sowie sein unermüdlicher Forschungstrieb. Es war ihm heiliger Ernst mit allem, was er trieb. Alles, was er geschaffen hat – und es sind noch heute ca. 1 200 Bilder, Zeichnungen, Stiche usw. von ihm vorhanden – ist die unmittelbare Aussprache seines inneren Wesens. Er selbst sagt einmal wundervoll über sein inneres Verhältnis zu seinen Schöpfungen: „Der heimlich angesammelte Schatz des Herzens wird offenbar durch mein Werk." Welch tiefen Eindruck gerade die Persönlichkeit Albrecht Dürers auf seine Zeitgenossen machte, mögen die herrlichen Worte lehren, die der Rektor des Nürnberger Gymnasiums, Camerarius, in der Vorrede zu der von ihm lateinisch herausgegebenen Proportionslehre Dürers seinem Landsmann widmete.

Nachdem er die hohe Sittlichkeit Dürers gerühmt hat, sagt er: „Seine Seele war von glühendem Verlangen nach vollendeter Schönheit der Sitten und der Lebensführung erfüllt, und er zeichnete sich darin so aus, daß er mit Recht ein *vollkommener Mann* genannt werden konnte."

Aus den vorstehenden Ausführungen dürfte sich gewiß ergeben, daß Albrecht Dürer, dessen Künstlerruhm auch in den kommenden Jahrhunderten nicht verblassen kann, der als Mensch unablässig nach Vervollkommnung gerungen, der in seinem Denken, Empfinden und Schaffen als Inbegriff des Deutschtums bezeichnet worden ist, der nicht nur ein guter Deutscher, sondern auch ein treuer, anhänglicher Bürger seiner ihm gegenüber wenig dankbaren Vaterstadt gewesen ist, in vollem Maße geeignet ist, zum Schutzpatron einer deutschen Oberrealschule erwählt zu werden.

Andrerseits besaß er auch einen klaren, durchdringenden Blick für Menschen und Dinge und die Wirklichkeit der Welt. Trefflich schildert Goethe diese Eigenschaft in den bekannten schönen Versen:

> Nichts verlindert und nichts verwitzelt,
> nichts verzierlicht und nichts verkritzelt;
> sondern die Welt soll vor Dir stehen,
> wie Albrecht Dürer sie hat gesehen,
> ihr festes Leben und Männlichkeit,
> ihre innere Kraft und Ständigkeit

Derselbe derbe und weltfrohe Humor, der uns in Luthers Tischreden entgegentritt, spricht auch aus Dürers Briefen und Tagebüchern zu uns.

Eine tiefe Frömmigkeit beseelte ihn und offenbart sich in zahlreichen seiner Bilder.

Da er selbst sich zu einer tieferen Auffassung des Verhältnisses zwischen Gott und Mensch getrieben fühlte, stand Albrecht Dürer in den Reihen jener Männer, welche gegen die allmächtigen kirchlichen Formen ankämpften, die das Gewissen und das innere Leben der Menschen zu ertöten drohten."

Auszug aus der „Denkschrift über die Ernennung der städtischen Oberrealschule in der Emser Straße (1911/12)." Handschrift im Bez.Arch. Neuk. / 37L-3-16. Verfasser war Oscar Marschall, Direktor der Schule. Die Denkschrift sollte dem Magistrat von Rixdorf gegenüber die Namensgebung „Albrecht-Dürer-Oberrealschule" begründen.

Ekkehard Meier

Neuköllner Saubermänner – Der Kampf gegen die Schmutz- und Schundliteratur

I.

Innerhalb einer Generation veränderte sich die scheinbar überschaubare Welt des Kaiserreiches von Grund auf. „Das mehr als amerikanische Wachstum Rixdorfs" (*Rixdorfer Tageblatt* v. 30.1.1908) ließ die relative Geborgenheit inmitten einer patriarchalisch und hierarchisch geordneten Gesellschaft ins Wanken geraten. Andererseits aber eröffneten sich Freiräume für den einzelnen, da das Leben vielschichtiger, unübersichtlicher, undurchschaubarer wurde.

In wenigen Jahren entwickelte sich nach der Jahrhundertwende ein Medienmarkt mit Billigprodukten aller Art wie Groschenromane und Bilderheftchen[1]. In einer Zeit, in der viele kaum über die nähere Umgebung ihres Heimatortes hinauskamen, war die Heftchenlektüre oft nichts anderes als eine große Abenteuer- und Entdeckungsreise im Kopf. Wenigstens im Reich der Phantasie konnte man sich für eine Weile auf Weltreise begeben und den beengten Alltag, das trübe spießbürgerliche Einerlei vergessen. Die zahllosen Abenteuer-, Räuber-, Indianer-, Detektiv- und Liebesromane brachten einen Hauch von der großen weiten Welt ins graue Neukölln. Gerade dieser internationalistische Charakter der Heftchen trieb die Jugendschützer und Sittenwächter auf die Barrikaden, ohne daß die Jugendlichen sich davon sonderlich beeindrucken ließen. Nick Carter, Nat Pinkerton, Buffalo Bill und Sherlock Holmes blieben auch weiterhin ihre bewunderten Helden. Die knallige Aufmachung der Heftchen mit farbigem Umschlag und anregendem Titelbild weckten eher das Lesevergnügen als die staubtrockenen Lesebücher der Schule. Da die Heftchen mit 5 Pf. auch noch relativ billig waren und durch Rücklauf und Austausch kursierten, fanden sie eine weite Verbreitung.

Gegen diese Heftchenkultur, eine Art Alternativkultur im Kaiserreich, formierte sich eine bürgerliche Reformbewegung, allen voran der Dürerbund, der die Speerspitze im Kampf gegen die Schmutz- und Schundliteratur bildete. In Neukölln hatte der Bund in Bürgermeister Dr. Weinreich und in Oberrealschuldirektor Dr. Marschall zwei unermüdliche Vorkämpfer. „In dem Kampf gegen dieses Uebel, das einen Krebsschaden der ganzen Gesellschaft bedeutet, sind unerwartet schnell außerordentliche Erfolge erzielt worden. Staat und Gemeinde, Schule und Familie und nicht zuletzt die deutsche Buchhändlerwelt haben sich die Hände gereicht, um diesen Schaden am Mark des Volkes zu bekämpfen."[2]

Schon dieser kurze Textauszug aus einer Rede Weinreichs bei einem Treffen der „Zentralstelle zur Bekämpfung der Schundliteratur" zeigt, daß der Kampf gegen Schmutz und Schund nach bewährten Mustern geführt wurde, die eine lange christlich-antike Tradition haben. Einige der Metaphern und Topoi tauchen in den pädagogischen Schriften des 18. Jahrhunderts bei Salzmann und Campe auf und gehören bis heute zum gängigen Repertoire besorgter Jugendschützer. Ob im Kampf gegen die schädliche Onanie oder im Kampf gegen Schmutz und Schund oder im Kampf gegen die gefahrbringenden neuen Medien – meist werden die gleichen Bilder verwendet. Vom Krebsschaden ist die Rede, vom Geschwür, das am (Rücken-)Mark des deutschen Volkes frißt, vom Gift, das den Volkskörper bedroht, oder von der großen Flut; stets bestehe die Gefahr, daß die Wogen über das Land hereinbrechen und die Heimat überfluten.

In der Verdammung der sittenverderbenden Heftchenkultur[3] waren sich alle politischen Richtungen einig, aber in der Strategie, wie man gegen diesen „Krebsschaden" vorgehen sollte, gab es große Differenzen. Nationalkonservative wie Marschall und Weinreich waren der Meinung, daß das Freizeitverhalten der Jugendlichen und ihre Lesegewohnheiten verändert werden müßten. Ihnen erschien eine „Sozialpolitik der Seele" vorrangig. Pädagogen, die der Arbeiterbewegung nahestanden, wie z.B. Konrad Agahd oder Jensen, waren davon überzeugt, daß erst einmal die für die proletarische Bevölkerung unzureichenden gesellschaftlichen Verhältnisse verbessert oder verändert werden müßten. Sie kritisierten die verklärende vaterländische Literatur[4], aber eine öffentlichen Auseinandersetzung um den nationalen und heroischen Edelkitsch, der in den Klassen- und Abituraufsätzen an den Gymnasien produziert wurde, fand kaum statt.

Gegen Ende des 19. Jahrhunderts erfaßte eine breite Reformbewegung vor allem die Volksschullehrerschaft. Die eher liberale Hamburger Gruppe um Heinrich Wolgast, der Adolf Jensen nahestand, wandte sich entschieden gegen den nationalistischen und militaristischen Edelkitsch, gegen die „Nick-Carter-Kunst in patriotischem Gewande". Die Jugendlichen sollten schrittweise an die Erwachsenenliteratur des Bildungsbürgertums herangeführt werden. Die Auseinandersetzungen waren aber nicht nur ein ästhetisches und politisches Problem. Vielmehr ging es auch um handfeste materielle Interessen, denn angesichts der aufkommenden Massengesellschaft und der Bildung für die Massen versprach der Büchermarkt schnelle und beachtliche Gewinne. Wegen ihrer kritischen Rezensionen im Namen der Vereinigten Prüfungsausschüsse für Jugendschriften wurden die Hamburger mit zahlreichen Gerichtsprozessen wegen Geschäftsschädigung überzogen. Gleichzeitig wurde ihnen von konservativer Seite „Sympathisantentum" mit der Arbeiterbewegung vorgeworfen, was 1913 zu einer Debatte im Preußischen Abgeordnetenhaus über die „pazifistische und vaterlandsfeindliche" Richtung des Hamburger Jugendschriftenausschusses führte.

Der Rektor der 30. Gemeindeschule in Rixdorf, Paul Samuleit, nahm eine Mittelstellung zwischen den „Hamburgern" und den Nationalkonservativen ein. Er veröffentlichte einige Artikel und kleinere Schriften[5] gegen die Schmutz- und Schundliteratur, in denen er wie die Hamburger den nationalen Edelkitsch verwarf. Während des 1. Weltkrieges gehörte er zu den wenigen, die auf die Gefahren der Kriegsschundliteratur hinwiesen. Aber nichts lag ihm ferner als eine Kritik an der Kriegsliteratur allgemein oder gar am Krieg. Die beanstandete Literatur konnte lediglich seinen literarisch-ästhetischen Ansprüchen nicht genügen. Als die Revolution 1918/19 eine Aufhebung der Zensur brachte, sah er darin nur ein Zeichen von Zügellosigkeit, da „das Aufschäumen eines schamlosen Sexualismus" drohe.

Die deutschnationale Richtung – in Rixdorf vertreten durch Bürgermeister Dr. Weinreich und die überwiegende Mehrheit der Gymnasiallehrer – forderte eine stärkere Betonung des Patriotischen und Religiösen in der Literatur, so wie sie im Verlag der „Main-

Titelblatt einer Kriegsausgabe des *Jung-Siegfried*, einer Jugendzeitschrift des Rixdorfer Lehrers und parteilosen Kämpfers für den Kinderarbeitsschutz, Konrad Agahd, herausgegeben vom Verein für soziale Ethik und Kunstpflege.
Diese und andere Zeitschriften sollten ein Gegengewicht zu den bekämpften Schmutz- und Schundheftchen schaffen, 1916 — *Privatbesitz Rogler*

zer Volks- und Jugendbücher" produziert wurde. Die städtische Schuldeputation in Rixdorf hatte die Bücher des Verlags für Schüler- und Volksbüchereien und für Prämienzwecke amtlich empfohlen. Ein kurzer Auszug aus der Verlagswerbung mag veranschaulichen, welche Art von Literatur für die Schulen, für die Volksbüchereien und für die Kinderlesehalle vom Amt in den letzten Jahren vor dem Krieg angeschafft wurde.

„Unser Volk soll wissen, wie hoch und herrlich der Flug deutschen Geistes durch alle Zeiten ging, wie groß und hehr die Taten deutscher Kraft gewesen sind, wie das Sieghafte, Sonnige und dabei Tiefgründende des Deutschtums seit den Tagen der Griechen die Menschheit bislang zur höchsten Blüte führte ... Ein frischer, männlicher Geist tut unserem Volke und seiner Jugend not, der feste Wille zum Durchhalten in den schweren Tagen, die sicher noch über uns kommen werden, die Erkennung der großen Ziele, die uns gesetzt sind, und kein Zurückweichen vor harten Notwendigkeiten. Unsere Dichter lehren uns hier, indem sie uns von unseren Vätern erzählen. Sorgen wir dafür, daß ihr Wort zum Herzen unserer Jugend dringt!"

Der Kampf gegen die Schmutz- und Schundliteratur wurde von der Arbeiterbewegung bereitwillig aufgegriffen, die ganz selbstverständlich die Wertmaßstäbe der bürgerlichen Gesellschaft übernommen hatte. Der junge Arbeiter sollte sich weiterbilden, sollte sich von Buffalo Bill und Nick Carter zur Kultur der Klassik, zu Goethe und Schiller sowie den Klassikern der Arbeiterbewegung hocharbeiten. Das „proletarische Bewußtsein" existierte eher in den theoretischen Schriften als im Alltag. Der durchschnittliche Arbeiterhaushalt in Neukölln war kleinbürgerlich, nicht unbedingt klassenkämpferisch eingestellt. So ist es nicht weiter verwunderlich, daß nicht etwa bürgerliche, sondern sozialdemokratische Tageszeitungen ihren Lesern Unterhaltungsliteratur in Form von Heimatkunst anboten.[6]

II.

Die Stadt Rixdorf/Neukölln hatte vor dem I. Weltkrieg über 260 000 Einwohner und 30 Gemeindeschulen. Bei der konservativen Elite wuchs die Angst vor dem Neuen, die Furcht vor unkontrollierbaren Entwicklungen, denn der geradezu explosionsartige Bevölkerungsanstieg stellte große Probleme bei der Sozialbetreuung und Sozialdisziplinierung der Massen. Nach dem patriarchalisch-autoritären Selbstverständnis galt es, Schulen, Kinderlesehallen, Volksbüchereien sowie Vereine und Gruppen zu gründen. Ausschüsse und Kommissionen wurden eingesetzt, öffentliche Diskussionen und Ausstellungen mußten ausgerichtet werden, die Schüler- und die Volksbibliotheken wurden auf- und ausgebaut, Schüler erhielten Bücherprämien als Belohnung für besondere Leistungen, und zur Weihnachtszeit wurden Literaturlisten erstellt. Die Erziehungs- und Überwachungsmaßnahmen richteten sich „in Rixdorf mit seiner zum Teil sehr unbemittelten Bevölkerung" auf die Volksschüler, auf die Kinder der Unterschicht, da Regierung und Verwaltung davon ausgingen, daß die meist bürgerlichen Kinder auf den Gymnasien von ihren Eltern „ordentlich" erzogen würden.

Im Jahr 1908 ließ Bürgermeister Dr. Weinreich von den Rektoren der Gemeindeschulen eine Kontrolle der Schüler und der Schulmappen durchführen. Das Ergebnis war besorgniserregend. Einige der Kinder besaßen mehr als 100 Trivialheftchen. Außerdem hätten sich Geheimbünde nach literarischen Vorbildern wie der „Bund der Sieben"[7] bzw. Vereine wie „Schleichender Fuchs" gebildet, die Straftaten wie z.B. Ladendiebstähle, Einbrüche oder Bedrohung von Erwachsenen begangen hätten. Gefahr schien im Verzuge zu sein. Und nun wurde eine Maschinerie in Gang gesetzt, bei der die Polizei und die Lehrer eine nicht unwesentliche Rolle spielen sollten.

In kurzer Zeit entwickelte sich Bürgermeister Dr. Weinreich zu einem in weiten Kreisen bekannten Fachmann in der Bekämpfung der Schmutz- und Schundliteratur und erhielt mehrfach Anfragen von anderen Gemeindeverwaltungen. Der idealtypische Ablauf nach dem „Rixdorfer Modell" gestaltete sich folgendermaßen:

1. In der ersten Phase bemühte sich die Behörde um öffentliche Aufklärungsarbeit in den Lokalzeitungen und wandte sich mit Flugblättern an die Eltern, denn es galt, „zuallererst die Heere der Väter und der Mütter mobil zu machen." Diese wurden ersucht, sich um die Lektüre ihrer Kinder zu kümmern. Auch ein häufigeres Kontrollieren der Schulmappen ihrer Kinder wurde ihnen angeraten. In Zweifelsfällen sollten sich die Eltern an die Lehrer wenden, die ihnen bei der Lektüreauswahl für ihre Söhne beistehen könnten.

2. Vor allem in der Vorweihnachtszeit erhielten Lehrer und Rektoren von Bürgermeister Dr. Weinreich den Auftrag, nachzuprüfen, welche Geschäfte der Stadt Rixdorf Schundliteratur führten. Für einige Zeit wurde das Rathaus zur zentralen Sammelstelle für die eingehenden Denunziationen. Die Kontrollen und Beobachtungen gingen weit über Elternhaus und Schule hinaus und schufen ein Klima des Mißtrauens. Auf öffentlichen Druck hin wurden die Hefte aus den Ladenfenstern genommen, unter dem Ladentisch aber weiter angeboten.

3. Im Jahre 1909 erhielten die Papier- und Schreibwarenhändler der Stadt eine schriftliche Aufforderung von seiten der Schuldeputation, den Verkauf von „minderwertiger Literatur" einzustellen. Bei Zuwiderhandlungen müßten sie mit Boykottandrohungen rechnen.

4. In den Schulen wurden die Kinder kontrolliert. Die gefundenen Schundhefte ließen die Rektoren beschlagnahmen. Anschließend wurden die Schulkinder aufgefordert, ihre Schreibwaren und andere Utensilien nicht mehr bei den Händlern zu kaufen, die Schundhefte führten. Auch die Eltern sollten sich an diesen Boykottmaßnahmen beteiligen, denn solch eine Aktion sei „Ehrensache jedes Bürgers, jeder deutschen Hausfrau".

5. Schwarze und weiße Listen wurden von Lehrern erstellt, damit die Eltern wußten, was sie ihren Kindern schenken konnten und damit die Kinder wußten, was sie lesen durften. Daneben wurde sog. gute Jugendliteratur bereitgestellt, soweit es die finanziellen Mittel erlaubten.

6. Natürlich erhoben die Schreibwarenhändler sofort lautstarken Protest gegen diese Eingriffe, die für viele existenzgefährdend waren. Fast vier Jahre zog sich der Streit zwischen der Städtischen Schuldeputation und den Händlern hin. Einige von ihnen führten Prozesse gegen die Behörde wegen des über sie verhängten Boykotts. Die Klage der Buchhändler wurde 1912 kostenpflichtig abgewiesen.

7. Bereits ein Jahr vorher hatten die meisten Händler die Schundliteratur aus ihren Auslagen entfernt und nur solche preiswerten Jugendschriften ausgestellt und verkauft, die ihnen vom Hauptausschuß des Neuköllner Lehrervereins empfohlen worden waren. Bei manchem der Ladenbesitzer führte das zu erheblichen finanziellen Einbußen. Der Kompromiß – „im Interesse aller beteiligten Kreise" – bedeutete: Die Händler verpflichteten sich, die jeden Monat neu erscheinenden billigen Jugendschriften zur Begutachtung dem Kunstausschuß in Rixdorf/Neukölln vorzulegen. Dieser Kulturausschuß der Lehrerschaft entwickelte sich vor dem Weltkrieg zu einer Art Zensurbehörde, die festlegte, was die Jugendlichen lesen sollten.

III.

Der stellvertretende Bürgermeister Dr. Weinreich, der bis 1918 in seinem Amt blieb, ließ es nicht bei diesen Aktionen bewenden, sondern gründete Vereine, Gesellschaften und Organisationen zum Wohle der Rixdorfer Jugend. Er war ein äußerst rühriger Mann, u.a. Vorsitzender der Schuldeputation, der Deputation für die Volksbibliothek, des Stadtausschusses, der Deputation für die städtische Badeanstalt, der Deputation gegen die Verunstaltung der Ortsstraßen, der Gewerbedeputation. Mehrere Jahre lang arbeitete er im Vorstand, zeitweise sogar als Vorsitzender der Zentralstelle zur Bekämpfung der Schundliteratur.

Im April 1909 trafen sich zahlreiche Honoratioren der Stadt zur Vorbereitung einer Ortsgruppe der „Deutschen Gesellschaft zur Verbreitung guter Jugendschriften", um den „Kampf gegen den inneren Feind" zu organisieren. Unter Weinreichs Leitung versammelten sich Mitglieder des Magistrats, der Polizeipräsident Becherer, Angehörige des Richterstandes, Stadtschulrat Anders, Schulleiter, Rektoren sowie Lehrer der Gemeinde-, Mittel- und der höheren Schulen, Inhaber von Buchhandlungen wie z.B. Bickhardt, Schreib- und Papierwarenhändler. Mit diesem Treffen reagierte Weinreich auf eine Aufforderung der „Deutschen Gesellschaft zur Verbreitung guter Jugendschriften", die unter ihrem Ehrenpräsidenten Reichskanzler Fürst von Bülow zahlreiche Unterschriften von Personen des öffentlichen Lebens gesammelt hatte, die bereit waren, den Kampf gegen Schmutz und Schund zu führen, um weiteren Schaden von der deutschen Jugend abzuwenden. Um einem „nationalen Bedürfnis" nachzukommen, hatte die Gesellschaft eine eigene Jugendzeitschrift in Auftrag gegeben, die den programmatischen Titel *Deutschlands Jugend* trug. Wer allerdings das Probeheft H.1, 1908 durchblättert, wird sich kaum vorstellen können, daß die Jugendlichen mit solchen Schriften von ihren Heftchen fortgebracht werden konnten. Die Artikel zeigen eher, was manche Erwachsene für jugendgemäß und bildend hielten, und spätestens bei Generalmajor Keims Ausführungen über „Deutschlands Wehrmacht zur See" oder Felix Dahns heroischem

Gedicht „Der letzte der Kimbern" wird selbst der gutwilligste Heftchenleser zur gewohnten Lektüre gegriffen haben.

Um „die heranwachsende schulpflichtige Jugend möglichst von der Straße zu entfernen" (Verw.ber. 1912/13, S. 248), mußte man sich neue, attraktivere Angebote einfallen lassen. Im Jahre 1910 begründete der Freiwillige Elternbeirat zu Rixdorf die „erste Kinderlesehalle in Deutschland". In dieser Kinderlesehalle konnten die Jugendlichen unter Betreuung und Aufsicht ehrenamtlicher Helfer Schularbeiten machen. Gleichzeitig sollten die Betreuten systematisch an die Lektüre guter Jugendschriften herangeführt werden. Ein Blick auf die Titel zeigt, daß das Altväterliche, Betuliche bis Nationalistische deutlich überwog. Eine Alternative zur Schullektüre dürften Autoren wie Ganghofer, Rosegger oder Avenarius kaum gewesen sein, und ob der Anspruch, die Jugendlichen „mit den Werken unserer besten Schriftsteller bekannt" zu machen, erfüllt wurde, mag dahingestellt bleiben. Zahlreiche Besucher und Anfragen bewiesen ein beachtliches öffentliches Interesse. Von den Rixdorfer Schulkindern im Alter von 8-14 Jahren wurde die neue Einrichtung zumindest anfangs und im Winter in Anspruch genommen. Bis zu 100 Kinder kamen noch täglich, so „daß nicht alle Liebhaber guter Jugendschriften Platz finden konnten" (Verw.ber. 1910/11, S. 196). Jungen und Mädchen saßen getrennt an den Tischen, nach Altersstufen geordnet. Zur Unterhaltung dienten Brett- und Gesellschaftsspiele, mit denen nur an besonderen Tischen gespielt werden durfte.

„Von dem Massenandrang freilich, der sich in den ersten Wochen nach der Gründung

Die Kinderlesehalle Rixdorf bei ihrer Eröffnung an Kaisers Geburtstag, 27. Januar 1910 — *Heimatmuseum Neukölln*

zeigte, ist nichts mehr zu spüren ... Schon an der äußeren Haltung der Kinder kann man den Wandel bemerken, der im Laufe dieses Jahres vor sich gegangen ist. Bestand in den ersten Monaten die Hauptaufgabe der die Aufsicht führenden Damen und Herren darin, für die nötige Ruhe zu sorgen, so ist jetzt kaum ein Flüstern zu vernehmen ... Während in der ersten Zeit gerade unsere besten Jugendschriften fast gar nicht verlangt wurden, weil sie den an aufregende Räuber- und Detektivgeschichten gewöhnten Kindern zu langweilig erschienen, sind sie jetzt um so begehrter ... Vor einiger Zeit wurde eine interessante Probe gemacht. Es wurden Hefte mit den allerschauerlichsten Räubergeschichten verteilt. Nur zwei oder drei Knaben lasen das Buch zu Ende, alle anderen, ungefähr zwanzig an der Zahl, verlangten schon nach einer Viertelstunde andere Bücher" (ebd.).

Jugend war und blieb eine kontrollierte und überwachte Zeit. Erziehung bestand in erster Linie darin, die Räume enger zu machen und im Blick zu behalten. So wurde zwar 1908 eine Vereinigung für Jugendwanderungen[8] gegründet, damit die Kinder aus dem beengten Rixdorf in die „freie Natur" hinauskommen konnten, aber wieder standen die stadtbekannten Herren an der Spitze des Vereins. Den Vorstand bildeten Honoratioren wie Bürgermeister Dr. Weinreich, Justizrat Abraham und Schulrat Anders sowie bewährte Schulmänner wie Dr. Marschall. Wie die Jugendlichen auf solche pädagogisch gelenkten Veranstaltungen reagierten, können wir nur vermuten. Der Stimmungsbericht einer Schülerin läßt ahnen, wie die permanente pädagogische Betreuung auf manche Kinder gewirkt haben muß: „Ich bin seit einer Stunde allein im Zimmer, und anstatt diese Zeit zu benutzen, um den Aufsatz zu schreiben, habe ich eine viel bequemere Arbeit verrichtet, ich habe geträumt. Sie sagten, daß man träumen darf, wenn man nichts mehr zu tun braucht, und da diese Erlösung von allen Pflichten niemals kommen will, darf man auch niemals träumen."

IV.

Den Lehrern war im Kaiserreich von der Regierung und von den (Schul-)Behörden eine wichtige Rolle zugedacht worden. Die Gymnasiallehrer waren zu Oberlehrern oder Gymnasialprofessoren ernannt worden, stolz darauf, eine geistige Elite auszubilden, die Deutschlands Stellung als Groß- und Weltmacht begründen sollte. Die Gemeindeschullehrer wurden in ihrem Status als Volks-Erzieher bestärkt und wirkten als Anreger, Wissensvermittler, Kontrolleure, Zensoren, Polizisten und Richter in einer Person. Weder in der NS-Zeit noch in der Weimarer Republik wurden die Lehrer und ihre Arbeit als Volkserzieher so wichtig und ernst genommen wie im Kaiserreich, und fast alle erfüllten die an sie gestellten Anforderungen und Erwartungen gewissenhaft und pflichtbewußt.

In einer Vertretungsstunde kurz vor Weihnachten 1913 entdeckte Lehrer Gottlieb Bogumil von der 19. Gemeindeschule bei einem Schüler ein Buch, das in Märchenform Arbeiterkinder zu politisieren drohte. Sofort konfiszierte Lehrer Bogumil das Buch und übergab es dem Direktor. Aus den Akten läßt sich leider nicht ersehen, ob die Geschichte noch ein gerichtliches Nachspiel hatte. Erhalten geblieben ist lediglich das Schreiben von Rektor Hermann, das er am 14.1.1913 an die Städtische Schuldeputation schickte und in dem er begründete, warum er das Buch beschlagnahmen mußte: „1. weil das Buch zur gemeinsten Schundliteratur gehört (S. 54-58), 2. weil die Mutter des Kindes dasselbe für wertvoll hält, 3. weil die Mutter äußerte, daß sozialdemokratische Stadtverordnete mein Verhalten zur Sprache bringen werden und 4. weil der Knabe das Buch in die Schule brachte."

Lehrer Bogumil wurde für seine Bemühungen, wenn auch etwas verspätet, doch noch belohnt. Nach dem Regierungswechsel 1933 ernannten ihn die Nazis zum Rektor der 32. Gemeindeschule in der Rütlistraße als Nachfolger von Adolf Jensen und Fritz Hoffmann, und mit Schreiben vom 21. 5. 1936 empfahl der Neuköllner Schulrat Hermann Rektor Gottlieb Bogumil, PG Nr. 3 472 670, für das Amt des Schöffen bei Jugendgerichten.

Trotz aller Anstrengungen scheint der Kampf gegen den inneren Feind ebenso mühselig wie vergeblich gewesen zu sein, denn dieser Kampf war keine offene Feldschlacht, sondern ein moderner Stellungskrieg. Zwei Jahre vor Kriegsbeginn – die Wehrhaftmachung der deutschen Jugend lief auf Hochtouren – erschien noch einmal ein Erlaß des Kultusministeriums, der sich um das sittliche Wohl der deutschen Jugend sorgte. „Neuerdings hat sich wieder mehrfach gezeigt, daß durch die Abenteuer-, Gauner- und Schmutzgeschichten die Phantasie verdorben und das sittliche Wollen derart verwirrt worden ist, daß sich die jugendlichen Leser zu schlechten und selbst gerichtlich strafbaren Handlungen haben hinreißen lassen."

Im August 1912 erhielten die Gemeindeschulen in Neukölln die Aufforderung, eine Kontrolle der Schüler, der Bänke und der Ranzen vorzunehmen, um festzustellen, ob die Kinder Schmutz- und Schundliteratur bei sich führen. In den Berichten der Rektoren an die Städtische Schuldeputation ist aufgelistet, was gefunden wurde. Insgesamt ist das Ergebnis eher kläglich. Rektor Samuleit von der 30. Gemeindeschule konnte lediglich melden, daß bei 60 Kontrollen zwei Sünder ertappt worden waren, die die Bücher „Vergiß mein nicht" und „Es war einmal" bei sich hatten. Allein der Zeitaufwand für die Kontrollen und der bürokratische Aufwand waren beachtlich. Außerdem schufen diese Aktionen eine Atmosphäre der Einschüchterung und Beklemmung. Eine Schülerin simulierte einen Überfall, um sich der Bestrafung zu entziehen. Doch die Schnüffel- und Polizeimaßnahmen zeitigten nur einen vorübergehenden Erfolg. Bei einer erneuten Anfrage im darauffolgenden Jahr kurz vor den Weihnachtsferien mußte die 1. Gemeindeschule nach oben weitergeben: „Die aufgeführten Erzeugnisse der Schundliteratur sind dem größten Teil der Schüler bekannt."

Den Jugendschützern dämmerte allmählich, daß sich dieses „Krebsübel" am Körper des deutschen Volkes nicht „bis auf die letzten Wurzelfasern" ausrotten ließ, denn „im gesunden Knaben wohnt Tatendrang und Abenteuerlust". Was interessierten ihn da „Werke von Ewigkeitswert". Wenig später wurde die Abenteuerlust der Jugendlichen im Kampf gegen den äußeren Feind in geregelte Bahnen gelenkt, und die Ewigkeitswerte wurden in Stein gehauen.

V.

Nach der Novemberrevolution 1918 wurde Weinreichs Kampf gegen die Schmutz- und Schundliteratur mit neuem Personal und unter anderen politischen Vorzeichen fortgesetzt – diesmal im Zeichen der Emanzipation und des Fortschritts. Jugendstadtrat Karl Schneider (USPD, später SPD), der seit 1921 in Neukölln im Amt war, knüpfte nahtlos an die Arbeit Weinreichs an.

„Alle vom Jugendamt veranlaßten Veranstaltungen wurden zur Bekämpfung des Schunds darauf abgestellt, bei der Jugend Interesse für das Gute und Schöne im Theater und Kino auf dem Gebiet der Literatur zu wecken. Ein ganz besonderes Augenmerk wurde auf die Bekämpfung der Schundliteratur gerichtet. Im Jahre 1921 wurde – vielleicht der erste größere systematische Versuch dieser Art – eine Schundwoche veranstaltet, in der Schundliteratur gegen gute Bücher umgetauscht wurde. Gleichzeitig wurden Abkommen mit den Buchhändlern des Bezirks getroffen, in denen diese sich verpflichteten, nur gute Jugendschriften zu führen. Im übrigen wurde versucht, durch Aufklärung der Schüler und der Eltern und durch den Vertrieb billiger Jugendschriften den Schund zurückzudrängen. An der Reichsschundkampfwoche im Jahre 1922 beteiligte sich das Jugendamt durch entsprechende Maßnahmen" (Verw.ber. 1920-1924, S. 34).

Bis in den Reichstag war die Kunde von Neuköllns Vorkämpfern gedrungen. Während einer Reichstagsdebatte im April 1922 hatte sich der sozialdemokratische Reichsinnenminister lobend über die erfolgreiche Arbeit in Neukölln geäußert und vor allem eine Aktion als beispielhaft hervorgehoben, die im Dezember 1921 von Stadtrat Karl Schneider geplant, organisiert und geleitet worden war. Nun war die Schundwoche im Dezember 1921 ein eher lokales Ereignis gewesen. In der Rückschau beklagte Jugendstadtrat Schneider das mangelnde Engagement vor allem der Lehrer, die allerdings vorher nicht beratend hinzugezogen worden waren. Anders als zu Weinreichs Zeiten war ihnen lediglich eine passive Rolle als Zuschauer und Besucher der Veranstaltungen zugedacht worden. Fast alle Lehrer waren vermutlich mit der Reichsschutzkampfwoche einverstanden, nicht aber unbedingt mit den Organisatoren. Die Mitte-Rechts-Opposition polemisierte in den Medien lieber gegen das sittenlose Berlin, gegen die „Asphaltkultur", gegen „New Moskau", als daß sie die Arbeit des „linken" Bezirksamtes unterstützte. Der Kampf gegen Schmutz und Schund fand eine breite Zustimmung bei der Bevölkerung und allen politischen Richtungen.

Auf einer Veranstaltung sprachen sich denn auch die Anwesenden einhellig für ein baldiges Schmutz- und Schundgesetz aus. Da sich an dieser Frage keine politischen Kontroversen entzünden ließen, stürzte sich die Opposition auf Nebenschauplätze und nahm das Rahmenprogramm kritisch unter die Lupe. Die Vorträge, in denen die als Redner verpflichteten Wissenschaftler und Politiker den Nachweis führten, daß Filmkonsum und Heftchenlektüre die Ausbreitung von Geschlechtskrankheiten und Verbrechen för-

---

Bilderbücher, Heimatbücher.
Billiger Klassenlesestoff
Kampf gegen die Schundliteratur

Alle von den **Jugendschriften-Prüfungsausschüssen des Landesverbandes Berlin-Brandenburg** und der Literar. Vereinigung des **Berliner Lehrer-Vereins** ausgewählten Jugendschriften, sind (nach Schuljahren geordnet) ausgestellt und **für Schullesezwecke zu Partiepreisen** zu beziehen durch

Curt Thiem Lehrmittelhaus G. m. b. H.
Berlin SW 19, Friedrichsgracht 16.

Fernruf: Merkur 6825 Postscheckkonto: Berlin 32236
Pädagogische Fachbuchhandlung Lehrmittel

Anzeige aus den *Berlin-Neuköllner Heimatblättern für Schule und Haus*, Nr. 9(17), 1926 — *Heimatmuseum Neukölln*

Neuköllner Schulkinder bringen ihre Schundhefte ins Rathaus, 1921 — *Agentur für Bilder der Zeitgeschichte / Willy Römer*

Für den Fotografen noch ein letztes fröhliches Hefteschwenken, 1921 — *Agentur für Bilder der Zeitgeschichte / Willy Römer*

Im Rathaus werden die Hefte eingesammelt, um vor ihrer Vernichtung noch einmal ausgestellt zu werden — *Agentur für Bilder der Zeitgeschichte / Willy Römer*

dern, wurden von den Zuhörern ohne Widerspruch aufgenommen. Lediglich eine Vorführung aus dem Beiprogramm gab der Opposition die Gelegenheit, gegen „linken Schweinkram" zu protestieren. Das *Neuköllner Tageblatt*, betuliches Sprachrohr der Bürgerlichen, erregte sich über die Darbietung eines weiblichen Mitglieds der Deutschen Oper. Die Ballettvorführung sei zwar künstlerisch wertvoll, sittlich aber bedenklich. Der leichtgeschürzte Aufzug der Künstlerin ließ das Blut der Sittenwächter in Wallung geraten – aus Sorge um das Seelenheil der Jugendlichen. Die Mahner befürchteten, die Kinder könnten auf die Darbietung „sinnlich reagieren, weil bei ihnen reife sittliche Höhe und Selbstbeherrschung nur in geringem Grade vorauszusetzen sind. Es rechtfertigt sich wohl zu sagen, daß dieser Tanz das für eine Jugendbühne Zulässige überschritt" (*Neuköllner Tageblatt* v. 16.12.21).

Insgesamt gesehen wurde die Jugendpflegewoche im Dezember 1921 von der Bevölkerung Neuköllns positiv aufgenommen. Das Jugendamt hatte das gesamte Programm unter Ausschluß der Jugendlichen organisiert, so daß alles reibungslos über die Bühne gehen konnte. Diejenigen, um die es in dieser Woche eigentlich gehen sollte, wurden bei der Vorbereitung und bei der Durchführung der Veranstaltung zu Statisten degradiert. Das Bezirksamt spulte routiniert ein abwechslungsreiches Programm mit vielen Vorträgen und wenigen Diskussionen herunter. Die Jugendlichen blieben Staffage, Randfiguren in einer Veranstaltung von Erwachsenen für Erwachsene. Für die Kinder und Jugendlichen blieb kein Raum für eigene Aktivitäten – außer für einen Marsch zum Tempelhofer Feld unter Führung des Jugendstadtrats. Die Erinnerung an die Jugendpflegewoche wäre sicher schnell verblaßt, wenn nicht der Reichsin-

Ausstellung der „Schundliteratur" im Rathaus Neukölln, 1921 — *Agentur für Bilder der Zeitgeschichte / Willy Römer*

nenminister sie gewürdigt hätte. Außerdem hatte Schneider ein Filmteam bestellt, um die Aktion auf dem Tempelhofer Feld der Nachwelt zu überliefern.

Wochen vor der Veranstaltung hatte das Bezirksamt die Jugendlichen in Neukölln aufgefordert, Schmutz- und Schundhefte im Rathaus abzugeben. Ca. 40 000 Bücher und Hefte wurden gesammelt, um am 18. 12. 1922 auf dem Tempelhofer Feld öffentlich verbrannt zu werden. Die arbeitende Bevölkerung und vor allem Jugendliche sollten in diese Großaktion einbezogen werden. Doch nur ungefähr 1 000 Jugendliche fanden sich ein, vorneweg das Kamerateam der Wochenschau. Ein heftiger Wind und feuchtkaltes Wetter sorgten dafür, daß die groß geplante Aktion ein eher klägliches Ende nahm. Die angekokelten Heftchen und Blätter flatterten durch die Luft und fanden manch dankbaren Abnehmer. Eine breitere öffentliche Diskussion oder Kritik der Veranstaltung blieb aus. Selbst ein so kritischer Zeitgenosse wie Friedrich Weigelt von der „Rütlischule" bedauerte lediglich, daß die (sozialistischen) Lehrer nicht angesprochen worden waren. Doch sein Bericht über die Dezembertage in Neukölln und die Bücherverbrennung auf dem Tempelhofer Feld schließt ahnungsvoll mit einer Warnung:

„Es ist sehr schön, als Symbol des Kampfes die Bücher zu verbrennen. Soll dieses Symbol aber eine Bedeutung haben und wirklich ein Erlebnis darstellen, dann hätte ganz Neukölln bzw. Berlin auf dem Platz zusammengerufen werden müssen ... Später wird man wohl die Bücher, um der Papierknappheit entgegenzukommen, besser einstampfen lassen. Überhaupt wäre es wohl angebracht, weniger den

---

Der Verbrennungstod der 40 000 Schundhefte auf dem Tempelhofer Felde

Der Rufer im Streit gegen die Schundliteratur in Neukölln, Stadtrat Schneider, hatte kürzlich 40 000 der schwarzen Schundseelen in seine Gewalt bekommen und sie zum Feuertod verurteilt. So sah man denn am Sonntagnachmittag einen Trauerzug von ungefähr 1 000 jugendlichen Teilnehmern unter Vorantritt eines Filmoperateurkorps zum Tempelhofer Felde pilgern, um der Einäscherung der Lieblinge von gestern beizuwohnen und der Grab- und Brandrede des Stadtrats Schneider zu lauschen. Der Richtplatz lag unglücklich. Es war ein Gelände, das einem Sumpf ähnlich war. Man hatte geglaubt, es damit den papiernen Sündern unmöglich gemacht zu haben, dem Tode zu entrinnen: Oben das Feuer, unten im Sumpf der klebrige Lehm des Tempelhofer Feldes. Die Rechnung stimmte leider nicht. Der Wind wollte scheinbar nicht unbeteiligt sein. Er näselte und säuselte so heftig, daß es Dutzenden der Todeskandidaten gelang, unter seinem Schutze dem Scheiterhaufen zu entfliehen. Mitleidige Trauergäste nahmen sich der erst verstoßenen Armsünder wieder an, bargen sie unter ihren Kleidern und werden sie sicher weiterhin pfleglich behandeln. Der größere Teil der zum Tode Verurteilten wurde jedoch durch Feuermänner in dem Freiluftkrematorium richtig verbrannt. Die Kosten dieses Leichenbegräbnisses sind nicht geringe. Wäre die Sache durch Einstampfen nicht ebensogut, vielleicht noch reibungsloser vonstatten gegangen? Dann hätten wenigstens die jetzt zu Asche gewordenen Schundhefte eine fröhliche Wiederauferstehung als Schreibhefte gefunden.

Neuköllner Tageblatt v. 20. 12. 1921

Scheiterhaufen der Schundhefte. Stadtrat Schneider hielt eine Ansprache vor versammelten Honoratioren und Publikum auf dem Tempelhofer Feld, 1921 —
Agentur für Bilder der Zeitgeschichte / Willy Römer

Der Scheiterhaufen brennt, aber der Wind verteilt etliche Hefte in der Umgebung, 1921 —
Agentur für Bilder der Zeitgeschichte / Willy Römer

Kampf negativ (wir haben darin in den Übergriffen zu trübe Erfahrungen) als positiv durch Heranbringen guter Literatur an die Jugend zu führen. Wer gibt die Gewähr, daß sich in diesem Kampfe nicht manche Brunnernatur herausschält, daß man sich schließlich selbst gegen den *guten* Zweck, mit *schlechten Mitteln* geführt, wenden müßte?"[9]

VI.

Für einen Hitler reichte die Phantasie der Zeitgenossen nicht aus. Was Weigelt sich ausmalen konnte, war das Auftreten einer neuen „Brunnernatur". Der ehemalige Gymnasiallehrer aus Pforzheim, Professor Dr. Karl Brunner war im Kaiserreich zu einer Art „Schunddiktator" (Samuleit) aufgestiegen. Manche seiner Ideen und öffentlichen Äußerungen reichten mit ihren Vorstellungen von Militarismus, Völkerhaß und Lebensraumpropaganda bis weit in die völkischen Bewegungen hinein. Mit Hilfe der „Zentralstelle zur Bekämpfung der Schundliteratur" und der Zeitschrift *Die Hochwacht. Monatsschrift zur Wahrung und Pflege deutscher Geisteskultur*, die er eigens zur Bekämpfung der Schundliteratur gegründet hatte, war er eine Art Medienpapst. Aber sein Wirken und das mancher Zeitgenossen läßt sich nicht mit dem vergleichen, was die Nazis nach der Regierungsübernahme 1933 veranstalteten. Die Bücherverbrennungen, die im Mai 1933 vom akademischen Nachwuchs und seinen Lehrern in ganz Deutschland organisiert und inszeniert wurden, haben nur äußerlich etwas mit der Aktion von 1921 auf dem Tempelhofer Feld gemeinsam. Die Aktionen im Mai 1933 bedeuteten mehr als die Verbrennung unliebsamer Schriften. Eine „artfremde" Literatur und Kunst und mit ihnen die Menschen, die dahinterstanden, sollten physisch ausgelöscht werden.

Die Verbrennungsaktion am 10. 5. auf dem Opernplatz war der Abschluß einer „Aktionswoche", denn dezentrale Aktivitäten liefen schon seit Tagen. Bereits am 6. 5. wurde aus Berlin gemeldet, daß dort „seit Tagen auf den Höfen der Schulen die Scheiterhaufen" brennen. „Bei der Sichtung der Schulbibliotheken wurde u.a. festgestellt, daß die berüchtigte

Karl-Marx-Schule in Neukölln 18 Exemplare von Boccaccios *Decameron* (!) in ihrer Schülerbibliothek hatte, die bei ihrer Entfernung sehr reichen Gebrauch zeigte."[10]

Wenige Wochen später erhielten die Schulen ein erstes Verzeichnis der Schriften, die für Schülerbüchereien verboten waren und daher entfernt werden sollten (Bez.Arch. Neuk., Nr.1551; siehe auch D. MISCHON-VOSSELMANN in diesem Band). Was bis dahin noch nicht weggeworfen oder verbrannt worden war, wurde jetzt systematisch vernichtet, und Helene Nathan, die jüdische Leiterin der Volksbücherei Neukölln, wurde in den „Freitod" getrieben.[11]

„Nie wieder Krieg!" hieß die Parole nach 1945, doch gleich nach dem Waffenstillstand 1953 in Korea zeichnete sich eine Wende ab. Während in den Heftchenreihen munter auf- und abgerüstet wurde, drohte die deutsche Jugend von erotischen Heftreihen „überschwemmt" zu werden. Am 9.6.1953 erließ der deutsche Bundestag das Gesetz über die Vertreibung jugendgefährdenden Schrifttums", und als flankierende Maßnahme wurde den Jugendlichen angeboten, „schweinische Groschenhefte" gegen das „gute Jugendbuch" einzutauschen. Nachdem so die Seele der deutschen Jugend gerettet war, stand der Wiederbewaffnung Deutschlands nichts mehr im Wege.

Am 3.3.1952 fand im Saalbau Neukölln eine öffentliche Kundgebung statt, die unter dem Motto „Fort mit Schmutz und Schund" stand.[12]

– Bezirksstadtrat Lipschitz: „Am Anfang der unheilvollen hinter uns liegenden Epoche stand die Verschlechterung des Geschmacks und die Verrohung der Gefühle. Die Phantasten sowie die Gestürzten und Gestrauchelten waren am ehesten bereit, einem Diktator zu folgen. Daher sagen wir *nein* zu Schund und Schmutz: hier gibt es keine Auseinandersetzung und keinen Kompromiß ..."

– Professor Dovifat: „Stimmt es, ... daß unser Volk rund 20 Millionen Mark für minderwertiges Schrifttum ausgibt? Man sollte der körperlichen Hygiene endlich auch eine Hygiene des Geistes entgegensetzen."

– Peter Herz vom Rias: „Haben wir einen Bürgerschutz gegen Kindesentführer und Sexualverbrecher ins Leben gerufen, so wollen wir jetzt einen Bürgerschutz gegen Schmutz und Schund organisieren."

– „Eine Anzahl im Saale anwesender Kommunisten versuchten kurz vor Schluß der Kundgebung die Einmütigkeit der Versammlung zu stören ... Einige der Friedensapostel, welche zu aufdringlich von dem Recht der Meinungsfreiheit im demokratischen Berlin Gebrauch machten, mußten aus dem Saale verwiesen werden."

Selbst in den dürren Worten des Protokolls dieser Veranstaltung spürt man noch etwas von der aufgeheizten Atmosphäre in den Zeiten des Kalten Krieges und der moralischen und militärischen Wiederaufrüstung in den fünfziger Jahren. Das Feindbild im Osten war klar. Blieb der Nationalsozialismus, der als ein Werk von „Phantasten, Gestürzten und Gestrauchelten" durchschaut und als „Geschmacksverirrung" schnell bewältigt wurde. Solchermaßen gestärkt, bestand keinerlei Veranlassung mehr, sich mit sich selbst und der eigenen Verantwortung für die Jahre 1933-45 zu beschäftigen. Angesichts der drohenden Wellen und Fluten für unser Land und angesichts des gefährlichen Giftes für die reinen Seelen konnte und mußte man sich wieder ganz dem Schutze der deutschen Jugend widmen. Man war wieder zur Normalität zurückgekehrt.

Anmerkungen

1 H. J. Galle: *Groschenhefte. Die Geschichte der deutschen Trivialliteratur.* Frankfurt / M. 1988, S. 40

2 Die Ausführungen und Zitate basieren, soweit nicht anders ausgewiesen, auf: Jugendschriften – Bildung einer Ortsgruppe der deutschen Gesellschaft zur Vorbereitung guter Jugendschriften 1909-12; Bekämpfung der Schundliteratur 1911-14 — Bez.Arch. Neuk., Nr. 1504 u. Nr. 1517. Letztere Akte enthält zahlreiche Flugblätter, Schriften und Dokumente zur Schmutz- und Schundliteratur.

3 Die Literatur zu Schmutz und Schund ist schier unübersehbar. Im folgenden sind einige für diesen Artikel wichtige Titel aufgeführt: M. Nagl: „Die Pädagogisierung der Kindheit und Jugend durch Zensur." — B. Dankert, L. Zechlin (Hrsg.): *Literatur vor dem Richter. Beiträge zur Literaturfreiheit und Zensur.* Baden-Baden 1988, S. 169-183; D. Peukert: „Der Schund- und Schmutzkampf als ‚Sozialpolitik der Seele.' Eine Vorgeschichte der Bücherverbrennung." — „*Das war ein Vorspiel nur ...*" Bücherverbrennung Deutschland 1933: Voraussetzungen und Folgen. Ausst.kat. d. Akademie der Künste, Berlin 1983, S. 51-63; K. Rutschky: „Jugend, Krieg, Zensur. Zur Geschichte einer pädagogischen Verbindung." — *Freibeuter*, H.36 (1988), 17-29; R. Schenda: „Schundliteratur und Kriegsliteratur. Ein kritischer Forschungsbericht zur Sozialgeschichte der Jugendlesestoffe im Wilhelminischen Zeitalter." — *Historische Aspekte zur Jugendliteratur*. Hrsg. K. E. Maier. Stuttgart 1974, S. 72-85; 132-138; R. Schenda: *Der Lesestoff der kleinen Leute*. München 1976, S. 78-104 (Schundliteratur und Kriegsliteratur)

4 A. Jensen, W. Lamszus: *Unser Schulaufsatz als verkappter Schundliterat*. Braunschweig u. Hamburg 1910

5 P. Samuleit: *Kriegsschundliteratur*. Berlin 1916; P. Samuleit, H. Brunkhorst: *Geschichte und Wege der Schundbekämpfung*. Berlin 1922

6 G. Kratsch: *Kunstwart und Dürerbund*. Göttingen 1969, speziell S. 291-293

7 „Dieser Bund der Sieben bestand aus sieben Schülern, die ständig irgendwelche Streiche aussheckten ... Die Streiche bewegten sich im Rahmen jugendlichen Übermuts" (Galle, S. 61).

8 Vereinigung für Schülerwanderungen in Neukölln 1909-1918 — Bez.Arch. Neuk., Nr. 1526

9 *Sozialistischer Erzieher 3*, Nr. 1 (Jan. 1922), 10-12

10 G. Sader: *Die Bücherverbrennung. Zum 10. Mai 1933*. München 1983, S. 106; *Würzburger Generalanzeiger* v. 6. 5. 1933; siehe auch H. Rafetseder: *Bücherverbrennungen. Die öffentliche Hinrichtung von Schrifttum im historischen Wandel*. Wien/Köln 1988

11 vgl. I. Bertz: „Helene Nathan – ...die Schranke der eigenen Existenz überwinden." — D. Kolland (Hrsg.): *Zehn Brüder waren wir gewesen... Jüdisches Leben in Neukölln*. Berlin 1988

12 Volksbildungsamt – Veranstaltungen. Volkshochschule, Sportamt, Kunstamt, Schulen usw., Bd. IV 1951-1953 — Bez.Arch. Neuk./37 M2

Werner Korthaase

Schulreform im Zeichen der Sozialpädagogik – Dr. Artur Buchenau als Stadtschulrat 1919-1921

Die Kinder der „höheren Stände" sahen nie eine Volksschule von innen. Sie besuchten „Vorschulen", die eine „durch und durch unsoziale" Einrichtung darstellten, eine „Verführung zum Klassenhochmut und eine Aufreizung zum Klassenhaß" – wie es um die Jahrhundertwende Dr. Theobald Ziegler, ein Straßburger Universitätsprofessor, formulierte. Auch andere Hochschullehrer forderten ihre Abschaffung und eine sechsklassige allgemeine Grundschule, um nur wirklich Begabte in die „höhere Schule" zu bringen. Das Schlagwort hieß: „Einheitsschule". Es wird heute mißverstanden. Gleichmacherei war nicht gemeint. Ziegler verlangte, „daß alle ohne Ausnahme, Arme und Reiche, Knaben und Mädchen auf derselben Schulbank zusammensitzen": er nannte dies ein „wenn auch noch so mildes Gegengift gegen die großen Klassengegensätze, die unsere Zeit durchziehen und unser Volksleben aufwühlen".[1] Gefordert wurden ferner „Simultanschulen" für die Kinder unterschiedlicher Bekenntnisse, und die „Buchschulen" sollten in „Arbeitsschulen" umgewandelt werden. Aus diesen Bestrebungen ergaben sich weitere: Man wünschte und empfahl Fortbildungsschulen, Landerziehungsheime, Waldschulen, Jugendspiele, Jugendschutz, eine bessere Ausbildung der Volksschullehrer, Reformen an den Universitäten, die Bewilligung von Professorenstellen für das Fach Pädagogik, auch die Einrichtung Städtischer Volksbildungsämter, Städtischer Büchereien, die Gründung von Volkshochschulen. Es gab in diesem Sinne tätige bemerkenswerte Vereinigungen wie die „Gesellschaft für Verbreitung von Volksbildung" mit beinahe 5 000 Mitgliedern und mehr als 5 000 angeschlossenen Körperschaften.

Doch es änderte sich im Schulwesen wenig oder nichts, nicht einmal während des Ersten Weltkrieges – von einigen „Begabtenschulen" in Berlin abgesehen. Im Berliner Philologenverband „tobte" der Kampf 1916 weiter, selbst die jüngere Philologenschaft war gespalten.[2] Jahrzehntelang schleppten sich die

Debatten über notwendige oder nicht notwendige Reformen dahin. Noch in den Jahren 1919 / 20 versuchten Uneinsichtige, die unmöglichen „Vorschulen" zu erhalten.

Das Jahr 1919 schien alles zu verändern. Endlich konnten, so meinten viele, die längst überfälligen Reformen durchgeführt werden. Der Magistrat von Neukölln berief am 30. Januar 1919 einen Mann zum Stadtschulrat, der „wenn auch nicht zu den radikalsten, so doch zu den entschiedenen Schulreformern"[3] gehörte: Dr. Artur Buchenau (1879-1946), den Direktor des Berliner Sophien-Lyzeums, einen durch vielfältige Aktivitäten bekannt gewordenen Mann, der an der Spitze der Berliner Abteilung des „Bundes für Erziehung und Unterricht" stand. 1917 erschien seine Programmschrift *Die deutsche Schule der Zukunft* und 1919 *Die Einheitsschule*. Er galt als Anhänger des Marburger Philosophie- und Pädagogikprofessors Dr. Paul Natorp, der das Haupt einer gegen Ende des 19. Jahrhunderts entstandenen neuen pädagogischen Richtung war: der „Sozialpädagogik", die eine „soziale Erziehung" forderte.[4] Der „langjährige Wunsch" beider städtischer Körperschaften, die Leitung des städtischen Schulwesens „in die Hände eines Fachmanns zu legen", war nunmehr erfüllt (*Neuköllner Tageblatt* v. 31. 1. 1919).

Dr. Buchenau war ein gebildeter Mann. Zwischen 1904 und 1908 erschienen seine Ausgaben von Werken der Philosophen Descartes, Spinoza und Leibniz. Er gehörte zu den Bearbeitern der von Dr. Ernst Cassirer zwischen 1912 und 1918 herausgegebenen Kant-Ausgabe und schrieb für die *Wissenschaftliche Rundschau*, die *Blätter für Volkskultur*, die *Kant-Studien*, das *Deutsche Philologen-Blatt* und auch für *Die Deutsche Schule*, die Zeitschrift des Deutschen Lehrerverbandes – es war damals nicht selbstverständlich, daß ein akademisch gebildeter „Oberlehrer" in einer Volksschullehrer-Zeitschrift Artikel veröffentlichte.

Buchenau engagierte sich für Kerschensteiners „Arbeitsschule" und Natorps „Sozialpädagogik", er forderte eine „Einheitsschule" mit vier gemeinsamen Grundschuljahren. Vor dem Ersten Weltkrieg war er Mitglied der 1893 aus der Spaltung der „Deutschen Freisinnigen Partei" hervorgegangenen „Freisinnigen Vereinigung", seit 1916 auch im Vorstand der „Comenius-Gesellschaft", einer Vereinigung, die sich für Reformen im Schul- und Bildungswesen einsetzte.[5] Am 16. November 1918 wählte man ihn in einer stürmisch verlaufenden Versammlung in den „Großen Arbeiter- und Soldatenrat", die zu diesem Zeitpunkt im Deutschen Reich höchste Volksrepräsentanz. Die Wahl wurde am Tag darauf in der Versammlung der gesamten Berliner Lehrerschaft nochmals bestätigt.[6]

„Stadtschulrat" bedeutete Dezernent. Als besoldetes und stimmberechtigtes Mitglied des Magistrats übernahm Buchenau die Verantwortung für das Schulwesen einer Stadt, die mit 265 053 Einwohnern zu den großen im Deutschen Reich zählte: für 43 Gemeindeschulen mit 36 147 Schülerinnen und Schülern bei einer Klassenfrequenz von 51,3. Es gab in Neukölln drei höhere Schulen für die männliche Jugend mit zusammen 1 684 Schülern und zwei Lyzeen mit 1 669 Schülerinnen, ferner zwei Mädchenmittelschulen und eine Knabenmittelschule (mit 1 702 Schülerinnen bzw. 778 Schülern) und drei Berufsschulen. Die außerschulische „Bildungspflege" der Stadt war vor dem Krieg, gemessen an der Einwohnerzahl – und auch sonst – armselig. Man hatte gelegentliche Theater- und Vortragsveranstaltungen bezuschußt. Einem Magistratsbericht von 1912 zufolge waren die dafür bereitgestellten Geldbeträge „unerheblich", verglichen mit den „bedeutenden Summen", die die Stadt jährlich freiwillig „für ihre äußere Ausschmückung durch gärtnerische Anlagen und dergleichen" ausgab.[7]

Das Programm des Dezernenten entsprach dem der Reformer der Vorkriegszeit. Seine „Abteilung 13: Schulverwaltung" war also in ein Städtisches „Volksbildungsamt" mit erweiterten Zuständigkeiten umzuwandeln. Hinzukommen mußten: Büchersäle, Bücherhallen, ein Volksheim, Arbeiterbildungskurse, eine Volkshochschule, ein Städtisches Theater, Musikvorträge, Volkschöre, regelmäßige Ausstellungen und ein von der Stadt kontrolliertes Kinowesen – ohne daß ein solches Amt durch Zentralisation die „freien Kräfte der Einzelnen und der vorhandenen und sich neu bildenden Vereinigungen erstickte".[8] Er bemühte sich insbesondere um die Gründung einer obligatorischen „Gartenarbeitsschule", wobei er an eine Besonderheit im Neuköllner Schulwesen anknüpfen konnte. Sie nahm am 1. April 1920 ihre Arbeit auf (siehe D. HENNING in diesem Band).

Das war eine in Deutschland nirgendwo sonst realisierte „Schule neuer Art" – die Verwirklichung eines alten Ideals: des naturnahen Unterrichts mit nützlicher Betätigung –, eine wirkliche „Arbeitsschule", schon 1896 in Hamburg auf der „Deutschen Lehrerversammlung" in Vorschlag gebracht, in kleineren Anlagen verschiedentlich versucht, aber nirgends so prinzipiell richtig und im großen Stil verwirklicht „wie das großzügige Neuköllner Beispiel"[9]. Auf einem Brachland am Teltowkanal mit einer Fläche von 39 000 qm verrichteten zweitausend Schülerinnen und Schüler praktische Gartenarbeit, und sie erhielten dort auch naturkundlichen Unterricht. Beinahe täglich erschienen Lehrer und Eltern, um die neue „Schule" kennenzulernen. Im Jahr 1921 waren es 2 000 Besucher. Die Kinder behielten die Ernte ihrer Beete. Samen und Pflanzen lieferte kostenlos die Städtische Gärtnerei.[10]

Der Stadtschulrat ernannte August Heyn, einen Hilfsschullehrer, zum Rektor. Er mußte dies in der Stadtverordnetenversammlung gegen Angriffe der bürgerlichen Bezirksverordneten verteidigen, die opponierten, weil Heyn kein „Kollegium" zu leiten hatte.[11] Aber Heyn – ein Pionier der Arbeitsschule – begann seine Arbeit schon 1914 mit „Schulkolonien". 1919 wurde er Mitglied im „Bund entschiedener Schulreformer". Sein Buch über *Die Gartenarbeitsschule* galt als Schrift „im Sinne der Bundesarbeit".[12]

In vielen Städten des Deutschen Reiches entstanden nun nach dem Neuköllner Vorbild „Gartenarbeitsschulen". Sie hatten für Buchenau eine andere Bedeutung als für die meisten anderen Vertreter der Arbeitsschule, denen es doch mehr um bessere didaktische Verfahren bei der Bewältigung von Unterrichtsinhalten ging: „Was wir wollen, das ist, eine Arbeitsschule zu schaffen, wir wollen die Kinder hinausführen, sie sollen erzogen werden zu einer Arbeits- und Lebensgemeinschaft. Das ist das Entscheidende! Solange die Kinder hier in den Steinkästen sitzen, solange

Vorschule am Kaiser-Friedrich-Realgymnasium, Mai 1920. Nach dem Reichsgrundschulgesetz von 1920 sollten diese Vorschulen auslaufen — *Heimatmuseum Neukölln*

ist eine Schule, wie die Schulreformer sich dieselbe denken, überhaupt ein Ding der Unmöglichkeit" (StVV Neuk. 31. 3. 1920). Heyn nannte die überfüllten, „äußerlich so glänzenden" Neuköllner „Schulpaläste" Massenquartiere, Nervenmühlen; Buchenau plante das beeindruckende Projekt eines „Volksparks in Verbindung mit einer Arbeitsschule und städtischen Gärtnerei" nebst Sportplätzen und Volkswiese (HEYN, S. 10).

Wurde Dr. Buchenau gegen das Monopol der Bessergestellten auf Zugang ihrer Kinder zu den höheren Schulen tätig?

Es wäre unbillig, von ihm Strukturveränderungen im Volksschulwesen zu verlangen, wie sie nach dem Weltkrieg in Hamburg zur Erleichterung des Übergangs der Kinder ärmerer Bevölkerungsschichten in die höhere Schule verfügt wurden. Das war in einem Freistaat wie Hamburg im Alleingang möglich, nicht aber in einem seit 1920 unselbständigen, in die Kommune „Groß-Berlin" eingemeindeten „Bezirk". Doch Buchenau verfügte umgehend den Abbau der zwei in Neukölln vorhandenen „Vorschulen" mit immerhin 627 Schülerinnen und Schülern und eröffnete statt dessen im April 1920 zur Erleichterung des Überganges begabter Volksschüler/-innen in die höhere Schule zwei „Stadtschülerklassen", deren Schüler oder Schülerinnen vom Schulgeld befreit wurden. Sie erhielten zum Teil auch die Lernmittel unentgeltlich (Verw.ber. Neuk. 1919/20). Die Bezeichnung „Stadtschülerklasse" unterstrich die Verantwortung der Stadt für die von ihr zu fördernden Volksschüler.

Die *Vossische Zeitung* berichtete in ihrer Abendausgabe vom 17. Mai 1919 unter der Überschrift „Vorbildliche Schulreform" über die „Neuerungen in Neukölln", daß der neue Stadtschulrat seine Amtszeit mit einer Reihe von Neuerungen im höheren Schulwesen

Schulspeisung, wahrscheinlich 20er Jahre, in der Rütlischule — *Nachlaß Wittbrodt*

eingeleitet habe, die beweisen würden, daß auch „ohne grundstürzende Änderungen im höheren Schulwesen bereits jetzt der ‚Aufstieg der Begabten' in die Wege geleitet werden" könnte.

Die zweifellos bedeutendste, geradezu revolutionäre Neuerung war die folgende: Das Schulamt forderte Volksschüler, die sich zutrauten, auf einer höheren Schule mitzuhalten, dazu auf, sich prüfen zu lassen. Sie hatten zwei „aus dem Leben gegriffene" Aufsatzthemen zu behandeln und wurden bei ausreichender Benotung von einem namhaften Psychologen geprüft. Die Erfolgreichen dieser Prüfung traten in die erste oder zweite Klasse der höheren Schulen ein oder sogar in deren dritte. Wer in einigen Fächern Nachhilfeunterricht benötigte, erhielt ihn umsonst. Das eröffnete einen direkten Übergang aus der letzten Volksschulklasse in die höheren Anstalten über eine Prüfung, die dem Prinzip nach nichts anderes darstellte als die später von der preußischen und sächsischen Regierung eingeführte „Begabtenprüfung", über die ein direkter Zugang zu den Hochschulen ermöglicht wurde. Es ist zu vermuten, daß diese Prüfung nur einmal durchgeführt und sofort von der staatlichen Zwischenbehörde des Provinzial-Schulkollegiums der Provinz Brandenburg und von Berlin untersagt wurde. Aber allein schon die Ankündigung und die Durchführung zeigten, mit welchem Elan die Schulreform in Neukölln begonnen wurde.

Buchenau gründete ferner eine „Sozialpädagogische Deputation", die alle Einrichtungen der Erziehung vom Kindergarten bis zur Volkshochschule in ihrer Zuständigkeit hatte und einen besonderen Haushaltstitel für vorgesehene „sozialpädagogische Aufwendungen" aufwies. Begabte Kinder der unteren Volksschulklassen wurden bereits nach dem

Neuköllner Ferienspiele. Sammelplatz Warthe-/Ecke Hermannstraße, 1921 — *Heimatmuseum Neukölln*

ersten Schuljahr in besondere Klassen übernommen. Die anderen, die vier Jahre für das Pensum der Unterstufe benötigten, wurden von einem Ausschuß geprüft; sie sollten die höhere Schule besuchen, um die bisher über die privilegierten „Vorschulen" übliche Hineinnahme unbegabter, jedoch gut situierter Kinder zu unterbinden. Die schulgeldfreien Übergangsklassen für Volksschulabgänger, die „Stadtschülerklassen", sollten spezielle Begabungen feststellen und Zuweisungen auf Fach- und kaufmännische Schulen, die Oberrealschulen oder das Neuköllner Realgymnasium vornehmen.

In dieser Zeit, als erschreckend vielen Kindern der Stadt „der bleiche Tod aus dem Gesicht schaute", alle „mehr oder weniger krank waren", der „Sonne, des Lichts und der Luft" bedurften (StVV Neuk. 31. 3. 1920) — die Hungerjahre des Krieges hatten Schlimmes bewirkt —, schuf das Neuköllner Schulamt eine „sozial-pädagogische Einrichtung" von größter Bedeutung, um die ärgsten gesundheitlichen Schäden der Schulkinder zu mildern. Es organisierte 1919 „Ganztagsferienspiele", die auf einem 12 Hektar großen Gelände im westlichen Teil der Königsheide veranstaltet wurden. Man transportierte täglich 4 000 - 5 000 Kinder mit Extrazügen dorthin, im Jahr 1919 insgesamt 120 000. Zwölf Feldküchen sorgten für die Verpflegung.[13]

Der Sommer 1919 stand völlig „im Zeichen der Neuordnung". Auch die II. Mädchen-Mittelschule, aus der ein Bericht vorliegt, ließ sich „gern und willig in den Strudel der Anregungen, Pläne und Neueinrichtungen hineinreißen". Vormittägliche Besuche im Städtischen Lichtbildhaus wurden „regelrechter Anschauungsunterricht" (Kultur- und Lehrfilme). Auf Anordnung der Schuldeputation fanden in den Sommerwochen „Spielnachmittage" statt, für deren regelmäßigen Besuch als Anerkennung literarisch wertvolle Bücher verteilt wurden. Das Schulamt organisierte Verschickungen in die nordischen Länder, die Schweiz und in den Ostseeort Prerow. „Wer in Neukölln zurückbleiben mußte, durfte sich an den großzügig eingerichteten Ferienspielen beteiligen". Im September 1919 fanden Besprechungen der Rektoren und Lehrervertreter über die von Dr. Buchenau angeregten „Gemeinschaftstage" statt, deren Teilnahme Pflicht wurde, sollten sie doch der Stärkung der Gemeinschaftserziehung dienen. Alle zeigten sich „voll befriedigt", weil diese Tage die „Klasse und den Klassenleiter in der Natur, in Museen, in der Klasse zu Märchen- und Dichterstunden usw." vereinigten: „Sie sind ein hervorragendes Mittel zur Befestigung der menschlichen und persönlichen Beziehungen zu den Kindern und den sie Erziehenden geworden."[14]

Der Stadtschulrat, der keine „Autoritätsschule", sondern eine ethisch und sozialpädagogisch orientierte wünschte, forderte die Schulleiter immer wieder dazu auf, in der eigenen Schule mit Verbesserungen zu beginnen: „Die Zeiten, da das Gute immer bloß wie ein Segen von oben herabträufeln durfte, wenn der Herr Schulrat oder Geheimrat es anordnete, diese Geheimratszeiten sollten endlich vorüber sein. Pestalozzi sagt: Alle Hilfe ist Hilfe zur Selbsthilfe" (StVV Neuk. 31. 3. 1920).

Der Versuch, einen „Ortselternbeirat" der Neuköllner Elternbeiräte zu gründen, mißlang indes wegen der schroffen, zwischen den feindlichen Gruppierungen vorhandenen Gegensätze. Man eröffnete statt dessen eine „Zentralstelle" des Schulamtes. Sie nahm die Wünsche der Elternbeiräte entgegen, sammelte und bearbeitete sie und gab sie, betrafen sie städtische Angelegenheiten, weiter an den Magistrat, waren es staatliche, an die Regierung (ebd., 14. 5. 1920). Auch wurde der schon vor dem Ersten Weltkrieg aufgenommene „Kampf gegen die Schundliteratur" unter Buchenau fortgesetzt, und der Stadtschulrat wandte sich scharf gegen körperliche Züchtigungen, obwohl sie von den Bestimmungen her erlaubt waren. Er stellte 1920 fest, daß in Neukölln nun der „Geist der Gemeinschaft" herrsche, weshalb sich die Lehrer und Lehrerinnen „bald öffentlich genieren, einen Prügel mit in die Schule zu nehmen" (ebd.).

Buchenau gründete ferner die städtische Neuköllner Volkshochschule, die am 9. Oktober 1919 vom preußischen Ministerpräsidenten eröffnet wurde und zu deren Mitarbeitern namhafte Referenten wie Georg Engelbert Graf, der Sekretär der „Arbeiterunterrichtskurse", gehörten. An ihren ersten Veranstaltungen nahmen 3254 Bürgerinnen und Bürger teil. Für Bauten war kein Geld vorhanden, an die Errichtung eines Städtischen Theaters nicht zu denken. Die Deputation für den Bau eines Stadttheaters löste sich am 2. Juli 1920 auf, aber es wurde mit dem „Staatlichen Schauspielhaus" ein Gastspiel-Abkommen vereinbart.[15]

Am 2. Juli 1920 entstand das Neuköllner „Volksbildungsamt". Die „Sozialpädagogische Deputation" wurde deshalb aufgelöst. Das Amt bestand aus drei Unterausschüssen. Unterausschuß 1: Volkshochschule, Vergabe von Schulräumen, Unterausschuß 2: Volkstümliche Veranstaltungen, Theateraufführungen, Unterausschuß 3: Städtisches Kino, Weltpanorama (*Neuköllner Tageblatt* v. 31. 1. 1919).

Bedenkt man, daß all dies unter den Bedingungen der unmittelbaren Nachkriegszeit initiiert und durchgeführt wurde – mehrere Schulen waren noch vom Militär belegt oder dienten als Notunterkünfte, weshalb die übrigen rettungslos überfüllt waren, im März 1919 erreichten die Spartakistenkämpfe Neukölln, vor der Schule am Hertzbergplatz kam es zu Gefechten –, dann kommt man zu der Feststellung, daß die Schulverwaltung Bemerkenswertes in Szene setzte, denn noch im März 1920 wurde die folgende Anfrage in die Stadtverordnetenversammlung eingebracht: „Kann der Magistrat Auskunft geben, ob und wie die Ernährung der Bevölkerung in den nächsten Wochen sichergestellt ist?" (3. Nachtragsvorl. StVV Neuk. 31.3.1920).

Der Neuköllner Stadtschulrat gehörte zu den agilsten deutschen Bildungspolitikern der frühen zwanziger Jahre der Weimarer Republik. Er hatte einen „hervorragenden Namen" im Schrifttum des Volkshochschulwesens und wurde am 29. September 1919 zum Vorsitzenden der „Deutschen Gesellschaft für Volkshochschulwesen" gewählt.[16] Im gleichen Jahr wurde er Vorsitzender der „Deutschen Gesellschaft für soziale Pädagogik". Wer ihr beitreten wollte, hatte sich beim „Stadtschulrat im Neuköllner Neuen Rathaus, Zimmer 219" anzumelden.[17] 1921 wurde Buchenau Vorsitzender der „Comenius-Gesellschaft". Er war auch Teilnehmer der „Reichsschulkonferenz" von 1920. Ferner gehörte er dem Vorstand der 1920 gegründeten „Groß-Berliner Volkshochschule" an.[18] 1920 referierte er auf der Pädagogischen Ostertagung und der Oktobertagung des „Bundes entschiedener Schulreformer" neben Prof. Paul Oestreich, Dr. Fritz Karsen, Adele Schreiber, Dr. Heinrich Deiters, Dr. Hildegard Wegscheider, Dr. Siegfried Kawerau und anderen Bundesmitgliedern.

Er war unermüdlich schriftstellerisch, organisierend und agitierend tätig, um die Grundsätze der von ihm propagierten „Sozialpädagogik" bekannt zu machen und versuchte politisch ähnliche und sogar gegensätzliche Meinungen auf „Einheit" zu verpflichten. 1920 lobte er sogar die Schrift des dezidierten USPD-Mannes Dr. Kurt Löwenstein wegen ihrer „erfreulichen sozialpädagogischen" Grundüberzeugung, wenn auch „ein gewisser sozialistischer Dogmatismus" noch „nicht völlig überwunden" sei (*Zeitschr. f. soziale Pädagogik 1*, H.1). Die von ihm seit Oktober 1920 herausgegebene *Zeitschrift für soziale Pädagogik* enthält in jedem ihrer Hefte ein Mitarbeiter-Verzeichnis, in dem u.a. der preußische Kultusminister Konrad Haenisch und der Unterstaatssekretär im preußischen Ministerium des Innern, Heinrich Schulz, angeführt sind. Es fehlte weder der Vorkämpfer der Volksschullehrer und Generalsekretär der „Gesellschaft für Verbreitung von Volksbildung", Johannes Tews, noch der wortgewaltige Leiter des „Bundes entschiedener Schulreformer", Professor Paul Oestreich, dessen Bund Buchenau als der Sozialpädagogik „sehr nahe" stehend bezeichnete. In der Liste ist auch ein „Oberlehrer Karsen" zu finden, der 1921 die Leitung des Neuköllner Kaiser-Friedrich-Realgymnasiums übernahm und bald darauf zu den führenden deutschen

Schulreformern gehörte, ferner Dr. Felix Behrend, von 1929 bis 1933 Reichsvorsitzender des „Deutschen Philologenverbandes" (siehe M. HOMANN in diesem Band), ab 1928 in Neukölln Oberstudiendirektor und – wie Buchenau – Mitglied der Deutschen Demokratischen Partei (DDP).

Buchenau war ein auf Wirkung im Reichsmaßstab bedachter Publizist und Organisator. Durch ihn wurde Neukölln 1919 / 20 weit über Berlin hinaus bekannt. Er unternahm alles, um seine in Neukölln geleistete Arbeit und seine „sozialpädagogischen" Vorstellungen bekannt zu machen. 1919 erschien in Friedrich Manns *Pädagogischem Magazin* seine Schrift „Die deutsche Volkshochschule nach Idee und Organisation" und 1921 im Verlag Ferdinand Hirt in Breslau *Die Gartenarbeitsschule*, als deren Autor August Heyn angegeben ist, deren Inhalt er jedoch maßgeblich mitgestaltete. Auf beiden Titelblättern steht unter seinem Namen der Zusatz „Stadtschulrat von Neukölln".

Zur Amtszeit Buchenaus versuchten reformfreudige Lehrer, in Neukölln Anstellung zu finden. Als die Hamburger Oberschulbehörde dem bereits vor dem Ersten Weltkrieg durch aufsehenerregende Veröffentlichungen bekannt gewordenen Hamburger Volksschullehrer Adolf Jensen (1878-1965) untersagte, seine pädagogischen Ideale zu realisieren, holte ihn Dr. Buchenau nach Neukölln. In dem von ihm unterzeichneten Anstellungsschreiben vom 17. 12. 1920 heißt es: „Die Regierung in Potsdam hat durch Verfügung vom 25. v[origen] Mts. – II D 14/10601 – Ihre Stelle vom 1. Oktober 1920 ab bestätigt." Buchenau und Jens Nydahl „retteten" Jensen nach Berlin-Neukölln,[19] wo er unter dem Schutz des Bezirksamtes seine bahnbrechende reformerische Arbeit fortsetzen konnte, bis er 1929 zum Professor für Didaktik und Methodik an die Technische Hochschule Braunschweig berufen wurde.

Jens Nydahl (1883-1967) war Buchenaus engster Mitarbeiter, früher Volksschullehrer in Nordschleswig, seit 1919 Mittelschulrektor in Neukölln. Der Stadtschulrat holte den reformfreudigen Rektor, der das Abitur als Extraneer nachgeholt und studiert hatte, 1919 als Stadtschul-Inspektor in das Neuköllner Rathaus und ernannte ihn zum Kreisschulrat, welche Ernennung die schon in Abwicklung befindliche Potsdamer Regierung hintertrieb (StVV Neuk. 14. 5. 1920). Es ist nicht zu verkennen, daß Dr. Buchenau und Nydahl in ihren Ansichten differierten, denn Nydahl – wie Buchenau Teilnehmer der „Reichsschulkonferenz" – strebte einen „Abbau" und „Umbau" des höheren Schulwesens an. Da Nydahls Konzeption schon auf die Ära des nächsten Neuköllner Dezernenten hinweist, sei auf die im Juni 1921 von ihm im Namen des „Verbandes sozialistischer Lehrer und Lehrerinnen Deutschlands" auf der Reichsschulkonferenz abgegebene Erklärung aufmerksam gemacht, in der es u.a. heißt:

„Die Einheitsschule mit Begabtenauslese für gesonderte Schulstränge entzieht den besitzlosen Klassen ihre besten Köpfe und macht sie zu Trägern und Verteidigern der kapitalistischen Ordnung. So verödet durch Auslese der Begabten die Volksschule und drückt sie zur Schule der Mittelmäßigkeit hinab. Ziel des öffentlichen Schulwesens ist nicht die Emporbildung einzelner, sondern die Entwicklung der Gesamtheit. Dies wird erreicht durch Abbau aller Arten von höheren Schulen und Ausbau der Volksschule zu einer kostenlosen, vom Kindergarten bis zur Hochschule aufsteigenden Einheitsschule, die durch Kurse allen Begabungsrichtungen Rechnung trägt ..."[20]

1921 rief der Magistrat den Neuköllner Stadtschul-Inspektor in die Groß-Berliner Schulverwaltung. Von dort aus leitete er als Magistrats-Oberschulrat das Volksschul- und Mittelschulwesen. 1926 wählten ihn die Stadtverordneten zum Stadtschulrat. Er trug nunmehr die Verantwortung für 826 allgemeinbildende Schulen mit 362 000 Schülerinnen und Schülern. Viele Großstädte hatten nicht einmal soviel Einwohner.

Buchenau machte trotz seiner auf Einheit abzielenden Bemühungen aus seinen Ansichten kein Hehl, obwohl er wußte, daß dies zur Entfremdung vor allem von den sozialistischen Parteien der Neuköllner Stadtverordnetenversammlung führen mußte, denn die Kommunalwahl vom Juni 1920 hatte eine erdrückende „proletarische" Mehrheit zur Folge: 17 bürgerliche standen jetzt 42 USPD- bzw. MSPD-Bezirksverordneten gegenüber. Mit den Bürgerlichen ging er einige Male scharf ins Gericht, weil sie in Schul- und Bildungsfragen kein „offenes Herz" hatten (ebd., Sitzg. v. 31.3.1920). Er begrüßte die im neuen Staat bestimmend gewordene Errungenschaft, daß jeder sich parteipolitisch betätigen dürfte, aber die Schule wollte er von „Parteidogmen" und Parteipolitik freigehalten wissen: „Denn die Eltern der verschiedensten Parteischattierungen ..., die unsern Händen ihr kostbarstes Gut anvertrauen, tun es in der Gewißheit, daß ihre eigene Überzeugung auch in ihren Kindern unbedingte Beachtung erfahren wird." Verließe die Schule den neutralen Boden auch nur um Haaresbreite, machte sie sich nach Buchenau einer Verfehlung schuldig (*Zeitschr. f. soziale Pädagogik 2*, H.1/Okt.-Dez. 1920). Es ist unschwer zu erkennen, daß er nicht von der Schule wie sie war, sondern von einer künftigen sprach, die seinem Ideal entsprach.

Die Arbeiterparteien vertraten den Programmpunkt „Trennung von Kirche und Schule", denn Politik und Kirche waren damals nicht zu trennen. Sie wünschten die Gründung von Schulen ohne Religionsunterricht, was nach der Reichsverfassung Art. 146, Abs. 2 möglich war (Geltendmachen des Elternwillens). Politisch wie weltanschaulich war diese Zielsetzung verständlich.

Am 18. Mai 1920 brachte die mehrheitssozialdemokratische Fraktion den folgenden Antrag in die Stadtverordnetenversammlung ein: „Die Neuköllner Volksschulen sind weltlich einzurichten. Der Religionsunterricht ist aus ihnen zu entfernen."[21]

Dem Stadtschulrat bedeuteten „weltliche" Schulen (siehe G. RADDE in diesem Band) eine weitere Spaltung im bereits unheilvoll genug zerklüfteten deutschen Schulwesen. Er war überzeugt, daß in Deutschland eine „Einheitsschule" nur auf der Grundlage „interkonfessionellen" Unterrichts als „Einheitsschule der religiösen Freiheit" möglich sei, und votierte, als dieser sehr weitgehende Antrag vorlag, für besonnenes Vorgehen. Man müsse den Willen der Eltern beachten und mit der Lehrerschaft in Ruhe und mit Vorsicht verhandeln, denn man könne sie nicht in Schulen hineinzwingen, in denen sie nicht unterrichten wollten; in „Geistesdingen" dürfe niemand vergewaltigt werden, das entspräche gar nicht dem „Geiste des Sozialismus". Eine derart grundsätzliche Angelegenheit wie die Umwandlung aller Volksschulen in konfessionsfreie ohne Religionsunterricht falle schon nicht mehr unter die „völlige Souveränität der Stadt Neukölln". Aber er versprach, sich dafür einzusetzen, daß zum 1. Oktober 1920 „etwa zwei bis vier oder vielleicht sechs" derartige Schulen eingerichtet werden würden (StVV Neuk., 11.6.1920). Die Mehrheit der Stadtverordneten beschloß trotzdem den genannten Antrag Nr. 22, nach dem alle Neuköllner Schulen ausnahmslos in „weltliche" umzuwandeln waren, ob es den Eltern paßte oder nicht, was der Reichsverfassung zuwiderlief, denn nach Artikel 149 hatten nur die Eltern darüber zu entscheiden, ob ihr Kind religiösen Unterricht erhielt oder nicht (siehe dazu U. BACH in diesem Band).

Dr. Artur Buchenau, Stadtschulrat von Neukölln, Zeichnung o.J. — *Privatbesitz Korthaase*

Am 1. Oktober 1920 wurden tatsächlich die vom Stadtschulrat zugesagten sechs Schulen für Kinder ohne Religionsunterricht unter der Bezeichnung „Sammelschulen" eröffnet, so daß der Beginn dieser Schulen, in denen auf der Ebene der Volksschulen in den folgenden Jahren die meisten pädagogischen Neuerungen erarbeitet wurden (siehe G. RADDE in diesem Band), mit dem Namen Buchenau verbunden ist, denn zur gleichen Zeit entstand nur noch in Berlin-Oberschöneweide eine gleiche Einrichtung. Die anderen Berliner „Sammelschulen" wurden erst in den darauffolgenden Jahren eröffnet.

Dr. Buchenaus Zeit in Neukölln war abgelaufen. Seine „Einheitsschule" hatte keine Chance. Ein skeptischer Schulmann bemerkte schon im März 1919 über ihn: „Er sieht eine neue Schule, einen neuen einheitlichen Lehrerstand, eine soziale Gemeinschaft, dazu hat er ein Recht als Philosoph."[22]

Die „sozialpädagogische" Richtung stand auf verlorenem Posten. Am 7. April 1921 übergab der Neuköllner Magistrat der nun „Bezirksamt" genannten Neuköllner Leitung der Verwaltung seine Amtsgeschäfte. Dr. Buchenau schied aus. Die dem Streit der Konfessionen und Parteien entzogene „Einheitsschule" wurde erst im Schulwesen der Bundesrepublik Deutschland zum Grundmuster.

Buchenau übernahm am 1. April 1924 die Leitung des Vereinigten Humboldt- und Friedrichs-Gymnasiums in Berlin-Mitte, noch immer „fortgesetzt mit seinen Gedanken beschäftigt und augenscheinlich dauernd geistig tätig".[23] 1927, im Pestalozzi-Jahr, begann er mit den Professoren Dr. Eduard Spranger (Berlin) und Dr. Hans Stettbacher (Zürich) die Herausgabe der vorbildlichen Gesamtausgabe *Pestalozzis sämtliche Werke*, und seit 1927 erschienen auch die von ihm mitverantworteten *Pestalozzi-Studien*. 1934 veranlaßte die Gestapo beim Preußischen und Reichsministerium für Wissenschaft, Erziehung und Volksbildung seine politische Überprüfung; man entfernte ihn aus seinem Amt als Oberstudiendirektor (ebd.). Nun betätigte er sich als freier Mitarbeiter der Preußischen Akademie der Wissenschaften zu Berlin, für die er *Kant's Opus postumum* (1938) herausbrachte. Er sollte wegen seiner Verdienste mit der Leibniz-Medaille der Akademie ausgezeichnet werden,[24] was das NS-Regime verhinderte. Der Neuköllner Stadtschulrat starb 1946.

Das bis zu seinem Amtsantritt aus reformpädagogischer Sicht ganz unbedeutende Neukölln begann sich während seiner Amtszeit – es waren ereignisreiche Monate – in ein Zentrum der Reformpädagogik und der Schulreform zu verwandeln. In diesem Prozeß stand das Rathaus im Mittelpunkt, von dort gingen die Initiativen aus. Das änderte sich auch nicht unter Buchenaus Nachfolger Dr. Kurt Löwenstein.

Anmerkungen

1 Th. Ziegler: *Allgemeine Pädagogik*. 3. Aufl., Leipzig 1909, S. 129

2 Brief v. A. Buchenau an P. Natorp v. 18. 3. 1916 — Univ.A. Marburg, Ms 831, 1268

3 *Die Neue Zeit 38*, Nr. 11 (1919), 254

4 P. Natorp: *Sozialpädagogik*. 5. Aufl., Stuttgart 1922, S. VI

5 W. Korthaase: „Die Berliner Comenius-Gesellschaft." — J. Lásek, N. Kotowski (Hrsg.): *Johann Amos Comenius und die Genese des modernen Europa*. Fürth 1992, S. 203-216

6 *Deutsches Philologen-Blatt*, Nr. 45 / 46 (1918), 412

7 K. Kaiser (Hrsg.): *Neukölln*. Oldenburg 1912, S. 33

8 A. Buchenau: „Das Volksbildungsamt der Großstadt." — *Zeitschrift für soziale Pädagogik 1*, H.3, 130ff.

9 H. Hausmann: *Der Schüler-Arbeitsgarten im Dienste des Werkunterrichts*. Langensalza 1921

10 A. Heyn: *Die Gartenarbeitsschule*. Breslau 1921

11 Amtl. Stenograph: Bericht über die Sitzung der Stadtverordnetenversammlung zu Neukölln am 31. 3. 1921, S. 34 (ab jetzt StVV Neuk.)

12 M. Vaerting: *Neue Wege im mathematischen Unterricht*. Berlin 1921, 3. Umschlagseite

13 *Zeitschr. f. soziale Pädagogik 1*, H.2, (Jan. 1920), 95; Verw.ber. d. Stadt Neuk. 1919/20, S. 42

14 Schulchronik der II. Städtischen Mädchenmittelschule Neukölln. Nachlaß Dr. Gertrud Rosenow

15 *Neuköllnische Zeitung* v. 10. 10. 1919; Nachtragsvorl. zur Sitzg. d. Stadtverordneten am 30. 4. 1920. *Neuköllner Tageblatt* v. 4. 2. und 1. 7. 1920

16 *Zeitschr. f. soziale Pädagogik 1*, H.1, (Okt. 1919), 50f.

17 Ebd., H.4 (Juli/Sept. 1920), 191f.; *Deutsches Philologenblatt*, Nr. 11/12 (1919), 137

18 D. Urbach: *Die Volkshochschule Groß-Berlin*. Stuttgart 1971, S. 30

19 Brief von A. Jensen an G. Radde vom 25. 9. 63. Zum Streit mit der Oberschulbehörde: Mitteilg. v. J. Schult u. O. Günther (beide Hamburg) an den Verf.

20 *Die Reichsschulkonferenz 1920*. Leipzig 1921, S. 1033

21 Stadtverordnetenvorl., ordentliche Sitzg. v. 11. 6. 1920

22 P. Hildebrand — *Deutsches Philologen-Blatt*, Nr. 18 (1919), 241

23 BA Potsdam, REM 49-01, Bl. 191

24 Akademie der Wissenschaften von Berlin-Brandenburg, Archiv. Akte: Hist.-Phil. Klasse, Kant-Ausgabe, Buchenau

Dokument 2   Artur Buchenau

Die Deutsche Gesellschaft für soziale Pädagogik

Die Deutsche Gesellschaft für soziale Pädagogik setzt sich das doppelte Ziel der *Erkenntnis* der Beziehungen zwischen Erziehung und Gemeinschaft und der *Gestaltung* einer Gemeinschaftserziehung, getragen vom Geiste wechselseitiger Hilfsbereitschaft in geistigen Dingen und strengster sozialer Gerechtigkeit. Alle Fragen der Wirtschaft, des Rechtes, der Politik mögen von Parteistandpunkten so oder so angesehen werden können, von der Bildung des Geistes, des Willens und der Schaffenskräfte darf das keinesfalls gelten. Denn, handelt es sich bei jenen allen um die Tauglichkeit des Mittels zum vorausgesetzten Zweck, so darf die Emporbildung des Menschen zur Höhe seines Menschentums nur als Selbstzweck und in keinem Sinne als bloßes Mittel angesehen werden. Diese grundsätzliche Forderung sozialer Ethik, wie sie von Plato, Kant, Pestalozzi, Fichte und von anderen gestellt worden ist, muß trotz aller Schwierigkeit, vielleicht Unmöglichkeit ihrer restlosen Erfüllung immer fest und klar im Auge behalten werden, damit wir in den Bildungsfragen einen sichern Kurs steuern und gegenüber allem, was wir äußerlich verloren, uns von innen her wiedererheben und zur alten Kraft wieder emporarbeiten können.

Niemand lebt zuletzt um der Wirtschaft und Regierung willen, sondern dies beides ist nur als Mittel zu denken für das eigentliche Leben, das Leben des Geistes. Das geistige Wesen des Menschen allseitig harmonisch zu entfalten, das ist die Aufgabe der Erziehung und Bildung; diese aber ist nur lösbar auf dem Boden der *Gemeinschaft.*

Denn der Mensch wird zum Menschen nur durch menschliche Gemeinschaft und in ihr. Also muß alle Lehre vom Menschen und seiner Bildung zum Menschen ursprünglich auf die Gemeinschaft bezogen sein. Der Standpunkt der sozialen Pädagogik ist, gegenüber der individualen Auffassung der Erziehung, durch die Ansicht bestimmt, daß ebenso die Bildung des Individuums in allen wesentlichen Richtungen sozial bedingt ist, wie umgekehrt die menschliche Gestaltung des sozialen Lebens abhängt von einer eben hierauf gerichteten Erziehung der einzelnen. *Die Gemeinschaftsbedingungen der Bildung und die Bildungsbedingungen des Gemeinschaftslebens, das ist das scheinbar zweifache, in Wahrheit einzige Thema der Sozialpädagogik als Wissenschaft.*

Diese ist daher, von der einen Seite betrachtet, nur eine, und zwar die grundlegende Ansicht der Pädagogik überhaupt; von der andern gehört sie, parallel der Sozialwirtschaftslehre und Sozialpolitik, zum weiteren Umfang der Sozialwissenschaften und bietet die theoretische Grundlage der zahlreichen praktischen Bestrebungen zur Neugestaltung der Erziehung auf dem Boden der Gemeinschaft und zu ihrer beständigen Vertiefung.

Die *praktische Sozialpädagogik* hat demnach die folgenden Hauptaufgaben:

1. *Familien-Pädagogik*
2. *Schule und Gemeinschaft:* Kindergarten – Hort – Erziehungseinrichtungen der Schule (körperliche Ertüchtigung durch Spiele – Waldschulen – Sommerschulen und dgl.) – Schulwan-

dern – Schule als Lebensgemeinschaft (freie Schulgemeinde, Landerziehungsheime) – Arbeitsschule nach den verschiedenen Auffassungen – Arbeitsgemeinschaft und Arbeitsteilung – Schule und Staat – Schule und religiöse Gemeinschaft – Kunsterziehung;
3. *Erziehung im bürgerlichen Verein* (Volkshochschule als sozialpädagogische Aufgabe): a) intellektuelle und technische Weiterbildung der Erwachsenen, b) ästhetische und kunstgeschichtliche Bildung der Erwachsenen, c) sittliche und religiöse Bildung der Erwachsenen, d) Volksbüchereien.
4. *Staat und Nation:* a) soziale Neugestaltung des Staates, b) Nationalerziehung, c) Staat und Menschheit.

Die Aufgaben der Deutschen Gesellschaft für soziale Pädagogik werden unterstützt durch die im Oktober 1919 zum erstenmal erschienene Vierteljahresschrift für soziale Pädagogik (Verlag Julius Beltz, Langensalza, Preis 6 Mark, für die Mitglieder der Gesellschaft 4 Mark jährlich). Als Herausgeber der neuen Zeitschrift zeichnen: Prof. Dr. Paul Natorp – Marburg, Stadtschulrat Dr. Artur Buchenau – Berlin-Neukölln, Lili Droescher – Berlin-Schöneberg.

Deutsches Philologen-Blatt Nr. 48 vom 24. 12. 1919

Herbert Crüger

Verschwiegene Zeiten –
Erinnerungen an meine Schulzeit
in den zwanziger Jahren[1]

Mit Anmerkungen von Ekkehard Meier

Vorbemerkung

Die Erinnerungen sogenannter Ehemaliger lesen sich meist sehr unterhaltsam. Bei der Lektüre der vielen launigen Episoden und anekdotenhaften Erzählungen wird sich mancher Leser an seine eigene Schulzeit zurückerinnern und viel Vertrautes wiedererkennen. Auch die Muster, nach denen erzählt wird, wirken merkwürdig vertraut. Entweder wird die Vergangenheit nach dem Vorbild der unsterblichen „Feuerzangenbowle" verklärt, oder es findet eine späte Abrechnung mit der Schule statt, um noch nachträglich die als quälend und leidvoll erfahrene Zeit zu bewältigen. Für den Historiker sind diese Erinnerungen auf den ersten Blick wenig ergiebig, denn die schulpolitischen Probleme der damaligen Zeit werden selbst in der Rückschau nur selten reflektiert. Das hat dann zur Folge, daß sich Erinnerungen Ehemaliger, da sie sich zu sehr im Anekdotischen verlieren, von den (Schul-)Historikern als eher belanglos beiseite geschoben werden. Schulgeschichte wird dann manchmal sehr theoretisch und abgehoben analysiert, etwa indem Lehrpläne, Erlasse, Lehrbücher oder Themen der Abiturarbeiten genauer untersucht werden. All diese Arbeiten haben sicher ihren Wert, aber sie können auf manche Fragen nur unzureichende Antworten geben.

Lernen in der Schule – und das heißt u.a. auch politisches Lernen – läuft meist viel unbewußter über persönliche Gefühle wie Sympathie und Antipathie ab. In den Erzählungen Ehemaliger kehren denn auch eher Erinnerungen an einzelne Lehrpersonen wieder als Erinnerungen an das Gelernte. Der Mensch ist Gott sei Dank robust, vergißt auch viel und wirft schnell den überflüssigen Ballast ab, der durch sture Einpaukerei in ihn hineingepreßt wurde. Die mehr oder weniger amüsanten kleinen Geschichten, die noch Jahrzehnte später zum besten gegeben werden, zeigen, wie tief sich die Person mancher Lehrer in das Gedächtnis eingeprägt hat. Selbst wer sonst nicht viel in der Schule gelernt hat, eines hatte er – frei nach Brecht – in jedem Falle gelernt: Menschenkenntnis in Form von Lehrerkenntnis.

Konnten die Jugendlichen in den zwanziger Jahren an den Gymnasien überhaupt so etwas wie demokratisches Bewußtsein und demokratische Verhaltensweisen lernen, wenn ihre Erzieher in der überwiegenden Mehrzahl Herzensmonarchisten oder allenfalls Vernunftsrepublikaner waren? Im besten Fall vermittelten sie ihren Schülern ein solides Grund- und Basiswissen. Aber wichtiger als die Wissensvermittlung selbst war die Methode, war die Art der Wissensvermittlung, das Auftreten und das Verhalten der Lehrer im Schulalltag, weil dadurch die Verhaltensweisen und Verhaltensmuster der Jugendlichen geprägt wurden. *Ein* durchgängiges Verhaltensmuster läßt sich aus zahlreichen Erinnerungen Ehemaliger ablesen. Bei Lehrern, die ihre Klasse fest im Griff hatten, die autoritär auftraten, hatte man den Mund zu halten und zu parieren. Bei anderen, die schwach waren, konnte man sich dann mit verdoppelter Energie entfalten, um „den Versager" zu ärgern und fertigzumachen. Muß diese Art der indirekten Erziehung nicht weitreichende soziale und politische Auswirkungen gehabt haben?

Unter diesem Blickwinkel gelesen, können die scheinbar harmlosen Anekdoten aufschlußreiche und beunruhigende Antworten auf Fragen geben, die auch heute noch aktuell sind. Wer nicht über die verbreitete Gewaltbereitschaft, über die mangelnde Solidarität gegenüber Schwächeren und über den alltäglichen Rassismus in unseren Tagen hinwegsehen kann und will, wird sich fragen müssen, ob die Gymnasien wirklich einen Beitrag zu einer humanen Erziehung geleistet haben und heute leisten. War nicht die lautstark verkündete Solidarität in der Schule der DDR mehr eine von oben herab verkündete und verordnete Solidarität als erlebte Wirklichkeit im Schulalltag? Und lernen die Schüler nicht heute in Deutschland, aufgefächert nach Anforderungsbereichen, Lernzielkontrolleben und Bewertungspunkten, eher die Funktionsweise des demokratischen Systems kennen als eine demokratische Schule im Alltag?

Nach 1945 wurde jedenfalls offenbar: Die humanistische Tradition hatte sich als ein „zerbrechlicher Schutzwall gegen die politische Brutalität" (George Steiner) erwiesen. Der Humanismus an den Schulen war kein gelebter Humanismus, sondern ein vom Katheder herab beschworener Geist. Humanismus war Stoff an den Gymnasien, über die Humanität bei den Griechen oder in Goethes *Iphigenie* wurden Besinnungsaufsätze geschrieben. Humanität und Humanismus waren Lehrstoff, Lesestoff, abfragbares Wissen, aber nur selten erlebter Alltag.

Ekkehard Meier

Die Albrecht-Dürer-Oberschule nach dem Weltkrieg

Anfang Oktober 1917 begann für mich die Schulzeit. Wie meine Brüder sollte ich die sogenannte Vorschule des Neuköllner Kaiser-Friedrich-Realgymnasiums besuchen. Die drei Jahre in dieser Vorschule haben keine großen Eindrücke hinterlassen. Wir trugen

Pausenhof zwischen Turnhalle und Vorschule des Kaiser-Friedrich-Realgymnasiums, 1936 — *Heimatmuseum Neukölln*

Schülermützen, blau mit einem zweifarbigen Band, das die Klasse anzeigte. Aus diesen drei Jahren Vorschule gibt es kaum ein Erinnerungsbild, nur eine schwache Erinnerung an den spitzbärtigen Lehrer, Herrn Steinchen, an die Pausen, in denen wir nach Klassen geordnet auf dem Hof herumgehen mußten. Lehrer Steinchen war kein Prügelheld, jedenfalls ist mir eine Prügelstrafe nicht in Erinnerung geblieben. Umso eindrucksvoller waren die Erzählungen der Jungens aus dem Haus und der Straße, die von fürchterlichen Prügeleien ihrer Lehrer aus den Gemeindeschulen zu berichten wußten.[2]

Es war ein ziemlich weiter Schulweg, gute 20 Minuten, und der Nachhauseweg dauerte natürlich noch länger, denn er führte durch eine der Hauptstraßen Neuköllns, wo es für einen kleinen Jungen immer Anlässe gab, stehenzubleiben. Es gab auch einen Weg durch das Böhmische Dorf, aber auf diesem Weg gab es nur eine Sensation, die den Nachhauseweg verlängern konnte. In einer zum Böhmischen Dorf führenden Straße hatte ein Schneider seinen Laden, und dieser Schneider war ein Neger, den es den Berichten zufolge aus den deutschen Kolonien nach Berlin verschlagen hatte. Er hatte hier geheiratet und irgendwie das Schneiderhandwerk gelernt. Manchmal hatte man das Glück, ihn zu sehen – ein sehr großer, aber man bedenke, daß ich damals sehr klein war, breitschultriger Mann, der die ihn bestaunenden Kinder freundlich anlächelte.

Oktober 1920 nahmen wir Abschied von der Vorschule und von Lehrer Steinchen, wir verstreuten uns auf die verschiedenen höheren Schulen Neuköllns. Wie meine Brüder schon vorher kam ich auf die Albrecht-Dürer-Oberrealschule, die wir von unserer

Herbert Crügers Schulweg zur Albrecht-Dürer-Oberschule: Von der Silbersteinstraße kommend ging er unter der Brücke beim S-Bahnhof Neukölln durch und bog dann links in die Emser Straße ein — *Heimatmuseum Neukölln*

Das „Pauker"-Kollegium der Albrecht-Dürer-Oberschule, zwischen 1920 und 1925. V.l.n.r. 1. Reihe: Kühne, Schneider (Schulleiter der Walther-Rathenau-Schule ab 1933), Suhle, Marschall, Geßner, Krankemann, Schmidt, 2. Reihe: Kiepert, Arndt, Heine, Winz, Flöte, Schulz, 3. Reihe: -?-, Haintz, Oberüber, Kartzke, Reupsch, -?-, Falkenberg, Hennigs. Alle Angaben von ehemaligen Schülern — *Heimatmuseum Neukölln*

Wohnung über das Bahngelände hinweg sehen konnten, also ein kurzer Schulweg von fünf bis zehn Minuten.

Es kann hier gleich gesagt werden, daß der Lehrbetrieb in der Schule katastrophal war. Die Ursachen dafür waren der Krieg und die Kriegsfolgen. Einer zahlenmäßig und fachlich ungenügenden Lehrerschaft stand eine Schülerschaft gegenüber, deren Sitten durch den Krieg und Nachkrieg stark gelitten hatten. Manche Lehrer waren der Meinung und sagten sie uns auch, wir seien eine Bande von verwahrlosten Lümmels. Unsere Beziehung zu den Lehrern war geprägt durch eine prinzipielle Feindschaft, und einige Lehrer bemühten sich, dieses Feindbild zu erhalten. Unvergessen sind solche Aussprüche: „Ihr seid eine Bande von Dummköpfen, geht lieber auf das Tempelhofer Feld zum Murmelspiel, als hier faul herumzuhocken!" oder „Ich werde mich wie ein Kettenhund vor die Tertia legen!"

In der Sexta – die Klassen in den höheren Schulen hatten damals so hochklingende Bezeichnungen wie Sexta, Quinta, Quarta, Unter- und Obertertia, Unter- und Obersekunda, Unter- und Oberprima – waren wir noch eingeschüchtert durch den neuen Schulbetrieb und durch die erhöhten Anforderungen; so begann in der Sexta der Fremdsprachenunterricht, zuerst Französisch, dann einige Jahre später Englisch, in den höchsten Klassen Latein und Griechisch. Wir hatten uns in der ersten Klasse auch noch nicht zu einer Klassengemeinschaft zusammengerauft, aber bereits in der Quinta hatten wir jegliche Schüchternheit überwunden und benahmen uns so, wie es einige Lehrer von uns erwarteten, als eine Bande von faulen und frechen Lümmels.

Professor Oberüber

Großes Verdienst daran hatte Professor Oberüber, den wir zwei Jahre, in der Quinta und Quarta, als Klassenlehrer erdulden mußten. Die Prügelstrafe, mit einem Rohrstock zu vollziehen, wurde an unserer Schule offiziell nicht mehr angewandt, aber eine Ohrfeige, das Ohrenlangziehen oder der Rollmops – mit dem gekrümmten Zeigefinger und druckvoll über den Kopf fahren – wurde weder von den Lehrern noch von den Schülern als Prügel angesehen. Auch Oberüber hatte keinen Rohrstock, aber er hatte zwei Fäuste, mit denen er auf uns einprügelte. Um ungehindert auf uns einprügeln zu können, legte er vorher seine „Röllchen" ab. Aber was sind denn Röllchen? Der Normalmensch trug seinerzeit kein Oberhemd, sondern ein Baumwollhemd, vorn mit einem etwas gesteiften Brustlatz, und der steife Kragen, manchmal aus Zelluloid, wurde mit Hilfe von zwei Kragenknöpfen vorn und hinten am Hemd befestigt. Das Hemd hatte auch keine Manschetten, als Manschetten dienten eben diese Röllchen aus gesteiftem Leinen oder Zelluloid. Sie steckten lose im Jackenärmel und hatten die Eigenschaft, sich selbständig zu machen und aus dem Ärmel herauszurutschen. Dies alles war äußerst sinnreich und enorm praktisch. Das Baumwollhemd konnte man ruhig eine ganze Woche tragen, nur der Kragen und die Röllchen mußten öfters gesäubert werden, und wenn sie aus Zelluloid waren, so konnte dies unter der Wasserleitung geschehen.

Also wenn Oberüber zu Beginn der Stunde das Klassenzimmer betrat, und dies war natürlich noch erfüllt vom Pausenlärm, so schritt er zum Pult, zog seine Röllchen aus dem Ärmel, stellte sie sorgsam auf das Pult und stürzte sich vehement auf irgendeinen Jungen, bearbeitete ihn mit Ohrfeigen und schlug mit geballten Fäusten auf ihn ein, dabei mit sich überschlagender Stimme schreiend: „Euch Lümmels werde ich noch mores lehren!" Während der eine Lümmel sich, natürlich ebenfalls schreiend, aber jammervoll duckte, begannen die anderen zu lärmen. Oberüber ließ von dem einen Jungen ab, um sich auf einen anderen zu stürzen. Manchmal dauerten diese pädagogischen Übungen eine gute Viertelstunde. Sie waren für uns ein Gewinn, konnte er doch in dieser Zeit nicht durch Abfragen der Lektionen unsere fast immer totale Unwissenheit feststellen. Nach der Viertelstunde trat eine allgemeine Ermattung ein, Oberüber ging zum Pult, streifte seine Röllchen über die Hände, griff zum Klassenbuch und schrieb Strafen ein: je einen Tadel für Conrad und Hülsenbeck, eine Stunde Arrest für Giehse.

Der Arrest war eine abgemilderte Form der früher üblichen Karzerstrafe. Bis zur Novemberrevolution hatten wohl alle höheren Schulen irgendwo im obersten Stockwerk einen Karzerraum, in dem die bestraften Jungen für einige Stunden allein einsitzen mußten. Dagegen war der Arrest zu meiner Zeit schon eine gemütliche Angelegenheit. Arresttag war der Sonnabendnachmittag, und die Arrestanten mußten in einem Klassenraum unter Aufsicht eines Lehrers irgendwelche schriftlichen Arbeiten machen. Das Unterschlagen des nach der Farbe des Umschlags benannten Blauen Briefes und das Fälschen der obligatorischen Unterschrift der Eltern darunter nutzte nicht viel, wenn der Junge es mit erfahrenen Eltern zu tun hatte. Wenn so ein Knabe am Sonnabendnachmittag unbedingt weg mußte, ahnte der hellhörige Vater oder die Mutter nichts Gutes, und dann blieb dem Jungen nichts weiter übrig, als ein Geständnis abzulegen.

Wie der Arrest verlief, das hing von verschiedenen Faktoren ab – von der Zahl der Arrestanten, ihrer Zusammensetzung und nicht zuletzt vom aufsichtführenden Lehrer. Als Oberüber einmal die Aufsicht führte – ich war leider bei irgendeiner Untat erwischt worden und mußte nun eine Arreststrafe absitzen –, hatte er das Pech, daß an diesem Sonnabend fast 30 Arrestanten beisammen und sie noch dazu eine Auslese waren, nach Meinung der Lehrer eine Auslese von Lümmeln, nach unserer Meinung eine Elite prachtvoller Burschen; und so endete die Arreststunde in einem Chaos. Oberüber rannte zum Schluß schreiend und um sich schlagend in der Klasse herum, während wir uns mit den Füßen trampelnd und grölend vor Lachen auf den Bänken wälzten. Als er dann mit dem Ausruf „Ihr werdet alle am Galgen enden!" fluchtartig das Klassenzimmer verließ, blieben wir als Sieger zurück. Aber wie es den Siegern oft geschieht, waren wir nicht frei von Sorgen. Welche Folgen wird diese chaotische Arreststunde für uns haben? Aber es geschah nichts. Oberüber hätte gegenüber dem Direktor seine schmähliche Niederlage eingestehen müssen, er zog es also vor, zu schweigen.

Er hatte schon einige Zeit vorher eine Niederlage hinnehmen müssen. Das muß in der Quarta gewesen sein, wir waren also im schönsten Alter zwischen 12 und 13 Jahren. Er hatte irgendeinen Konflikt mit einem Schüler, Adler hieß er, und seiner sei hier gedacht. Oberüber zog seine Röllchen aus und seinen Ehering ab, legte beides sorgfältig auf das Pult – der Ring hätte beim Prügeln Spuren hinterlassen können – und stürzte sich auf Adler. Der, ein großer, breitschultriger Junge, stand gelassen neben seinem Pult, nahm schnell eine Boxerhaltung ein, linker Arm vor dem Kopf und die rechte Hand geballt zum Schlag – es ist anzumerken, daß Anfang der zwanziger Jahre das Boxen seinen Einzug gehalten hatte und neben Fußball uns Jungens begeisterte und daß die Prügeleien unter uns möglichst nach den uns oberflächlich bekannten Boxregeln ausgetragen werden mußten –, also Adler stand in regelentsprechender Boxerhaltung und schrie dem Lehrer zu: „Komm nur ran, wenn Du was willst!" Eine unter uns übliche Einladung zu einer Prügelei! In der Klasse herrschte Totenstille, Oberüber wich bestürzt einige Schritte zurück. Adler ging ihm einige Schritte nach, weiter schreiend: „Komm nur ran ...!" Oberüber ging zu seinem Katheder, zog seine Röllchen an, streifte den Ehering über, Adler setzte sich in seine Bank, die Stunde verlief ohne weiteren Zwischenfall. Der letzte Rest von Autorität des Lehrers war endgültig verflogen. Adler war der Held, und das Erstaunlichste trat ein: es trat nichts ein! Oberüber hatte nicht gewagt, diesen Vorfall dem Direktor zu melden. Ende des Schuljahres verschwand er aus der Schule.

Der Lehrkörper

Es müßte eigentlich das Ziel jedes Lehrers sein, bei den Schülern ein Interesse an dem Fach, in dem er unterrichtet, zu wecken. Und wieder sei Oberüber als das negative Beispiel angeführt. Er unterrichtete Französisch, und er hätte vielleicht unser Interesse am Erlernen der Sprache wecken können, wenn er uns ihre Schönheit erschlossen, uns die Schönheit Frankreichs, seiner Landschaft und Städte, seine Kultur, die liebenswerten Eigenschaften der Franzosen und ihre großen Traditionen nähergebracht hätte. Im Gegenteil! Er sprach nur im Tone der Verachtung von den Franzosen; als schlagendes Beispiel ihrer zivilisatorischen Rückständigkeit führte er die in Frankreich verbreiteten Toiletten an. Man müsse seine Notdurft im Stehen verrichten, und Toilettenpapier sei unbekannt.

Waren alle Lehrer von der gleichen Art wie dieser reaktionäre Dummkopf? Dann hätten wir die Schule als eine Horde von Dummköpfen verlassen, aber die meisten von uns verstanden es, mit dem kleinen Pfund, das wir in der Schule mitbekamen, zu wuchern und im Leben, wie man so schön sagt, etwas zu werden. Aber für die meisten war es ein kurzes Leben, das auf irgendwelchen Schlachtfeldern endete. Nein, nicht alle Lehrer waren von der gleichen Art. Es gab Lehrer, denen es vollkommen gleichgültig war, ob wir etwas lernten, die unberührt und mit Gleichmut ihre schlechten Noten verteilten, die uns aber in Ruhe ließen. Einer von ihnen war der Oberlehrer Kiepert, er unterrichtete Englisch und wurde von uns Onkel Franz genannt. Das zeigt schon an, daß wir zu ihm bei aller üblichen Schüler-Gegnerschaft ein fast familiäres Verhältnis hatten. Von ihm gab es Aussprüche, die schon fast klassische Kathederblüten waren. So, wenn er auf einem Klassenausflug, als sich an einer Wegkreuzung Meinungsverschiedenheiten über den einzuschlagenden Weg ergaben, im Brustton der Überzeugung und auf den einen Weg weisend erklärte: „Dieser Weg ist kein Weg!"

Oder Falkenberg, der Mathematik, Physik, Chemie und Biologie unterrichtete, sich während der Mathematikstunden nicht vom Pult rührte und sich dabei gelangweilt aus der Nase die Popel holte, der aber in den Physikstunden lebhaft wurde und uns mit seinen Experimenten interessierte. Aber Anteil am Weiterkommen des einzelnen Schülers nahm auch er nicht.

Die Gesamtatmosphäre der Schule war nicht derart, daß ein Lehrer, der sich stärker um den einzelnen Schüler kümmerte, auf Gegenliebe stieß. Solche Versuche machte ein Oberlehrer mit dem uns zu höhnischen Verunstaltungen reizenden Namen Roschlau. Er unterrichtete in der Quarta Mathematik, und irgendwie muß ich sein Interesse geweckt haben. Er erkundigte sich in einem persönlichen Gespräch nach meinen Familienverhältnissen, wollte mich einmal zu Hause besuchen und auch meine Mutter kennenlernen. Ich bekam eine panische Angst, ein verachtungswürdiger Lehrerliebling zu werden und vermied nach diesem Gespräch möglichst jeden Kontakt mit ihm.

Oder der Deutschlehrer Jädicke, der uns die Schönheit der deutschen Sprache, der deutschen Dichtung bewußt machen wollte. Es waren Versuche am untauglichen Objekt. Die auswendig zu lernenden Balladen stotterten wir mühselig herunter, und wenn ein Schüler auf sein Drängen versuchte, eine Betonung einzubringen, so fanden wir dies ungeheuer komisch, und die Sache endete in allgemeinem Gelächter. Nur Jädicke lachte nicht. Er schaute traurig auf uns und setzte sich resigniert an sein Katheder. Aber einmal riß dem sonst so Geduldigen der Faden. Er selbst las uns ein lyrisches Gedicht vor, und um es uns nahezubringen, mit Gefühl. Während der ersten Zeilen begann schon alles zu grinsen, aus dem Grinsen wurde ein unterdrücktes Gelächter, das sich unaufhaltsam zu einem offenen Lachen steigerte. Nun packte den sonst so Friedfertigen der Zorn. Zitternd vor erbitterter Enttäuschung warf er das Buch einem Schüler an den Kopf. Der Schüler war ich. Ich saß damals unglücklicherweise ziemlich weit vorn, ich hatte zu Beginn der Schulzeit keinen hinteren Platz erwischt. Zu unserer Ehre muß ich sagen, daß der Zwischenfall uns nachher doch leid tat, obgleich wir immer noch über den gefühlvollen Vortrag des Gedichts lachen mußten. Allzu tief kann unser Bedauern nicht gewesen sein, denn ein Vorschlag, uns bei Jädicke zu entschuldigen, wurde als vollkommen abwegig verworfen.

Auch Jädicke bemühte sich, ähnlich wie Roschlau, mit einzelnen Schülern in einen besseren Kontakt zu kommen. Er wollte sie

Herbert Crüger, 1990 — *H. Crüger: Verschwiegene Zeiten. Berlin 1990*

das Schachspiel lehren und lud sie zu sich nach Hause ein. Aber auch er stieß auf wenig Gegenliebe. Übrigens waren seine Bemühungen, uns die Schönheit der deutschen Sprache und der deutschen Dichtung zu erschließen, vielleicht doch nicht ganz fruchtlos. Wenn ich allein zu Hause war, deklamierte ich, gestisch überhöht, den *Taucher* und stürzte mich in den „Schlund hinab", wagte mich sogar an die *Glocke* oder ließ den armen Douglas trauern: „Ich hab es getragen sieben Jahr, ich kann es nicht tragen mehr, und wo die Welt am schönsten war, da war sie öd und leer!" Diese Emigrantenklage hatte mich offenbar stark berührt, hätte ich sonst diese Zeilen im Gedächtnis behalten?

Beide Lehrer, also Roschlau und Jädicke, machten einen gemeinsamen Versuch, die Beziehungen zu den Schülern zu verbessern. In den Pfingstferien, das muß in der Quarta gewesen sein, luden sie zu einer dreitägigen Wanderung durch den Spreewald ein. Aber es kamen nur fünf Jungen, ich war einer von ihnen. Daß sich nicht mehr beteiligten, war sicher schon eine Enttäuschung für sie. Einzelheiten dieser Wanderung sind mir nicht in Erinnerung geblieben, nur das allgemeine Bild der grünen, ruhigen Wasserläufe, der seltsame Kahnverkehr darauf, die blühenden Wiesen, die über allem liegende Stille. Auf dieser Wanderung kamen wir uns etwas näher, aber als die Ferien vorbei waren, war das alte, gewohnte, vertraute Lehrer-Schüler-Verhältnis, ein Verhältnis des Mißtrauens und der Gegnerschaft, wieder da.

Waren wir nun wirklich eine Bande von verstockten, faulen und frechen Lümmels, deren Hauptanliegen es war, die Lehrer zu peinigen, ihre Autorität zu untergraben, einen geordneten Unterricht unmöglich zu machen? Ich glaube nicht. Einige Jahre unterrichtete uns ein Professor Suhle in den Fächern Geographie und Deutsch. Suhle war ein alter Herr, mit grauem schütteren Haar und einem grauen Spitzbart. Er war an einen Rollstuhl gefesselt und wurde immer von einigen Primanern über die Treppe getragen. Wir hätten nun in seinen Stunden freie Hand gehabt, in der Klasse nach Herzenslust ein fröhliches Treiben zu veranstalten. Aber nichts dergleichen. Wenn Suhle in seinem Rollstuhl in den Klassenraum gefahren kam, legte sich der übliche Lärm, und es kam auch während der Stunde nicht zu irgendwelchen Störungen. War er ein besonders guter Pädagoge? Sicher war er ein guter Lehrer, der ein großes Wissen hatte und es verstand, dieses Wissen im Unterricht anzuwenden. Die großen Landkarten erweckte er mit seinem langen Zeigestock zum Leben, die braunen Gebirge erhoben sich aus den grünen Ebenen, und die blauen Flüsse und Ströme strebten von den Gebirgen zum Meer, das die Kontinente trennt und verbindet. Seltsam war, daß wir für seine Stunden wirklich lernten. Ich glaube, jeder von uns hätte sich geschämt, in der sonst üblichen blöden Unwissenheit neben seinem Rollstuhl, der meistens vor der großen Landkarte stand, zu stehen. Suhle schimpfte nie mit uns, er wurde nie laut, er erzählte keine schlechten Witze, mit denen sich manchmal Lehrer bei uns anbiedern wollten. Er besiegte uns mit seiner Würde und seinem Wissen, und er siegte in der ersten Minute der ersten Stunde, als er mit seinem Rollstuhl in die Klasse gefahren kam. Wir nannten ihn Papa Suhle.

Der Geschichtslehrer Dr. Benno Schneider

Unbedingt muß auch der Studienrat Dr. Schneider in das Bild der Schule gebracht werden.[3] Er unterrichtete in den höheren Klassen Geschichte. Ein preußischdeutscher Studienrat aus dem Bilderbuch! Seine Autorität blieb jederzeit unangetastet. Wenn er durch seine kalten, goldeingefaßten Brillengläser die Schüler musterte, schien die Klasse zu erstarren. Wenn er mit eiskalter Stimme einen Schüler rügte, dann wäre dieser am liebsten unter der Bank verschwunden. Wenn er mit der gleichen eiskalten Stimme ein Lob aussprach, dann erwachte in dem Schüler ein Schuldgefühl, er hätte es doch eigentlich noch besser machen können. Nein, Schneider verteilte keine Ohrfeigen, nicht einmal übermäßig viel Schulstrafen. Die von ihm ausgehende Eiseskälte machten jeden Angriff auf seine Autorität unmöglich, und diese beruhte nicht nur auf seiner kalten Haltung uns gegenüber, ebenso und vielleicht noch stärker auf seinem Unterricht. Er verstand es, jede Stunde zu einem spannungsvollen Erlebnis zu machen. Also ein guter Lehrer? Er war ein finsterer Reaktionär; kann ein Reaktionär ein guter Lehrer sein?

Sein Hauptfach war neuere Geschichte, also die Zeit von 1870 bis 1918, und dem Weltkrieg galt sein besonderes Interesse. Er hatte hierüber ein Geschichtslehrbuch geschrieben. Er folgte der allgemein vorherrschenden Tendenz, Deutschland sei 1914 das unschuldige Opfer einer feindlichen Verschwörung geworden, die deutschen Armeen hätten gesiegt, gesiegt und gesiegt, aber die Früchte der Siege seien den deutschen Soldaten durch die Novemberrevolution genommen worden. Sein Lehrbuch war eigentlich eine Kurzfassung der drei Bücher *Im Felde unbesiegt*, *Zur See unbesiegt*, *In der Luft unbesiegt*, die in den zwanziger Jahren eine ziemlich große Verbreitung fanden. Das Groteske war, es gab eine sozialdemokratische Regierung; in Preußen lag die Regierungsgewalt fest in den Händen der Sozialdemokraten, aber sie ließen zu, daß solche reaktionären Machwerke wie das Schneidersche Lehrbuch Grundlage des Geschichtsunterrichts in höheren Schulen werden konnten.

Die Reaktion hatte sich nach den gescheiterten Putschversuchen 1920 und 1923 neu formiert und eine breitangelegte ideologische Kampagne entfesselt, in der die Glorifizierung der Heldentaten des deutschen Soldaten eine wesentliche Rolle spielte. Sie hatte sichtbare Erfolge zu verzeichnen, Hindenburg war zum Präsidenten der Republik gewählt worden, reaktionäre paramilitärische, sogenannte Wehrverbände, der *Stahlhelm*, der *Werwolf*, der *Jungdeutsche Orden*, die SA der NSDAP hatten sich formiert, und in allen wurde das Idol eines deutschen Frontsoldaten, unbesiegt aber verraten, zum Leitbild. Und diese reaktionäre Woge machte vor den Schulpforten nicht halt.[4] Im Gegenteil, gerade hier in der höheren Schule fand sie Einlaß. Die sozialdemokratischen Schulbehörden stellten sich demgegenüber taub und blind. Sie blieben nicht vollkommen tatenlos, das zu sagen, wäre ungerecht. Sie verwandelten das Neuköllner Kaiser-Friedrich-Realgymnasium in eine wirklich progressive Schule; das Verdienst an dieser Wandlung hatten die an dieser Schule wirkenden sozialdemokratischen und kommunistischen Lehrer; sie unterstützten auch die Gründung der Schulinsel Scharfenberg, aber dies waren einsame Inseln im allgemeinen reaktionären Getriebe an den höheren Schulen.

Schneider paßte mit seinem Geschichtsunterricht genau in dieses Getriebe. Er legte weniger Wert auf historische Daten, mit denen uns andere Geschichtslehrer gelangweilt hatten. Statt dessen gab er uns Unterricht in militärischer Taktik und Strategie. Begriffe wie elastische und tiefgestaffelte Verteidigung, Bereitstellung von Sturmbataillonen und Einsatzreserven, konzentrierter Feuerschlag, Durchbruch regten unsere Phantasie an, sie belebte die Linien, Kreise, Punkte und Pfeile, die Schneider auf die Tafel zeichnete, mit vorwärtsstürmenden und siegenden Soldaten mit Stahlhelm und Handgranate. Das den Krieg auf eine besonders raffinierte Art verherrlichende Buch – raffiniert, weil es sich durch eine scheinbare Sachlichkeit von den anderen Heldenbüchern unterschied – von Ernst Jünger: *In Stahlgewittern*, das Schneider als Pflichtlektüre verordnete, trug wesentlich zur Verwirrung unseres Denkens bei. Außerdem war das alles eine Fortsetzung von dem, was wir als Kinder getrieben hatten, denn das alte Spiel „Räuber und Gendarm" war ja bereits im Krieg durch das Spiel „Deutsche und Franzosen" abgelöst worden, und die aus Papier gefalteten Tauben waren zu Flugzeugen geworden, gesteuert von den siegenden Helden Richthofen und Boelke.

Gab es wirklich in dieser Schule nur diese reaktionären Lehrer? Zumindest gab es kein fühlbares Gegengewicht.

Nachsatz

Gustav Friedrich Wilhelm Oberüber, geb. am 11.11.1877 in Wittenberge, Kr. Priegnitz als Sohn eines Telegraphensekretärs, bestand sein Abitur in Königsberg und studierte anschließend Englisch, Geographie und Französisch. Nach seiner Referendarzeit in Allenstein kam er als Oberlehrer über Dirschau und Lichtenberg nach Rixdorf an die Realschule. Im Dezember 1916 zum Professor ernannt, wurde er bereits am 1.5.1924 in den einstweiligen und am 1.10.1933 endgültig in den Ruhestand versetzt. Oberüber war ein eher musischer Mensch. Bei der Einweihungsfeier der Realschule begleitete er seine Frau, Oberlehrerin Else Mendel-Oberüber, die Geige spielte, am Klavier (*Neuköllner Zeitung* v. 28.1.1913). Zwar verwaltete er kurzzeitig die Realschule, wurde aber nicht zum Schulleiter bestimmt. Im Revisionsbericht vom 27.6.1913 heißt es: „Er ist ein wohlbrauchbarer, vielleicht aber hier und da etwas weichlicher Lehrer" (BA Potsdam, REM 49.01 Spezialia 5798). In den Erinnerungen Ehemaliger erscheint er als „ein etwas eigenartiger Herr, der, mit einem immensen Wissen versehen, es manchen Geistesgrößen darin gleich tat, daß er sein Äußeres nicht mit seinen geistigen Fähigkeiten Schritt halten ließ. In der Ära des Oberstudiendirektors Dr. Marschall recht befremdend! Diese Eigenschaft nahm ihm auch pädagogisch die Möglichkeit, mit den damaligen ‚Halbstarken' fertig zu werden. Erst, als es bei vielen von uns um das tatsächliche Wissen dieses Mannes dämmerte, wurden seine Unterrichtsstunden zu wirklichen Fundgruben" (*Die Pauke*, H.2/1959). Sein Leben endete schmählich. „Wilhelm Oberüber hat im vierten Kriegsjahr zu einem deutschen Soldaten von der Kultur Sowjetrußlands, vom Leuteschinden in unserer Wehrmacht und von der Sicherheit unserer Niederlage geredet. Für immer ehrlos wird er deswegen mit dem Tode bestraft." Dieses Unrechtsurteil, das auch vollstreckt wurde, fällte der Volksgerichtshof am 11. Mai 1944 „Im Namen des Deutschen Volkes" unter Vorsitz von Dr. Freisler, im Beisein von Kammergerichtsrat Rehse, der 1967 angeklagt und ein Jahr später freigesprochen wurde. Während eines Kuraufenthaltes in Kärnten hatte Oberüber am 3. 9. 1943 gegenüber einem schwerverwundeten Soldaten namens Terkl einige kritische Bemerkungen gemacht, woraufhin dieser ihn denunzierte. Da auch noch eine Krankenschwester, die Zeugin des Gesprächs war, gegen ihn aussagte, wurde Oberüber wegen Defätismus zum Tode verurteilt. Oberüber hatte das Gespräch mit der Bemerkung beendet, „mit dem Hurrapatriotismus sei es eben nicht zu machen, man müsse auch einen klaren Kopf behalten". Die Zeugenaussagen zeigen, daß Oberüber, der als Deutschnationaler den Nazis in manchem nahestand, sich in den Jahren des Unrechts und der Verbrechen im Unterschied zu vielen seiner Kollegen seinen Verstand und seinen Anstand bewahrt hatte.[5]

Ekkehard Meier

Anmerkungen

1 Der Text ist eine erweiterte und leicht redigierte Fassung des ersten Teils von Herbert Crügers Autobiographie *Verschwiegene Zeiten – Vom geheimen Apparat der KPD ins Gefängnis der Staatssicherheit*. Berlin 1990. Crüger, Jahrgang 1911, war Mitbegründer der HJ in Neukölln. Er gehörte zum Strasserflügel der SA, verließ 1930 die „Bewegung" und gelangte auf einigen Umwegen 1932 zur KPD. Das Buch beschreibt seinen Weg vom Widerstand, von Gestapo-Haft und Exil über den Aufbau im Westen („Stalin am Neckar"), den Wechsel in die DDR bis zu seiner Dozententätigkeit an der Humboldt-Universität und seiner Verhaftung 1958. Crügers Bericht ist ein anregendes Geschichts- und Geschichtenbuch.

2 Alfred Ehrentreichs Aufsatz „Prügelnde Götter – Eine Kulturschande der Volksschule!" — *Die neue Erziehung*, H.12 (1927) sorgte kurzfristig für Wirbel in Neukölln. Ehrentreich hatte Aufsätze seiner Schüler, die von den Gemeindeschulen zum KFR übergewechselt waren, ausgewertet und die Prügelszenen einiger Volksschullehrer (ohne Namensnennung) öffentlich gemacht. Ehrentreich erhielt einen freundlichen Verweis, die Fälle aber wurden nicht weiterverfolgt. Aus den Akten im Rathaus Neukölln läßt sich ersehen, daß auch in den 20er Jahren geprügelt wurde: „mehrere Fälle, in denen ein Ueberschreiten des Züchtigungsrechtes vorlag" (Nr. 1550, Treffen der Schulräte 14. 5. 1926). „Die Anfrage des Bez.-V. Schulz bezüglich der Anwendung des Züchtigungsrechts in den Neuköllner Schulen wird bis zur Nachprüfung der Fälle, die zur Anfrage geführt haben, zurückgestellt" (Nr. 37, 30. 5. 1932). Seit dem Erlaß vom 24. 4. 1920 lag der Verzicht auf das Züchtigungsrecht nahe. Erst 1929 wurde das Verbot der Körperstrafe offiziell ausgesprochen. Am 20. 2. 1933 wurde die Prügelstrafe zur „Aufrechterhaltung der Schulzucht" wieder eingeführt. Vor allem Schüler der aufgelösten Lebensgemeinschafts- und Sammelschulen spürten den Wandel am deutlichsten.

3 Dr. Benno Schneider verkörperte wie kaum ein anderer Neuköllner Studienrat das Idealbild eines Gebildeten in Uniform, eine Mischung aus Oberlehrer und Offizier, wie sie der Gebildeteren Reformbewegung als Leitfigur vorschwebte. 1881 als Sohn eines Pfarrers geboren, bestand er 1900 die Reifeprüfung an der berühmten Schule von Schulpforta. Schneider studierte Religion, Hebräisch, Geschichte und promovierte 1905 zum Dr.phil. Über Posen und Lübeck kam er 1911 als Oberlehrer nach Rixdorf an die Albrecht-Dürer-Oberrealschule. Im gleichen Jahr wurde er zum Reserveoffizier befördert. Vom ersten Mobilmachungstag bis zum 18. 12. 1918 gehörte er dem Feldheer an. Sein Bruder war im Krieg gefallen, er selbst wurde schwer verletzt und erhielt das Goldene Verwundetenabzeichen. Dekoriert mit EK I und EK II wurde er als Oberleutnant entlassen. Zusammen mit Ulrich Haacke und Bernhard Kumsteller veröffentlichte er Geschichtsbücher für alle Klassenstufen und Schultypen. Sein Geschichtsbuch gehörte ebenso zu den Standardwerken in der Weimarer Republik wie sein Staatsbürgerkundebuch, das er zusammen mit Haacke verfaßt hatte: *Dein Staat und Dein Volk. Eine Staatsbürgerkunde*. Leipzig 1929. Schneider ist in seiner unterrichtlichen Tätigkeit, ganz gleich, in welchem System, stets überaus positiv beurteilt worden. Die Gutachten 1911, 1926 und 1935 heben jeweils seine Führungseigenschaften hervor. Nach dem Machtwechsel 1933 wurde er von den Nazis zum Schulleiter der Walther-Rathenau-Schule bestimmt.

4 Unter der Parole „Politik muß aus der Schule herausgehalten werden" wurde an vielen Gymnasien teils offen, teils versteckt gegen die Republik gearbeitet. Vor allem die VDA-Gruppen (Verein für das Deutschtum im Ausland) wurden zum Sammelbecken deutschnationaler und völkischer Ideen. Vgl. E. Meier: *Feste mit verjüngtem Sinn* ... Berlin 1983, S. 75-85 und den Aufsatz „Geschlossene Gesellschaft" in diesem Band

5 Siehe auch B. Jahntz, V. Kähne: *Der Volksgerichtshof. Darstellung der Ermittlungen der Staatsanwaltschaft bei dem Landgericht Berlin gegen ehemalige Richter und Staatsanwälte am Volksgerichtshof*. Berlin 1986, S. 78-82. J. Friedrich: *Freispruch für die Nazi-Justiz. Die Urteile gegen NS-Richter seit 1948. Eine Dokumentation*. Reinbek 1983, bes. S. 471

Gerd Radde

Lebensstätten der Schüler – Neuköllner Lebensgemeinschaftsschulen als Beispiel der Berliner Schulreform

Was zunächst den Begriff der Lebensgemeinschaftsschule betrifft, so bezeichnet er behördlich ausgewählte Berliner Volksschulen, die seit 1923 mit ministerieller Genehmigung nach besonderen Richtlinien des Berliner Oberstadtschulrats Wilhelm Paulsen als Versuchsschulen arbeiteten.[1] Paulsens grundlegende Vorstellungen resultierten aus seinen Erfahrungen an Gemeinschaftsschulen in Hamburg.[2]

Schulpolitisch verantwortet wurden Lebensgemeinschaftsschulen von den Sozialdemokraten, pädagogisch gestaltet von reformerisch, zumeist auch politisch engagierten Lehrern; Schulleben und Unterrichtsarbeit wurden weithin mitgetragen von einer Elternschaft, die pädagogisch aufgeschlossen und schulpolitisch motiviert war. Den Mädchen und Jungen, die diese Schulen besuchten, sollten sie als Lebensstätten, jedenfalls nicht mehr als bloße Unterrichtsanstalten dienen. Ihre gesamtpädagogische Funktion sah Wilhelm Paulsen darin, daß sie als katalysatorische Zentren zur Überwindung der „alten Schule" wirkten.

Ein zentraler Schwerpunkt lag in dem Bestreben, die jungen Menschen nicht mehr vornehmlich auf dem Weg über den Intellekt, sondern auch gefühlsmäßig und in ihrer Gesamtvitalität zu bilden. Dabei wurde das Gemeinschaftsleben bedeutsam.

Aus dem Schulenkomplex in der Rütlistraße sind damals drei Lebensgemeinschaftsschulen hervorgegangen: die 31. Volksschule mit dem Rektor Wilhelm Wittbrodt, die 32. Volksschule mit dem Rektor Adolf Jensen, dem Fritz Hoffmann im Amt folgte, und die Volksschule 32b, die sich von Jensens Schule gelöst hatte. Sie erhielt das Gebäude der Kaiser-Friedrich-Straße 10 und zählte dann als 45./46. Volksschule; ihr Rektor wurde später der aus Wittbrodts Schule hervorgegangene Lehrer Günther Casparius (KARSEN 1928, S. 58). Außerdem befand sich im Schulgebäudekomplex Rütlistraße noch die 41./42. „weltliche" Schule mit den Rektoren Milbrath und Ernst Schultz.[3] Vom Thema her soll diese Schule hier nicht weiter berücksichtigt werden. Ihre reformpädagogische Rolle bleibt aber unbestritten.

Die bildungspolitischen Voraussetzungen

Welche Akzente bestimmten die Reformpädagogik der Neuköllner Lebensgemeinschaftsschulen? Diese sind nicht ohne den gegebenen Zusammenhang mit der Berliner Schulreform auf breiter Basis zu verstehen, und die wiederum hatte eine starke politische Komponente durch das Wirken jener Kräfte, die nach dem Umbruch vom November 1918 die Schule des Obrigkeitsstaates beseitigt wissen wollten, weil sie in ihr eine „Klassen-, Drill- und Kirchenschule"[4] sahen, jedenfalls keine Schule für die Gesellschaft in der demokratischen Republik. Aus ihrer Sicht war endlich eine weltliche Einheitsschule und – in methodischer Hinsicht, aber auch lehrplanmäßig – eine Arbeitsschule gefordert.⁵ In der Reichsverfassung vom August 1919 fand sich eine solche weltliche Einheitsschule zwar als bedingtes Postulat verankert,⁶ aber das zur Umsetzung notwendige Reichsschulgesetz wurde bekanntlich nie erlassen. Immerhin wurde in der Einheitsschule wenigstens eine kleine Lösung erreicht: in der Form der für alle verbindlichen vierjährigen Grundschule nach dem Gesetz vom April 1920.⁷ Ansonsten bestand auf Länderebene die Konfessionsschule weiter.

Ein Teil der Berliner Eltern mochte sich nicht damit abfinden, daß die Konfessionsschule auf Länderebene weiterbestand. Sie beriefen sich auf das in Artikel 149 der Reichsverfassung eingeräumte Recht, selbst bestimmen zu können, ob ihre Kinder am Religionsunterricht teilnehmen oder nicht, – und viele meldeten sie davon ab. Das hierfür zuständige preußische Ministerium für Wissenschaft, Kunst und Volksbildung genehmigte dann für die Volksschulkinder ohne Religionsunterricht sogenannte Sammelschulen,⁸ die im Volksmund als „weltliche"

Schulen bezeichnet wurden.⁹ In Berlin gab es die erste Sammelschule im Mai 1920 im Treptower Ortsteil Adlershof. Aufgrund einer stark wachsenden Bewegung, die vom „Bund der freien Schulgesellschaften Deutschlands"¹⁰ getragen wurde, kamen weitere „weltliche" Schulen hinzu.¹¹ In Neukölln waren es im Herbst 1920 auf einen Schlag sechs, darunter die 31. und die 32. in der Rütlistraße.¹² Insbesondere diese beiden Schulen ließen bald erkennen, daß ihre „Weltlichkeit" mit der Entfaltung reformpädagogischer Ansätze einherging, mehr oder weniger zugeschnitten auf die Bedürfnisse einer sozial gerichteten Demokratie.

Die reformpädagogische Praxis an den drei Lebensgemeinschaftsschulen in Neukölln

Die 1923 erteilte Genehmigung, Unterricht und Erziehung im Rahmen der Lebensgemeinschaftsschulen ohne die Pensen eines vorgegebenen Lehrplans zu gestalten, bedeu-

Ausdruckspädagogik; ein Element: lebende Bilder — *Nachlaß Wittbrodt*

tete demnach eher eine behördliche Sanktionierung der ohnehin intendierten Reformarbeit, keinen grundlegenden Neuanfang. Es kann jedoch kein Zweifel sein, daß dieser formal-rechtliche Einschnitt in der Geschichte der beiden Schulen starke Antriebskräfte freisetzte, insbesondere auch für die Kooperation mit der Elternschaft. Der neue Status hat einerseits bemerkenswerte pädagogische Resultate ermöglicht, andererseits waren dadurch bestimmte Richtungsprobleme programmiert. Sie lassen sich mit den antinomischen Grundabsichten der Schulreform bzw. des Schulkampfes (siehe V. HOFFMANN in diesem Band) kennzeichnen.

Unter der beratenden Führung Dr. Kurt Löwensteins, der von 1921-33 als Neuköllner Stadtrat wirkte und sich entschieden für eine Schulpolitik zum Zwecke von „Schulreform" engagierte (siehe W. KORTHAASE u.a. in diesem Band), suchten die in der Rütlistraße freiwillig zusammengetretenen Kollegien ihre Schule nun in der Weise zu gestalten, daß „dem militärischen Drill die schöpferische Freiheit, dem gedankenlosen Schliff die ganzheitliche Ausbildung der Kräfte, dem Kadavergehorsam die freiwillige Einordnung in das Ganze"[13] entgegengesetzt wurde. Die pädagogische Orientierung hatten die aus dem Weltkrieg zurückgekehrten jungen Lehrer in den „Lehrgängen für Kriegsseminaristen" erhalten, in denen z.B. der bekannte Schulreformer Max Kreuziger als Dozent mitwirkte.[14] Einige hörten auch Vorlesungen an der Berliner Universität (mit kleiner Matrikel), hatten Kontakte zu Karsen, der das Kaiser-Friedrich-Realgymnasium leitete und dort an der 1922 eröffneten Aufbauschule die Gemeinschaftspädagogik im Bereich der weiterführenden Schulbildung etablierte.

Erlebnis- und Ausdrucksschule bei Adolf Jensen und Fritz Hoffmann

An der Rütlischule war die unmittelbar wirkende, wenn auch nicht unumstrittene zentrale pädagogische Gestalt indessen Adolf Jensen.[15] Er stammte aus dem Umfeld der Hamburger Reformbewegung, wo er gemeinsam mit seinem Weggefährten Wilhelm Lamszus Furore gemacht hatte; beide waren als entschiedene Vertreter einer Erlebnispädagogik bekannt geworden und hatten ihren „Weg zum eigenen Stil" empirisch begründet. Jensen kam im Herbst 1920 an die 32. Schule in Berlin-Neukölln (siehe V. HOFFMANN in diesem Band). Er zog junge Lehrer förmlich an, z.B. Fritz Hoffmann, Herbert Busse, Hans Feuer und andere. Tragendes Element der Jensenschen Pädagogik war die frei gestaltete Arbeit in den Ausdrucksfächern, insbesondere im Erlebnisaufsatz-Unterricht,[16] aber auch im Musik- und Zeichenunterricht. Grundintention dabei war, die natürliche Aufmerksamkeit und das angeborene Ausdrucksbedürfnis des Kindes für die Entfaltung seiner Persönlichkeit zum Tragen zu bringen, und zwar auf der Grundlage eines ei-

Adolf Jensen, o.J. — *Privatbesitz Korthaase*

genen vielfältigen Erlebens. Die Kinder wurden dazu angehalten, bedachtsam ausgewählte Erlebnisse in eigener Verantwortung niederzuschreiben, sie im Kreise der Mitschüler selber vorzutragen und sich mit ihnen und dem Lehrer gemeinsam darüber auszusprechen. Dabei konnten teilnehmendes Verständnis, Frohsinn und Freude, aber auch deutliche Kritik ausgelöst werden. Lehrer-Zensuren, auch im übertragenen Sinne, verboten sich von selbst; aber aus der Resonanz bei den Mitschülern, dem Resümee der Aussprache ergab sich sehr wohl eine Beurteilung der dargebotenen Arbeit. Wenn man bedenkt, daß diese Schüler überwiegend aus der Unterschicht stammten, zumeist Kinder von Arbeitern, Facharbeitern und kleinen Angestellten waren,[17] die sich anderswo in der Regel eher zurückgehalten hätten und wohl kaum mit ihren außerschulischen Erlebnissen zu Wort gekommen wären, dann wird man die pädagogisch-psychologische Wirkkraft von Jensens Erlebnisaufsatz-Unterricht nicht gering einschätzen. Diese Mädchen und Jungen konnten sich jedenfalls im Prozeß ihrer Selbstfindung und dem darin verflochtenen Streben nach Selbständigkeit durchaus bestärkt sehen. Dementsprechend erschienen sie vielen Besuchern – Hochschullehrern, Künstlern, Journalisten und Schulleuten – im Unterrichtsgespräch frei und natürlich, ohne jede Spur von „Eindruckmachen". Jensen hielt denn auch „‚Eindruckmachen' und ‚Ausdruckverleihen' für zwei seelische Haltungen, die sich gegenseitig ausschließen".[18]

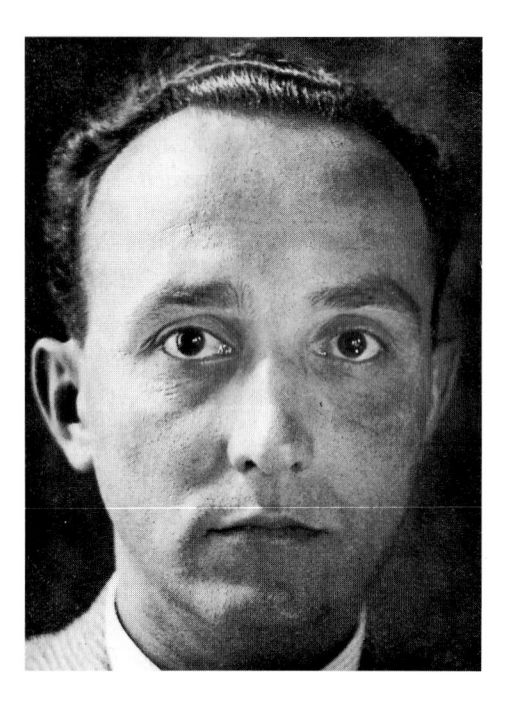

Als Jensen 1929 als Professor für Methodik an die Technische Hochschule nach Braunschweig berufen worden war,[19] versuchte sein Nachfolger Fritz Hoffmann, die Erlebnispädagogik insoweit etwas einzuschränken, als er den damit verknüpften fächerübergreifenden Gesamtunterricht durch gezielte Übungsstunden nach Arbeitsplänen der einzelnen Fachgruppen ergänzt wissen wollte. Dabei trafen diametrale Auffassungen in den Konferenzen aufeinander; sie konnten durch Kompromißlösungen nur z.T. überbrückt werden.[20]

Es soll nicht unerwähnt bleiben, daß Fritz Hoffmann – wie sein Mentor Adolf Jensen zuvor in Hamburg – ein über seine Schule hinaus geschätzter Chorleiter war. Das zeigt unter anderem das Wirken des Rütli-Singkreises, den Hoffmann 1924 mit schulentlassenen Mädchen aus Jensens Klasse gegründet hatte (siehe D. KOLLAND in diesem Band). Aus diesem Singkreis ist später die Städtische Volks- und Jugend-Musikschule Neukölln hervorgegangen. So kam Jensens Ausdruckspädagogik auch eine bestimmte gesellschaftliche Bedeutung zu.

Links:
Fritz Hoffmann, 20er Jahre — *Privatbesitz Radde*

Rechts:
Günter Casparius links und Paul Heimann, 1931/32 — *Privatbesitz Radde*

Priorität der Realien an der Casparius-Schule

Die eingangs erwähnte Sezession von der mehr gefühlsmäßig eingestellten Jensenschule war von harter Kritik begleitet. Sie führte dahin, daß die Kollegen um Günther Casparius mehr das Erkennen und die Methoden des Erkenntniserwerbs zum leitenden Motiv ihrer Gemeinschaftsschulpädagogik erhoben. Unterrichtsorganisatorisch diente ihnen dazu ein Gesamtunterricht auf allen Klassenstufen, inhaltlich konzentrierten sie sich auf Vorgänge und Erscheinungen in den Bereichen der Physik, Chemie, Biologie und vor allem der Erdkunde; eine wichtige Rolle spielte auch das Werken. Die Kollegen erschlossen systematisch die naturkundlichen und heimatkundlichen Sammlungen in Berliner Museen, gingen aber noch stärker von den Naturbeobachtungen auf Wanderungen und gezielten Führungen aus. Später hatten sie dafür sogar ein schuleigenes Landheim am Üdersee bei Finowfurt.

„Soziale Arbeitsschule" bei Wilhelm Wittbrodt

Gestaltete Jensens Kollegium eine Erlebnis- und Ausdrucksschule, das von Casparius eine spezifische Erkenntnisschule auf der Grundlage von Beobachtungen und Analysen, so ließe sich die 31. Schule Wilhelm Wittbrodts vielleicht als eine Art soziale Arbeitsschule im Sinne Karsens bezeichnen.[21] Es handelte sich hier nicht einfach darum, einen lehrplanmäßig festgelegten Stoff nach Methoden der Arbeitsschule effektiver zu vermitteln als durch verbales Erklären; vielmehr hat es den Anschein, als sollten die jungen Menschen an gesellschaftliche Aufgaben der Gegenwart herangeführt, auf ihre Bewältigung vorbereitet werden. Ausgehend von der sozialen Situation der Kinder wurden also möglichst konkrete Aufgaben mit sozialen Bezügen rational und pragmatisch angegangen. Die hierfür erforderlichen Fachkenntnisse suchte man offenbar in spezifischen Arbeitsgemeinschaften – sozusagen in Neigungskursen – zu vermit-

Wilhelm Wittbrodt im Schulgarten mit Schülerinnen — *Nachlaß Wittbrodt*

Erdkundeunterricht an einer Lebensgemeinschaftsschule, 1928 — *Heimatmuseum Neukölln*

teln. Es ist auffällig, daß an keiner der beiden anderen Lebensgemeinschaftsschulen so viele Arbeitsgemeinschaften angeboten wurden wie hier an der 31. So bestanden z.B. in den Schuljahren 1923/24 und 1924/25 Arbeitsgemeinschaften für Stenographie, Esperanto und Englisch, für Küchen-Chemie, für Naturwissenschaften, Werkstättenarbeit, Zeichnen und Kunstschrift, für Kunstgeschichte, Entwicklungsgeschichte, Volkswirtschaftslehre, für Chorgesang, Sprechchor und eine Theatergruppe (Chronik 31.VS). Überhaupt waren das Laienspiel wie auch die Klassenfahrt integrierende Elemente der Neuköllner Gemeinschaftspädagogik.

Manche der vorhin erwähnten konkreten Aufgaben wurden durch kleine Studiengänge, vor allem aber im Zusammenhang mit den Klassenfahrten abgewickelt, einige auch in szenischen Formen gestaltet.

Als prototypisches Beispiel solcher Aufgaben kann der Plakatwettbewerb von Schülern gelten, den der *Vorwärts* zur Vermeidung von Verkehrsunfällen im Jahre 1928 ausgeschrieben hatte. Damals zeichnete der Schüler E. Hirschfeld, 13 Jahre alt, ein Plakat mit einer Straßen-Unfallszene, daneben einen ruhigen Kinderspielplatz; darüber stand in Blockschrift: „Unfälle werden leichter verhütet, wenn mehr Spielplätze geschaffen werden" (ebd.).

Rückblick auf Resultate und Konsequenzen

Fragen wir nun nach den unverkennbaren gemeinsamen Grundzügen der Reformpädagogik an den Lebensgemeinschaftsschulen, so ist die Offenheit gegenüber dem Leben auffällig. Sie manifestierte sich in zahlreichen Feiern und Festen, Schulspielen, Klassenfahrten und mancherlei Kontakten. Bemerkenswert und zugleich beeindruckend er-

Eine gemischte Klasse beim Kunstunterricht, 1928 — *Heimatmuseum Neukölln*

Rütlischüler auf Rügen, 1931. In der Mitte Hanno Günter, später von den Nationalsozialisten als Widerstandskämpfer hingerichtet — *Heimatmuseum Neukölln*

scheinen jedoch der menschlich-demokratische Erziehungsstil und die ausgeprägte Solidarität zwischen Lehrern, Schülern und Eltern. Sie schwankte freilich im Zuge der politischen Radikalisierung. Davon zeugen die beiden Schulstreiks im April 1930 und im Oktober 1931 (siehe V. HOFFMANN in diesem Band), bei denen – im ersten Fall – wohl nicht nur Klassenkampfdenken ins Spiel kam.[22]

Wir können hier nicht mehr darauf eingehen, daß die preußischen Behörden gegen Ende der Weimarer Republik den besonderen Status der Lebensgemeinschaftsschulen aufheben wollten und deren Rückwandlung in weltliche Schulen einleiteten (Chronik 45./46. und 31. VS).

Wer will sich wundern, daß das Hitler-Regime die Lebensgemeinschaftsschulen zusammen mit den „weltlichen" Schulen alsbald gezielt zerschlug?[23]

Es erscheint bemerkenswert und bezeichnend, daß manche ehemaligen Rütlischüler sich im Widerstand gegen das Terrorsystem fanden: Hilde Jadamowitz, Hanno Günther, Emmerich Schaper und Bernhard Sikorski verloren ihr Leben.[24]

Die an den Neuköllner Lebensgemeinschaftsschulen entfaltete Reformpädagogik kam indessen nach dem Ende der Hitlerherrschaft in der Berliner Schulreform von 1948 wieder zum Tragen, nicht zuletzt durch das Engagement Friedrich Weigelts und Fritz Hoffmanns, der 1951 mit Weigelts Unterstützung die Einheitsschule in Berlin (West) gründete (dazu G. RADDE in Band II). Sie erhielt im Jahre 1956 den Namen Fritz Karsens und besteht heute als Gesamtschule weiter.

Anmerkungen

Der Beitrag ist in leicht veränderter Form aus A. Pehnke (Hrsg.): *Ein Plädoyer für unser reformpädagogisches Erbe.* Neuwied/Kriftel/Berlin 1992 (Protokollbd. der intern. Reformpädagogik-Konferenz v. 24. 9. 1991 in Halle-Köthen) entnommen.

1 Siehe hierzu insbes. F. Karsen: „Die Versuchsschulen." — J. Nydahl (Hrsg.): *Das Berliner Schulwesen.* Berlin 1928, S. 53ff., aber auch Karsen: „Die Entstehung der Berliner Gemeinschaftsschulen." — ders. (Hrsg.): *Die neuen Schulen in Deutschland.* Langensalza 1924. Vgl. auch W. Richter: *Berliner Schulgeschichte. Von den mittelalterlichen Anfängen bis zum Ende der Weimarer Republik.* Berlin 1981

2 Hierzu K. Rödler: *Vergessene Alternativschulen. Geschichte und Praxis der Hamburger Gemeinschaftsschule.* Weinheim / München 1987

3 Die 41./42. „weltliche" Schule wird für 1923 in einer Übersichtstabelle des „christlich-unpolitischen" Kritikers Foertsch nachgewiesen (*Eltern an die Front! 10 Jahre Evangelischer Elternbund.* Berlin 1930). Indirekt erwähnt und zugleich von den Lebensgemeinschaftsschulen abgehoben wird die 41./42. Schule durch Karsen: „Unsere Osterzusammenkunft." — *Lebensgemeinschaftsschule*, Nr. 5 (1925), 65-71. Siehe auch V. Hoffmann: „Die Rütlischule – zwischen Schulreform und Schulkampf (1908-1950 / 51)." Buchms. — Heimatmuseum Neukölln

4 G. Hädicke: „Der nächste Schritt auf dem Gebiete der Berliner Schulreform." — *Unser Weg. Monatsschr. f. d. Mitgl. d. Berl. Sozialdemokratie*, Nr. 1 (1929), 137

5 Vgl. auch H. Schulz, H: *Die Schulreform der Sozialdemokratie.* Berlin 1919

6 „Die das Schulwesen betr. Artikel der Reichsverfassung vom 11. August 1919" finden sich z.B. bei Ch. Führ: *Zur Schulpolitik der Weimarer Republik. Die Zusammenarbeit von Reich und Ländern im Reichsschulausschuß (1919-1923) und im Ausschuß für das Unterrichtswesen (1924-1933). Darstellung und Quellen.* Weinheim/Berlin/Basel 1970, S. 158-160

7 Vgl. Gesetz betr. die Grundschulen und Aufhebung der Vorschulen v. 28. 4. 1920 bei Führ, S. 161f.

8 Vgl. F. Theegarten (Hrsg.): *Sammelklassen und Sammelschulen für die nicht am Religionsunterricht teilnehmenden Kinder. Zusammenstellung der einschlägigen Ministerialerlasse.* Berlin 1927

9 Vgl. R. Schröter: „Die Sammelschulen." — Nydahl 1924, S. 46-52

10 Vgl. hierzu M. Altrock: *Programm und Organisation des Bundes der freien Schulgesellschaften Deutschlands.* Examensarbeit Päd. Hochsch. Berlin 1965

11 Vgl. N. Ebert: *Zur Entwicklung der weltlichen Schulen und Lebensgemeinschaftsschulen in Berlin in den Jahren 1920-1933.* Diss. Humboldt-Univ. Berlin 1990

12 Vgl. Schröter, dazu die Übersichtstabelle bei Foertsch sowie die Chronik der 31. Volksschule (abgek. Chronik VS)

13 W. G. Oschilewski: „Kurt Löwenstein – Leben und Aufgabe." — ders., A. Scholz (Hrsg.): *Kurt Löwenstein. Leben und Leistung*. Berlin 1957, S. 37 (*Köpfe der Zeit*)

14 Nach Auskünften Friedrich Weigelts in seinem Brief an G. Radde v. 16. 3. 66

15 Vgl. F. Karsen: „Die Entstehung der Berliner Gemeinschaftsschulen." — Karsen 1924, S. 160f. Ebenso Interview A. Jensen, Sept. 1964 — Archiv G. Radde

16 Grundlegende Literatur: A. Jensen, W. Lamszus: *Unser Schulaufsatz ein verkappter Schundliterat*. Hamburg/Berlin 1910. Dies.: *Der Weg zum eigenen Stil*. Hamburg 1912. Dies.: *Die Poesie in Not*. Hamburg 1913

17 Vgl. E. Nelki: „Autobiographie einer Emigrantin." — G. Dischner (Hrsg.): *Eine politisch stumme Generation berichtet. Frauen der 30er und 40er Jahre*. Frankfurt/M. 1982, S. 29ff. Siehe auch E. und W. Nelki: *Geschichte aus dem Umbruch der deutschen Geschichte zwischen Assimilation und Asyl*. Hannover 1991

18 So A. Jensen in seiner „Pädagogischen These" — H. Sieker (Hrsg.): *Adolf Jensen. Ein Leben für die Erneuerung der Schule*. Festschr. zu seinem 80. Geburtstag

19 Biogr. Angaben zu Jensen bei Sieker, S. 6. Zur Erlebnispädagogik Jensens siehe N. Nicolaus: Das Erlebnisprinzip im Deutschunterricht bei Adolf Jensen. Examensarbeit Päd. Hochsch. Berlin 1964

20 Vgl. Protokollbuch der Lehrerkonferenzen der 32. Volksschule, insbes. die Eintragungen v. 27. 9. und 23. 10. 1930

21 Vgl. F. Karsen: „Sinn und Gestalt der Arbeitsschule." — A. Grimme (Hrsg.): *Wesen und Wege der Schulreform*. Berlin 1930, S. 100-119. Über „Begriff und Ziel der ‚sozialen Arbeitsschule'" siehe G. Radde: *Fritz Karsen. Ein Berliner Schulreformer der Weimarer Zeit*. Berlin 1973, S. 107ff.

22 Vgl. Wittbrodts ausführliche Darstellungen 1929/30 und 1931/32 — Chronik 31. VS

23 Hierzu G. Radde: Zur Auflösung der Berliner Reformschulen durch das NS-Regime 1933 (Vortrag) — August-Bebel-Institut

24 Neuköllner Kulturverein (Hrsg): *Widerstand in Neukölln. Den lebenden und toten Widerstandskämpfern gewidmet*. Berlin 1983 (Katalog). Siehe auch V. Hoffmann: *Hanno Günther, ein Hitler-Gegner. Geschichte eines unvollendeten Kampfes 1921-1942*. Berlin 1992

Ekkehard Meier

Geschlossene Gesellschaft – Zur Mentalität deutschnationaler Gymnasiallehrer

I.

Der Alltag in den ersten Jahrzehnten dieses Jahrhunderts ähnelte in vielem dem Leben im 19. Jahrhundert. Die Massenmedien, die Konsum-, die Freizeit- und die Vergnügungsindustrie nahmen noch nicht so eine zentrale Rolle wie heute ein. Das Leben spielte sich meist im Kiez ab, und die Reisen führten in die nähere Umgebung. Die Lehrer kamen zu Fuß, mit dem Fahrrad oder wie Direktor Marschall, der seine Dienstwohnung hatte aufgeben müssen, mit den öffentlichen Verkehrsmitteln zur Schule. Das Denken und Handeln sowie die politische Vorstellungswelt waren an der Vergangenheit orientiert und noch ganz einer vorindustriellen Zeit verhaftet. „Lebten doch, während die Flugzeuge schneller und die Waffen mörderischer wurden, auch die meisten Erwachsenen geistig im 19. Jahrhundert, ob nun Wagner-, Nietzsche-, Bismarck-Verehrung oder ein monarchistischer, nationalistischer oder sozialistischer Traum ihnen die Augen verschloß" (G. DE BRUYN: *Zwischenbilanz. Eine Jugend in Berlin.* 1992, S. 45). Die Wende von 1918 / 19 war für viele Zeitgenossen nicht leicht zu verkraften gewesen. Was gestern noch selbstverständlich war, sollte heute nicht mehr gelten. Das überkommene autoritäre Gesellschaftssystem mit seinen Werten wie Tugend, Ehre und Treue, die aus der Zeit des Feudalismus stammten, drohte von einer modernen, technisierten und materialistischen Gesellschaft überrollt zu werden.

Im Jahre 1913 hatte Oberlehrer Prof. Dr. Bruno Danicke sich beschwerdeführend an das Provinzialschulkollegium gewandt, vermutlich als Retourkutsche auf das Verhalten seines Dienstvorgesetzten, des Direktors Dr. Marschall, der seine Untergebenen in kleinlichster Weise schurigele, selbst aber unpünktlich zum Dienst erscheine, an mehreren Tagen fehle und keine Vertretungen anordnen könne. Die nun folgende Szene wirkt wie aus dem Drehbuch zu einem Stummfilm von Buster Keaton oder Charlie Chaplin.

„Am Dienstag dem 4. Februar 1913 wurde der Oberlehrer Danicke durch den Schuldiener zu dem Oberschuldirektor Herrn Dr. Marschall gebeten. Dieser ging nach dem Eintritt des Oberlehrers Danicke in das Amtszimmer zunächst mit erhobenem Haupt, den Oberlehrer Danicke spöttisch von der Seite anblickend, an diesem vorüber und sagte dann nach einer Pause in höhnischem Ton und mit höhnischer Miene, daß der Bescheid auf die Beschwerde des Oberlehrers Danicke eingegangen wäre. Dann blieb er vor dem Oberlehrer Danicke stehen und sagte, indem er sich höhnisch dreimal verneigte: Sie sind ein Denunziant. Nach einer Weile fügte er hinzu, daß dies auch die Meinung des Königlichen Provinzialschulkollegiums sei und überreichte dem Oberlehrer Danicke den Bescheid ...

Der Oberlehrer Danicke verließ nach der beleidigenden Äußerung sofort das Amtszimmer."[1]

Der Konflikt eskalierte schnell, da Danicke den Eindruck hatte, daß das Provinzialschulkollegium an einer Klärung des Sachverhalts gar kein Interesse hatte, sondern bemüht war, die Vorgänge herunterzuspielen. Gleichzeitig wurde immer offensichtlicher, daß das kaiserliche Provinzialschulkollegium eindeutig Stellung bezog, und zwar für den in der Schulhierarchie Höherstehenden. „Die an sich recht unbedeutenden und nur durch die taktlose Streitlust des Oberlehrers Danicke verschuldeten Vorgänge sind insofern nicht ohne grundsätzliche Bedeutung, als es im Interesse der Disziplin nicht wohl angängig erscheint, daß ein Oberlehrer gegen seinen Direktor wegen Beleidigung im Wege der Privatklage vorgeht, wenn er sich durch Vorgänge im Dienste verletzt fühlt." Danicke hatte ein Tabu durchbrochen. Er hatte sich nicht an die ungeschriebenen Regeln der geschlossenen Gesellschaft Schule gehalten, sondern vielmehr Öffentlichkeit hergestellt. Nach dem Selbstverständnis der Staatsschule hatte er damit ein Dienstvergehen begangen.

Da es in diesem Konflikt um die Ehre des deutschen Mannes, gar um die Ehre zweier preußisch-deutscher Beamter ging, wurde der Streit von nun an grundsätzlich und prinzipiell. Jede Handlung des anderen wurde sorgfältig beäugt, registriert und bewertet. Hatte Direktor Marschall am 18.3.1913 den Gruß des Oberlehrers Danicke in Gegenwart zweier anderer Oberlehrer, die als Zeugen benannt werden konnten, nicht erwidert? Hatte bei der Konferenz am 3.4. Oberschuldirektor Marschall, „als der Oberlehrer Danicke ums Wort bat, diesem, ohne ihn anzusehen, vielmehr gerade in ostentativer Abwendung des Kopfes, das Wort durch mit einer Handbewegung begleitetes ‚Bitte' erteilt?" Die Episoden wurden rasch Legion. Es mehrten sich Vorfälle, in denen um die rechte Form des Grüßens bzw. Nicht-Grüßens gestritten wurde. Wurden die Schüler gegrüßt und der Oberlehrer etwa nicht? Oder wurde der Betreffende vielleicht schon vorher gegrüßt, ohne dies genügend beachtet zu haben? Wurde gar der Gruß überhört? Handelte es sich um ein unbeabsichtigtes, um ein versehentliches Unterlassen? Mußte man die Worte als Beleidigungen auffassen oder waren es lediglich Äußerungen in hypothetischer Form?

Jedenfalls entwickelte sich eine lebhafte Diskussion über bürgerliche Verkehrsformen im Dienst, die sich über sechs Jahre hinzog. Während draußen an der Front Hunderttausende von Soldaten durch modernste Massenvernichtungswaffen den Tod fanden, klärten beide Herren – ohne allerdings zu einem Ergebnis zu kommen – die Frage, wo die Ehre des deutschen Beamten anfängt und wo sie aufhört.

Zwischenzeitlich trug auch Oberlehrer Dr. Bierbach das Seinige zur Beantwortung dieser Frage bei und erhob Privatklage gegen Direktor Marschall wegen Beleidigung. Dieser „habe ihn durch die von höhnischem Lachen begleiteten Worte ‚Herr Oberlehrer, ich muß lachen' in seiner Ehre kränken wollen." Die Anrede wurde von Direktor Marschall energisch bestritten, und die Frage, ob das Lachen höhnisch war, ließ sich nachträglich nicht eindeutig klären. Auch im „Fall Bierbach" stellte sich das Provinzialschulkollegium, als Bierbach sich an die Öffentlichkeit wandte, sofort auf die Seite Marschalls, da „dieses Vorgehen geeignet war, das Ansehen des Direktors vor der Öffentlichkeit herabzusetzen." Doch Dr. Bierbach weigerte sich, die Privatklage zurückzuziehen. Daraufhin wurde gegen ihn vom Provinzialschulkollegium wegen Verstoßes gegen die Beamtendisziplin und wegen Ungehorsams eine Ordnungsstrafe von 50 Reichsmark verhängt, die durch das Urteil des königlich Preußischen Oberverwaltungsgerichts vom 18.11.1915 bestätigt wurde. Im Fall Danicke wurde das Verfahren aufgrund des Gnadenerlasses vom 3. Dezember 1918 eingestellt.

Die Provinzposse hatte ein ernstes Nachspiel. Die beiden Oberlehrer, die so wacker für die Ehre des deutschen Mannes gestritten hatten, agitierten nach der Novemberrevolution in Neukölln gegen „den Schulrevolutionär", gegen „den Autokraten", gegen den „Treiber und Schieber", gegen den Juden und Linken Dr. Kurt Löwenstein. Beide Herren machten in der Politik Karriere: Dr. Bierbach (DVP) als Mitglied der Fraktion der Bürgerlichen Vereinigung in der Bezirksversammlung Neukölln, Professor Danicke als Vorsitzender dieser Vereinigung und als Abgeordneter des Landtags. Als solcher agitierte Danicke für die Deutschvölkische Freiheitspartei (DvF), einem Ableger der NSDAP in Norddeutschland, organisierte Versammlungen für die völkische Bewegung und bereitete aktiv den Umsturz vor.[2] Im Wahlkreis XII (Neukölln) kandidierte er zusammen mit Rektor Freitag für die Wahlliste der DvF, deren stellvertretender Landesvorsitzender in Berlin er war. Wer den Aufruf der Vereinigten völkischen Liste zur Landtagswahl 1924, unterschrieben von Prof. Dr. Bruno Danicke, liest, kann nur mit Verwunderung registrieren, mit welcher Selbstverständlichkeit der Rechtsextremismus in den zwanziger Jahren als politik- und gesellschaftsfähige Erscheinung behandelt wurde. In dem Aufruf heißt es u.a.: „Deutscher Staatsbürger kann nur sein, wer Volksgenosse ist. Volksgenosse ist, wer zur deutschen Blutsgemeinschaft, Kulturgemeinschaft und Schicksalsgemeinschaft gehört und sich dazu bekennt. Kein Jude kann daher Volksgenosse sein ... Kein Eintritt in die Judenzentrale, genannt Völkerbund."

Während „Herzensmonarchisten" wie Dr. Oscar Marschall die Neuköllner Schuljugend zur Reifeprüfung führten, während deutsch-völkische Abgeordnete wie Bierbach und Danicke im Schutze der Immunität gegen den Juden Löwenstein hetzten, hatte es ein Mensch wie Moschek Rosenberg etwas schwerer, in Neukölln Fuß zu fassen. Rosebery d'Arguto – so sein Künstlername – wurde am 23. Juli 1921 von der Politischen Polizei festgenommen und nach Stargard in Pommern in ein Internierungslager gebracht. Wegen seiner Kritik an der Politischen Polizei sollte er als lästiger Ausländer aus Preußen abgeschoben werden.[3] Er durfte dann doch in Preußen bleiben und einen Arbeiterchor in Neukölln leiten, ehe andere Zeiten anbrachen.

Kaum hatten die Nazis die Regierungsgeschäfte übernommen, wurde Dr. Bierbach zum Schulleiter des 1. Oberlyzeums in Neukölln und Volksschulrektor Freitag, „von jeher deutsch-völkischer Kämpfer, Führer im NS-Lehrerbund, Gauleiter der Deutschen Christen"[4], zum Schulrat in Neukölln befördert. Und Rosebery d'Arguto, „der lästige Ausländer"? Er wurde über Sachsenhausen und Auschwitz in die Gaskammer befördert.

II.

Die großen historischen Einschnitte markieren nicht unbedingt Wendepunkte in der individuellen Geschichte. Die Zeiten ändern sich, aber das Inventar bleibt und mit ihm das Personal mit seinen Vorstellungen und Meinungen. Die neue Weimarer Regierung versprach die freie Wahl des Schulleiters und eine kollegiale Schulleitung, doch solche „demokratischen Experimente" erübrigten sich bei der Person des neuen und alten Direktors der Albrecht-Dürer-Oberrealschule, Dr. Oscar Marschall. Im Kaiserreich zum Direktor bestimmt, führte er genauso selbstverständlich und patriarchalisch die Amtsgeschäfte „seiner" Schule weiter wie bisher.

Dr. Oscar Marschall, geboren am 27. Februar 1868 in Hannover, evangelischen Bekenntnisses, war 1907 nach seiner Vorbildung auf dem Pädagogium zum Kloster Unser Lieben Frauen zu Magdeburg und seiner Promotion in Göttingen nach Rixdorf berufen worden. Ein neues Gymnasium sollte in der Emser Straße entstehen, zumal „in letzter Zeit ein stärkerer Zuzug besser bemittelter Familien nach dem Orte stattgefunden hat." Das Provinzialschulkollegium hatte sich sachkundig gemacht, ehe Marschall mit seiner Aufgabe als Erzieher der Rixdorfer Jugend betraut wurde. „In der Bürgerschaft genießt er wegen seiner Tätigkeit und namentlich auch wegen seiner Teilnahme an allen auf die Hebung der Volksbildung gerichteten Bestrebungen allgemeine Hochachtung." Die diskret eingeholten Informationen bestätigten die politische Zuverlässigkeit des neuen Direktors, und so konnte das Provinzialschulkollegium am 7. 7. 1907 dem Herren Minister der geistlichen, Unterrichts- und Medizinal-Angelegenheiten melden, daß Dr. Oscar Marschall „ein unbedingt vaterländisch und königstreu gesinnter Mann ist. Seiner politischen Richtung nach gehört er nach den vertraulich von uns eingezogenen Erkundigungen der frei konservativen oder dem rechten Flügel der nationalliberalen Partei an. Er ist augenblicklich auch von einem Lokalverein, der sich die Bekämpfung der gerade in Rixdorf sehr regsamen Sozialdemokratie zu seiner Hauptaufgabe gemacht hat, zum Vorsitzenden erwählt worden. Er besitzt ein warmes religiöses Empfinden und hält sich treu zur Kirche." Marschall war ein politisch rühriger Mann, sei es im Kampf gegen die Sozialdemokratie, sei es im Kampf gegen Schmutz und Schund oder sei es im Vorstand des Rixdorfer Wandervereins. Als zu einer „Nationalspende zum Kaiserjubiläum für die christlichen Missionen in unseren Kolonien und Schutzgebieten" aufgerufen wurde, gehörte Marschall ebenso zum Komitee wie zahlreiche andere Herren aus dem Schulbereich in Rixdorf (Bez.Arch. Neuk., Nr. 1528). Auch die Schule wollte ihren Beitrag zur Kolonial- und Weltmachtpolitik leisten und „die Missionen als Vorposten der völkischen Macht" unterstützen. „Sie bilden Stützpunkte christlicher Weltanschauung und deutscher Art auch in unseren Kolonien." Aus der Sicht der kaiserlichen Schulbehörde war Marschall sicher der richtige Mann am richtigen Ort. Der Bericht anläßlich einer Revision der Schule im Jahre 1910 bestätigte ihm denn auch seine dienstliche Befähigung: „Die Anstalt hat er gut im Zuge."

Die autoritären und hierarchischen Schulstrukturen blieben in der Weimarer Zeit an der Albrecht-Dürer-Oberrealschule weitgehend erhalten und brauchten in der NS-Zeit kaum verändert zu werden.[5] Die Machtpositionen des Direktors als Führer der Schule und der Lehrer im geschlossenen Raum des Klassenzimmers blieben nach dem I. Weltkrieg unangetastet. Demokratie war und blieb für Marschall ein Fremdwort, was aber der Bewunderung für ihn noch nach dem Zweiten Weltkrieg keinen Abbruch tat. In einer Schülerzeitung aus den fünfziger Jahren findet sich eine Erinnerung von Ehemaligen an Hausmeister Mahlke und an ihren alten Direktor.

„Am Rande tauchte die turbulente Zeit von 1918 auf. Standen die Barrikaden auf der Bergstraße, dann hatte Herr Mahlke eben schulfrei; denn die dicke Luft zwischen den feindlichen Brüdern war nicht immer ungefährlich zu durchschreiten. In diesem ‚Klein-Moskau', wie man Neukölln damals häufig bezeichnete, hielt der Direktor der Albrecht-Dürer-Oberrealschule in der Aula eine Feier zum Gedenken an die Erschießung Albert Schlageters ab. Die Seekriegsfahne bildete den einzigen Schmuck. Ein auch damals nicht ungefährliches Unterfangen! Man mag zu dem vielen Jahrgängen bekannten Oberstudiendirektor ... weltanschaulich stehen, wie man will, Rückgrat und persönlichen Schneid hatte er auf jeden Fall".[6]

Der Antidemokrat Marschall betrieb, wenn auch meist verdeckt, Politik gegen die Republik, förderte den Antisemitismus an seiner Schule und öffnete rechtsextremistischen Jugendorganisationen Tür und Tor. Im April 1932 trat er in den gesetzlichen Ruhestand, nicht ohne vorher noch von der vorgesetzten Behörde belobigt worden zu sein. Das Provinzialschulkollegium erhielt die Anweisung, dem „Genannten für seine in langjähriger treuer Pflichterfüllung geleisteten Dienste den Dank und die Anerkennung der Staatsregierung auszusprechen".

Von Marschall und zahlreichen seiner Kollegen führt eine direkte Linie zum Nationalsozialismus. Sie ebneten den Nazis den Weg und bildeten, wie die *Neuköllner Zeitung* am 2.3.1938 schrieb, in den Jahren der Republik „eine geschlossene Gemeinschaft, die ihr aufgedrängte Mitglieder wieder abstieß".

III.

Die Gymnasien verstanden sich in der Regel als geschlossene Gesellschaft, die sich nach außen hin abschottete. Aus der scheinbar heilen Welt der Schule durfte nichts nach außen dringen. Kritik, Fragen wurden sofort als Angriffe von außen gesehen, gegen die man sich wehren mußte, weil sie den Schulfrieden störten. Ein Vorfall am Kaiser Wilhelms-Realgymnasium (KWR) aus dem Jahr 1922 ist in den Akten besonders eingehend dokumentiert,[7] und da es sich noch dazu um ein Sittlichkeitsvergehen handelt, läßt dieser Fall genauere Rückschlüsse auf die Atmosphäre und auf das Selbstverständnis der Studienräte zu, das sich in öffentlichen Konfliktsituationen am ungeschütztesten offenbart.

Mehrere Schüler der Quarta, d.h., die Jungen sind etwa 12-13 Jahre alt, werden beschuldigt, schmutzige Reden geführt, unanständige Verse erzählt und Mitschüler zum Taschenbillard („Eiern") und zum Onanieren verführt zu haben. Im Laufe der Untersuchung und der Verhöre wird sehr schnell der Schüler N. als Verführer erkannt und isoliert. Er habe unanständige Wörter gebraucht, wie z.B. „Titten", „Votze", „ficken", und während eines Schülerfestes im Beisein von Eltern Frau-Wirtin-Verse erzählt. In Gegenwart eines Lehrers habe er sich einen Bleistift in den Schlitz seiner Hose gesteckt, was vom Lehrer nicht bemerkt bzw. nicht gerügt wurde. Als Frau Stadtrat Zitzler schwanger war, habe er den Kindern Guthjahr und Zitzler erzählt, „die Eltern Zitzler hätten zusammen gefickt." Schließlich sei er noch an der Gründung eines Begattungsvereins beteiligt gewesen.

Ob dieser „grenzenlosen Schmutzigkeit" – „Schweinigkeit" schreibt erst der Protokollant – stellt sich allgemeine „Betroffenheit" ein. Die Eltern des Schülers P. haben bereits Verdacht geschöpft und einen Arzt konsultiert, weil sie ihren Sohn beim Onanieren ertappt haben. „Sein schlechtes Aussehen und seine körperliche Schwäche seien gewiß auf diese schlechte Gewohnheit zurückzuführen." Auch den Lehrern wird auf einmal bewußt, „daß man sich bei diesen Verhältnissen nicht wundern könne, daß die Klasse, die schon seit langem durch Trägheit, Unlust und ungebührliches Betragen der Schüler aufgefallen sei, nichts leiste." Die Reaktion bei Eltern und Lehrern ist ebenso heftig wie selbstgerecht. Jeder versucht dem anderen den schwarzen Peter zuzuschieben. Die Eltern, die befragt werden, entrüsten sich, sind von diesen Vorfällen unangenehm berührt, zumal sie, wie etwa Vater M. zu Protokoll gibt, „zuhause stark auf Sitte und Ordnung" halten. Die Schule wiederum stellt fest, „daß den Eltern nicht der Vorwurf erspart werden kann, daß sie die Schule nicht rechtzeitig von ihren Wahrnehmungen benachrichtigt haben." Auf der Strecke bleibt Schüler N. mit seinen pubertären Schwierigkeiten und sexuellen Problemen, da keiner der Erwachsenen offen mit ihm spricht. Seine Aufforderung an den Schüler H., ihm medizinische Bücher aus der Bibliothek von dessen Vater, der Direktor der Hebammenanstalt in Neukölln ist, zu beschaffen, wird nicht als Hilferuf oder wenigstens als der Wunsch nach Information verstanden, sondern ist nur ein weiteres Beweismittel gegen den Angeklagten.

Die Aufwendigkeit des Verfahrens steht kaum noch in Relation zur Tat. Direktor Krüger unterzieht die Schüler einem Verhör, befragt Eltern als Zeugen. Eine Klassen- und eine Lehrerkonferenz müssen einberufen werden, um die Frage zu klären, welcher Schüler „einen so unheilvollen Einfluß ausgeübt" habe, damit endlich „energisch durchgegriffen" werden könne. Protokolle werden geschrieben, und Frau P. muß die Frau-Wirtin-Verse aus dem Gedächtnis zu Papier bringen. Penibel werden alle Fälle aufgelistet, bei denen ein Schüler seinen Penis gezeigt hat. „Die einwandfreien Schüler" werden zu Zeugenaussagen herangezogen, was in dieser verdrucksten Atmosphäre sicher nicht ohne Peinlichkeiten abging. Manche Ereignisse, die längere Zeit zurückliegen und fast schon vergessen schienen, werden jetzt ans Tageslicht gezerrt. Vater K. gibt zu Protokoll,

„ ... daß sein Sohn vor Jahren in einem Schülerturnverein von einem Studenten Braun bei Ausübung einer Hilfestellung unsittlich berührt worden sei und daß sich vielleicht daher seine schlechten Regungen herschreiben. Auch eine in der Kindheit erlittene Gehirnhautentzündung habe ihn vielleicht gegen sittliche Gefahren weniger widerstandsfähig gemacht. Anderseits habe sein Sohn vor etwa 2 Jahren den Schüler der Anstalt H., der obszöne Photographien herumgezeigt und deshalb darauf von der Anstalt verwiesen worden sei, aus Abscheu vor dessen Tun bei den Lehrern zur Anzeige gebracht. Er teilt ferner mit, daß G.'s erwachsene Schwester Verkehr mit jungen Leuten habe, und daß ihr Bruder in der Klasse auch darüber berichtet habe."

Der Fall scheint symptomatisch für zahlreiche andere zu sein. Die Umwelt hatte schon längst das Verhalten der Jugendlichen bemerkt, aber nicht weiter ernst genommen. Nur die Lehrer fallen aus allen Wolken, als sie vom Vorgefallenen hören. Erst als die Schule von all diesen Dingen erfährt, werden die z.T. recht harmlosen und belanglosen Geschichten aufgebauscht und dramatisiert. Aus einigen Dummejungenstreichen und eher hilflosen ersten sexuellen Erfahrungen wird ein Fall. Die einzelnen Vorfälle werden zu Vergehen, zu „Sauereien". Alle Indizien werden zusammengetragen, selbst Doktorspiele, die vier Jahre zurückliegen, werden aufgegriffen, obwohl der Jugendliche N. sich schon längst weiterentwickelt hat. Kein Gedanke wird daran verschwendet, daß vielleicht auch ein Versagen der Erwachsenen vorliegen könnte.

Statt dessen wird ein Verfahren in Gang gesetzt, das eine eigentümliche Eigendynamik entwickelt, weil von Anfang an die Rollen festgelegt sind. Direktor Krüger tritt als Polizist und Strafjurist in einer Person auf, um den bzw. die Übeltäter zur Strecke zu bringen. Dieses Rollenverständnis verhindert ein offenes Gespräch zwischen Jugendlichen, Eltern und Schule, denn die Eltern dürfen lediglich als Zeugen oder als Empfänger von Schuldsprüchen auftreten. Die Probleme, die sich daraus ergeben, daß die Schule zugleich Partei und Richter ist, wird überhaupt nicht reflektiert. Angesichts der heftigen sittlich-moralischen Empörung – Sexualität wird von der Mehrheit der Gymnasiallehrer als

Sünde verdammt, jedenfalls im Dienst und im Rahmen der Schule – ist ein Verstehen gar nicht erst möglich. Es gab Fälle, wo die Scham bei den Lehrern so weit ging, daß die „ungeheuerlichen", unflätigen Ausdrücke nicht benannt wurden, und wo die Lehrerkonferenz trotzdem eine Androhung der Verweisung aussprach.[8] Das übergroße Schamgefühl erklärt allerdings nur zum Teil das hohe Strafmaß, das das weitere schulische und berufliche Fortkommen des Jugendlichen schwer beeinträchtigen konnte, da der Grund für die Verweisung von der Schule – „sittliche Verfehlungen" – auf dem Zeugnis vermerkt wurde. Vielleicht läßt sich die rigide Strenge auch dadurch erklären, daß damit eigenes Fehlverhalten mitbestraft wird, denn an keiner Stelle des Verfahrens wird bedacht, daß die Erwachsenen vorher überhaupt nicht oder sehr zurückhaltend reagiert haben und erst handeln, als sich ein „Sündenbabel" angehäuft hat. So bleibt schließlich scheinbar keine andere Wahl. Der einzelne Sünder bzw. einige wenige „sittlich verkommene Elemente" müssen geopfert werden, um den Gesamtorganismus zu retten.

Angesichts dieser moralischen Einheitsfront gehörte schon eine gehörige Portion Zivilcourage dazu, sich in einem Minderheitenvotum gegen die Mehrheit der „Anständigen" zu stellen. Der Schüler N. wurde mit 17:5 Stimmen der Schule verwiesen, drei Schüler erhielten die Androhung eines Verweises, zwei Schüler bekamen vier Stunden, zwei Schüler zwei Stunden Arrest. Man muß diese Urteile im Zusammenhang mit Bestrafungen in anderen Fällen sehen, um sie richtig einschätzen zu können. Die Albrecht-Dürer-Oberrealschule und das königliche Gymnasium mit Realgymnasium in Neukölln waren die Gymnasien mit der rigidesten Schulleitung im Bezirk. Von diesen beiden Schulen sind mehr Disziplinarfälle bekannt als von den beiden liberal geführten Gymnasien.[9]

Die Vergehen wurden allerdings sehr unterschiedlich bestraft.

Turnlehrer Säuberlich schlug einen Schüler, weil dieser sich beschweren und seine Mutter schicken wollte. Das „unbotmäßige Benehmen" des Schülers reizte den Lehrer zu dem Tadel: „Du benimmst Dich wie ein Bolschewiki!" Direktor Krüger leitete gegen den Schüler ein Disziplinarverfahren ein. Ein Schüler erhielt einen Tadel wegen unerlaubten Schnaubens im Unterricht, die Strafe wurde auf eine Stunde Arrest erhöht, als der Schüler es wagte, sich zu beschweren. Ein anderer Schüler wurde wegen eines Täuschungsversuchs – er hatte während der Englischarbeit eine Übersetzung benutzt – und wegen Störungen – er hatte während einer Schüleraufführung im Theater gesprochen – mit der Androhung einer Verweisung von der Schule belegt. Die zwölf Untersekundaner, die im Jahre 1924 während eines Wandertages Hakenkreuzlieder gesungen hatten, erhielten lediglich einen schriftlichen Verweis.

IV.

Wie eine Kriegserklärung an das neue demokratische Deutschland thront Dr. Oscar Marschall inmitten seiner Kollegen. Wer ihn und einige andere Herren genauer betrachtet, ahnt: „Es gab keinen geistigen Waffenstillstand nach Versailles" (F. STERN: „Von der Lüge befreit." – *Die Zeit*, Nr. 51 v. 13.12.91). Fast alle der anwesenden Herren sind Mitglieder des Deutschen Philologenverbandes, stolz auf ihre wissenschaftliche Grundbildung und ihre akademische Ausbildung im Unterschied zu den „nur" seminaristisch ausgebildeten Volksschullehrern. Nachdem sie im Kaiserreich den Titel Oberlehrer oder gar Gymnasialprofessor erhalten haben, dürfen sie sich jetzt Studienräte oder Oberstudien-

Lehrerkollegium der Albrecht-Dürer-Oberrealschule, 1928.
1 Oberstudiendirektori Dr. Marschall, 2 OStR Krankemann, 3 Dr. Kühne, 4 Falkenberg, 5 Müller, 6 Prof. Hasper, 7 Dr. Kiepert, 8 Dr. Schneider, 9 Dr. Arndt, 10 Schul-Schwieder, 11 Petermann, 12 Koch, 13 -?-, 14 Klose, 15 Winz, 16 Wollenzien, 17 Heine, 18 Dr. Reupsch, 19 Dr. Claus, 20 Roschlau, 21 Kießlich, 22 -?-, 23 -?-, 24 Muskowitz, 25 Klein, 26 -?-. Alle Angaben nach Aussagen ehemaliger Schüler — *Heimatmuseum Neukölln*

räte nennen. Als solche fühlen sie sich berufen, eine Funktionselite heranzuziehen und eine Allgemeinbildung in der Tradition des deutschen Bürgertums zu vermitteln. Als Beamter war man – nach eigenem Selbstverständnis – eine der Säulen des Staates und arbeitete sachlich, wissenschaftlich, dem großen Ganzen dienend, nicht parteipolitisch verhetzend wie „die Linken" Löwenstein und Karsen. Man erfüllte seine Beamtenpflichten, engagierte sich nur in Ausnahmefällen für die ungeliebte Demokratie, hielt sich aber bereit für zukünftige Entwicklungen. Offenes antidemokratisches Verhalten war eher die Ausnahme. Die Mehrheit des Kollegiums stand der Demokratie mit einiger Reserve gegenüber, war aber nicht ausdrücklich antidemokratisch. Die formalen Verpflichtungen, wie z.B. Beflaggung des Schulgebäudes, die Einrichtung schulischer Gremien oder die Verfassungsfeier, wurden, wie es sich für einen korrekten deutschen Beamten gehört, eingehalten. Von einer Demokratisierung des Schulalltags wird man allerdings kaum sprechen können, und soziale Lernziele, die über die Vorstellungen von Korpsgeist, von Befehl und Gehorsam, von Führer und Gefolgschaft hinausgingen, spielten kaum eine Rolle (vgl. E. MEIER 1983, S. 66-75, 100-111).

Das neue demokratische System wirkte von außen aufgesetzt und hatte keinen Bezug zur eigenen Erfahrungswelt, die durch das Kriegserlebnis, durch Befehl und Unterordnung geprägt war. Die Welt der Schule war eine Männerwelt und damit nicht unähnlich der Erfahrungswelt an der Front. Für Gefühle blieb wenig Raum, höchstens in negativer Form oder in Form von Bewunderung, Verehrung, Gefolgschaftstreue. Lehrer, die sich bemühten, ein eher kameradschaftliches Verhältnis zu den Schülern herzustellen, stießen auf Ablehnung, lösten unangenehme oder gar panikartige Gefühle aus. Lehrer, die auf Abstand hielten und zu denen die Jugendlichen in einem Führer-Gefolgschaft-Verhältnis standen, übten dagegen einen nicht geringen Einfluß auf ihre Schüler aus (siehe dazu den Aufsatz von H. CRÜGER in diesem Band).

Die meisten Gymnasiallehrer gingen von einem harmonistischen Weltbild aus. Innerhalb der Schule herrsche Vertrauen zwischen Lehrern und Schülern, Unruhe würde nur von außen hereingetragen. Kritik an den Studienräten war in Ausnahmefällen denkbar, aber öffentliche Beschwerden über einen Lehrer waren geradezu unvorstellbar, ein Bruch des Vertrauensverhältnisses und ein Verstoß gegen den Korpsgeist der Schule. Die Kollegien bildeten eine geschlossene Gesellschaft, die sich gegen die Öffentlichkeit abschottete und unter sich blieb. Kollegen, die neu hinzukamen und „wesensmäßig" nicht in den Kreis paßten, wurden an den Rand gedrängt oder hinausgeekelt. Vor diesem Hintergrund muß man auch die folgenden Ereignisse sehen, die als „Neuköllner Schulskandal" im Sommer und Herbst 1924 kurzfristig die Aufmerksamkeit der Öffentlichkeit auf die Schulverhältnisse an den Gymnasien in Neukölln lenkten. Über Antisemitismus an den Schulen während der Weimarer Republik erfährt man nur sporadisch etwas, da die Vorfälle stets als Einzelfälle behandelt wurden und nie als Ausdruck einer gesellschaftlichen Grundhaltung. Addiert man allerdings die Einzelfälle, die in den Akten der Schulen verstreut sind, ergibt sich ein dichtes Netzwerk.

Die Geschichte fängt ganz alltäglich und harmlos an. Die Prima der Albrecht-Dürer-Oberrealschule ist mit ihrem Mathematikunterricht nicht einverstanden, lehnt ihren Fachlehrer ab und beschließt, seinen Unterricht zu bestreiken. Lediglich fünf von 25 Schülern verweigern sich dem Gruppendruck und stimmen nicht gegen den Lehrer. Der Sprecher der Gruppe, Hoffmann, beschwert sich beim Direktor, und dieser besucht den Unterricht. Der Mathematiklehrer soll versetzt werden. Was auf den ersten Blick wie ein mutiges Verhalten der Schülergruppe gegenüber einem unfähigen Lehrer aussieht, entpuppt sich im Verlaufe der Untersuchung als ein mieses Bubenstück, für das der Direktor eine gehörige Portion Verantwortung trägt. Den Stein ins Rollen bringt ein Klassenausflug.

Gemeinsam mit ihrem Klassenlehrer Dr. Kiepert geht es am Wandertag hinaus ins Grüne Richtung Erkner. Unterwegs bleibt die Mehrheit in einem Gasthaus zurück, beratschlagt und trinkt sich Mut an, während der Klassenlehrer mit den fünf Verweigerern weiterzieht, weil er eine Wandertour und keine Kneipentour machen will. Nach einiger Zeit findet die Gruppe wieder zusammen, der Zug zieht sich auseinander, und einer der Fünf, der „Verräter Grünberg", wird gestellt und mit Fäusten, Füßen und Stöcken derart traktiert, daß noch vier Tage nach dem Vorfall der Amtsarzt der Schule Mißhandlungen feststellt. Fünf Schüler sollen daraufhin von der Schule verwiesen werden, elf erhalten die Androhung der Verweisung von der Schule. Der Elternbeirat, die Schülergemeinde und die gesamte Rechtspresse protestieren, ja es fällt sogar das Wort von der „Klassenjustiz". Die nachfolgende Untersuchung durch das Provinzialschulkollegium bringt dann doch einiges Licht in den trüben Hintergrund der Affäre.

Dem neu an die Schule gekommenen Mathematiklehrer Studienrat Dr. Grelling wird

Harzfahrt mit Dr. Kühne, o.J. — *Schularchiv Albrecht-Dürer-Oberschule*

vorgeworfen, er habe keine Disziplin in der Klasse zu halten verstanden. Außerdem habe er Politik in die Klasse getragen und den Schülern sozialistische Schriften ausgehändigt. Allerdings läßt sich im Laufe der Untersuchung nicht genau klären, ob es sich nicht lediglich um ein Fachbuch gehandelt habe. Ebenso bleibt die Frage offen, ob der Lehrer eine rote oder eine rotbraune Nelke in der Schule getragen habe. Sicher erinnert sich aber einer der Schüler an das, was Hoffmann, der Wortführer der Gruppe, gesagt hat, der aus dem Zimmer des Direktors gekommen war. „Der neue Lehrer sei ein sozialdemokratischer Jude, ein Spion von Löwenstein. Es wäre unerhört, von Juden unterrichtet zu werden, das könne sich die Klasse nicht gefallen lassen; der Direktor könne aber dazu nichts tun; es müsse von der Klasse aus etwas geschehen." Sicher ist auch, daß antisemitische Äußerungen von seiten einiger der Primaner gefallen sind. „Einmal, als die 25 nach einer solchen Stunde des Dr. Grelling ins Klassenzimmer zurückkamen, sagte der Primaner Otto: ‚Hier stinkts nach Zwiebeln und Knoblauch.'"

Ebenfalls nicht zu bestreiten ist, daß einige Schüler Hakenkreuze im Unterricht getragen haben. Nicht geklärt wurde allerdings die Frage, ob die von Dr. Grelling in einer Auseinandersetzung mit den Schülern getanen Äußerungen ironisch gemeint waren, als er sich darüber verwunderte, daß der Unterprimaner Rosenbaum ein Hakenkreuz trug, „da ihm doch die Merkmale des Judentums auf der Stirn geschrieben ständen und er die unangenehmen Eigenschaften der jüdischen Rasse in seinem Benehmen zeige."

Wie in solchen Konfliktfällen üblich, schaltete sich der Elternbeirat ein und legte ein Wort für die Jugendlichen ein. „Der Geist der Schule war bisher stets gut. Die Schule hat wegen ihrer guten Leistungen und guten Ordnung stets die Anerkennung des Provinzialschulkollegiums gefunden. Elternbeirat und Schule haben stets gut miteinander gearbeitet. Es ist peinlichst vermieden worden, Politik in die Schule hineinzubringen." Der Brief schließt mit der Unterschrift „christliche und politische Richtung". Doch die nachträgliche Korrektur verbesserte: „un-politisch". Aufschlußreich sind die „unpolitischen" Argumente, die zur Rechtfertigung für das Verhalten der Schüler angeführt werden:

1. „Die Schüler stammen aus minderbemittelten Volkskreisen. Sie gehören nicht zur vielgeschmähten Bourgeoisie."

2. Es handle sich um Schüler, „die als junge Leute, in der jetzigen Zeit, in der sich alles in Gärung befindet, nicht ruhig überlegen, sondern ihrem inneren Jugenddrange folgen. Junge Leute haben eine besondere Auffassung von dem Korpsgeist, der in einer Klasse herrschen muß."

3. Der Hauptbeschuldigte Hoffmann habe „die Schule bisher stets als Erster und mit der Sittennote lobenswert durchlaufen. Es hat den Anschein, als ob man ihm die Rede verarge, die er aus Anlaß einer von dem Schülerausschuß der Schulgemeinde einstimmig beschlossenen Schlageter-Feier gehalten hat. Diese Rede hat sich von jeder Politik ferngehalten, sondern nur den deutschen Gedanken gewürdigt. Die Rede war vorher von dem Berater der Schulgemeinde, Studienrat Dr. Schneider, auf Anordnung des Lehrerkollegiums durchgesehen worden."

Was als Skandal begonnen hatte, endete als Skandal. Der Mathematiklehrer Dr. Grelling wurde versetzt, der Korpsgeist des Kollegiums sowie der Korpsgeist der Schüler hatten sich durchgesetzt. Der preußische Kultusminister, der Demokrat C. H. Becker, beklagte 1926 im Hauptausschuß des Landtages, „daß man geradezu von einem Martyrium sprechen kann, das diejenigen durchmachen

Auf der Fahrt mit Dr. Kühne und VDA-Fahne nach Süddeutschland, Sommer 1925 oder 1926 — *Schularchiv Albrecht-Dürer-Oberschule*

müssen, die für den republikanischen Gedanken eintreten ... Von einem Martyrium eines deutsch-nationalen Schulmannes ist mir noch nie etwas bekannt geworden".[10] Die fünf von der Schule verwiesenen Primaner wurden von der Luisenstädtischen Oberrealschule aufgenommen, der Rädelsführer Hoffmann wurde von Kultusminister Boelitz begnadigt. Alle bestanden kurz darauf ihr Abitur. Der verprügelte Grünberg bekam noch nachträglich eine Abreibung. Im Untersuchungsbericht des Provinzialschulkollegiums findet sich eine Einschätzung seiner Persönlichkeit, wahrscheinlich aufgrund eines Schulgutachtens. Ihm wird bescheinigt, daß er „ein Schleimer" sei, der sich bei den Lehrern anbiedere und sich damit bei seinen Mitschülern unbeliebt mache. In seiner Art sei er ungeschickt, „ein Taperer", körperlich schwächlich, „von Hause vielleicht nicht straff herangezogen." Immerhin wird am Schluß der Untersuchung dann doch festgehalten, daß all diese Charaktermängel kein Grund seien, den feigen Überfall einer Gruppe auf einen einzelnen zu rechtfertigen, der als schwächlich bekannt war. Der Antisemitismus der Schüler, das Tragen der Hakenkreuze war nicht Gegenstand der Untersuchung. Direktor Marschall, der die Fäden im Hintergrund gesponnen hatte, wurde nicht nach seinem Verhalten befragt, das stand außerhalb jeder Diskussion. Ruhe und Ordnung waren wiederhergestellt worden. Man konnte zur Tagesordnung übergehen.

V.

Die halbfeudalen Vorstellungen von Ehre, Treue, Führer und Gefolgschaft wirkten bis weit ins 20. Jahrhundert nach und erschwerten den Aufbau eines demokratischen Staates in der Weimarer Republik. Verstärkt wurde diese Tendenz noch durch die Vorstellung vom Beamten, der als Staatsdiener außerhalb des parlamentarisch-demokratischen Lebens steht. Die nationalkonservativen Gymnasiallehrer, wie z.B. Dr. Marschall von der Albrecht-Dürer-Oberrealschule oder „Seine Hochwohlgeboren"[11] Direktor Krüger, bildeten in Neukölln gewissermaßen einen Bezirk im Bezirk. Ihre Schulen waren eine Art geschlossene Gesellschaft, in der ein Korpsgeist vorherrschte, der alles „Wesensfremde" von sich stieß. Nicht wenige Gymnasiallehrer fühlten sich als vorgeschobene Posten an der Heimatfront, die das Vaterland gegen den inneren Feind zu verteidigen hatten. Die ihnen anvertrauten Jugendlichen wurden in einem Korpsgeist erzogen, der den Weltkriegserfahrungen der Lehrer entsprach und die Jugendlichen für antidemokratische Bewegungen zumindest empfänglich machte. Die deutschnationalen Studienräte waren die Wortführer innerhalb des Kollegiums, und sie besetzten während der Weimarer Republik die Funktionsstellen: Direktor Dr. Marschall, sein Stellvertreter Oberstudienrat Krankemann, die Fachleiter Schwedtke und Dr. Benno Schneider. Gemeinsam mit den christlich-unpolitischen Elternverbänden (siehe U. BACH in diesem Band) unterminierten sie die Republik und ebneten den Nazis den Weg zur Macht. Teils offen, teils verdeckt, sympathisierten sie mit dem Rechtsextremismus und dem Antisemitismus, die sich beide in der Weimarer Republik ungestört entfalten konnten – trotz aller Republikschutzgesetze.

Als die „Linken" und „wesensfremden" Juden Karsen, Löwenstein und Behrend aus Neukölln vertrieben wurden, erhob sich kein Protest unter den Gymnasiallehrern. Man schwieg und meinte, damit seinen Pflichten als Beamter Genüge zu tun.

„In der Nacht zu heute, etwa um 2 Uhr, hat ein Überfall auf das Dienstwohnungsgebäude der Anstalt stattgefunden ... Etwa 5 junge

Leute in nationalsozialistischer Tracht haben sich durch Zertrümmern der Scheibe in das Treppenhaus Eingang verschafft, haben dann die Glastür zur Direktorwohnung zertrümmert, haben sich dann unter Abgabe von 10 bis 12 Schüssen, durch die glücklicherweise niemand verletzt wurde, der Person des Direktors bemächtigt und den Direktor in rohester Weise mißhandelt, so daß er das Bett hüten muß. Herr Dr. Bohlen, der darüber wohnt, hat beim ersten Lärmen das Überfallkommando telephonisch alarmiert, bei dessen Eintreffen die Täter indessen bereits entflohen waren. Sie haben eine starke Blutspur hinterlassen, die vom Dienstgebäude an der Schule vorbei durch ein Laubengelände hindurch bis zum Anfang der Grenzallee führt. Einer der Täter muß sich also beim Zerschlagen der Scheiben schwer verletzt haben. Ein besonderer Anlaß zu dem Attentat ist nicht ersichtlich. Heute vormittag hat die Schutzpolizei das gesamte umliegende Laubengelände durchsucht."[12]

Nach dieser nächtlichen Gewaltaktion solidarisierte sich kein Kollege öffentlich mit dem Direktor des Kaiser Wilhelms-Realgymnasium (siehe auch M. HOMANN in diesem Band). Auch Polizei und Nachbarn blieben passiv, wie sich Behrends Tochter erinnert: „Was mich besonders aufregte, war, daß die von uns alarmierten Polizisten keine Anstalten machen wollten, die Schuldigen zu verfolgen, daß es zu viele dieser Zwischenfälle gäbe, um irgend etwas zu unternehmen ... Wir mußten bei allem, was wir sagten oder taten, vorsichtig sein. Wir wußten, daß es viele Denunzianten gab und es deshalb gefährlich war, unsere Meinung öffentlich oder telephonisch zu äußern."[13] Der „christliche Elternverein" dagegen wurde sofort aktiv und erhob in einem Brief an das Ministerium schwere Vorwürfe gegen Behrend, der noch nicht sofort vertrieben worden war, weil er mit einer

Schüler des Kaiser Wilhelms-Realgymnasium auf VDA-Fahrt mit Oberstudienrat Burckhardt, der den Bericht an die Schulkommission zum Überfall auf Dr. Behrend schrieb, o.J. — *Privatbesitz Burckhardt*

„arischen" Frau verheiratet war und in einer „Mischehe" lebte:

„Der Studienrat Dr. Behrens (sic!) ist als Jude nicht für fähig anzusehen, den Geist der nationalen Erhebung und dem Willen ihrer Führer entsprechend Gesinnungsfächer wie Deutsch und Geschichte zu unterrichten. Seine politische Einstellung ist schon seit Jahren und auch vor jüngeren Schülern verwirrend hervorgetreten. Die Autorität bei seinen Schülern spottet geradezu jeder Beschreibung. Die Elternschaft wünscht seine Entfernung ... Wenn wir jetzt in der Zeit nationalen und christlichen Wiedererstarkens mit unserer inneren Not hervortreten, so handelt es sich nicht um eine Anklage gegen Personen, sondern um eine Erneuerung des Gesamtzustandes der Anstalt, der wir unsere Kinder anvertraut haben."[14]

Bei soviel innerer Not blieb Behrend nur die äußere Not. Behrend wurde als einfacher Lehrer an eine andere Schule versetzt. Kurz darauf ging er, der Heimat vertrieben, als

Asylsuchender nach England. Sein Nachfolger als Oberstudiendirektor wurde Wilhelm Reinicke, Mitglied der DNVP (1919-33), Mitglied des Alldeutschen Verbandes (1918-36) und seit dem 1.9.1933 Mitglied des NSLB. Den Vorsitz im Deutschen Philologenverband übernahm der Nationalkonservative Kurt Schwedtke (siehe E. MEIER in diesem Band), der ebenso wie Dr. Benno Schneider einen Schulleiterposten erhielt.

Der Regierungswechsel 1933 vollzog sich selbst im „roten Neukölln" relativ geräuschlos, da Mit- und Zuarbeiter bereitstanden. Die überwiegende Mehrheit der Nationalkonservativen paßte sich schweigend an oder arbeitete bereitwillig mit. Sie begrüßten einmütig den Regierungswechsel, der eine Rückkehr zu vertrauten Verhältnissen versprach und der eigenen vordemokratischen Vorstellungswelt „wesensmäßig" entgegenkam.

Anmerkungen

1 GStA Merseburg Rep 76 VI Sekt 15 aa Spezialia 52: Die Oberrealschule in Rixdorf (Albrecht-Dürer-Oberrealschule), enthält u.a. Unterlagen zur Biographie von Dr. Oscar Marschall sowie zum Rechtsstreit.

2 Reichskommissar für die Überwachung der öffentlichen Ordnung Bd. 285, Bl. 202, 203, 240 — BA Potsdam 15.7. Roßbach, Danicke, insgesamt 26 Mitglieder, werden im März 1923 festgenommen; bei der Hausdurchsuchung werden mehrere schwarzweißrote Fahnen mit Hakenkreuz gefunden. Bd. 288, Bl. 267 (Aufruf der DvF 1924), Bd. 289, Bl. 148 (Wahlliste). Siehe auch B. Kruppa: *Rechtsradikalismus in Berlin 1918-1928*. Berlin / New York 1988, bes. S. 232-235

3 Reichskommissar für die Überwachung der öffentlichen Ordnung Bd. 636 — BA Potsdam 15.7

4 Stadtpräsident Berlin, Bezirksamt Neukölln bis 30.4.1934, Bl. 3 — StA Potsdam PR Br Rep 60 Nr. 445

5 Siehe dazu E. Meier: *Feste mit verjnijten Sinn*. Berlin 1983, S. 147ff und G. de Bruyn, *Zwischenbilanz*, S. 103-108

6 Schülerzeitung der Albrecht-Dürer-Oberrealschule *Die Pauke*, H.2 (1959)

7 Akte Königl. Gymnasium mit Realgymnasium zu Neukölln betr. Die Disziplinarfälle, Schülerverbindungen in der Anstalt etc. 1922-1928 — PZ Berlin E8

8 W. Hoffmann, W. Stern: *Sittlichkeitsvergehen an höheren Schulen und ihre disziplinarische Verhandlung*. Leipzig 1928. Hrsg. v. Preuß. Minist. für Wissenschaft, Kunst und Volksbildung, S. 104

9 Das Schulklima war bei Karsen und an der liberalen Walther-Rathenau-Schule, wo man sich um eine demokratische Erziehung bemühte, deutlich anders. Man „legt Wert auf Ordnung und Zucht, strebt aber ein freieres und ein mehr kameradschaftliches Verhältnis mit dem Schüler an und nimmt bei Strafen Rücksicht auf die Erkenntnisse der Jugendpsychologie." Dr. Lötzbeyer: „Die Entwicklung der Walther-Rathenau-Schule." — *Der Schulfreund 2*, Nr. 6 (1928), 59

10 — *Die freie weltliche Schule 6* (1926), 79. Dr. Grelling hatte allerdings Glück. Er kam an Karsens Schule und galt dort als befähigter und beliebter Mathematiklehrer, wie ein Arbeiter-Abiturient der Jahre 1926-29 besonders hervorhebt (Okt. 1992, Hinweis von G. Radde).

11 „Euer Hochwohlgeboren" – wir schreiben das Jahr 1924 – lautet die Anrede an den Direktor des Königlichen Gymnasiums mit Realgymnasium in Neukölln in einer Anfrage einer Firma wegen eines dort arbeitenden Schülers.

12 Bericht von Oberstudienrat Burckhardt an das Provinzialschulkollegium 18.3.1933 — GStA Merseburg Rep 76 VI Sekt 15 Nr. 35, Bl. 444

13 H. Behrend: *Des Schicksals Wagen. Ein Beitrag zur 150-Jahr-Feier des Luisen-Gymnasiums Düsseldorf*. Krefeld 1987, S. 8-9 (Hinweis von M. Homann)

14 GStA Merseburg Rep 76 VI Sekt 15 Nr. 35, Bl. 448-450

Dokument 3   Mathilde Vaerting

Die Beziehung des Miteinander zwischen Lehrer und Schüler

Das Miteinander schließt die Überordnung des Lehrers und die Unterordnung des Schülers aus. Es schließt ebenso die Überordnung des Schülers wie die Unterordnung des Lehrers aus. Miteinander ist Gleichberechtigung von Lehrer und Schüler, machtfreie Einordnung ihrer Gesamtheit in eine Gemeinschaft. Das Über-Unter ist ein Machtverhältnis, das Miteinander ist ein Vertrauensverhältnis. Das Machtverhältnis des Über-Unter ist auf äußere Bindungen gerichtet, auf Unterordnung, Gehorsam des Schülers, auf äußere Erfolge der Disziplin und Zucht. Das Vertrauensverhältnis des Miteinander ist auf die Entwicklung innerer Bindungen gerichtet, auf die innere Bindung des Charakters durch das große Persönlichkeitsideal der Autonomie und das große Sozialideal der Gemeinschaft. Die Entwicklung echter Autonomie und wahren Gemeinschaftsgeistes sollen dem Schüler den inneren sittlichen Halt geben. Nur bei dem Miteinander von Lehrer und Schüler können Autonomie und Gemeinschaft zur harmonischen Entwicklung kommen. Das Miteinander gewährt dem Schüler die Freiheit zur moralischen Selbstentfaltung und Selbstverantwortung nach seinen eigenen Gesetzen, während die Unterordnung unter den Lehrer ihm das Gesetz eines fremden Willens aufzwingt. Das Miteinander schaltet die Entstehung des gemeinschaftsstörenden Gegeneinander aus. Das Miteinander ist die Grundlage, auf welcher die große soziale Verbundenheit erwachsen kann, die nicht nur Lehrer und Schüler untereinander, sondern auch die Schüler untereinander zu einer wahren Gemeinschaft zusammenwachsen läßt und darüber hinaus die große allumfassende soziale Verbindung von Mensch zum Menschen begründet.

Die Furcht vor der Zuchtlosigkeit

Das Miteinander von Lehrer und Schüler bedeutet nicht, daß der Lehrer auf die Erziehung des Schülers verzichtet. Es gibt heute viele Menschen, Pädagogen und Nichtpädagogen, die glauben, daß nur mit Machtmitteln und sog. Autorität in der Erziehung etwas auszurichten ist, weil sie selber nie etwas anderes kennen lernten. „Was soll werden, wenn die Jugend nicht mehr gehorcht?" so fragen diese Leute, und sie sind wirklich ratlos, was dann werden soll. Man könnte hier mit der Gegenfrage antworten: „Was wird daraus, wenn die Jugend gehorcht?" Ich habe ein Bild der Folgen für den Charakter gezeichnet, die entstehen, wenn die Jugend sich willig oder unwillig unterordnet. Das ist ja gerade das Schlimme an der Sache, daß es auch nichts nützt, wenn die Jugend sich willig unterordnet. Jede Unterordnung unter die Macht eines Mächtigen ist für den Charakter sehr schädlich. Der Lehrer schaltet sich in dem Maße, wie er Unterordnung vom Schüler fordert, von jedem positiven Erziehungseinfluß selber aus, leider nicht auch vom negativen. Erst im Verhältnis des Miteinander können positive erzieherische Kräfte im Aufbau des kindlichen Charakters wirksam werden.

Die Leute aber nun, die ängstlich fragen, was werden soll, wenn die Jugend nicht mehr gehorcht, kennen und fürchten nur das Gegenteil, den Ungehorsam, die Auflehnung. Sie denken, wenn die Jugend nicht mehr gehorcht, so heißt das, sie wird ungehorsam sein, es wird Zuchtlosigkeit einreißen, es wird drüber und drunter gehen, es wird ein Chaos werden. In dieser Ansicht liegt der Fehler. Die Aufhebung der Macht-Überordnung des Lehrers und der Unterordnung des Schülers bedeutet nicht, daß nun der Schüler tun mag, was er will und der Lehrer dabei zusehen kann. An Stelle der Erziehung durch Macht im Verhältnis des Über-Unter soll eine neue Erziehung mit einem neuen Verhältnis zum Lehrer und neuen Erziehungsmitteln treten. Leitideale für diese neue Charaktererziehung sind Autonomie und Gemeinschaft. Ein Ideal, das die möglichst selbständige Entwicklung des Individuums sichert, ein zweites Ideal, das die vollkommenste soziale Entfaltung anstrebt. Die harmonische Entfaltung nach diesen *beiden* Richtungen hin bedeutet erst die neue Charaktererziehung. Die Autonomie findet ihre Grenzen an der Gemeinschaft, und die Gemeinschaft findet ebenso eine Grenze an der Autonomie. Der Schüler ist nicht nur Mensch, sondern auch Mitmensch, er lebt als Individuum in der Gemeinschaft. Deshalb kann er nicht *nur* tun, was er als Individuum will, sondern er muß sich gleichzeitig der Gemeinschaft einordnen. An Stelle der Unterordnung unter Übergeordnete tritt die Einordnung unter Gleichgeordnete, unter Mitmenschen. Das ist das Gegenteil von Ungehorsam, Zuchtlosigkeit und Chaos. Das erst ist wahre Ordnung und wahre innere Zucht.

Und der Lehrer hat alles andere zu tun, als den Schülern ihren Willen zu lassen und zuzusehen, was dabei herauskommt. Er hat es viel schwerer als der Lehrer als Machthaber, der einfach befiehlt und straft und sorgt, daß nach außen hin alles in Ordnung ist. Es ist weit leichter, den Schüler in äußerem Gehorsam zu halten, als in seinem Charakter die großen Ideale der Autonomie und Gemeinschaft als Leitsterne wahrer Sittlichkeit zu entwickeln. So wie es leider immer viel leichter ist, zu zerstören als aufzubauen. In dem alten Über-Unterverhältnis und mit den alten Mitteln kann der Lehrer dies nicht erreichen, die alten Mittel der Erziehung sind eben nur Machtmittel, und die alte Stellung des Lehrers war und ist eine Machtstellung. Und alle die ratlosen und ängstlichen Erzieher, die den Ungehorsam der Schüler fürchten, wenn der Gehorsam aufhört, haben von ihrem beschränkten Gesichtsfeld aus gar nicht so unrecht. Sie kennen nur die Machtmittel der Erziehung und ihre Machtstellung als Lehrer, und wenn man ihnen diese nimmt, so kennen und wissen sie nichts anderes mehr, und der Ungehorsam ihrer Schüler, ihre Zuchtlosigkeit wäre auch tatsächlich die Folge. Wer nur Über und Unter kennt, weiß höchstens noch um das Gegeneinander. Aber vom Miteinander des Lehrers mit den Schülern und seinen Wirkungen und Möglichkeiten weiße er nichts. Er kennt eben nur die äußeren Bindungen durch die Macht des Lehrers, von den inneren Bindungen, die aus dem Miteinander von Lehrer und Schüler hervorwachsen, hat er keine Ahnung ...

Der Lehrer hat auch im Miteinanderverhältnis Erziehungsmittel, aber diese sind ganz andere, als sie der Vorgesetztenlehrer zur Verfügung hat. Der grundlegende Unterschied dieser Mittel besteht darin, daß der Lehrer der Über-Unter-Beziehung Machtmittel anwendet, die unsozial und unfrei und abhängig machen, während der Lehrer des Miteinander Erziehungsmittel des Vertrauens anwendet, welche die Ideale der Autonomie und Gemeinschaft fördern.

Auszug aus M. Vaerting: *Lehrer und Schüler. Ihr gegenseitiges Verhalten als Grundlage der Charaktererziehung.* Leipzig 1931.
Prof. Dr. Mathilde Vaerting hatte bis 1933 als erste Wissenschaftlerin Deutschlands den Lehrstuhl für Pädagogik an der Universität Jena inne. Sie war Mitglied des *Bundes entschiedener Schulreformer* und unterrichtete von 1912-1923 am I. Lyzeum in Neukölln.

Volker Hoffmann

Die Rütlischule –
Entwicklung und Auflösung
eines staatlichen Schulversuchs

In der Rütlistraße, einer kleinen Nebenstraße der Weserstraße, war in den 20er Jahren die bekannteste Reform-Volksschule Neuköllns, wenn nicht sogar ganz Berlins zu finden. Sie bildete einen Anziehungspunkt für aufgeschlossene Eltern und Lehrer, für reformfreudige Pädagogikprofessoren und für Fachjournalisten aus dem In- und Ausland, die alle auf der Suche nach einer Schule waren, in der eine neue Generation junger Staatsbürger auf neue Art erzogen werden sollte: republikanisch, friedliebend, aufgeschlossen-kritisch, selbstbewußt und offen. Und ausgerechnet mitten im Arbeitermilieu von Neukölln (Rixdorf) war diese neue Schule am Entstehen.

Bisher kannte die pädagogische Welt die „freie Schule" nur als Privatschule und Gymnasium, fernab von der Großstadt. Hier aber war es eine staatliche Volksschule, die den Anspruch stellte, die neue Pädagogik zu verwirklichen – nicht mit einer ausgesuchten Schar von Schülern aus bildungsfreudigen Elternhäusern, sondern mit Arbeiterkindern, ohne besondere Vergünstigungen und Startbedingungen, nicht auf dem Lande, sondern mitten in der Großstadt.

Die Neue Schule von unten und oben

Oft wird die amtliche Genehmigung sogenannter Lebensgemeinschaftsschulen ab Ostern 1923 als die Geburtsstunde der „neuen Volksschule" in Berlin bezeichnet. Denn es scheint so, als habe sich damals der 1921 von Hamburg nach Berlin berufene Stadtschulrat Wilhelm Paulsen mit seinem Plan der Gemeinschaftsschule endlich gegen den heftigen Widerstand der Reaktion durchgesetzt (siehe G. Radde in diesem Band).

Doch in Wahrheit war die neue Schule bereits vor 1923 in ihren wesentlichen Elementen „an der Basis" verwirklicht, bevor sie ihren amtlichen Segen von oben erhielt. Sie wurde in einem längeren Prozeß erkämpft, der im wesentlichen in zwei Etappen verlief: Zunächst wurden „weltliche" Schulen eingerichtet (siehe G. Radde, W. Korthaase in diesem Band), und dann mußte um ihren Status als Lebensgemeinschaftsschule gerungen werden. Auch an der Rütlischule waren das die entscheidenden Stationen der Entwicklung.

Bei Kriegsende war die 1908 eingeweihte Rütlischule eine der durchschnittlichen städtischen Doppelschulen, die jahrelang als Kaserne gedient hatte und erst aufwendig renoviert werden mußte, bis sie wieder Schüler aufnehmen konnte. Als immer mehr Eltern aus der Kirche austraten und vom neuen Recht Gebrauch machten, ihre Kinder vom Religionsunterricht abzumelden, sah das Bezirksamt eine Lösung nur noch darin, das Störpotential der „Gottlosen" in sechs sogenannten weltlichen Schulen zu sammeln und zu entschärfen. Gleichzeitig konnten so die anderen Schulen als konfessionelle Schulen erhalten werden. Auch die Ausbreitung sozialistischer Ideen konnte die Behörde auf diesem Wege besser unter Kontrolle halten.

Die Rütlischule wurde in den Kreis der offiziell „Sammelschulen" genannten Einrichtungen einbezogen, weil der Anteil ihrer vom Religionsunterricht abgemeldeten Kinder bei etwa zwei Drittel der Schülerschaft lag. Ein Drittel der nicht vom Religionsunterricht abgemeldeten Schüler verließ die Schule mehr oder weniger freiwillig; ihre Plätze nahmen die Kinder der Konfessionslosen aus den umliegenden Schulen in der Elbe- und Weserstraße sowie in der Sonnenallee ein. Dieser Vorgang brachte zwar viel Unruhe in die Schulen, ließ aber doch beide Orientierungen zu ihrem Recht kommen.

So einfach wie bei den Eltern und Schülern ließen sich die Probleme bei den Lehrern der Rütlischule allerdings nicht lösen. Ihre Mehrheit wollte nämlich keine weltliche Schule, erst recht keine Gemeinschaftsschule, und sabotierte daher die Bestrebungen des Bezirksamtes ebenso wie die der sozialistisch-kommunistischen Elternbeiräte nach Kräften. Erst als im Winterhalbjahr 1920/21 etwa zehn der konservativsten alten Lehrer die Stätte ihres Wirkens für „Gott, Kaiser und Vaterland" verließen und neuen Lehrern Platz machten – und zwar vor allem jungen, tatendurstigen, jugendbewegten, sozialistischen, kommunistischen und pazifistischen Kollegen, nicht nur Männern, sondern auch Frauen, nicht nur Absolventen der Lehrerseminare, sondern auch einigen Lehrkräften mit „krummen" Lebensläufen –, nahm die Sammelschule endlich Gestalt an. Der Aufbau einer wirklichen Reformschule konnte beginnen.

Dabei zeigte sich bald, daß es mit der Abschaffung des Religionsunterrichts nicht getan war, weil Monarchismus, Militarismus und Geringschätzung des arbeitenden Volkes alle Fächer und Lehrbücher, das Schulleben und die gesamte Schulorganisation durch-

Schulenkomplex in der Rütlistraße um 1910; links war später die Lebensgemeinschaftsschule von Wilhelm Wittbrodt und rechts die von Adolf Jensen untergebracht, im Mittelteil die weltliche Schule von Rektor Lorenz — *Landesbildstelle Berlin*

drungen hatten. Man mußte und wollte daher weiter gehen als nur bis zur amtlich genehmigten „Minusschule", d.h. einer Schule ohne Religionsunterricht.

So wurden freiwillige Schüler-Arbeitsgemeinschaften in Fachgebieten eingerichtet, die bisher nicht zum Lehrplan der Volksschule gehört hatten – in Stenographie, Englisch oder der Welthilfssprache Esperanto, dem Steckenpferd des Lehrers und späteren Rektors der 31. Schule, Wilhelm Wittbrodt. Später kamen AGs für Physik, Kunst und Werken und etliche andere Gebiete dazu. All das machte die Schule für Lehrer und Schüler nicht nur interessanter, sondern es war auch eine Manifestation des neuen Vertrauens in die geistige Kraft der Volksschüler.

Auch hinsichtlich der Koedukation, der gemeinsamen Erziehung von Jungen und Mädchen, gab es Vorstöße in pädagogisches Neuland, oft aus prosaischem Anlaß. So wechselte im Winter 1921/22 ein Lehrer der 31. Knabenschule, der sich mit seinem Kollegium überworfen hatte, mit seiner Klasse an die 32. Mädchenschule. Als einige Knaben sitzengeblieben und einige Mädchen zwecks Frequenzausgleichs in die Knabenklasse umgesetzt werden mußten, war die erste gemischte Klasse der Rütlischule geboren. Später waren in allen drei Schulen gemischte Klassen die Regel (siehe K. HOFFMANN in diesem Band). Daneben gab es auf Wunsch der Eltern und älterer Schüler aber immer noch einige wenige Knaben- und Mädchenklassen. Die Respektierung ihres Willens stand über dem Prinzip einer einheitlichen Schulorganisation.

Auch im Fächerkanon der Schule wurden die traditionellen Jungen- und Mädchenrollen in Ansätzen aufgebrochen: Mädchen nahmen auf ihren Wunsch hin am Werkunterricht der Jungen teil und Jungen am Handarbeitsunterricht der Mädchen – für damalige Verhältnisse war das eine kleine Revolu-

Wilhelm Wittbrodt in seinem Amtszimmer — Nachlaß Wittbrodt

tion, die von den Lehrern ebenso wie in den Familien der Arbeiter, die andere Schulen gewöhnt waren, teilweise heftig diskutiert wurde.

Und schließlich kam es auch im Kernbereich hoheitlicher Akte – in der Leistungsbewertung und Zeugnisvergabe – zu bahnbrechenden Neuerungen. Einige Lehrer gingen dazu über, auf Noten und Zwischenzeugnisse und das diskriminierende Platzrücken entsprechend der Leistung weitgehend zu verzichten, und führten statt dessen regelmäßig Gespräche mit den Eltern über das Sozial- und Lernverhalten der Kinder. Zeugnisse gab es nur noch als Abgangs- bzw. Abschlußzeugnisse (siehe auch die Aufsätze zur Karl-Marx-Schule in diesem Band).

Einige besonders radikale Reformer wollten das Sitzenbleiben sogar ganz abschaffen, konnten sich aber damit gegen die Vorschriften, die ja nach wie vor galten, nicht durchsetzen.

Eine der ersten gemischten Anfängerklassen der Rütlischule, um 1922/23.
Schildaufschrift: Gesangsverein Gänseblümchen — *Privatbesitz V. Hoffmann*

Gemischte Klasse beim Kunstunterricht, 1920 — *Heimatmuseum Neukölln*

An der Jahreswende 1922/23 war die Rütlischule über die genehmigte Minusschule weit hinausgewachsen und eine kinderfreundliche Lernwerkstatt geworden, mit der sich Schüler, Lehrer und Eltern voll identifizierten. Doch hegten viele Eltern und Lehrer die Befürchtung, daß die Schulbürokratie die schwer erkämpften Reformen mit einem Federstrich zu Fall bringen könnte. So drängten sie darauf, auch von oben genehmigt zu bekommen, was tagtäglich „an der Basis" mit Erfolg praktiziert wurde.

Dieses Drängen von der Basis her lief in der Unterstützung für das Gemeinschaftsschul-Programm des Großberliner Stadtschulrates Wilhelm Paulsen zusammen, das die seit der Novemberrevolution vor allem in Hamburg und Bremen postulierten Grundsätze der sozialdemokratischen „Arbeits-Einheitsschule" in idealistische Worte faßte. Fritz Karsen, gerade zum Direktor des Kaiser-Friedrich-Realgymnasiums in der Sonnenallee ernannt, berichtete darüber:

„In den politischen Parteien und in ihrer Presse gab es den ganzen Sommer [1921] und den folgenden Winter hindurch nicht endenwollende Erörterungen von ‚Paulsens Programm'. Die Elternbeiräte bestellten sich Redner und Gegenredner, und wohl keine Vorstadtschule war zu klein, um [nicht] auch ihren Paulsen-Abend zu haben. Man beschäftigte sich mit Schulfragen so leidenschaftlich, wie sonst nur mit drängenden Magenfragen. Wir Freunde Paulsens haben damals fast Abend für Abend in allen Himmelsgegenden Berlins geredet, als handle es sich um Agitation für entscheidende Wahlen."[1]

Ostern 1923 hatten die Bemühungen der Reformer schließlich Erfolg: Zehn Schulen in fünf Berliner Bezirken erhielten den Status von „Versuchsschulen", und die 31. und 32. Schule in der Rütlischule gehörten auch dazu, während gewissermaßen als Alternative für weniger reformfreudige und risikobereite Eltern im Gebäude eine dritte Schule eingerichtet wurde, die 41./42. Schule, die nur als weltliche Schule (ohne Religionsunterricht) geführt wurde.

Damit war die Rütlischule komplett. Man sprach von der Rütlischule, wenn man die neue Schule insgesamt meinte; von der Wittbrodt-Schule, wenn man die 31., von der Jensen-Schule, wenn man die 32. und von der Lorenz-Schule, wenn man die 41./42. Schule meinte. Für die Schüler allerdings bildeten alle drei Schulen und die verschiedenen Etappen ihrer Entwicklung eine Einheit. Und viele, die sich heute an ihre Schulzeit erinnern sehen die drei Schulen wie eine an.

Die Blütezeit der Reform

Das Grundprinzip der Lebensgemeinschaftsschule in der Rütlistraße hieß: Aufteilung des gesamten Unterrichts- und Lernangebots in zwei Bereiche, in Lebensgemeinschaften und Schüler-Arbeitsgemeinschaften, also in Kern- und Kursunterricht.

In den „Lebensgemeinschaften", die weitgehend den bisherigen festen Jahrgangsklassen entsprachen und einem Klassenlehrer zugeordnet waren, entfaltete sich das soziale Lernen: das Zusammenleben von Jungen und Mädchen, die vertrauensvolle Kameradschaft zwischen Lehrern und Schülern, die oft auch darin ihren Ausdruck fand, daß die Lehrer mit „Du" angesprochen wurden, die Schülerkritik am Lehrer z.B. wegen des Rauchens in der Schule, das strikte Verbot der Prügelstrafe, die Unterstützung leistungsschwacher Schüler, die vom Lehrer mehr oder weniger stark gesteuerte Regelung von Streitfällen unter den Schülern („Schüler-Gerichtsbarkeit") und nicht zuletzt die solidarische Hilfe der ganzen Gemeinschaft für sehr arme Schüler, die gerade in der Inflationszeit zahlreich waren.

In großartiger Eigeninitiative verwandelten Eltern, Lehrer und Schüler die Schule in einen Ort, wo sie sich wirklich wohlfühlen konnten. Die „kalten" amtlichen Bezeichnungen – Klasse 3a oder 7b – wurden abgeschafft; man sprach jetzt nur noch von „Gruppe Wittbrodt", „Gruppe Jensen", „Gruppe Janisch" usw. Die Schul-Gruppe wurde neuer Bezugspunkt im Denken und Fühlen der Kinder und mancher Eltern. Dies funktionierte jedoch nur, weil die Schule die spontane Initiative, die die Kinder aus ihrem Milieu mitbrachten, nicht abblockte, sondern förderte und unterstützte. Solange sie über die Nöte der Schüler hinweghalf und sich strikt auf soziale Fragen beschränkte, war sie auch der Schulbehörde willkommen.

Das Gemeinschaftsleben ging aber über den engen Rahmen der Klassengemeinschaft

Hier üben Schüler ein selbstgewähltes Stück

Ein Schulorchester mit selbstgebauten Instrumenten

Unter der Überschrift „Eine Schulbank, die nicht drückt" berichtete der *Weltspiegel* im Mai 1927 über die Lebensgemeinschaftsschulen in Neukölln — *Privatbesitz V. Hoffmann*

Rechts: Schüler beim Erdkundeunterricht nehmen Vermessungen erst im Sand vor und übertragen dann auf die Tafel

Beim Modellieren

Wände, die von Kindern bemalt werden (dürfen!)

Aus Pappstückchen wird eine Bodenkarte hergestellt

Adolf Jensen, Rektor der Lebensgemeinschaftsschule in der Rütlistraße, mit seiner Klasse, 1925 — *Privatbesitz V. Hoffmann*

hinaus und gewann Gestalt in monatlichen Schulversammlungen, auf denen auch heiße Themen wie z.B. „Schule und Klassenkampf" oder „Schule und Religion" diskutiert wurden, auf den großen Schuljahresfesten und in einer Schulzeitung, für eine Volksschule ein Novum. Die Rütlischule erhielt eine besondere Anziehungskraft als politisches Forum, das vor allem die Kommunisten unter den Eltern für sich zu nutzen wußten. Dies war der Schulbehörde durchaus nicht recht, und so griff sie ein, als ein kommunistischer Lehrer ein revolutionäres Liederbuch verteilte, oder sie ließ die Polizei einen Fackelzug zerstreuen, mit dem ein Schulfest abgeschlossen werden sollte.[2]

In den Arbeitsgemeinschaften, dem zweiten Bein des Rütli-Schulmodells, kamen sowohl die individuellen Neigungen der Schüler wie auch die der Lehrer zum Zuge. Man kann vier Gruppen von AGs unterscheiden:

AGs zu Unterrichtsfächern, z.B. Geschichte, Erdkunde, Biologie, in denen der Stoff des Fachunterrichts vertieft wurde,

AGs zu Nicht-Unterrichtsfächern, z.B. Stenographie, Esperanto, Kunstgeschichte, Englisch,

AGs im musisch-kulturellen Bereich: Theaterspiel, Sprechchor, Chorgesang, Kunstschrift, rhythmisch-gymnastische Kurse,

AGs zu praktischen Arbeitsvorhaben, Schulgarten-Arbeit, Küchenchemie (ein Vorläufer heutiger Umweltkurse?) oder Angebote wie Radiobasteln und Skierbauen.

Die meisten AGs fanden an einem festgesetzten Wochentag statt, andere nachmittags. Gelegentlich stießen hier auch Eltern mit besonderen Kenntnissen und Fähigkeiten oder arbeitslos gewordene ehemalige Schüler hinzu und bereicherten durch ihre Mitarbeit das Angebot für die Schüler.

In vielen AGs wurden großartige Leistun-

Dampferfahrt der 32. Schule mit Eltern; in der Mitte Lehrer Bruno Lindtner mit Geige —
Privatbesitz V. Hoffmann

gen erzielt, die sich mit denen der Realschule oder der Mittelstufe des Gymnasiums durchaus messen konnten. Einige Beispiele:

– Adolf Jensen entlockte seinen Schülern literarische Eigenproduktionen von großer Lebendigkeit und Frische, mit denen dem kreativen Schreiben in der Volksschule eine Bresche geschlagen wurde.

– Fritz Hoffmann führte das gemeinsame Singen der ganzen Schule zu ungeahnter Höhe – stimmlich und vom Repertoire her, zu dem Volkslieder, Kanons und Spottlieder, aber auch Lieder der Arbeiter- und Jugendbewegung des 19. Jahrhunderts gehörten (siehe D. KOLLAND in diesem Band).

– Etliche Lehrer bezogen sozialkritische Literatur in ihren Unterricht ein: Adolf Jensen las mit seiner Klasse Knut Hamsuns *Hunger* und erörterte daran die Probleme der Arbeitslosigkeit. Der Kommunist Edmund Kauter von der 41./42. Schule behandelte mit seiner 8. Klasse Upton Sinclairs *Jimmi Higgins* oder Texte von Maxim Gorki.

– Weihnachten 1926 brachten Schüler der 31. Schule Kleists *Zerbrochenen Krug* auf die selbstgezimmerte Schulbühne. 13/14jährige Volksschüler, die Kleist spielen, das war schon eine großartige Sache!

Das Angebot an Arbeitsgruppen war vielfältiger und kontinuierlicher als das anderer Reformschulen des Bezirks. Das lag zum einen an den besonderen Fähigkeiten und Fertigkeiten der Rütli-Lehrer und an ihren außergewöhnlichen Anstrengungen, sich fortzubilden, zum anderen an der geschickten „Menschenführung" seitens der Rektoren und des Stadtschulrates Löwenstein, die den Lehrern ungewöhnlich viele Freiheiten ließen und dadurch besonderes Engagement förderten. So unternahmen mehrere Lehrer längere Auslandsreisen in die Sowjetunion und die USA, von wo sie wertvolle Impulse für die Verbesserung des Unterrichts und Schullebens mitbrachten, z.B. aus der Sowjetunion die Sozialstatistik und die Wandzeitung als Forum öffentlicher Kritik und – allerdings viel seltener – die Selbstkritik der Lehrer und Schüler, aus den USA Ideen für die Gestaltung der „Schuldemokratie".

Ferner lag das aber auch an der stärkeren Verbindung einiger Arbeitsgruppen mit der Arbeiterkulturbewegung und ihrer ungewöhnlich tiefreichenden Verankerung in den Herzen der Eltern, die in der Kampfzeit der Schule ihre Anfänge hatte. Das gilt insbesondere für die Radiobastelkurse und für Wittbrodts Esperantokurse, aber auch für den Sprechchor, der teilweise dieselben Antikriegsstücke einübte wie die Sprechchöre der kommunistischen „Jungpioniere" oder der sozialdemokratischen „Roten Falken". Überdies war die Rütlischule auch eine Unterrichtsstätte der „Marxistischen Arbeiterschule" (MASCH), einer Art proletarischer Volkshochschule. All das trug erheblich dazu bei, das Ansehen der Schule bei klassenbewußten Arbeitern, linkssozialdemokratischen und kommunistischen Intellektuellen zu heben.

Alltag und Grenzen der Reform

Die Reformpraxis der Rütlischule erreichte im Schuljahr 1923/24 nach weiterer Ausdehnung der Arbeitsgemeinschaften, der Verwandlung der 32. Schule in eine riesige Weihnachtswerkstatt für selbstgemachtes Spielzeug und mit einem Zustrom neuer Interessenten aus allen Stadtbezirken einen Höhepunkt ihrer Arbeit. Ab 1924/25 traten aber auch die Grenzen dieser Reformarbeit und gegenläufige Faktoren und Prozesse deutlich in Erscheinung.

Von entscheidender Bedeutung war, daß das Interesse der proletarischen Eltern an der Reform rapide zurückging, mitausgelöst dadurch, daß die revolutionäre Nachkriegszeit zu Ende ging und die einstmals kämpferische Elternbeiratsbewegung an einem toten Punkt angekommen war. Viele Eltern gaben sich damit zufrieden, daß das Ziel jahrelanger Kämpfe erreicht worden war. Nun war das pädagogische Fachwissen der Lehrer gefragt, die den Rahmen der Lebensgemeinschaftsschule ausgestalten sollten.

Vielleicht mag aber auch der nach 1923/24 stark angewachsene Anteil redegewandter intellektueller Eltern manche Arbeitereltern vom weiteren regelmäßigen Besuch der Elternversammlungen oder von der Mitarbeit an der Schulzeitung abgehalten haben. 1926 jedenfalls mußte diese nach zweijährigem Erscheinen eingestellt werden. Unverkennbar traten soziale Widersprüche in der Elternschaft stärker in Erscheinung. Mochten die Intellektuellen noch so sehr ihre Nähe zur Arbeiterklasse betonen – Tatsache war, daß ihre Kinder in der Regel nach der 7. Klasse auf die Aufbauschule an der Karl-Marx-Schule überwechselten, während für

Lehrer und Eltern der 32. Schule bei einem Ausflug ans Meer. Vorn rechts Fritz Hoffmann, um 1923/24 —
Privatbesitz V. Hoffmann

die übergroße Mehrheit der Arbeiterkinder die Schule mit der 8. Klasse beendet war.

Auch bei den Lehrern ließ der reformerische Elan nach. Dafür gab es mehrere Gründe: die neue Praxis war zur täglichen, zweifellos gut funktionierenden Routine geworden, schulinterne Querelen häuften sich, die Schulbürokratie redete jetzt immer häufiger in die Belange der Kollegien hinein; und nicht zuletzt war es die Erfahrung, daß die Rütlischule und die wenigen anderen Reformschulen nur eine kleine Insel im großen Meer der schleichenden schulpolitischen und pädagogischen Restauration blieben, die die Initiative bremsten.

Neue Schulversuche wurden ab 1924 in Berlin nicht mehr genehmigt, der laufende Versuch wissenschaftlich nicht richtig begleitet, so daß es nicht zur breiten Umsetzung der längst bewährten pädagogischen Neuerungen in den rund 500 Volksschulen der Stadt kam.

Die Lehrer mußten sogar erleben, daß die Rütlischule immer mehr als Auffangbecken für schwierige Schüler und ausgesprochene Problemfälle mißbraucht wurde, die die Regelschulen loswerden wollten. Friedrich Weigelt, Lehrer an der 31. Schule, beklagte 1929, daß die christlichen Schulen sich immer dann gern der „gepredigten Toleranz der weltlichen Schulen" erinnerten, wenn sie mit ihren „schwarzen Schafen" nicht mehr fertig wurden. Dann wurde das „kleinere Übel" der sonst so geschmähten weltlichen Schulen der Hilfsschule vorgezogen, was auch die amtlichen Statistiken freundlicher gestaltete.[3] In der Rütlischule stöhnte man unter der Last dieser Überweisungen, die in einzelnen Klassen hohe Fluktuationen bewirkten. In den mittleren Jahren der relativen Stabilisierung der Republik besaß man aber genügend Substanz, um damit fertigzuwerden, ohne die erkämpften Reformen insgesamt zu gefährden.

Anfang der 30er Jahre allerdings, als die

Klasse der Lebensgemeinschaftsschule Rütlistraße bei einem Ausflug mit Lehrer Max Gustav Lange, 18. 6. 1928 — *Privatbesitz Thilo*

Weltwirtschaftskrise immer härter auf die Schule durchschlug, brach der Grundpfeiler des hohen Anspruchs der Rütlischule, keine Schüler auf die Hilfsschule abzuschieben, langsam, aber sicher ein. Sie tat nun das, was alle Schulen taten, wenn auch mit schlechtem Gewissen und unter strikter Einhaltung besonderer Überweisungsregeln. Bald überstieg die Zahl der Hilfsschulüberweisungen sogar die der Überweisungen auf das Gymnasium nach der 4. Klasse, deren Zahl wiederum über die der Übergänger an die Aufbauschule nach der 7. Klasse hinausging. Das waren alarmierende Erscheinungen, die dem Modell weitgehender Förderung des individuellen Aufstiegs begabter Kinder aus der Arbeiterklasse, das mit den Namen Löwenstein und Karsen verknüpft war, entgegenstanden. Wenn schon die Weichenstellungen „an der Basis" des Bildungsweges nicht mehr funktionierten, dann konnten auch die Förderungsprozesse in den höheren Ebenen der Schule nicht mehr greifen.

Auflösung und Ende der Rütlischule

Oft wird angenommen, daß die Nazis der blühenden Reformpraxis der Rütlischule ein Ende gesetzt hätten. Aber es gab schon Jahre vor der Machtübernahme des Hitler-Hugenberg-Regimes gegenwirksame Faktoren und Prozesse, die schließlich in eine schleichende Zersetzung der Reformpraxis übergingen. Als die Nationalsozialisten 1933 an die Macht gelangt waren, wurde das, was bereits am Zerbröckeln war, „vollends umgestoßen und äußerlich in die früheren Formen zurückverwandelt", aber mit nationalsozialistischem Gehalt gefüllt, wie der Berliner Schulforscher Wilhelm Richter schreibt.[4]

Bei der Auflösung der Rütlischule als funktionierender Lebensgemeinschaftsschule sind äußere und innere Ursachen zu unterscheiden. Zu den äußeren gehörten die Auswirkungen der verheerenden Arbeitslosigkeit, der beschleunigte Zerfall proletarischer Familien, der Verlust der Lebensperspektive, das anwachsende Mißtrauen in den Staat, für den ja auch die Rütlischule, bei aller Toleranz gegenüber der sozialistischen Orientierung vieler Eltern und Schüler, erzog. Immer mehr Kinder kamen mit dem Bewußtsein in die Schule, daß sie sowieso keine Arbeit bekommen würden, wenn doch schon Vater und Mutter, der Bruder, die Schwester, der Onkel arbeitslos waren. Warum dann noch lernen, warum noch gehorchen?

Mit einem gewissen Entsetzen beobachteten die Rütlilehrer an ihren Schülern Verhaltensweisen, die ihnen bislang weitgehend unbekannt waren – Diebstähle, Widersetzlichkeiten, demonstrative Leistungsverweigerung, zunehmende Aggressivität der Schüler gegeneinander. Dagegen war mit den bewährten Methoden der Schule nichts mehr auszurichten und mit neuen, wie der begrenzten Schülermitverantwortung in den oberen Klassen, die 1930 mit großen Hoffnungen ausprobiert wurde, nicht viel.

Noch bedrohlicher als die Auflehnung vieler Schüler gegen die Schule und ihre Lehrer war für diese das nachlassende Interesse der Eltern. 1932 registrierte vor allem die 32. Schule einen so starken Rückgang an Anmeldungen, daß sie auf Beschluß des Bezirksamtes als selbständige Lebensgemeinschaftsschule aufgelöst werden mußte und ihre Schüler und Lehrer auf die beiden anderen, zu weltlichen Schulen zurückgestuften Schulen aufgeteilt wurden. Das Vertrauen der Eltern, ihren Kindern über eine neue Schule bessere Lebenschancen eröffnen zu können, war zusammengebrochen.

Entscheidenden Anteil daran, daß dieser Prozeß sich vor allem an der 32. Schule zuspitzte, hatte der 1929 erfolgte Abgang von

Rektor Adolf Jensen, der Pädagogikprofessor in Braunschweig wurde. Mit Jensen war der gute Geist der Schule und Pionier der Reform verlorengegangen, der vor allem auch die Intellektuellen und Künstler angezogen hatte. Die nicht enden wollenden Streitigkeiten der Lehrer um den „richtigen" Weg der Schule stießen viele Eltern ab.

Hinzu kamen die erbitterten Auseinandersetzungen zwischen Sozialdemokraten und Kommunisten. Die Kommunisten hatten 1932 im Elternbeirat der 32. Schule eine Mehrheit errungen und förderten die proletarischen Schulkämpfe, die in der bürgerlichen Presse verteufelt wurden. Die erstarkende Reaktion und die aufkommende Nazibewegung attackierten auch die Rütlischule als Element eines „aufgeblähten, marxistischen Prestigeunternehmens auf Kosten des kleinen Mannes". Das blieb nicht ohne Wirkung. So kam es, daß der Großberliner Schulversuch der Lebensgemeinschaftsschulen nach gut zehn Jahren im Winter 1932 / 33 abgebrochen wurde und lediglich einige weltliche Schulen, wie am Anfang der Entwicklung, übrigblieben. Mit der Republik scheiterte auch die Schulreform.

Die Rütlischule war eine der wichtigsten und wirksamsten staatlichen Reformvolksschulen im Arbeitermilieu Berlins. Was sie auf dem Gebiet der Unterrichtsreform an Pionierarbeit geleistet hat, ist heute in vielen Schulen mit dem Kern-Kurssystem oder der die ganze Schule umfassenden Projektarbeit verwirklicht. Von ihrer lebendigen Verbindung zur umgebenden sozialen Wirklichkeit, ihrem guten Verhältnis zum proletarischen Elternhaus und zum pädagogischen Pioniergeist sind allerdings viele, wenn nicht sogar die meisten Schulen noch weit entfernt.

Anmerkungen

1 F. Karsen: „Die Entstehung der Berliner Gemeinschaftsschulen." — *Die neuen Schulen in Deutschland*. Hrsg. v. F. Karsen. Langensalza 1924, S. 165

2 E. Janisch: „Gemeinschaftsschul-Probleme." — *Sozialistischer Erzieher*, Nr. 10 (1924), 21

3 F. Weigelt: „Gefahren der Umschulung aus christlichen in weltliche Schulen." — *Aufbau*, Nr. 4 (1929), 119

4 W. Richter: *Berliner Schulgeschichte. Von den mittelalterlichen Anfängen bis zum Ende der Weimarer Republik*. Berlin 1981, S. 222

Literatur

V. Hoffmann: Die Rütlischule – zwischen Schulreform und Schulkampf (1908-1950/51). Ms., Berlin 1991 — Heimatmuseum Neukölln

Werner Korthaase

Neuköllner Schulpolitik im Dienste der Arbeiterschaft – Dr. Kurt Löwenstein als Kommunalpolitiker

Die erste Groß-Berliner Kommunalwahl vom Juni 1920 brachte einen überwältigenden Sieg der Sozialisten, und diese Mehrheit wählte unter heftigstem Protest der bürgerlichen Opposition einen Stadtverordneten der Unabhängigen Sozialdemokraten zum Stadtschulrat. Der war weder „Fachmann" – er stand nicht im Schuldienst – noch „Christ", sondern Atheist und jüdischer Abstammung, und rief zur Trennung von Kirche und Schule auf. Auch forderte er den „sofortigen Abbau" aller höheren Schulen, aus denen „Volksschulen" werden sollten. Andere schockierende Programmpunkte kamen noch hinzu, im „Schulprogramm-Entwurf" der USPD nachlesbar.[1] „Selbstverwaltung nach dem Rätesystem"! Von den „untersten Massen" müsse „die Organisation des Bildungs- und Erziehungswesens ausgehen" (*Die neue Erziehung* v. 24.12.1919). Das gehörte auch zum Programm des neuen Stadtschulrats. Ein Sturm der Entrüstung erhob sich, Presseproteste überfluteten Berlin.[2] Der Elternbeirat des Staatlichen Gymnasiums in Neukölln: „Er ist Atheist und dadurch, wie auch durch seine jüdische Abstammung, für den Posten des Oberschulrats an hauptsächlich christlichen Schulen vollkommen ungeeignet. Das Vertrauen der Schulgemeinde, die in ihrer großen Mehrheit nach wie vor auf dem Boden der christlichen Weltanschauung steht, besitzt er in keiner Weise" (*Neuköllner Tageblatt* v. 23.9.1920). Der Oberpräsident der in Potsdam residierenden Regierung der Provinz Brandenburg – ihr unterstand die „Gemeinde" Berlin – weigerte sich, diesen Dr. Kurt Löwenstein (1885-1939) als Stadtschulrat zu bestätigen.[3]

Am 14. Februar 1921 wählten ihn die sozialistischen und kommunistischen Bezirksverordneten der Neuköllner Bezirksversammlung auf zwölf Jahre zum besoldeten Stadtrat für das Neuköllner Schulwesen. Neukölln hatte damit erneut einen weit über Berlin hinaus bekannten Dezernenten, der – was zu erwarten war – alles daransetzen würde, nun auf lokaler Ebene das durchzusetzen, was ihm in Groß-Berlin zu verwirklichen verwehrt blieb. Ihm unterstanden in Neukölln 52 Schulen mit 40 877 Schülern.[4]

Er kam nicht aus wohlhabendem Hause, arbeitete vor dem Ersten Weltkrieg als Lehrer an Privatschulen und wollte Hochschullehrer werden. Im Jahre 1909 gründete er in Hannover einen „Elternbund". 1910 trat er dem „Bund für Schulreform" bei, der eine „neutrale und gemeinsame Plattform für allseitige und umfassende Behandlung großer pädagogischer Aufgaben" darstellen wollte und dessen Mitglieder überzeugt davon waren, daß eine „Umgestaltung der Bildungsarbeit in Schule, Haus und Leben" erforderlich sei.[5] Im Vorstand saßen Dr. Gertrud Bäumer, Vorsitzende des „Bundes deutscher Frauenvereine", der Münchener Stadtschulrat Dr. Georg Kerschensteiner, der Direktor der Hamburger Kunsthalle und führende Kopf der Kunsterziehungsbewegung, Professor Alfred Lichtwark, der Hamburger Jugendschriften-Reformer Heinrich Wolgast und Dr. Ludwig

Keller, der Vorsitzende der „Comenius-Gesellschaft", dessen Vereinigung auch Dr. Artur Buchenau, der Löwensteins Amtsvorgänger in Neukölln werden sollte, angehörte. Löwenstein lobte die „Laboratory School" des amerikanischen Pädagogen und Sozialphilosophen John Dewey, kritisierte, die deutsche Schule sei eine „mehr oder minder rigorose Veranstaltung zur Aufnahme von Lernstoffen" und bedeute „Unterjochung des jugendlichen Geistes" (*Steglitzer Anzeiger* v. 10.11.1910). Er empfahl 1914, „Bildungsgemeinschaften während des Krieges unter den Stellungslosen" zu gründen: Deutschland habe „tapfere Krieger" und verstehe „zu siegen". „Welches Beispiel von Kultur und innerer Kraft würden wir unseren Feinden geben, wenn wir diese Zeit der Not und unfreiwilliger Muße zu tatwilliger Bildungsarbeit umwerteten!" (*Berliner Tageblatt* v. 23.9.1914).

Der „linksradikale" Löwenstein hatte die typische Vita eines bürgerlichen Reformpädagogen; er gehörte nicht zu denen, die in der Arbeiterschaft einen Kulturfaktor erkannten und in Arbeiterorganisationen als Lehrer oder Redner auftraten. Erst der Krieg und die Revolution bewirkten eine Änderung seines Standortes. Wer je „dieses neue Solidaritätsgefühl der proletarischen Massen" miterlebt habe – bekannte er nun –, „nicht als stummer Zuschauer, auch nicht als ästhetischer Idealist, sondern aus der Not eigenen proletarischen Daseins", der kenne die „Innigkeit und Tiefe dieses Solidaritätsbewußtseins"[6].

Er avancierte in kürzester Zeit zum Parteiführer der Unabhängigen Sozialdemokraten von Charlottenburg – wie Neukölln selbständige Stadt vor den Toren Berlins –, wurde 1919 Stadtverordneter von Charlottenburg und Vorsitzender der Zentralbildungskommission der USPD von Berlin-Brandenburg, 1920 dann Mitglied der von der USPD-Führung bestellten zentralen „Kommission für das Erziehungs- und Bildungswesen" und Stadtverordneter von Groß-Berlin. Die Wähler der USPD schickten ihn obendrein als ihren Abgeordneten in den Deutschen Reichstag.

Der zum Umsturz der Schulwelt aufrufende „Schulprogramm-Entwurf" war wohl im wesentlichen sein Werk, denn er wollte nun nicht mehr wie die Sozialpädagogen der Natorp-Buchenau-Richtung in „Gegebenheiten stecken" bleiben (*Sozialistischer Erzieher* v. 27.2.1920). Den „Aufstieg der Begabten" in ihrem Sinne lehnte er ab. Der „Entwurf" enthielt auch auf der lokalen Ebene realisierbare Punkte, und eine starke „proletarische" Mehrheit von 30 Stimmen gegen 21 bürgerliche deckte in Neukölln jede seiner Verfügungen. Andererseits waren die gesetzlichen Vorgaben und die Beschlüsse der Groß-Berliner Stadtverordnetenversammlung zu beachten; auch unterstand seine Amtsführung hinsichtlich der schulischen Inhalte der Aufsicht des „Provinzial-Schulkollegiums der Provinz Brandenburg und von Berlin", aber die Befugnisse der Bezirksämter waren seinerzeit ziemlich umfassend,[7] und der Neuköllner Stadtrat konnte in seiner Eigenschaft als Stadtverordneter von Groß-Berlin – er behielt dieses Mandat bis 1923 – ihm genehme Beschlüsse der Groß-Berliner Stadtverordnetenversamlung herbeiführen: Er hatte als Kommunalpolitiker zu beweisen, daß es möglich war, in der „kapitalistischen" Republik für die „Arbeiterklasse" etwas zu erreichen.

Er meinte, das sei möglich und erwies sich als zielstrebiger Praktiker der Schulreform, der von „revolutionären Phrasen" wenig hielt: Niemals werde es, erklärte er, zur „großen gesellschaftlichen Revolution" und zum Sozialismus kommen, „ohne daß die Arbeiterklasse bewußt systematisch und energisch die Erziehungsaufgabe aufgreift" (*Frauen-Welt*, USPD v. 28.9.1922). „Soziale und demokratische Forderungen" nannte er „praktisches und normatives Rüstzeug" für das heranwachsende Geschlecht.⁸ Immer wieder betonte er die Notwendigkeit, tätig zu werden. Die höheren Schulen seien ihrer Art nach reaktionäre Klassenschulen, und an den Hochschulen feiere die monarchistische Reaktion vielfach Orgien, das sei richtig, aber: „Dort, wo wir den energischen Versuch unternommen haben, in großem Maßstabe proletarische Kinder in die höheren Schulen zu bringen, haben sich diese höheren Schulen nicht nur äußerlich umstellen müssen, sondern auch die Lehrer haben in ihrer Lehrart und in der Auswahl der Unterrichtsstoffe eine neue Wandlung der Schule notwendig anbahnen müssen." Der Weg des „Hineindringens von Proletariern in die höheren und Hochschulen" sei der „einzige Weg der inneren Revolutionierung und damit Eroberung für die Arbeiterklasse". „So bilden Reifeprüfung und Hochschule die notwendige Eingangspforte, sie sind der Anfang von dem Aufbaukampf für einen werdenden Typ sozialer und demokratischer Bildung" (*Leipziger Volkszeitung* v. 19.4.1926).

In Neukölln entstanden „Vorklassen" für schulpflichtige körperlich oder geistig zurückgebliebene Kinder und Kurse für Sprachbehinderte, deren Lehrkräfte ein Medizinprofessor der Charité ausbildete.⁹ Löwenstein förderte den Werkunterricht, den es in Neukölln nicht gab: 1924 arbeiteten 300 Werkklassen; er drängte auf die Einführung moderner Unterrichtsmaterialien und -hilfsmittel und gründete eine „Lichtbildstelle", die 1928/29 1747 Entleihungen vorzuweisen hatte. Es entstand eine 1923 von 6000 Jungen und 2500 Mädchen benutzte „Lesehalle" und die im Berliner Gebiet neben der des „reichen Charlottenburg" wohl vorbildlichste ärztliche und schulpflegerische Versorgung. 1923 wurden 1591 gesundheitlich gefährdete Schulkinder in Landerholungen verschickt, 483 von ihnen wegen Tuberkulose. Man förderte für die aus engen Quartieren kommenden Kinder Wanderungen und Schulfahrten: die Fahrten führten bis nach England, Frankreich, Österreich und in die Schweiz. Das Berliner Schullandheim in Zossen wurde Jahr für Jahr beinahe zu 50 % von Neuköllner Schulen belegt, 1928 rechnete man für 2000 Schüler und Schülerinnen 40000 „Verpflegungstage" ab. Auch die Heime Brieselang, Zerpenschleuse, Utzdorf, Tarnewitz, Oegeln, Birkenwerder, Kleinköris und Dubrow wurden ständig von Neukölln aus belegt.¹⁰ Es entstanden zehn weitere Gartenarbeitsschulen: 1921 gab es nur die 1919 gegründete, im Mai 1924 acht dieser Schulen und im Sommer 1929 elf. Sie arbeiteten auf einer Fläche von 93000 qm (37 Morgen). 4500 Schulkinder aus 35 Schulen und 165 Klassen erhielten jetzt einen naturnahen, ihre gesundheitliche Konstitution verbessernden Unterricht. Anfang 1933 waren zehn Gartenarbeitsschulen mit insgesamt 106409 qm (42 Morgen) Land vorhanden.¹¹ Keine andere deutsche Stadt richtete so viele Gartenarbeitsschulen ein.

„Trotz des furchtbaren wirtschaftlichen Druckes sind überall Ansätze neuen, kräftigen Lebens, ist überall das Streben nach sozialem Ausbau zum Segen der heranwachsenden schulpflichtigen Jugend festzustellen", meinte der Dezernent notieren zu können (Löw.Ber. 1924).

Als einfallsreich erwies sich das Neuköllner Volksbildungsamt während der Inflation, denn wegen der katastrophalen Geldentwertung wurden seit Juni 1922 in großen Mengen Lernmittel eingekauft und zu den sofort überholten Einkaufspreisen abgegeben, was die Eltern vor Ausgaben in Höhe von Millionen Papiermark bewahrte. Das Volksbildungsamt orderte bei seinem letzten Großeinkauf 112000 Schreibfedern, 4000 Federhalter, 15000 Bleistifte, 100000 Hefte und 20000 Schreibblocks. Löwenstein nannte diese Aktion, die den Schulen im Vergleich zu den meisten anderen Berliner Bezirken das Dreibis Vierfache an Lernmitteln sicherte, „genossenschaftliche Bedarfsdeckung in der Schule" und „sozialistisches Gemeinschaftswerk". Die Neuköllner Schulverwaltung plante den Großeinkauf von Schulbüchern, um diese bis zu 50 % verbilligt abgeben zu können, und an allen Neuköllner Schulen sollten „Hilfsbüchereien" entstehen. Weil eine pflegliche Behandlung der entliehenen Bücher „praktische Erziehung zum Gemeinschaftsgedanken" darstelle, hätte sie auch pädagogischen Wert, denn die Erziehung zur Gemeinschaft gehörte nach Löwenstein „in einer Zeit der Zersetzung aller Werte, wie es die unsrige ist", zu den „wichtigsten pädagogischen Aufgaben". Er hoffte auch, durch massenhafte Abnahme von Lehrbüchern auf Verleger Einfluß nehmen zu können: Die Lehrbücher sollten sich äußerlich und inhaltlich verändern, um zu verhindern, „daß die Schulkinder des republikanischen Staates in den Lesebüchern noch Verherrlichungen ‚unseres' Kronprinzen und ‚unseres' Kaisers finden". Er ermutigte demokratisch gesinnte Lehrer, Lehrbücher zu erarbeiten.[12]

Die Entwicklung des Berufsschulwesens beeindruckt. Als Löwenstein sein Amt übernahm, existierte nur eine „Fortbildungsschule" mit Gewerblicher Abteilung (33 Klassen), Kaufmännischer Abteilung (4 Klassen) und 9 Klassen für ungelernte Arbeiter. Es entstanden vier selbständige, von Direktoren geleitete Berufsschulen: eine Gewerbliche Berufsschule für Männer mit 55 Klassen, eine Gewerbliche Berufsschule für Frauen mit 90 Klassen, eine Berufsschule für Arbeiter mit 52 Klassen und eine Handelsschule und Höhere Handelsschule mit 18 Klassen. Der Handelsschule angegliedert waren eine Kaufmännische Berufsschule mit 36 und eine Kaufmännische Wahlschule mit 65 Klassen; der Gewerblichen Berufsschule und der Berufsschule für Arbeiter hatte man 48 Berufs-Hilfsschulklassen angegliedert. Die Zahl der Berufsschulklassen erhöhte sich von 46 auf 344 (Löw.Ber. 1929).

Hinsichtlich des Zugangs zu den höheren Schulen ließ sich eine Entscheidung der preußischen Staatsregierung ausnutzen: 1922

Handelslehranstalt Donaustraße 120, Unterricht für modernen Bürobetrieb in einer Mädchenklasse, 1928

Handelslehranstalt Donaustraße 120, Jungenklasse, 1928 — *Heimatmuseum Neukölln*

wurde in Preußen eine für Kinder aus ländlichen Gebieten gedachte „Aufbauschule" geschaffen, weil der Besuch der neunklassigen, nur in Städten vorhandenen höheren Schule wegen der hohen Fahr- und Internatskosten, die zum Schulgeld hinzukamen, für sie unerschwinglich war. Auch mußte für die Lehrerbildungsanstalten alten Stils, Präparandenanstalten und Seminare[13], die bis dahin begabten Kindern vom Land den Aufstieg zum Volksschullehrer ermöglichten, Ersatz geschaffen werden. Die „Aufbauschule" erhielt ihre Schülerinnen und Schüler nicht nach dem 4., sondern nach dem 7. Schuljahr der Volksschule, ihr Lehrgang umfaßte nur noch sechs statt neun Jahre. Das bedeutete „Abbau" der Privilegierten-Schulen im Sinne Löwensteins, und das Neuköllner Volksbildungsamt beantragte umgehend die Genehmigung für die Einrichtung von „Aufbauklassen". Sie wurde nach längeren Auseinandersetzungen mit dem Provinzial-Schulkollegium der Provinz Brandenburg und von Berlin und gegen den Willen des preußischen Kultusministers Otto Boelitz (Deutsche Volkspartei) erteilt, obwohl Neukölln nach dem Aufbauschulerlaß nicht für Aufbauklassen in Frage kam.

Die Neuköllner Aufbauklassen gehörten zu den ersten, die in Preußen entstanden. Für die zu Ostern 1922 dem Kaiser-Friedrich-Realgymnasium angegliederten ersten zwei Aufbauklassen meldeten sich 120 Gemeindeschüler im Alter von 13 bis 14 Jahren. Im Lyzeum II entstand eine Übergangsklasse für 13- bis 14jährige Mädchen, für die sich 100 Interessentinnen anmeldeten (*Freiheit* vom 20. 4. 1922). Sie wurde später ebenfalls Aufbauklasse. Für die neue Schulart wurde unter der Arbeiterschaft energisch geworben. Selbst Dr. Löwenstein redete in Elternversammlungen eindringlich auf zögernde Eltern ein, damit sie ihre Kinder auf weitere sechs Jahre in die Schule schickten,[14] was für Arbeiterfamilien den Ausfall von dringend benötigtem Verdienst bedeutete. Aber gestaffelte Schulgelder erleichterten die Entscheidung. Sie wurden Kindern von Eltern mit geringem Einkommen gewährt, bis hin zur völligen Befreiung vom Schulgeld.

Über die Staffelung, die Löwenstein als Stadtverordneter von der Groß-Berliner Stadtverordnetenversammlung beschließen ließ (*Freiheit* v. 25. 8. 1921), gelangten Hunderte von Kindern minderbemittelter Eltern in die Aufbauklassen und in andere höhere Schulen. Die in Neukölln gewährten Ermäßigungen und Freistellen machten 1922 vom errechneten Schulgeldeinkommen 10 % aus; 1925 wurden 1 729 Ermäßigungen und Freistellen vergeben (45 %) und 1928 2 328. Die letztgenannten Ermäßigungen und Freistellen bedeuteten 59 % der nach früherer Praxis einziehbaren Schulgeldsumme. Das gestaffelte Schulgeld wurde zuerst von Neukölln eingeführt (1922) und dann von anderen Berliner Bezirken übernommen. Ab 1925 erhielten bedürftige Schüler höherer Schulen überdies Erziehungsbeihilfen. Dafür wurden 1925 30 000 Mark ausgezahlt und im Jahr 1929 96 200 Mark. 1929 existierten in Neukölln 24 Aufbauklassen mit mehr als 700 Schülerinnen und Schülern. Durch die dargestellten Maßnahmen erreichte man eine sensationelle Umkehr der bisherigen sozialen Zusammensetzung der Schülerschaft an höheren Schulen: 1929 kamen 40 % der Schüler aus unbemittelten Kreisen, in manchen Aufbauklassen über 90 % (Löw.Ber. 1929). Die Zahlen zu kommentieren, erübrigt sich. Es genügt der Hinweis, daß 1929 nur 1,6 % der Studenten der Universitäten aus den unteren Bevölkerungsschichten stammten.

In Neukölln entstanden sogar Lehrgänge, die in nur drei Jahren zum Abitur führten (siehe W. KORTHAASE in diesem Band). Dr. Löwenstein war nicht nur für deren Finanzierung und politische Absicherung tätig, sondern er bemühte sich auch – als kommunistische Agitation ihren Bestand gefährdete – um ihre innere Stabilität.[15]

Die Eröffnung weiterer weltlicher Schulen (d.h. bekenntnisfreier) erwies sich selbst im überwiegend von Arbeitern bewohnten Neukölln als schwierig. Der Bezirk bot ein „lebendiges Beispiel" dafür – so eine Werbeschrift für weltliche Schulen von 1923 –, bis zu welchem Grade „Trägheit und Feigheit" bestimmend waren: „Neukölln hat 50000 organisierte Freidenker, doch nicht einmal 4000 Kinder sind vom Religionsunterricht abgemeldet oder besuchen die weltliche Schule" (*Warum weltliche Schule?* 1923). In Neukölln gab es eine sozialistisch-kommunistische Zweidrittelmehrheit in der Bezirksversammlung; trotzdem siegten an den meisten Schulen bei Elternbeiratswahlen „christlich-unpolitische" Listen.[16]

Ein „Evangelischer Elternbund" unternahm in Berlin unter Führung von Männern der Kirche und u.a. in Verbindung mit der Deutschnationalen Volkspartei (DNVP) den Versuch, das von der Reichsverfassung verbürgte Elternrecht des Artikels 149 („Der Religionsunterricht ist ordentliches Lehrfach der Schulen mit Ausnahme der bekenntnisfreien Schulen") unwirksam zu machen (siehe U. BACH in diesem Band). Die DNVP trat 1928 sogar mit einer Klage vor den Leipziger Staatsgerichtshof: Die weltlichen Schulen sollten, weil verfassungswidrig, verboten werden. Der Staatsgerichtshof lehnte es ab, dies festzustellen, aber die Gegner der weltlichen Schulen waren so mächtig, daß sie überall im Reich ihr Entstehen behinderten und meist sogar vereitelten. Selbst in Berlin mußte wegen ihrer Aktionen „jede einzelne Schule den Behörden abgerungen werden" (*Berliner Lehrerzeitung 5*, Nr. 49/1924, 539).

Löwensteins Gegner blieben nicht untätig. Sie bildeten an den Neuköllner Gemeindeschulen und höheren Schulen Elternbünde und versuchten, ihn zu bekämpfen, wo und wann immer das möglich war. Sie besoldeten sogar einen Bezirksverordneten als „Sekretär", der die Maßnahmen gegen Löwenstein hauptamtlich zu organisieren hatte (siehe U. BACH in diesem Band). Man brachte angebliche „Sittlichkeitsskandale" in die Presse, wurde beim Provinzial-Schulkollegium vorstellig, appellierte an den preußischen Landtag, verbreitete, in den weltlichen Schulen herrsche keine Disziplin, die Kinder seien in Gefahr, sittlich Schaden zu nehmen, wandte sich mit Abscheu gegen Aufklärung in den Schulen, obwohl die in Neukölln herrschende katastrophale Wohnungsnot die Verbreitung von Geschlechtskrankheiten begünstigte. Dutzende geschlechtskranker Mädchen, auch aus konfessionell geleiteten Schulen, befanden sich in ärztlicher Behandlung, was nach Dr. Löwenstein weder den konfessionellen noch den weltlichen Schulen anzulasten war, sondern als Folge des Krieges und der Wirtschaftsnöte der Nachkriegszeit erkannt werden mußte (Verw.Ber. 1924).

Trotz solcher Gegnerschaft wurde in Neukölln die Zahl der weltlichen Schulen von sechs im Jahr 1921 auf elf im Jahr 1929 erhöht und eine Verdoppelung der Schülerzahl erreicht. Der Bezirk nahm deshalb in Berlin eine Sonderstellung ein. Auch die „Lebensgemeinschaftsschulen" gingen aus den weltlichen Schulen hervor (siehe G. RADDE in diesem Band). Im September 1926 entstand aus dem „Rütli-Singkreis" der Lebensgemeinschaftsschule Adolf Jensens sogar eine Städtische „Volks- und Jugendmusikschule", deren bedürftige Schüler ermäßigten oder unentgeltlichen Unterricht erhielten. Löwenstein förderte ihre Gründung. Sie kam als fünfte zu den bis dahin im Deutschen Reich vorhandenen vier Volksmusikschulen hinzu (siehe D. KOLLAND in diesem Band). Der „Aufstieg der weltlichen Schulbewegung" drückte sich auch im Anstieg der erreichten Mandate bei den Elternbeiratswahlen aus. Die christlich-unpolitische Liste erhielt im Jahr 1921 dreimal soviele Mandate wie die Liste „Schulaufbau" (447 : 153); 1928 errang die letztgenannte mit 310 : 281 Vertretern eine wenn auch knappe Mehrheit (Löw.Ber. 1929).

Der pädagogische Fortschritt blieb in Neukölln nicht ausschließlich eine Angelegenheit der weltlichen Schulen, obwohl sich das Interesse der nach Neuerungen Suchenden auf sie konzentrierte, weshalb über sie das meiste bekannt ist. Bruno Schonig hat bereits darauf hingewiesen, daß der reformpädagogische Wille auch das Unterrichtsgeschehen in den „Normalschulen" beeinflußte.[17] Das läßt sich für Neukölln belegen. Dr. Löwenstein wußte: „Ohne neue Lehrer keine neue Schule" (Löw.Ber. 1929), und der von ihm für den Schulkreis Neukölln-Ost gewonnene Schulrat Dr. Ernst Hering wandte sich gegen die „muffige Luft in den Schulstuben" und die „Schulbürokraten" (*Der Abend* v. 5.9.1928). Beide bemühten sich darum, daß in allen Neuköllner Schulen bessere Unterrichtsmethoden zur Anwendung kamen, denn um 1921 unterschied sich die Lehrerschaft Neuköllns mit ihren pädagogischen wie politischen Ansichten kaum vom Durchschnitt in Deutschland. Bis 1933 wurden bemerkenswerte Veränderungen erreicht. Löwenstein bezeichnete die folgenden Kriterien für die Auswahl von Lehrkräften für sich als verbindlich: „Befähigung für die Stelle, republikanische Zuverlässigkeit und moderne soziale Gesinnung" (Löw.Ber. 1929).

Die II. Mädchenmittelschule wurde unter der Leitung der von Dr. Löwenstein 1924 zur Rektorin berufenen Dr. Gertrud Rosenow eine sehr reformfreudige Schule (siehe D. MISCHON-VOSSELMANN in diesem Band). Die Rektorin war Mitglied im „Bund entschiedener Schulreformer"; sie wurde 1929 Schulrätin im Schulkreis Halle a.d.S.-Land und nach dem Krieg Universitätsprofessorin für Pädagogik. Dr. Löwenstein ernannte 1927 auch die „allen Schulreformern durch Vorträge, ihre Aufsätze in der Presse und ihre Arbeiten in der Schule wohlbekannte" Spandauer Lehrerin Käthe Feuerstack zur Rektorin der Mädchenmittelschule in der Donaustraße; der Groß-Berliner Magistrat ernannte sie 1929 zur Magistratsschulrätin, 1930 kam sie in die Abteilung Volksschulwesen des preußischen Ministeriums für Wissenschaft, Kunst und Volksbildung, und sie wurde Professorin an der Pädagogischen Akademie Cottbus.[18]

Engagiert demokratisch und reformpädagogisch eingestellt war ebenfalls der von Löwenstein in das Amt des Oberstudiendirektors des Städtischen Lyzeums II berufene Dr. Werner Büngel (1891-1947); er verfaßte „eindringlich geschriebene, jugendgemäße, modern eingestellte" Lehrbücher (*Die neuen Sprachen*. Bd.39, 1931, S.220), und in seinem Lyzeum wurde nach reformpädagogischen Methoden gearbeitet (Mitteilg. Henking). Den sich universell schriftstellerisch betätigenden Dr. Werner Bloch (1890-1973), Studienrat an der Walther-Rathenau-Schule, beabsichtigte Löwenstein ebenfalls zum Oberstudiendirektor zu ernennen (Mitteilg. Collm). 1919 erschien Blochs Schrift *Vom neuen Geist in der Schule*, 1923 seine *Neuzeitliche Staats- und Bürgerkunde für jedermann*. Als 1932 die Pädagogische Akademie Erfurt wegen der Finanznot des Staates geschlossen wurde, holte Löwenstein den entschieden demokratisch gesinnten Dr. Luckow (1892-1966), Professor an der genannten Akademie, als Studiendirektor an das Neuköllner Städtische Lyzeum II. Er wirkte im Widerstand gegen Hitler mit und war nach 1945 Lehrbeauftragter für Pädagogik an der Freien Universität Berlin.[19]

Dr. Ernst Hering, der schon genannte Neuköllner Schulrat, wurde 1930 Professor an der Pädagogischen Akademie Dortmund, und Robert Alt (1905-1978), bis 1933 Hilfslehrer der 53./54. Neuköllner Gemeindeschule, stieg nach 1945 zum Professor für Pädagogik und Pädagogikgeschichte an der Humboldt-Universität auf. Dr. Fritz Karsen (1885-1951), Oberstudiendirektor des Schulenkomplexes im Kaiser-Friedrich-Realgymnasium – aus dem die erste öffentliche Gesamtschule

Deutschlands hervorging –, war der wichtigste Partner Dr. Löwensteins auch hinsichtlich der angestrebten Erneuerung der Schulkollegien. Er ließ in seiner Schule nur der Reform gegenüber aufgeschlossene Pädagogen zu (siehe G. RADDE u.a. in diesem Band). Hier alle zu nennen, ist unmöglich. Einige Beispiele: Dr. Bernhard Schulz (1900-1987) wurde 1930 Professor an der Pädagogischen Akademie Frankfurt/Oder, Otto Koppelmann (1898-1987) wurde 1946 Professor an der Pädagogischen Hochschule Groß-Berlin, der späteren PH Berlin, ebenso Hans Freese; Dr. Karl Sturm (1892-1968) wurde 1949 Professor und Direktor der Pädagogischen Hochschule Groß-Berlin, Dr. Hedda Korsch, die in die USA emigrierte, Professorin am Wheaton-College in Norton, Erich Marquardt (1890-1951) 1945 Vizepräsident der Deutschen Zentralverwaltung für Volksbildung der SBZ, Hans Alfken (*1899) 1946 persönlicher Mitarbeiter des früheren preußischen Ministers für Wissenschaft, Kunst und Volksbildung und nunmehrigen niedersächsischen Kultusministers Dr. Adolf Grimme.

Zwar ging die nun zu nennende Berufung nicht auf Dr. Löwenstein zurück, aber sie muß erwähnt werden, weil mit Dr. Felix Behrend (1880-1957) ein weiterer sich zur Republik bekennender Oberstudiendirektor nach Neukölln kam (siehe M. HOMANN in diesem Band). Dr. Behrend übernahm 1925 die Leitung des in Neukölln seit 1917 befindlichen Staatlichen Kaiser Wilhelms-Realgymnasium. Er vertrat eine „aktive, soziale Pädagogik"[20], war Vorsitzender des Groß-Berliner Philologenverbandes und ab 1929 Vorsitzender des Deutschen Philologenverbandes, Mitglied der Deutschen Demokratischen Partei (DDP) und zusammen mit Dr. Theodor Heuß Mitglied des Kulturpolitischen und des Parteiausschusses der DDP. Die SA schlug ihn 1933 vor seiner Schule zusammen. Die neuen Machthaber entfernten ihn sofort aus dem Amt.

Das Volksbildungsamt eröffnete Wege der Weiterbildung. Bis 1929 erhielten 1 000 Lehrkräfte eine Ausbildung für den Werkunterricht. 1921 existierten in den Neuköllner Volksschulen erst zwei Werkstätten, 1929 42 Pappwerkstätten mit 280 Kursen, 18 Holzwerkstätten mit 90 und fünf Metallwerkstätten mit 15 Kursen. 40 Lehrkräfte wurden für ihre Aufgaben in der Sprachheilschule sowie der Schwerhörigen- und Sehschwachen-Schule ausgebildet. Man drang auch darauf, daß sich Lehrer an den Kursen der „Diesterweg-Hochschule" beteiligten, zu deren Dozenten Dr. Löwenstein, Dr. Hering, Dr. Karsen und die Neuköllner Volksschulrektoren Günther Casparius und Max Schmidtbauer gehörten. Die meisten dieser Kurse fanden in Neukölln statt. Sie wurden vor allem von Neuköllner Lehrern besucht (Löw.Ber. 1929).

In Neukölln mußte in vielen Schulen unter schwierigsten räumlichen Bedingungen gearbeitet werden. 1921 fehlten mindestens zwei Volksschulgebäude, zwei bis drei Gebäude für Hilfsschulen, zwei für höhere Schulen und wenigstens ein Gebäude für eine Berufsschule. Der einige Jahre nach dem Krieg einsetzende Geburtenrückgang hatte wegen reger Siedlungstätigkeit kaum Bedeutung: 1925 wurden 289 584 Einwohner gezählt, 1930 bereits 315 146. Im Jahr 1930 waren 22 280 Volksschüler, 1 342 Mittelschüler, 3 503 Schüler höherer Schulen und 8 911 Berufsschüler unterzubringen, insgesamt 36 036 Schüler. Im Vergleich zu 1919 hatte sich die Lage wegen der Senkung der Klassenfrequenzen (in den Volksschulen von 51 auf 35) und des Ausbaus von Schulzweigen, in denen niedrigere Frequenzen nötig waren oder für die Fachräume benötigt wurden, drastisch verschlechtert. Das Volksbildungsamt versuchte, durch Ausbauten, Anmietung und den Bau von Baracken die Not zu lindern. Gegen Ende der Republik wurden aber immer noch 30 Räume einer Bürobaracke in der Ganghoferstraße genutzt, und die weltliche Schule in Britz arbeitete mit den meisten ihrer Klassen ebenfalls in Baracken; für die Gemeindeschule in der Britzer Chausseestraße mußte eine Scheune ausgebaut werden; ein ehemaliges Fabrikgebäude in der Schönstedtstraße diente einer Mädchenschule als Unterkunft, und in einem städtischen Bürohaus wurden geistig behinderte Kinder unterrichtet. Mitte Mai 1931 existierten 50 „fliegende Klassen".[21] Das Neuköllner Volksbildungsamt plante vorbildliche Schulbauten, die zeigen, in welchen Dimensionen man zu denken wagte. Aber die Weltwirtschaftskrise vereitelte deren Realisierung (siehe die „Dammwegschule" in diesem Band).

Notwendig ist auch der Hinweis auf ein heute kaum noch verstehbares Geschehen, von dem die Schulreform seit Beginn der 30er Jahre in Mitleidenschaft gezogen wurde. Die KPD lehnte weltliche und Gemeinschaftsschulen ab. Ihre Vertreter bekämpften sie in den Kommunen: „Die KPD ist Gegnerin der Neugründung von weltlichen Schulen oder Schulklassen. Wo sich sozialdemokratische Propaganda dafür regt, ist sie im Keim zu ersticken ..."[22] Arbeiterkinder sollten in konfessionelle Schulen geschickt werden. Dort waren „revolutionäre Zellen" zu bilden. Löwenstein gelang es trotzdem, die KPD lange Zeit an die Schulreform zu binden und zu entsprechendem Stimmverhalten in der Bezirksversammlung zu bewegen, weil sie sich mit Rücksicht auf ihre Wähler nicht offen gegen Verbesserungen wenden konnte. Nach der Wahl von 1925 standen 12 KPD-Bezirksverordnete 19 der SPD gegenüber, 1929 war das Verhältnis 15 : 16. Die Zahl der 14 bürgerlichen Mandate veränderte sich nicht.

Als die Wirtschaftskrise das Leben in den Grundfesten erschütterte, erklärte die KPD die Sozialdemokraten zu „Sozial- und Kulturfaschisten". Sie ging so weit, ihre Anhänger an die Wahlurnen des gegen die demokratische preußische Regierung gerichteten „Hakenkreuzbegehrens" der Deutschnationalen Volkspartei und der NSDAP vom 9. August 1931 zu rufen (*Proletarischer Schulkampf*, Nr. 9/1931). Weltliche Schulen sollten erobert und zu „Klassenkampfschulen" werden (*Rote Fahne* v. 2.5.1930). Der Zerfall der Freien Schulgemeinden gehe „überall dort unaufhaltsam vorwärts, wo durch unseren Kampf die kulturfaschistische Führung rücksichtslos angegriffen und entlarvt wird", triumphierte die *Proletarische Schulpolitik* vom Juli 1931. „Klärt eure Kinder auf und kämpft mit uns für die Errichtung eines Sowjet-Deutschlands" (nach *Berliner Lehrerzeitung 12*, Nr. 10/1931). In der Stadtverordnetenversammlung von Groß-Berlin eiferte der KPD-Stadtverordnete Fritz Lange – von 1954 bis 1957 Volksbildungsminister der DDR – gegen den „großen pädagogischen Warenhausbesitzer Karsen", den „‚modernsten' Schulreformer der Sozialdemokratie, den ‚modernsten' und großzügigsten Schulmann überhaupt", und die KPD lehnte die Bewilligung der für die Neuköllner Arbeiter-Abiturienten-Kurse benötigten Gelder ab.[23] Sie organisierte 1930 ihren ersten „Neuköllner Schulstreik" (siehe V. HOFFMANN in diesem Band). Es wurde immer schwieriger, unter diesen Bedingungen zu arbeiten. Löwenstein bezeichnete das Verhalten der Kommunisten als Mißbrauch der Schule für Parteizwecke und „dogmatische Verdummung" von Kindern (siehe K. LÖWENSTEIN in diesem Band). Daß die Arbeit der Neuköllner weltlichen und Gemeinschaftsschulen nach 1930 beeinträchtigt wurde, bedarf keiner Ausführung, denn die Endzeit der Republik mit ihrer Massenarbeitslosigkeit und den erbitterten politischen Auseinandersetzungen war bereits schlimm genug für eine Pädagogik, die vom Positiven lebte. Zwei Neuköllner Bezirksverordnete der KPD trennten sich wegen der selbstzerstöre-

Kinderfreunde in Thun, ca. 1931. Löwenstein vorn auf der Kiste stehend — *Heimatmuseum Neukölln*

rischen Aktionen der KPD-Parteiführung von ihrer Fraktion.

Trotzdem scheinen die „Zersetzungserscheinungen, die namentlich von Funktionären der KPD geschaffen wurden", die Arbeit der weltlichen Schulen nicht völlig gelähmt zu haben, denn im Frühjahr 1932 vereinigten die elf weltlichen Schulen Neuköllns fast 1 000 Kinder zu Sprach-, Sing- und Bewegungschören. „5 000 Zuschauer begeisterten sich an dieser Kollektivarbeit der Kinder" (*Aufbau*, Nr. 4/1932).

Die Neuköllner weltlichen Schulen zu „erobern", war ein Unterfangen ohne Erfolgsaussicht, denn Löwenstein war nicht nur Stadtrat und Reichstagsabgeordneter, sondern zugleich Vorsitzender der „Größten Kinderorganisation der Welt" (*Rheinische Zeitung* v. 26. 11. 1930): der „Reichsarbeitsgemeinschaft der Kinderfreunde", die zugleich eine Elternorganisation war und Löwensteins bildungspolitische Vorstellungen unterstützte.

Die Organisation hatte in Deutschland gegen Ende 1932 etwa 1 100 Gruppen mit 130 000 Kindern und wurde von 10 000 ehrenamtlichen Helfern und 60 000 Eltern und Freunden unterstützt.

Die „Kinderfreunde" galten als Elternvereinigung, weil sie für die Auseinandersetzungen um die Gestalt der Schulen von Bedeutung waren. Ab 1927 wurden die „Kinderrepubliken", das waren vorbildliche Zeltlager, veranstaltet: in der Lübecker Bucht mit 2 600 Kindern, am Thuner See in der Schweiz mit 1 700, auf der Insel Namedy mit 1 000 und an vielen anderen Orten, 1932 sogar in Travail in der Nähe von Paris. *Der Kinderfreund* erschien in 300 000 Exemplaren, es gab ferner die Zeitschriften *Der Helfer* und *Die Erziehung*. Löwenstein zeichnete für alle diese Aktivitäten letztlich verantwortlich. Die Kinderfreunde waren staatlich anerkannt als jugendfürsorgerisch tätige Organisation, ihre Zeltlager erhielten Zuschüsse der öffentlichen Hand.

Selbst die katholische Kirche urteilte – trotz schärfsten weltanschaulichen Gegensatzes – über die praktische Arbeit der Kinderfreunde folgendermaßen: die Bewegung sei „tatsächlich auf den sozialen Menschen und dessen Tugenden gerichtet", sie erreiche „Solidarität, Hilfsbereitschaft, Kameradschaftlichkeit, Verträglichkeit, Rücksichtnahme, Sicheinfühlenkönnen, Sichunterordnen"; ihre „Zugkraft" sei „erstaunlich"[24]. Die 1929 gegründete „Katholische Reichsarbeitsgemeinschaft Kinderwohl" kopierte bis in den Namen hinein die von Neukölln aus geleitete Organisation, an deren Veranstaltungen Tausende von Neuköllner Schulkindern teilnahmen und für die viele Eltern und Helfer tätig wurden.[25]

Das Neuköllner Gemeinschaftswerk der Schulreform, an dem viele beteiligt waren, wurde nur möglich, weil der Dezernent des lokalen Schulwesens auf mehreren politischen Ebenen für sie tätig wurde, denn Dr. Löwenstein war seit Mitte der 20er Jahre der einzige wirklich führende sozialdemokratische Bildungspolitiker der Weimarer Republik. Er war Vorsitzender der „Arbeitsgemeinschaft sozialdemokratischer Lehrer und Lehrerinnen Deutschlands" (AsL), Mitglied des Vorstandes des „Reichsausschusses für sozialistische Bildungsarbeit" und des Vorstandes des „Sozialistischen Kulturbundes", ferner des Vorstandes der „Sozialistischen Bildungs-Internationale" mit Sitz in Wien, auch Mitglied des SPD-Parteivorstandes. Von 1920 bis 1933 war er Reichstagsabgeordneter. Diese Fülle von Funktionen verhalf zu Einfluß und Ansehen. Löwenstein warnte vor dem „Vormarsch der Kulturreaktion", vor der Zustimmung zu einem „Reichsschulgesetz", das nicht dem Geist der Reichsverfassung entsprach, und vor fortschreitendem „Schul- und Kulturabbau" (*Leipziger Volkszeitung* v. 9.1.1926; *Vorwärts* v. 11.9.1931 Abendausg.). Im Reichstag stritt er für ein 9. und 10. Schuljahr der Volksschule sowie für die „Vereinfachung, Vereinheitlichung und soziale Gestaltung des Schulwesens". Er versuchte, die Reichsregierung zu stärkerem Engagement in der Schulpolitik zu bewegen. Der „innere Aufstieg des deutschen Volkes" werde erfolgen, wenn „auf breitester Basis ein unseren heutigen Verhältnissen angepaßtes Schulwesen" entstehe[26]. Löwenstein veröffentlichte Beiträge in vielen Zeitschriften (*Die freie weltliche Schule, Die neue Erziehung, Sozialistische Erziehung, Aufbau, Kulturwille*, um nur einige zu nennen), und seine Artikel wurden von den 153 sozialdemokratischen Zeitungen gern nachgedruckt. Sein Hauptwerk *Das Kind als Träger der werdenden Gesellschaft* erschien 1924 und 1928, seine Programmschrift *Sozialistische Schul- und Erziehungsfragen* 1919 und 1922. Seine Reden erschienen auch als Broschüren und förderten ebenso die Verbreitung seiner Vorstellungen (*Die weltliche Schule*, 1924; *Die Aufgabe der Kinderfreunde*, 1924; *Sozialdemokratie und Schule*, 1931 u.a.).

Die Vorstellung vom revolutionären „Marxisten" Löwenstein ist ein Zerrbild der Gegner. „Gemeinschaft" und „Aufbau" – das waren die am häufigsten von ihm benutzten Worte. „Lebendige, schaffende Gemeinschaft" – das sei das sozialistische Bildungs-

Löwenstein referiert vor Helfern der Kinderfreunde, o.J. — *AsD*

und Erziehungsideal (LÖWENSTEIN 1919, S. 18). Löwenstein vertrat einen „ethischen Sozialismus", der sich von dem des Mehrheitssozialdemokraten Dr. Gustav Radbruch – 1923 Reichsjustizminister – weniger unterschied als vom „Marxismus" des ihm politisch scheinbar näher stehenden Austromarxisten Dr. Max Adler.[27] Man darf sich von Löwensteins zeiteingefärbter Sprache nicht beeindrucken lassen. Sein Hauptwerk trägt den Titel *Das Kind als Träger der werdenden Gesellschaft*. Garant einer besseren Zukunft war ihm das Kind — nicht eine Partei, nicht „die Arbeiterklasse", kein Zentralkomitee, kein Parteivorstand. Sein Credo hieß: „Erziehung ist Vorbereitung für die werdende Gesellschaft, ist Wachstum in die werdende Gesellschaft hinein. Werdende Gesellschaft aber entsteht mitten in der Gegenwart"[28].

Ohne den Schutz der Bezirksverwaltung und Dr. Löwensteins absichernde Tätigkeit auf mehreren politischen Ebenen wäre nie der erforderliche Freiraum für die Reformen entstanden. In Neukölln – „dem Reich Dr. Löwensteins" (FOERTSCH, S. 102) – wurde das Angestrebte durchgesetzt, auch weil mit dem Gelingen oder Mißlingen der Neuköllner Reform eine Konzeption demokratischer Erneuerung insgesamt entweder als realistisch bestätigt oder als unrealistisch diskreditiert wurde.

So entstand unter dem Schutz einer lokalen Verwaltung, der übergeordnete Institutionen nicht entgegenzuwirken wagten, weil der Dezernent zu reagieren in der Lage war und die in Preußen größte politische Partei, wenn erforderlich, hinter ihm stehen mußte, ein bemerkenswertes Zentrum pädagogischer und schulorganisatorischer Reformen.[29] Auch das Provinzial-Schulkollegium der Provinz Brandenburg und von Berlin förderte sie, wenn auch manchem der Oberschulräte „bange wurde vor der ungeheuren Umwälzung, die da vor sich ging"[30]. Der Vizepräsident des Kollegiums Christoph König, ein ehemaliger Volksschullehrer, SPD-Fraktionsmitglied im preußischen Landtag und politisch ehrgeizig, unterstützte sie ebenso wie die für Neukölln zuständige Oberschulrätin Dr. Hildegard Wegscheider (1871-1953), die ebenfalls dem Preußischen Landtag als SPD-Abgeordnete angehörte. Sie kam 1920 auf Anordnung des Kultusministers Konrad Haenisch in das stockkonservative Provinzial-Schulkollegium und nahm am 22. Februar 1933 die letzte Abiturprüfung der Neuköllner Arbeiterabiturienten ab. In Berlin-Neukölln entstand – auch von den genannten gefördert – die erste öffentliche Gesamtschule Deutschlands. Selbst der parteilose preußische Minister für Wissenschaft, Kunst und Volksbildung, Dr. Carl Heinrich Becker, stattete ihr einen Besuch ab und dankte Dr. Löwenstein und dem Oberstudiendirektor Karsen für die geleistete „aufopferungsvolle und fruchtbare Arbeit" (*Vossische Zeitung* v. 20. 1. 1928, Abendausg.)

Um die Arbeit der 53./54. Gemeindeschule, die dem Schulenkomplex in der Kaiser-Friedrich-Straße als Unterbau angegliedert war, von Störungen durch weniger aufgeschlossene Schulaufsichtsbeamte freizuhalten, übertrug das Provinzial-Schulkollegium Dr. Karsen, dem Oberstudiendirektor, das Amt eines Schulrats für diese Volksschule. Damit war eine nirgendwo sonst im Deutschen Reich denkbare Personalunion – Oberstudiendirektor und Schulrat – hergestellt. Das Provinzial-Schulkollegium förderte auch die Arbeiter-Abiturienten-Kurse, und die Zustimmung zum Bau eines Schulgebäudes mit gewaltigen Ausmaßen – für 2 500 bis 3 000 Schüler – lag auf derselben Linie. Die Neuköllner Gesamtschule wurde beinahe ein Faktor preußischer Staatsraison, konnte doch ausländischen wie inländischen Besuchern der Reichshauptstadt demonstriert werden, daß eine grundgreifende Schulreform in Preußen staatlicherseits nicht unterdrückt, sondern sogar gefördert wurde.

Welches Ansehen erreicht wurde, verdeutlichen zwei weitere Beispiele. 1928 entstand – vom preußischen Innenministerium gefördert – in der Nähe von Rendsburg die Heimvolkshochschule Harrisleefeld, die mit Jahres- und Zweijahreslehrgängen Begabte aus den unteren Volksschichten für den kommunalen oder staatlichen Verwaltungsdienst vorbilden sollte. Ihre Leitung erhielt Erwin Marquardt, bisher Studienrat des Kaiser-Friedrich-Realgymnasiums. Er leitete Harrisleefeld nach den Unterrichtsprinzipien der Neuköllner Gesamtschule so wie eine Außenstelle. Der Reichsinnenminister Carl Severing besuchte die Schule nicht zufällig.[31] Das zweite Beispiel ist nicht weniger bemerkenswert. 1931 wurde Dr. Karsen, der schon 1929, zur Zeit des Kultusministers Dr. Carl Heinrich Becker, einen Lehrauftrag für praktische Pädagogik an der Universität von Frankfurt am Main erhalten hatte, der Berliner Universität gegen ihren Willen und insbesondere den des maßgeblichen Professors für Philosophie und Pädagogik, Dr. Eduard Spranger, vom preußischen Kultusminister Dr. Adolf Grimme als Lehrbeauftragter für vergleichende Pädagogik (ausländisches Schulwesen) zugewiesen. Dabei ist zu beachten, daß einem Lehrauftrag damals andere Bedeutung zukam als heute. Um die Berufung Dr. Karsens zu verhindern, ging Professor Spranger so weit, als Gegengewicht eine Dozentur für katholische Pädagogik zu fordern. Aber er mußte sich dem Willen des Ministers unterordnen,[32] und der Neuköllner Oberstudiendirektor lehrte nun ab dem Wintersemester 1930/31 an der Berliner Friedrich-Wilhelms-Universität über Reformschulsysteme.

Auch von der Seite des Groß-Berliner Magistrats wurden die Neuköllner Initiativen abgesichert. Der 1921 zum Stadtschulrat gewählte Hamburger Schulreformer Wilhelm Paulsen (1875-1943) engagierte sich leidenschaftlich für die reformpädagogische Gemeinschaftsschule, und die Neuköllner Stadtverordneten unterstützten ihn dabei nach Kräften, denn Paulsen wurde ebenfalls scharf attackiert. Sein Nachfolger Jens Nydahl (1883-1967), seit 1926 Stadtschulrat und Mitglied des Groß-Berliner Magistrats, begann seine Laufbahn, die ihn in das höchste Amt der Berliner Schulverwaltung führte, 1919 als Stadtschul-Inspektor im Neuköllner Rathaus. „Es wäre in der Vorkriegszeit undenkbar gewesen", berichtete die *Berliner Lehrerzeitung* am 26.1.1933, kurz vor der Machtübernahme Hitlers, „daß ein Mann, der von Haus aus Volksschullehrer ist, an die Spitze des Berliner Schulwesens berufen wurde, und ebenso undenkbar war es, daß Volksschule und höhere Schule unter eine Leitung gestellt wurden." Nydahl setzte Paulsens Reformwerk fort und unterstützte die Neuköllner Reformen wirkungsvoll. Er verteidigte sie in der Stadtverordnetenversammlung gegen Angriffe von links und rechts (Stenograph.Ber., 2. Sitzg. v. 15. 1. 1931). 1933 wurde er sofort aus seinem Amt entfernt.

In Neukölln liefen die Fäden der sozialdemokratisch verantworteten Schulreform zusammen. Die erste Zusammenkunft aller „Freunde und Vertreter der Gemeinschaftsschulen" aus ganz Deutschland wurde für den 9./10. April 1925 nach Berlin-Neukölln einberufen und fand in der Aula des Kaiser-Friedrich-Realgymnasiums statt. Vom 29. 9. bis 1. 10. 1929 tagten die Vertreter der deutschen Lebensgemeinschaftsschulen erneut in Neukölln (*Pädagogisches Zentralblatt 5* u. *9*, Berlin/Leipzig 1925, 1929). 1927 übernahm Karl Linke (1889-1963), der Vorsitzende des „Bundes der freien Schulgesellschaften Deutschlands" und Rektor einer Magdeburger weltlichen Reformschule, die Leitung der 53./54. Volksschule am Hertzbergplatz. Der Vorsitzende des neben den „Kinderfreunden" zweiten sozialdemokratisch eingefärbten Elternbundes war nun ebenfalls in Neukölln tätig, und nach langwierigen innerverbandlichen Auseinandersetzungen mit einer Gruppierung, von der die „Einordnung" der weltlichen Schulen in die „Kampffront des klassenbewußten Proletariats" propagiert wurde, übernahmen Dr. Löwenstein und Karl Linke – beide lehnten jede „sektiererische Verengung und Absonderung" ab[33] – im Juni 1930 endgültig die weltanschaulich-politische Führung des „Bundes freier Schulgemeinschaften Deutschlands". Eine breite Mehrheit unterstützte sie. Auch der „Bund der freien Schulgesellschaften" wurde nun von Neukölln aus geleitet. Dr. Karsen übernahm im Juli 1931 die Schriftleitung des *Aufbau*, der *Erziehungswissenschaftlichen Zeitschrift* des Bundes. Neuköllner Pädagogen, insbesondere aus Karsens Kollegium, gehörten zu ihren wichtigsten Autoren.

Für die Deutschnationalen und Nationalsozialisten war Dr. Löwenstein der „Schulbolschewist von Berlin-Neukölln" (*Nationalsozialistische Lehrerzeitung*), gegen den Hans Schemm, der „Führer" des „Nationalsozialistischen deutschen Lehrerbundes" (NSLB), schon im Oktober 1931 die Drohung ausstieß, Leute wie Löwenstein würden „im Dritten Reich erschossen oder gehenkt".[34] Am 27. Februar 1933 drangen dann auch bewaffnete SA-Männer in Löwensteins Wohnung ein und feuerten zehn Schüsse durch eine der Innentüren. Der auf den Mordlisten Stehende entkam dem Anschlag. Sein Weg führte über Prag nach Paris. Vom Pariser Vorort Travail

Löwenstein im Kinderparlament der Falkenrepublik in Travail/Paris, 1932 — *AsD*

aus – dort hatten deutsche „Kinderfreunde" 1932 die erwähnte Zeltlager-Republik errichtet, mit der sie für eine deutsch-französische Annäherung eintraten – reorganisierte er die „Sozialistische Erziehungs-Internationale", und dort brachte er auch die Zeitschriften *L'Aide, Helper* und *Der Helfer* heraus; Zeltlager-Republiken entstanden jetzt in Frankreich, Belgien und Großbritannien. Dr. Kurt Löwenstein starb am 8. Mai 1939. Der Zweite Weltkrieg begann am 1. September. Löwensteins deutschnationale und nationalsozialistische Gegner waren am Ziel ihrer Wünsche.

Anmerkungen

1 F. Brandecker, H. Feidel-Mertz (Hrsg.): *Kurt Löwenstein – Sozialismus und Erziehung*. Berlin / Bonn 1976, S. 385-392

2 K. Foertsch: *Eltern an die Front!* Berlin-Neukölln 1930, S. 28. „Die Hetze gegen Löwenstein." — *Sozialistischer Erzieher 1*, Nr. 34 (Okt. 1924), 524ff.

3 Brandecker, 1976; ders.: „Kurt Löwenstein und die Grundlagen einer Sozialistischen Pädagogik in der Zwischenkriegszeit." — *Annali della Fondazione Giangiacomo Feltrinelli 1883 / 84*, S. 1029-1063

4 „Verwaltungsbezirk Neukölln." — Erster Verwaltungsbericht der neuen Stadtgemeinde Berlin für die Zeit vom 1. 10. 1920 bis 31. 3. 1924. H.22, S. 9, 37

5 „Bund für Schulreform. Geschäftsführender Ausschuß." — *Zeitschrift für angewandte Psychologie*. Bd.III, H.6. Leipzig 1910

6 K. Löwenstein: *Sozialistische Schul- und Erziehungsfragen*. Berlin 1919, S. 9

7 P. Wölbling: *Gesetz über die Bildung der neuen Stadtgemeinde Berlin vom 27. April 1920*. 2.Aufl., Berlin / Leipzig 1921, S. 15ff.

8 H. Nohl, L. Pallat: *Handbuch der Pädagogik*. Bd.V, 1929, S. 142

9 K. Löwenstein: Was ist im Neuköllner Bezirk seit 1920 auf dem Gebiete des Schulwesens geschehen? Ms. 1924 — Löwenstein-Nachlaß, Kass. 9, Nr. 572, 1 u. 2 (AsD), ab jetzt Löw.Ber. 1924

10 Ders.: Schulneubauten und Schulräume. Ms., o.Dat. — ebd., Kass. 9, Nr. 572, 1 u. 2 (AsD). Ab jetzt Löw.Ber. 1929.

11 Ders.: Die Bedeutung der Schulgärten und Schularbeitsgärten im Berliner Schulwesen. Ms. 1933 — Bez.Arch. Neuk. / 37 L-5-22

12 Ders.: „Die Genossenschaftliche Bedarfsdeckung in der Schule." — *Die sozialistische Genossenschaft 3*, Nr. 12 (1923), 82. Siehe auch Löw.Ber. 1924

13 Für die Seminar-Ausbildung zum Volksschullehrer genügte der Besuch einer Volksschule. Man konnte sich dann privat oder auf Präparanden-Anstalten auf das Seminar vorbereiten, für das Bewerber ab dem 16. Lebensjahr zugelassen wurden.

14 Mitteilg. von Ilse Thilo und Margarete Henking an den Verf.

15 K. Löwenstein: Geschichte, Ziele und Aufgaben der Arbeiterkurse. Ms. o.Dat. — Löwenstein-Nachlaß, Kass. 2, Map.11b, Best.095 (AsD)

16 Ders.: *Warum weltliche Schule?* Berlin o.J. (1923), S. 3; Foertsch, S. 123. Die Angaben dieser polemischen Schrift sind anzuzweifeln, siehe die Differenz für 1928 zu Löwensteins Zahlen oben im Text.

17 „Berliner Reformpädagogik in der Weimarer Republik." — B. Schmoldt (Hrsg.): *Schule in Berlin. Gestern und heute*. Berlin 1989, S. 31, 50

18 Handbuch der Preußischen Unterrichtsverwaltung 1931; Zitat in *Die weltliche Schule 9*, Nr. 2 (1929), 10

19 Berufungsschreiben v. 16. 12. 1932 — Sammlg. Gero Luckow

20 W. Hehlmann: *Pädagogisches Wörterbuch*. Leipzig 1931, S. 19

21 K. Löwenstein: „Die Schulraumnot in Neukölln." — *Mitteilungen für die Mitglieder der SPD im 14. Verw.Bez. Neukölln-Britz*, Nr. 19 (Mai 1931); siehe auch Löw.Ber. 1924

22 „Richtlinien des Jung-Spartakus-Bundes." — *Kommunale Blätter der SPD Berlin* (Juli 1929), 31

23 Stenograph. Berichte über die öffentl. Sitzungen der Stadtverordnetenversammlung der Stadt Berlin. Sitzg. v. 5. 9. 1929

24 D. Breitenstein: *Die sozialistische Erziehungsbewegung.* Freiburg i.Br. 1930, S. 71f. Siehe auch K. Algermissen: *Sozialistische und christliche Kinderfreundebewegung.* Hannover 1931

25 *Lexikon der Pädagogik der Gegenwart.* Bd.1. Freiburg i.Br. 1930, Sp. 1344

26 Verhandlung des Ausschusses für den Reichshaushalt (Dt. Reichstag), 49. Sitzg. v. 24. 2. 1931

27 Max Adler, Professor an der Universität Wien, Schriftsteller und Redner für dezidiert klassenkämpferische Politik, trat auf der Erfurter Bundestagung des „Bundes der freien Schulgesellschaften" von 1930 gegen die von Löwenstein geführte Mehrheit auf. Zu Radbruch vgl. dessen *Kulturlehre des Sozialismus.* 1922, 1927, 1949

28 K. Löwenstein: „Schulpolitisches aus Neukölln." — *Sozialistische Kultur,* Nr. 24 (Nov. 1924)

29 Auf Löwensteins Bedeutung für den Erfolg der von Fritz Karsen geleiteten höheren Schule hat als erster G. Radde aufmerksam gemacht: *Fritz Karsen. Ein Schulreformer der Weimarer Zeit.* Berlin 1973. Vgl. auch W. W. Wittwer: *Die sozialdemokratische Schulpolitik in der Weimarer Republik.* Berlin 1980, S. 272

30 H. Wegscheider: *Weite Welt im Spiegel.* Berlin 1953, S. 73

31 Mitteilg. H. Gottlieb und G. Ott an den Verf. G. Ott wurde von Löwenstein und Karsen nach Harrisleefeld geschickt; Fotos vom Besuch Severings beim Verf.

32 Akta der Friedrich-Wilhelms-Universität zu Berlin, Phil.Fak., Littr.L No. 14 Vol.2, 378. 2. 8. 1930 — Archiv der Humboldt-Universität zu Berlin

33 *Die freie weltliche Schule.* Berlin 1931, S. 66. Gegen die Übernahme der Führung schreibt aus SED-Sicht A. Torhorst: *Zur weltlichen Schulbewegung in der Weimarer Republik.* Berlin 1972, S. 105ff.

34 Bericht aus Leipzig. — Löwenstein-Nachlaß Kass. 3, Map.13b Best.152 (AsD)

Dieter Henning

Von der Schulkolonie zur ersten Gartenarbeitsschule

In der Reformpädagogik der zwanziger Jahre unseres Jahrhunderts nimmt die erste Gartenarbeitsschule in Neukölln eine herausragende Stellung ein.

Sie ist dabei verschiedenen Wurzeln entsprungen. Sie war zunächst eine Konsequenz der Erneuerung der deutschen Pädagogik durch Pestalozzi, bei der es galt, die Entwicklung aller Kräfte des Verstandes, des Willens und des Gefühls (Kopf, Herz und Hand) zu fördern. Sie folgt sodann der Forderung nach einer sozialen Pädagogik, das heißt Erziehung in und zur Gemeinschaft. Schulen gemeinsamer Arbeit und gemeinsamen Lebens sollten die Gartenarbeitsschulen sein, Schulen, wie sie z.B. auch Fröbel und Gaudig, Natorp und Kerschensteiner forderten. Drittens sollte sie sich einordnen in eine Einheitsschule (Paul Oestreich), die ein einheitlicher Geist vom Kindergarten bis zur Hochschule durchzieht, dabei aber jede positive Sonderheit berücksichtigt. All dies sollte beim Zeichnen, Malen und Kneten, beim Graben und Pflanzen, beim Modellieren, bei der Werkzeugbearbeitung in die Praxis umgesetzt werden. Eine derartige Reformpädagogik sollte ein anderes Verhältnis zwischen Lehrer und Schüler bewirken, weg vom Nur-Gehorchenden oder Nur-Befehlenden hin zu einem Vertrauensverhältnis brüderlichen und menschlichen Zusammenarbeitens und Zusammenseins. Aus der reinen Buchschule sollte eine Arbeits- und Lebensschule werden.

Die Gartenarbeitsschule Neukölln ist aufs engste verknüpft mit dem Namen August Heyn. Wie so oft in der Reformpädagogik war es eine Person, die sich mit allen Fasern ihrer Existenz der einen Idee verschrieb. Bei August Heyn waren es nicht nur pädagogische Überlegungen, die zur Forderung nach der Einrichtung einer Gartenarbeitsschule führten, sondern eigene Erfahrungen des I. Weltkrieges und seiner Folgen.

Er wollte die Mädchen und Jungen an den Nachmittagen bei freiwilliger Gartenarbeit beschäftigen, um sie den Großstadtstraßen zu entziehen, um sie herauszureißen aus der Situation zwischen den hohen Steinmauern, den dunklen Hinterhaus- und Kellerwohnungen. Er wollte auch die Situation in den Riesenschulen verbessern. Hinzu kam die katastrophale Ernährungslage. Durch eigene, sehr positive Erfahrungen und Erlebnisse in seiner Jugend ermuntert, setzte er 1915 die schon 1914 geforderte Einrichtung von sogenannten Schulkolonien in Neukölln durch. Dazu bekam er zehn Morgen Land zugewiesen, das allerdings in sehr schlechtem Zustand war. Mit Elan und Fleiß bearbeiteten Freiwillige aus kinderreichen, armen Familien dieses Land und verwandelten es in eine grüne und blühende Landschaft, die Gemüse und Obst lieferte.

Die Bearbeitung, die Schwierigkeiten dabei und die dafür notwendigen Kenntnisse wurden gemeinsam besprochen oder an einem gemeinsamen Musterland demonstriert. Danach konnte dann jedes Mädchen oder jeder Junge sein zugewiesenes Landstück (80 bis 100 m^2) selbst bearbeiten.

Diese Schul- oder Kriegskolonien wurden 1916 der Schulverwaltung unterstellt. 1918 wurde Heyn noch zum Kriegsdienst eingezogen. Die Schulkolonien waren nun „führerlos" und litten sehr darunter. Ende 1918 war die Not so groß, natürlich auch unter der Schuljugend, daß Heyn nach seiner Rückkehr sich sofort dafür einsetzte, die Schulkolonien wieder aufleben zu lassen. Ihm kam zustatten, daß auch im Rathaus ein neuer Geist eingezogen war. Der Ruf nach der Arbeitsschule und die Forderung „Zurück aufs Land", das furchtbare Elend durch Unterernährung während des Krieges und nach der Revolution bewogen die Stadtväter, die Gartenarbeitsschule einzurichten. Sie sahen darin eine Möglichkeit zur Hebung des schlechten Gesundheitszustandes und zur Verbesserung der Volksschulverhältnisse trotz der geringen Finanzkraft der Stadt.

Am 22. Dezember 1919 wurde vom Magistrat die Einführung dieser neuen Schulart an sechs Volksschulen beschlossen und Heyn mit der Planung, Organisation und Leitung beauftragt. Seit Ostern 1920 bestand sie als obligatorische Einrichtung, der sehr bald weitere Gartenarbeitsschulen, auch in anderen Bezirken Berlins, z.B. 1921 in Wilmersdorf, folgten. 1924 gab es in Neukölln bereits sieben weitere Einrichtungen dieser Art, heute leider nur noch eine.

Mit der Verbesserung der volkswirtschaftlichen Lage traten immer mehr unterrichtliche und erzieherische Motive in den Vordergrund. Für die Großstadtschulen wurden die Fragen wichtig: Wie finden wir den Weg zur Natur, zum lebensvollen Naturkundeunterricht, zu den notwendigen Beobachtungsgelegenheiten?

Die Schulgärten an den Schulen begnügten sich meist damit, Liefergärten für den Unterricht zu sein, vielleicht auch Schaugärten. Liefer- und Schaugärten waren auch die Zentralschulgärten, z.B. in Blankenfelde / Berlin.

Erst allmählich kam es zur Bearbeitung und Pflege durch die Kinder. Die Gärten wurden zu Arbeitsschulgärten, in denen sich schulreformerische Bestrebungen niederschlugen.

Einrichtungen dieser Art fanden schließlich Eingang in die Verfassung (Art. 148), wurden durch ministerielle Verfügungen gefordert und durch entsprechende Bestimmungen in den Richtlinien für neue Lehrpläne gefördert. Kleinere und größere Arbeitsschulgärten (= Gartenarbeitsschulen) entstan-

Gemeinschaft macht stark

Graben des Landes — *Sämtliche Fotos und Bildtitel aus A. Heyn: Die Gartenarbeitsschule. Breslau 1921, S. 81 ff.*

Samenverteilung

Kurze Besprechung vor dem Legen der Kartoffeln

Legen der Erbsen

den für Klassen, Schulen und ganze Bezirke, so in Friedrichshain, Prenzlauer Berg, Tempelhof, Schöneberg, Neukölln, Wilmersdorf. In diesem Entwicklungsprozeß übernahm Neukölln durch das Wirken von August Heyn eine wegweisende Rolle.

Den Gartenarbeitsschulen kam eine erweiterte Bedeutung insofern zu, als sie Gartenarbeit mit Leibesübungen verknüpften, also Körperpflegestunden von besonderem Charakter boten; überdies regten sie zum sinnigen Beobachten, zur Freude am Schönen und Lebenden, zu frohem Schaffen an, und sie führten auch zu ganz anderen Sachgebieten hin, zu Rechnen und Raumlehre, zu erdkundlichen Grundbegriffen und Formen, wetterkundlichen Beobachtungen, geologischen Vorgängen, pflanzengeographischen Betrachtungen, sachkundlichem Zeichnen, zur Pflege und Förderung ästhetischen Empfindens und Gestaltens und vieles mehr. Das Erleben im Garten sollte sogar die Grundlage für Sprachentwicklung und Stilbildung schaffen. All dies findet sich auch in der Gartenarbeitsschule Heyns wieder.

Verschwiegen werden darf nicht, daß Heyn auch eine politische Bedeutung erkannte: Naturerkenntnis schafft Natur- und Heimatliebe, macht junge Menschen bodenständig. Gartenarbeitsschulen sind sparsame Produktionsschulen, die das verarmte Deutschland zum Aufstieg braucht. Deutschland muß bestrebt sein, sich selbst zu erhalten, darf nicht von der Einfuhr aus dem Ausland abhängig sein. Mit dem Postulat „Zurück aufs Land" wollte Heyn zugleich wirksame Wege gegen die Arbeitslosigkeit in den Städten eröffnen helfen.

Wo lag nun die 1. Gartenarbeitsschule Neukölln? Sie befand sich auf einem ca. 4 ha großen Gelände am Teltow-Kanal / Britzer Zweigkanal / Hafen Britz-Ost. Acht Volksschulen mit je sechs Klassen der Oberstufe erhielten dort ein Stück Brachland. Breite Wege trennten die einzelnen Schulgebiete, schma-

Die Mädchen an ihren Beeten in voller Tätigkeit

Gemeinschaftsarbeit der Freundinnen

Mutters Schöpflöffel ersetzt die Gießkanne

Bei den Sonnenblumen

Beim zoologischen Unterricht

Unterricht in einer Schutzhalle

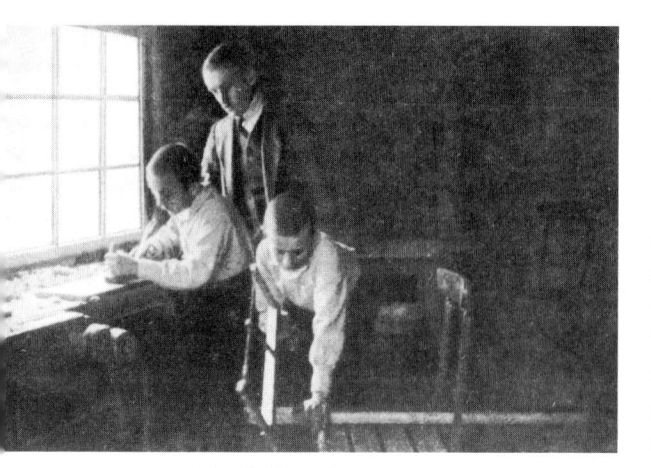

In der Tischlerwerkstatt

Auf dem Sportplatz (Im Hintergrund eine Schutzhalle.)

Die Mädchen beim Spiel

lere Wege das Klassenland. Jedes Kind bekam ein eigenes Beet (ca. 10 m^2). Jeder Schule war ein ca. 1500 m^2 großer Gemeinschaftsgarten zugeordnet, jeder Lehrer bekam dazu ein eigenes Gärtchen.

Ein Wirtschaftshof mit Wirtschaftsbaracke, darin eine Hausmeisterwohnung, zwei Klassenzimmer, ein Dienstzimmer für den Gartenschulleiter, ein kleines Laboratorium, eine Werkstatt für Schlosser- und Tischlerarbeiten, Geräteraum und Kleintierstallungen bildeten mit den Beeten die Abteilung für praktische Arbeiten. Dazu kam eine sogenannte wissenschaftliche Abteilung (0,5 ha) als Teil der städtischen Gärtnerei, in der Pflanzen nach biologischen und wirtschaftlichen Gesichtspunkten geordnet angebaut wurden, z.B. Gift-, Webe-, Futter-, Heil-, Gewürzpflanzen, Wind- und Insektenblütler, Kletterpflanzen und andere. Dazu kam ein Sport- und Spielplatz von ca. 1,5 ha Größe.

Die Oberstufe (4. bis 8. Schuljahr) hatte 32 Pflichtstunden, davon wurden mindestens 10 in die Gartenarbeitsschule verlegt. 2 Vormittage mit je 5 Stunden waren für die Gartenarbeitsschule vorgesehen, und zwar 4 Stunden Naturkunde, 2 Stunden Raumlehre und 4 Stunden Turnen und Spiel. Die Arbeitsaufteilung galt planmäßig vom 1. April bis zum 1. Oktober, im Winterhalbjahr nur gelegentlich.

Die Arbeit im Garten war nicht nur Quelle für Botanik und Zoologie, sondern auch für Physik, Chemie, Mineralogie, Geometrie und andere Bereiche. Die Fächer befruchteten sich gegenseitig. Geräte, Handwerkzeuge in der Werkstatt, Brunnen und Teiche lieferten die Modelle für Physik und Geometrie. Die Gartenarbeitsschule war Lieferant für den gesamten Unterricht. Der Arbeitsablauf täglich und über das Jahr war ein ständig sich fortentwickelnder Prozeß, ein wahrhaft fröhliches und schaffendes Leben.

Wichtig war auch die Verbindung mit dem

Lage der Gartenarbeitsschule am Britzer Hafen. Hier zweigen der Neuköllner Schiffahrtskanal nach Norden und der Teltowkanal nach Süden ab —
A. Heyn: Die Gartenarbeitsschule, Breslau 1921

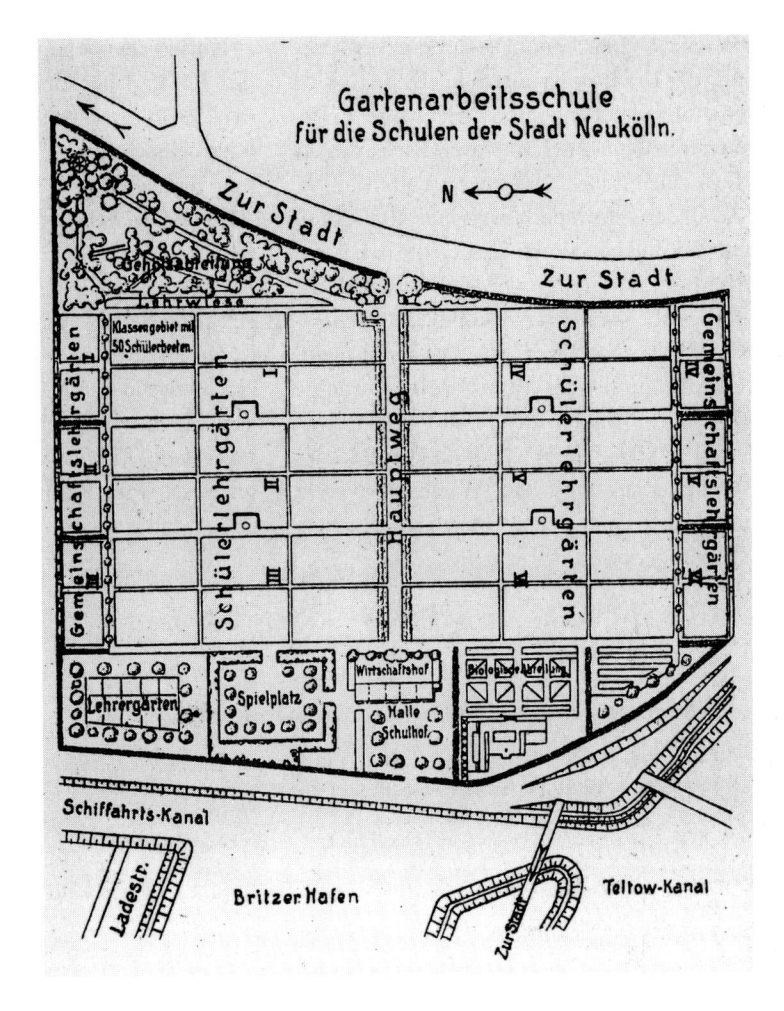

Wirtschaftsleben. Durch die Lage am Teltow-Kanal konnten Handel und Verkehr beobachtet, durch Gespräche mit den Schiffern deren Lebenswelt und Nöte erfahren werden. Die Jungen und Mädchen lernten Rohstoffe oder fertige Erzeugnisse des In- und Auslandes kennen. Die Begegnung mit den Anglern vermittelte ihnen Kenntnisse über Wassertiere und -pflanzen.

In den angrenzenden Abteilungen der städtischen Gärtnerei erfuhren sie die Spezifika der Gärtnerei unter Glas (Treibhäuser, Mistbeete), der Gehölzanzucht in der Baumschule und die Pracht der Blumenvielfalt. Die benachbarten Kleingärten schufen Kontakte zur Bevölkerung, der Sportplatz in der Nachbarschaft zu den Sportvereinen.

So fügte sich die Gartenarbeitsschule in das gesamte Leben ein; der Lehrer sah sich in diesem Bereich häufig eher als ein Freund und Berater. Alle in der Gartenarbeitsschule Schaffenden erfuhren die Notwendigkeit der Arbeitsteilung und der gegenseitigen Hilfe. Dies unterstützte die Bestrebungen der Schulen, zusammen mit den Eltern eine Schulgemeinde zu bilden. Höhepunkte waren die Erntefeste, Unterhaltungsabende, gelegentlich auch große Versammlungen.

Als Produktionsschule erwirtschaftete sie die Mittel, die für Sämereien und Pflanzen für das nächste Jahr benötigt wurden. Verbesserung der Ernährungssituation, eigene Erwirtschaftung der benötigten Mittel und Erziehung zur Gemeinschaft waren Ziele, die für Heyn einen hohen Stellenwert hatten.

Daß den reformpädagogischen Bestrebungen in Neukölln durch das Dritte Reich ein abruptes Ende gesetzt wurde, mußte auch die Gartenarbeitsschule Neukölln am Teltow-Kanal erfahren. Sie erholte sich nicht mehr. Nach Auskunft einer Mitarbeiterin wurde sie 1967 ohne großen Einspruch geschlossen. Heute sind auf dem Gelände die Berliner Stadtreinigung und ein Wassersportverein angesiedelt. An die erste Gartenarbeitsschule Neukölln erinnert nichts mehr.

Kurioserweise ist im neuesten Stadtatlas des RV-Verlages Berlin, 17. Auflage, und in der 1990er Ausgabe der Bezirkskarte die Gartenarbeitsschule am Teltow-Kanal noch immer verzeichnet.

Neukölln hat heute eine Gartenarbeitsschule in Berlin 47 (Britz), Fritz-Reuter-Allee 121, die immerhin 3,3 ha groß ist. Sie wurde erst nach dem II. Weltkrieg eingerichtet und ist in Struktur und Anspruch die legitime Nachfolgerin der 1. Gartenarbeitsschule August Heyns. Sie sollte deshalb *Gartenarbeitsschule August Heyn* benannt werden, damit dieser Neuköllner Reformpädagoge die Würdigung erfährt, die ihm gebührt.

Verwendete Literatur

Das Berliner Schulwesen. Hrsg. v. Stadtschulrat Jens Nydahl. Berlin 1928, S. 347 - 362

A. Heyn: „Die Gartenarbeitsschule" (Frankfurter Leitsätze) und „Die Neuköllner Gartenarbeitsschule."
— P. Oestreich (Hrsg.): *Zur Produktionsschule.* Berlin 1921, S. 23 - 25

K. Wilker: „Siedlung und Produktionsschule. Leitsätze." — *Zur Produktionsschule*, S. 26

A. Heyn: „Die Gartenarbeitsschule Neukölln." — K. Hilker [Hrsg.]: *Deutsche Schulversuche.* 1924, S. 221 - 231

A. Heyn: *Die Gartenarbeitsschule.* Breslau 1921

Dorothea Kolland

Kurt Löwensteins Konzept kultureller Bildung am Beispiel der Musik

Im August 1926 erschien eine Sondernummer der Zeitschrift *Die Kunstgemeinde* (Mitteilungsblatt der Kunstgemeinde Neukölln), deren Herausgeber das „Volksbildungsamt Neukölln" war, Vorläufer der heutigen „Abteilung Volksbildung" des Bezirksamtes Neukölln.[1] In einem Artikel, der sich schlicht „Zur Einführung" nennt, stellt Kurt Löwenstein, der Stadtrat, ein System schulischer und außerschulischer musikalischer Jugend- und Erwachsenenbildung vor, das in seiner Stringenz heute noch jeden, der sich mit kommunaler Kultur- und Bildungsarbeit befaßt, überzeugt. „Es geschieht nicht aus grundsätzlichen Erwägungen, sondern im wesentlichen in Anknüpfung an Bisheriges, daß wir mit der Erweiterung der volksbildnerischen Tätigkeit auf gesanglich-musikalischem Gebiete beginnen", formuliert er vorsichtig, um nicht, wie es ihm bei der Realisierung seiner Erziehungsideale in Neukölln ständig passierte, sofort Empörungsstürme von seiten konservativer Bürger zu ernten[2] – und Musikliebhaber waren erfahrungsgemäß eher auf dieser Seite der Kommunalpolitik zu finden. Es ging ihm sehr wohl um Grundsätzliches, nämlich um den Versuch der Brechung des Musik-Bildungsprivilegs (und damit doch um Anknüpfung an Bisheriges, denn die Brechung des Bildungsprivilegs insgesamt war eine seiner bildungspolitischen Maximen). „Wir brauchen nicht nur Pflege des *Kunstgenusses*, sondern *Bildung des gesanglich-musikalischen Könnens* aus eigenem Erleben heraus." In modernes Kulturpolitik-Deutsch übersetzt: Wir wollen nicht nur Rezeptionsangebote hoher Kunst, die gebildete Zuhörer brauchen (und damit sehr viele Menschen ausschließen), sondern wir wollen möglichst viele Menschen für die aktive Teilhabe an Musik und dadurch zur Erlangung eigenen Urteilsvermögens gewinnen – ein Wunsch, seit Pestalozzi vielfach formuliert, bis heute jedoch weniger als in jeder anderen Kunstgattung realisiert.

Löwenstein stellt in diesem kleinen Aufsatz ein Netzwerk von zu gründenden Institutionen vor, mit denen er in seinem Labor Neukölln dem Musik-Bildungsprivileg zu Leibe rücken will:

– eine Volks- und Jugendmusikschule
– Weiterbildungskurse an der Diesterweg-Hochschule für Lehrer und Erzieher
– eine Musikabteilung der Neuköllner Volksbücherei
– eine Beratungsstelle für Volks- und Jugendmusikpflege
– öffentliche Vorträge, Konzerte und Singabende.

Sein grundsätzlicher Ansatz, Bildung als komplexen Prozeß zu begreifen, wird hier in seiner Anwendung im Bereich der musikalischen Bildung deutlich, in einer optimalen Verschränkung von Bildungs- und Kulturpolitik. Doch auch die Aufgabe und die Zielgruppe ist komplex: „Erziehung ist eine soziale Funktion. Sie beschränkt sich daher nicht und kann sich niemals darauf beschränken, nur Kinder und Jugendliche in diese

Funktion einzubeziehen, sondern sie muß alle Erwachsene, d.h. die Ganzheit der in der Gesellschaft gebundenen Menschen, umfassen. Wenn wir uns bei den Erziehungsfragen vorzugsweise mit den Kindern und Jugendlichen beschäftigen, so liegt das daran, daß diese Lebensalter größere Elastizität der Formung und stärkere Disposition zur Zukunftsgestaltung haben. Doch grundsätzlich muß daran festgehalten werden, daß die Erziehungsfunktion alle umfaßt und ihre Lehren aus der Totalität des gesellschaftlichen Geschehens gewonnen werden müssen."[3] Löwenstein entwickelt ein System, in dem schulische und außerschulische musikalische Bildung, Rezeptions- wie Aktionsmöglichkeiten, primärer, sekundärer und tertiärer Ausbildungsbereich wie Weiterbildung der Pädagogen und unterschiedlichste musikalische Praxis unterschiedlichster ästhetischer Ansprüche verschiedener sozialer Gruppen und Schichten miteinander in Verbindung stehen oder gebracht werden. Damit ist erstmals für den Bereich Musik ein Kulturentwicklungsplan formuliert. Erst in den 70er Jahren begannen die ersten Kommunal- und Kulturpolitiker erneut, ernsthaft über die Entwicklung der Kulturlandschaften in ihrer Kommune nachzudenken.

Im einzelnen konnte Löwenstein – immer zusammen mit engagierten Kollegen – die 1926 beschlossenen Einrichtungen unterschiedlich weit entwickeln, bevor die Nationalsozialisten ihn verjagten. Doch auch die katastrophale Finanzsituation Ende der 20er Jahre bremste erheblich. So gaben Lehrer der Musikschule Konzerte ohne Honorar, um der Schule ein paar Mark zusätzlich zum Existenzminimum zu verschaffen. Die Lehrerhonorare für den Instrumentalunterricht wurden ausschließlich von den Schülern bezahlt; sollte ein begabter armer Schüler weiterhin Unterricht erhalten, so mußte der Lehrer auf sein Honorar verzichten. Dies geschah nicht selten, doch die grundsätzliche Zugänglichkeit für alle war damit nicht geregelt.

Die einzelnen Eckpunkte des Löwensteinschen Systems lohnen genaueres Betrachten.

Erstens: Vorträge, Konzerte und Singabende wurden entweder im Rahmen der Volkshochschule oder vom „Volksbildungsamt" durchgeführt. Die Programmkonzeption entwickelte der Leiter der Musikschule. Wenige Programme sind erhalten, es handelt sich meist um Kammerkonzerte, die von Lehrern der Musikschule durchgeführt werden, die zum Teil hervorragendes künstlerisches Können aufzuweisen hatten, doch auch überregional bekannte Solisten und Kammermusik-Ensembles sollen aufgetreten und über ein kundiges Publikum überrascht gewesen sein. Im übrigen war es keineswegs üblich, daß staatliche Stellen wie hier das Bezirksamt als Kulturveranstalter in Erscheinung traten, selbst Stadttheater erhielten häufig nur geringfügige Subventionen. Kulturveranstaltungen waren eine kommerzielle Angelegenheit (wie Konzerte der Philharmoniker oder Max Reinhardts Theater). Einst hatte es in Rixdorf ein gut ausgestattetes Musikleben der Rixdorfer Bürger und ihrer höheren Töchter gegeben[4], spätestens mit der Revolution 1918 war die Kleinstadtkultur Rixdorfs endgültig dahin. Tonangebend waren die Arbeiter geworden, die ihre kulturellen Bedürfnisse am ehesten in den Kinos befriedigten, zu denen die Vorstadtmusik- und -tanzpaläste umgewandelt worden waren[5], für die Annäherung an Hochkultur, an „E-Musik" reichte entweder das Geld nicht, oder Interesse daran hatte sich nicht entwickeln können. Löwenstein nahm dies als Defizit wahr und legte deshalb Wert auf diese Konzerte, wissend, daß sie möglicherweise (noch) als Fremdkörper wirken könnten: „Vorläufig muß notwendigerweise zwischen der Arbeit der Musikschule und der Veranstaltung von Konzerten noch eine große Lücke klaffen."

Fritz Hoffmann im Freien mit Schülern der Volks- und
Jugendmusikschule Neukölln, 1929 — *Heimatmuseum Neukölln*

Zweitens: *Städtische Beratungsstelle für Volks- und Jugendmusikpflege.* Begründet wird diese Einrichtung mit der mangelnden Qualität privaten Musikunterrichts sowie Ratlosigkeit und Unwissenheit im Sachen Repertoire der vielen Neuköllner Chöre. „Das Bezirksamt Neukölln richtet nun zur Unterstützung dieser Abwehrbestrebungen eine Städtische Beratungsstelle für Volks- und Jugendmusikpflege ein, in der sowohl über alle Fragen musikfachlicher Ausbildung als auch über allgemeinere Frage des Musiklebens, im besonderen aber über alle Fragen, die sich aus dem Gesamtplan der Musikpflegearbeit des Volksbildungsamtes ergeben, unentgeltlich und eingehend Rat und Auskunft erteilt wird." Sprechstunde war dienstags von 16.30 bis 19.00 im Rathaus.[6]

Drittens: Wurde Literatur empfohlen, so mußte diese auch verfügbar sein. Noten waren teuer, für viele zu teuer, gerade für die vielen sozial schwachen Neuköllner. Deshalb wurde die Stadtbücherei Neukölln, geleitet von der ausgezeichneten Bibliothekarin Helene Nathan[7], erweitert um eine eigenständige Musikabteilung mit Noten und Sekundärliteratur. Bis heute ist die Musikbibliothek Neukölln eine der größten in Berlin. Allerdings droht sie 1993 geschlossen zu werden, wenn die rigorosen Sparpläne des Senats realisiert werden.

Viertens: Natürlich lag Kurt Löwenstein die Situation der Schulmusik besonders am Herzen. Hier konnte er jedoch unmittelbar wenig beeinflussen und steuern, denn um anderen, besseren Musikunterricht in den Schulen erteilen zu lassen, waren neue, musikpädagogisch ausgebildete Musiklehrer nötig. Musikunterricht hatte jahrhundertelang ausschließlich im Singen von Chorälen und obrigkeitsverehrenden Liedern in Begleitung der schulmeisterlichen Geige bestanden, zur inneren und äußeren Disziplinierung des Zöglings. Das Berufsbild des Musiklehrers, geschweige denn des akademisch gebildeten, existierte nicht. Gegen diese Praxis begehrten in den frühen 20er Jahren Musiker wie auch Lehrer auf – erstere waren gesellschaftspolitisch Interessierte aus dem Lager der klassischen Musik, letztere musikliebende „Volksschullehrer", die sich in der Jugendmusikbewegung engagierten.

Protagonisten in Preußen waren der Pianist und Sozialdemokrat Leo Kestenberg[8], bis 1933 Musikreferent im Preußischen Kulturministerium, und Fritz Jöde, Kopf der „Musikantengilde". Mit beiden Männern stand Kurt Löwenstein in Verbindung. Beide Flügel der Musikreformer, die sich in anderen Fragen scharf bekämpften, arbeiteten zusammen an der Reform der Schulmusik („Kestenberg-Reform"). Die „Akademie für Kirchen- und Schulmusik" in der Hardenbergstraße wurde gegründet, man begann sowohl Musikstudienräte wie Instrumentallehrer auszubilden. Auch die Lehrerbildungsanstalten holten immer mehr von der Jugendmusikbewegung beeinflußte Lehrende: Der „Zupfgeigenhansl" begann das Gesangbuch zu verdrängen.

Als Löwenstein sein Musikbildungskonzept zu realisieren begann, befand sich diese neue Lehrerausbildung noch in der Experimentierphase. Es gab erst wenige fertig ausgebildete Musiklehrer des neuen Typus. Neue Lehrpläne begannen gerade erst schulreif zu werden.[9] Also mußten die Schulen und die Lehrer, die es gab, gewonnen werden. Hier nun konnte der Stadtrat Kurt Löwenstein eingreifen, indem er laufende Prozesse zu beschleunigen suchte. Seine rechte Hand in Sachen Musik, der Rütlischul-Lehrer Fritz Hoffmann, erläuterte diesen Teil des Bildungskonzepts:

„Die Erfahrungen der letzten Jahre haben gezeigt, daß auch die musikinteressierte Lehrerschaft daran ist, die Enge eines bloß schulmäßigen Gesangunterrichts zu durchbrechen, um in den Grenzen der in der Schule gegebenen Möglichkeiten in das weite und tiefe Gebiet der Musik überhaupt einzuführen. Die inneren Voraussetzungen dazu sind also erfreulicherweise gegeben ... Die größere Aufgabe erfordert vom Lehrer ein erhöhtes Können. Aus dieser Erkenntnis heraus hat sich auch die Lehrerschaft ihre Schulungsstätte, die Schulmusikabteilung der Diesterweg-Hochschule, bereits geschaffen. Neben ihr noch ein neues Institut zu errichten, ist weder nötig noch wünschenswert. Die Teilnahme muß den Neuköllner Lehrern natürlich erleichtert werden, und so hat das Bezirksamt Neukölln die Leitung der Diesterweg-Hochschule zur Abhaltung besonderer Kurse in Neukölln veranlassen können, die mit Semesterbeginn eröffnet werden. Diese Kurse sind für die gesamte Lehrerschaft an Kindergärten, Horten, Volksschulen, Fortbildungsschulen und höheren Schulen bestimmt. Die Arbeit umfaßt als Hauptkursus Schulmusik-Methodik, Stimmbildung, Musiktheorie und Instrumentalspiel, doch kann jedes dieser Fächer, also auch die Schulmusik-Methodik, allein belegt werden. Hierzu kommen als Einzelveranstaltungen noch Singen und Spielen auf der Unterstufe und eine Volkstanzgruppe. Besonders interessierte Teilnehmer sollen auf Wunsch in einem Singkreis von Lehrern und Lehrerinnen im Rahmen der Volksmusikschule Neukölln zum ernsten und vielseitigen Musizieren zusammengefaßt werden."[10]

Hoffmann hoffte, daß durch diese Lehrer „Freie Schülersingkreise" an den Schulen entstehen könnten, die ideale Musizierweise der Jugendmusikbewegung, die langfristig ein neues Musikleben zeitigen würde.

Fünftens: Die zentrale Institution des Musikbildungssystems sollte die Volks- und Jugendmusikschule werden. Ihr war insbesondere die Verantwortung für die fachlich-musikalische Qualität der einzelnen Einrichtungen übertragen, auch wenn diese jeweils organisatorisch unabhängig voneinander waren. Die Geschichte der Musikschule Neukölln, der zweiten in Berlin, reicht in das Jahr 1920 zurück:

„Da tauchte an der Rütlischule, einer Versuchsschule im Bezirk Neukölln, ein wahrhaft begnadeter Pädagoge auf: Adolf Jensen, ihr späterer Rektor. Er öffnete seinen jungen Kollegen die Augen für die gesellschaftliche Bedeutung wirklicher Ausdruckskultur, und er machte es ihnen vor, wie man Menschen bildet. Hatte man Kinder je so sprechen und rezitieren gehört, so Theater spielen, zeichnen und formen gesehen, und hatten Kinder einer einfachen Volksschule jemals so gesungen? Das Schulleben war verzaubert ... 1924 waren die Jensen-Kinder entlassen. Bald darauf erschienen einige Mädchen wieder in der Schule. Sie konnten sie nicht vergessen und verlangten weiter nach Musik. Jensen fand einen musikalischen Kollegen. Der sang wieder mit ihnen. Außer seiner Musikbegeisterung brachte er nicht viel für seine Aufgabe mit. Er reifte erst mit den Kindern. Abseits aller Musikgelehrsamkeit und allen methodischen Könnens, ohne musikpädagogische Planung und nur auf der Suche nach immer neuer Schönheit ..."[11]

Dieser junge Kollege war Fritz Hoffmann, der spätere Rektor der Rütlischule und – wie Kurt Löwenstein – engagiert in der Arbeiterjugendbewegung, bei den „Kinderfreunden".

Eines Tages bat der Bruder eines der Mädchen, ein junger Arbeiter, den Lehrer, ihm und seinen Freunden beim Proben eines Tartini-Trios zu helfen. Es entwickelte sich ein Spiel- und Singkreis. „Bald merkte der Leiter, daß die Spielgruppen nicht weiterkommen könnten, wenn sich der einzelne Instrumentalist nicht technisch und musikalisch entwickelte. Er schlug vor, daß der Kreis gute Instrumentallehrer verpflichten sollte." Die suchte man im Kreis um Fritz Jöde und fand dort u.a. Ernst Lothar von Knorr, einen Geiger und Komponisten, der ab 1927 die Leitung der Musikschule übernehmen sollte. Doch zunächst arbeitete zwei Jahre lang der Rütli-Kreis für sich, in einer kaum nachzuvollziehenden Intensität. Alle Kosten trugen die jungen Leute selbst. Als der Stadtrat um finanzielle Unterstützung gebeten wurde, schlug Löwenstein vor, den Kreis zu einer Musikschule umzubilden, die dann vom Bezirk subventioniert werden könne. Schließlich kam als stellvertretender Leiter noch Dr. Hans Boettcher, Pianist und Musikwissenschaftler, dazu.

Hans Boettcher am Schreibtisch, o.J. —
Privatbesitz Boettcher

Ernst-Lothar von Knorr, o.J. —
Privatbesitz Boettcher

Knapp sechs Jahre lang konnte sich in Neukölln eine Musikschule entwickeln, deren pädagogische, musikalische und soziale Qualität unwiederholbar sein dürfte.[12] Die Machtübernahme der Nationalsozialisten zerstörte alle notwendigen Voraussetzungen.

Diese Volks- und Jugendmusikschule war „am Pulsschlag der Zeit", durch ihre Lehrer wie durch ihre Schüler. Die Gründer – Hoffmann, von Knorr und Boettcher – "waren vom Geist der bürgerlich-bündischen Jugendbewegung, von den Bedürfnissen der sozialistischen Arbeiterjugend und vom Geist der Schulreform geprägt"[13], schreibt Fritz Hoffmann später. Dazu stießen hervorragende Vertreter der Neuen Musik wie Paul Hindemith und Harald Genzmer als Lehrer (und zugleich auf der Suche nach neuer musikalischer Sinnhaftigkeit). In dieser Verbindung von gesellschaftlicher und musikalischer Experimentierlust unterschied sich diese Musikschule erheblich von den anderen frühen Musikschulen, die nur durch die Jugendmusikbewegung[14] geprägt waren und Gefahr liefen, in laienhafter Verblasenheit und kleinbürgerlicher Enge zu verharren.

Die Verbindung mit den Reformschulen war ständig gegeben, da viele Schüler der entsprechenden allgemeinbildenden Schulen auch die Musikschule besuchten. Besonders eng war die Verbindung zur Karl-Marx-Schule und den Arbeiter-Abiturientenkursen. Mit einigen dieser Schüler und anderen erarbeitete Hans Boettcher wichtige Grundfragen der Musiksoziologie und wurde Herausgeber der Zeitschrift *Musik und Gesellschaft*[15]. Diese Schüler waren es auch, die immer wieder die politische Realität der späten 20er Jahre in die Schule trugen und verhinderten, daß sie in Jugendmusikromantik abglitt. Diese Realität, die nicht nur mit der regionalen Ansiedlung in einem Arbeiterviertel zu tun hatte, nahm die Schule als Herausforderung an:

„Die Schülerschaft steht in mannigfachen Beziehungen zu den proletarischen Jugendorganisationen und bringt gerade aus ihren Kreisen Frage- und Aufgabenstellung für das Musizieren mit. Die Verbindung dieser Ideenkreise mit dem Schulgedanken soll in der Weise vollzogen werden, daß die musikalischen Vorgänge und ihre besondere Bestimmtheit durch die Gegenwartslage an jedem Punkt der Arbeit bewußt gemacht wird. Hörkunde, chorisches Musizieren, Musikgeschichtskunde und Musiksoziologie dienen hier als Sonderdisziplinen gleichermaßen wie in ihrem arbeitsmäßigen Zusammenwirken diesem Gedanken."[16]

Die Nationalsozialisten entfernten sehr rasch unliebsame Lehrer, Schüler und Lehrinhalte, Gedanken konnten sie nicht ausmerzen. Schüler und Lehrer dieser Schule prägten

> **STÄDTISCHE VOLKS- UND JUGENDMUSIKSCHULE**
> NEUKÖLLN, ~~RICHARDSTRASSE X~~ Donaustr. 120/26.
> SCHULLEITUNG
>
> Neukölln, den 16.Mai 31.
>
> Lieber Herr Scherisch, Ihre Schwester sagte mir schon, dass Sie leider zum 20.Mai (Abschlussmusik der St.V.M.S.Bln.-Süd) nicht kommen könnten. Wenn ich Sie nun heute nochmals herzlichst bitte doch zu kommen, so geschieht dies aus der Tatsache heraus, dass Herr Enke auch nicht kommen kann und die ganze Aufführung durch das Fehlen der Bläser in Frage gestellt wird. Dies würde ich sehr bedauern, da sich Herr Prof. Hindemith auf die Aufführung sehr freut. Kommen Sie doch bitte, wenn es Ihnen eben möglich ist. Oder wissen Sie Ersatz?
> Recht freundliche Grüsse Ihr
>
> *Ernst-Lothar Knorr*

Postkarte von Ernst-Lothar v. Knorr, Leiter der Städtischen Volks- und Jugendmusikschule Neukölln von 1927 bis 1933 — *Heimatmuseum Neukölln*

noch auf Jahrzehnte hinaus die Atmosphäre des Neuköllner Musiklebens, die explosive, Neues hervorbringende Mischung jedoch war zerstört.

Kurt Löwensteins Konzept integrierter Bildungs- und Kulturarbeit in der Kommune wurde abgebrochen, erledigt haben sich seine Gedanken bis heute nicht. Gerade das Durchbrechen von institutionellen Mauern, das Aufeinanderzugehen, Nutzen der Qualitäten des anderen, die Bereitschaft, Fehler zuzugeben und Gewohntes zu ändern sowie das gemeinsame Suchen neuer Wege hat man meist vergessen.

Am Schluß der Exposition seines neuen Systems schreibt Löwenstein: „Das System der freien Volksbildung darf jedoch nie ausarten in bürokratische Starrheit und in formalen Schematismus. Sie soll aus dem Leben kommen, diese Arbeit, um mit größerer Klarheit und gesteigertem Erfülltsein wieder in das Leben zurückzukehren. Organisches Wachstum kann daher nur das Wesen dieses Systems sein; dieses Wachstum zu fördern, ist eine öffentliche Aufgabe, an der in einer demokratischen Selbstverwaltung alle beteiligt sind, die dafür Können und guten Willen aufbringen" (*Die Kunstgemeinde*, 1926).

Anmerkungen

1 *Die Kunstgemeinde (Mitteilungsbl. d. Kunstgemeinde Neukölln) 2*, Sondernr. 10 / 11 (1926)

2 vgl. M. Isemeyer: „Reformpädagogik und Faschismus." — L.G. Betz et. al. (Hrsg.): *Wie das Leben lernen... Kurt Löwensteins Entwurf einer sozialistischen Erziehung*. Berlin 1985

3 K. Löwenstein: „Sozialistische Erziehung als gesellschaftliche Forderung der Gegenwart." (Referat) — Hrsg.: Arbeitsgem. d. Sozialdemokratischen Lehrer und Lehrerinnen Deutschlands. Berlin 1930, S. 3

4 vgl. H. Kolland: „Siegfrieds Tod in Rixdorf. Musikkultur zwischen Dorf und Großstadt." — D. Kolland (Hrsg.): *Rixdorfer Musen, Neinsager und Caprifischer. Musik- und Theatergeschichte aus Rixdorf und Neukölln*. Berlin 1989

5 vgl. U. Kiehn: „Von Adria Tanz Bar bis Viktoria Theater." — ebd., S. 278ff.

6 Zur Situation der zahlreichen Chöre und Musikvereine in Neukölln vgl. D. Kolland: „Sängerkrieg. Arbeiterchöre in Neukölln von 1882-1945", I. Bertz: „Erst Gewerkschaft, dann Vergnügen...", dies.: „Marsch mit Musik... Der Rixdorfer Musikverein Harmonie in der Kaiserzeit," sowie U. Springer: „Schöne Stimmen. Der Oratorienverein Rixdorf." — sämtl. ebd.

7 vgl. I. Bertz: „Helene Nathan – ...die Schranke der eigenen Existenz überwinden." — D. Kolland (Hrsg.): *Zehn Brüder waren wir gewesen... Jüdisches Leben in Neukölln*. Berlin 1988, S. 221ff.

8 vgl. L. Kestenberg: *Bewegte Zeiten. Musisch-musikantische Lebenserinnerungen*. Wolfenbüttel / Zürich 1961

9 vgl. G. Braun: *Die Schulmusikerziehung in Preußen*. Kassel 1957

10 F. Hoffmann: „Volks- und Jugendmusikpflege in Neukölln." — *Die Kunstgemeinde* (Aug. / Sept. 1926), 66

11 Ms. Fritz Hoffmann, einem Brief an Dr. Riemer v. 29.5.70 beigefügt.

12 Zur genaueren Analyse der Musikschule Neukölln und ihres Umfeldes vgl. D. Kolland: „Zwischen Salonmief und Reformgeist. Musikschulen in Rixdorf und Neukölln." — D. Kolland (Hrsg.): *Rixdorfer Musen...*, S. 200ff.

13 F. Hoffmann: „Zur Geschichte der ersten Berlin-Neuköllner Volksmusikschule." — *Ernst Lothar von Knorr zum 75. Geburtstag. Festschrift*. Köln 1971, S. 12

14 vgl. D. Kolland: *Die Jugendmusikbewegung. Gemeinschaftsmusik – Theorie und Praxis*. Stuttgart 1979

15 H. Boettcher, F. Jöde (Hrsg.): *Musik und Gesellschaft* (Wolfenbüttel / Mainz) *1*, H. 1-8 (1930 / 31). Die Zeitschrift konnte nur ein Jahr erscheinen. Ein Reprint wurde von D. Kolland 1978 herausgegeben.

16 „Proletarische Musikarbeit in Neukölln." — *Der Kreis 7*, Beil. der „Musikantengilde", H. 6 (1929), 72

Werner Korthaase

Die Neuköllner Arbeiter-Abiturienten-Kurse – Der Beginn des Zweiten Bildungsweges in Deutschland

Nach der Gründung der Deutschen Republik, Anfang bis Mitte 1919, aber auch später noch, diskutierten bildungsbeflissene junge Arbeiter überall dort, wo es eine vorbildliche Arbeiterjugendbewegung gab, lebhaft über das Thema „Arbeiterschaft und Hochschulfrage", auch in Berlin, vor allem aber in Hamburg wegen der Ankündigung der Gründung einer Universität und einer Volkshochschule. Man hoffte auf besondere Lehrgänge für ehemalige Volksschüler: „Volkseinheitsschule – Volkshochschule – Volksuniversität". Dem Bildungsmonopol der Ober- und Mittelschichten müßte in der Republik das Ende bereitet werden; Staatsunterstützung in Form der vom Staat finanzierten höheren Schule solle nur erhalten, wer etwas könne. „Dem Tüchtigen – dem Talent wäre der Weg frei!" (*Aufwärts 1*, Nr. 4/1991, S. 63).

Dieser Wunsch war charakteristisch für Volksschüler, denen die Universität verschlossen blieb, selbst den Intelligentesten, während minder begabte Söhne der Ober- und Mittelschichten die Universitäten wie selbstverständlich bevölkerten und damit Steuergelder für sich beanspruchten. Daß die Republik in den mittleren und höheren Laufbahnen der kommunalen und staatlichen Verwaltungen, für die das Abitur bzw. ein Studienabschluß Vorschrift waren, Menschen benötigte, die sich zur neuen Staatsform bekannten – so schnell wie möglich, nicht erst Generationen später nach zeitraubenden Schulreformen –, darüber machte man sich in den sozialistischen Parteien USPD und MSPD kaum Gedanken. In den Großstädten gab es private „Pressen" zu Dutzenden. Dort wurden die Söhne und Töchter Wohlhabender, hatten sie in der höheren Schule versagt, gegen Geld bis zum Extraneer-Abitur gebracht. Den Mittellosen waren diese Privatschulen verschlossen. Nur in Stuttgart, Hamburg, Thüringen und Berlin-Neukölln wurde versucht, eine öffentliche Einrichtung für begabte, sich durch entschiedenen Bildungswillen auszeichnende jüngere Erwachsene zu gründen. In Hamburg kam dieses Verdienst dem mit der Jugend eng verbundenen sozialdemokratischen Schulsenator Emil Krause zu, in Thüringen dem dortigen Volksbildungsminister Max Greil und in Berlin-Neukölln Dr. Kurt Löwenstein.

In Stuttgart wurde Ende 1919 ein Lehrgang für junge Erwachsene mit einfacher Schulbildung und abgeschlossener Lehre eröffnet. Er endete Anfang 1923.[1] Einzelmaßnahme blieben auch die Kurse in Hamburg, denn selbst in Hamburg erfüllte sich die Hoffnung von 1919 nicht, über ständig angebotene Volkshochschulkurse das Abitur zu erhalten, doch nahm dort am 23. Oktober 1923 ein Lehrgang für „Arbeiterabiturienten" mit 14 Schülern seine Arbeit auf, nachdem am 4. Juni 1923 ein Vorkursus begonnen hatte. Ab 1927 wurde ein zweiter Kursus durchgeführt. Die heute zu Hamburg gehörende Stadt Altona eröffnete am 14. Januar 1924 einen Lehrgang mit 34 Teilnehmern. Elf erhielten 1929 das Zeugnis der Reife. Der Altonaer Magistrat erklärte, eine „künftige Wiederholung" müsse sich „in anderen Formen vollziehen"². Es kam zu keiner Wiederholung, und selbst in Hamburg blieb es bei den zwei genannten Kursen.

In Thüringen wurden am 6. August 1923 die Berufsschulräte, Berufsschulleiter, Betriebsräte, Gewerkschaften, Volkshochschulen und Jugendorganisationen vom Thüringischen Ministerium für Volksbildung mit einer „Bekanntmachung über die Veranstaltung von abgekürzten Sonderlehrgängen für begabte Berufsschüler, die bis zur Reifeprüfung einer Allgemeinoberschule gefördert werden sollen", aufgefordert, Vorschläge für die Aufnahme „besonders begabter Berufsschüler" in „Vorkurse" einzureichen. Am Beginn des Winterhalbjahres 1923 sollten in Weimar, Jena, Apolda, Gera, Altenburg, Greiz, Saalfeld, Rudolstadt, Sonneberg, Meiningen, Eisenach, Gotha und Arnstadt „Vorkurse" eingerichtet sein. Ende November 1923 wurden mehrere dieser Vorkurse „in Gang gebracht". Der eigentliche „Sonderkursus für begabte Berufsschüler" sollte zu Ostern 1924 in Jena eröffnet werden. Aber dazu kam es nicht mehr, weil im Februar 1924 in Thüringen Neuwahlen zum Landtag stattgefunden hatten und die sozialdemokratisch geführte Landesregierung von einer „Ordnungsblock"-Regierung abgelöst worden war, die das Vorhaben sofort abbrach.³

Die Neuköllner Kurse – nur sie wurden ein Lehrgangssystem – verantwortete Dr. Kurt Löwenstein. Den legitimierenden Anlaß zu ihrer Gründung bot, wie in Hamburg und Thüringen, der nach der Ermordung des Reichsaußenministers Walther Rathenau in den republikanischen Parteien des Deutschen Reichstages aufgekommene Wille, gegen rechte Gegner der Republik tätig zu werden und es nicht bei der Annahme des „Gesetzes zum Schutze" der Republik zu belassen. Begabten jungen Menschen der unteren Volksschichten sollte der Zugang zur Universität

Bruno Gleitzke, der die Schüler des ersten Kurses zu Dr. Löwenstein brachte, 1922/23 — *Privatbesitz Korthaase*

eröffnet werden, denn man meinte, Grund zur Annahme zu haben, sie seien wegen ihrer Herkunft verläßlichere Träger des republikanischen Staatsgedankens als republikfeindliche Jungakademiker der privilegierten Schichten. An dieser Willensbildung nahm Dr. Löwenstein als Reichstagsabgeordneter zweifellos teil, wenn er sie vielleicht nicht sogar initiierte, was zu vermuten ist – erlaubte sie ihm doch, auf lokaler Ebene tätig zu werden, denn das Reichsministerium des Innern stellte 1923 zur Förderung der Durchführung des in der Weimarer Reichsverfassung enthaltenen Artikels 146, Abs. 3 (Förderung Begabter) Gelder zur Verfügung. Nach den für ihre Verwendung im Juli 1923 aufgestellten Richtlinien konnten sie auch „hervorragend begabten jungen Leuten" als Beihilfen zukommen, „denen außerhalb des normalen Bildungs-

Schüler des ersten Arbeiterabiturientenkurses (links Bruno Gleitzke)
beim Reinigen von Schulzimmern, einer Arbeit, mit der
sie ihren Lebensunterhalt verdienten, 1923 — *Privatbesitz Korthaase*

ganges der Zugang zur Hochschule in besonderen abgekürzten Lehrgängen geöffnet werden soll" (ebd., S. 218).

Nur der Hamburger Senat, das Thüringische Ministerium für Volksbildung und das Bezirksamt von Berlin-Neukölln beantragten aus diesem Fonds Mittel – ein für das damalige Interesse, bzw. Desinteresse an der Eröffnung eines Zweiten Bildungsweges bezeichnender Vorgang, obwohl das Reichsministerium des Innern wiederholt auf die Bedeutung dieser Lehrgänge hinwies. Auch die sogenannte „Begabtenreifeprüfung" vor staatlichen Prüfungskommissionen wurde nur von zwei Landesregierungen angeboten: der preußischen und sächsischen; einen Versuch der thüringischen boykottierte die Universität Jena.[4]

Etwa sechzig Lernwillige, von Bruno Gleitzke, einem jungen Verwaltungsangestellten, der nach dem Kriege die Gruppen der „Arbeiterjugend" (AJ) in Berlin-Lichtenberg gründete, zusammengeführt, stellten sich im Januar 1923 Dr. Löwenstein und Dr. Karsen vor. Am 1. Juni 1923 nahm dann der erste „Lehrgang für junge Arbeiter zur Erreichung des Abiturs" mit 20 Teilnehmern seine Arbeit auf, ein halbes Jahr vor dem Hamburger Kursus, der erste eines Lehrgangssystems, mit dem im Deutschen Reich der Zweite Bildungsweg eröffnet wurde.[5]

Das Neuköllner Bezirksamt handelte auf eigene Verantwortung. Es stellte im Kaiser-Friedrich-Realgymnasium Klassenräume, ferner Unterrichtsmaterialien und kostenlose Wohnplätze in Baracken zur Verfügung. Sechs Studienräte des Realgymnasiums arbeiteten während des ersten Halbjahres für den Lehrgang unentgeltlich. Die Kurse waren innerlich wie nach außen hin sichtbar Teil der großen Reformschule in der Kaiser-Friedrich-Straße, deren Oberstudiendirektor Dr. Fritz Karsen die Kursleitung übernahm. Dr. Löwenstein verschaffte den meist mittellosen, aus ärmsten Verhältnissen stammenden Teilnehmern, die Arbeiter oder Angestellte waren, in den Neuköllner Schulen Halbtagsbeschäftigungen als Fenster- und Raumputzer, Heizer oder Hilfshausmeister. Die Inflation befand sich auf ihrem Höhepunkt, an Beihilfen war nicht zu denken. Die Teilnehmerinnen der Neuköllner Kurse waren hauptsächlich Schneiderinnen, Verkäuferinnen, Kontoristinnen, Krankenpflegerinnen, Kindergärtnerinnen oder Hausangestellte.[6]

Während der ersten drei Monate wurde von 18 Uhr bis 21.30 Uhr unterrichtet, was sich als undurchführbar erwies, weil die Teilnehmer nach der Erwerbsarbeit und infolge spärlicher Ernährung zu erschöpft waren. Man begann jetzt in den frühen Morgenstunden: ab 6.00 Uhr bzw. 6.30 Uhr; um 13 Uhr hatten die Schüler dann ihre Arbeitsplätze als Heizer, Fensterputzer usw. eingenommen (bis 18 Uhr). Am Abend erfolgte das Anfertigen der Hausarbeiten und Vorbereiten von Vorträgen. Die Stundentafel sah wie folgt aus: Deutsch 4, erste Fremdsprache (Englisch) 6, zweite Fremdsprache (Französisch, im zweiten Kursus Russisch, dann Latein) 4, Geschichte und Erdkunde 5, Mathematik 4, Physik 2, Chemie und Biologie 3, Zeichnen und Turnen 3.

Das war der Anfang. Die Kurse waren weder schulgesetzlich noch finanziell noch hinsichtlich ihrer Zukunft abgesichert. Das Reichsministerium des Innern wurde für sie nicht aktiv, zahlte einige Beihilfen, und dabei blieb es. Alles hing von der Opferwilligkeit der Kursteilnehmer und Kursteilnehmerinnen ab, von ihrem Arbeitswillen und Leistungsvermögen, vom pädagogischen Engagement und Können der Pädagogen und von der Unterstützung des Neuköllner Bezirksamtes, vor allem aber vom Ergebnis der ersten Abiturprüfung, bei der sich zeigen mußte, ob es überhaupt möglich war, Volksschüler in „besonderen abgekürzten Lehrgängen" von nur drei Jahren zur Hochschulreife zu führen. Dr. Karsen war kein Schulreformer „vom Schreibtisch" aus, sein Ansehen hing in hohem Maße vom Gelingen oder Mißlingen dieses pädagogischen Wagnisses ab. Er bewies mit ausgewählten Lehrern seiner Schule, daß es möglich war, das Angestrebte zu realisieren. Vier Kursteilnehmer des ersten Lehrgangs begaben sich schon nach zweieinhalb Jahren in die Prüfung und erhielten „sehr gute Zeugnisse", was ans Unglaubliche grenzte, galt doch als sichere Wahrheit – unendlich oft von Sachverständigen „wissenschaftlich" verifiziert –, daß wenigstens neun Jahre „höheren Unterrichts" zur Erreichung des deutschen Eingangsniveaus zur Universität erforderlich seien.

Nach der ersten Abiturprüfung gelang es, die Kurse politisch, institutionell und finanziell bis auf die Ebene der preußischen und der Reichsregierung zu sichern. Im Dezember 1926 konstituierte sich nach langen Verhandlungen das „Kuratorium für den Lehrgang zur Vorbereitung ehemaliger Volksschüler auf die Reifeprüfung". Das Land Preußen, die Reichsregierung und die Stadt Groß-Berlin waren neben Neukölln in diesem Gremium vertreten. Den Vorsitz übernahm Dr. Hans Richert, Ministerialrat für das höhere Schulwesen im preußischen Ministerium für Wissenschaft, Kunst und Volksbildung, der „Vater der preußischen Schulreform", einer der angesehensten Exponenten des höheren Schulwesens im Staat Preußen. Stellvertretender Vorsitzender wurde Dr. Löwenstein. Die nicht weniger prominente Ministerialrätin der Abteilung für Bildung und

Schule des Reichsministeriums des Innern, Dr. Gertrud Bäumer, Reichstagsabgeordnete der Deutschen Demokratischen Partei (DDP), vertrat das genannte Ministerium, den Magistrat von Groß-Berlin der Leiter des Schuldezernats, Stadtschulrat Jens Nydahl, das Provinzial-Schulkollegium der Provinz Brandenburg und von Berlin Oberschulrat Dr. Walter Hübner, das Kaiser-Friedrich-Realgymnasium Dr. Fritz Karsen, das Bezirksamt Neukölln Dr. Kurt Löwenstein.[7] Damit waren die Lehrgänge aus ihrem „fast privaten Betrieb"[8] herausgetreten und staatlicherseits legitimiert, ihr öffentlicher gemeinnütziger Zweck wurde deutlich herausgestellt.

Sie wurden eine Einrichtung, deren Schüler aus vielen Gegenden des Deutschen Reiches kamen, vor allem aus den norddeutschen Großstädten, ferner aus Sachsen, Bayern und Württemberg. Das Reich und Preußen und andere deutsche Staaten, aber auch Städte, Regierungsbezirke und Kreise gewährten den Schülern auf Einwirken des Kuratoriums monatliche Unterstützungen zwischen 40 und 100 Mark (*Die Genossin*, 8/1928, S. 286). Sachsen zahlte seinen sich in Neukölln auf das Abitur vorbereitenden Staatsangehörigen den genannten Höchstbetrag. Im Jahr 1928, nach fünf Jahren Neuköllner Eigenfinanzierung, übernahm dann der Magistrat von Groß-Berlin fast alle Kosten für die Lehrer. Das Kuratorium vermittelte den nicht von den Heimatgemeinden oder Staaten Unterstützten des zweiten und dritten Kursjahres ab Ostern 1929 – der fünfte Lehrgang hatte begonnen – Beihilfen. Nur die Schüler des ersten Jahrgangs mußten noch als Fensterputzer, Heizer usw. arbeiten. Ihre Erwerbstätigkeit durch Beihilfen zu beenden, ließ sich wegen der 1930 beginnenden Weltwirtschaftskrise nicht mehr erreichen. Das Kuratorium verwaltete „unbeschadet der staatlichen Schulaufsicht" die „gesamten inneren und äußeren Angelegenheiten" der Lehrgänge. Die Rechnungsführung erledigte weiterhin wie bisher das Bezirksamt Neukölln.

Man akzeptierte nur Bewerberinnen und Bewerber, die „keine über die Volksschule hinausgehende allgemeine Schulbildung" vorzuweisen hatten, behauptete aber zugleich, daß diese selbst bei nur dreijährigem Unterricht „mehr als normale Abiturienten" zu leisten in der Lage wären.[9] Das schien dubios, und die gegnerische Presse tat alles, diesen Eindruck zu verstärken. Man wird sich auch heute keine zutreffende Vorstellung über das Wissen der Genannten machen können, darum einige Worte über deren Vorbildung:

Es handelte sich bei ihnen keineswegs um „Volksschüler" ohne weitere Kenntnisse, sondern häufig um geradezu Bildungsbesessene, die jede freie Minute der Vervollständigung ihres Wissens opferten, sich für Philosophie, Volkswirtschaft, Literatur, Kunst, Psychologie, Geschichte und vieles andere interessierten, Vorträge und Kurse besuchten, vor Jugend-, Gewerkschafts- oder Parteigruppen referierten, also führend und lehrend auftraten, für Zeitungen oder Zeitschriften Berichte oder Abhandlungen verfaßten. Diese Jugend unterschied sich schon vor dem Ersten Weltkrieg von der Generation der Väter. Nun besuchte sie über Monate äußerst lernintensive Internatslehrgänge der Heimvolkshochschulen Tinz, Dreißigacker, Habertshof, Sachsenburg, Comburg oder Jahreslehrgänge der Volkshochschulheime in Leipzig, Jena und Berlin, dort wurde ebenfalls täglich unterrichtet. Mit den unverbindlichen Veranstaltungen heutiger Heimvolkshochschulen lassen sich die Lehrgänge der genannten Heimvolkshochschulen nicht vergleichen.[10] Wer zur Universität strebte, konnte, wenn „wissenschaftlich begabt", zu den „Begabtenprüfungen" des preußischen oder des sächsischen Volksbildungsministeriums zugelassen werden, aber das war ein Wagnis, denn in diesen

Prüfungen hatten nur Befähigte mit besonderen Voraussetzungen eine Chance. Andere besuchten die „Deutsche Hochschule für Politik" in Berlin oder die „Akademie der Arbeit" in Frankfurt am Main, was ohne Abitur möglich war, oder die „Staatlichen Wirtschaftsschulen" in Berlin und Düsseldorf. Die das Abitur erarbeiten wollten, bewarben sich um einen Platz in den Neuköllner Arbeiter-Abiturienten-Kursen, der einzigen Einrichtung im Deutschen Reich, in der ab 1927 in jedem Jahr zwei Klassen eröffnet wurden. Viele der Neuköllner „Arbeiterkursisten" besuchten vorher Lehrgänge der genannten Heimvolkshochschulen.[11]

Die Kurse erforderten dennoch von den Lehrern besonderes pädagogisches Können und bedeutendes Engagement. Sie stellten keine Kopie der höheren Schulen dar wie die späteren „Abendgymnasien", das Provinzial-Schulkollegium billigte ihnen besondere Unterrichtsinhalte zu. Es wurden deshalb nur erwachsenenpädagogisch begabte Lehrer eingesetzt. Ihr Leiter über die Bildungssituation: Den Teilnehmern sei systematische geistige Arbeit „ganz fremd", die Kenntnis ihrer Methoden müsse erst „unter vieler Mühe" angeeignet werden, viel „dogmatischer, zum Teil aus autodidaktischen Jugendgemeinschaften stammender Glaube" sei zu überwinden; er verwies auf die „anders geartete unselbständig machende Maschinenarbeit". Das war zwar zugespitzt formuliert, aber es entsprach den Gegebenheiten: Gegen die Herrschaft der „Phrase", hier der „marxistischen", war gewiß „nüchterner Tatsachensinn zu pflegen".[12] Die zunächst „ganz freie, hochschulmäßige" Form des Unterrichts wurde deshalb schon nach kurzer Zeit aufgegeben. Man lernte nun in arbeitsteiliger Gemeinschaft, wie es in den anderen Schulzweigen des Kaiser-Friedrich-Realgymnasiums üblich war. Die Lehrpläne der „Arbeiterkurse" mußten noch häufiger als dort durchdacht werden. Ein „Protokoll der Konferenz über den Arbeiterkursus II vom 17. Mai 1926" belegt dies sinnfällig. Man diskutierte über die Ausarbeitung langfristig gültiger Lehrpläne und die Auswahl möglichst lebensnaher Unterrichtsinhalte. Das an den höheren Schulen übliche Pauken sollte im Fremdsprachenunterricht „unter allen Umständen" vermieden werden und im Geschichtsunterricht die „chronologische Methode".

Es kam zu bitteren Enttäuschungen, sogar ein Selbstmord aus Angst zu versagen ereignete sich, denn die an die Lernenden gestellten Ansprüche waren außerordentlich hoch. Auch Dr. Löwenstein erklärte, solche Kurse seien „nur zu empfehlen für besonders energische und besonders begabte junge Leute" (*Volkswille* Braunschweig v. 19. 5. 29, Beil.). Wer das Abitur erreichte, hatte Außerordentliches geleistet. Die Selbstverwaltung erreichte ein ganz anderes Niveau als in den Schulen. Es existierte sogar eine von den Kursteilnehmern geführte „Ausgleichskasse", in die alle Stipendien hineingegeben wurden, um dann gleichmäßig unter alle aufgeteilt zu werden, während es vorher Sache des Zufalls blieb, ob ein Kursteilnehmer aus einem Land wie Sachsen kam oder einem anderen, das wenig zahlte. Auch bei der Aufnahme neuer Kursteilnehmer hatte man „ein wichtiges Wort" mitzusprechen, was von der Leitung der Kurse als sehr willkommene Unterstützung begrüßt wurde (KARSEN 1930, S. 5).

Die Arbeiter-Abiturienten-Kurse wurden als unerhörter Angriff auf das Ausbildungsmonopol der höheren Schulen empfunden. Man bezeichnete sie als „Schnellbleiche" und „Parteischule", eingerichtet für „marxistische Funktionäre", über die „Parteigänger"[13] in staatliche Positionen hineingeschoben werden sollten, obwohl eine Ausbildung im Sinne parteipolitischer Ausrichtung ausgeschlossen wurde und im Unterricht nur die „Pflege des Gedankens der demokratischen Republik und

Naturwissenschaftlicher Unterricht. Bericht über die Arbeiterabiturientenkurse in *Unser Weg* 2. Ausgabe Neukölln, Wahlinfo der SPD, o.J. — *Arbeitsstelle Schulgesch. Berlins, FU Berlin*

der Völkerverständigung" entsprechend der Reichsverfassung erfolgen sollte.¹⁴ Aber Völkerverständigung war nach Ansicht Deutschnationaler bereits Landesverrat. Andererseits vereinnahmte die SPD von Neukölln die Kurse kurzerhand als eigene Leistung, was den Eindruck „Parteischule" verstärkte. In einem Wahlkampfblatt von 1929 war zu lesen: „Neuköllner Sozialdemokraten richteten 1923 den ersten Kursus für begabte Arbeiter und Arbeiterinnen ein ... Die jungen Proletarier erhalten unentgeltlich Unterricht und nach Möglichkeit freie Wohnung, Wirtschaftsbeihilfen, Halbtagsbeschäftigung. 26 dieser Teilnehmer haben bereits die Reifeprüfung bestanden. Weitere 100 werden noch vorbereitet" (*Unser Weg*, 2. Ausg. f. Neuk., o. J. [1929], S. 2).

Ein Studienrat deutschnationaler Richtung verfaßte für die Presse der Deutschnationalen Volkspartei (DNVP) den folgenden Text (in den Klammern Hinweise auf Unrichtigkeiten):

Die Karsens Schule „seit 1922 [1923] angegliederten Arbeiterkurse, zu deren Teilnahme man der Empfehlung der sozialistischen Parteien bedarf [?], haben sich das unmögliche Ziel gesteckt, Arbeiter von 20 bis 30 Jahren [18-25 Jahren], die keine andere Bildung [Schulbildung] als die der Volksschule haben dürfen, in drei Jahren zum Abiturium zu bringen. Sämtliche Schüler bekommen außer freier Unterweisung und freien Barmitteln [?] eine Subvention von monatlich 100 Mark [40-100 RM]". Die Allgemeinheit habe an diesem „unsozialen und dilettantischen" Unterrichtsexperiment kein Interesse, die Schüler hätten nur Schaden: „sie haben auf Grund ihrer unzulänglichen Ausbildung, ihres vorgerückten Alters, ihrer schwierigen wirtschaftlichen Lage keine Möglichkeit, sich auf den Hochschulen zurechtzufinden, sie haben aber oft sehr gute [?] Stellungen aufgegeben und für immer verloren. Öffentliche Gelder werden in großem Umfange im Dienste einer Utopie vertan, begabten Schülern armer oder in Not geratener Eltern entzogen, kurz der berechtigten Forderung: Freie Bahn dem Tüchtigen wird ihr eigentlicher Sinn genommen."¹⁵

Wegen der Absicherung über das Kuratorium blieben Angriffe dieser Art ohne Wirkung. Dr. Karsen bemerkte gegen solche Kritik, das Schreckgespenst der „sozialdemokratischen Funktionäre" könne nur dem erscheinen, „der die Unbildung der Massen als Hintergrund für die Klassenherrschaft einer Minderheit konsequent erhalten will, aber die Republik bekämpft, deren Vorbedingung die Bildung der Massen ist" (*Vorwärts* v. 14.5.26, Abendausg.). Als jedoch die Zuschüsse des Reiches und Preußens aus nicht erkennbarem Grund 1930 plötzlich ausblieben, schien die Stunde der Gegner bereits gekommen. In der Groß-Berliner Stadtverordnetenversammlung diskutierte man am 15. Januar 1931 über die Vorlage Nr. 899 „betreffend Neuorganisation der Arbeiter-Abiturientenkurse in Neukölln":

Die Deutsche Volkspartei (DVP) erklärte, es sei unmöglich, daß Groß-Berlin die Mittel für die Kurse aufbringe. Der Reichs- und der preußische Staatszuschuß werde künftig nicht mehr zu erwarten sein, überdies sei in einigen Jahren mit einem „Heer von einigen hunderttausend stellungslosen Vollakademikern" zu rechnen. Die hervorragend Begabten aus der Arbeiterschaft solle man auf das Berliner Abendgymnasium verweisen. Die Deutschnationale Volkspartei (DNVP) setzte hinzu, es gäbe im Vaterlande bereits genügend andere Bildungsmöglichkeiten. Die Zentrum-Partei widersprach zwar der geforderten sofortigen Auflösung, aber nur deshalb, weil man für die Schüler Verpflichtungen übernommen habe, weshalb „nichts weiter übrig" bleibe, als die

Kurse „zunächst einmal" weiterzuführen, aber der Magistrat möge prüfen, ob sie sich nicht mit dem Abendgymnasium in eine „innere Verbindung" bringen ließen, um „dadurch überflüssig" zu werden. Der Stadtschulrat, der jede Veränderung des Status ablehnte, konnte indes mitteilen: „Die erwarteten Zuschüsse von Reich und Staat [Preußen] sind bereits für das laufende Etatjahr gezahlt worden." Die Kurse in das 1927 gegründete Berliner „Abendgymnasium" einzugliedern, hielt er wegen der „grundverschiedenen Struktur" für „kaum möglich".[16] Der Magistrat entsandte daraufhin zwei weitere Vertreter in das Neuköllner Kuratorium. Der Groß-Berliner Haushaltsplan enthielt 1931 einen neuen Haushaltstitel: „XV/I, Lehrgang zur Vorbereitung ehemaliger Volksschüler auf die Reifeprüfung", ausgestattet mit 33 350 RM für persönliche Aufwendungen und 10 000 RM für Wirtschaftsbeihilfen. Für 1932 kamen 42 540 RM bzw. 7 500 RM in Anschlag.

Die Kurse standen jetzt trotz wirklich verzweifelter Finanzlage unter der etatmäßigen Hauptverantwortung des Magistrats von Groß-Berlin. Der Stadtschulrat setzte sich energisch für sie ein, verglich ihre Schüler mit denen der höheren Schulen und erklärte am 15. Januar 1932, auch die höheren Schulen dürften nur wirklich Begabten offenstehen. Lege man den Begabungsmaßstab der Arbeiter-Abiturienten-Kurse und des Abendgymnasiums an sie an, käme man zur „Ausmerzung einer sehr großen Zahl" ihrer Schüler. „Dann hätten wir auch keine Überfüllung der Universitäten und Hochschulen, und dann hätten wir auch kein starkes akademisches Proletariat für die nächsten Jahre in großer Zahl zu erwarten" (ebd., S. 52).

Die Tatkraft des Bildungspolitikers Dr. Löwenstein und des Schulreformers Dr. Karsen ließen die Neuköllner Arbeiter-Abiturienten-Kurse zu einer im Deutschen Reich bis 1933 ständig vorhandenen Einrichtung werden, zum Beginn des „Zweiten Bildungsweges", denn das erste deutsche „Abendgymnasium" entstand erst 1927. Auch innerhalb der von Dr. Karsen geleiteten großen Reformschule in der Kaiser-Friedrich-Straße hatten sie Bedeutung. Bis 1932 erreichten 238 Schülerinnen und Schüler ihres Realgymnasiums das Abitur, 133 ihrer Aufbauschule und 112 Teilnehmer/innen der Arbeiter-Abiturienten-Kurse; bis 1933 erreichten dann mindestens 150 „Arbeiterkursisten" das Abitur,[17] die weiteren kamen nicht mehr in die Prüfung. Der zweite Kursus begann im Oktober 1925, der dritte 1927, dann wurde in jedem Jahr ein weiterer mit jeweils zwei Klassen eröffnet. Für den zweiten Lehrgang meldeten sich mehr als 200 Bewerberinnen und Bewerber, von denen 45 aufgenommen wurden. 1931 kamen von Hunderten Bewerberinnen und Bewerbern 180 in die engere Wahl; 48 von ihnen bestanden die Aufnahmeprüfung, davon zehn Frauen. Im Dezember 1932 gab es sechs Klassen „Arbeiterkurse". Schon aus dem ersten Kursus kamen sechs Abiturientinnen, die sämtlich ein Studium aufnahmen.[18] 1930 bestanden alle 25 Prüflinge das Abitur, dreizehn mit „gut". Im Februar 1933 fand die letzte Abiturprüfung statt. Alle 21 Kandidaten bestanden sie, 75 Prozent mit „ausgezeichnet" oder „gut" (*Die Welt am Montag* v. 27.2.33). Auch die hohe Zahl der in die „Studienstiftung des deutschen Volkes" aufgenommenen Neuköllner Arbeiterabiturienten ist bemerkenswert. Die nur Hochbegabte fördernde Stiftung bestätigte „ungewöhnliche Kraft und Selbständigkeit des Urteils" und einen „ausgezeichneten Studieneindruck" (nach RADDE, S. 177). In der Darstellung des Abteilungsdirektors des Provizial-Schulkollegiums E. Kummerow: „Begabtenförderung in Preußen", veröffentlicht 1931, wurde betont, daß die Teilnehmer der Neuköllner Kurse „sorgfältig ausgewählt" seien und „erhebliche

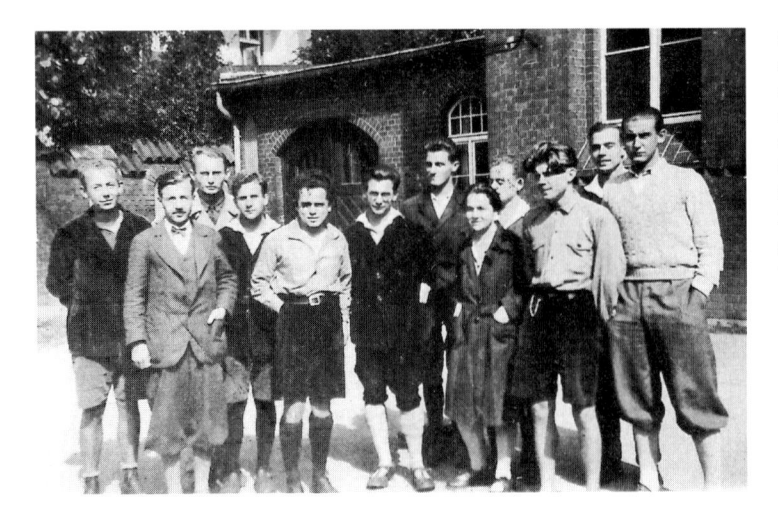

Schüler des Arbeiterabiturientenkurses von 1930 vor der Karl-Marx-Schule; rechts Stefan Thomas, der später stellvertretender Intendant des Deutschlandfunks war; 6. v.r. Fritz Flach, später leitender Angestellter in der Wirtschaft
— *Privatbesitz Flach*

Geldunterstützungen" erhalten. Die ihnen beigemessene Bedeutung ist auch am Eintrag im *Führer durch das deutsche Bildungswesen – Berlin* zu erkennen, den 1930 das Zentralinstitut für Erziehung und Unterricht herausgab.

Zuletzt sei noch erwähnt, daß ein nationalsozialistischer Lehrer, der die „Sensation und den Stolz" der Karsen-Schule im September 1930 besuchte, nach herabwürdigenden Ausfällen gegen deren Lehrer zu der bemerkenswerten Feststellung kam, die er im NS-Organ *Der Angriff* vom 21. 9. 1930 drucken ließ: „Die Anwärterzahl ist ... groß, und die Sichtung, die man in ‚Tests' und Begabungsprüfungen vornimmt, entsprechend streng, so streng immerhin, daß ich mich nicht entsinnen kann, je zuvor eine ähnliche Auslese an fähigen und gesunden Menschen dieses Standes vor mir gesehen zu haben".

Leider lassen sich wegen fehlender Unterlagen keine repräsentativen Aussagen über die Berufswege der Neuköllner Arbeiterabiturienten machen. Aber die uns bekannt gewordenen beruflichen Positionen sprechen für sich: Lehrer bzw. Lehrerin, Gewerbeoberlehrer, Oberstudiendirektor, Landtagsabgeordneter, Bundestagsabgeordneter, Bezirksstadtrat (Dezernent), Bezirksbürgermeister, Oberbürgermeister, Magistratsdirektor, Oberstadtdirektor, Verwaltungsdirektor, Arbeitsamtsleiter, Oberregierungsrat, Ministerialbeamter, leitender Angestellter in der Wirtschaft, Arzt, Verlagslektor, Universitätsmitarbeiter, Rundfunkprogrammdirektor. Der schon genannte Bruno Gleitze, Mitinitiator des ersten Kurses von 1923, wurde Diplom-Volkswirt, dann Dr. rer. ök., 1946 ordentlicher Professor für Statistik an der Berliner Universität und 1966 Wirtschafts- und Verkehrsminister des Landes Nordrhein-Westfalen.[19]

Der Hamburger und der Neuköllner Kursus entstanden 1923 ohne Absprache. Der thüringische Volksbildungsminister Max Greil und Dr. Kurt Löwenstein standen sich indes politisch nahe, denn beide gehörten bis 1922 der USPD an. Es war kein Zufall, daß der mit der Leitung der einzurichtenden thüringischen Arbeiter-Abiturienten-Kurse zum 1. Oktober 1923 nach Weimar berufene Studienrat Dr. August Siemsen zuvor in Berlin-Neukölln als Studienrat arbeitete, wo er in Verbindung mit Dr. Löwenstein stand. Man kann davon ausgehen, daß der großzügige thüringische Plan mit Dr. Löwenstein abgestimmt und von Neukölln übernommen wurde. Die darin vorgesehene Anbindung an die Berufsschulen und Volkshochschulen entsprach auch der Vorstellung Dr. Karsens, der die Kurse aus ihrer „Sonderstellung" befreien und in das „System des Schulwesens überhaupt organisch eingliedern" wollte (KARSEN 1930, S. 6), also ein Ausleseverfahren über die Berufsschulen und Volkshochschulen wünschte mit der Konsequenz der Einrichtung von Arbeiter-Abiturienten-Kursen auch in anderen Großstädten des Deutschen Reiches.

Zu den ersten im Jahre 1933 von der NSDAP/DNVP-Regierung aufgelösten Bildungsinstitutionen der Weimarer Republik gehörte die „berüchtigte Neuköllner Einrichtung" (*Berliner illustrierte Nachtausgabe* v. 31. 3. 33) der Arbeiter-Abiturienten-Kurse, mit der 1923 in Deutschland der Zweite Bildungsweg eröffnet wurde.

Anmerkungen

1 *Zentralblatt für die gesamte Unterrichtsverwaltung Preußens* (1923), 322ff., 341f.

2 P. Th. Hoffmann: *Neues Altona 1919-1929*. Jena 1929, S. 141f.; *Pädagogisches Zentralblatt 9* (1929), 426-443. Für Hamburg: Angaben der Behörde für Schule, Jugend und Berufsbildung (OSchR. E. Graf) an den Verf. vom 2. 3. 89

3 *Amtsblatt des Thüringischen Ministerium für Volksbildung 2*, Nr. 17 (1923), 218; Mitteilungen des StA Weimar vom 18. 12. 90 und 30. 1. 91 an den Verf.

4 Universitätsarchiv Jena, Akte Bestand M, Nr. 681 (10), (11)

5 Dr. Paul Nevermann, Teilnehmer des Hamburger Kurses von 1923, meint irrtümlich, daß die Arbeiter-Abiturienten-Kurse „erstmalig vom Hamburger Senat und damit auch erstmalig in Deutschland überhaupt durchgeführt wurden" (*Paul Nevermann. Metallarbeiter, Bürgermeister, Mieterpräsident. Festschrift*. Köln 1977, S. 245).

6 Angabe von Grete Fuchs in *Die Genossin 5*, Nr. 8 (1928), 5. Die nicht nachgewiesenen Angaben sind Veröffentlichungen F. Karsens entnommen, sie stützen sich ferner auf Berichte von Arbeiterabiturienten und insbes. auf G. Radde: *Fritz Karsen. Ein Berliner Schulreformer der Weimarer Zeit*. Berlin 1973, S. 160-179

7 Kuratorium für den Lehrgang zur Vorbereitung ehemaliger Volksschüler auf die Reifeprüfung, 1927 (Faltblatt), S. 1f.

8 F. Karsen — *Sozialistische Bildung* (1927), 107

9 F. Karsen — *Sozialistische Erziehung 2*, Nr. 6 (1926), 21

10 W. Korthaase: „Tinz und Dreißigacker." — *das forum*, H.4 (1991)

11 Nach Mittelg. von Kursteilnehmern an den Verf.; vgl. auch E. Weitsch in *Pädagogisches Zentralblatt 8* (1928), 458

12 F. Karsen: *Arbeiterkurse in Neukölln*. (Faltblatt) Feb. 1930, S. 4. Zu den Unterrichtsinhalten siehe G. Radde 1973, S. 171f.

13 *Deutsche Allgemeine Zeitung* v. 30. 12. 31; *Berliner illustrierte Nachtausgabe* v. 22. 2. 33; ebd., 31. 3. 33

14 F. Karsen — *Pädagogisches Zentralblatt 8* (1928), 443

15 K. Schwedtke — *Deutsche Allgemeine Zeitung* v. 30. 12. 31

16 Stenograph. Berichte über die Sitzung der Berliner Stadtverordnetenversammlung am 15. 1. 1931, 2. Sitzg., S. 52

17 Es fehlen die Daten des VI. Kurses (1933!)

18 G. Fuchs — *Die Genossin 5.*, Nr. 8 (1928), 285

19 Nach Angaben von Willi Schulz, Fritz Flach, Herbert Pührer, Bruno Gleitze, Karl Frank, Hans Gottlieb, Stephan Thomas. Vgl. ferner G. Radde 1973, S. 338f.

Dokument 4   Fritz Karsen

Neue Schule in Neukölln

Für den Schulleiter ist es eine der interessantesten psychologischen Erfahrungen, wie wenig die Eltern sich vorstellen können, daß die Schule heute anders aussieht als zu ihrer Zeit. An alle technischen Errungenschaften unserer Zeit haben sie sich gewöhnt, sie könnten ohne sie nicht existieren. Nur die Schule lebt bloß als Erinnerungsbild bei ihnen, und es gibt in meinem Amtszimmer die köstlichsten Entrüstungen von Eltern, die nicht begreifen können, daß es keine Strafen mehr geben soll, daß man nicht bestimmte Lehrbücher zugrunde legt, nach denen Lektion für Lektion entweder in der Schule oder bei schwachen Schülern durch Nachhilfestunden eingetrichtert werden kann, daß man keine Hausarbeiten aufgibt, die alle Schüler in gleicher Weise erledigen müssen, daß der Lehrer nicht am nächsten Tage mit dem Buch in der Hand kontrolliert und seine wichtigen Notizen einträgt, daß die Klassenarbeiten nicht auf einen bestimmten Tag der Woche fallen und nicht vom Lehrer zensiert und von den Eltern unterschrieben werden müssen, daß am Ende gar die Zensuren einer freieren Form der Beurteilung weichen sollen und damit die Versetzungsthematik erschwert wird. Was soll man denn nun eigentlich als Vater oder als Mutter machen? Man weiß ja nicht mehr, wie man dem Kind zu Hause helfen soll, wenn alles so fürchterlich verändert ist. Man weiß nicht einmal, ob das Kind ein mäßiger oder schlechter Schüler ist, wenn diese neumodische Form der Beurteilung einreißt. –

Da bleibt nun wirklich nur eins übrig: man geht selbst einmal in die Schule und sieht sich an, was da gearbeitet wird. Ja ist denn das erlaubt? War nicht bisher die Schule ein Heiligtum, in das kein Uneingeweihter hineingelassen wurde? Man scheut vor der Tür. Wird es wirklich keinen Aufstand geben mit Strammstehn und der üblichen Störung des Unterrichts? Man kommt hinein, etwas verlegen, und begreift schließlich, daß man sich auf einen leeren Stuhl setzen darf. Man sieht, daß diese Kinder, Jungens und Mädels, gar nicht in Reih und Glied aufstehen könnten; denn sie sitzen auf Stühlen und an Arbeitstischen, und sie haben eine wirkliche Beschäfti-

Bericht aus einer unbekannten Zeitschrift über den Unterricht in zwei Berliner Aufbauschulen: an Karsens Kaiser-Friedrich-Realgymnasium und an der Luisenstädtischen Studienanstalt, o.J.
— *Arbeitsstelle Schulgesch. Berlins, FU Berlin*

Der Schüler führt die Unterrichtsstunde, der Lehrer sitzt rechts und hört zu

Neuartiges Klassenbild: Die Schüler an Tischen, der Lehrer zwischen ihnen

gung, die sie mehr interessiert als der Mensch, der zur Tür hereinkommt und der früher jeder Klasse eine angenehme Abwechslung bedeutet hätte. Der nächste Blick sucht den Lehrer. Es ist keiner zu entdecken. Aber die Kinder arbeiten trotzdem. Sie hören dem Bericht eines Kameraden zu, sie lassen ihn ausreden, wenn es nicht gar zu lange dauert, und kritisieren ihn dann in einer leidenschaftlichen und doch ziemlich geordneten Weise. Schließlich entdeckt man auch den Lehrer, als er zum Schluß der Diskussion einige Anregungen gibt. Auch er kommt erst in der Reihenfolge der Wortmeldungen heran, ohne irgendeinen Vorrang zu beanspruchen.

Eine andere Klasse. Da wird überhaupt nicht geredet. An zusammengerückten Tischen sitzen die Schüler in Gruppen, vor ihnen liegt Arbeitsgerät, Nachschlagebücher und Spezialwerke, auch Zeichenmaterial der verschiedensten Art. Und in den Gruppen verhandeln die Schüler miteinander, und wieder bemerkt man das eigentümliche Interesse, mit dem jede Gruppe bei der Arbeit ist. Man sieht den Lehrer von Gruppe zu Gruppe laufen, gelegentlich wird er auch einmal gerufen, dann beantwortete er Fragen und hilft auch einmal weiter. Hat man Geduld, das Ende abzuwarten, dann sieht man, daß diese einzelnen Gruppen gar nicht getrennt arbeiten, sondern daß sie alle die Unterteile ein und derselben Aufgabe bearbeitet haben und nun zur Zusammenstellung und gegenseitigen Kontrolle ihrer Ergebnisse zusammentreten.

Eine dritte Klasse. Hier läßt man den Besucher auf einmal nicht gern hinein. Er erfährt, daß hier Dinge verhandelt werden, die das Schicksal der Klasse sehr intim berühren. Aber hier möchte er nun grade dabei sein und bekommt schließlich auch die Genehmigung. Er stellt zunächst fest, daß hier offenbar sämtliche Lehrer der Klasse mit den Schülern zusammen sind. Die Schüler äußern sich über einen Lehrer, der neu in die Klasse gekommen ist und von den Gepflogenheiten dieser Schule noch keine Ahnung hat. Da wird mit einer unerhörten Offenheit jede Einzelheit aus seinem Unterricht hervorgeholt, da geht man mit derselben Offenheit gegen die Schüler an, die nach seiner Meinung nicht das richtige Betragen gezeigt haben, und gibt der Klasse die Schuld, daß nicht alles geklappt hat, wie es sollte. Schließlich kommt es zu einer vorläufigen Einigung. Man wird es noch einmal versuchen, vielleicht wird es bei beiderseitigem guten Willen gut gehen, sonst, das sieht man, ist die Scheidung unvermeidlich.

Was man sich da abspielen sieht, kann wirklich nicht so „gemacht" werden, sondern hat Gründe, die nur der ernsthafte Mitarbeiter nach und nach begriffen. Sie liegen einmal in dem Milieu, aus dem unsere Schüler stammen, ferner in einer straff durchgeführten Organisation, die jedoch auf kollektivistischen und nicht mehr auf individualistisch-autokratischen Prinzipien

Mittagstisch im Freien    Biologie am lebenden Objekt    Erdkunde: Einführung in das Kartenlesen

ruht. Wir haben fast nur Arbeiterkinder, die unbelastet von all den Kulturwerten zu uns kommen, an die die bürgerlich-anständige Familie glaubt oder zu glauben vorgibt. Kulturwert ist und hat für sie nur, was für ihre Gegenwart und Zukunft in weitestem Sinne Lebenswert hat, was ihnen und ihrer Klasse die Mittel gibt, die soziale Lage, unter der sie leiden, als geschichtlich geworden zu verstehen und durch ihre zukünftige Arbeit umzugestalten. Darum ist ihnen all das, was die Schule bietet, die den ganzen Unterricht unter dem Gesichtspunkt des sozialen Lebens der Gegenwart konzentriert, kein toter Stoff, mit dem man Berechtigungen erlangt, sondern alles wird leidenschaftlich ergriffen, aktiv bearbeitet und immerfort mit dem persönlichen Leben in Beziehung gebracht. Darum haben wir nicht eine methodische Arbeitsschule, sondern ein wirklich aktives geistiges Leben der Jugend; darum diese unbefangene Äußerung, die den Besucher frappiert.

Aus dem Milieu der Kinder wächst eigentlich auch die Organisation auf kollektivistischer Grundlage hervor. Denn das ist das Positive, was die Kinder mitbringen: der Glaube an die Macht kollektiver Arbeit und kollektiver Organisationen. Also steht hinter der einzelnen Arbeitsleistung ein Plan der Gesamt-Gemeinschaft der Schule, der unter Zusammenwirken der Lehrerschaft und der Schüler in gemeinsamen Konferenzen aufgebaut wird und jeder Klasse die Arbeitsleistung zuteilt. Also steht hinter dem Bericht des einzelnen Schülers der gemeinsame Arbeitsplan der Gruppe, der wieder jedem einzelnen seinen Arbeitsanteil an der Kollektivleistung zumißt. Also steht am Ende des Jahres auch nicht die Prüfung des Direktors oder des Lehrers, die in der Zensur resultiert, sondern der Bericht jedes Schülers über die Ergebnisse seiner Arbeit, der Fachbericht der Klassengemeinschaft über die Ergebnisse in den einzelnen Fächern und schließlich die Gesamtausstellung, bei der die Klasse ihre sämtlichen Berichte und ihre sämtlichen Arbeiten der Kritik aller anderen Klassen darbietet. Die gegenseitige Kontrolle und das gegenseitige Helfen hebt die Schule auf ein höheres Niveau, als irgendeine autoritative Aufsicht es tun könnte.

Diese Organisation ist aber nur durchführbar, wenn sie getragen wird von einer einheitlichen Arbeitsgesinnung des Kollegiums in sachlicher Zusammenarbeit untereinander und mit den Eltern und Schülern.

Darum reden wir in dieser Schule nicht vom Direktor und dem Kollegium und den Schülern und den Eltern, sondern wir sagen: Wir! und meinen: unsere Schule als unser Werk!

Die Weltbühne, 25, Nr. 18 (1929), 670-672

Eine Geschichtsstunde auf Liegestühlen im Freien

Beim Werkunterricht: Zu Beginn des Schuljahres wird das Material instand gesetzt

Hauswirtschaftlicher Unterricht ist an den Aufbauschulen eingeführt

Gerd Radde

Fritz Karsens Reformwerk in Berlin-Neukölln

Von Breslau über Berlin und New York nach Guayaquil/Ecuador

Der am 11. November 1885 in Breslau geborene Fritz Karsen hatte das dortige Johannes-Gymnasium absolviert, danach an der Universität seiner Vaterstadt Germanistik, Anglistik, Sanskrit / Vergleichende Philologie und Philosophie studiert und 1908 mit einer Arbeit über „Henryk Steffens' Romane" promoviert.[1] Nach dem Staatsexamen im Jahre 1909 legte er Erweiterungsprüfungen für die Fächer Französisch sowie Turnen und Spielen ab.

Noch vor dem Ende des I. Weltkrieges kam er als Oberlehrer im Alter von knapp 33 Jahren an die Luise-Henriette-Schule in Berlin-Tempelhof. Hier im Raum der Reichshauptstadt zeigte er sich bald als politisch-pädagodisch engagierter Kollege. Bereits 1918/19 tritt er im überwiegend nationalistisch-konservativ eingestellten Philologenverband als Frondeur hervor; am 1. Mai 1919 wird er Mitglied der Sozialdemokratischen Partei Deutschlands; im September gleichen Jahres ist er an der Seite Paul Oestreichs, Franz Hilkers, Siegfried Kaweraus, Otto Kochs und weiterer Oberlehrer Mitbegründer des *Bundes entschiedener Schulreformer*. Von dieser Ausgangsstellung her sollte er bald zu den exponierten Gestalten und Gestaltern der sozialistischen Reformpädagogik in der Weimarer Republik gehören. Schon 1919 trat er im Oktober als Tagungsredner im *Bund entschiedener Schulreformer* hervor; er war auch dessen Hauptberichterstatter auf der Reichsschulkonferenz im Juni 1920. In der Bewegung der *neuen Schulen* (Gemeinschaftsschulen) wirkte er in enger Zusammenarbeit mit dem Berliner Oberstadtschulrat Wilhelm Paulsen, dem Neuköllner Stadtschulrat Dr. Kurt Löwenstein und Paulsens späterem Nachfolger Jens Nydahl als dynamische Kraft – mit öffentlichen Vorträgen, auf Kongressen und erst recht durch Publikationen.

Gemeinschaftsarbeit im Zeichen einer produktiven Solidarität wurde ihm wichtig, nicht der romantisierende Gedanke einer „heilen" Gemeinschaft. Von daher gestaltete er in Berlin-Neukölln eine Versuchsschule als gesellschaftsbezogene Arbeits- und Lebensstätte der Jugend – nach akzentuierten Prinzipien einer weitreichenden Schülermitgestaltung und -mitverantwortung. Diese *neue Schule* wurde als Karl-Marx-Schule weithin bekannt. Weiterführende Impulse erhielt Karsen auf Studienreisen (z.B. in die Sowjetunion und die USA) und nicht zuletzt durch das Studium der Pädagogik des Auslands; um der unmittelbaren Praxis willen betrieb er bereits Vergleichende Erziehungswissenschaft.[2] Auf diesem Gebiet war er Anfang der dreißiger Jahre auch als Lehrbeauftragter an der Berliner Universität tätig.

Gleich im Februar 1933 gehörte Karsen zu dem geistigen Potential jener Menschen, die nach der Machtübergabe an Hitler recht- und gesetzlos aus ihrem beruflichen Wirken gerissen wurden. Rust, der kommissarisch eingesetzte NS-Minister für Wissenschaft,

Kunst und Volksbildung in Preußen, „beurlaubte" ihn bereits am 21. Februar 1933 mit außergewöhnlichem Eklat als Oberstudiendirektor an der Karl-Marx-Schule. Er wollte deren Versuchsarbeit, die bei Kennern im In- und Ausland als wichtiger reformpädagogischer Beitrag zur Demokratisierung von Bildung und Erziehung galt, alsbald zerschlagen und begann mit dem „Abschuß" des Spiritus rector (siehe auch D. MISCHON-VOSSELMANN in diesem Band).

Als effektive agitatorische Handreichung – oder besser: Vorarbeit – für den folgenreichen Schlag gegen Karsen und seine Schule darf die Pressekampagne des Neuköllner Studienrats Dr. Kurt Schwedtke bezeichnet werden. Seine Artikel gegen die an Karsens Schule gestaltete Reformpädagogik bildeten offenbar die Basis der „Beschwerden gegen Geist und Verfassung" der Karl-Marx-Schule.³

Aus der Feder dieses zunächst scheinbar unpolitischen, aber national-konservativ eingestellten Neuphilologen, der dann NS-Parteigenosse (ausführlich dazu E. MEIER in diesem Band) und an Karsens Stelle Oberstudiendirektor wurde, waren allein in den 13 Monaten vor dem 30. Januar 1933 insgesamt 13 mehr oder weniger polemisch-aggressive Aufsätze erschienen: in der *Deutschen Allgemeinen Zeitung*, der *Berliner Börsenzeitung*, der *Berliner Front*, im *Reichsboten* sowie in der *Nationalsozialistischen Erziehung*. Diese Artikel gipfelten in der Diffamierung der Karl-Marx-Schule als Stätte eines „Schulbolschewismus" und als „Irrgarten marxistischer Erziehung". In seiner Streit- und Schmähschrift *Nie wieder Karl-Marx-Schule!* (1933) hat Schwedtke die publizistischen Kontroversen um Karsen und seine Schule sozusagen bilanziert: Zwischen Dezember 1931 und dem Zeitpunkt von Karsens „Beurlaubung" waren insgesamt „108 Aufsätze gegen die Karl-Marx-Schule" erschienen; 50 hatten für sie Partei ergriffen, z.B. der

Fritz Karsen — *Privatbesitz Radde*

Vorwärts, die *Rote Fahne*, das *Berliner Tageblatt*, *Berlin am Morgen*, die *Vossische Zeitung*. In diesen Beiträgen hatten sich Karsen und Löwenstein zu wehren gewußt, unterstützt von Journalisten der demokratischen Presse.

In der Perspektive der heraufziehenden NS-Herrschaft hat Schwedtke mit seinen eigenen „Beiträgen" auch diese aufklärenden Stellungnahmen für die Nachwelt überliefert – und so eine Handreichung für jene Kommission geboten, die nach 1945 im Bezirksamt Wilmersdorf unter Federführung des von den Nazis entlassenen Karsen-Kollegen Dr. Werner Bloch sein Gesuch um Wiedereinstellung in den Schuldienst zu bearbeiten hatte (siehe auch E. MEIER in diesem Band). Dabei konnte Bloch u.a. Karsens ironische Reaktion auf zwei Schwedtke-Aufsätze in der *Deutschen Allgemeinen Zeitung* nachlesen (siehe Auszug aus dem *Vorwärts* in diesem Band). Nicht zuletzt aufgrund solcher Gegenwehr verstärkte

Schwedtke damals seine Verfolgungstaktik noch: er sprach zusätzlich „im Auftrag des Nationalsozialistischen Lehrerbundes" in öffentlichen Versammlungen vor zahlreichen Berliner Lehrern und Eltern immer aufs neue über das vermeintliche Übel des „Kulturbolschewismus an der Karl-Marx-Schule" (SCHWEDTKE 1933, S. 62). Man kann sagen, seine erziehungspolitischen Agitationsmuster waren durchaus geeignet, dem klar auf Kriegskurs eingestellten politischen Abenteuertum eines Hitler[4] den Weg zu bahnen.

In der Nacht, als der Reichstag brannte, konnte Karsen zusammen mit seiner Frau und der damals nicht ganz 14jährigen Tochter Sonja mit knapper Not Berlin verlassen und sich so dem Zugriff der Schergen entziehen.[5] Über Zürich, Paris, Bogotá gelangte Fritz Karsen im Jahre 1938 in die USA. Sechs Jahre später erhielt er deren Staatsbürgerschaft. Als stellungsloser Emigrant hatte er das harte Ringen um den existentiellen Neuanfang erlebt. Als er endlich am City College in New York eine feste Anstellung als Instructor in der Deutschen Abteilung erhalten hatte, trat eine anspruchsvolle Aufgabe an ihn heran: er wurde „Chief, Higher Education and Teacher Training" bei der amerikanischen Militärregierung unter General Clay in Berlin. 1948 kehrte er in die USA zurück und wurde zum Associate Professor für Pädagogik am Brooklyn College in New York berufen.

Karsens letzte Aufgabe führte ihn noch einmal nach Südamerika: er sollte im Auftrage der UNESCO das Universitätswesen in Ecuador neu gestalten. Das Brooklyn College hatte ihn für ein Jahr freigestellt. Seine Arbeit wurde von dem Erziehungsministerium in Quito sehr geschätzt. Aber am 25. August 1951 setzte ein Gehirnschlag seinem Leben ein Ende – auf der Fahrt über den Guayas-Fluß bei der Rückkehr nach Guayaquil. Dort erhielt er, hochgeehrt und international gewürdigt, seine letzte Ruhestätte.

Karsens Wirken in Neukölln

Der vorausgegangene biographische Abriß hat gezeigt, daß Fritz Karsen in den letzten 15 Jahren seines Lebens vornehmlich als Erziehungswissenschaftler und international reputierter Berater in Bildungsfragen gewirkt hat. Neuerdings sind auch diese Seiten seines Schaffens, die ansatzweise bereits in der Weimarer Zeit erkennbar waren, Gegenstand der Forschung.[6] Im Rahmen des hier vorgegebenen Themas soll indessen auf das in sich bündige Berliner Gesamtreformwerk geblickt werden. Es kann kein Zweifel sein, daß Karsen damit einen bleibenden Beitrag zur deutschen Reformpädagogik während der Weimarer Zeit geleistet hat.

Zur Vorgeschichte

Motivationaler Ausgangspunkt war Karsens Bereitschaft, die im *Bund entschiedener Schulreformer* entwickelten planerischen Ideen von einer Einheitsschule aus „republikanisch-demokratisch-sozialem Geist"[7] prinzipiell zu realisieren. Dabei sollte eine „neue Erziehung aus der Struktur der werdenden Gesellschaft"[8] hergeleitet werden. Karsens erster Reformversuch in Berlin-Lichterfelde, wo die ehemalige königlich-preußische Hauptkadettenanstalt zu einer von den neuen Grundsätzen geleiteten Staatlichen Bildungsanstalt umfunktioniert werden sollte, scheiterte an konterproduktivem Rahmenbedingungen „schwarzweißroter" Provenienz. Überdies gab es außer dem Ansatz des „Schulgemeinde"-Gedankens (noch) kein pädagogisches Konzept.

Der Mißerfolg bei der „Lichterfelderei" (OESTREICH) zeitigte ebenso belastende wie befreiende Folgewirkungen für die künftige Reformarbeit in Neukölln. Da war das Zerwürfnis mit Paul Oestreich, das ihm diese dynamische Persönlichkeit der Entschiedenen Schulreformer zum argwöhnischen Gegner machte, zur formellen Trennung vom Bund führte und somit den Verlust einer schulpolitischen Basis ergab. Da waren umgekehrt z.B. jene reaktionären Oberlehrer in Neukölln, denen sein vermeintlicher Einbruch als Vorwand für absolute Verweigerung gegenüber dem „Schulreformer Karsen" diente.[9] Andererseits wurde Karsen als wissenschaftlichem Mitarbeiter im Kultusministerium eine „schöpferische Pause" zum Studium von Versuchs- und Reformschulen eingeräumt; er konnte grundlegende Einsichten in das Potential der deutschen Reformpädagogik gewinnen und Antwort auf die Frage finden, ob die „neue Schule", die er exemplarisch realisieren, nicht mehr nur im Sinne Oestreichs agitatorisch postulieren wollte, daraus resultieren könnte. Sein Grundmuster sah er in der „revolutionären Schule" nach dem Beispiel der Hamburger Gemeinschaftsschulen.[10] Wilhelm Paulsen, einer ihrer namhaften Rektoren, kam 1921 in das neugeschaffene Amt des Berliner Oberstadtschulrats und propagierte sie hier unter dem offiziellen Namen „Lebensgemeinschaftsschule"[11] (siehe dazu G. RADDE in diesem Band). Deren Reformpädagogik, die sich in Berlin zum guten Teil bereits an den sogenannten „weltlichen" Schulen fand, war von jugendbewegt-sozialistischem Denken geprägt, zumindest von sozialen Grundeinstellungen bestimmt.[12] Paulsen entfachte eine starke Bewegung für diese „neue", undoktrinäre Schule. Sie bildete jetzt die schulpolitische Plattform für Karsens reformpädagogische Versuchsarbeit in Neukölln, wo der sozialistische Stadtschulrat Kurt Löwenstein gerade sein Amt angetreten hatte.

Von der Aufbauschule zur Gesamtschule

In Berlin war die Diskussion über Paul Oestreichs epochalen Entwurf einer „elastisch-differenzierten Einheitsschule"[13] als „Lebens- und Produktionsschule" noch im Gange, da ging Karsen mit Unterstützung Löwensteins daran, das seit langem erhobene Postulat der Einheitsschule über die Grundschule hinaus um ein weiteres Stück zu realisieren – auch im Hinblick auf die Bildungsinhalte und Lebensformen. Dazu diente ihm das Modell der 1922 eingeführten Aufbauschule, die er am Kaiser-Friedrich-Realgymnasium mit zwei Klassen eröffnete. Diese Kurzform der höheren Schule nach dem Typ der Deutschen Oberschule mit den sechs Klassenstufen Untertertia (UIII, Kl. 8) bis Oberprima (OI, Kl. 13) bot sich jetzt als weiterführender Oberbau für Volksschulkinder nach dem 7. Schuljahr an, insbesondere für die aus den Lebensgemeinschafts- und „weltlichen" Schulen. Und das bedeutete zugleich einen ersten Schritt in die Richtung einer Versuchsschule im Sinne einer Musterschule für die „werdende" (demokratisch-sozialistisch eingestellte) Gesellschaft.

Im Laufe der Zeit kamen auch andere, z.T. „gescheiterte" Schüler sonstiger höherer Lehranstalten an Karsens Aufbauschule. Allesamt begegneten hier einer offenen Pädagogik, aber es waren gerade die Mädchen und Jungen der Aufbauklassen, mit denen die Pädagogen um Karsen einen prototypischen Arbeits- und Lebensstil zu entwickeln vermochten. Der griff allmählich auch auf den grundständigen, zum Reformrealgymnasium abgewandelten Teil über, kam aber vor allem, freilich in modifizierter Form, in den 1923 eröffneten Arbeiter-Abiturientenkursen zum Tragen (siehe dazu W. KORTHAASE in diesem Band). Wer in diese Einrichtung eines Zweiten Bildungsweges für ausgewählte Männer und Frauen aus dem Berufsleben gelangte, hatte lediglich die Volksschule durchlaufen, war aber durch motivierten Bildungswillen, zumeist auch durch gesellschaftspolitisches Engagement ausgewiesen und fand hier die Gelegenheit, nach einem auf drei Jahresstufen konzentrierten Bildungsgang die Reifeprüfung abzulegen. Der Weg zur Einheitsschule wurde insofern noch ausgebaut, als im Jahre 1927 eine 8stufige Volksschule mit

Lehrerkollegium des Kaiser-Friedrich-Realgymnasiums mit Fritz Karsen, um 1923/24.
V.l.n.r., vordere Reihe: Hausmeister Billerbeck, Studienrat Dr. „Atze" Gehrig, Prof. Max Werner,
Prof. Beschnidt, Studienrat Dr. Basler, Studienrat Dr. Marquardt, Studienrat Dr. Bahr, der Kaplan;
2. R.: Adolf Jensen, Studienrat Le Jeune-Jung, Studienrat Passow, Studienrat Dr. Hoffmann,
Studienrat Dr. Bertram, -?-, Studienrat Krüger, Studienrat Koppelmann.
3. R.: Prof. Schmidt, Studienrat Becker, Zeichenlehrer Stahnke, Studienrat Alfken, Studienrat Dr. Grau,
Studienrat Friedag?, Dr. Karsen, Studienrat Dr. Sturm, Studienrat Rosenbaum, -?-, Prof. Oldendorf,
Prof. Schilling, Prof. Maaß — *Heimatmuseum Neukölln*

dem Rektor Karl Linke in Karsens Schulenkomplex eingegliedert wurde. So konnte neben der schulorganisatorischen Einheit auch eine didaktische Gesamtkonzeption angestrebt werden.[14]

Als gewisse Grundlage für einen übergreifenden Lehrplan in Karsens Schulenkomplex mag die Stundentafel der zusätzlich genehmigten Deutschen Oberschule gedient haben. Mit ihr verband sich insbesondere das Wirken Dr. Alfred Ehrentreichs. Sie akzentuierte den Kanon der deutsch- und kulturkundlichen Fächer, hatte nur mehr Englisch und Französisch als Fremdsprachen im Plan und korrespondierte inhaltlich mit dem Plan für die oberen Jahrgänge der Volksschule. Aber Karsen wollte sich nicht mit einer aus Schulteilen additiv gefügten Einheitsschule begnügen, sondern er strebte eine nach Stufen gegliederte voll integrierte Gesamtschule an. Das weist der große Entwurf seiner „Schule am Dammweg", der in Zusammenarbeit mit dem Architekten Bruno Taut zustande kam, in hervorragender Weise aus. Bereits im Jahre 1928 vorgelegt und behördlich genehmigt, fiel dieses der Zeit vorauseilende, ebenso klare wie kühne Modell finanziellen Engpässen zum Opfer. Lediglich ein vorher fertiggestellter Probeklassenbau für den Geographieunterricht zeugte von der Verbindung pädagogisch-didaktischer Aspekte mit moderner Architektur (vgl. Schreiben B. TAUT in diesem Band).

War die nach Stufen gegliederte Gesamtschule großen Stils offenbar „abgeblockt", so wurde sie jetzt durch Hinzunahme des Schulgebäudes in der Richardstraße im Rahmen eines raumorganisatorischen Provisoriums in

Stundenplan für den Blockunterricht (wechselte nach jeder Woche) der Klasse O IIb
im Realgymnasium der Karl-Marx-Schule, 1930/31 — *Privatbesitz Korthaase*

kleinen Schritten realisiert. Im August 1932, als eine hochrangige offizielle Kommission unter Leitung von Ministerialrat Metzner die Karl-Marx-Schule drei Tage lang revidierte,[15] war „ein wertvoller pädagogischer Versuch" (METZNER) bereits in sein Endstadium gelangt: Grundschule, Volksschuloberstufe, Aufbauschule, Arbeiter-Abiturientenkurse, Deutsche Oberschule, Reformrealgymnasium waren in ein 13stufiges Gesamtsystem gebracht. Es bot den Volksschulabschluß nach dem 8. oder (dem freiwillig absolvierten) 9. Schuljahr; die Mittlere Reife (bis 1918 das „Einjährige") mit dem Versetzungsvermerk für Obersekunda; das Reifezeugnis, wenn die nach fünf Schwerpunktrichtungen gegliederte Oberstufe mit dem Abiturientenexamen erfolgreich abgeschlossen war. Diese letzte Stufe stellte sozusagen den „gemeinsamen Oberbau" für „sämtliche Schulformen" dar (METZNER), jedoch mit der besonderen Funktion einer „Vorberufs-

schule der akademischen Berufe".[16] Dementsprechend gliederte sie sich pragmatisch in Fachbereich bzw. Fächergruppen: „eine sprachliche, eine mathematisch-naturwissenschaftliche, eine biologische, eine deutsch-volkswirtschaftliche und ... eine künstlerische Abteilung" (METZNER). Daß die angestrebte Beziehung zu einem akademischen Beruf „sich in engster Verbindung von Theorie und Praxis" (KARSEN) auswirken sollte, zeigte u.a. die Einrichtung des wöchentlichen Studientags.

Die Gesamtleitung der Schule, zu der seit 1929/30 ein Studienseminar für Referendare gehörte, lag von Anfang an in Karsens Hand. Sein Stellvertreter, dem das pädagogisch gesteuerte Funktionieren des inneren Schulbetriebs oblag, war der bewährte Oberstudienrat Dr. Karl Sturm. „Die Klassen der gleichen Schuljahrgänge waren möglichst auf *einem* Korridor untergebracht ... und bis zum 9. Schuljahr einschließlich dem Leiter der

Volksschule unterstellt" (KARL LINKE). Als wichtige integrierende Momente kamen „der Austausch der Lehrkräfte, die Konferenzen des gesamten Kollegiums ..." (LINKE) und – nicht zuletzt – die Verankerung der Schülermitverantwortung als Institution ins Spiel.

Grundzüge der Reformpädagogischen Praxis

Der Reformpädagogik an Karsens Versuchsschule lag ein politisch-sozial bestimmtes Gesamtkonzept zugrunde. Wie der schulorganisatorische Rahmen mußten gewisse Hauptinhalte des Unterrichts und die Verfahren bei deren Vermittlung darauf bezogen sein, ebenso der Unterrichts- und Erziehungsstil.[17]

In den Anfangsjahren standen Unterricht und Schulleben im Zeichen einer „offenen", mehr oder weniger stark „vom Kinde aus" gesehenen Gemeinschaftspädagogik. Ihr Zentrum lag zunächst an der Aufbauschule. Das Einüben in eine gewisse schöpferische und zugleich solidarische Produktivität kam zur Geltung: Es war spürbar im fächerübergreifenden, aber lehrerzentrierten Gesamtunterricht (mit Anleihen bei Berthold Otto), oder wenn Lehrer und Schüler gemeinsam eine „Kunstwoche" planten, vorbereiteten und durchführten – mit Inszenierungen gemeinsam dramaturgisierter Prosa-Texte oder ausgewählter Stücke, ebenso wenn Unterrichtsergebnisse in einer (schul-)öffentlichen Ausstellung gezeigt und in einer anschließenden Diskussion implizit beurteilt wurden. Herkömmliche Zensuren zur Leistungsgruppierung kannte man an der Aufbauschule nicht; Zeugnisse wurden zwar geschrieben, aber – im Einvernehmen mit den Eltern – nur beim Abgang von der Schule ausgehändigt. Gemeinschaftspädagogische Akzente setzten auch Wochenendausflüge und Klassenfahrten und nicht zuletzt das damals stark beachtete Projekt einer Bremenfahrt, in dessen Zentrum die Begegnung mit (Volks-)Schülern

Biologieunterricht einer Klasse des Kaiser-Friedrich-Realgymnasiums, vor 1930 — *Privatbesitz Radde*

einer Gemeinschaftsschule stand. Vom Schuljahr 1925/26 an zeichneten sich deutlich rationalere Züge ab; die *soziale Arbeitsschule* wurde entfaltet.[18] Die effektive emotionale Komponente blieb zwar weiterhin virulent, aber die Unterrichtsarbeit wurde jetzt nach einem schulspezifischen „erste(n) Lehrplan" (1926) unter systematischen Gesichtspunkten stufenmäßig gegliedert. Sie ging im Kern von den Lebensumständen der hier angesprochenen jungen Menschen aus, bezog die Arbeitsverhältnisse ihrer Familienangehörigen ein, brachte zugrunde liegende und obwaltende Prozesse in Politik, Wirtschaft, Handel ins Blickfeld, ebenso Aspekte des Wohnens in Mietskasernen oder genossenschaftlichen Siedlungen; auch Fragen des Bildungswesens und des kulturellen Lebens überhaupt kamen als „Lebensgebiete" in Betracht. Thematisiert wurden sie in kooperativ abgefaßten Arbeitsplänen der einzelnen Klassen.

Im Unterricht selbst kamen alle möglichen Ansätze der Reformpädagogik pragmatisch zum Zuge. Ebenso war es gang und gäbe, daß wirtschafts- und sozialkundliche Aufgaben auf materialistischer Grundlage bearbeitet wurden: analytisch-kritisch, ohne ideologisches Dogma. Nach dem didaktischen Grundprinzip von Arbeitsgliederung und Kooperation, das in der häufig betriebenen Projektarbeit wirksam wurde und in dem Grundmuster von Referat und Diskussion immer mitschwang, wurde ein schulspezifischer Stil von kollektivem Arbeitsunterricht entwickelt. Besonders erwähnt sei hierzu die Einrichtung des „Sprechers", des gewählten und wieder abwählbaren Wortführers in der Unterrichtsarbeit eines bestimmten Faches. Hatte der Lehrer hier eher die Funktion eines „Werkmeisters", so oblag dem „Sprecher" die organisatorische Vorbereitung der anstehenden Blockstunde (90 Minuten). Er kooperierte mit dem zuständigen Fachlehrer, beriet sich mit dem (selbst) benannten Referenten; bestellte

Studienfahrt nach Thüringen. Dr. Grau links, August 1929 — *Heimtmuseum Neukölln*

Obersekunda 1931/32: Vermessungsausflug an den Müggelsee — *Heimatmuseum Neukölln*

Protokollführer/innen; er leitete dann die Diskussion. Zudem hatte er den Jahresfachbericht vorzulegen.

Das Prinzip der Arbeitsgliederung und Kooperation kam wiederum in dem didaktisch komplementären Medium der „Studienfahrt" zur Geltung; kooperativ geplant, mittelbar von Schüler/innen verantwortet, war sie integrierender Bestandteil der Unterrichtsarbeit – mit didaktischem und pädagogischem Gewinn.

Davon zeugen Beispiele aus dem Unterricht der Assessorin Marion Ruperti (später mit dem Mathematik-Methodiker und Lehrerbildner Prof. Hans Löffler verheiratet), die von 1929-1933 an Karsens Schule in Neukölln in den Fächern Deutsch, Englisch und Geschichte unterrichtete (siehe auch K. HOFFMANN in diesem Band). Mit ihrem ersten, stark politisch eingestellten Klassenverband fuhr sie 1931 nach Sonneberg im Thüringer Wald. Dort sollte u.a. die Spielwarenproduktion mit ihren vielseitigen Arbeitsprozessen auch in den Familien erschlossen, deren Lebensbedingungen unter wirtschaftlichen und sozialpolitischen bzw. -kulturellen Aspekten erkannt werden. Weiterführende Orientierungshilfen hierfür bot übrigens eine Studienfahrt, die Marie Torhorst im Schuljahr zuvor – ebenfalls mit einer Obertertia (9. Klasse) – in die Glasarbeiterstadt Lauscha unternommen hatte; dabei hatte man auch Sonneberg einbezogen.

Die Studienfahrt mit ihrem letzten Klassenverband an der Karl-Marx-Schule, so erinnert sich Frau Löffler, führte 1932 in ein ländliches Siedlungsgebiet, ostwärts von Küstrin, nicht weit von der deutsch-polnischen Grenze entfernt. In einzelnen Wanderetappen wurden Dörfer mit Bauernwirtschaften und neuen Siedlungshöfen sowie Großgütern erreicht. Hier wollte man Einsichten in die wirtschaftliche und soziale Funktion dieser unterschiedlichen Produktions- und Lebens-

Wanderung nach Tiefensee. Klasse U IIc mit Studienrat Alfken (Mitte), 1930 — *Privatbesitz Radde*

stätten gewinnen. Auf der Basis vorher entwickelter Fragebögen suchten die einzelnen Gruppen Aufschlüsse darüber, unter welchen Bedingungen die werktätigen Menschen wohnten, arbeiteten, lebten; wie das Schul- und Arbeitsleben der Kinder aussah; welches Produktionsniveau Land- und Viehwirtschaft aufwiesen – alles auch im Vergleich zu den Verhältnissen in einem Dorf mit überwiegend polnischer Bevölkerung (innerhalb der Reichsgrenze). Die an Ort und Stelle durch Befragen der Bauern, Landarbeiter, vor allem auch der Lehrer und Schulkinder sowie durch weiterführende Gespräche eingebrachten Ergebnisse wurden zu Hause in Berlin im Rahmen von Studienarbeiten niedergelegt. Sie wurden von der Lehrerin durchgesehen, mit den Verfassern besprochen und im Klassenkollektiv kritisch diskutiert. Nach abschließenden Korrekturen wurden die Studienarbeiten in einer großen Ausstellung der Schulöffentlichkeit präsentiert.

Die darin fixierten Arbeitsergebnisse dienten jetzt ebenso zur Dokumentation wie als eine Art Rechenschaftsbericht. Ein weiterer wichtiger Effekt war sicherlich mit den Impulsen für künftige Arbeitsvorhaben gegeben, und zwar auch an anderen Schulen Berlins; denn im Jahre 1931 präsentierte das Zentralinstitut für Erziehung und Unterricht die Ausstellung eine Woche lang in seinen Räumen (vgl. RADDE 1973, S. 124).

Die an Karsens Schule üblichen Studienfahrten, soviel lassen bereits diese kurzgefaßten Hinweise erkennen, stellten integrierende Bestandteile einer sozialistisch geprägten Reformpädagogik dar – mit der Grundintention, reale „Lebensgebiete" zu erschließen, auch jenseits der Grenzen des Deutschen Reiches (z.B. Dänemark, England, Frankreich). Dabei wurden Fähigkeiten zur Kommunikation und Urteilsbildung angebahnt, wurde zu initiativem Handeln, überhaupt zur Selbständigkeit erzogen.

Musiklehrer Gustav Schulten (Mitte) in Zossen mit seinen Schülern, 1930. Er gründete ein Jazzorchester, das regen Zulauf bei den Schülern fand — *Heimatmuseum Neukölln*

Als einführende Vorstufe dazu dienten den Unter- und Obertertien (8. und 9. Klassenstufe) meistens zweiwöchige Aufenthalte im „Berliner Jugendland Zossen", einem Landschulheim der Stadt. Hier ließen sich Schulleben und Unterricht im Stile heutiger Schullandheimpädagogik auf engste verknüpfen.

Die integrierenden Komponenten der „sozialen Arbeitsschule" bewirkten weiterhin, daß das sonst verbreitete Verhältnis „Pauker-Pennäler" hier von einem humanisierten, im Prinzip solidarischen Stil der Kooperation abgelöst wurde. So läßt sich wohl auch das Phänomen der beiderseits freiwillig geleisteten Arbeitsbeiträge in mündlicher, schriftlicher oder künstlerischer Form erklären. Frau Löffler erinnert sich z.B. an zwei von ihr angebotene Arbeitsgemeinschaften, die sich mit Karl-Marx-Lektüre bzw. mit englischer Grammatik befaßten – außerhalb des Unterrichts, aber in Räumen der Schule, die nachmittags verfügbar waren.

Kann es verwundern, daß die angeführten stilbildenden Prinzipien der Zusammenarbeit und des differenzierten, eigenständig-kritischen Vorgehens im Schulleben als Ganzem wirksam waren? Man denke an das schöpferische Tun derjenigen, die „Aufführungen" inszenierten, flotte Musikabende gestalteten, kesse Revuen produzierten. Und man führe sich die ebenso dynamischen wie kritischen Aktivitäten im Bereich der Schülerselbstverwaltung vor Augen (ausführlich dazu F. KROLIKOWSKI in diesem Band). Beides kann hier nur angemerkt werden.[19]

Zum Schluß sei in gebotener Kürze eine kritische Bilanz versucht. Es darf nicht unerwähnt bleiben, daß die reformpädagogische Praxis an der Neuköllner Versuchsschule letztlich an die „Richtlinien für die Lehrpläne der höheren Schulen Preußens" (1925) gebunden war. War es mehr als ein eigenartiger Zufall, daß die Karl-Marx-Schule sich einer dreitägigen Generalrevision unterzogen sah,

Ernteeinsatz von Schülern der Aufbauschule auf Gut Rambow in Mecklenburg.
In der Mitte Felix Krolikowski, Oktober 1927 — *Heimatmuseum Neukölln*

vom 23. bis zum 25. August 1932, etwa einen Monat nach dem „Preußenschlag" des Reichskommissars von Papen am 20. Juli 1932? Im Gesamtresultat dieser ebenso überraschenden wie rigorosen Kontrolle wurde z.T. eine (un)ziemliche Freizügigkeit gegenüber den „Richtlinien" kritisiert. Die Leistungskraft der von den Neuköllner Lehrern und Schülern entwickelten *sozialen Arbeitsschule* konnte indessen – von einzelnen Negativ-Posten im wirtschafts- / sozialkundlichen Kernbereich und einem „anders" kalkulierten „Zeitverlust" abgesehen – keineswegs verworfen werden. Im Gegenteil: ausdrücklich hervorgehoben wurde das bemerkenswert gute (human erscheinende) Schulklima, der hohe Motivationsgrad bei den meisten Schülern wurde gelobt, die engagierte Zusammenarbeit von Lehrern und Schülern auf breiter Basis anerkannt. Im Bereich der mathematisch-naturwissenschaftlichen Fächer wurden bemerkenswert gute oder voll befriedigende Leistungen festgestellt, die Arbeitshaltung und die Kompetenz einzelner Lehrer besonders gewürdigt (was indirekt auch für die Arbeit von Karsens Stellvertreter Dr. Karl Sturm gelten kann). Auch in den „Zeichen-, Musik- und Turnstunden" wurden solche positiven Eindrücke gewonnen. Ein halbes Jahr darauf wurde diese Schule, wie erwähnt, unter fragwürdigen Vorwänden von den Nazis geschlossen. Dessen ungeachtet sprach Adolf Grimme, der abgesetzte letzte Kultusminister Preußens, Karsens Schule noch im Februar 1933 öffentlich seine Anerkennung aus.

35 Jahre später hat Karl Sturm als emeritierter Professor einmal folgendes Fazit gezogen: Karsens Werk in Neukölln galt dem Aufbau einer wirklich fortschrittlichen Schule. Die Erziehung selbständig denkender Menschen sei für ihn das Hauptziel gewesen. In der Auseinandersetzung mit der „Begabungstheorie" reaktionärer Pädagogen und Politiker habe er praktisch zeigen können, daß Arbeiterkinder in der Aufbauschule und die Teilnehmer der Arbeiter-Abiturientenkurse „Ausgezeichnetes leisteten".[20]

Anmerkungen

1 Den biographischen Ausführungen liegen zugrunde: Bericht über den Vater. Unveröff. Ms. von Sonja P. Karsen (1988); dies.: „Fritz Karsens pädagogische Tätigkeit in Europa und Amerika 1933-1951." — G. Radde (Hrsg.): *Festschrift für Fritz Karsen*. Berlin 1966. Weiterhin Dokumente und Literatur bei G. Radde: *Fritz Karsen. Ein Berliner Schulreformer der Weimarer Zeit*. Berlin 1973. Der vorliegende Beitrag ist in ähnlicher Form auch in *Pädagogik*, H.5 (Mai 1992) abgedruckt, ebenso in R. Winkel (Hrsg.): *Reformpädagogik konkret*. Hamburg 1993

2 Vgl. F. Karsen: „Einige Hilfsmittel zum Studium der ausländischen Pädagogik." — *Aufbau*, Nr. 6 (1931)

3 Nähere Angaben über Schwedtkes kurzes Gastspiel, wie Karsen es sah, bei Schwedtke o.J. [1933], S. 54

4 Vgl. W. Hofers Vorwort zu G. Knopp, H. Schott: *Die Saat des Krieges*. Bergisch Gladbach 1989, S. 7-15

5 Hierzu G. Radde: „Verfolgt, verdrängt und (fast) vergessen. Der Reformpädagoge Fritz Karsen." — W. Keim: Erziehungswissenschaft und Nationalsozialismus. Eine kritische Positionsbestimmung. *Forum Wissenschaft*, Studienh.9 (1990)

6 Vgl. A. Leschinski (Hrsg.): *Berliner Schulgeschichte. Eine Umfrage zu Forschung und Materialien nach 1986.* — Mitteilungen und Materialien der Arbeitsgruppe Pädagogisches Museum e.V., Nr. 35 (1991), S. 30

7 P. Oestreich (Hrsg.): *Schöpferische Erziehung. Entschiedene Schulreform* II. Berlin-Fichtenau 1920, S. 111

8 Vgl. S. Kawerau: *Soziologische Pädagogik*. Leipzig (1921) 1924; F. Karsen: *Die Schule der werdenden Gesellschaft*. Stuttgart/Berlin 1921

9 Vgl. „Das Lehrerkollegium des staatlichen Kaiser-Wilhelms-Realgymnasium in Berlin und des staatlichen Gymnasiums und Realgymnasiums in Neukölln" an den Minister für Wissenschaft, Kunst und Volksbildung über den Vorstand des preußischen Philologenverbandes vom 22. 3. 1921. — BA Koblenz, ZA Potsdam 49-01, REM 5349. Vgl. hierzu M. Homann: Von der Heckerschen Realschule zur Kepler-Oberschule. Berliner und Neuköllner Schulgeschichte von 1747 bis 1992. Bislang unveröff. Ms. im Bes. v. W. Korthaase. Dieser Arbeit sind neuentdeckte, wichtige Details zu verdanken.

10 F. Karsen: *Deutsche Versuchsschulen der Gegenwart und ihre Probleme*. Leipzig 1923, Überschrift des letzten Kapitels

11 Dazu F. Karsen: „Die Entstehung der Berliner Gemeinschaftsschulen." — *Die neuen Schulen in Deutschland*. Berlin 1924, S. 160-181. Siehe auch V. Hoffmanns gründliche Studie über *Die Rütlischule – zwischen Schulreform und Schulkampf (1908-1950 / 51)*. Buchms., Berlin 1991 sowie in diesem Band

12 Hierzu Näheres bei N. Ebert: Zur Entwicklung der Volksschule in Berlin 1920-1933 unter besonderer Berücksichtigung der weltlichen Schulen und Lebensgemeinschaftsschulen. Diss. Humboldt-Univ. Berlin 1990 (Prof. Dr. Lemm)

13 P. Oestreich: *Die elastische Einheitsschule: Lebens- und Produktionsschule*. Berlin 1921. H.4 d. Schriftenfolge *Die Lebensschule*. Hierzu auch W. Ellerbrock: *Bildungspolitik und Schulkampf bei Paul Oestreich nach 1945*. Weinheim/München 1992

14 Vgl. K. Linke: „Fritz Karsen." — *Berliner Lehrerzeitung* (1952), 285

15 Bericht über die Besichtigung der Karl-Marx-Schule in Berlin-Neukölln am 23., 24. und 25. August 1932 von Ministerialrat Metzner an Staatssekretär Lammers. — BA Potsdam, 4901 REM, Nr. 5771 Bl. 18ff.

16 F. Karsen: „Der Plan einer Gesamtschule in Berlin-Neukölln. Von der Aufbauschule zur Gesamtschule." — *Pädagogische Beilage zur Leipziger Lehrerzeitung*, Nr. 35 (1928), 305

17 Instruktiv hierzu das Gespräch, das Gertrud Beck mit Karsens Kollegen Hans Alfken geführt hat — *Die Grundschulzeitschrift 6*, H.51, 40f.

18 F. Karsen: „Sinn und Gestalt der Arbeitsschule." — A. Grimme (Hrsg.): *Wege und Wesen der Schulreform*. Berlin 1930, S. 101, 112, 118

19 Näheres bei Radde 1973, S. 134-154. Zur reformpädagogischen Praxis siehe auch A. Ehrentreich: *50 Jahre erlebte Schulreform. Erfahrungen eines Berliner Pädagogen*. Hrsg. und mit einer Einführung von W. Keim. Frankfurt a.M./Bern/New York 1985. Aufschlußreich, da aus der Zeit vor der Wende, berichtet W. Reischock: „Meine alte Schule." — *Die Weltbühne*, Nr. 52 (1987), 1642-1644. Ebenso der Leserbrief von Prof. Dr. Ruge in der *Weltbühne*, Nr. 9 (1988), 286f.

20 Übermittelt von der Kollegin Marion Löffler geb. Ruperti, Berlin-Johannisthal

Dokument 5   Fritz Karsen

Die Karl-Marx-Schule –
Einem Feinde der Schule
ins Stammbuch

Auch bei diesem Wahlkampf ist die von mir geleitete Karl-Marx-Schule in Neukölln wieder der Gegenstand wütender Angriffe der Reaktion. Wie ist es dazu gekommen?
...
Die großen Arbeiten unserer Schüler haben öffentlichen Stellen vorgelegen, wie dem Landwirtschaftsministerium, dem Institut für Zeitungskunde, Industriewerken (Mercedes), und haben die höchste Anerkennung gefunden.

Die Arbeiterkursisten haben nicht nur in den letzten Jahren alle die Reifeprüfung bestanden, sondern sogar 50 Proz. und mehr mit dem Prädikat „gut" resp. „mit Auszeichnung"; in Prüfungen, die stets unter dem Vorsitz eines staatlichen Kommissars als Extraneerprüfungen abgehalten wurden. Die Menschen, die herausgegangen sind auf die Universität, haben sich so gut bewährt, daß die Studienstiftung des deutschen Volkes in einem Gutachten erklärt, „gemessen an den sonstigen Erfahrungen mit den A.St. [Arbeiter Studenten] muß der Studieneindruck der Neuköllner als *ausgezeichnet* gelten. Soweit sich heute schon urteilen läßt, befindet sich unter ihnen kein einziger „Versager" ... Das Niveau der letztaufgenommenen Schüler ist eher noch höher als das der ersten. Es finden sich unter diesen Vorsemestern auffallend viele, denen von den Prüfern, oft unter Erstaunen, das Zeugnis ungewöhnlicher Bildung und Reife ausgesprochen wird ... Für die sozialeren Naturen stellen sie (die Neuköllner Arbeiterkurse) einen verhältnismäßig *idealen* Weg dar." Trotzdem: *das ist marxistische Pädagogik,* marxistische Schulpolitik, und daher muß die Schule umgebracht werden! In diesem Sinne arbeitet vor allen Dingen die schwerindustrielle „DAZ.", und ihr Matador, der nun schon zwei lange Artikel über unsere fluchwürdige Schule losgelassen hat, ist ein Herr *Kurt Schwedtke.* Er vertritt die antimarxistische, wahrhaft deutsche Linie, Wahrheit, Vaterland und Religion. Wir haben es uns bisher versagt, seine Sudeleien, in denen er alle alten Verdächtigungen, besonders gern, wenn sie aus kommunistischer Quelle kommen, wieder aufwärmt, in denen er aus eigenem einige persönliche Gehässigkeiten und Verdrehungen hinzufügt, in irgendeiner Weise zu beachten. Wir waren und sind der Ueberzeugung, und Zuschriften maßgebender Persönlichkeiten haben es uns gezeigt, daß jeder Mensch mit natürlichem Empfinden für Reinlichkeit sich angeekelt von diesen Machwerken abwendet. Aber es scheint, wir haben Herrn Schwedtke durch unser Schweigen Mut zu neuen Taten gegeben. Darum sei kurz folgendes gesagt, und zwar in Uebereinstimmung mit dem gesamten, aus den Anhängern verschiedener politischer Parteien bestehenden Kollegium:

Herr Schwedtke war während des kurzen Sommersemesters 1929 *vorübergehend Lehrer an der Karl-Marx-Schule.*

Er hat sich damals darum gerissen, an der Anstalt tätig zu sein, die er durch Hospitation vorher kennengelernt hatte. Meine Einwände entkräftete er mit der ausdrücklichen Begründung, daß er in der Atmosphäre der alten Schule (Albrecht-Dürer-Oberrealschule in Neukölln) nicht weiter arbeiten könne, daß er sicher sei, gerade in dem Geist unserer Schule mitarbeiten zu können. Herr Schwedtke hat an unserer Schule den schweren Mißerfolg gehabt, von allen Schülern abgelehnt zu werden. Ueber seine Leistungen muß ich schweigen. Genug: am Schluß des Halbjahres zog er es vor, selbst um seine Versetzung zu bitten. Ueber seine Erlebnisse an der Schule, von denen er nun in den Zeitungsartikeln berichtet, hat er hier fast ganz *geschwiegen*. Von einem Kampf gegen das verrottete System, den er als deutscher Mann doch *offen und mutig* hätte führen können, etwa in Konferenzen oder persönlichen Auseinandersetzungen, haben wir *nichts* bemerkt. Auch den Weg, die von ihm jetzt gerügten Mißstände der Behörde mitzuteilen, den Weg des *korrekten Beamten*, ist er nicht gegangen. Den Ehrgeiz, der ihn unter den damaligen politischen Verhältnissen zu uns getrieben hatte, konnte er bei uns nicht befriedigen. Es gibt Menschen, die aus ihren Mißerfolgen lernen. Er gehört nicht zu diesen Menschen. Er sieht die Schuld nur in den bösen anderen, die ihn nicht zur Auswirkung seiner von ihm selbst überaus hochgeschätzten Fähigkeiten kommen lassen.

So wird der Mann, der vor drei Jahren leidenschaftlich zu unserer Schule wollte, der sich bei einem Kollegen, der ihm dazu verhalf, „für freundliche Sekundantendienste" schriftlich bedankte, heute *unter veränderten politischen Verhältnissen ein anti-marxistischer Kämpe*.

Hemmungslos veröffentlicht er jetzt Notizen, die er aus dem amtlichen Mitteilungsbuch, noch dazu falsch, vor drei Jahren abgeschrieben hat, die er sich auch sonst, ebenso falsch, bei allen möglichen Gelegenheiten vor drei Jahren *heimlich* gemacht hat. Er besucht jetzt unsere Ausstellung, um sie nach Material gegen uns durchzuschnüffeln und *er*findet es, wenn er keins findet. Wir wünschen seinem Ehrgeiz Erfolg bei den neuen Freunden, denen er sich durch solche charaktervolle Haltung empfiehlt. Wir beglückwünschen die antimarxistische Front zu diesem gesinnungstüchtigen Mann!

Auszug aus der Spätausgabe des *Vorwärts*, 21. 4. 1932

Felix Krolikowski

Die Schulgemeinde an der Aufbauschule des Kaiser-Friedrich-Realgymnasiums

Die Aufbauschule in Neukölln

Zu Beginn des Winterhalbjahres 1921/22 übernahm der Mitbegründer des *Bundes entschiedener Schulreformer*, Dr. Fritz Karsen, als Oberstudiendirektor Neuköllns größte höhere Lehranstalt, das Kaiser-Friedrich-Realgymnasium (KFR). Da er hier einen ziemlich reaktionär eingestellten Lehrkörper vorfand, beschränkte er sich vorerst auf einige organisatorische Reformen. Seine Hauptaufgabe sah er in der Entwicklung der Ostern 1922 dem KFR angegliederten Aufbauschule, denn hier sollte die Gemeinschaftspädagogik im Sinne Wilhelm Paulsens zum Zuge kommen.

Schon im ersten Jahrgang der Aufbauschule, der mit 65 Schülern in zwei Untertertien begann, deren eine von Karsen selbst, die andere von Dr. Erwin Marquardt geleitet wurde, legte er das Fundament dafür – und für die Schüler-Selbstverwaltung. Dabei stand die Erziehung dieser Schüler zur Klassengemeinschaft im Mittelpunkt. So entwickelten sich schon frühzeitig sozial eingestellte Charaktere, die später als charismatische Persönlichkeiten auf Grund ihres Organisationstalents in führenden Positionen der Schüler-Selbstverwaltung die weitere Entwicklung der „Schulgemeinde" beeinflussen sollten, wie z.B. Bruno Krömke, der langjährige Vorsitzende des Schülerausschusses.

In diesem Zusammenhang erscheint Karsens Beitrag über „Unsere Schule" in der ersten Ausgabe der Schulzeitung *Aufbau* vom 12.12.27 bemerkenswert. Darin führte er aus: „Der Sinn unserer Arbeit ist, zu zeigen, daß auch die höhere Schule als Gemeinschaftsschule durchgeführt werden kann. Darunter verstehen wir eine Schule, in der Schüler, Lehrer und Eltern zusammenwirken, jeder Teil an seiner besonderen Aufgabe. Daher nehmen an allen Veranstaltungen der Eltern auch Lehrer und Schüler teil, an allen Lehrerbesprechungen die Vertreter der Schüler, an allen Schulgemeinden die Lehrer." Bei der Entwicklung der Aufbauschule und des KFR zu einer Reformschule neuer Art arbeitete Fritz Karsen eng mit dem Volksbildungsdezernenten des Bezirks Neukölln, Dr. Kurt Löwenstein, zusammen, so daß er sich auch stets auf die Unterstützung durch das Bezirksamt verlassen konnte.

Zum Schuljahr 1923/24 wurden zwei weitere Klassen aufgenommen, wozu abermals gute Schüler aus den Volksschulen des Stadtbezirks ausgewählt wurden, die zudem noch eine Prüfung bestehen mußten. Die danach verbliebenen 71 Schüler wurden auf zwei Klassen verteilt, von denen die eine Studienrat Dr. Karl Sturm, die andere Studienrat Dr. Rudolf Zwetz als Klassenleiter übernahm. Da die Mehrzahl der Schüler Arbeiterkinder aus ärmlichen Verhältnissen waren, von denen sich die meisten nach dem Unterricht Nebenverdienste suchen mußten, war es für viele Schüler sehr schwer, diese Belastungen mehrere Jahre hindurch zu ertragen, weshalb einige schon nach den ersten Jahren den Schulbesuch aufgeben mußten. Aus einer Arbeiterfamilie mit fünf Kindern stammend, bekam ich selbst die Härte der uns gestellten Aufgabe zu spüren. In den ersten Jahren meines Besuchs der Aufbauschule hatte meine Mutter noch die Portierstelle in einem vierstöckigen Häuserblock mit vier Aufgängen und zwei Innenhöfen inne, wo ich fast täglich bei der Reinigung mithelfen mußte. Am Nachmittag war ich Zeitungsausträger bei der damaligen *Welt am Abend*, und am Wochenende war ich oft mit meinem Bruder als Kegeljunge in der Großkegelbahn Hasenheide bis nachts tätig, um zum Unterhalt der Familie beizutragen. Ich konnte den Schulbesuch nur durchhalten, weil mir bis zum Abitur dank Karsens Fürsprache Wirtschaftsbeihilfen gewährt wurden. Von den 71 Schülern des Jahrgangs 1923 hielten nur 17 Schüler bis zum Abitur durch.

Erziehung zur Gemeinschaft

Seit 1923 wurden die bestehenden vier Aufbauklassen in größeren Abständen zur „Schulgemeinde" zusammengerufen, in der, vom Direktor Karsen geleitet, Lehrer und Schüler Probleme ihres Zusammenlebens und ihrer gemeinsamen Arbeit diskutierten, Wege zur Verbesserung suchten. Eindrucksvoll in Erinnerung ist mir noch die erste Schulgemeinde-Versammlung in der Aula vom Mai 1923, als Direktor Karsen unsere beiden neu aufgenommenen Untertertien offiziell begrüßte, sie den nunmehrigen Obertertien vorstellte, die er zur Mithilfe bei der Einführung und dem Einleben der neuen Klassen in die Schulgemeinschaft aufforderte. Er sprach auch vom kameradschaftlichen Verhältnis zwischen Lehrern und Schülern in dieser Gemeinschaft, in der die Lehrer auf die Anrede mit irgendwelchen Titeln verzichteten, nur mit ihrem Namen angesprochen werden wollten, was auch auf ihn selbst

zuträfe. Eindringlich wies er uns „Neulinge" darauf hin, daß wir in einem Arbeiterbezirk Berlins lebten, der große finanzielle Mittel zur Erhaltung und Weiterentwicklung der Aufbauschule zur Verfügung stellte, daß wir als Arbeiterkinder schulisch gefördert werden würden, daß man aber auch von uns erwartete, alle unsere Kräfte für die im Aufbau befindliche werdende Gesellschaft zur Verfügung zu stellen. Dafür müßten wir viel lernen und das nötige Wissen erwerben, um später in wichtigen Positionen mithelfen zu können, die neue Gesellschaft aufzubauen.

Unser Klassenlehrer Zwetz verstand es, unterstützt von den Fachlehrern Lewinnek und anderen, die aus verschiedenen Schulen Neuköllns kommenden Schüler recht bald zu einer guten Klassengemeinschaft zu vereinen, ihren Lerneifer zu fördern, indem sie uns beim Aufholen von Wissenslücken unterstützten. Auf Wanderungen und bei abendlichen Lagerfeuern erzählte Zwetz interessante Geschichten und begeisterte alle Schüler für das fröhliche Jugendleben, für die Freude an guter Gemeinschaft. Wir nahmen mit ihm an Gottesdiensten in evangelischen und katholischen Kirchen und in einer Synagoge teil, erfuhren vom Islam und vom Koran, gewannen Achtung und Respekt vor Religion und Weltanschauung anderer Menschen. Wir wurden zur Toleranz erzogen.

Im Unterricht gewöhnte Herr Zwetz uns Schüler an selbständiges Lesen und Durchdenken literarischer Werke, indem wir über den Inhalt in freier Rede berichten und unsere Meinung dazu offen äußern mußten. Im Meinungsaustausch kam es dabei oft zu gegensätzlichen Positionen, doch verliefen die Diskussionen dank pädagogisch geschickter Führung durch den Lehrer meistens sachlich und diszipliniert. Wir Schüler lernten, über Gelesenes oder Gehörtes gründlich nachzudenken, den eigenen Gedanken mit Worten klaren Ausdruck zu verleihen, andersartige

Meinungen ernst zu nehmen und darüber nachzudenken. Das alles förderte den Zusammenhalt der Klassengemeinschaft.

Für den offenen Unterricht mit lebhaften Diskussionen erwiesen sich die alten, hintereinander aufgestellten Schulbänke als recht hinderlich. Mit Einverständnis des Lehrers bauten wir im Januar 1924 die zweisitzigen Schulbänke um, stellten sie in Hufeisenform auf. Allerdings mußten jeweils zwei Bänke doch hintereinander stehen, da der Platz sonst nicht ausgereicht hätte. Es war zwar nur eine Notlösung, die dennoch über ein Jahr hindurch ertragen werden mußte. Erst 1925 erhielten wir moderne Schülertische und Stühle, die ebenfalls wieder in Hufeisenform aufgestellt wurden, so daß wir uns in offener Runde sahen, arbeiten und diskutieren konnten. Das Bild der alten Schulklasse mit der Dominanz des hinter dem Katheder thronenden Lehrers war damit überwunden. Die Neugestaltung des Klassenraums erleichterte den Arbeitsunterricht und das Gespräch „in der Runde".

Die Wanderungen mit dem aus dem *Wandervogel* hervorgegangenen Lehrer Zwetz brachten uns auf den Gedanken, solche Wanderungen allein zu unternehmen. Es bildete sich eine Gruppe von acht wanderfreudigen Schülern, mit denen ich im Frühjahr 1925 die Wandergruppe „Arutan" (Anagramm von ‚natura') gründete. Außer kurzen Wanderungen in die Umgebung der Stadt wurden auch größere Fahrten unternommen, unter anderem nach Rügen, wo unser Mitschüler Rudi Zenke Verwandte in Saßnitz hatte, bei denen wir einige Tage unterkommen konnten. Auf dem Wege dorthin fanden wir immer bei Bauern in Scheunen Quartier. In den Sommerferien 1926 führte uns eine Fahrt ins Havelland, 1927 nach Hamburg. Als sich die Gruppe vergrößerte, half uns der Lehrer Götz Ziegler bei der offiziellen Anerkennung als „Wandergruppe der Aufbauschule Neukölln". Damit erhielten wir auch die Berechtigung zu Fahrpreisermäßigungen bei der Reichsbahn. Ich bekam den Führerausweis zur Benutzung der Jugendherbergen mit Gruppen.

Im Februar 1924 besuchte Schulrat Adolf Rude aus Neustettin die Aufbauschule, hospitierte auch in unserer Klasse. Herr Zwetz verstand es, ihn an unserem Unterrichtsgespräch zu beteiligen. Nach Fragen unsererseits über die Schulverhältnisse in seinem ländlichen Bezirk kam es zu einer lebhaften Diskussion über die Probleme der neuen Schulen. Schulrat Rude war begeistert vom Wissensdurst und der Gesprächsbereitschaft unserer Klasse, kam deshalb am nächsten Tage noch einmal zur Hospitation in unsere Klasse, stellte Fragen zu den bei uns angewandten Arbeitsformen. Als er im März 1925 abermals die Schule besuchte, wurde er wie ein alter Bekannter in unserer Klasse aufgenommen. Nach dem Unterricht saßen einige Schüler noch länger mit ihm im Klassenraum, sprachen auch über seinen Bericht vom ersten Besuch.[1] Wir begleiteten ihn bis zum Hermannplatz, wo er sich verabschiedete und uns anregte, ihm von unserer Arbeit in der Schule weiter zu berichten. So entspann sich eine über Jahre anhaltende Korrespondenz. Ein dritter Besuch fand im Dezember 1926 statt. Nach lebhafter Unterhaltung in unserer Klasse ließ er sich mit uns – wir waren nun schon Obersekunda – und unserem Lehrer, Studienrat Walter Becker, bei dem wir gerade Mathematik gehabt hatten, vor dem Schulportal fotografieren.

Ein Zeugnis der guten Klassengemeinschaft und des Interesses an der Schule ist auch die Herausgabe einer Klassenzeitung. Mit den Schülern Kurt Dorow, Fritz Selke und Heinz Wälisch brachten wir im April 1925 die erste Ausgabe unserer Klassenzeitung *Aufbau* heraus, die wir damals noch mühsam auf Hektographenplatten abziehen mußten. Auf Seite 1 schrieb ich „Zum Geleit": „Lange schon tragen wir uns mit dem Gedanken, eine Klassenzeitung herauszugeben, die engere Verbindung zwischen Elternhaus und Schule schaffen soll." Wir berichteten über das Geschehen an der Schule, über den Unterricht in den verschiedenen Fächern und brachten auch Gedanken unserer Schüler zum Ausdruck. In der 4. Ausgabe vom September 1925 schrieb Fritz Schmidt, Mitbegründer unserer Wandergruppe, einen Beitrag über die Bedeutung des Wanderns.

Die Entwicklung der Schüler-Selbstverwaltung

Für den vierten Jahrgang der Aufbauschule wurden im April 1925 Schüler für drei weitere Klassen aufgenommen. Inzwischen hatte Karsen auf seinen Antrag hin die Genehmigung zur Koedukation erhalten, die seiner Idee nach zur Gemeinschaftspädagogik gehörte, so daß auch erstmalig Mädchen aufgenommen wurden. Für die nun auf 10 Klassen angewachsene Aufbauschule reichte die bisherige Form der Schulgemeinde zur Bewältigung der ständig wachsenden Aufgaben nicht mehr aus. Auf Anregung Karsens wurde als ständiges Organ ein Schülerausschuß geschaffen, in den jede Klasse einen stimmberechtigten Vertreter entsandte, die gemischten Klassen je einen Jungen und ein Mädchen. Die offizielle Grundlage für den Aufbau einer Selbstverwaltung war durch die „Bestimmungen und Richtlinien für die Schüler-Selbstverwaltung vom 21.4.20" gegeben.[2] Der nun gebildete Schülerausschuß, in den ich im April 1925 als Klassenvertreter gewählt wurde, übernahm fortan die Einberufung und Leitung der Schulgemeinde, er bereitete auf seinen wöchentlichen Sitzungen die Zu-

Schulrat Adolf Rude besucht die Aufbauschule. Klassenfoto der U II mit Studienrat Dr. Becker, 1926 — *Heimatmuseum Neukölln*

sammenkünfte und Beschlüsse der Schulgemeinde vor. Auf der ersten Sitzung dieses Schülerausschusses wurde Bruno Krömke aus der Obersekunda zum Vorsitzenden vorgeschlagen und von der Schulgemeinde einstimmig gewählt. Als bisher einziges Mädchen wurde von der Untertertia Grete Stühm gewählt, die von Anbeginn sehr aktiv im Schülerausschuß und in Kommissionen mitarbeitete. Diese kümmerten sich um spezielle Aufgaben. So gab es den Morgenfeierausschuß, den Ordnungsausschuß, den Kunstausschuß für Ausstellungen, Theaterabende und Musikveranstaltungen (dazu stand ihm ein Technischer Ausschuß zur Seite). Besondere Ausschüsse gab es für die jährlich durchgeführte Kunstwoche sowie für die Sportfeste und gemeinsamen Veranstaltungen mit anderen Schulen.

Schülerausschuß und Kommissionen arbeiteten völlig selbständig. Direktor Karsen ließ den gewählten Schülervertretungen freie Hand. Die Planung größerer Veranstaltungen wurde jedoch von beauftragten Vertretern des Schülerausschusses mit dem Direktor gründlich besprochen, oder es wurden die dafür erforderlichen Lehrer (insbesondere Sport-, Zeichen- und Musiklehrer) zu den Beratungen des Schülerausschusses eingeladen; sie berichteten dann dem Direktor. Für die Verwaltung der finanziellen Mittel hatte dieser den Studienrat Freese eingesetzt; ihm stand ein vom Ausschuß gewählter Kassenwart zur Seite.

Die durch Dr. Zwetz mit einem Schulbesuch in Bremen begonnene Verbindung führte zu einem von Fritz Heege und seiner Schule organisierten Gegenbesuch Bremer Schüler mit Delegierten der Schülerausschüsse von Versuchsschulen im März 1925. Sie wurden von Mitgliedern unseres Schülerausschusses betreut. Wir erfuhren in den Gesprächen viele Anregungen für die Arbeit unserer Schüler-Selbstverwaltung.

Die Selbstverwaltung in Aktion

Die Jahre 1926 bis 1930 waren eine Periode höchster Aktivität der Schüler-Selbstverwaltung an der Aufbauschule und am KFR überhaupt. Der Schülerausschuß und die von ihm eingesetzten Kommissionen übernahmen die Verantwortung für Organisation und Durchführung der gemeinsamen Schulveranstaltungen. Allein die erste Kunstwoche zum Ende des Schuljahres 1925/26 erforderte sechs Tage hindurch von allen Schülern und auch von den Lehrern höchste Einsatzbereitschaft und Opfer an Zeit, zumal für solche Aktionen erst Erfahrungen gesammelt werden mußten.

Schon bald nach seiner Konstituierung suchte der Schülerausschuß mit der Schülervertretung am Köllnischen Gymnasium und am Lyzeum II Verbindung aufzunehmen, um Erfahrungen auszutauschen und gemeinsame Veranstaltungen zu planen. Darauf reagierte der Schülerausschuß des Köllnischen Gymnasiums mit einer Einladung zu einem Handballturnier und einem Schachwettkampf, die gern angenommen wurde. Von der Aufbauschule am Lyzeum wurden wir zu einer Theateraufführung eingeladen. Die Verbindung zu diesen beiden Schulen festigte sich, so daß nun öfter gemeinsame Veranstaltungen durchgeführt wurden, als nächstes ein gemeinsamer Sporttag mit der Aufbauschule am Köllnischen Gymnasium. Von der Aufbauschule am Lyzeum II zeigte sich die Vorsitzende des dortigen Schülerausschusses, Ruth Pewesin, besonders interessiert an der Zusammenarbeit. Gegenseitige Einladungen erfolgten zu allen größeren Veranstaltungen, viele Sportfeste wurden gemeinsam durchgeführt.

Da Schülervertreter an den Lehrerkonferenzen teilnahmen, stand der Schülerausschuß mit dem Direktor und der Lehrerschaft in guter Verbindung. So konnten Fragen der

Lesesaal und Arbeitsraum der Karl-Marx-Schule, 1929 — *Heimatmuseum Neukölln*

Tanzdarbietung von Schülerinnen der Käthe-Kollwitz-Schule am Richardplatz anläßlich der Reifeprüfung 1928. In der Schule gabe es eine Aufbauklasse, die oft Veranstaltungen zusammen mit der Karl-Marx-Schule unternahm — *Heimatmuseum Neukölln*

Schulorganisation sowie deren z.B. immer dringlicher werdende Raumprobleme infolge der neuen Klassen und der Arbeit in den Werkstätten mitbedacht werden. Auch zur Einrichtung der Bibliothek und zur Bereitstellung von Arbeitsräumen für die Schüler an Nachmittagen nahm der Schülerausschuß Stellung. Die Benutzung von Schulräumen an den Nachmittagen war für viele Schüler aus sozial ungünstigem Milieu besonders wichtig, weil sie infolge beengten Wohnraums, Störungen durch viele Geschwister und Schichtarbeit der Eltern daheim keinen Platz fanden, um in Ruhe ihre Hausaufgaben zu erledigen oder für die Schule zu lernen.

Schon frühzeitig wurden in den Kellerräumen der Schule Werkstätten für Holz- und Metallbearbeitung eingerichtet sowie eine Buchbinderei, die besonders für die Instandhaltung des Bibliotheksbestandes wichtig war. Auch die Einrichtung einer Schuldruckerei wurde von Karsen geplant und der Zeichenlehrer, Studienrat Friedrich Lüder, damit beauftragt. Anfang 1926 begann die Ausstattung eines Raumes als Druckerei für die Lehrausbildung. Nach und nach wurden die Setzkästen und eine Tiegeldruckpresse angeschafft, dazu die erforderlichen Geräte und Hilfsmittel. In der Tischlerwerkstatt wurden die Gestelle für die Setzkästen gebaut. Da ich nach meiner bevorstehenden Entlassung aus der Volksschule die Absicht hatte, Buchdrucker zu werden, stellte ich mich sofort Herrn Lüder zur Verfügung und wurde von ihm angelernt. Mit Willi Stawski, Georg Peterknecht und Heinrich Dierker fanden sich weitere Schüler als Lehrlinge ein. Mit Beginn des Schuljahres 1926/27 begann die Lehrausbildung, die schnelle Fortschritte machte, weil alle Lehrlinge sehr großes Interesse zeigten. Wir wurden sowohl in der Setzerei als auch in der Druckerei ausgebildet. Studienrat Lüder

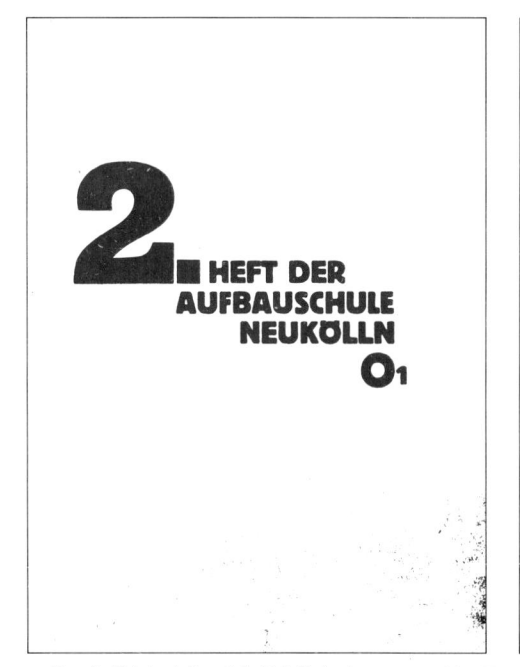

Das *2. Heft der Aufbauschule Neukölln*, in dem ausgewählte Kunstwerke, Gedichte und Prosatexte der Abschlußklasse präsentiert wurden, war von so hoher Qualität, daß es vom Neuköllner Druck- und Verlagshaus Mier & Glasemann 1927/28 nachgedruckt wurde — *Heimatmuseum Neukölln*

Großstadt. Linolschnitt eines 15jährigen Neuköllner Aufbauschülers aus *Junge Menschen*, H. 7, Hamburg 1925. In dieser Zeitschrift schrieben bekannte Pädagogen über die „Neue Schule" (u.a. Paulsen, Karsen, Weigelt, Ehrentreich) — *Arbeitsstelle Schulgesch. Berlins, FU Berlin*

Unterführung. Linolschnitt eines 15jährigen Neuköllner Aufbauschülers aus *Junge Menschen*, H. 7, Hamburg 1925. — *Arbeitsstelle Schulgesch. Berlins, FU Berlin*

sorgte in Besprechungen mit Lehrern und der Schulleitung für kleinere Arbeitsaufträge. Es wurden Formulare und Vordrucke für die Schulleitung, Unterrichtsmaterial und Programme für Schulveranstaltungen gedruckt. Wir konnten nun auch Schülerarbeiten aus dem Kunstunterricht drucken, hauptsächlich Holz- und Linolschnitte. Besonders interessiert war Herr Lüder am Druck eines Heftes mit ausgesuchten Linol- und Holzschnitten aus dem Zeichenunterricht sowie einigen Gedichten, das als *I. Heft der Aufbauschule* mit Beiträgen von Unter- und Obertertianern des Jahrgangs 1926/27 Anfang 1927 gedruckt wurde.

Bedeutsam für die Tätigkeit der Selbstverwaltung war die schriftliche Festlegung ihrer Aufgaben, Rechte und Arbeitsweise in einer für alle verbindlichen Satzung. Dazu setzte sich die gewählte Redaktionskommission mit den Schülerausschüssen einiger anderer Aufbauschulen in Verbindung. Auch von dem in Umstrukturierung befindlichen Lehrerseminar in Soest/Westf. erhielten wir ihren Entwurf einer gut durchdachten Selbstverwaltungsordnung, von der Aufbauschule Neuzelle, mit der wir ebenfalls Verbindung aufgenommen hatten, viele wertvolle Hinweise. Eine Klasse dieser Schule stattete dann im Oktober 1927 unserer Schule einen mehrtägigen Besuch ab. Die Diskussionen um den Entwurf der Satzungen, der auch ausführlich mit Direktor Karsen und mit dem Lehrerkollektiv besprochen wurde, zog sich bis zum Sommer 1927 hin, wurde am 21.9.27 der Schulgemeinde vorgelegt und von ihr fast einstimmig angenommen. Die Satzung wurde in der Schuldruckerei gedruckt und allen Schülern ausgehändigt.

Die im zweiten Halbjahr 1927 schon gut funktionierende Schuldruckerei ermöglichte es nun, den lange gehegten Wunsch des Schülerausschusses nach Herausgabe einer eigenen Schulzeitung zu erfüllen. Es wurde eine Redaktionskommission eingesetzt, deren Leitung mir als früherem Redakteur der Klassenzeitung übertragen wurde. Wir übernahmen den Namen der Klassenzeitung nun als *AUFBAU* – Zeitung der Aufbauschule am KFR Neukölln. Herr Lüder entwarf den Zeitungskopf und ließ das erforderliche Klischee anfertigen. In der ersten Ausgabe vom Dezember 1927 veröffentlichten wir grundsätzliche Beiträge: „Unsere Schule" (Fritz Karsen), „Unsere Selbstverwaltung" (Bruno Krömke), einen Aufruf „An die Eltern" von der Elternbeiratsvorsitzenden Martha Häfner sowie einen Diskussionsbeitrag von Willi Hintze aus der OI über „Politik und Schule".[3]

Zusammenarbeit der Schülerausschüsse aller Aufbauschulen Berlins

Aus den Kontakten der Schülerausschüsse Berliner Aufbauschulen (seit 1926) entstand die Idee einer ständigen Zusammenarbeit aller Schülerausschüsse der Aufbauschulen Berlins zur Wahrung gemeinsamer Interessen und zum Erfahrungsaustausch. Es wurde eine gemeinsame Redaktionskommission gebildet, die Statut und Programm für einen „Zentralausschuß der Aufbau- und Förderschulen Berlins" erarbeiten sollte[4]. Ihre Satzungs- und Programmentwürfe wurden auf der Delegiertenversammlung der Aufbauschulen am 2.6.27 nochmals beraten, dann einstimmig angenommen und in Kraft gesetzt. Jede Aufbauschule entsandte fortan drei bis fünf Vertreter ihres Schülerausschusses zu den monatlichen Sitzungen des Zentralausschusses. Der Schülerausschuß unserer Aufbauschule wählte die Schüler W. Herzberg, F. Krolikowski und Grete Stühm als Vertreter dorthin.

Durch diese gemeinsame Institution konnte, besonders den Behörden gegenüber,

AUFBAU

ZEITUNG DER AUFBAUSCHULE AM K.F.R. NEUKÖLLN

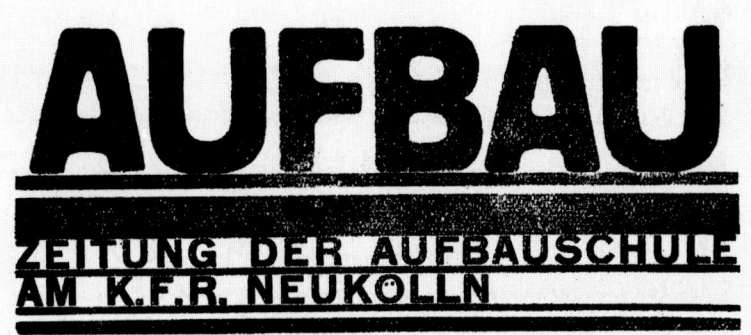

12. Dezember 1927
Blatt 1

UNSERE SELBSTVERWALTUNG

Unsere Selbstverwaltung in ihrer jetzigen Form ist noch sehr jung. Das Statut, nach dessen Bestimmungen sich unsere Arbeit jetzt regelt, wurde erst im September dieses Jahres von der Schulgemeinde angenommen. Es stellt aber den vorläufigen Abschluß einer Entwicklung dar, die im Jahre 1925 mit der Schaffung eines Schülerausschusses begann. Die Schulgemeinde, bis dahin immer von Herrn Karsen einberufen, war in ihrer Gesamtheit natürlich nicht arbeitsfähig, und so wurde als ihr ständiges Organ der Schülerausschuß geschaffen, in den — wie noch heute — jede Klasse einen stimmberechtigten Vertreter entsandte. Der Schülerausschuß übernahm nun die Einberufung und Leitung der Schulgemeinde.

Nicht aus theoretischen Erwägungen, sondern aus einem praktischen Bedürfnis heraus sind diese beiden Institutionen entstanden. Ihre Tätigkeit beschränkte sich zwar anfänglich auf die Festigung der Selbstverwaltung und die Vorbereitung von Schulveranstaltungen. Langsam eroberten sie sich aber — und merkwürdigerweise nicht gegen einen Widerstand der Lehrer, sondern den der Schule und hier wieder bestimmter Klassen — das Vorrecht auf Erledigung sämtlicher das Gemeinschaftsleben betreffender Angelegenheiten und erweiterten selbständig ihren Aufgabenkreis. Die Vorbereitung der Veranstaltungen ging bald an besondere Ausschüsse über (Kunstwoche, Sportfest, Morgenfeier). Im Schülerausschuß beschäftigte man sich insbesondere mit der Frage der Hausordnung, die freilich in keiner Weise ausreichend gelöst werden konnte. Einen Erfolg stellte dagegen eine Beschwerde bei der Stadt über die Raumverhältnisse dar. Eine wichtige Aufgabe war ferner die Herausgabe eines Fragebogens zur Beschaffung statistischen Materials über die wirtschaftlichen, körperlichen und kulturellen Verhältnisse der Schüler und der Elternhäuser. Die ungemein interessanten Ergebnisse dieser Umfrage werden in Kürze abgeschlossen vorliegen und in der nächsten Nummer dieser Zeitung veröffentlicht werden.

Erste Ausgabe des *Aufbau*, der Zeitung der Aufbauschule, die von den Schülern in der Schuldruckerei hergestellt wurde. Blatt 1 beginnt mit dem Aufsatz „Unsere Selbstverwaltung" von Bruno Krömke, Vorsitzender des Schülerausschusses — *Heimatmuseum Neukölln*

> *Antrag.*
>
> Die dem Zentralausschuß der Berliner höheren Schulen angeschlossenen höheren Lehranstalten lehnen jede Art von Schülergerichte ab, und fordern dafür die Teilnahme der Schüler an allen Lehrerkonferenzen und das Recht der Schülerausschüsse und Schulgemeinden auf Erledigung aller sie betreffenden Angelegenheiten.
>
> F.K.
>
> angenommen auf der 2. A. Sitzung vom 16. Nov. 1928.

Handschriftlicher Antrag an den Zentralausschuß der Berliner höheren Schulen von Felix Krolikowski, 1928 — *Heimatmuseum Neukölln*

ein einheitliches und dadurch meist erfolgreiches Handeln gesichert werden. Verschiedene Vorschläge des Zentralausschusses zur Verbesserung der wirtschaftlichen Lage der Aufbauschüler wurden an den Magistrat von Groß-Berlin weitergeleitet. Auf einer Sitzung im November 1928 diskutierte der Zentralausschuß sehr ausführlich die Frage der Einrichtung von Schülergerichten, die von Vertretern einer Schule an ihn herangetragen worden war. Die Vertreter der Aufbauschulen waren einhellig der Meinung, daß Schülergerichte nicht dem Sinn der Gemeinschaftsschulen entsprechen, und lehnten sie ab. In einer schriftlichen Erklärung wurde diese Entscheidung ausführlich begründet und dem Berliner Stadtschulrat Nydahl übergeben. Damit wurden weitere Diskussionen zu dieser Frage unterbunden.

Als Mitglied des Schülerausschusses versuchte ich, auch mit dem Schülerausschuß des benachbarten Staatlichen Kaiser-Wilhelms-Realgymnasium (KWR) Kontakte anzuknüpfen. Diese Schule leitete Oberstudiendirektor Dr. Felix Behrend, der sich der Aufbauschule gegenüber recht distanziert verhielt. So war es auch kein Wunder, daß sich die Schüler dieser Schule uns gegenüber recht abweisend verhielten, uns in den ersten Jahren sogar als „Proleten" bezeichneten, die nicht auf eine höhere Schule gehörten. Es dauerte Jahre, bevor sie uns wenigstens als fleißige und strebsame Schüler respektierten. Die Kontaktaufnahme war nicht einfach, weil dort der Vorsitzende des Schülerausschusses jährlich wechselte und immer nur ein Schüler der Oberprima (auf Anweisung des Direktors?) gewählt wurde. Im Schuljahr 1926/27, als ein Teil dieser Schule wegen Raummangels noch im Lyzeum I (Berliner Straße 8-10) untergebracht war, konnte ich mit dem damaligen Schülerausschuß-Vorsitzenden Martin Schürzke, einem Pfarrersohn, ins Gespräch kommen und einiges über die Schulgemeinde erfahren. Seinen Ausführungen war zu entnehmen, daß die Lehrer wenig Interesse an einer Schüler-Selbstverwaltung hatten. Sie bestand zwar, war aber mehr oder weniger Formsache. In den selten durchgeführten Klassengemeinden wurden meist nur Vorbereitungen für anstehende Wandertage und für Weihnachts- und Schuljahresabschlußfeiern besprochen. Der Schülerausschuß wurde nur einberufen, wenn es galt, eine Zusammenkunft der Schulgemeinde vorzubereiten. Hauptthemen waren dort die Propaganda und die Unterstützung des Vereins für das Deutschtum im Ausland (VDA).

Mit dem Vorsitzenden des Schuljahres 1927/28, dem Oberprimaner Hans Prinz, war es nicht möglich, Kontakt aufzunehmen. Als Sohn eines Geh. Ministerial-Kanzleirats fühlte er sich wohl über uns Aufbauschüler aus Arbeiterkreisen weit erhaben. Im Schuljahr 1928/29 hatte der Oberprimaner Heinz Rühl, Sohn eines Lehrers, den Vorsitz des Schülerausschusses am KWR übernommen. Da er Lehrer werden wollte, was auch mein Berufswunsch war, kamen wir leichter ins Gespräch. Er äußerte sich wenig zufrieden mit der Tätigkeit der Selbstverwaltung: ihr Aufgabenbereich sei arg beschränkt. Mit Unterstützung der Lehrerschaft beherrsche der VDA das Schulleben. Von den insgesamt 210 Schülern des KWR gehörten bereits 130 Schüler dem VDA an. Da die Schule ein neues großes Gebäude in der Zwillingestraße erhielt, fand in der Zeit vom 25. bis 27. März 1929 der Umzug der noch in der Kaiser-Friedrich-Straße untergebrachten Klassen und der Verwaltung dorthin statt, und die frei gewordenen Räume standen dem KFR und der Aufbauschule zur Verfügung, was das Raumproblem weitgehend entschärfte.

Weitere Aktivitäten der Schüler-Selbstverwaltung

Die gute Zusammenarbeit mit dem Elternbeirat führte im Herbst 1927 zur Gründung des Vereins der Freunde der Aufbauschule, um den Kreis der an unserer Schule interessierten Personen zu vergrößern, ihnen Einblick in unsere Arbeit zu ermöglichen. Der Schülerausschuß hatte diese Gründung durch mehrere Veranstaltungen von Elternabenden mit musikalischen Darbietungen, Theateraufführungen und Ausstellungen gut unterstützt.

Bei den vielen Wanderungen, Klassenfahrten, Studienfahrten und Exkursionen lernten wir viele Jugendherbergen und auch andere Übernachtungsmöglichkeiten kennen. In einem Gespräch der Wanderleiter mit Studienrat Koppelmann regte dieser an, die Erfahrungen schriftlich in einer Herbergskartei festzuhalten, um die Planung künftiger Fahrten zu erleichtern. In gemeinsamer Arbeit wurde ein Formblatt entwickelt, das alle wichtigen Punkte enthielt, die beachtet und schriftlich festgehalten werden sollten. Diese „Ortskartothek für Schulfahrten" hat allen Klassen bei der Vorbereitung der Fahrten gute Dienste geleistet.

Von Studienrat Otto Koppelmann stammt auch eine weitere wichtige Anregung. Auf einer Beratung des Schülerausschusses, an der er als Vertreter der Lehrer teilnahm, ging es um Hilfsmaßnahmen für Schüler aus sozial schwachen Familien. Herr Koppelmann meinte, daß wir dazu erst die sozialen Verhältnisse und die Schwachpunkte im Rahmen einer Fragebogenaktion genau erkunden müßten. Dieser Anregung gingen wir in Zusammenarbeit mit der Aufbauschule am Lyzeum II gerne nach. So wurde von beiden Schulen eine gemeinsame Kommission gebildet, die mit Herrn Koppelmanns Unterstützung 49 Fragen zu den Punkten I. Körperliches, II. Wirtschaftliches, III. Sozialer Hintergrund, IV. Kulturelles ausarbeitete und den Fragebogen in Druck gab. Er wurde im Oktober 1927 von den Schülerausschüssen verteilt und im Januar 1928 ausgefüllt wieder eingesammelt. Die Auswertung ergab ein erschütterndes Bild von der sozialen Lage unserer Aufbauschüler, die uns nun erst recht bewußt wurde. Die aufschlußreichsten Ergebnisse dieser Erhebung wurden im Februar 1929 den Fraktionen im Preußischen Landtag als Unterlage für die Beratung des Kulturetats zur Verfügung gestellt.[5]

Von der intensiven Arbeit der Theatergruppen zeugte eine am 3.4.27 als Abschlußveranstaltung des Schuljahres 1926/27 aufgeführte Aufbau-Revue mit dem Titel „Im Hohlspiegel"; sie sollte auf Probleme der Aufbauschulen, besonders auf die Erziehung zur Gemeinschaft hinweisen. Hier ist auch die am 6.2.28 aufgeführte Revue „Ruck-Zuck" zu erwähnen. Beide Veranstaltungen basierten auf Entwürfen und ausgearbeiteten Szenen von Schülern. Diese und viele andere Theaterveranstaltungen sind der guten pädagogischen Motivierung durch die Lehrer Hans Freese und Gustav Schulten zu verdanken. Es waren insbesondere diese beiden, die alle Schulaufführungen auf ein beachtliches Niveau hoben.

Wichtig für die Anerkennung der Aufbauschule war der Besuch des Kultusministers Carl Heinrich Becker mit Gustav Böß, dem Oberbürgermeister von Berlin, und führenden Persönlichkeiten der Volksbildung am 19.1.1928. Die Presse berichtete mehrfach ausführlich darüber.[6] Von Direktor Karsen wurde ich dem Oberbürgermeister als derzeitiger Vorsitzender der Schulgemeinde vorgestellt, wobei dieser sich sehr für die Tätigkeit des Schülerausschusses interessierte, Fragen nach unseren derzeitigen und weiteren Vorhaben stellte. Er übergab mir danach einen Scheck über 1000 Mark für die Kasse des

Der Fragebogen wurde von den Schülern in einer Arbeitsgemeinschaft mit Mathematik-/Erdkundelehrer Otto Koppelmann 1927 entwickelt, um die wirtschaftlichen, kulturellen und gesundheitlichen Verhältnisse der Aufbauschüler/innen statistisch zu erfassen — *Heimatmuseum Neukölln*

Stegreiftheater in der Schulstunde. Die *Arbeiter Illustrierte Zeitung* berichtete 1930 über die Aufbauschule unter der Überschrift „Schule ohne Schrecken" — *Heimatmuseum Neukölln*

Schülerausschusses zur Unterstützung unserer Veranstaltungen, für den ich natürlich mit großer Freude dankte. Als ich dem Schülerausschuß von diesem Geschenk berichtete, war auch hier die Freude groß.

Es sollte nicht unerwähnt bleiben, daß die in der SAJ und im KJVD organisierten Schüler beider Aufbauschulen, in eigenverantwortlicher Aufgabenstellung geschult, sich Anfang 1927 um die Gründung einer selbständigen, überparteilichen Schülerorganisation bemühten, insbesondere zur Wahrung der Interessen minderbemittelter Schüler. Durch ihre Initiative wurde am 6.3.1927 im Neuköllner Jugendheim Bergstraße 29 der Sozialistische Schülerbund (SSB) gegründet; er gewann sehr bald in Berlin eine große Anhängerschaft und wurde schnell in vielen Schulen größerer Städte bekannt, wo es dann auch zur Gründung von Ortsverbänden kam (siehe N. STEINBERGER in diesem Band). Der SSB bemühte sich sehr, durch Propaganda auf seinen Veranstaltungen und durch Veröffentlichungen in seiner Zeitschrift *Schulkampf* die Schülerschaft auf ihre Schülerrechte und auf die gesetzlichen Grundlagen der Einrichtung von Schüler-Selbstverwaltungen aufmerksam zu machen. Er wurde dabei besonders von Veröffentlichungen und Vorträgen

Foto der *Daily News* von 1928 anläßlich einer Studienfahrt mit den Lehrern Dr. Sturm und Krüger nach London: von links die Schüler Felix Krolikowski, Max Kahane, Förster, Eugen Feistmann, Heinz Wählisch, Haas, Kurt Dennert — *Heimatmuseum Neukölln*

der Schulreformer Paul Oestreich, Siegfried Bernfeld, Siegfried Kawerau und vielen anderen unterstützt. Harte Auseinandersetzungen in der Bundesleitung um die politische Linie und Strategie führten im September 1928 zur Abspaltung eines Teils der in der SAJ organisierten Schüler, die sich in den Sozialistischen Schülergemeinschaften (SSG) zusammenschlossen. Da der SSB viele Wanderungen an den Wochenenden durchführte und mehrere Mitglieder der Schulwandergruppe dem SSB angehörten, bestand unsere Wandergruppe zwar noch über ein Jahr weiter, ging aber schließlich im SSB auf.

Das Ende einer Idee

Recht ungünstig für die Zusammenarbeit in der Aufbauschule wirkten sich die Diskussionen über die Teilnahme am Verfassungstag 1928 im Schülerausschuß und in der Schulgemeinschaft aus. Auf Anordnung des Bezirksamtes Neukölln sollte am Sonnabend, dem 11. August, eine Großveranstaltung aller Schulen zur Würdigung der Weimarer Republik auf dem Tempelhofer Feld stattfinden. Von Angehörigen der KOPEFRA (Kommunistische Pennäler-Fraktion) wurde die Losung ausgegeben, diese Veranstaltung mit Einverständnis der Eltern zu boykottieren und irgendwelche Entschuldigungen anzugeben. Grund dafür war die ablehnende Haltung der KPD zur Weimarer Republik: diese habe die Erfolge der Revolution preisgegeben. Auch die Leitung des SSB Neukölln schloß sich dieser Haltung mehrheitlich an. Obgleich nur ein geringer Teil der Schüler der Veranstaltung fernblieb, gab es doch danach erregte Diskussionen über die Stellung zur Weimarer Republik; sie wurden insbesondere von einigen Angehörigen der Arbeiter-Abiturientenkurse, die Karsens seine volle Loyalität zum Weimarer Staat als antisozialistische Haltung vorwarfen, mit aller Schärfe geführt. Die Masse der Schülerschaft fühlte sich der Weimarer Republik verpflichtet, weil sie ihnen, als Kindern der Arbeiterklasse, den Besuch einer höheren Bildungsanstalt ermöglichte. Der Schülerausschuß respektierte zwar die Haltung Karsens, wandte sich aber nicht gegen die ferngebliebenen Schüler. Er meinte, daß es eine politische Entscheidung sei, die jeder Schüler mit seinen Eltern zu treffen habe.

Da ich als Schüler der Oberprima im März 1929 mein Abitur ablegte und danach die Schule verließ, fand auch meine Mitarbeit in den Organen der Schüler-Selbstverwaltung ihr Ende. Am 26.4.29 begann ich mein pädagogisches Studium an der Universität Leipzig, wozu mir Fritz Karsen, Karl Sturm und Schulrat Rude den Weg geebnet hatten, auch ein Stipendium der Stadt Berlin für mich durchsetzen konnten. Dennoch blieb ich in den nächsten Jahren mit meiner Schule, die 1930 den Namen Karl Marx angenommen hatte, eng verbunden. Während meiner Besuche bei Eltern und Geschwistern in Neukölln besuchte ich oft die Aufbauschule, hielt Verbindung mit Dr. Sturm, mit dem Schülerausschuß und früheren Schülern. Dadurch erfuhr ich von erschwerter Arbeit im Schülerausschuß, nicht zuletzt aufgrund der offiziellen Sparpolitik vom September 1931 an.

Seit dem Schuljahr 1931/32 ging die Wirksamkeit der Selbstverwaltung gegenüber der Zeit ihrer großen Aktivitäten von 1926 bis 1930 spürbar zurück. Trotzdem nahm der Schülerausschuß weiterhin seine Aufgaben wahr. Als Fritz Karsen nach der „Machtergreifung" vom neu eingesetzten Reichskommissar Rust aller seiner Ämter entbunden wurde, richtete er eine Entschließung an die vorgesetzte Behörde und forderte, von der öffentlich angekündigten Umorganisation abzusehen und Karsens Entlassung zu annullieren: die bisher erfolgreichen Lehr- und Lernmethoden sollten fortgeführt werden. Dieser Einspruch blieb unbeachtet.[7]

Mit der Abberufung Karsens, der Auflösung der Karl-Marx-Schule und der Ernennung des Parteigenossen Schwedtke zum Kommissarischen Oberstudiendirektor des Kaiser Friedrich-Realgymnasiums fand die jahrelange Aufbauarbeit eines fortschrittlichen und vorbildlichen Pädagogen ein bedauernswertes Ende. Zum kritischen Denken erzogene Schüler der Karl-Marx-Schule Neukölln waren für den nationalsozialistischen Staat nicht brauchbar.

Anmerkungen

1 A. Rude: „Ein Besuch in neuzeitlichen Berliner Schulen." — *Pädagogische Warte*, H. 9 u. 10 (1924)

2 — *Zentralblatt für die gesamte Unterrichtsverwaltung in Preußen* (1928)

3 *AUFBAU* – Zeitung der Aufbauschule am KFR Neukölln v. 12.12.1927

4 „Statut des Zentralausschusses der Aufbau- und Förderschulen Berlins" v. 19.5.1927. Ms. im Besitz d. Autors, ebenso „Programm des Zentralausschusses der Aufbauschulen Groß-Berlins", 1927.

5 *Aufbauschule Neukölln – Fragebogen.* Hrsg. v. Schülerausschuß der Aufbauschule am KFR, der Aufbauklassen am II. Lyzeum, 1927. Vgl. auch O. Koppelmann: „Versuch einer statistischen Milieuuntersuchung." — *Aufbau*, Nr. 1 (1931), 11-18

6 Vgl. den Bericht von Dr. Zwetz im *Vorwärts* v. 20.1.1928

7 vgl. G. Radde: *Fritz Karsen. Ein Berliner Schulreformer der Weimarer Zeit.* Berlin 1973, S. 179

Dokument 6   Waldemar Dutz

Der Gemeinschaftsgedanke in unserer gegenwärtigen Schule

Einer der offenbarsten Mängel unseres deutschen Wesens ist der Mangel an politischem Sinne. Politisch soll hier natürlich nicht im Sinne irgendeiner Tages- oder Parteipolitik gemeint sein, sondern etwa im Sinne der Aristotelischen Definition des *hoi politikon* („intell. Tier' = Mensch). Wir haben also von einem Mangel des Gemeinschaftsgeistes zu sprechen. Wie weit das aus unserer Eigenart kommt, wie weit aus unserer Geschichte, haben wir hier nicht festzustellen. Wir wollen nur von unserer Schule reden.

Die alte Schule stand dem Gemeinschaftsgeiste nicht freundlich, eher feindlich und mißtrauisch gegenüber. Man denke an die fast komische Angst, die man früher vor Schülervereinen hatte, an die starre Sonderung der Schülerschaft in unserem starren Klassensysteme, an die Verpönung der kameradschaftlichen Hilfsbereitschaft, die darum nur illegal und unerfreulich uns erscheinen konnte.

Mit diesem Systeme hat man das zu ersticken versucht, was, wie wir alle aus der Praxis und unseren eigenen Schulerinnerungen wissen, für den jungen Menschen noch bedeutsamer ist als die Erziehung durch den Lehrer. Ich will damit durchaus nicht die Notwendigkeit des Lehrers bestreiten, nicht nur für die Instruktion, sondern auch für die Erziehung. Zuletzt will der Knabe und der Jüngling einmal ein Mann werden, und zwar mit dem ganzen idealen Glauben und der ganzen idealen Kraft der Jugend. Der beste Erzieher wird der sein, der ihm dazu Führer und Vorbild sein kann. Solche Erzieher kann man sich wohl wünschen; wieviele aber davon da sind, wird jeder aus seinen eigenen Schulerinnerungen wissen. Die Klagen gerade der bedeutendsten Männer in ihren Lebenserinnerungen sind weniger Haß gegen die Schule als enttäuschte Sehnsucht nach jenen Erziehern. Sie wird uns keine auch noch so gute Organisation des Schulwesens, keine auch noch so radikale Reform geben können; denn der Erzieher ist ebenso selten, vielleicht noch seltener als der bildende Künstler.

...

Was der junge Mensch nun nicht im Manne als in einem einzelnen Individuum findet, das sucht er sich stückweise aus seinen Altersgenossen und Geschlechtsgenossen zusammenzusetzen; merkwürdiger Weise übrigens und in einem bisher noch nicht aufgeklärten Gegensatze zur Antike auch in den Wesen des anderen Geschlechts, also im Mädchen. Wir alle wissen, wie die Klasse immer von einigen wenigen, manchmal von einem einzigen bestimmt wird, wie stark Kameraderien unter Schülern ausgebildet sind und wie Schulfreundschaften oft das ganze Leben überdauern. Dieses alles ist da, wir könnten auch solche elementaren Kräfte durch keine Reform schaffen, wie ja auch kein Mensch hier etwas hervorgezaubert hat, wir haben es nur wie eine junge Pflanze zu pflegen und ihm Luft und Licht zu geben. Die entfesselnden Kräfte hoffen wir nun von einem lebendigeren Gemeinschaftsleben in der Schule. Stellen wir uns also eine Zahl von jungen Menschen vor, die nicht nur durch die zufällige Klassengemeinschaft, sondern noch durch anderes zusammengebracht und zusammengehalten werden, so wollen wir uns fragen, was dieses für die Erziehung bedeutet.

Jeder einzelne wird in seiner Eigenart gerechtfertigt, wo er mit Gleichstrebenden zusammensteht; seine Eigenart erstickt nicht oder wird nicht zur dumpfen, muffigen Eigenbrödelei. So bekommt er den Glauben an sich, aber er bekommt auch, was mir noch mehr dünkt, das Maß für sich ... Die Mehrheit der Menschen findet ihr Maß in der Erfahrung, in der Tat. Steht der einzelne in der Gemeinschaft der Mitstrebenden, und zwar der frei Mitstrebenden, nicht bloß derer, die das Schulziel programmatisch oder unprogrammatisch erreichen, so erfährt er eben damit, was er kann und was er nicht kann. Er lernt es, zu führen oder sich unterzuordnen. Das Elend der meisten Menschen ist doch, daß sie weder das eine noch das andere können und hilflos zwischen Anmaßung und Verzagtheit hin und her geworfen werden.

Damit komme ich zu dem, was mir am wesentlichsten und fruchtbarsten an der Gemeinschaftserziehung zu sein scheint, *die Erziehung zum politischen Denken.* Wer hat nicht gerade in dieser Zeit, zu welcher Partei er auch gehören mag, schmerzhaft empfunden, daß unser Volk nicht durch seine Notwendigkeit, ja nicht einmal durch seine klar erkannten, meinetwegen ganz selbstsüchtigen Klasseninteressen bestimmt wird, sondern durch Worte, Worte, Worte, um mit dem melancholischen Prinzen von Dänemark zu reden, von denen keiner etwas versteht und selbst die nicht, die sie schreiben und reden, weil keine Realitäten mehr dahinter stehen, sondern die Luftgebilde der Abstraktionen oder deren Negationen, wie wir sie ja so leichtfertig auf unseren höheren und hohen Schulen in die Köpfe der Jugend hineinblasen. So kommt es, daß wir in Deutschland, um nach rechts, nach links und nach der Mitte gleich deutlich zu reden, fast nur Demagogen und Journalisten und daneben Stimmvieh, Herdenvieh und Zeitungsvieh haben. Man mag von der Tagespolitik tief angeekelt sein, und so ergeht es dem Verfasser, aber man wird wünschen, solange man noch nicht zur antiquarischen Mumie der Gelehrsamkeit oder Ästhetik erstarrt ist, daß unser ganzes Volk Realitäten sehen lernt, daß ein jeder, und sei es auch im kleinsten Kreise, ein bestimmtes Wollen und eine bestimmte Erfahrung hat, damit er zuerst sein eigenes Haus baut und nicht gleich den lieben Gott korrigieren will.

Der Geschichtsunterricht und neuerdings die sogenannte Bürgerkunde werden, auch wenn sie noch so gut gegeben und noch so willig aufgenommen werden, nie jungen Menschen das Urproblem des Gemeinschaftslebens und der Politik zeigen, nämlich wie schwer es ist, auch nur zehn Menschen zu einem gemeinsamen Ziele zu vereinigen, wie schwer es ist, auch nur eine gemeinsame Wanderfahrt, eine gemeinsame Aufführung oder die gemeinsame Bestellung eines kleinen Gartenlandes zustande zu bringen. Sie werden nie begreifen, wie hart und spröde der Stoff, und wieviel härter noch die Menschenschädel sind ... Auf unseren höheren Schulen und Universitäten lernen unsere Jungen Probleme, Jahrhunderte und Völkerschicksale gleich Federbällen hin und her werfen. In zwei Stunden läßt man die Antike verfaulen, rettet in einer Stunde die Welt durch das Christentum und wird in einer Stunde mit der Proletarisierung und Stupidisierung der Menschheit durch Kapital und Technik fertig. Die Köpfe unserer Schüler und auch der besten sind dadurch wahnsinnig gewordene Konversationslexika und bei den mit Leidenschaft und Phantasie begabten überheizte Dampfkessel geworden, die notwendigerweise einmal explodieren müssen.

Die Gemeinschaftserziehung kann diese Übel ... natürlich nicht heilen, aber sie kann manches lindern und vor allem zur Besinnung bringen.

Wir wollen jetzt im einzelnen sehen, was an Gemeinschaftserziehung schon da ist und was auf dieser Basis noch möglich ist. Dabei dürfen und wollen wir nicht nach Utopia fahren. Es ist ja sehr leicht zu sagen: Nur erst alles entzwei schlagen, auf der tabula rasa läßt sich leichter bauen. Wir wissen doch, wie kläglich der Endeffekt aller Revolutionen ist, daß Revolutionen doch immer nur aufbrechende Geschwüre sind, und daß der gesunde Körper sich langsam und stetig selbst aufbaut. Unser Volk hat jetzt eine Revolution hinter sich und hat in ihr bei dem ungeheuren Umfange des Unheils mit einer geschichtlich noch nie dagewesenen Ruhe und Verständigkeit gehandelt, so wollen wir jetzt hoffen, daß der Volkskörper langsam gesunden und sich neu aufbauen will, auch in seinen Schuleinrichtungen. So wollen wir auch unsere höhere Knabenschule nehmen als das, was einmal da ist, ohne sie weiter zu diskutieren oder zu kritisieren. Das Beste ist bekanntlich der Feind des Guten, und wir wollen mit dem Guten zufrieden sein ...

Ich komme also zu dem, was in der Gemeinschaftserziehung da ist: Schon vor der Revolution hatten wir, wenn wir von Landerziehungsheimen und ähnlichen Gebilden absehen, in unseren öffentlichen Schulen das System der sogenannten Klassenämter, also die kleinen Einrichtungen des täglichen Schullebens durch die Schüler. Neu hinzugekommen ist nach dem Ministerialerlaß vom April 1920, daß diese Ämter Vertrauensleuten der Schüler nach ihrer eigenen Wahl gegeben werden müssen. Das war ein guter Gedanke. Wenn auch einmal ein solches Amt in die Hände eines Unzureichenden kommt, so werden seine Mitschüler bald merken, daß sie selbst den Schaden davon haben. So habe ich z. B. die Beobachtung gemacht, daß die Schüler zunächst oft den Aufsässigsten und Großmäuligsten zu ihrem Sprecher gemacht haben. Sie begriffen aber bald, daß es damit allein nicht getan ist, daß zu diesem Amt ein gewisses Feingefühl und ein gewisses Maßhalten gehört, und bei den nächsten Wahlen waren die Sprecher meist aus den maßvollen Elementen genommen. Mit dieser Beobachtung ist auch für die jungen Köpfe ein gut Teil politischer Einsicht gewonnen.

Ebenso sind schon vor der Revolution Schüler zur Unterstützung bei der Aufsicht während der Pausen genommen worden, ja, an manchen Anstalten hatte man ihnen die Aufsicht ganz allein überlassen. Meine eigenen Beobachtungen hierzu sind durchaus günstig. Die Jungen sind eifrig dabei und mit wenigen Ausnahmen auch durchaus geschickt. Die anfängliche Renitenz der anderen Schüler gegen ihre aufsichtführenden Kameraden wurde als Kinderkrankheit dieser Einrichtung bald überwunden. Das Vorschlagsrecht für die Aufsichtsführenden haben wir an unserer Anstalt auf den Wunsch der Schüler ihnen selbst überlassen. Jede Zucht und Ordnung, die nur durch die Lehrer erzwungen ist, wird schließlich immer als Polizeiwillkür empfunden und reizt zur Übertretung. Den selbstgewählten Kameraden dagegen unterwirft man sich nicht, denen fügt man sich. Auch hierin liegt eine gute politische Erziehung; denn nichts ist erfreulicher als eine Menge und dazu eine Menge Jugendlicher, die sich dem eigenen Gesetze unterwirft. Man kann hier vielleicht noch weiter gehen und auch den Schülern ein gewisses Mitbestimmungsrecht über Zucht und Ordnung im Schulgebäude, vielleicht sogar außerhalb, einräumen. Die Jungen sehen ja oft schärfer als wir, was not tut und was falsch gemacht wird. Eine solche Ordnung, an der sie selbst mitgearbeitet haben, wird dann auch eher von ihnen eingehalten werden. Es läßt sich z. B. wohl denken, daß Schüler der oberen Klassen ein Verständnis dafür haben, wie das Rauchprotzentum der Schüler auf den Straßen peinlich und komisch wirkt und ähnlich der Besuch von Lokalen und daß sie auch hier durch kameradschaftliche Vorstellungen bei ihren jüngeren Mitschülern erziehend einwirken können. Hierbei will ich auch von einer Einrichtung sprechen, die bei uns eingeführt ist und sich gut bewährt hat. Die unteren Klassen VI bis V haben in Schülern der oberen Klassen sogenannte Pfleger. Diese haben das Recht, vor dem Unterricht in die Klassen zu gehen, dort nach dem Rechten zu sehen und sich der Kleineren anzunehmen. Sie hören ihre Klagen und Wünsche an, bringen sie vor den Ordinarius und nehmen sich auch außerhalb der Schule, so bei Ausflügen, auf dem Hofe usw. der Kleineren an. Das Amt ist bei den Kleinen wie bei den Großen beliebt. Man hört manches, was die Herzen der Kleinen drückt, aus dem Munde der Pfleger, das einem sonst kaum gesagt würde. Wir haben damit eine Überwindung der Klassengegensätze, hier im wörtlichsten Sinne des Wortes. Der Sextaner schaut nicht mehr mit fassungsloser Bewunderung zu dem Primaner herauf und der Primaner nicht mehr mit fassungsloser Geringschätzung auf den Sextaner herab. Beide spüren irgendwie die gemeinschaftlichen Sorgen und suchen sich zu helfen. Nebenbei gesagt halte ich dieses für eine gute Berufsberatung. Die geborenen Erzieher unter den Schülern werden hierbei ihre Begabung am ehesten herausfinden und versuchen können.

Ich komme jetzt zu den revolutionären Neuerungen des Ministerialerlasses vom April 1920. Da haben wir zunächst die Schulgemeinde, die vorschriftsmäßig aus den oberen Klassen bestehen soll. Ich habe sie selbst zwei Jahre geleitet und sorgfältig beobachtet. Dabei habe ich mich selbst mit Vorsatz und Absicht fast ganz zurückgestellt und möglichst alles den Jungen überlassen. Zuerst wurden Anfragen über alle Dinge des Schullebens gestellt und von mir beantwortet, den verbleibenden größeren Rest der Stunde füllten die Jungen mit ihrer eigenen Unterhaltung, Musik, Vorträge usw. fast ganz allein aus. Ich habe keine Enttäuschung erlebt, wohl weil ich nicht allzuviel davon erwartet habe. Die Anfragen waren ausnahmslos verständig, die Klagen so maßvoll, wie ich es mir selbst nie hatte träumen lassen. Die improvisierten Kunstleistungen der Schüler waren dilettantisch, aber sie unterhielten. Lärmszenen oder gar skandalöse Auftritte hat es nie gegeben. Die übliche Unruhe vor Beginn der Sitzung war nicht größer als überall, wo ein paar hundert Menschen zusammen sind. Wir könnten also die Schulgemeinde als Unterhaltungs- oder auch Erbauungsstunde der Schülerschaft passieren lassen, nur scheint mir der Name zu prätentiös zu sein. Die Schuld hieran trifft aber nicht die Schülerschaft, sondern unser Schulsystem. Der Begriff Schulgemeinde ist zunächst falsch, eher könnte man sie eine Schülergemeinde nennen; denn selbst an unserer Anstalt, wo man diesen Dingen durchaus sympathisch gegenübersteht, nehmen an den Sitzungen höchstens ein bis zwei Kollegen außer mir teil, an anderen Anstalten wird es ähnlich sein. Die Lehrer dazu zu kommandieren, ist in dem Erlaß verständigerweise vermieden. Vor allem aber haben bei unserem Schulsystem 6 bis 8 Klassen zusammengebracht eben nichts Gemeinsames außer sehr allgemeinen Klagen, die aber schließlich doch ein Negatives bleiben und keine positive Gemeinschaft erzeugen können. In einem Landerziehungsheim, wo das ganze Leben gemeinsam ist, wird eine solche Schulgemeinde auch wirklich gemeinschaftsbildend sein können, ähnlich bei einer Schule, wie sie die entschiedenen Schulreformer vorschlagen. Ich will aber hier von keinen Utopien reden, ja nicht einmal unsere Schule kritisieren, sondern nur positive, anwendbare Gedanken zur Diskussion stellen. Doch selbst hier will ich dieser Gemeinschaftsstunde, wie ich sie nennen möchte, nicht jede Bedeutung für die politische Erziehung absprechen. Zunächst lernen die Schüler, sich als Menge in Zucht zu halten, die elementarsten Regeln einer Versammlung begreifen und Anfragen sachlich vorbringen und beantworten. Ich will also die Schulgemeinde nicht verwerfen, ich will sie aber auch nicht über den grünen Klee loben. Fruchtbarer im Sinne des Erlasses ist der Schülerausschuß, d.h. die Versammlung der Sprecher der einzelnen Klassen, der Pfleger und Vorsitzenden der Schülervereine. Hier sind programmatisch nur Anfragen über das Schulleben zu stellen und zu beantworten. Schon daß die Zahl der Teilnehmer beschränkt ist, hat seine Vorteile. Die Teilnehmer als Beauftragte ihrer Klassen oder Verbände sind interessierter, die Diskussion wird sachlicher, klarer und schärfer. Soll dieser Schülerausschuß aber keine Farce werden, so muß er wirklich volle Redefreiheit haben. Ich selbst als Berater habe streng darauf geachtet, im Schülerausschuß meine Eigenschaft als Lehrer zurückzustellen und nur als Vertrauensmann der Schülerschaft zu gelten. Ich habe alle Anfragen zugelassen und mit vollkommener Unbefangenheit über alles geredet, was die Schüler vorbrachten. Im Ministerialerlaß ist allerdings die Kritik verboten, ich sehe aber nicht ein, welche Angst wir vor der Kritik haben sollten. Mir ist es jedenfalls noch immer gelungen, die Kritik unserer Jungen, die durchaus helle und mit der Zunge auch etwas vorschnelle Berliner sind, zu parieren. Im schlimmsten Falle habe ich gesagt, daß ich gegen manches auch machtlos bin, weil ich eben nicht die Welt geschaffen habe. Ich habe allerdings die Jungen gebeten, die Kritik gegen Kollegen nicht in der allgemeinen Sitzung vorzubringen, weil sich das gesellschaftlich nicht zieme, sondern da mit mir einzeln und allein zu reden. Das haben sie denn auch begriffen, und wo Meinungsverschiedenheiten waren, ist es mir immer gelungen, durch eine kollegiale Aussprache sie beizulegen. Ich bin allerdings der Meinung, daß eine Autorität, die nicht die Kritik ertragen und entwaffnen kann, schleunigst abzudanken hat.

Im ganzen halte ich also den Schülerausschuß in seiner Intention für eine gelungene Repräsentation der Schülerschaft. Aber auch hier gilt die allgemeine historisch-politische Erfahrung, daß Völker mit der jämmerlichsten Verfassung gut regiert werden können. Kann ein Mensch nicht Flöte blasen, so nützt ihm das schönste Instrument nichts, und versteht ein Erzieher nicht die Jugend zu fassen, so wird in seinen Händen, ob er nun Despot oder Kommunist ist, alles zur Anarchie. Dem Verständigen wird der Schülerausschuß eine willkommene Tribüne sein, von der aus er zur Jugend sprechen, und wo die Jugend wieder zu ihm sprechen kann.

Ich komme nun zu der dritten revolutionären Neuerung, zu der Klassengemeinde. Im Sinne einer idealen Pädagogik müßte ja jede Stunde eine Klassengemeinde sein. Einmal aber sind wir nicht alle ideale Erzieher, und dann läßt es die gebundene Marschroute unserer Pensenbehandlung nur selten zu. Eine Klassengemeinde soll nach dem Sinne des Erlasses sich offenbar von einer gewöhnlichen Unterrichtsstunde irgendwie unterscheiden. Wenn in demselben Erlasse davon gesprochen wird, daß die Schüler auch selber eine Klassengemeinde abhalten dürfen, so geht die Tendenz offenbar dahin, daß hier die Klasse sich unabhängig von der Schule als einer Lebensgemeinschaft ihrer selbst bewußt werden soll. Das ist nun durchaus nicht so leicht, wie es zu sein scheint. Die meisten Menschen und so auch unsere Schüler können mit sich selbst wenig anfangen, wenn sie nicht dazu kommandiert werden. Also auch dazu müssen die Jungen langsam erzogen werden. Immerhin hat die Klassengemeinde vor der Schulgemeinde den Vorzug, daß die Zahl der Teilnehmer geringer ist und daß eine wirkliche Interessengemeinschaft da ist. So wird man immer leicht einen Teil dieser Gemeinschaftsstunde mit den gemeinsamen Angelegenheiten, Wünschen und Beschwerden zubringen können. Selbstverständlich müssen auch hier die Jungen das vollkommen sichere Gefühl haben, daß sie hier frei reden können und nicht in einer polizeilich überwachten Versammlung sind. Der Lehrer wird sich auch hier am besten auf die Funktion eines Versammlungsleiters zurückzuziehen haben. Die Jungen werden hier, und das kann man sogar schon in einer Sexta beobachten, die ersten Versuche zu einer autonomen Genossenschaftsbildung machen. Mit besonderer Schärfe wird, und das ist eine der erfreulichsten Phänomene bei unseren deutschen Jungen, auf die genossenschaftliche Ehre gehalten. Wir kennen die Jungen aus unserer alten Schule ja nur in einer Defensivstellung der Verschwörer mit der organisierten Mogelei und dem organisierten Unfug. Aber nehmen wir den Jungen erst die törichte Vorstellung von dem Lehrer als dem amtlichen Peiniger, Pauker und Examinator, stellen wir uns ganz entschlossen in die jugendliche Psyche, dann werden wir mit Erstaunen sehen, wieviel Positives unsere Jungen wollen. Wir haben an unserer Anstalt, um dieses Ehrgefühl der Jungen positiv zu fassen, ihnen gewissermaßen verfassungsmäßig das Recht auf Klassengerichte gegeben. Ob alle Kollegen diese eingerichtet haben, weiß ich nicht. Ich selbst habe den Versuch damit in einer Klasse gemacht, die dazu als sogenannte Rüpelklasse verschrieen war, und habe damit sehr erfreuliche Erfahrungen gemacht. Wir wissen doch alle, daß überall Klassenjustiz geübt wird, und daß diese oft sogar zur Lynchjustiz ausartet. Ich hatte nun den Jungen empfohlen, alle ihre Streitigkeiten vor ein selbstgewähltes Ehrengericht zu bringen, um gewissermaßen einen allgemeinen Burg- und Gottesfrieden zu gebieten. Dabei hatte ich mich selbst verpflichtet, von den Dingen, die dabei zur Sprache kämen, nie amtlich Gebrauch zu machen. Dieses Ehrengericht wurde dann auch regelmäßig angerufen, die Anrufenden mußten sich seinem Spruche fügen. Nur hatte ich mir selbst das Recht einer obersten Revisionsinstanz gesichert, und zwar so, daß ich gegen jedes Urteil ein absolutes Vetorecht hatte, aber nicht das Recht, ein Urteil zu fällen. Ich tat dieses, weil ich fürchtete, wie sich auch Herr Berthold Otto darüber zu mir aussprach, daß die Urteile der Jungen von mittelalterlicher Härte seien. Diese Befürchtung aber hat sich nicht bestätigt. Man war immer zur Milde geneigt, und das Verdikt lautete meistens darauf, daß den beiden Parteien aufgegeben wurde, sich feierlich vor dem hohen Gerichtshofe wieder zu vertragen. Nur einmal war die Aufregung groß, und der Verlauf des Falles war von typischer Erfreulichkeit. Bei einem Ausflug hatte sich ein Teil der Klasse von mir getrennt und in einem Zugabteil allein Platz gefunden. Zwei Flegel hatten dabei mitreisende Frauen belästigt. Da war nun die Aufregung groß, und man verlangte, daß die Übeltäter nahezu gepfählt und geschunden werden sollten. Auf meinen Vorschlag einigte man sich dann auf einen zweistündigen Hausarrest mit einer gründlichen Strafarbeit.

Durch eine solche Einrichtung kann man also viel mehr aus der inneren Überzeugung der Schüler heraus ethisch wirken als durch alle unsere Schulstrafen zusammen. So braucht auch die Klassengemeinde nicht bloß Beschwerde- und Oppositionsversammlung zu sein. Erwähnen will ich hierbei noch, daß in einem Falle, wo einem Lehrer ein häßlicher Streich gespielt worden war, die Schüler selbst dies als „eine Gemeinheit" mißbilligten.

Die Klassengemeinde kann ferner ähnlich wie die Schulgemeinde eine kleine Kulturgemeinschaft sein. Hat man in der Klasse einige mimisch oder musikalisch begabte Jungen, so werden sie die anderen in der Klasse auf Ausflügen und kleinen Klassenfesten, die sie mit besonderer Freude machen, gerne unterhalten. Die Kunstkritik und die vox populi ist hierbei meist sehr naiv und stürmisch, aber auch dieses ist als ein erster Versuch einer selbständigen Kritik nutzbar. Nur muß der Lehrer wiederum ganz zurücktreten. Wenn die Jungen es nicht aus sich allein tun, so möge es lieber ganz unterbleiben.

Zuletzt will ich noch reden von dem, was mir in dem Bau unserer gegenwärtigen Schule für den Gemeinschaftsgedanken am fruchtbarsten zu sein scheint, und was nun endlich durch den Ministerialerlaß freigegeben worden ist, nachdem es Jahrhunderte lang als Schatten- und Giftpflanze gewuchert hat, nämlich die freie Vereinsbildung der Schüler. Man wird unbedenklich alle Arten von Vereinen zulassen können außer den Sauf- und politischen Vereinen, die mir übrigens auch für Erwachsene gleich unersprießlich zu sein scheinen. Ich habe leider über

Schülervereine ebenso wenig wie über Koedukation eine eigene Erfahrung, da ich nie solche geleitet habe, und kann darum nur sehr vorsichtig darüber reden, aber ich denke es mir so: Wie weit unser starres Klassensystem für den Unterricht notwendig ist, lasse ich dahingestellt. Für den Gemeinschaftsgedanken ist es schädlich. Junge Menschen mit gleichen Neigungen, Begabungen, Träumereien und Begeisterungen werden auseinandergerissen und können nicht zusammenkommen, weil die Klassengegensätze, hier wörtlich genommen, ebenso und noch mehr dazwischenstehen als in der bürgerlichen Gesellschaft. Sie alle aber können sich in einer freien Vereinsbildung zusammenschließen. Hier ist die Vereinigung ganz frei, kann sich ihre eigenen Gesetze geben und ihr eigenes organisches Leben aufbauen. Die zukünftigen führenden Geister können sich an die Spitze stellen, können hier schon vorahnen, wie weit und wie tief ihre Begabung geht. Alle aber können lernen, wie sie sich einordnen müssen ...

Ein erfreulicher Schritt zu der Vereinigung gleichstrebender Schüler, unabhängig vom Klassensystem, ist neuerdings gegeben mit der freien Gestaltung der Oberstufe. In den sogenannten Wahlfächern werden sicherlich Schüler aller oberen Klassen zusammengefaßt werden müssen. Die Gebundenheit liegt nur darin, daß ihnen der Lehrer gegeben wird. Man könnte ihnen hier unbedenklich die Wahl nicht nur des Faches, sondern auch des Lehrers freistellen. So werden sich etwa literarisch oder philosophisch oder künstlerisch interessierte Schüler ihren Führer am liebsten selbst aussuchen und damit für sich selbst und ihre innere Notwendigkeit die beste Wahl treffen. Der von ihnen Gewählte wird in seinen übrigen stundenplanmäßigen Pflichten entlastet und kann hier ähnlich wie der griechische Philosoph freistrebende Jünglinge zur „Wahrheit" ... führen und braucht nicht nur Examens- und Fachbanausen heranzuzüchten. Es wäre ein Schritt und wert, getan zu sein. Der Weg aber ist noch weit, der uns herausführt aus dem materialistischen Wirrsal unserer Erziehung, aus der geistig-industriellen Massenfabrikation von Halbfabrikaten. Unsere heutigen Berufe, die manuellen wie die geistigen, vom Volksschullehrer bis zum Hochschullehrer, sind insgesamt so entgeistet, automatische Maschinen- oder Schreiberarbeit geworden, daß dafür die frühere universale höhere Schulbildung mir nur noch wie ein mittelalterliches Dogma von Oberlehrern und Professoren erscheint. Entlasten wir die ungeheure Mehrzahl unserer Schüler von einer toten Last, und geben wir ihnen das wenige, was sie brauchen, gründlich und ausbaulich ...

Aber kommen wir zur Gegenwart zurück. Der Gemeinschaftsgedanke in unseren öffentlichen Schulen ist jung und gegenwärtig noch nach allen Seiten gefährdet. Zunächst materiell. Bei unserer ungeheuren Verarmung müssen wir versuchen, dem Staat und der Gemeinde wenigstens einige Mittel dafür abzuringen, besonders unsere Schülervereine zu unterstützen. Rudervereine brauchen ein Ruderboot, literarische Vereine ihre Handbibliothek, Kunstvereine eine Sammlung von Kunstblättern usw. Wir müssen uns vor allem zusammenschließen, damit Gleichstrebende in der Förderung dieses Gemeinschaftsgedankens sich gegenseitig unterstützen durch Austausch ihrer Erfahrungen, durch gegenseitigen Schutz und Hilfe gegen Beeinträchtigung und Gleichgültigkeit. Ein Teil der Lehrer steht dem Gemeinschaftsgedanken noch fremd und mißtrauisch gegenüber, und der Kultusminister selbst hat in einer seiner letzten Reden nur von einem wohlwollenden Gewährenlassen, aber nicht von einer positiven Förderung gesprochen. Viele Direktoren suchen das Gemeinschaftsleben der Schüler zu unterdrücken oder Schulgemeinde und Schülerausschuß gar zu einer Überwachungspolizei herabzusetzen.

Hier sollten nur die Grundlinien gezeichnet werden von dem, was ich für möglich halte in unserer Schule, wie sie ist. Ich habe mich sorgfältig fern gehalten von jeder Utopie und von jeder Opposition ohnmächtiger Revolutionäre. Bei einer so vorsichtigen Absteckung des Zieles ließe sich alles umfassen, was dem Gemeinschaftsgedanken nahe steht: Lehrer aller Schulgattungen, Männer und Frauen, Eltern und Schüler.

Wir wissen alle, daß bewegte Zeiten immer wieder davon geträumt haben, mit der Erziehung ihre Zeit, ihr Volk, ja die ganze Menschheit zu heilen. Als Historiker bin ich darin nachdenklich geworden. Die Entwicklungsgeschichte treibt nicht von heute auf morgen Stamm, Blüte und Frucht zugleich. Daß die ganze Menschheit erzogen wird von einer Kraft und zu einer Idee, die vielleicht jenseits unserer Erkenntnis, ja unserer irdischen Erscheinungsform liegt, glaube auch ich. Darum wollen wir im Glauben an diese Ahnung in uns wie der treue und fleißige Gärtner den Baum in den Boden pflanzen, auch wenn er noch so arm und trocken sein mag, damit ferne Geschlechter sich einmal seines Schattens und seiner Früchte freuen mögen.

Das redaktionell leicht bearbeitete und gekürzte Originaltyposkript von Waldemar Dutz datiert um das Jahr 1928 und wurde freundlicherweise von Harald Dutz zur Verfügung gestellt.

Waldemar Dutz – nicht nur Chronist seiner Schule
Ein biographisches Nachwort

Waldemar Dutz (geb. 1881 in Dresden als Sohn eines Oberlehrers) verlebte seine Jugend in Osterode (Ostpreußen), wo er an einem humanistischen Gymnasium 1901 sein Abitur ablegte. Er hatte Latein, Griechisch, Hebräisch und Französisch gelernt und studierte in Berlin Jura, Sprachwissenschaften, Philosophie, Englisch, Sanskrit und beschäftigte sich mit afrikanischen Sprachen. Bis 1910 war er drei Jahre lang Hauslehrer an sächsischen Schlössern. Erst 1913 schloß er seine Studien für das höhere Lehramt ab. Deutsch und Geschichte waren seine Fächer, obwohl er auch die Fakultas für Französisch und Englisch hatte. Von der Charlottenburger Siemens-Oberrealschule kam er 1920 auf eine Studienratstelle am Neuköllner Reformrealgymnasium in der Boddinstraße. In seinen freien Stunden las er Homer, Platon und Sanskrit-Schriften. In den fast 20 Jahren an der Neuköllner Schule (1923 / 24 bis 1933 Walther-Rathenau-Schule) war er nach übereinstimmenden Aussagen der Schüler neben Dr. Rohr die prägende Persönlichkeit unter den Lehrern. Er sei ein Mann mit großem Wissen, trockenem Humor und einer fast einzigartigen Originalität gewesen. Sein Deutschunterricht war anschaulich und anregend; der Schüler Blisse hatte immer das Empfinden, daß Dutz seiner Zeit weit vorauseilte, ohne den Boden unter den Füßen zu verlieren. Wie kaum ein anderer lauschte er den Zeitströmungen und zeigte sich sozialen Problemen sehr aufgeschlossen.

Bei gelegentlichen philosophischen Betrachtungen war er nicht ausschweifend, sondern äußerst diszipliniert. In stilistischen Übungen war er anspruchsvoll, in der Bewertung der Aufsätze soll er milde und nachsichtig gewesen sein. Nach Durchsicht mehrerer Aufsatzhefte von Hans Wittbrodt würde ich das letztere Urteil allerdings nicht teilen, denn seine Beurteilungen erscheinen aus heutiger Sicht ebenfalls recht anspruchsvoll. Mit den Schülern las er Homer, Goethes *Iphigenie*, Storm und Sophokles. In Festzeitschriften seiner Schule schrieb er philosophisch gefärbte Betrachtungen über die Schulgeschichte (vgl. den Beitrag von R. ROGLER über die Walther-Rathenau-Schule in diesem Band).

In Neukölln war er mit dem sozialdemokratischen Politiker und Schulleiter der weltlichen Rütlischule, Wilhelm Wittbrodt, befreundet, mit dem er auch politisch diskutierte (dessen Biographie in Band II). 1939 ließ er sich vorzeitig in Ruhestand versetzen, wurde aber 1941 wieder dienstverpflichtet und ging mit in die Kinderlandverschickung nach Krynica bei Prag. Nach weiteren Unterrichtsjahren in Neukölln und Freiberg / Sachsen (bis 1950), verstarb er 1963 in Berlin, wo auch sein Sohn Harald lebt, dem wir die biographischen Angaben zu seinem Vater verdanken.

Rudolf Rogler

Werner Korthaase

„Schule der Zukunft"

Jede neue Entwicklung bedinge „ein Sich-Umstellen von der alten zur neuen Zeit", erklärte der Groß-Berliner Stadtschulrat Jens Nydahl, als die aufsehenerregende „Schulstadt im Werden" im April 1928 der Öffentlichkeit vorgestellt wurde. Alte Formen würden zerbrechen, neue Ideen sich neue Formen schaffen. „Wenn bei den vielen Neubauprojekten, die zurzeit der Bearbeitung unterliegen, diese Forderung bis ins Feinste hinein ihren Ausdruck findet in der Neugestaltung der Schularbeitsstätten, so gilt das besonders von dem Plan Karsen-Taut: Arbeits- und Gemeinschaftsschule ohne unterschiedliche Betonung von Volks- und höherer Schule als wahrhafte Einheitsschule von innen heraus" (*Berliner Tageblatt* v. 14.4.1928).

Das Bezirksamt von Neukölln plante in den 20er Jahren bemerkenswerte Schulbauten. Der Dezernent des Volksbildungsamtes, Dr. Kurt Löwenstein, stand im Brennpunkt des öffentlichen Interesses. Jede seiner Handlungen wurde beachtet. Mittelmäßiges durfte das von ihm geleitete Amt nicht vorlegen. Mehreren Bauvorhaben kam deshalb besondere Bedeutung zu. Sie sollten nicht nur schulischen Zwecken dienen, sondern Mehrzwecknutzung erlauben.

Als erster, von der Groß-Berliner Stadtverordnetenversammlung „grundsätzlich" bewilligter Bau ist der Schulenkomplex für Tausende Schülerinnen und Schüler zu nennen, der auf dem Gelände am Neuköllner Mittelweg errichtet werden sollte, mit einer Berufsschule für Mädchen, einer kaufmännischen Berufs- und Handelsschule sowie einer höheren Handelsschule für Frauen und Männer. In diesen Bau wurde eine Stadtbücherei einbezogen. Im Bereich der „Hufeisensiedlung" im Ortsteil Britz sollte eine „Gemeindedoppelschule" entstehen mit einer Aula, die von den Siedlungsbewohnern als Fest- und Kinosaal mitbenutzt werden konnte, weshalb ein besonderer Zugang und ein den Vorschriften entsprechender Vorführraum für Kinoapparaturen vorgesehen war. Der gesamte Komplex war als städtebaulicher und architektonischer Abschluß der Siedlung nach Westen gedacht.

Ein in der Geschichte des deutschen Schulbaus einmaliges Vorhaben stellte der geplante Neubau für die erste öffentliche Gesamtschule Deutschlands, das Kaiser-Friedrich-Realgymnasium (ab 1929 Karl-Marx-Schule), dar, für das ein unmittelbar an der Grenze zum Nachbarbezirk Treptow gelegenes Gelände von 142700 qm vorgesehen war. Der Bau sollte 2500 bis 3000 Schülerinnen und Schüler aufnehmen. Das Vorbild nordamerikanischer Colleges ist unverkennbar. Auch die „Stadt" war einbezogen: die Aula keine Aula im üblichen Stil, sondern Festhalle für Veranstaltungen oder Versammlungen mit drei „Rängen" (geöffneten Korridoren); auch das schuleigene Hallenbad, das Sportstadion, die Turnhallen, die Gartenanlagen der Schule sollten der Bevölkerung von Nutzen sein, ein schuleigenes Heizwerk nicht nur das Schulgebäude, sondern ebenso die Wohnhäuser der Umgebung mit Energie versorgen.

Nur dieser eine Pavillon wurde tatsächlich gebaut und steht – allerdings sehr verfallen – noch heute auf dem Gelände des Schulgartens am Dammweg 216. Der Pavillon wurde nach dem Entwurf des Studienrats Otto Koppelmann als „Sonderraum für Erdkunde" eingerichtet. Er hatte die erwähnten Oberlichter und war an einer Seite vollständig nach außen zu öffnen — *Heimatmuseum Neukölln*

Im Sonderraum für Erdkunde waren gleichzeitig verschiedene Arbeitsgruppen am Werk: hinten links konnten Modelle gebaut werden, daneben gab es Zeichentische, vorn die Möglichkeit zu schriftlicher Arbeit —
Pädag. Beil. der Leipziger Lehrerzeitung Nr. 35, Nov. 1928

Das Konzept war Ausdruck der Überzeugung, daß in einer Demokratie eine Schule der „werdenden Gesellschaft" nicht wie eine Burg oder Schulkaserne abgeschottet sein durfte vom Leben der Menschen — entsprechend den Hinweisschildern, daß „schulfremden Personen" der „Zutritt zum Schulgelände" verboten sei.

Das Ausmaß der Schule war mit einer Gebäudelänge von einem halben Kilometer ungewöhnlich, und die Baukosten erreichten die für damalige Gegebenheiten ungewöhnliche Höhe von 7 275 000 Reichsmark einschließlich der Straßenbaukosten und der Kosten für die Gartenanlagen. Die reinen Baukosten wurden mit 6 256 000 Reichsmark veranschlagt. Sieht man genauer hin, lagen sie nicht höher als bei konventionellen Schulbauten, denn die „Schule am Dammweg" bestand – weil Gesamtschule – aus mehreren Schulen: einer Volksschule, einer Aufbauschule, einer Deutschen Oberschule, einem Realgymnasium und der Abteilung des Zweiten Bildungswegs, den Arbeiter-Abiturienten-Kursen. Um einen solchen Bau genehmigt zu bekommen, bedurfte es nicht nur der Zustimmung der Stadtverordnetenversammlung von Groß-Berlin, sondern auch der Zustimmung einflußreicher Persönlichkeiten. Die „Dammwegschule" erhielt trotz ihrer Ausmaße und ihrer völlig neuen Konzeption nicht nur die Zustimmung des Oberbürgermeisters von Groß-Berlin, Gustav Böß, sondern auch des preußischen Kultusministers Dr. Carl Heinrich Becker, beide gehörten nicht der Sozialdemokratischen Partei an. Der bereits in den 20er Jahren der Weimarer Republik mit ungewöhnlichen Bauten hervorgetretene frühere Stadtbaumeister von Magdeburg, Bruno Taut (1880-1938), dem Neukölln die weltbekannte Hufeisensiedlung verdankt, nahm sich des Projekts auch des-

Der Bildwerfer an der Seitenwand konnte herausgedreht werden. Zudem war eine automatische Verdunklung des Raumes sowie die Beleuchtung der Landkarten möglich —
Pädag. Beil. der Leipziger Lehrerzeitung, Nr. 35, Nov. 1928

halb besonders engagiert an, weil seine beiden Töchter das Kaiser-Friedrich-Realgymnasium besuchten und er von der reformpädagogischen Arbeit begeistert war.

Die Gegner der Neuköllner Schulreform bekämpften die Dammwegschule vehement und machten wo irgend möglich Stimmung gegen das „pädagogische Warenhaus im amerikanischen Stil der Firma Karsen und Löwenstein". Das Bezirksamt hielt unbeirrt bis zum Ende der Republik am Bau der Schule fest. Immer wieder gab es in der Bezirksversammlung Anträge, die vom Groß-Berliner Magistrat die Freigabe der bereits bewilligten Mittel verlangten.

Der Bau wurde bewilligt und in die Finanzplanung Groß-Berlins eingefügt. Wegen der neuartigen, in Schulbauten noch nicht erprobten Konstruktionen (Oberlicht, versenkbare Fensterfronten) wurde beschlossen, zuerst eine „Probeklasse" zu errichten. Das kleine, in massiver Bauweise errichtete Gebäude von 1928 steht noch heute. In ihm wurde ab Oktober 1928 unterrichtet. Der Probebau wurde der Schule zum Verhängnis, denn nach Ausbruch der Weltwirtschaftskrise mußten in Groß-Berlin alle Schulneubauten abgesagt werden. Der architektonisch wie pädagogisch fortschrittlichste Schulbau der ersten Deutschen Republik konnte nicht mehr realisiert werden. Die „tausend Jahre" des Hitlerstaates tilgten alle Erinnerungen. Die in den 70er Jahren im Land Berlin unter gewaltigem finanziellen Aufwand errichteten, konzeptionell wie architektonisch wenig erfreulichen Gesamtschulbauten hätten vermieden werden können, hätte das Vorbild der Schule am Dammweg existiert.

Zur Dammwegschule, einem bemerkenswerten Zeugnis des Bauwillens des Neuköllner Bezirksamts und der demokratischen Schulreform, erscheint eine eigene Veröffentlichung.

Dokument 7   Bruno Taut

Erläuterung zum Entwurf der Schulanlage am Dammweg

Schule und Park

Die Flachbauschule hat außer ihrer pädagogischen Begründung ihre wesentliche darin, daß sie als Randbau einer Parkanlage angesehen wird, wodurch die größere Inanspruchnahme von Baugelände nicht nur berechtigt, sondern sogar im Sinne der öffentlichen Wirtschaft nutzbringender ist. Heute soll die Schule nicht mehr eine abgeschlossene „Anstalt" sein, sondern sich in ihren Gärten und Spielplätzen mit dem allgemeinen Leben der Bevölkerung verbinden, ebenso wie der Schulbetrieb selbst aus seiner Abgeschlossenheit herausgetreten ist und mit den Eltern und der weiteren Bevölkerung einen lebendigen Zusammenhang sucht. Die Lage am Dammweg erfüllt diese Bedingungen in idealer Weise, weil sie den Endpunkt eines großen Grünzuges darstellt, der von dem südlich der Ringbahn gelegenen großen Wohngebiet ausgeht.

Das schulische Programm

Der Entwurf bedeutet *nicht* in erster Linie eine technische, architektonische oder künstlerische Idee, sondern er ist vielmehr die dem Programm möglichst vollkommen entsprechende Niederschrift; der Bau soll das gutsitzende Kleid dieses schulischen Programms sein. Seine Disposition, seine Raumfolgen und schließlich seine Erscheinung sollen die passende Hülle für das pädagogische Leben sein und einzig und allein daraus ihre Formen herleiten.

Das schulische Programm weicht insofern von allen bisherigen Programmen für derartig große Anlagen ab, als es nicht drei getrennte Schulen vorsieht, sondern vielmehr einen großen Gesamtorganismus, der das Kind vom Kindergarten bis zum Abiturium führt. Die pädagogische Einheit dieses weitgespannten Programms bedeutet einen bis jetzt noch nicht getanen Schritt, so nahe er auch liegt. Seine Vorteile sind entsprechend seiner Allseitigkeit nicht allein pädagogische, sondern ebenso bauliche; denn erst bei der Verwirklichung dieses Gedankens ist es möglich, die Rationalisierung des Schulbetriebs durchzuführen mit dem Ziel, daß zu keiner Stunde des Tages auch nur ein Raum des Ganzen unbenutzt liegen bleibt ...

Die Grundrißdisposition

zeigt eine völlige bauliche Verschmelzung der verschiedenen Altersstufen in der Weise, daß ein Korridor parallel zum Zugangsweg durch die ganze Anlage geführt ist, wobei Raumerweiterungen und eine Reihe von Raumabschlüssen durch Glaswände und Türen neben der Krümmung die Öde des Eindruckes vermeiden. Die Unterstufe mit Kindergarten unmittelbar an der Straße, sodann zwischen Unterstufe und Mittelstufe (die letzten Jahrgänge der Volksschule und die ersten Jahrgänge der höheren Schule) und schließlich die Oberstufe, welche auch baulich den Höhepunkt darstellt und gleichzeitig die Sportanlage mit dem Bau verbindet. Unmittelbar am Schulbau selbst vor den Klassenräumen und ihren Vordächern Gärten, welche durch die vorgelagerten 6 Turnhallen eine natürliche Gliederung sowie die Betonung der Eingänge erhalten, und jenseits der Gärten vier große Spielplätze mit ca. 100 m Länge auf der Ostseite, auf der Westseite gegen den Baublock hin die Schulgärten, in denen sich an der Oberstufe der große Speiseraum befindet. Die Anzahl der Räume und ihre Größe ist aus dem Plan und dem Raumverzeichnis zu ersehen. Zu erwähnen sind folgende besondere Eigenschaften der einzelnen Räume:

Die Unterrichtsräume erhalten das im Industriebau am besten bewährte Oberlicht durch Sheddächer, das sich auch schon in anderen Fällen (Stadtbank Magdeburg) bewährt hat. Die Klassen öffnen sich mit dem größten Teil ihrer Außenwand durch Flügel- und Schiebetüren, vor denen sich drei Meter breite Schutzdächer befinden. Die Kinder sollen sich in den Pausen auch bei schlechtem Wetter je nach der Windrichtung im Freien aufhalten können. Ein Fenster über diesen Dächern gibt den Räumen je nach Wunsch das Sonnenlicht. Die Klassengrößen sind nach dem freien System der Tischaufstellung durch praktische Versuche ermittelt und zwar für die Unterstufe je die Hälfte für 40 und 50 Schüler, in der Mittelstufe 14 für 50 und 10 für 40 Schüler, in der Oberstufe für 35, bei 6 Räumen für 23 Schüler.

Die Gemeinschaftsräume sind in der Regel so gelegt, daß sie sowohl voneinander abgetrennt wie auch über den Flur miteinander verbunden werden können, in der Unterstufe der Spiel- und Gesangsraum und in der Mittelstufe der Vorführungs- und Versammlungsraum für 3-400

Gesamtansicht des Modells der geplanten Schule: 4 Einzel- und eine Doppelturnhalle, Schwimmbad, Sportplatz, Pavillons für verschiedene Fächer, z.B. Chemie, Physik, Biologie, Nähen, Werken mit Holz oder Metall, Musik etc. Schulgärten, Lesehallen, Kindergarten, Spielräume, rundherum Bauten für die Unter-, Mittel- und Oberstufe. Lage: zwischen heutiger Aronsstraße, Kiefholz- und Dammweg — *Heimatmuseum Neukölln*

Kinder, beide mit Bühnen versehen. Beleuchtung hier durch seitliches Oberlicht. Der Versammlungssaal der Oberstufe faßt etwa 700 Sitzplätze und hat die Form eines Kreissektors erhalten, um eine gleichmäßig gute Sicht zum Podium und eine ebensogute Akustik zu verbürgen. Diese wird besonders gewährleistet durch die als Galerien umlaufenden drei Korridore des naturwissenschaftlichen, mathematischen und Zeichenflügels, der hier ausnahmsweise vier Geschosse bildet. Der Versammlungssaal ragt durch drei Geschosse und durchflutet die Korridore mit hellstem Licht. An der Spitze sind ihm die Verwaltungsräume sowie die Zentralbibliothek vorgelagert. Die Garderoben sind in vielfacher Verteilung in die Nähe der Ein- und Ausgänge sowie auch der größeren Räume an Flurerweiterungen angeordnet, unter Zusammenfassung der nächstbefindlichen Unterrichtsräume und zwar deshalb, weil die „Klassen" im Sinne der Arbeitsgruppen hier nicht identisch mit den Klassenräumen, also nicht stationär sind. Nur, wo dies noch in gewissem Grade zutrifft, wie bei der Unterstufe, sind die Kleiderablagen mit den Unterrichtsräumen in unmittelbare Verbindung gebracht.

Die Aborte sind grundsätzlich (mit einer Ausnahme) nach Norden in die Nähe der Ausgänge gelegt, in Verbindung mit den Turnhallen und deren Nebenräumen. Bei diesen sind die Umkleideräume insofern bemerkenswert, als die sich ankleidenden Schüler nicht durch die sich auskleidenden gestört werden oder umgekehrt, und auch insofern, als die Brauseanlage trotzdem von beiden Abteilungen aus ohne ein Durcheinanderlaufen benutzt werden kann. Die Duschen bilden einen ringförmigen Tunnel, in dem die Schüler beim Durchgehen von beiden Seiten bebraust werden und zwar zuerst warm und dann kälter werdend. Der Kreis in der Mitte enthält das Fußbad.

Da diese Schulanlage 9 Turnhallen nach den Normen enthalten könnte und da sie nur 6 vorsieht, so ist an Stelle der übrigen ein Schwimmbad mit 100 Kabinen vorgeschlagen, sodaß min-

Teilansicht des Modells der geplanten Schule: Im Hintergrund die Gebäude für die Unter-, Mittel- und Oberstufe; davor die Reihe der Pavillons, in denen der Unterricht in Chemie, Physik, Biologie, Werken mit Holz und Metall, Nähen, etc. stattfinden sollte. Der viertelrunde Bau sollte neben Verwaltungsräumen einen Versammlungssaal für mehrere tausend Personen fassen — *Heimatmuseum Neukölln*

B. Taut: Entwurf der Schulanlage am Dammweg

Teilansicht des Modells mit Blick auf die bogenförmige Rückseite des zentralen Versammlungsgebäudes — *Pädag. Beil. der Leipziger Lehrerzeitung*, Nr. 35, Nov. 1928

destens je 2 Klassen eine Schwimmstunde an Stelle der Turnstunde haben können. Das Schwimmbad erlaubt durch seine Lage auch die allgemeine Benutzung außerhalb der Schulzeit. 2 Turnhallen sind an der Oberstufe mit der Langseite zusammengelegt, damit sie als große Spielhalle nach amerikanischem Vorbild zusammen verwendet werden können. Die Nebenräume wie die für 400 Fahrräder u. dgl. dürften ausreichend vorhanden sein.

Die Gesamtgrundrißanlage ist ein Ergebnis der Zusammenarbeit der verschiedenen leitenden Stellen und und der Lehrerschaft mit dem Architekten, wobei alle Bemühungen auf die Schaffung eines reibungslosen Betriebes und einer selbstverständlichen Gliederung gerichtet waren.

Teilansicht des Modells der geplanten Schule: Der viertelrunde Bau im Hintergrund mit seinem riesigen Versammlungssaal sollte auch für die Öffentlichkeit nutzbar sein. Im Vordergrund das Schwimmbad, links – umrahmt von Fachräumen – ein Werkhof — *Heimatmuseum Neukölln*

Die architektonische Erscheinung

ist wohl nur eine Konsequenz der programmatischen Bedingungen. Sie ist aber natürlich nicht dies allein, sondern auch die durch die Raumproportionen, ihre Gliederung und Abstufung entstandene Gestaltung des Schulbetriebes selbst. Es gibt heute keinen anderen Maßstab für die baukünstlerische Qualität als die Harmonie zwischen Inhalt und Form. Die Lagerung der gesamten Anlage, ihre Schichtung und Staffelung nach dem inneren Gefüge wird sich schon dem Einblick vom Dammweg her in den horizontalen und vertikalen Gliederungen einprägen, sie wird sich beim Betreten der Parkanlage in ihrer ganzen Weite entwickeln. Beim Näherkommen zu den einzelnen Eingängen wird das Äußere seine Begründung aus dem Inneren immer deutlicher zeigen, und jeder Teil wird den Charakter der verschiedenen Vorgänge, die sich in ihm abspielen, deutlich widerspiegeln. Die aus den verschiedenen Räumen sich ergebenden Proportionen der Wände und Fenster sollen dem Ganzen „Freiheit der Erscheinung" geben, das Ganze soll das Gesicht einer Pädagogik tragen, der die Stärkung der Lebenskraft Hauptsache ist.

Gekürzte Fassung eines Schreibens an das Bezirksamt Neukölln, Abt. Bauwesen vom Dezember 1927. Typoskript (Durchschlag) im Heimatmuseum Neukölln.

Nathan Steinberger

Der Sozialistische Schülerbund im Spannungsfeld von Schulreform und Schulkampf – Bericht eines ehemaligen Schülers

Vor dem Hintergrund eines Spannungsfeldes von Politik und Pädagogik spielte sich mein persönliches Schülerleben ab, von dem ich jetzt als Achtzigjähriger einiges berichten will.

Ich beginne mit den frühesten Daten meines Lebenslaufs. Geboren bin ich in 1910 in Berlin als Jüngster von fünf Kindern jüdischer Eltern. Aufgewachsen bin ich unter ärmlichen Verhältnissen. Mein Vater war Schirmmacher, ein damals im Untergang begriffenes Handwerk. Es war schwer für ihn als alten und durch Krankheit behinderten Mann, eine siebenköpfige Familie in den Notjahren des I. Weltkriegs und der darauf folgenden Inflation durchzubringen. Weit mehr aber als die damals erlittenen Entbehrungen haben sich in meinem Gedächtnis die Ereignisse eingeprägt, die sich außerhalb der Familie in nächster Umgebung unserer Wohnung in den bewegten Jahren 1918-1923 abspielten. Wir wohnten in der Stadtmitte, unweit vom Hackeschen Markt und damit ganz nah zum Lustgarten und Schloßplatz, den damaligen Brennpunkten des politischen Lebens in Berlin.

Buchstäblich vor den Augen von uns Kindern wurden im Januar 1919 und dann wieder während des Kapp-Putsches 1920 Straßenkämpfe ausgetragen. Wir nutzten jede Feuerpause, um auf die Straße zu rennen und Patronenhülsen aufzusammeln.

Auch nach dem Abklingen bewaffneter Kämpfe ebbte das politische Leben in unserer Gegend nicht ab. Es gab unaufhörlich Demonstrationen in Richtung zum und vom Lustgarten, und in vielen Versammlungssälen in der Rosenthaler- und der Sophienstraße, am Bülowplatz und am Alex wurden allabendlich und am Sonntag vormittag Redeschlachten zwischen Rechten und Linken, vor allem zwischen den verschiedenen Strömungen der Arbeiterparteien ausgetragen. Es machte mir Spaß, mich unter die Demonstranten und Versammlungsteilnehmer zu mischen. Vom Inhalt der Reden verstand ich wenig oder nichts, aber ich spürte im Ton und in den Gebärden, in der stürmischen Zustimmung oder Ablehnung die Stimmung, von der die Massen erfaßt waren. So erlebte ich als Kind eine Art anschaulicher politischer Schulung von dauerhafter Wirkung. Seitdem hat mich das Interesse für Politik nie losgelassen.

Nun zu meinem Bildungsgang. Bis zu meinem 14. Lebensjahr hatten natürlich die Eltern darüber zu entscheiden. Als fromme Juden legten sie größtes Gewicht auf religiöse Ausbildung. Ich wurde deshalb in die Knabenschule der Jüdischen Gemeinde in der Großen Hamburger Straße eingeschult, wo ich neun Jahre zubrachte (1916-1925). Das war eine Mittelschule mit neun Klassen, die sich von deutschen Schulen gleichen Typs nur dadurch unterschied, daß im Religionsunterricht das Alte (nicht das Neue) Testament und zusätzlich zu Französisch und Englisch Althebräisch (nicht Latein) gelehrt wurden. Im übrigen entsprachen innere Ordnung und Lehrmethoden gänzlich dem autoritären Stil sonstiger preußischer Lehranstalten. Wie die meisten meiner Schulkameraden empfand ich das Schulleben bedrückend und abstoßend. Um dieser Atmosphäre wenigstens in der geringen mir verbliebenen Freizeit zu entgehen, suchte und fand ich Anschluß mit 13 Jahren an eine jüdische Jugendgruppe (Jungjüdischer Wanderbund – JJWB), die die gleichen Formen der Jugendkultur pflegte wie andere deutsche Jugendbünde: Heimabende, Wanderfahrten, Lagerfeuer. Auch die Löns-Lieder, zur Klampfe gesungen, waren dieselben.

Dieses romantisch gefärbte Gruppenleben, abseits vom gesellschaftlichen Geschehen, konnte sich nicht unter den Bedingungen behaupten, die sich im politischen und kulturellen Leben Deutschlands in den zum Begriff gewordenen zwanziger Jahren entwickelten. Die Jugendbewegung wurde ins politische Leben mit hineingezogen. Es kam innerhalb der Bünde zu politischen Konflikten, es entstanden neue Gruppen, die teils nach rechts, in Berlin vorwiegend nach links tendierten. Für die jüdische Jugendbewegung war eine Orientierung nach rechts schon wegen der antisemitischen Einstellung in allen Rechtskreisen völlig ausgeschlossen. Soweit jüdische Jugendliche politisch interessiert waren, sympathisierten sie mit linken Strömungen und Gruppierungen: Pazifisten, Sozialisten, Anarchisten und Kommunisten. Der Hang nach links wurde gefördert durch den starken Einfluß, den radikale Dichter, bildende Künstler und Publizisten auf junge Menschen ausübten.

Mich zog es zu den Kommunisten. Zusammen mit meinem Freund Max Kahane, mit dem ich von der ersten Klasse an die Schulbank gedrückt hatte, nahmen wir 1924 die Verbindung zu einer Gruppe radikal gesinnter Schüler aus Gymnasien und Lyzeen auf, die sich KOPEFRA (Kommunistische Pennäler-Fraktion) nannte und allwöchentlich in einer Kneipe im Fischerkiez tagte. Zur Zeit meines Beitritts gehörten ihr etwa 15 Mitglieder an, fast alle aus der Innenstadt; später kamen vor allem die Neuköllner hinzu. Zwei der Gründungsmitglieder, die ich dort kennenlernte und die meine Freunde wurden, erlitten später, in den 30er Jahren, ein für viele kommunistische Jugendliche meiner Generation typisches Schicksal. Der eine, Alfred Bergmann, der führendes Mitglied der KP-Opposition geworden war, kam im NS-KZ um, der andere, Wolfgang Duncker, im Stalinschen GULAG. Die meisten der zum

Einladungskarte des SSB vom Januar 1928 aus der Schuldruckerei der Aufbauschule des KWR — *Heimatmuseum Neukölln*

> Alle jüngeren, höheren Schüler und Schülerinnen, die im sozialistischem Kreise lernen, spielen und singen wollen, sind hiermit zur
>
> ERÖFFNUNG
> DER
> JÜNGEHENGRUPPE
>
> des Sozialistischen Schüler Bundes, am Dienstag, den 17. Januar 1928 im Jugendheim Bergstr. 29 eingeladen.
>
> Schüler und Schülerinnen.
> Folgt dieser Einladung.   Kommt zum S. S. B.

Gründerkreis Gehörenden kamen aus dem Köllnischen Gymnasium. Das waren Schüler aus Arbeiterfamilien, die in sogenannten „Begabtenklassen" zum Abitur vorgelassen wurden (erste Variante der Aufbauschule, siehe auch W. KORTHAASE in diesem Band). Als einen der fähigsten von ihnen lernte ich Alfred Hooge schätzen, der als Leiter der KOPEFRA zugleich für die marxistische Schulung zu sorgen hatte. Auf seine Anregung hin wurde dann auch der Beschluß gefaßt, den Sozialistischen Schülerbund (SSB) als eine vom KJV unabhängige autonome Schülerorganisation ins Leben zu rufen, um auf diese Weise Zugang zu möglichst vielen Schülern zu finden, die für sozialistische Ideen empfänglich und zur Beteiligung am Schulkampf geeignet schienen (Analogie zum Verhältnis Gewerkschaft – Partei).

Die erste Gruppe dieser Organisation, als deren Leiter ich fungierte, entstand dann auch im Frühjahr 1925 in Berlin-Mitte unter anfänglicher Beteiligung von etwa 25 Jungen und Mädchen, zu denen bald 8 bis 10 Schüler aus Charlottenburg hinzukamen, darunter Wolf Nelki, dem später eine größere Rolle im SSB zufiel. Im Herbst 1925 kam es zur Gründung der Neuköllner SSB-Gruppe, die zur stärksten in Berlin unter Leitung von Bruno Krömke wurde. Meine SSB-Tätigkeit blieb auch dann noch, als ich 1925 zur Karsen-Schule kam, weitgehend auf die Gruppe im Stadtzentrum beschränkt. Von dieser Gruppe wurde ich 1926 in die Berliner Leitung und 1929 in die Reichsleitung des SSB delegiert.

Die Organisationsform des SSB war, zumindest in den ersten Jahren seines Bestehens, eine ziemlich lose. Es gab weder Mitgliedskarten noch förmliche Mitgliedsbeiträge. Die geringen Ausgaben, die wir hatten, z.B. für hektographisch angefertigte Flugblätter, wurden mühelos aus dem Erlös gelegentlicher Geldsammlungen gedeckt. Auch die ersten Nummern des von uns ohne fachliche und redaktionelle Gestaltung herausgegebenen *Schulkampf* wurden in der gleichen primitiven Weise hergestellt und gratis verteilt. Das änderte sich erst ab ungefähr 1927, als die Kosten für Redaktion, normalen Druck und Vertrieb die Mittel des SSB bei weitem überstiegen, so daß auswärtige Sponsoren einspringen mußten, was für die Autonomie des SSB nicht gerade förderlich war.

Was ich über die Tätigkeit des SSB berichten kann, beschränkt sich auf den Zeitraum 1925 bis Ende 1928 und bezieht sich vorwie-

Einladungskarte des SSB vom März 1928 aus der Schuldruckerei der Aufbauschule des KWR — *Heimatmuseum Neukölln*

gend auf die von mir geleitete Gruppe in Berlin-Mitte. Unsere allwöchentlichen Zusammenkünfte wurden gewöhnlich eingeleitet mit kurzen Aussprachen über aktuelle politische Ereignisse. Dann wandten wir uns solchen Themen zu, die den unmittelbaren Interessen der jungen Menschen unseres Kreises entsprachen: Fragen des Kultur- und natürlich des Schullebens. Um Beispiele zu nennen: Arnold Zweig und Erich Kästner führten mit uns Gespräche über ihre eigenen Werke und die anderer moderner Dichter, die nicht zum Schulpensum gehörten. Max Hodann, dessen Schriften zur Sexualfrage von konservativen Pädagogen und Schulbehörden als sittenverderblich eingestuft waren (vor allem *Bub und Mädel*) hielt bei uns einen Vortrag, an den sich eine lange, auf die nächste Sitzung ausgedehnte Diskussion anschloß.

Das Hauptthema jedoch, das sich durch alle internen Veranstaltungen hindurchzog und für unsere nach außen gerichteten Aktivitäten bestimmend war, vor allem für die Thematik unserer Zeitschrift – das waren Fragen der Schulpolitik.

Die Frage, ob die bestehenden Reformschulen, über die wir einiges aus der Presse und aus Gesprächen mit uns nahestehenden Pädagogen erfahren hatten, einen Ausweg aus der allgemeinen Schulmisere boten, wurde im SSB und vordem schon in der KOPEFRA häufig diskutiert. Wir verfolgten mit Interesse Berichte über Wynekens Freie Schulgemeinde (auch die in der Presse breitgetretenen Skandalgeschichten), die Lichtwarkschule in Hamburg, die Schulfarm Scharfenberg in Tegel. Am ehesten kam das, was wir von Dr. Erwin Ruge, damals Studienrat an der Neuköllner Käthe-Kollwitz-Schule, über die Aufbauschule in Neukölln erfuhren, unseren Vorstellungen von einem in sozialer und pädagogischer Hinsicht positiv zu bewertenden Schulmodell entgegen. Daraus resultierte der gemeinsam mit Max Kahane und Irving Weigel gefaßte Entschluß, uns um Zulassung an diese Schule zu bemühen. Von Karsen erhielten wir die Zustimmung und wurden im Herbst 1925, inmitten des Schuljahres, in die von Karl Sturm geleitete Untersekunda aufgenommen.

Gerade, weil wir von einer Schule streng konservativen Typs zur Karsen-Schule gekommen waren, konnten wir den Kontrast zwischen dem bisher gewohnten und dem für uns völlig neuartigen Schulsystem in all seinen Aspekten sehr deutlich wahrnehmen. Schon optisch bot uns das Klassenbild eigenartige Züge: die Schulbänke im Karree aufgestellt, an denen die Lehrer unter uns Schülern Platz nahmen, statt, wie wir es kannten, von der Höhe des Katheders aus das Geschehen im Klassenraum zu beherrschen. Verblüffend wirkten anfänglich die Lehrmethoden, vor allem die uns Schülern auferlegte Pflicht, uns unmittelbar an der Gestaltung des Unterrichts zu beteiligen. Das erforderte zwar im Vergleich zur konventionellen Paukpraxis erhöhte Anstrengungen, gewährte uns selbst aber ein hohes Maß an Befriedigung über die nicht nur von den Lehrern, sondern auch gleichermaßen von den Mitschülern anerkennend und kritisch gewürdigten Leistungen. Daß diese Leistungen nicht benotet wurden, daß es mit Ausnahme des Abiturzeugnisses überhaupt keine Noten gab – das war den damaligen Zeitgenossen nicht ganz geheuer und mag auch heute noch bei vielen Pädagogen und in Laienkreisen Kopfschütteln auslösen. Wir selbst fanden das völlig in Ordnung. Ich hatte damals zu keiner Zeit das Empfinden, daß meine eigenen Leistungen und die meiner Kameraden wegen Wegfalls von Zensuren gehemmt worden wären.

Die dreieinhalb Jahre meines Aufenthalts an der Neuköllner Aufbauschule bis zum Abitur im Frühjahr 1929 – den Namen Karl Marx erhielt sie ja erst später – haben, wie ich rückblickend feststellen kann, in vieler

Schulfahrt der Klasse U II in den Harz mit Studienrat Dr. Karl Sturm.
Neben ihm die Schüler Höfner, Alexander und Seidel, 1926 — *Heimatmuseum Neukölln*

Hinsicht einen prägenden Einfluß auf meine Entwicklung ausgeübt. Ich denke mit Dankbarkeit an meine Lehrer zurück: an Fritz Karsen, den ich zwar nicht unmittelbar im Unterricht erlebt habe, der aber allgegenwärtig im Schulleben war und dessen Auftritte in der Schulgemeinde eine überzeugende und nachhaltige Wirkung hatten; an Karl Sturm, der für mich den neuen Typ des Lehrers – im schroffen Gegensatz zum preußischen Studienrat – verkörperte, und die anderen, deren Namen nicht alle im Gedächtnis haftengeblieben sind, die mir aber nicht nur als Vermittler von Fachwissen, sondern als Persönlichkeiten in guter Erinnerung geblieben sind.

Meine eindeutig positive Einstellung zu der von Karsen praktizierten Reformpädagogik stand damals weder im Einklang noch im strikten Widerspruch zu den Auffassungen der KPD bzw. des kommunistischen Jugendverbandes, dem ich angehörte. Eine extrem ablehnende Haltung zur Reformpädagogik insgesamt und damit zu Karsen nahm die KPD ja erst gegen Ende 1928 an. Manche Vorbehalte hinsichtlich ihrer Rolle in der gesellschaftlichen Entwicklung gab es allerdings schon früher und wurden auch von mir geteilt. So war ich überzeugt, daß Reformschulen bei all ihren Vorzügen doch nur Stückwerk in kapitalistischen Ländern bleiben müßten und daß eine durchgreifende Umgestaltung des Schulwesens nur nach vollzogener sozialistischer Revolution denkbar sei. Den Beweis hierfür, so glaubte ich, hätte die Sowjetunion erbracht. Dort sei das meiste von dem, was die Reformer erstrebten – Arbeitsschule, Schulgemeinde, Schülerselbstverwaltung – weitgehend verwirklicht.

Das waren damals weit verbreitete Illusionen, die genährt wurden durch literarische

Werke von künstlerischem Rang, in denen sowjetische Autoren den dramatischen Prozeß der Entstehung von Schulkommunen während der Revolutionsjahre und noch kurz danach geschildert und realistisch, ohne Schminke, die schwierigen Bedingungen dargestellt hatten, unter denen dieses Projekt zustande kam, das angeblich zum Vorbild des sowjetischen Schulsystems geworden ist.

Drei dieser Bücher, die in deutscher Übersetzung einen großen Leserkreis fanden und insbesondere auf uns nahestehende junge Menschen großen Eindruck machten, waren N. Ognjew: *Das Tagebuch des Kostja Rjabzew*, F. Panfjorow: *Die Kommune der Habenichtse* und G. Bjelych, L. Pantelejew: *SCHKID. Die Republik der Strolche*. Die Werbekraft, die von dieser Literatur ausging, wurde noch übertroffen durch den sowjetischen Film „Der Weg ins Leben" von N. Egk, der ebenfalls die Leistungen der Sowjetpädagogik zum Thema hatte und einen sensationellen Erfolg in den Filmtheatern erzielte.

Wir, der SSB, nutzten Literatur- und Filmwerke solcher Art für unsere Agitation unter den Schülern. Was wir nicht wußten und nicht wissen konnten, war, daß diesen Werken ein Entwicklungsstadium der Sowjetunion zugrunde lag, das seit Mitte der 20er Jahre bereits der Vergangenheit angehörte und im stalinistischen Schulsystem keine Spuren hinterlassen hat. Irgendwelche Gemeinschaftsschulen oder gar Schulkommunen haben meine Frau und ich, als wir 1932 in die Sowjetunion kamen, nicht zu Gesicht bekommen.

Nun zur Frage: Welche Ziele verfolgte der SSB im Schulkampf, von welchen Konzeptionen ließ er sich leiten? – Waren es die gleichen Ziele und Aufgaben, die der Tätigkeit der organisierten Schulreformer zugrunde lagen? – Die Antwort lautet: nein. Der SSB als solcher unterhielt keine Beziehungen organisatorischer oder personeller Art zum *Bund entschiedener Schulreformer* oder anderen Verbänden ähnlicher Richtung. Für eine derartige Verbindung oder gar Bindung gab es auch keinen Grund. Die Aufgabenstellung war eine unterschiedliche: Für die Schulreformer, gleich welcher Richtung, bestand sie darin, die Neue Schule weiterzuentwickeln und alle Anstrengungen darauf zu konzentrieren.

Die Aufgabe, die sich der SSB stellte, war der Kampf innerhalb der alten, immer noch vorherrschenden Schule. Dafür galt es, möglichst viele Schüler zu gewinnen. Das waren keine gegensätzlichen Positionen; logischerweise schloß das eine das andere mit ein. Aber es waren unterschiedliche Aspekte, unter denen der Kampf um die Neue bzw. gegen die Alte Schule geführt wurde. Das Feld der Tätigkeit war verschieden und dementsprechend auch die den Aktivitäten zugrunde liegenden theoretischen und praktischen Konzeptionen. Über die Repräsentanten der Reformbewegung in der Weimarer Periode, über ihre theoretischen Auffassungen und praktischen Leistungen liegen zahlreiche Publikationen vor. Dagegen ist relativ wenig von Theoretikern der damaligen Zeit zu berichten, die sich mit der Frage des Kampfes der Schüler befaßt und sich um eine Analyse dieser spezifischen Erscheinungsform der deutschen Jugendbewegung in den zwanziger Jahren bemüht hätten.

Von diesen wenigen verdienen zwei Autoren – Edwin Hoernle und Siegfried Bernfeld – besondere Beachtung, weil sie den Beweis zu erbringen versuchten, daß es theoretisch möglich und praktisch machbar wäre, den Schulkampf für die sozialistische Arbeiterbewegung nutzbar zu machen und in eine revolutionäre Massenbewegung einzugliedern, ein Standpunkt, der lebhafte Diskussionen im SSB auslöste. Reichlich primitiv stellte sich für Hoernle die Beziehung zwischen Schulkampf und Klassenkampf dar. Als führender Kulturpolitiker der KPD in den Jahren 1919-

1923 formulierte er in seiner 1922 erstmalig erschienenen Schrift *Grundfragen proletarischer Erziehung* eine Art Aktionsprogramm kommunistischer Schulpolitik. Darin war den proletarischen Kindern der Volksschulen – nur diese kamen für ihn in Betracht – eine phantastisch anmutende Rolle zugedacht. An der Spitze von Schülerräten sollten sie in den Schulen den Kampf führen, sowohl für die einfachsten sozialen wie pädagogischen Forderungen (unentgeltliche Lehrmittel und Schulspeisung, Verbot der Prügelstrafe) als auch für Änderungen des Lehrstoffs (Ausmerzung reaktionärer Inhalte aus den Lehrbüchern). Münden sollte der Schulkampf in der Teilnahme der Kinder an wirtschaftlichen und politischen Kampfaktionen der von der KPD geführten Arbeiterklasse. Seitdem, so räumte er später ein, hätte sich die Situation geändert, weshalb er die frühere Konzeption korrigieren müsse. Als korrekturbedürftig erschien ihm auch die Ansicht, daß vom Standpunkt der Arbeiterklasse aus nur dem Schulkampf an den Volksschulen Bedeutung zukomme. Das hinderte ihn allerdings nicht daran, seine Schrift 1929 fast unverändert herauszugeben, weil sie im Einklang stand mit dem von der KPD um diese Zeit eingeschlagenen ultralinken Kurs.

Weit hilfreicher als die von Hoernle vertretenen Auffassungen erwiesen sich für unsere Arbeit im SSB die Anregungen, die wir aus den Schriften S. Bernfelds schöpften. Bernfeld, der zur ersten Schülergeneration Freuds gehörte, war zur Zeit, als wir 1926 Verbindung zu ihm aufnahmen, als hoch angesehener Psychoanalytiker in Berlin tätig. Wir wußten über ihn – und das machte ihn für uns von vornherein interessant –, daß er sich in jungen Jahren führend in der Wiener Schülerbewegung betätigt hatte. 1908 hatte er sich als 16jähriger Gymnasiast Gustav Wyneken angeschlossen. Zusammen mit ihm wurde er Herausgeber und Redakteur der Zeitschrift *Der Anfang*, die ab 1912 im berühmten, von Franz Pfemfert geleiteten Verlag *Die Aktion* erschien und für eine radikale, unmittelbar von der Jugend zu tragende Schulreform eintrat. Zur Durchsetzung dieser Ideen der *Jugendkultur* gründete er unter dem Tarnnamen „Akademisches Comite für Schulreform" (ACS) eine Schülerorganisation in Wien, die eine aktive Rolle in der Revolution vom 12. November 1918 spielte und in der Folge geschlossen der Sozialistischen Jugend Österreichs beitrat.

An seine Erfahrungen im Schulkampf hat Bernfeld in vielen seiner Abhandlungen angeknüpft; sie sind in den 70er Jahren unter dem Titel *Antiautoritäre Erziehung und Psychoanalyse* neu aufgelegt worden. Dazu gehörte die 1926 erschienene und von uns gierig aufgenommene Schrift *Die Schulgemeinde und ihre Funktion im Klassenkampf*. Mit den Grundgedanken dieser Schrift wurden wir von S. Bernfeld selbst in Vorträgen und Gesprächen vertraut gemacht. Unter dem Sammelbegriff „Schulgemeinde" unterzog Bernfeld all diejenigen Schulreformen einer Analyse, die, graduell unterschiedlich, dem entsprachen oder vorgaben, zu entsprechen, was der Schülerbewegung als Ziel vorschwebte: eine Schule auf der Grundlage voller Gleichberechtigung von Schülern, Lehrern und Schulbehörden. Bernfeld analysierte in seiner Schrift drei unterschiedliche Typen von Schulgemeinde, und zwar unter dem Gesichtspunkt, welche Bedeutung ihnen jeweils vom Standpunkt der Arbeiterbewegung zuzumessen sei oder, in der damals in sozialistischen Kreisen üblichen Terminologie, welche Funktion ihnen im Klassenkampf zukomme. Von dieser Warte ausgehend, kam er zu folgenden Resultaten:

Das geringste Interesse bietet in dieser Hinsicht das Landschulheim, das den Kindern wohlhabender Eltern Mitbestimmung in einer von der Gesellschaft abgesonderten Schulgemeinschaft gewährt. Die zweite Variante – sie ist die weitest verbreitete – besteht in der Einführung demokratischer oder scheindemokratischer Elemente in die alte Schulordnung und dient letztlich als Instrument zur Aufrechterhaltung der alten Autoritäten, wenn auch in gemäßigter Form. Ein wirklicher Umbruch des Schulsystems könne nur durch die dritte Variante – die Vollschulgemeinde – herbeigeführt werden, d.h. durch die Übertragung der vollen Verfügungsgewalt an die Schulgemeinde, die über die einzelne Schule hinaus zusammen mit anderen Schulgemeinden gleichen Typs auf regionaler Basis gleichberechtigt an den Entscheidungen der Schulbehörden teilnehmen würde. Eine Schülerbewegung, die sich solche Ziele setzte, hätte kaum Chancen eines Erfolgs. Denn sie würde, wie Bernfeld ausführt, nicht nur auf den Widerstand der Autoritäten des alten Schulsystems stoßen, sondern auch keine Mehrheit unter den Schülern finden, zumal die meisten aus sozialen und psychisch bedingten Ursachen an der Beseitigung des autoritären Systems gar nicht interessiert waren.

Der Schülerkampf, so folgerte Bernfeld, wird in der Regel nur von einer Minderheit selbstbewußter junger Menschen getragen, die sich gegen das autokratische Herrschaftssystem der Schule auflehnen. Das sind gewöhnlich diejenigen Schüler, die einer kritischen Haltung gegenüber den gesellschaftlichen Zuständen fähig und am ehesten für die sozialistische Jugendbewegung zu gewinnen sind. Der von solchen Jugendlichen getragene Schulkampf verdient Aufmerksamkeit und Förderung durch die Arbeiterbewegung, denn, so meinte Bernfeld, „nicht, indem den Begabten ‚freie Bahn' [ins Bürgertum] geschaffen wird, dringt die Arbeiterklasse in die höhere Schule, sondern indem sie deren Schülerschaft führt. Dies ist die einzige Reform der höheren Schule, die wirklich dem proletarischen Klasseninteresse dient" (S. 438).

Eine Anleitung zum praktischen Handeln konnten wir natürlich den Schriften Bernfelds nicht entnehmen, und solche Absichten lagen ihm auch völlig fern. Seine Schriften und vor allem die Gespräche mit ihm waren von großem Nutzen, weil sie uns Kenntnisse vermittelten über den inneren Mechanismus der bestehenden Schulordnung und über die Psyche des „Pennälers" ebenso wie des „Paukers". Wir begriffen und teilten seine Kritik an den Reformen, wie sie in den Schulen des faktisch alten Regimes praktiziert wurden, und verstanden, welche Grenzen dem Schulkampf unter den bestehenden gesellschaftlichen Verhältnissen gezogen waren. Das theoretische Modell der Vollschulgemeinde, das eine Eroberung der Schule durch die regional organisierte Schülerschaft beinhaltet, schien uns utopisch und konnte auch nicht alle von uns begeistern.

In unserer Agitation stand nicht das Schulsystem pauschal zur Debatte. Wir knüpften an aktuelle Erscheinungen an. Mißstände an den Schulen, Schikanen, denen einzelne Schüler oder Schulklassen durch Lehrer, Lehrerkollegium oder Schulbehörden ausgesetzt waren, wurden durch Flugblätter, systematisch vor allem durch den *Schulkampf*, publik gemacht und gegeißelt. In einzelnen Fällen kam es auf Initiative unserer Aktivisten zu Protestversammlungen gegen flagrante Übergriffe von Lehrern, an denen geschlossen mehrere Schulklassen teilnahmen.

Die größte vom SSB veranstaltete Kundgebung, auf der das herrschende Schulsystem als Ganzes an den Pranger gestellt wurde, fand im Mai 1928 in der Berliner Stadthalle in der Klosterstraße unter Beteiligung von etwa 500 Schülern statt. Unmittelbarer Anlaß war eine Tragödie, die sich in Steglitz in einem Schülerzirkel ereignet hatte. Ein Gymnasiast hatte Selbstmord begangen, andere wollten ihm nacheifern. Die Schuld hieran wurde der Leitperson des „Selbstmörderzirkels" angelastet, einem Oberprimaner. Das Gericht sprach den Angeklagten Krantz frei, aber deutlich trat im Prozeßverlauf die Misere des preußischen Schulsystems und dessen erwiesene Mitschuld an der Kindertragödie zutage. Hauptredner dieser Kundgebung waren Magnus Hirschfeld und Siegfried Bernfeld. Als Vertreter des SSB sprach Alfred Hooge, von den uns nahestehenden Lehrern Dr. Ruge. Solche Veranstaltungen, die in der Öffentlichkeit stark beachtet wurden, fanden in den Jahren 1928-30 auch in anderen Städten statt.

Mit dem Schulende nach dem Abitur im Frühjahr 1929 endete auch meine Arbeit im SSB. Von der Redaktion des *Schulkampf* hatte ich mich schon früher zurückgezogen, weil mir und manch anderem Aktivisten der Gründungsperiode die von der KPD-Führung vorgegebene und von Gert Schneider eifrig umgesetzte Linie nicht behagte. Gegen die 1929 entfesselte schmutzige Kampagne gegen Karsen waren wir machtlos und konnten sie nur mit Abscheu zur Kenntnis nehmen. Über die Geschehnisse im SSB blieb ich auch nach meinem Abgang informiert und erlaube mir deshalb folgende zusammenfassende Feststellungen über seine Wirksamkeit:

Der SSB hat zu keiner Zeit größere Massen von Oberschülern an sich gezogen. Die große Mehrheit der Oberschüler – wenn man von den Aufbauschülern absieht – stammte damals aus Kreisen des Bürgertums und Mittelstandes, die der Weimarer Republik feindselig und den Arbeiterparteien mit Haß entgegenstanden. Der Einfluß der nationalistischen Jugendverbände und, in der Folge, der Hitler-Jugend überwog bei den Oberschülern bei weitem den Einfluß linker und liberaler Parteien. Angesichts dieser Umstände ist die Leistung des SSB in den 20er und Anfang der 30er Jahre relativ hoch zu bewerten. Auch in den folgenden Jahren der NS-Herrschaft haben sich die meisten der ehemaligen SSB-Kameraden – soweit aus den mir bekannt gewordenen Lebensläufen ersichtlich – als weitgehend immun gegenüber der Ideologie des Nazismus erwiesen. Viele von ihnen haben sich aktiv am Widerstand gegen das Dritte Reich beteiligt. So manche meiner Freunde aus dem SSB und der KOPEFRA haben dafür ihr Leben eingesetzt.

Rudolf Rogler

Mit dem Wind im Rücken –
Porträt des
Reformpädagogen Alfred Lewinnek

„Wir treffen uns also morgen mit den Fahrrädern und fahren wie verabredet immer mit dem Wind im Rücken!" Dieser Ausspruch stammt von Studienrat Alfred Lewinnek am Tage vor einer Mehrtagestour, die in den Harz und – weil der Wind sich drehte – schließlich nach Hamburg führte. Zwar sind auch von Kollegen derartige Verabredungen überliefert, z.B. auf der Fähre in Trelleborg: „Also bis in zwei Tagen! Wir treffen uns in Stockholm am Rathaus..." oder „Wer zu spät kommt, muß sich selbst eine Überfahrt nach London suchen!". Aber für einen sehr gewissenhaften Studienrat, einen „Mathematiker", wie Kollegen Lewinnek gern nannten, der schon mal im Stoff ein halbes Jahr Vorsprung haben konnte, ist das doch etwas ungewöhnlich. Diese Äußerung ließ mich nicht los und wurde zum Ausgangspunkt einer ersten Arbeit über das Leben des durch die Rassengesetze zum Juden gestempelten Reformpädagogen Alfred Lewinnek.[1] Der hier vorliegende Beitrag ist ein Ausschnitt daraus, der vor allem die Neuköllner Jahre von 1924 bis 1933 umfaßt und um weitere Einzelheiten ergänzt wurde. Grundlage dafür waren Schulmaterialien und Gespräche mit fast 20 von Lewinneks Schülerinnen und Schülern sowie Dokumente und Erzählungen seiner in England lebenden Witwe, die mir zwei lange Tage voller Informationen schenkte.

Es ist nicht unproblematisch, Schülerinnen und Schüler über einen ehemaligen Lehrer zu befragen, denn Erzählungen über die Schulzeit der zwanziger Jahre gerinnen heute schnell zu einem eindrucksvollen Bild von einer schönen Zeit. Für die Zeitzeugen war es die aktive Jugendzeit. Der Reformschulalltag in den zwanziger und dreißiger Jahren gerät schnell in den Sog dieser Jugenderinnerungen, die noch immer eine Geborgenheit in einem echten oder qua Selbstzuordnung gefundenem „Lager" ausstrahlen. Es sind solidarische Zuordnungen und Freundschaften entstanden, die über Jahrzehnte das eigene Selbstverständnis geprägt haben. Das Zusammengehörigkeitsgefühl der doch aus sehr unterschiedlichen Sozialmilieus und Stadtteilen zusammengesetzten Reformschülerinnen und -schüler der Neuköllner Schule von Fritz Karsen überdauerte die 12 Jahre Nazizeit ebenso wie die neuen Aufbaujahre und die Jahrzehnte des Staatssozialismus beziehungsweise der (Besatzungs)Demokratie. Man war Karl-Marx-Schüler, auch wenn die Schule nur von 1931 bis 1933 so hieß, und hielt auch über Mauer und Stacheldraht hinweg Kontakte, die sich beim Eintritt in das Reise- und Rentenalter wieder deutlich verstärkten. Besuche im Heimatmuseum Neukölln, aber auch Klassen- ja sogar Schultreffen haben seit den 80er Jahren deutlich zugenommen. Einen Höhepunkt stellte in dieser Hinsicht das Treffen von etwa 100 Ehemaligen am 8. März 1990 in ihrer alten Schule in der Sonnenallee dar, das von einer Initiative Ost um Wolfgang Reischock angeregt worden war und das dann weit über 130 Adressen und zahlreiche Lebensläufe erbrachte, die noch auf ihre Bearbeitung warten.

Alfred Lewinnek selbst beurteilte 1964 auf Bitten von Gerd Radde seine Zeit in der Schule Fritz Karsens. Die Selbstwahrnehmung entnehme ich den Antwortentwürfen an Gerd Radde, die sich im Nachlaß Alfred Lewinneks in London befinden.

Weil es einfacher war, Stundenpläne herzustellen, wenn die Anzahl der in der Klasse unterrichtenden Lehrer möglichst klein gehalten wurde – ein Prinzip, das heute nicht nur in der Hauptschule aus pädagogischen Gründen wiederentdeckt wird – unterrichtete Alfred Lewinnek nach eigenen Angaben auch Chemie, Geographie und Geschichte, obwohl er „nur" Qualifikationen in Mathematik, Physik, Turnen, Schwimmen und Rudern besaß. Dabei vergaß er in seinen Briefen von 1964 gleich eine Reihe anderer Fächer, die er nach Schüleraussagen ebenfalls unterrichtete. Er hatte nicht vermerkt, daß er auch Biologie und Kurzschrift unterrichtete sowie einige Arbeitsgemeinschaften leitete, auf die später zurückzukommen sein wird.

Was von ihm lediglich als plantechnisch bedingt dargestellt wurde, füllte Studienrat Alfred Lewinnek neun Jahre lang mit einem Engagement aus, das oft bis an die Grenzen seiner Leistungsfähigkeit ging. Dabei hat er in den Jahren 1924-1930 weniger als Klassenlehrer, sondern überwiegend als Partner in den Klassen von Alfred Ehrentreich, also als Teammitglied in der Klasse eines Kollegen gearbeitet.

Als 71jähriger, der gerade das zweite Jahr ohne Unterrichtsverpflichtung im Ruhestand war und seiner kranken Frau zuliebe den Haushalt führte, beschrieb Alfred Lewinnek 1964 rückblickend die Situation an seiner Neuköllner Schule: Die Gegner des Schulleiters Fritz Karsen seien dessen politische Opponenten [also KPD-Kollegen wie Hans Alfken u.a., die gegen den sozialistischen Sozialdemokraten Fritz Karsen auftraten] gewesen und Menschen, die Karsens Überlegenheit nicht anzuerkennen wünschten. Lewinnek bezeichnet dies als typisch deutsche Untugend. Der Erfolg der Schule indessen beruhte für ihn darauf,

„... daß Karsen alle seine Mitarbeiter zu äußerster Anspannung anspornte, ebenso wie er selbst eine unerschöpfliche Quelle neuer Ideen darstellte. Ein Erfolgsgeheimnis war, daß Karsen es verstand, eine beträchtliche Zahl von begeisterten und begeisternden Pädagogen um sich zu sammeln, die zu schaffen bereit waren, und denen er sehr viel Freiheit in der Arbeit einräumte. Er fesselte solche Persönlichkeiten an sich und verabschiedete schnellstens Lehrer, die in ihrem Beruf nur Broterwerb sahen. Im übrigen gab er willig nach, wenn er sah, daß man selbst mit unorthodoxen Methoden die Entwicklung der Persönlichkeit der Schüler in den Vordergrund zu rücken trachtete, ein pädagogisches Leitbild, das ein weiteres Erfolgsrezept der Karl-Marx-Schule darstellte: keine Lernschule, sondern Menschenbildungsstätte. Eine andere wichtige Direktive der Erziehung war, die Persönlichkeit des einzelnen Lehrers zu betonen. Die Zahl der Lehrer in einer Klasse wurde auf ein Minimum beschränkt; es gab nicht unbedingt Fachunterricht."

Diese Hinwendung zur „Menschenbildung" mit Hilfe des Einsatzes und der Anstellung von engagierten „Lehrerpersönlichkeiten" ist neben dem Kaiser-Friedrich-Schulkomplex von Fritz Karsen auch an der Walther-Rathenau-Schule unter der Leitung von Philipp Lötzbeyer in der Boddinstraße belegt (siehe R. ROGLER in diesem Band). Die Arbeitsschule, die den Schüler und nicht den Stoff in den Mittelpunkt stellte, wurde von beiden Kollegien getragen und nicht durch Untätigkeit der akademischen Studienräte bloßgestellt. Es gelang beiden Schulen, Reformschule und Leistungsschule zu einer Synthese zu führen. Und weil dies zumindest an Karsens Schule gelungen war und auch nach außen vermittelt werden konnte, kamen auch viele Kinder von meist linken Akademikern aus anderen Bezirken an seine Schule, was natürlich wiederum dem Schulversuch im Arbeiterbezirk Neukölln zugute kam.

Dennoch sei nicht verschwiegen, daß es auch zu Mißbräuchen kam. So hatte der Schüler Pieter Siemsen im Sommer 1932 70 Doppelstunden gefehlt. Die Klasse mußte über seinen Verbleib entscheiden. Selbst bekam er nicht das Wort und wurde von den Beratungen ausgeschlossen. Womit hätte er auch rechtfertigen können, daß er als kommunistischer Schüler die schönen Tage im Strandbad Wannsee verbracht hatte? Sein Vater hätte andere erzogen, und seine Mutter wäre zu nachsichtig gewesen, sagt er heute. Trotz dieser doch beachtlichen Zahl von Fehlstunden entschieden sich 27 seiner 30 Mitschüler und -schülerinnen für Pieters Verbleib in der Klasse. Es ist wahrscheinlich eine typische Klasse gewesen, die Mitschüler nur dann ausschließt, wenn arge und wiederholte Verstöße gegen die Klassennorm vorliegen. Ob bei der Entscheidung die Tatsache, daß Pieter eine Halbjahresarbeit von 80 Seiten über Lessing erstellt hatte, eine Rolle gespielt hat, ist nicht bekannt (Interview Siemsen, 1988).

Der Alltag

Studienrat Alfred Lewinnek fährt in den Jahren 1929 bis 1933 allmorgendlich mit dem Rad aus Tempelhof über das Gelände des heutigen Flughafens zur Schule nach Neukölln, Sommer wie Winter meist mit Knickerbocker und Sportjoppe bekleidet und – vermutlich ebenfalls als einziger – mit offenem weißen Hemd, den Schillerkragen über der Joppe, immer korrekt gestärkt und gebügelt und doch unverkennbar individuell.

In Lewinneks Unterricht war es ruhig, was beim Fachunterricht des Kollegen Rosenberg offenbar nicht selbstverständlich war, denn in einem Protokoll ist vermerkt, daß der Klassenlehrer einmal selbst für Ruhe sorgen mußte. Lewinnek sprach nicht laut, und trotz intensiver Befragung konnte nur ein Fall angeführt werden, bei dem er gebrüllt hat. Damals hatte er bei einer Pausenaufsicht im zweiten Stock noch jüngere Schüler angetroffen. Käthe Radecke muß das sehr beeindruckt haben, denn sie erinnert sich sogar noch an die Antwort, die ihr der geliebte Lehrer damals gab, als er ihr erstauntes Gesicht sah: „Meinst Du, ich habe mich wirklich aufgeregt? Auch das muß ein Lehrer können." Normen mußten eingehalten werden, das war klar, aber ansonsten sollte ein eher partnerschaftliches Verhältnis vorherrschen. Zumindest in der Oberstufe stellte sich Alfred Lewinnek mit seinen Schülern, was die Anrede betraf, auf eine Stufe. Er war Lewinnek – ohne „Herr" davor – und wollte mit „Sie" angeredet werden. Disziplin stellte er durch seine auffallend verbindliche Art her, die er auch mit eindringlichen moralischen Hinweisen untermauern konnte. Fehlte einmal ein Schüler zwei Tage, weil er englischen Austauschschülern die Stadt gezeigt hatte, dann sagte Lewinnek deutlich und bestimmt: „Du mußt es ja wissen, ob du dir's leisten kannst!" War ein Mitschüler die vorangegangene Nacht Statist beim Film, um Geld zu verdienen, und am Morgen zu müde, so sorgte er dafür, daß jemand aus der Gemeinschaft half, das Versäumte nachzuholen. Sein Berliner Einschlag in der Sprache ist in Erinnerung geblieben und – besonders wichtig und bei Lehrern offenbar selten – daß er nicht ironisch war und als Mathe- und Physiklehrer selbst bei schlechten Schülerinnen (die es mir erzählten) niemals Angst verbreitete.

Über seinen Unterricht berichtet Käthe Radecke, die 1930 in der Unterprima war:

„Zunächst erklärte er den Stoff an der Tafel. Die Schüler fertigten Aufzeichnungen. Zu Hause wurde alles wiederholt und zum Teil schriftlich niedergelegt. In den folgenden Stunden setzte sich Lewinnek zwischen die Schüler, die im Rechteck an Tischen und auf Stühlen saßen, und ließ die ersten Übungsaufgaben an der Tafel entwickeln, um sicher zu sein, daß der Stoff klar war. Die Aufgaben standen auf von ihm handgeschriebenen kleinen hektographierten Bogen, die jeweils 10 bis 14 Aufgaben, meist Textaufgaben enthielten. Die Aufgaben waren praxisorientiert und selbst in der sphärischen Trigonometrie zwar schwierig aber sprachlich und in der Vorstellung leicht zu erfassen. Bei schwierigen Textaufgaben war es beliebt, wenn er fragte, wer denn eine Idee dazu hätte, denn zeitweise hatte sich die Klasse dahingehend abgesprochen, daß zu jeder Stunde nur einige gut vorbereitet sein mußten. Eine andere beliebte Formulierung lautete: ‚Können wir das nicht in Gemeinschaft machen?' Das *wir* bezog ihn selbst allerdings nur in wirklichen Notfällen ein" (Interview 1988).

„Manche Aufgaben waren so praktisch, daß sogar alle einsahen, daß Mathematik manchmal doch einen Sinn hat.", schrieb Käthe Radecke damals in ihrem Jahresbericht von 1929/30, der auch aufzeigt, daß Alfred Lewinnek in dieser Klasse im Laufe eines Jahres mehrfach die Arbeitsmethode änderte (oder aufgrund der Klassensituation ändern mußte).[2]

Arbeiteten anfangs in der Klasse noch alle regelmäßig mit, so mußte bei Ellipse und Hyperbel jeder mal eine Aufgabe vorbereiten und in der Klasse vortragen. Es sollte dadurch gelernt werden, eine Aufgabe richtig anzufassen und klar und deutlich vorzutragen. Es sollten damit alle aktiv einbezogen werden. Als nach den Sommerferien und der Englandfahrt Lewinneks mit einer anderen Klasse Mitarbeit und häusliche Vorbereitung erheblich nachgelassen hatten, wurde eine Gefahrengemeinschaft gegründet. Das waren ausgesuchte Schüler, die immer vorbereitet sein mußten. Einmal lehnte die Klasse es ab, die verschiedenen Kurven noch einmal im

Die Karikatur Lewinneks ist ein Geschenk seiner Neuköllner Schüler und hing 1988 über seinem Schreibtisch in Richmond — *Heimatmuseum Neukölln*

Zusammenhang zu behandeln. In diesem Fall gab Lewinnek nach, begann mit der Differentialrechnung und diskutierte erst im Anschluß daran wieder Kurven.

Die zahlreichen Mathe-Klassenarbeiten wurden auf lose Blankoblätter geschrieben. Lewinnek strich nur die Fehler an. Fehler war auch, wenn die Probe oder der Antwortsatz fehlte. 3 / Le bedeutete also nicht Note 3, sondern 3 Fehler. Das erlaubte, die eigene Leistung im Vergleich zur Klasse einzuschätzen. Mehr war nicht gewollt. Nur gegen Ostern gab es eine gemeinsame Leistungsbesprechung. Der Leistungsstand in seinen Klassen soll beneidenswert gut gewesen sein. Lewinnek war häufig im Stoff weit voraus, und immer wieder wurden anspruchsvolle freiwillige Aufgaben bei ihm abgegeben, die er sorgfältig korrigierte und schnell zurückgab.

Auch seine „Zensurenkonferenzen" sind in Erinnerung geblieben. Wenn jemand glaubte, in der Halbjahresbesprechung besonders bescheiden auftreten zu müssen und sich in der Hoffnung wiegte, eine bessere Note zu erhalten, wenn er sich selbst schlechter einstufte, so hat Lewinnek ihm die schlechtere Note eingeschrieben, selbst dann, wenn er selbst und die Klasse die Leistungen anschließend besser einschätzten (wie er diese Bewertungen dann berücksichtigte, ist leider nicht bekannt). „Da hat er kein Erbarmen gekannt. Und es war natürlich 'ne ausgezeichnete Sache." Die Schüler hatten immer den Eindruck, daß die Klassenzensurenkonferenzen eine Meinungsforschung der Lehrer waren. „Aber es ging auch darum, daß man die Schüler dazu erziehen wollte, vor sich selber ehrlich zu sein" (Redebeitrag Herms v. 16.2.1989 im Heimatmuseum Neukölln).

Über den Physikunterricht von Alfred Lewinnek liegen einige Schüleraufzeichnungen vor. Daraus geht hervor, daß er viele Versuche machte und die Schülerinnen und Schüler darüber Aufzeichnungen anfertigten oder kleinere Gebiete selbst auszuarbeiten hatten. Ilse Miethke jedenfalls, 1932/33 in der OIII.1, i.e. 9. Klasse, hatte viel Spaß am Unterricht. Sie hat besonders in Physik bei ihrem Klassenlehrer viel und vor allen gern gelernt (RADDE 1973, S. 343f.).

In Sport gab es bei Lewinnek ein gemischtes Programm, Spiele und Geräteturnen in Riegen. In Turnertradition trat die Klasse zur Laufgymnastik an, allerdings nicht der Größe nach. Am Gerät machte er die Übungen selbst vor. Gelegentlich gab er auch eine kurze Sondervorstellung, z.B. die Riesenwelle am Reck. Keiner seiner Schüler aus der Klasse von Ludwig Herms konnte das. Lewinnek gelang es, mit ungewöhnlichen Maßnahmen sportlichen Ehrgeiz zu fördern. In Erinnerung sind die Kurz- und Mittelstreckenläufe mit seinen Schülern der deutschen Oberschule in der heutigen Sonnenallee (vermutlich auf dem damals noch vorhandenen grünen Mittelstreifen) und seine Fähigkeit, bei allen Schülern den Wunsch zu wecken, schwimmen zu lernen und binnen Jahresfrist das Freischwimmer- und Fahrtenzeugnis zu erwerben, zu einer Zeit, als es im Stundenplan noch keinen Schwimmunterricht gab (Brief Herms v. 15.8.1988).

Doch der Arbeitstag des Alfred Lewinnek endete nicht am frühen Nachmittag. Montags, dienstags, donnerstags und freitags blieb er am Nachmittag in der Schule. Dort korrigierte er, gab kostenlose Nachhilfestunden und war für seine Schülerinnen und Schüler zu sprechen. Er leitete Arbeitsgemeinschaften oder erteilte Sportunterricht. Überliefert sind eine ganze Reihe weiterer Aktivitäten dieses Reformpädagogen: Gemeinsam wurden Tischtenniskellen hergestellt und gleich auch eine Schulmannschaft gegründet. In Köpenick (in der Lindenstraße, unmittelbar an der Mündung der Wuhle) „übernahm" er mit Schülern einen Altherrenverein samt Bootshaus und Booten. Er setzte die professionellen Riemenvierer und Doppelzweier mit Rollsitzen zusammen mit seinen Schülern instand und ruderte regelmäßig ausgiebig mit ihnen. Laut Ludwig Herms brach er damit in Privilegien bestimmter Gesellschaftsschichten ein, die ängstlich eine gewisse Exklusivität zu wahren suchten (Brief Herms v. 15.1.1990).

Und er erteilte freiwillig Einheitskurzschrift. „Ihr solltet Stenographie lernen, ich bin bereit, wer will, kann das lernen. Dann

Alfred Lewinnek (links, halb verdeckt, mit Brille) und Kollegen im Physikvorbereitungsraum, wahrsch. Karl-Marx-Schule, nach 1930 — *Heimatmuseum Neukölln*

könnt ihr euch in Geschichte immer Notizen machen", soll er zu Erna Nelki gesagt haben. Daß sie Stenographie konnte, war wenig später im Londoner Exil ihre einzige Chance, eine Stelle zu finden (Interview 1988). Schach spielte er ebenfalls; doch hat er es auch einem Schüler verleidet, indem er ihn fragte, ob er denn so viel Freizeit habe. Wenn Studienrat Lewinnek dann kurz vor 17 Uhr (das war sein Ziel) nach Hause fuhr, so mußte er oft sein Fahrrad schieben, weil wieder jemand mit ihm allein über private und oft auch höchstpersönliche Dinge wie die Liebe einer Schülerin zu einem Arbeiterkursler sprechen wollte.

1989 schrieb mir sein Kollege Alfred Ehrentreich, daß er immer fasziniert war von der Anhänglichkeit der Schüler an den Kollegen Lewinnek, der sich doch im Persönlichen den Kollegen gegenüber verschlossen habe. Es wundern bei diesem Pensum weder die „Anhänglichkeit" seiner Schülerinnen und Schüler noch die „Verschlossenheit". Er inve-

Alfred Lewinnek tanzt beim Abitur-Abschlußball im Zeichensaal
der Schule mit einer Schülerin aus der Klasse von Sonja Karsen, 1930 —
Arbeitsstelle Schulgesch. Berlins, FU Berlin

stierte seine Zeit in seine Schüler. Auch nach der Geburt seiner Tochter Ruth im Jahr 1930 kam er täglich erst gegen 17 Uhr nach Hause. Dann allerdings war er für die Familie und seine Musik da und für die Schüler unerreichbar. Er war zufrieden und voll ausgelastet; von Karrieredenken keine Spur! Daß er an Treffen des Kollegiums teilgenommen hatte, kann seine Frau nur für einen Tee-Nachmittag bestätigen, zu dem sie ihn begleitet hatte (Interview 1988).

Wochenenden und Ferien, Fahrten und Wanderungen

„Ich brauche nicht mehr Urlaub als ein einfacher Arbeiter oder Angestellter", soll er einmal gesagt haben. Selbst wenn dies erfunden wäre, sagt sein Zeithaushalt von damals eigentlich alles. Der Pädagoge Lewinnek verbrachte viele Wochenenden mit interessierten Schülern aus der Klasse von Alfred Ehrentreich und später mit Schülerinnen und Schülern seiner eigenen Klasse auf Wanderungen, die aber nie den Charakter von Wandervogelromantik hatten. Auch wenn dabei manchmal ein Landsknechtlied gesungen worden ist, wurde die Lust an der Bewegung in der freien Natur von Lewinnek gern zur Untermauerung theoretischer Erkenntnisse aus Geometrie und Physik genutzt und von den Wanderern wie selbstverständlich hingenommen (Brief Herms v. 15. 8. 1988).

In den Sommerferien hatte Lewinnek jeweils vier Wochen für größere Fahrradtouren mit Schülergruppen reserviert. Bei diesen Gelegenheiten wurden Österreich, Frank-

Lewinneks Klasse bei einer Erkundung
im Tagebau bei Senftenberg, 1931 —
Heimatmuseum Neukölln

reich und weite Teile Deutschlands bereist. Auf all diesen Fahrten ebenso wie auf den Klassenfahrten in den Oderbruch oder ins Braunkohlegebiet begann der Tag mit freiwilligem Frühsport, einer Laufgymnastik. Zum Frühstück gab es Müsli mit Kokosraspeln und Milch. Nach Plan wurde abwechselnd gekocht, wobei er sich selbst nicht ausschloß. Man kochte grüne Bohnen mit Kräutern und einer Soße aus einer Palmin-Mehl-Schwitze, Milchreis mit Zimt, bereitete weißen Käse mit Leinöl und Tomatenmark zu Kartoffeln oder Butterbrot („Fetterit" aus dem Reformhaus) mit getrockneten Bananenscheiben zu. Der Nachschub in die Jugendherbergen wurde von „Wertheim" wöchentlich geliefert, dort kaufte und bezahlte Frau Lewinnek die Lebensmittel für die Fahrt. Oft sprach er mit seinen Schülern über gesunde Ernährung. Das Tomatenmark im Weißkäse war ein Produkt solcher Überlegungen. Allgemein wurde akzeptiert, daß es weder Fleisch noch Wurst gab. (Lewinneks waren Vegetarier, was sie später in Großbritannien nach vielen Jahren aufgaben). Nur einmal, als ihm ein Nudelgericht auf dem Backblech angebrannt war, machte sich Schadenfreude so laut bemerkbar, daß Lewinnek sich lieber vergrämt zurückzog. Spiele und Wanderungen wechselten sich tageweise ab, und es gab öfter morgens Freizeit für Erkundungen und zur Erstellung der Studienarbeiten, die jeder Schüler zu machen hatte. Leider sind diese nicht erhalten, aber wir wissen, daß über die örtliche Verwaltung, über Kinderbetreuung oder über den Braunkohletagebau gearbeitet wurde. Bei Wanderungen machte er immer wieder auf Pflanzen und Tiere aufmerksam oder erzählte bei Nachtwanderungen über den Sternenhimmel und das Universum. Trotz wiederholter Nachfragen sind bei allen ehemaligen Schülerinnen und Schülern keine Klagen zu hören. Nur seine Frau fand es noch 1988 nicht richtig, daß er auch mit den Mädchen seiner gemischten Klasse am Wochenende auf dem vereinseigenen FKK-Gelände am Motzener See baden war. Baden in Licht und Luft, dies war bis ins hohe Alter Tradition in seiner Familie.

Anmerkungen zur „Lehrerpersönlichkeit"

Fast ein Jahrzehnt hatte Dr. Ehrentreich mit Alfred Lewinnek zusammengearbeitet. Trotzdem ist ihm sein Lebenslauf unbekannt geblieben. Sie haben sich nie privat, z.B. in der Wohnung, kennengelernt, schreibt er. Seine Wahrnehmungen seien nur dienstlich gewesen, und da habe er Lewinneks berufsmäßig sehr verbindliche Art beobachtet. Seine Weltsicht sei nüchtern, praktisch und realistisch gewesen, und er glaube, daß Alfred Lewinnek keine religiösen Vorstellungen hatte (Brief v. 25.6.1988). Ganz anders wurde er von seinen Schülerinnen und Schülern erlebt. In Interviews bestätigen mehrere, daß sie ihren Lehrer auch zu Hause besucht hatten. In Tempelhof und später in Treptow in der Nähe des Bahnhofs Altglienicke, wo er sich 1934 ein Haus nach eigenen Entwürfen und Berech-

Hektographiertes Klassenblatt vom März 1925. Zitat auf Bl. 2: „Herr Lewinnek bittet uns nun mitzuteilen, daß das Baden dringend notwendig ist und eine eventuelle Krankheit durch das Baden niemals verschlechtert werden kann." — *Heimatmuseum Neukölln*

nungen bauen ließ, habe man mit dem 1933 von der Schule verwiesenen ehemaligen Lehrer diskutiert oder zusammen Radio gehört. Sein Schüler Dr. Goßweiler gibt an, daß er bei ihm Mitte der dreißiger Jahre BBC und Radio-Moskau gehört habe! Ein anderer Schüler erinnert sich an die Konzerte klassischer Musik, die er von Schallplatte im Hause Lewinnek oft gehört habe und an seine private Sternwarte, wo er den ehemaligen Schülern alles wunderbar erklärt hätte (Interview

Reschler, 1988). Andere wiederum kannten sein Arbeitszimmer in Tempelhof nur von der S-Bahn aus. Man konnte dort nämlich im Vorbeifahren hineinschauen.

In vielen der noch in Treptow bei einer ehemaligen Schülerin, Frau Trepte, vorhandenen Briefe aus Großbritannien geht Alfred Lewinnek in den sechziger und siebziger Jahren mit klaren Worten auf seine Lebenshaltung ein, die Erna Nelki noch an seinem neunzigsten Geburtstag (1982) bewundert hatte: „Er war ein Optimist. Statt zu sagen, ‚och früher, wie war das schön', guckte er noch als Neunzigjähriger immer vorwärts" (Interview 1988).

In einem Brief vom 24. September 1956 schrieb er: „Es ist nun einmal das Allerwichtigste im Leben, daß man die Aufgaben, die einem gestellt sind, mit Freuden zu lösen bereit ist. Dann macht das Leben noch einmal soviel Spaß, auch wenn man nicht mit Glücksgütern gesegnet ist". „Liebe und Zuneigung sind die einzigen Emotionen, die das Leben lebenswert machen, und ebenso erstrebenswert ist Vernunft und gesunder Menschenverstand", schrieb er 1979. Über seine Lehrertätigkeit berichtete er in einem Brief aus dem Jahr 1960: „Ich bin noch mit demselben Enthusiasmus tätig, den ich in früheren Jahren gezeigt habe; ich glaube sagen zu können, daß ich auch heute noch dieselbe Frische für die Erfüllung meiner Aufgaben besitze, die alle damals bei mir geschätzt haben. Ich war immer mit ganzem Herzen bei der Sache und war glücklich, daß alle sich ebenso wohl fühlten". Und im selben Jahr: „Noch immer bereitet es mir großes Vergnügen, mit den Schülern nach neuen Methoden zu suchen, um sie für das Leben vorzubereiten, daß sie den Gegenwartsproblemen gewachsen sind". Ähnliche Sätze tauchen immer wieder auf, „sind doch ein gesunder Körper und ein heiterer Geist die wertvollsten Güter auf dieser Erde" (Brief v. 25.11.1974 an Frau Trepte).

Großmutter Sachs mit Enkeltochter Ingeborg Lewinnek und Urenkelin Ruth. Rechts der Vater Alfred Lewinnek, Berlin 1930
— *Heimatmuseum Neukölln*

Er scheint dies zeitlebens so gesehen und auch innerlich so gehalten zu haben, denn schon sein erstes Arbeitszeugnis aus dem Baruch-Auerbachschen Waisenhaus, wo er 1920 als Student nach der Rückkehr aus der englischen Gefangenschaft (im Oktober 1919) als Erzieher gearbeitet hatte, bescheinigt ihm:

„Herr Lewinnek, selbst aus unserer Anstalt hervorgegangen, ist mir in seiner Arbeit als Erzieher ein gewissenhafter und tüchtiger Helfer geworden. Erst mit seiner Hilfe habe ich in der Anstalt einen erziehlich wirksamen Turnunterricht einführen können, ebenso hat die Anstalt erst durch Lewinneks Mitarbeit einen wirklich ernsten und durchdachten Werkunterricht im Sinne der modernen Arbeitsschule einführen können. Überall zeigt sich Herr Lewinnek als zielbewußter Pädagoge, ebenso klar und durchsichtig in den von ihm angestrebten Zielen wie in der Methode. Herr Lewinnek gehört zu den seltenen Menschen, die erzieherliche Anlage mit gewissenhaftester und ernstester Arbeit verbinden" (13. 12. 1920).

Zwischen 1914 und 1919 hatte er als wehrpflichtiger Soldat, zuletzt im Rang eines Feldwebelleutnants mit zwei Kriegsauszeichnungen, an der Ost- und Westfront und in der Gefangenschaft prägende Erfahrungen sammeln müssen. Er war nie in einer Partei (sagt seine Frau), wählte liberal oder sozialdemokratisch und äußerte sich nach Auskunft seines Schülers Ludwig Herms politisch zurückhaltend. „Lewinnek huldigte seit den frühen zwanziger Jahren einer prononcierten Lebensreformerhaltung und hatte selbstverständlich kein Verhältnis zu Alkohol und Nikotin, war Vegetarier und versuchte, auch uns Schüler in dieser Richtung zu beeinflussen" (Brief Herms v. 15. 8. 1988).

Nach seinem Examen kam er auf eine Numerus-Klausus-Liste. Das bedeutete damals in der Zeit von Not und Entlassungen, daß er unbedingt im Lehrerberuf behalten werden sollte und dies, obwohl seine Examen nicht die besten waren. So war er dann auf die einzige freie Stelle nach Neukölln gekommen, durch Leistung und Zufall.

Immer wieder fragte ich, ob er denn nie vom Krieg erzählt habe, bis mir eines Tages endlich ein Leser meines Aufsatzes von 1988 eine eindeutige Antwort geben konnte:

„Einmal, es muß 1929 oder 1930 gewesen sein, machten wir in den Herbstferien mit ihm eine Radwanderung in die Sächsische Schweiz. In Dresden wollte es der Zufall, daß wir in einen Aufmarsch des ‚Stahlhelm' gerieten. Am Straßenrand stehend sahen wir den vorbeidefilierenden Feldgrauen zu, als ein neben Alfred Lewinnek stehendes altes Mütterchen ihn fragte, wer denn diese Leute wären und was sie wollten. Er antwortete, daß diese Leute gern einen neuen Krieg machen möchten. Erschreckt verließ das Mütterchen seinen Platz, nicht ohne laut vermerkt zu haben, damit wolle es nichts zu tun haben. Unser Beifall für diese Haltung hätte dann beinahe zu einer handfesten Prügelei mit umstehenden Sympathisanten der Stahlhelmer geführt, wenn unser Lehrer uns nicht energisch aus der Konfliktzone bugsiert hätte."

Bei abendlichen Diskussionen in der Herberge – die Schüler waren enttäuscht, daß sie sich nicht schlagen konnten – erfuhren sie dann, daß ihr Lehrer Pazifist und trotz seines militärischen Ranges entschiedener Kriegsgegner war und daß Gewaltanwendung niemals ein Mittel sein könne, gesellschaftliche und politische Probleme zu lösen, und daß er deshalb auch nicht gestatten konnte, daß sich seine Schüler mit den Sympathisanten schlagen (Brief Herms v. 15. 8. 1988).

Abschließend ein Zitat, das Ilse Thilo, geb. Miethke, bei einem Klassentreffen wiedergab, ein Zitat, das typisch ist für diesen Lehrer, der für viele seiner Schüler zum Vorbild geworden ist:

„Wenn zum Reformpädagogen Alfred Lewinnek jemand sagte: ‚Das kann ich nicht!', dann antwortete dieser: ‚Was habe ich da gehört, du kannst es nicht? Hast du es denn schon versucht? Das kann ich nicht, diese Antwort gibt es für einen halbwegs intelligenten Menschen nicht. Komm wieder mit deinen Versuchen, dann werden wir weiter sehen.'"

Anmerkungen

1 R. Rogler: „Alfred Lewinnek, Frontkämpfer und Reformpädagoge." — *Zehn Brüder waren wir gewesen ... Spuren jüdischen Lebens in Neukölln*. Hrsg. D. Kolland. Berlin 1988, S. 195 - 206

2 G. Radde: *Fritz Karsen. Ein Berliner Schulreformer der Weimarer Zeit*. Berlin 1973, S. 342 u. 348ff

Volker Hoffmann

Gegen Kindernot und Schulreaktion – Schulkämpfe in Neukölln 1930-1932

Neukölln war Ende der 20er und Anfang der 30er Jahre neben dem Ruhrgebiet, Hamburg und einigen Städten Mitteldeutschlands ein Zentrum des „proletarischen Schulkampfes". Das hatte mehrere Gründe.

In keinem anderen Berliner Bezirk war die KPD damals so stark wie in Neukölln. Bei den Reichstagswahlen im September 1930 erhielt sie 34,9% der Stimmen gegenüber 32,6% für die SPD und nur 11,1% für die NSDAP. (Ein Jahr zuvor war die SPD aus den Wahlen für die Berliner Stadtverordnetenversammlung mit 28,4% der Stimmen vor der KPD mit 24,7% als Sieger hervorgegangen). Diese Stärke im Bezirk sollte entsprechend der Strategie der KPD-Führung, die sich hauptsächlich gegen den „Sozialfaschismus" der SPD richtete, auch für den bildungs- und schulpolitischen Kampf ausgenutzt werden. So sollte weiterer Boden gegenüber der SPD gewonnen werden.

In Neukölln standen der KPD mit Fritz Lange, Bernhard Baartz, Willi Schubring, Käthe Agerth, Elly Janisch und anderen erfahrene Publizisten und Propagandisten zur Verfügung, die einmal Lehrer gewesen oder noch in der Schule tätig waren und die sich daher in ihrem Fachgebiet gut auskannten. Bei allen Meinungsverschiedenheiten über die künftige sozialistische Gesellschaft bestand doch Einigkeit darüber, daß die Arbeiterkinder frühzeitig an den Kampf herangeführt und schon in der Schule zu einer kämpferischen Interessenvertretung erzogen werden müßten.

Zentren des proletarischen Schulkampfes waren in der Regel nicht die konfessionellen oder Regelschulen, sondern die weltlichen und Lebensgemeinschaftsschulen – entgegen der offiziellen Linie der KPD-Führung. Denn diese sah, durchaus zutreffend, in den Reformschulen „Isolierbaracken der Fortschrittlichsten", in denen die Breitenwirkung kommunistischer Eltern, Lehrer und älterer Schüler verlorenginge. Mit dieser Beurteilung der Reformschulen konnte sich die KPD-Führung bei der Mehrheit ihrer Mitglieder allerdings nicht durchsetzen. Sie wurde viel zu wenig bekanntgemacht und geschult. So waren die kommunistischen Eltern primär darauf bedacht, ihren Kindern die damals noch häufigen Diskriminierungen an den anderen Volksschulen zu ersparen, und schickten ihre Kinder lieber in die Reformschulen. Überdies erwarteten sie von den kommunistischen Lehrern, die nirgendwo so unbehelligt arbeiten konnten wie hier, ein besonders aktives Eintreten für die Interessen ihrer Kinder. Umgekehrt warben auch die kommunistischen Lehrer unter ihren proletarischen und „kleinbürgerlichen" Parteigenossen eifrig für „ihre" Schulen, wobei sie nicht frei von Illusionen über die Möglichkeiten der Schulreform im Kapitalismus waren.

In den weltlichen und Lebensgemeinschaftsschulen, die rund ein Viertel der 44 Volksschulen des Bezirkes ausmachten (siehe dazu G. RADDE in diesem Band), hatten die Neuköllner Kommunisten starke Kampfpositionen, die einen organisatorischen Rückhalt bei Streiks und anderen Auseinandersetzungen bildeten. Das galt vor allem für die Eltern, aber auch für die kommunistischen „Jungpioniere".

Während die Zahl der auf kommunistischen Listen gewählten Elternvertreter an den Berliner Schulen von 205 (1928) auf 517 (1932) anstieg, damit aber noch weit hinter der Zahl der SPD zurücklag, die 1932 insgesamt 832 Plätze gewann, vermochte die KPD an einzelnen Neuköllner Reformschulen sogar die Mehrheit zu erringen. An der 31. Rütlischule wurden 1930 sechs Vertreter der Liste „Proletarischer Schulkampf" gegenüber nur vier Vertretern der sozialdemokratischen Liste „Schulaufbau" gewählt, so daß die Kommunisten den Vorsitz des Elternbeirats übernahmen. An der Heinrich-Zille-Schule, der 6. weltlichen Schule am Mariendorfer Weg, kam es im gleichen Jahr zu einem Patt zwischen Sozialdemokraten und Kommunisten. Zwei Jahre später stellten dann auch hier die Vertreter der kommunistischen Liste „Werktätige Eltern" den Vorsitzenden. Rote kommunistische Schulinseln im rosaroten sozialdemokratischen Meer – das war eine in Deutschland einmalige politische Konstellation, die ein entsprechendes publizistisches Echo fand.[1]

Von großer Bedeutung war schließlich auch, daß sich das Neuköllner Schulressort und die Leitung der meisten bezirklichen Reformschulen in der Hand von mehr oder weniger prominenten Sozialdemokraten befanden, die nach der verhängnisvollen 1929 proklamierten Sozialfaschismustheorie der KPD-Führung als politische Hauptstütze der Bourgeoisie bekämpft werden sollten. Zudem war Kurt Löwenstein, der bekannteste von ihnen, nicht nur Volksbildungsstadtrat, sondern zugleich Vorsitzender der „Reichsarbeitsgemeinschaft der Kinderfreunde Deutschlands", der großen sozialdemokratischen Kinder- und Helferorganisation. Das Kalkül der kommunistischen Führung war nun Folgendes: Gelänge es, Löwensteins praktische Politik und seinen „linken Reformismus", dessen ideologische Gefährlichkeit der kommunistische Schulkampftheoretiker Edwin Hoernle in seinem weit verbreiteten Buch *Grundfragen der proletarischen Erziehung* 1929 eingehend untersucht hatte (siehe dazu N. STEINBERGER in diesem Band), erfolgreich zu bekämpfen, ließe sich damit zugleich die gesamte reformistische Jugendarbeit der SPD „entlarven" und die kommunistische Alternative wirkungsvoll propagieren.

Damit hatte Neukölln eine doppelte politische Vorreiterrolle: für die KPD auf dem Gebiet des proletarischen Schulkampfes und des ideologischen Kampfes gegen den Reformismus und für die SPD auf dem Gebiet der Schulreform. Das erklärt die Heftigkeit der

Schüler (M. Wenzel) der Rütlischule in der Kluft der Pioniere (Jugendorganisation der KPD), o.J. — *Privatbesitz V. Hoffmann*

Konfrontation der beiden Arbeiterparteien, die bis hinunter zu den einfachen Mitgliedern reichte.

Die politische Landschaft war weiter davon geprägt, daß es neben SPD- und KPD-Anhängern noch viele andere Linksorientierte mit dezidierten bildungs- und schulpolitischen Standpunkten gab – engagierte Oberschüler, Arbeiterabiturienten, Intellektuelle, die der „KPD / Opposition", dem „Lenin-Bund", den „Roten Kämpfern", den Trotzkisten oder der Sozialistischen Arbeiterpartei (SAP) angehörten oder nahestanden. In manchen Punkten kritisierten sie die KPD, in anderen folgten sie ihr. So gingen Unterstützung und Ablehnung des kommunistischen Schulkampfes über Parteigrenzen hinweg. Auch deshalb war Neukölln damals ein Zentrum des Schulkampfes.

Proteste gegen „Verfassungsrummel"

In der zweiten Hälfte der 20er Jahre herrschte an den Neuköllner Volksschulen relative Ruhe. Gestört wurde sie lediglich durch Proteste am 1. Mai, der damals kein arbeits- und schulfreier Feiertag war, und am 11. August, dem „Verfassungstag". Am 1. Mai 1925 blieb die gesamte Schülerschaft der 31. Rütlischule dem Unterricht fern, um an den Feiern der Arbeiterparteien teilzunehmen – ein in der Geschichte des proletarischen Schulkampfes einmaliger Vorgang. Der Verfassungsfeier von 1928 verweigerten sich ebenfalls fast alle 250 Schüler einer nicht näher bekannten anderen Volksschule des Bezirks.[2]

Häufiger als solches Fernbleiben ganzer Klassen oder Schulen waren jedoch Störmanöver während der Feiern aus Anlaß der Verfassung. Damit sollte auf den krassen Widerspruch zwischen dem Verfassungstext und der Verfassungswirklichkeit hingewiesen werden: auf die Massenarbeitslosigkeit, das vorübergehende Verbot der *Roten Fahne* oder den Mangel an Schulbüchern und Lehrmitteln. Die Störmanöver nahmen zu, als Stadtrat Dr. Kurt Löwenstein im Schuljahr 1926/27 Massenfeiern aller Neuköllner Schulen anläßlich des Verfassungstages im Neuköllner Park anordnete. Sie sollten die neue republikanische Schulkulturarbeit sichtbar werden lassen. Als das Deutschlandlied angestimmt wurde, sangen die oppositionellen Schüler die Internationale oder riefen ihre Forderungen gegen den „faulen Verfassungsfrieden" laut in die Runde. Gelegentlich wurden vor den Schulen auch Flugblätter verteilt oder Zettel mit ähnlichen Losungen geklebt.

Einige Schulkollegien nahmen nach dieser Erfahrung von Massenfeiern Abstand, was zweifellos ein Erfolg der Proteste war. Doch eine wirkliche Mobilisierung der „Masse" der Arbeiterkinder und ihrer Eltern konnte auf diesem Wege nicht erreicht werden, auch weil manche Schülerproteste eher pubertär-antiautoritär waren.

Der Schulstreik vom April 1930

Im April 1930 war es mit der relativen Ruhe der mittleren Jahre der Weimarer Republik vorbei, und es begann politisch wie schulpolitisch eine neue Entwicklungsphase, geprägt von Streiks, in denen sich nicht mehr nur die Schüler zu Wort meldeten, sondern auch und vor allem die Eltern. Ausgelöst wurden die Streiks durch drastische Abbau- und Sparmaßnahmen. Im gesamten Berliner Schulwesen sollten 7 Millionen Reichsmark, in Neukölln, dem einwohnerstärksten der 20 Bezirke, weit mehr als nur ein Zwanzigstel der Summe eingespart werden.

Schulneubauten wurden gestoppt, die Klassenfrequenzen auf 35 Schüler pro Klasse erhöht, Lehrer entlassen – die für Großberlin genannten Zahlen schwanken zwischen

245

Ältere Schüler der 15. und 16. Gemeindeschule führen die Demonstration an, 4.4.1930 —
Privatbesitz V. Hoffmann

120 und 387 – und eine strikte Einstellungssperre verhängt. Die Ausgabenkürzungen bei Lehr- und Lernmitteln, für Arbeitsgemeinschaften und Kurse, für Gebäuderenovierungen und die Schulreinigung waren ebenso drastisch.

All diese Maßnahmen trafen die Reformschulen in besonderer Weise, weil für ihren Betrieb mehr Mittel bewilligt worden waren und das pädagogische Spektrum, auf dem die Angriffe wirken konnten, daher besonders groß war. Während es an vielen Volksschulen überhaupt keine Arbeitsgemeinschaften und Kurse gab, hier folglich auch nichts abgebaut werden konnte, brach an den Reformschulen eine wichtige Säule der Reform ein. Zudem schürten gerade heute wieder höchst aktuelle Bemerkungen bürgerlicher Politiker gegen eine „Überspannung der sozialen Einrichtungen", die schuld an der Notlage des Staates sein sollte, die Empörung der Arbeitereltern.

Der erste Neuköllner Streik begann am Dienstag, dem 1.4.1930 und dauerte bis zum darauffolgenden Montag, dem 7.4.1930. Beteiligt waren Eltern und Schüler der Doppelschulen in der Lessingstraße (heute Morusstraße) und der Rütlistraße. Der Streikverlauf war von der spontanen Empörung der Arbei-

> Wilhelm Wittbrodt, Leiter einer Lebensgemeinschaftsschule in der Rütlistraße, äußerte sich in
> seinem Protokollbuch kritisch über die Berichterstattung in der Presse zu den Streiks: „Soviel steht fest,
> wenn jemand mit der Peitsche knallt, so berichten die Zeitungen über einen Kanonenschlag.
> Einen Unterschied konnte ich weder in der eigentlichen Parteipresse noch in der sogenannten
> ‚parteilosen' Presse feststellen. Was soll man z.B. zu der Überschrift der B.Z. vom 2. April sagen:
> ‚Kinderrevolution in Neukölln'?" — *Archiv der 31. Schule, Rütlistraße*

tereltern über die verschlechterte Schulausbildung ihrer Kinder, aber auch von einer relativen Unerfahrenheit mit dem Streik als Kampfmittel geprägt. Anstatt auf eine Urabstimmung unter den Eltern aller Neuköllner Schulen oder mindestens doch der weltlichen Schulen hinzuarbeiten, gingen besonders aktive Eltern auf eigene Faust vor und riefen den Streik aus. Der Vorschlag der bezirklichen KPD-Leitung, „man sollte erst noch vorarbeiten, um besser und vor allem mit größerer Wucht den Kampf aufzunehmen"[3], wurde verworfen. Die Aktivisten hofften, daß der Streik viele noch zögernde Eltern mitreißen würde. Doch dazu kam es nicht. Weitere Unterstützung konnte nicht gewonnen werden. Die Streikbeteiligung bröckelte rasch ab. Neue Schulen schlossen sich nicht an. Der Funke sprang auch nicht auf andere Bezirke über. Zum einen lag das an einer außergewöhnlich heftigen Kriminalisierung des Streiks in der bürgerlichen Presse, mit der Erinnerungen an den „kommunistischen Barrikadenbau" während des „Blutmai" 1929 geweckt werden sollten, am Einsatz der Polizei und an massiven Einschüchterungsmaßnahmen der Schulverwaltung bzw. des Magistrats, der androhte, mit Geld- und Gefängnistrafen gegen die streikenden Eltern vorzugehen. Denn Schulstreiks galten nach den Gesetzen als „verbotene Eigenmacht des Staatsbürgers" und standen unter Strafe.

Zum anderen spielten aber auch sektiererische Tendenzen in der Neuköllner KPD und besonders im „Kommunistischen Jugendverband" (KJVD) eine Rolle. Die Streikaktivisten beschimpften streikunwillige, zögernde oder ängstliche Eltern als „Streikbrecher" oder benutzten Fäuste statt Argumente. Großartigen Ankündigungen folgten keine oder nur kläglich „Taten". Selbstkritisch zog das *Proletarische Kind*, das Organ der kommunistischen Eltern, das Fazit: „Große radikale Redensarten werden in der Schulzeitung [der Jungpioniere an der Rütlischule] geschwungen und nichts [wird] getan, um die Arbeit zu organisieren. Dieses linke Phrasentum ist ein Schaden für unsere Arbeit, das uns nicht das Vertrauen der Arbeiterkinder erringen läßt und uns von den Massen isoliert" (ebd., S. 80).

Auf diese Phrasendrescherei und andere abstoßende Erscheinungen wies mit sicherem Blick für gefährliche Irrwege des KJVD auch Stadtrat Löwenstein in seiner Bilanz des Schulstreiks hin.[4]

Dennoch war der Streik nicht völlig gescheitert, was ja auch die oben erwähnten positiven Ergebnisse für die kommunistische Liste „Proletarischer Schulkampf" an der 31. Rütlischule vom Sommer 1930 andeuteten. Die *Rote Fahne* der KPD erkannte in dem Streik „die erste offene proletarische Attacke gegen die von dem preußischen sozialdemokratischen Innenminister angeordnete und von der sozialdemokratischen Magistratsmehrheit durchgeführte Spardiktatur" (*Rote Fahne* v. 8.4.30).

Eine *offene* Attacke waren die Streiks zweifellos, weil der Protest aus Schulversammlungen und kleineren Gremien auf die Straße hinausverlagert wurde, wo er eine weit über die direkt betroffenen Eltern hinausgehende Wirkung entfalten konnte. „Heute spricht jeder von diesen Sparmaßnahmen", zog die linke Schülerzeitung *Schulkampf* eine zutreffende Bilanz, „wo er vorher gleichgültig blieb gegenüber diesen drohenden Gefahren" (Nr. 4 / 1930). Der Streik vermittelte den Neuköllner Werktätigen wichtige Erfahrungen für den weiteren Schulkampf unter den Bedingungen der Krise. Das zeigte sich besonders deutlich im Oktober 1931.

Die Schulstreiks vom Oktober 1931

Im Oktober 1931 kam es in Neukölln zum zweiten Mal zu Schulstreiks, die abermals viel Aufsehen erregten und die Polizei beschäftigten. Die Streiks standen im Zusammenhang mit ähnlichen Kampfmaßnahmen in anderen deutschen Großstädten (Essen, Köln, Solingen, Hamburg und Lübeck) und an etwa 30 Berliner Volksschulen, vor allem in den Arbeiterbezirken. Auf dem Höhepunkt des Streiks am 15. und 16. Oktober 1931 standen ungefähr 2 000 Schüler aus zehn Neuköllner Volksschulen auf der Straße, darunter die oberen Klassen fast aller bezirklichen Reformschulen.[5] Die Verantwortlichen waren alarmiert.

Ausgelöst wurden die Berliner Streiks wiederum durch Abbau- und Sparmaßnahmen aufgrund der Notverordnungen der Reichsregierung. So wurden die Klassenfrequenzen auf durchschnittlich 37,5 Schüler pro Klasse erhöht, angeblich zu schwach besetzte Klassen zusammengelegt, Lehrer, vor allem Junglehrer, entlassen, die Wochenstundenzahl der Volksschul-Oberstufe reduziert, Zuschüsse aller Art noch weit über das bereits 1930 verfügte Maß hinaus gekürzt oder ganz gestrichen, um nur einige aus einem Paket von mehr als 30 Maßnahmen zu erwähnen.[6]

Wieder waren die Reformschulen in besonderem Maße betroffen, etwa durch den

Bildseite der *Arbeiter-Illustrierte Zeitung* zum Schulstreik im Herbst 1931, Nr. 44, S. 884 — *Privatbesitz V. Hoffmann*

Wegfall des Esperanto-Unterrichts oder der beliebten Schülerwanderungen, die im Konzept der Reformschulen eine wichtige Rolle spielten. Die Einschnitte trafen die Eltern schwerer als die erste Welle der Sparmaßnahmen, weil die Arbeitslosigkeit inzwischen sehr hoch war und die Arbeiterfamilien ihrer Reserven zu sehr beraubt waren, um weitere Verschlechterungen aufzufangen.

Besondere Empörung löste die Tatsache aus, daß die Maßnahmen während der Herbstferien beschlossen und in die Wege geleitet worden waren. Die Erwartung vieler, daß die Schulen dazu beitragen würden, den drohenden Hungerwinter einigermaßen zu überstehen, wurde damit schwer enttäuscht. In vielen Versammlungen und Protestbriefen hatten die Eltern ihre gewiß nicht unbilligen Forderungen nach Wiedereinstellung abgezogener Junglehrer, freier Kinderspeisung, täglicher Schulmilch, elektrischer Beleuchtung der Klassen, ausreichender Heizung, Verbesserung der Schulhygiene usw. erhoben, doch nichts hatte sich geändert.

So war es nicht erstaunlich, daß der in vielen Elternversammlungen von KPD-Vertretern eingebrachte Antrag, den schon lange angekündigten, aber mit Rücksicht auf den „Schulfrieden" und die Kinder immer wieder verschobenen Schulstreik jetzt doch durchzuführen, mit überwältigenden Mehrheiten angenommen wurde. Überall wurden Streikkomitees und Kampfausschüsse gewählt, denen auch Sozialdemokraten, Parteilose und – das war das eigentlich Neue – auch Vertreter der „Christlich-Unpolitischen Elternliste" angehörten, die die meisten Sitze in den Berliner Elternbeiräten innehatte und bis dahin eine gemeinsame Abwehr strikt abgelehnt hatte (siehe U. BACH in diesem Band). Das war ein „Durchbruch zur vereinigten Kampffront gegen Schulabbau", wie die *Rote Fahne* schrieb. „Beträchtliche Teile der christlichen Elternschaft haben sich nicht mehr einfangen lassen von der Demagogie des Pfarrers Foertsch und seiner Kumpanei, die mit dem Geschrei vom ‚kommunistischen Gimpelfang' ihre Anhänger vom Kampf abzuhalten versuchen" (*Rote Fahne* v. 17.10.31).

Neuköllner Erfolge

Auch in Neukölln gab es eine verstärkt kampfbereite Elternschaft, wenngleich eine Einbeziehung konfessioneller Schulen in den Streik wie in anderen Bezirken nicht nachzuweisen ist. In der völlig überfüllten Elternversammlung der 31. Rütlischule beispielsweise wurde am 14.10.1931 in Gegenwart von Rektor Wittbrodt und etlicher Lehrer der Streik bei nur sechs Gegenstimmen beschlossen und ein Streikkomitee aus Vertretern der beiden Elternbeiratslisten und Parteilosen gewählt.

Mochten sozialdemokratische Eltern 1930 noch im Zweifel gewesen sein, ob der Fall eines „nicht mehr zu ertragenden Unrechtes und einer Schädigung des Kindes", für den selbst Stadtrat Kurt Löwenstein einen Elternstreik für berechtigt erklärt hatte (LÖWENSTEIN, S.37), wirklich gegeben war –, jetzt, nach rund zwei Jahren entnervender Wirtschaftskrise und vielen abgewiesenen Protesten zögerten die meisten nicht mehr, ihre schärfste Waffe ins Feld zu führen. Entsprechend geschlossen wurde der Streik auch geführt, wie exemplarisch an der 31. Rütlischule gezeigt werden soll.

Es wurden wieder Streikposten aufgestellt, die die Schultore versperrten und Schüler abfingen, die zur Schule wollten. Es gab erregte Diskussionen mit Eltern, Passanten und Kindern, die sich vor der Rütlischule einfanden. In den umliegenden Häusern wurden Flugblätter verteilt, die für Streikunterstützung warben. Wieder führten die Schüler eine verbotene Straßendemonstration durch, die aber viel besser organisiert war und deren Organisatoren mit den prompt erfolgten Eingriffen der Polizei viel geschickter umgingen als zwei Jahre zuvor. In einzelnen Klassen arbeiteten „Rote Falken" und „Pioniere" teilweise eng zusammen.

Neu war auch, daß der Streik auf erheblich mehr Sympathie bei den Lehrern stieß als 1930. So erklärte sich das mehrheitlich aus Sozialdemokraten bestehende Kollegium der 31. Schule in seiner ersten Sitzung nach den Herbstferien bereit, wieder mit dem kommunistisch geführten Elternbeirat zusammenzuarbeiten, was wegen eines Konflikts nicht näher bekannten Inhalts seit Monaten nicht mehr geschehen war.

Drei Tage lang beteiligten sich 57 % der Schüler am Streik – das waren etwa 270 von insgesamt 450 Schülern, also fast alle Schüler von der 3. Klasse an aufwärts.

Die am vierten Streiktag verschickte Verwarnung der Schulverwaltung hatte lediglich einen Rückgang von 50 Schülern zur Folge, während sie dem Streik 1930 das Genick gebrochen hatte. Die Waffen der Bürokratie waren stumpf geworden, wie sie selbst resigniert feststellen mußte. In diesem Streik, ließ sie die Schulleiter wissen, sei die Androhung von Schulstrafen „nicht opportun, weil es sich meist um Erwerbslose handelt, die diese Summe [etwa 25,- RM für fortgesetztes Fernhalten des Kindes von der Schule] doch nicht aufbringen können und durch irgendwelche Maßnahmen nur in ihrem Radikalismus bestärkt werden könnten" (*Neuköllner Tageblatt* v. 15. 10. 31).

Die Angst vor einer weiteren Radikalisierung der Eltern veranlaßte die Bürokratie dazu, einige geplante oder bereits in die Wege geleiteten Maßnahmen zurückzunehmen: 60 der 500 in Großberlin abgebauten Junglehrer wurden kurzfristig wiedereingestellt, so auch Fräulein Marggraf von der 31. Schule, deren Entlassung ein Auslöser der dortigen Proteste gewesen war. Über die Wiedereinstellung weiterer Junglehrer sollte nachgedacht werden. Zu einer Zurücknahme aller Sparmaßnahmen kam es allerdings nicht. Eine entscheidende Schwäche blieb, daß trotz einiger guter Ansätze die Masse der christlichen Eltern dem Kampf fernblieben und die Kluft zwischen christlichen und weltlichen Schulen, zwischen Sozialdemokraten und Kommunisten nicht überbrückt wurde, wie die „Reichsleitung der proletarischen Schulkampfgemeinschaften" feststellte.[7]

Im Jahre 1932 ging der proletarische Schulkampf immer weiter zurück, obgleich sich die Angriffe auf die Lebenslage der Werktätigen und die Schulen noch verschärften. Anhänger der sozialdemokratisch und kommunistisch orientierten Elternbeiratslisten gerieten so heftig aneinander, daß sie den gemeinsamen Gegner völlig aus dem Auge verloren. So konnten die Werktätigen aus den Erfahrungen dieses Jahres nur die Lehre ziehen, es so nicht noch einmal zu machen. Die Streiks der vorangegangenen Jahre hatten dagegen gezeigt, daß eine Einheitsfront aller Werktätigen möglich und wirkungsvoll war. Vielleicht hat das dem einen oder anderen Beteiligten im antifaschistischen Kampf den Rücken gestärkt.

Anmerkungen

Sofern nichts anderes vermerkt, sind die hier verwendeten Fakten und Einschätzungen dem Buchmanuskript des Autors *Die Rütlischule. Zwischen Schulreform und Schulkampf.* Berlin 1991 entnommen.

1 Angaben über die Wahlergebnisse aus Karl Foertsch: *Eltern an die Front! 10 Jahre Evangelischer Elternbund.* Berlin 1930 und aus den Schulchroniken der 6. und 31. Gemeindeschule Neuköllns.

2 Flach, Londershausen (Hrsg.): *Zur Schulpolitik und Pädagogik der KPD in der Weimarer Republik.* Berlin 1958, S. 227

3 *Das proletarische Kind*, Nr. 4 / 5 (1930), S. 79

4 K. Löwenstein: „Die Lehren des Neuköllner Schulstreiks." — *Sozialistische Erziehung*, Nr. 5 (1930), S. 35ff.

5 Die Angaben über die streikenden Schulen sind der Tagespresse, vor allem der *Roten Fahne* und dem *Neuköllner Tageblatt* entnommen. Siehe auch: L. v.Werder, R. Wolff (Hrsg.): *Schulkampf. Dokumente und Analysen.* Frankfurt/M. 1970, S. 316ff. Vermutlich war die von Karl Linke geführte 53. / 54. weltliche Schule am Hertzbergplatz nicht am Streik beteiligt.

6 V. Hoffmann: „Schülerstreiks in Berlin (1919-1933)" — *Hilfe Schule. Schule und Alltag Berliner Arbeiterkinder.* Hrsg. v. AG Pädagogisches Museum. Berlin 1981, S. 146

7 Vgl. *Proletarische Schulpolitik.* Hrsg. v. d. Reichsleitung der proletarischen Schulkampfgemeinschaften. Nr. 1/2 (Jan./Feb. 1932), S. 1f.

Dokument 8   Kurt Löwenstein

Die Lehren des Neuköllner Schulstreiks

Der Schulstreik, der vom 2. April ab etwa eine Woche lang vier Sammelschulen (weltliche Schulen) in Unruhe brachte, hat in Neukölln und in Berlin und darüber hinaus durch Pressekorrespondenzen Beachtung und Verurteilung in einer Reihe von Städten Deutschlands gefunden.

Da die Kommunistische Partei, die die Entfacherin und Trägerin des Schulstreiks gewesen ist, vom 1. Mai ab neue große Schulstreikbewegungen in Szene setzen wollte, ist es notwendig, über diesen ersten tastenden Versuch Klarheit zu schaffen. Die angeblichen Ursachen dieses Schulstreiks sind Sparmaßnahmen, die der Magistrat Berlin für das Schulwesen vorgeschlagen hatte. Die Sparmaßnahmen waren zum Teil tiefgreifender Natur, trafen zu einem großen Teil soziale Maßnahmen, die mit Erfolg den Aufstieg der Arbeiterkinder gefördert hatten, waren zum Teil objektiv unehrlich und würden insgesamt bei ihrer Durchführung einen erheblichen Rückschritt bedeutet haben. Wir Sozialdemokraten haben daher diese Sparmaßnahmen in der Presse, in Versammlungen und in der Stadtverordnetenversammlung nicht ohne wesentlichen Erfolg bekämpft. Würden sich die Kommunisten an diesem Kampf beteiligt haben, so wäre das nicht nur ihr Recht gewesen, sondern der Erfolg der gemeinschaftlichen Bemühungen würde sicher noch größer gewesen sein.

Die Kommunisten taten aber etwas ganz anderes. Sie benutzten diese Sparvorschläge, um Feuerwerk zu machen, um neue „Schuld" auf das Haupt der Sozialdemokratie zu laden und den sozial-faschistischen Charakter unserer Partei zu „entlarven". Also wurde eine spontane Elternversammlung gemacht. Vierzehn Tage wurden Flugblätter, unterzeichnet von „Jungspartakus", verantwortlich gezeichnet von kommunistischen Abgeordneten, vor den Schulen verbreitet, an Mauern angeschlagen, wurde ein Trommelfeuer in der *Roten Fahne* und der *Welt am Abend* eröffnet. Natürlich wurde dieser Kampf in erster Linie in Neukölln geführt und an den freiheitlichen Schulen, die durch Sozialdemokraten geleitet werden und in denen es eine größere Anzahl kommunistischer Lehrer und Kinder gibt. „Parteilose" Elternversammlungen wurden von Kommunisten einberufen. Es wurden Schwindelnachrichten verbreitet, daß 17 Schulen sich an dem allgemeinen Streik beteiligen würden, daß die Vorbereitungen für ganz Berlin und darüber hinaus für Preußen getroffen seien. In einer schlecht besuchten Versammlung, die durch nicht beauftragte Delegierte von einer Reihe von Schulen besucht war, wurde der 2. April als Streikbeginn verkündet. Vor den Schulen standen als Streikposten Schulkinder, erwerbslose Jugendliche und Eltern, teils mit Schildern, teils als Aufpasser. Selbstverständlich war ein Kampfausschuß gebildet worden, der sich aus Kindern des Jungspartakusbundes, Kommunisten und angeblichen Parteilosen zusammensetzte und der in einem kommunistischen Parteilokal ständig tagte. Angeblich sollen auch Sozialdemokraten in diesem Ausschuß gesessen haben. Bislang aber konnte kein Sozialdemokrat ausfindig gemacht werden, so daß alle Wahrscheinlichkeit dafür spricht, daß es sich um jene fingierten Sozialdemokraten handelt, die bei kommunistischen Aktionen gern zitiert werden.

Da Eltern, die ihre Kinder zur Schule bringen, und Kinder, die mit Büchern zur Schule gehen wollten, von den Streikposten bedroht und geschlagen wurden, wurde von den Leitern der Schulen die Polizei alarmiert, die in rücksichtsvollster Weise Streikposten und Streikagitatoren von den Schulen entfernte. Wie notwendig die Polizei war, zeigt der Umstand, daß in der Schule in der Rütlistraße Jugendliche und Erwachsene die Mauer überstiegen und die Schule mit Gewalt zu erstürmen versuchten. Der Schulstreik blieb auf die ursprünglichen vier Schulen beschränkt, bröckelte von Tag zu Tag mehr ab und war am Ende der Woche an zwei Schulen bereits unter 10 Prozent herabgesunken. Strafmaßnahmen brauchten nicht getroffen zu werden, die übliche schulpolizeiliche Verwarnung genügte, um viele Eltern zu veranlassen, das Fehlen ihrer Kinder mit allen möglichen Gründen zu entschuldigen. Charakteristisch war, daß auch als kommunistisch bekannte Eltern das Fehlen ihrer Kinder ordnungsgemäß mit Krankheit entschuldigten. Nach genau einer Woche wurde der Streik dann abgebrochen auf Beschluß einer von der Kommunistischen Partei veranstalteten Versammlung, nachdem er schon vorher völlig zusammengebrochen war. Würde nicht die gesamte Berliner Presse die Gelegenheit gern benutzt haben, um mit sensationeller Begeisterung über die politische Verhetzung an der weltlichen Schule zu klagen, so würde dieses Neuköllner Ereignis überhaupt nicht so sehr in der Öffentlichkeit beachtet worden sein. Dieses Ereignis zeigt aber mit aller Deutlichkeit, wie gefährlich und unverantwortlich die kommunistischen Machenschaften an den Sammelschulen sind. Die Kommunisten sind offizielle Gegner dieser Schulen, sie benutzen jede Gelegenheit, um sie als reaktionär vor den Arbeitermassen zu denunzieren, und sie mißbrauchen in neuerer Zeit diese Schulen zu „revolutionären Exerzitien" ihrer Partei. Es wird höchste Zeit, daß wir Sozialdemokraten mit aller Energie, mit gründlicher Aufklärung, und wenn es nötig tut, in organisierter Abwehr diesem schädlichen kommunistischen Mißbrauch uns entgegenstellen.

Ein Wort noch grundsätzlich zum Schulstreik. Es ist berechtigt, daß Eltern sich dagegen auflehnen, wenn sie gezwungen werden sollen, ihre Kinder in Schulen zu schicken, in denen sie inhaltlich und in Formen unterrichtet werden, die ihnen feindlich sind, wenn Dissidentenkinder religiös beeinflußt werden sollen, wenn Kinder brutal und ungerecht behandelt werden, wenn Kinder gesundheitlich geschädigt werden. Es ist menschlich verständlich, wenn Eltern, nachdem sie sich vergeblich bemüht haben, schwere Mißstände zu beseitigen, sich organisieren und durch Fernhaltung ihrer Kinder von der Schule ihren ernsten Willen kundgeben, Unrecht und Schädigung nicht mehr zu dulden. Aber selbst in solchen Fällen sind Schulstreiks meistens ohne jeden Erfolg verlaufen. Der Streik hat gesellschaftlich eine ganz andere Bedeutung. Er ist eine starke Waffe der organisierten Arbeiterschaft in Zeiten, in denen die Arbeitskraft auf dem Arbeitsmarkt gebraucht wird, um wirtschaftlich und sozialpolitisch Erfolge zu erzwingen. Doch er ist kein Allheilmittel. Schulstreiks sind zu vergleichen mit den Hungerstreiks von Gefangenen, aber dieser Vergleich zeigt auch die ganze Problematik von Schulstreiks. Steht hinter dem Schulstreik eine weltanschaulich einheitliche Elternschaft, und handelt es sich um ein ganz konkretes und von der Elternschaft in einheitlicher Erregung erlebtes Unrecht, dann kann ein solcher Schulstreik schon gewaltige Opferwilligkeit auslösen und schließlich auch einen Erfolg erzielen. Aber solche Schulstreiks sind Ausnahmen bitterster Not. Ganz anders aber sind Schulstreiks wie der Neuköllner zu beurteilen. Hier handelt es sich im günstigsten Fall um einen Präventivstreik, um einen Streik zur Verhinderung von Maßnahmen, die nur vorgeschlagen, noch nicht einmal beschlossen, geschweige denn durchgeführt worden sind. Es handelt sich ferner um einen Mißbrauch der Schule für kommunistische Parteizwecke, der noch um so verurteilenswerter ist, als sogar schon die ABC-Schützen für diesen Zweck mißbraucht werden sollen. Wenn ein kleiner zehnjähriger Jungspartakus-Mann seine Tiraden gegen den Verrat der SPD, gegen die Young-Versklavung hält und im Zusammenhang damit streikt, weil man ihm angeblich „seinen Lehrer klauen will", so ist das nicht nur lächerlich, sondern eine dogmatische Verdummung dieses Kindes, die an pädagogischer Verwerflichkeit sicher nicht nachsteht den ältesten klerikalen und monarchistischen Methoden. Wenn Sparmaßnahmen im Schulwesen unsere Billigung nicht finden können, so haben wir, die Erwachsenen, den Kampf dagegen zu führen, nicht aber unsere Kinder. Wir Kinderfreunde wollen gewiß, daß Arbeiterkinder die Arbeiterbewegung und den Sozialismus liebgewinnen sollen, wir wollen aber nicht, daß sie die Kämpfe zu führen haben, die *unsere* Aufgabe sind und für die sie weder geistig noch nach ihrer wirtschaftlichen oder physischen Kraft geeignet sind. Wir wollen, daß unsere Kinder zur Einsicht, Tatkraft und Solidarität aus *ihrem* Leben und aus *ihren* Aufgaben heraus wachsen sollen. Jeder Mißbrauch dieser Kräfte ist Barbarei und erzieht nicht zur Verantwortung. Jedes Nachschwätzen von Phrasen der Erwachsenen ist geschmacklos und erzieht zur Reaktion. Schulstreiks sind daher kein allgemeines politisches Mittel, sie können niemals als ein Normalmittel des schulpolitischen Klassenkampfes gebraucht werden, sondern sie bleiben als letzte Notwehr, wenn „der Bedrückte nirgends Recht kann finden".

Aus: *Sozialistische Erziehung. Organ der Reichsarbeitsgemeinschaft der Kinderfreunde u. der Arbeitsgemeinschaft sozialdemokratischer Lehrer nd Lehrerinnen Deutschlands,* Heft 5 (Mai 1930), 35-37

Ursula Bach

Die Evangelische Stadtkirchengemeinde Neukölln und die Schulreform

„Für oder gegen die Religion an der Schule"

Die Streitfrage über die Religion an der Schule ließ in der Weimarer Zeit die Wellen der Erregung hochschlagen. Zwei Parteien standen sich gerade auch in Neukölln unerbittlich gegenüber: Auf der einen Seite forderten die sozialistischen Parteien die allgemeine Einführung der weltlichen Schule – einer Schule ohne Religionsunterricht –, auf der anderen Seite war für die Kirchen die Religion ein fester, aus dem öffentlichen und schulischen Leben nicht herauszulösender Bestandteil.[1] Dr. Kurt Löwenstein, der spätere Stadtschulrat von Neukölln, beschrieb 1919 den Konflikt als „einen politisch unversöhnlichen Gegensatz ..., den kein Liberalismus und keine Reformbewegung auszugleichen imstande ist" (LÖWENSTEIN [1919] 1976, S. 69).

Einen deutlichen Vorgeschmack auf die kommenden Auseinandersetzungen und auf die „Redeschlachten in Elternversammlungen" (FOERTSCH, S. 28) in den Jahren 1920-22 gab eine groß angelegte kirchliche Gemeindeversammlung in der Neuköllner Genezarethkirche am 30. November 1919. Der Reichstagsabgeordnete Dr. Mumm (DNVP), ein bekannter Verfechter der evangelischen Schule, sprach zum Thema „Kirche und Schule in der Reichsverfassung". In der überfüllten Kirche hatten sich auch zahlreiche Kirchengegner versammelt, um ihrer Position Ausdruck zu verleihen. Das *Kirchliche Gemeindeblatt für Neukölln* berichtet über die Versammlung: „Sehr bald, nachdem der Redner begonnen hatte, zeigte sich, zu welchem Zweck die Masse der Kirchengegner angerückt war, nämlich um zu lärmen und zu stören. Absichtliches Husten, unnütze Erregung erzeugende Zwischenrufe, Schimpfworte und Beleidigungen, Lachen, Pfeifen durchhallte den Raum, gerade als ob man sich nicht in einem Gotteshause, sondern bei einer Kirchenaustrittsbewegung in Kliems Festsälen befände" (14.12.19).

Das Gewicht dieses Themas und die Schärfe, mit der der Kampf geführt wurde, scheint uns heute zunächst befremdlich und unverständlich. Was waren die Hintergründe?

Schulpolitische Zusammenhänge

Mit dem Zusammenbruch der Monarchie entfiel das Fundament der in der Reformation angelegten engen Verbindung von Staat und Kirche, der „Ehe von Thron und Altar". Die alte Bindung an die Monarchie bestimmte aber weiterhin den politisch-sozialen Standort der evangelischen Kirche: Sie blieb national eingestellt und hielt Treue zur vergangenen Monarchie. Gegenüber der neuen Demokratie hielt sie Distanz (SCHOLDER 1986, S. 31 u. 21ff.). Der Standpunkt der sozialistischen Parteien „Religion ist Privatsache" richtete sich nicht gegen die Religion selbst, sondern gegen den politischen Einfluß der

— 93 —

64. Kaiser Wilhelm und seine Gemahlin.

Unser Kaiser heißt Wilhelm. Er wohnt in Berlin. Er sorgt für alle seine Untertanen wie ein Vater für seine Kinder. Wir alle lieben unsern Kaiser. Seinen Geburtstag feiern wir im Januar. Dann beten wir für den Kaiser und hören aufmerksam auf das, was uns von ihm erzählt wird. Zum Schluß singen wir:
„Hurra! Heut' ist ein froher Tag, des Kaisers Wiegenfest! Wir freuen uns und wünschen ihm von Gott das Allerbest'! Wir singen froh und rufen laut: Der Kaiser lebe hoch! Der liebe Gott erhalte ihn recht viele Jahre noch!"
Unsere Kaiserin heißt Auguste Viktoria. Sie ist die Landesmutter. Sie hat ihren Geburtstag im Oktober. Gott hat dem Kaiserpaare sechs Söhne und eine Tochter geschenkt. Der älteste Sohn des Kaisers heißt Friedrich Wilhelm. Er ist unser Kronprinz und wird, so Gott will, später einmal Kaiser werden. Sein Geburtstag ist im Monat Mai. Die Tochter des Kaisers ist die Prinzessin Viktoria Luise.

Noch 1919 wurde im Unterricht *Meine Fibel. Schreib- und Lesefibel für mehrklassige evangelische Schulen* von F. Kurt (1916) gelesen, z.B. in der Mädchen-Mittelschule in der Donaustraße — *Ev. Nikodemus-Gemeinde Neukölln*

Kirche auf Staat und Schule. Beide Bereiche sollten von der Kirche getrennt werden.

Die kirchliche Machtstellung im Schulwesen äußerte sich 1918 immer noch in der geistlichen Schulaufsicht und in dem konfessionellen Charakter der preußischen Gemeindeschule (Volksschule), die streng nach evangelischem oder katholischem Bekenntnis ausgerichtet war. Die Sozialisten, die die Amtskirche in ihrer politischen Funktion als Stütze der alten Gesellschaftsordnung sahen, strebten die Ausschaltung kirchlichen Einflusses in der Schule an. Ihre große schulpolitische Forderung war daher die weltliche Schule als Regelschule für alle.

Der erste bedeutende Vorstoß in diese Richtung, der „Religionserlaß" der preußischen Doppelminister für Wissenschaft, Kunst und Volksbildung Adolf Hoffmann (USPD) und Conrad Haenisch (SPD) vom 29. November 1918 hob die Verpflichtung für Schüler und Lehrer auf, am Religionsunterricht teilzunehmen und schaffte den bisherigen religiösen Rahmen des Schullebens, wie das Morgengebet oder religiöse Schulfeiern ab. Der Erlaß wurde von der christlichen Öffentlichkeit als „Blitzschlag" erlebt und löste einen Proteststurm aus, so daß er Ende Dezember von Haenisch wieder zurückgenommen wurde. Im Zusammenhang mit den beiden anderen Erlassen Adolf Hoffmanns zur Trennung von Staat und Kirche rief der „Religionserlaß" bei den Kirchen eine tiefe Verunsicherung hervor. Mit der Abschaffung des christlichen Charakters der Schule sahen sie die deutsche Kultur und Sittlichkeit bedroht. Nicht zuletzt fürchteten die Kirchen um ihre bis dahin weitreichende Einflußsphäre.

Die schulpolitischen Rahmenbedingungen wurden in den Schulartikeln der Weimarer Verfassung festgelegt. Sie fielen für die Kirche günstiger aus als erwartet: Das Ziel der SPD, die Schule zu säkularisieren, ließ sich durch ihre Koalition mit dem katholischen Zentrum nicht erreichen. Der Religionsunterricht blieb ordentliches Lehrfach (Art.149). Der Weimarer Schulkompromiß ließ nur die Möglichkeit offen, neben Simultan- und Bekenntnisschulen auch weltliche Schulen auf Antrag der Erziehungsberechtigten einzurichten (Art.146). In der Realität war aber die weltliche Schule benachteiligt, weil ihre Einrichtung von einem noch zu schaffenden Reichsschulgesetz abhängig war (Art.174), das nie zustande kam. Immerhin wurde im Juli 1919 die geistliche Schulaufsicht aufgehoben.

Offen blieb aber die Ausgestaltung des künftigen Reichsschulgesetzes und die Frage nach der provisorischen Einrichtung weltlicher Schulen. Zwischen der Hoffnung der Sozialisten, wenigstens einige weltlichen Schulen „als Musterschulen für die Zukunft" (WITTWER, S.74) durchzusetzen und der Furcht der kirchlichen Seite, den Fortbestand der Konfessionsschulen nicht gesetzlich absichern zu können, spielten sich die schulpolitischen Kämpfe der folgenden Jahre auch in Neukölln ab.[2]

„Neukölln in der Welt voran" – Die Ausgangslage Anfang der zwanziger Jahre

Etwa 80% der Neuköllner Bevölkerung war evangelisch. Von daher spielten die Ev. Stadtkirchengemeinde Neukölln[3] und die ihr nahestehenden Elterngruppen eine wichtige Rolle im Schulkonflikt.

In der Aufbruchstimmung nach der Revolution entbrannte gerade in Neukölln wegen der Stärke der hiesigen Arbeiterbewegung der Streit um die Schulfrage besonders heftig. Der geschäftsführende Pfarrer der Ev. Stadtkirchengemeinde Neukölln, Heinrich Kriele, beschrieb die Situation seiner Gemeinde im sozialistischen Umfeld in einem Brief vom 11. November 1920 an den Ev. Oberkirchenrat:

„Die Kirchengemeinde Neukölln steht, wie dem Evangelischen Oberkirchenrat bekannt ist, in sehr schwerem Kampfe. Im Neuköllner Stadtparlament hat die Sozialdemokratie die Mehrheit. Das Komitee ‚Konfessionslos' hat in Neukölln seinen Hauptsitz, es arbeitet mit der Parteileitung der U.S.P.D. Hand in Hand. Es werden keine Kosten und Mittel gescheut, um gegen die Kirche zu hetzen und zu schüren, um die Austrittsbewegung im Fluß zu erhalten. Wir wehren uns so gut wir können. Wir kämpfen den guten Kampf des Glaubens gegen den Unglauben. Der gegnerischen Arbeit ist aber ein Erfolg nicht abzusprechen ... Alle der Kirche feindlichen Maßnahmen werden zuerst in Neukölln probiert ... Auch in der Errichtung der weltlichen Schulen geht Neukölln voran, sodaß sich hier das spöttische Wort gebildet hat ‚Neukölln in der Welt voran'" (EZA 7 / 11742).

Tatsächlich hatten die sozialistischen Parteien im Arbeiterbezirk Neukölln den notwendigen Rückhalt, wenigstens einen Teil ihres Schulprogramms modellhaft umzusetzen. Es gelang ihnen, 1921 Dr. Kurt Löwenstein, einen der profiliertesten Schulreformer, als Schulstadtrat nach Neukölln zu holen. Er ebnete hier den Weg für die Erprobung des sozialistischen Schulprogramms.

Wegen seines besonders hohen Anteils an Konfessionslosen hatte Neukölln einen relativ großen Bedarf an weltlichen Schulen. Hier erreichte die Austrittsbewegung im Herbst 1919 eine derart „steigende Heftigkeit", daß die Zahl der Dissidenten (Konfessionslose) in Neukölln mit 23 000 die der Katholiken überstieg und die Protagonisten der Austrittsbewegung mit einem weiteren rasanten Anstieg der Austritte in Neukölln bis zu 50 % der Bevölkerung rechneten. Zur gleichen Zeit wurde der Kirchenaustritt als sicherstes Mittel zur Durchsetzung der weltlichen Schule an Neuköllner Anschlagsäulen propagiert (EZA 7 / 3997).

Die kirchenfeindliche Stimmung in Neukölln kommt in folgenden Plakataufrufen, die 1919/20 zu Tausenden an den Mauern und Anschlagsäulen Neuköllns klebten, deutlich zum Ausdruck: „Wer ist die Reaktion? – Die Kirche. Wer sind die Feinde des Volkes? – Die Geistlichen. Auf! Stürzt den letzten Götzen! Tretet aus der Kirche aus!" (EZA 7 / 11742, Brief v. 18.3.20, GKR an EOK). Durch diese lautstarken Forderungen sah sich die Ev. Stadtkirchengemeinde Neukölln in die Defensive gedrängt und in ihrer Existenz gefährdet.

Die Austrittsbewegung von 1919 / 20 ließ bereits 1921 wieder nach. Wenn auch Neukölln 1925 mit einem Anteil der Konfessionslosen von 13,4 % an der Spitze Berlins lag (RICHTER, S. 102), so hatten sich die Wunschvorstellungen der Konfessionslosen bei weitem nicht erfüllt. Und doch prägte die angeheizte Stimmung und das Gefühl des Bedrohtseins der Neuköllner Kirchengemeinde den Schulkonflikt in Neukölln.

Die konträren Positionen der „Christlich-Unpolitischen" und der „Weltlichen"

Bei den ersten Elternbeiratswahlen 1920 traten die *Christlich-unpolitische Liste* und die Anhänger der weltlichen Schule zum ersten Mal gegeneinander an. Im Vordergrund stand die Auseinandersetzung um die Religion an der Schule. Im Hintergrund ging es aber um die politische Ausrichtung der Schule und um entgegengesetzte pädagogische Zielsetzungen und weltanschauliche Positionen.

Die „Christlich-Unpolitischen" strebten die Erhaltung des christlichen Charakters der Schule an.[4] Über den Religionsunterricht hinaus sollten „alle Unterrichtsfächer vom christlichen Geist durchweht" (MArch., H1b, Bd. 1) sein. Die „Weltlichen" forderten dagegen die Reinigung der Schule von den kirchlichen und den damit verbundenen konservativ-politischen Einflüssen.

Die Parole „unpolitisch und christlich" wurde in Neukölln anläßlich der ersten Elternbeiratswahlen geprägt. Kurz darauf wurde sie als *christlich-unpolitisch* zur allgemeinen Bezeichnung der evangelischen gegen die Schulreform gerichteten Gruppierungen. Es war bezeichnend für die herrschenden kirchlichen Kräfte, sich selbst und auch die Konfessionsschule für „unpolitisch" zu halten. Denn aus ihrer Sicht ging es ja nur um die Religion. Die Christlich-unpolitische Liste war zwar nicht wie die linken Listen bei den Elternbeiratswahlen parteipolitisch gebunden, aber mit ihrer Nähe zu den Deutschnationalen und ihrer Bindung an konservative, monarchistische Kräfte bezog sie doch – entgegen ihrer eigenen Behauptung – politisch Stellung. Auf den Einwand der Christlich-Unpolitischen, „Politik hat in der Schule nichts zu suchen!" erwiderten die „Weltlichen", daß die Konfessionsschule selbst konservativ-politisch ausgerichtet sei und die

Flugblatt der Christlich-unpolitischen Liste
zu den Elternbeiratswahlen 1932 —
Ev. Magdalenengemeinde

Aufruf der Liste Schulaufbau zu den Elternbeiratswahlen
am 26. Juni 1932 (Zeitungsausschnitt) —
Arbeitsstelle Schulgesch. Berlins, FU Berlin

Kirchen politische Anschauungen in den Religionsunterricht hineingetragen hätten. Kurt Löwenstein schrieb 1932, es wäre gerechter, die Christlich-unpolitische Liste „unchristliche-politische" zu nennen (*Der Freidenker*, Nr. 11 v. 1.6.32).

Daß die Kirche für die Erhaltung der Religion an der Schule kämpfte, entspricht ihrem Streben nach Machterhaltung. Darüber hinaus lehnten die Christlich-Unpolitischen auch die Reformpädagogik ab, die seit der Weimarer Zeit das schulpolitische Programm der SPD ergänzte. Zu „sittlich starken, edlen und tüchtigen Menschen" wollten die Christlich-Unpolitischen ihre Kinder erziehen, was nur durch die Religion erreicht werden könne. Mit Werten wie Pünktlichkeit, Ordnung, Gehorsam, Pflichterfüllung und Unterordnung unter den Lehrer (MArch., H1b, Bd. 1) wurzelte ihre Erziehung in der althergebrachten Pädagogik. Die Ev. Elternbünde richteten sich sogar gegen die Abschaffung der Prügelstrafe in der Schule, wie es die Sozialisten forderten. Sie wollten das „Züchtigungsrecht" als „letztes Mittel" erhalten wissen (FOERTSCH, S. 51f.). Die Kinder sollten in Anpassung an die bestehende Gesellschaft erzogen werden.

Die sozialistischen und reformpädagogischen Erziehungsziele waren die „Befreiung des Kindes zur Selbstverwirklichung seiner Fähigkeiten" und die „ganzheitliche Ausbildung der Persönlichkeit" (WITTWER, S. 66). Es ging also um das Kind selbst, oder darüber hinaus, wie Löwenstein forderte, um die Befähigung der Kinder, die zukünftige Gesellschaft zu gestalten. Löwenstein ging davon aus, daß sich die Sittlichkeit naturgemäß auch ohne Religion entwickeln würde.

Nur einige wenige Kräfte in der evangelischen Kirche waren bereit, sich mit den Vorwürfen der sozialistischen Parteien gegenüber der Kirche und mit der Schulreform auseinanderzusetzen. Zum Beispiel traten Neuköllner „Religiöse Sozialisten" für die weltliche Schule und die Schulreform ein (*KGN* v. 31.7.21).

Die Elternbeiratswahlen vom 25. Januar 1920

Die Elternbeiratswahlen boten der Ev. Stadtkirchengemeinde Neukölln eine neue Möglichkeit, sich aktiv für die Erhaltung des konfessionellen Charakters der Schule einzusetzen. Von dem Elternbeiratserlaß des preußischen Kultusministeriums vom 5. November 1919 erhofften sich die sozialistischen Parteien neben der Demokratisierung der Schule auch die Aktivierung ihrer Anhängerschaft für die Schulreform. Der Ev. Oberkirchenrat befürchtete dagegen, daß die Elternbeiräte eine Hintertür für die Einrichtung weltlicher Schulen sein sollten. Die aktive Beteiligung der Kirchengemeinden an den Elternbeiratswahlen ging auf seine Initiative zurück. Denn er wies die Gemeinden auf die „Bedeutsamkeit" des Erlasses für die „Wahrnehmung der kirchlichen Interessen" hin (EZA 7/4469).

Die Initiative, eine Liste für die Erhaltung der christlichen Schule aufzustellen, ging in Neukölln von der Pfarrerschaft aus. Da die Geistlichen aufgrund der Neuköllner Situation die Sprengung größerer Wahlversammlungen durch die „Gegner" befürchteten, beschlossen sie auf ihrer Sitzung am 16. Dezember 1919, von einem lautstarken Wahlkampf abzusehen und „in möglichster Stille die Arbeit zu tun" (MArch., H1b, Bd. 1, Bericht Pfarrer Kriele). Jeder Geistliche übernahm zwei bis drei der 40 Neuköllner Schulen, deren Konfirmanden ihm zugeteilt waren, um dort Kandidaten und Wähler für die christliche Liste anzuwerben. Auf welche Schwierigkeiten die Pfarrer, die wenig Kontakt zur Neuköllner Bevölkerung und zu den Eltern „ihrer" Schulen besaßen, dabei stießen, geht aus dem Bericht des Pfarrers Würzburg im Genezarethbezirk hervor:

„In der Eile suchte ich also, Beziehung zu den Eltern der Konfirmanden zu gewinnen ... Dabei [bei Hausbesuchen] konnte ich die Beob-

Flugblatt der Christlich-unpolitischen Liste zu den Elternbeiratswahlen 1932 —
Ev. Magdalenengemeinde

achtung machen, daß sich alle Eltern ..., wenn auch ... die erste Begrüßung etwas kühl und abwartend war, gern und freudig zu einem Zusammenarbeiten bereit finden ließen. Ein Vater z.B. erklärte mir, daß er sich freue über meinen Besuch, denn es wäre das erste Mal, daß während seines 12jährigen Wohnens in Neukölln ‚ein Pastor über seine Schwelle gekommen' wäre, was ihm immer befremdlich gewesen sei ... Auffällig war auch die völlige Unkenntnis kirchlicher Dinge in den Familien" (MArch., H1b, Bd. 1).

Konfirmanden und andere Helfer wurden eingesetzt, um Flugblätter mit den Parolen „Unsere Kinder brauchen Religion!" und „Politik hat in der Schule nichts zu suchen!" zu verteilen. In den letzten Tagen vor der Wahl wurden große Wahlaufrufe in den Neuköllner Zeitungen abgedruckt:

Flugblatt der Liste Schulaufbau zu den Elternbeiratswahlen am 26. Juni, 1932 —
Arbeitsstelle Schulgesch. Berlins, FU Berlin

„Eltern! Gebt acht! Man will Eure Kinder berauben! Man will ihnen die christliche Religion aus der Schule nehmen! Schützt Eure Kinder! ... wählt die unpolitische, christliche Liste!" (MArch., H1b, Bd. 1).

Der intensive Wahlkampf zeigte Erfolg: Die Christlich-unpolitische Liste erreichte ähnlich wie in Berlin etwa 50% der Stimmen (*KGN* v. 1.2.20). Das Wahlergebnis fiel gemessen an den politischen Wahlen, wo die Linksparteien eine Zwei-Drittel-Mehrheit erreicht hatten, für die Ev. Stadtkirchengemeinde Neukölln äußerst günstig aus: Ihr war es durch den massiven Einsatz der Geistlichen gelungen, auch Nicht-Kirchgänger zu mobilisieren. So hatten die Elternbeiratswahlen für die Neuköllner Kirchengemeinde einen positiven Nebeneffekt: „Die große Masse des Kirchenvolkes ist wieder einmal auf die Kirche aufmerksam geworden. Die sozialistische Regierung hat das Gegenteil ihres Zweckes erreicht" (MArch., B2, Bd. 1, Parochialbericht über das Jahr 1919).

Nach den Elternbeiratswahlen bildeten sich an den meisten Neuköllner Schulen „Evangelische Elternbünde" als Sammelbecken für die Christlich-unpolitische Liste.

Die Vorbereitungen für die weltlichen Schulen in Neukölln

Im Gegensatz zu den Berliner Innenstadtbezirken, wo der Schulkonflikt 1927/28 seinen Höhepunkt erreichte, fand in Neukölln schon 1920-22 die Hauptphase der Auseinandersetzungen statt. Denn hier wurden bereits 1920 die ersten weltlichen Schulen eingerichtet, was in der Neuköllner Kirchengemeinde den mit Abstand größten Protest im Vergleich zu den späteren Schulreformmaßnahmen hervorrief.

Durch die Verzögerung des Reichsschulgesetzes, die 1920 zum ersten Mal deutlich wurde, war die Einrichtung weltlicher Schulen auf verfassungsmäßigem Wege blockiert. So kam es 1920 zu den frühesten Versuchen, wenigstens einige weltliche Schulen im Vorgriff auf eine gesetzliche Regelung durchzusetzen, so auch in Neukölln. Mit dem Doppelbeschluß der Neuköllner Stadtverordnetenversammlung vom 11. Juni 1920 begannen die Linksparteien, den Weg für weltliche Schulen in Neukölln freizumachen. Die Versammlung beschloß auf Antrag der SPD, ab Oktober für alle vom Religionsunterricht abgemeldeten Kinder gesonderte weltliche Schulen einzurichten. Darüber hinaus schloß sie sich dem weiterreichenden Antrag der USPD an, grundsätzlich alle Neuköllner Schulen in weltliche Schulen zu verwandeln. Die Ev. Stadtkirchengemeinde Neukölln reagierte aufgeschreckt auf diesen Angriff auf die Neuköllner Konfessionsschule.

Angesichts der Verzögerung des Reichsschulgesetzes riefen die Sozialisten die Eltern zur Abmeldung ihrer Kinder vom Religionsunterricht auf, um auf diese Weise möglichst viele weltliche Schulen einrichten zu können. In Neukölln war der Auftakt dazu eine große Volksversammlung in der Neuen Welt am 31. August 1920, auf der Dr. Kurt Löwenstein zum Thema „Weltliche und konfessionelle Schule" sprach. In seiner Rede zeigte er Achtung vor der Religion und rechnete in der Euphorie der damaligen Aufbruchstimmung damit, daß das Proletariat die weltliche Schule als Regelschule erkämpfen werde.

Am 5. September rief die USPD mit einer Demonstration, an der sich auch viele Kinder beteiligten, zur Abmeldung vom Religionsunterricht auf. In einem Bericht des *Kirchlichen Gemeindeblattes für Neukölln* hieß es über diese Demonstration: „Ein kleiner Junge trug dem Kinderzuge ein großes Plakat voran mit der Aufschrift: ‚Fort mit den Lügen der Religion!'" (19. 9. 20). Diese Art der „Kinderdemonstration" wurde zuerst in Neukölln durchgeführt. Die kirchliche Seite erregte sich sehr darüber, daß Kinder hier politisch mißbraucht worden seien. Dabei hatte die Neuköllner Kirchengemeinde selbst Konfirmanden zur Vorbereitung der Elternbeiratswahlen 1920 herangezogen.

Die ersten weltlichen Schulen in Neukölln

Tatsächlich wurden zum 12. Oktober 1920 – auf den Beschluß des Magistrates hin – für die 3 400 vom Religionsunterricht abgemeldeten Kinder (*Neuköllner Tageblatt* v. 15. 10. 20) sechs evangelische Schulen in weltliche Schulen umgewandelt: die 5./6. Gemeindeschule am Mariendorfer Weg, die 15./16. in der Lessingstraße und die 31./32. in der Rütlistraße. An diesen Schulen wurden die vier Religionsstunden in der Woche durch andere Fächer ersetzt. Es waren die ersten weltlichen Schulen im Berliner Raum bis auf die schon seit Mai 1920 bestehende weltliche Schule in Adlershof (Treptow).

Die Errichtung der sechs weltlichen Schulen löste in den evangelischen Kreisen Neuköllns Aufregung und mannigfaltigen Protest – von Protestschreiben bis hin zu Protestversammlungen – aus, den die Lokalpresse und das Kirchliche Gemeindeblatt für Neukölln deutlich widerspiegelten. Da das Reichsschulgesetz noch nicht zustande gekommen war, konnte der preußische Kultusminister Haenisch die Einrichtung einzelner weltlicher Schulen nur über einen Umweg ermöglichen. Durch einen Erlaß gestattete er im Herbst 1920 die Sammlung der vom Religionsunterricht befreiten Kinder in sogenannten „katholischen bzw. evangelischen Schulen ohne Religionsunterricht". An dieser schwachen rechtlichen Absicherung der weltlichen

Schulen setzte die Hauptkritik der evangelischen Kreise Neuköllns an. Sie hielten die Einrichtung weltlicher Schulen für „ungesetzmäßig" und „verfassungswidrig". Sie kritisierten die Bezeichnung „Ev. Schulen ohne Religionsunterricht" als eine „Irreführung der evangelischen Eltern" (Protesterklärung des GKR, *KGN* v. 10.10.20 und *Neuköllner Tageblatt* v. 6.10.20). Auch der Ev. Gesamtelternbund Groß-Berlin schloß sich dem Protest an.

Die schärfste Waffe der Ev. Stadtkirchengemeinde Neukölln war die Erklärung der Pfarrer vom 11. Oktober 1920: Kinder, die die weltliche Schule besuchten, wurden nicht mehr zum Konfirmandenunterricht und somit auch nicht mehr zur Konfirmation zugelassen (MArch., H1, Bd. 1). Damit war die weltliche Schule nicht mehr als Musterschule für alle offen, sondern wurde endgültig zur Weltanschauungsschule der Konfessionslosen. Trotzdem stieg die Zahl der Kinder, die die weltliche Schule besuchten, zunächst weiter an: am 1. April 1921 waren es 6228. Das waren etwa 17% aller Neuköllner Volksschüler, bzw. etwa 14,5% der Gesamtzahl aller Neuköllner Schüler (MArch., H2). Ostern und im Herbst 1921 kamen jedoch nicht genügend Schüler zusammen, um weitere weltliche Schulen zu eröffnen.

Erklärung der Pfarrer der Ev. Stadtkirchengemeinde Neukölln im *Kirchlichen Gemeindeblatt zu Neukölln* v. 17.10.1920

Die Wahl Löwensteins zum Stadtschulrat von Neukölln

Dr. Kurt Löwenstein war am 23. September 1920 von der Berliner Stadtverordnetenversammlung zum Stadtschulrat von Groß-Berlin gewählt worden. Jedoch wurde die Wahl vom Oberpräsidenten der Provinz Brandenburg nicht bestätigt aufgrund der Proteste der Rechtsparteien und der Ev. Elternbünde, die ihn als „Sozialisten, Dissidenten und Juden" (RICHTER 1981, S. 110) ablehnten. Angesichts dieser Erfahrungen mußten die Neuköllner Linksparteien einen Umweg beschreiten, als sie Löwenstein im Februar 1921 als Stadtschulrat nach Neukölln holen wollten: Sie wählten ihn am 14. Februar 1921 nicht direkt zum Stadtschulrat, sondern zunächst nur als politischen Stadtrat ohne Ressort, um ihm später das Schuldezernat zu übertragen. Damit sollte eine erneute Nichtbestätigung durch den Oberpräsidenten ausgeschlossen werden (*Neuköllner Tageblatt* v. 5.2., 8.2. u. 16.2.21). Diese Vorgehensweise hatte Erfolg: von 1921 bis 1933 war Löwenstein Stadtschulrat von Neukölln.

Die Wahl Löwensteins wurde von vielen christlichen Eltern „als Schlag in Gesicht" (*Neuköllnische Zeitung* v. 19.2.21) empfunden. Die Gegner Löwensteins konnten sich trotz ihrer zahlreichen Proteste nicht durchsetzen: Gleich am 14. Februar versuchte der Vorstand der christlich-unpolitischen Elternbeiratsmitglieder Neuköllns, eine berlinweite Protestaktion zu organisieren. Die Deutsche Demokratische Partei, der Lehrerverein Neuköllns, Ev. Elternbünde und die Vereinigten Elternbeiräte der höheren Schulen Neuköllns und nicht zuletzt der Gemeindekirchenrat der Ev. Stadtkirchengemeinde Neukölln übermittelten dem Oberpräsidenten Protestschreiben mit der Bitte, die Wahl Löwensteins nicht zu bestätigen. Aus dem Protestschreiben des Gemeindekirchenrates vom 9. März

1921 geht die aggressive Stimmung gegen Löwenstein hervor:

„Ein Mann mit der ausgeprägten Eigenart des betreffenden Herrn mit dieser ausgesprochenen Feindschaft gegenüber der konfessionellen Schule, ein Dissident als Schulrat über die vielen evangelischen Schulen in Neukölln erscheint uns so unerträglich, daß wir als Gemeindekirchenrat der Ev. Stadtkirchengemeinde Neukölln unsere schwersten Bedenken gegen die Übertragung des Schulratspostens an Herrn Dr. Löwenstein zum Ausdruck bringen müssen ... und bitten uns zu helfen, daß nicht Dr. Löwenstein, sondern ein ... christlich gesinnter Mann an die Spitze des Neuköllner Schulwesens gesetzt wird" (MArch., H1, Bd. 1).

Außerdem warf man ihm vor, daß er kein Fachmann sei. Die Tragweite der Ablehnung wird erst auf dem Hintergrund deutlich, wie wichtig den kirchlichen Kreisen die Reinhaltung der konfessionellen Schule vor fremden Einflüssen war. Die Ev. Elternbünde forderten, daß möglichst nur Lehrer der eigenen Konfession an den Schulen unterrichteten. Aus ihrer Sicht war bereits die Ernennung vier jüdischer Lehrerinnen als Konrektorinnen an evangelischen Schulen in Berlin unzumutbar (1923; FOERTSCH, S. 57f.).

Die „Rote Schulwoche" und das große Sommerfest der Ev. Elternbünde im September 1921

Zur Einschulung im Herbst 1921 erreichte die sozialistische Werbung für die weltliche Schule mit der „Roten Schulwoche" in Neukölln noch einmal einen Höhepunkt. Als Reaktion auf die große Elternversammlung und die Demonstration der „Weltlichen" veranstalteten die Ev. Elternbünde Neuköllns am 6. September ein großes Sommerfest in der Neuen Welt. Beide Seiten mobilisierten zu diesen Großveranstaltungen Tausende ihrer Anhänger. Während die sozialistischen Veranstaltungen ausdrücklich politischen und propagandistischen Charakter hatten, veranstalteten die Vereinigten Elternbünde Neuköllns ein geselliges, scheinbar unpolitisches Sommerfest — wie es ihrem Selbstbild entsprach.

Auffallend war die aggressive Tonlage, der sich beide Seiten bedienten. Die immer glei-

Handzettel der Ev. Stadtkirchengemeinde Neukölln anläßlich der Demonstration der USPD für die weltliche Schule am 5.9.1920 —
Ev. Magdalenengemeinde

gleichnamigen Flugblatt der Vereinigten Elternbeiräte der weltlichen Schulen Neuköllns hieß es unter anderem:

„Eltern befreit Eure Kinder vom Religionsunterricht. Die konfessionelle Schule erzieht Eure geliebten Kinder zu demütigen Sklavenseelen, zu verdummten, anspruchslosen Arbeitstieren, zu gottergebenen Untertanen und damit zu geduldigen Schlachtopfern neuer, kapitalistischer Kriege" (MArch., H1, Bd. 1).

Pfarrer Kriele, der Repräsentant der Ev. Stadtkirchengemeinde Neukölln, griff in seiner Rede auf dem Sommerfest der Ev. Elternbünde zu nicht weniger starken Worten:

„Es gibt kein größeres Verbrechen, als Kinder vom Herrn Jesus fern zu halten. Wenn einer dem andern einen Mantel stiehlt, oder ihm an seinem Leibe Schaden zufügt, so verfällt er dem Richter. Wenn aber einer die Seele eines Kindes mordet, dann weiß die Obrigkeit nicht mehr, wozu sie da ist, ja man lacht vielleicht im Stillen dazu. Am Tage des Gerichts werden wohl am meisten diejenigen vor Gott zittern, die Kinderseelen um ihr Bestes, um ihr heiliges Recht, um ihren Sonnenschein gebracht haben. Wie mancher Minister und Stadtschulrat wird dann zusammensinken. Schulen ohne Evangelium gleichen dunklen Kellern, in denen man Beete für Blumen anlegte" (*KGN* v. 18.9.21).

Aufruf der Vereinigten Elternbeiräte der weltlichen Schulen Neuköllns zur „Roten Schulwoche" im September 1921 — *Ev. Magdalenengemeinde*

chen Argumente wiederholen sich, was die eigene Anhängerschaft zusammenhalten und den Gegner abschrecken sollte. Schon das Motto der „Roten Schulwoche", „Lasset die Kindlein zu uns kommen – in die weltliche Schule, Eltern befreit Eure Kinder vom Religionsunterricht!" wirkte auf die christlich orientierten Eltern als Affront. In einem

Nach diesen machtvollen Kundgebungen im September 1921 wurde es etwas ruhiger. Nur jeweils zu den alle zwei Jahre stattfindenden Elternbeiratswahlen wurde das Thema wieder aktuell. Die weitere Einrichtung weltlicher Schulen in Neukölln in den Jahren 1923, 1927 und 1929 fand in der Presse und in der Öffentlichkeit kaum weitere Beachtung. Die Auseinandersetzungen um den Keudellschen

Reichsschulgesetzentwurf und die Kämpfe um die Einrichtung weltlicher Schulen in den Innenstadtbezirken Berlins 1927/28 erregten die Neuköllner Öffentlichkeit mehr als die Vorgänge in Neukölln selbst.

Die Evangelischen Elternbünde Neuköllns

1920-22 bildeten sich in Neukölln an allen Gemeindeschulen und an den meisten höheren Schulen Ev. Elternbünde, die im Juni 1921 zusammen etwa 7600 Mitglieder zählten (MArch., H1b, Bd. 1). Sie traten für die Erhaltung der evangelischen Schule ein und stellten zu den Elternbeiratswahlen aus ihren Reihen Kandidaten für die Christlich-unpolitische Liste auf. Ihr Hauptbetätigungsfeld waren die Elternbeiratswahlen. Darüber hinaus hatte die Geselligkeit einen eigenen Stellenwert: Die Elternbünde organisierten regelmäßige Zusammenkünfte der Eltern in Form von Vortragsabenden, Sommerfesten, Ausflügen und Unterhaltungsabenden. Dieses den Zusammenhalt stärkende und scheinbar unpolitische Klima der Elternbünde erklärt ihre Anziehungskraft und Langlebigkeit.

Formal waren die Ev. Elternbünde selbständig: sie galten weder als kirchliche Vereine noch unterstanden sie in irgendeiner Weise kirchlichen Behörden (FOERTSCH, S. 23). Trotzdem bestanden sehr enge Beziehungen zwischen den Neuköllner Elternbünden und der Ev. Stadtkirchengemeinde Neukölln: der Gemeindekirchenrat finanzierte regelmäßig das Propagandamaterial für die Elternbeiratswahlen, und die Geistlichen hatten wichtige Vorstandsposten inne. Ähnlich wie in Berlin, wo der Zusammenschluß der Ev. Elternbünde und -beiräte zu dem Ev. Gesamtelternbund Groß-Berlin mit Hilfe der Unterrichtskommission des Ev. Konsistoriums „von oben" organisiert wurde, ergriff in Neukölln Pfarrer Kriele die Initiative, die verschiedenen Ev. Elternbünde und -beiräte zusammenzuschließen und zu koordinieren.

Das schlagendste Beispiel für die Abhängigkeit der Ev. Elternbünde von der Ev. Stadtkirchengemeinde Neukölln war die Anstellung des Tischlers Otto Grundmann, dem Vorsitzenden der Ev. Elternbünde Neuköllns, im Oktober 1921 als Sekretär für die Elternbundsarbeit. Die Stelle wurde zum einen vom Gemeindekirchenrat und zum anderen aus landeskirchlichen Mitteln finanziert. Offiziell wurde Grundmann aber vom Hauptvorstand der Ev. Elternbünde Neuköllns angestellt. Denn der Gemeindekirchenrat ging davon aus, „daß für Grundmann so ein erfolgreicheres Arbeiten in der Öffentlichkeit möglich ist" (MArch., H1b, Bd. 1, Brief Pfarrer Kriele v. 10.3.22). Nach außen hin sollten die Ev. Elternbünde von der Neuköllner Kirchengemeinde unabhängig erscheinen. Der außergewöhnliche finanzielle Einsatz der oberen Kirchenbehörden für diese Stelle zeigt, daß sie dem Schulkonflikt in Neukölln ein besonderes Gewicht zumaßen.

1921/22 erreichte die Bewegung der Ev. Elternbünde und -beiräte Neuköllns unter der Führung Grundmanns ihre Blütezeit: Am 31. Januar 1922 schlossen sich die Vereinigung der Ev. Elternbeiräte und der Ev. Elternbünde zum „Ev. Elternbund Neukölln" zusammen, der Ende März 1922 16000 Mitglieder zählte (MArch., H1b, Bd. 1). Der Neuköllner Gesamtelternbund war dem Ev. Gesamtelternbund Groß-Berlin nicht angeschlossen, arbeitete aber eng mit ihm zusammen, beispielsweise bei den Vorbereitungen für die Elternbeiratswahlen vom 28. Mai 1922. Als Grundmanns Stelle in Neukölln, bedingt durch die Inflation, nicht weiter finanziert werden konnte, wurde er ab Januar 1923 für einige Monate vom Ev. Gesamtelternbund Groß-Berlin angestellt.

1923 setzte mit dem Tod Pfarrer Krieles

und dem Weggang Grundmanns ein Rückgang der Bewegung der Elternbünde Neuköllns ein. Die Krise der Neuköllner Elternbünde wurde 1927 mit der Abspaltung des „Verbandes der Ev. Elternbünde im Magdalenenbezirk Berlin-Neukölln" vom Ev. Gesamtelternbund Neukölln offensichtlich. Persönliche Differenzen bildeten den Hintergrund des Konflikts. Die Elternbünde des Magdalenenbezirks warfen dem Vorstand des Ev. Gesamtelternbundes Neukölln unter dem Vorsitz des Studienrates Dr. Klemme Versagen vor. Sie fühlten sich im Vorstand unterrepräsentiert und in ihrer „Schlagkraft gehemmt" (MArch., Hlb, Bd. 2).

Gleich nach seiner Gründung entfaltete der Magdalenen-Verband seine Aktivitäten: Er trat mit zwei großen Protestversammlungen am 26. September 1927 und am 31. Januar 1928 im Zusammenhang mit dem Keudellschen Reichsschulgesetzentwurf an die Öffentlichkeit. Einige Elternbünde im Magdalenenbezirk wurden neu gegründet oder wiederbelebt. Ende März 1929 zählte der Verband etwa 1 200 Mitglieder (ebd.). Der Ev. Gesamtelternbund Neukölln und der Verband der Ev. Elternbünde im Magdalenenbezirk bestanden nun nebeneinander her. Nur zu den Elternbeiratswahlen fanden sie sich zu einem minimalen gemeinsamen Vorgehen bereit.

Die Elternbeiratswahlen 1922 bis 1928

Im Gegensatz zu den ersten Elternbeiratswahlen hatten die Wahlen der folgenden Jahre nicht mehr den Charakter einer Entscheidungswahl. Trotzdem wurden die Wahlkämpfe in unvermindert scharfem Ton geführt. Die Propaganda der Christlich-Unpolitischen war zum Teil stark auf die Emotionen der Eltern ausgerichtet und operierte mit der Angst um das Seelenheil der Kinder. Bei den Elternbeiratswahlen, die ab 1922 regelmäßig alle zwei Jahre im Frühling stattfanden, errangen die Christlich-Unpolitischen sowohl in Berlin als auch in Neukölln überwältigende Siege. 1922 erreichte die Christlich-unpolitische Liste gegenüber den „Weltlichen" in Berlin Zweidrittel, 1924 sogar Dreiviertel aller Stimmen. 1926 konnten die weltlichen Listen ihren Anteil wieder etwas verbessern. Über ein Drittel aller Stimmen kamen sie jedoch nicht mehr hinaus (FOERTSCH, S. 39f. u. S. 123). Ähnlich verlief die Entwicklung in Neukölln.

Der Glanz der überwältigenden Wahlsiege der Christlich-unpolitischen Liste wurde auch in Neukölln durch die geringe Wahlbeteiligung von höchstens 40 bis 50% getrübt (*Neuköllner Tageblatt* v. 8.6.26, *KGN* v. 17.6.28). Das heißt, selbst wenn die Christlich-unpolitische Liste 1922 in Neukölln fast 80% der Stimmen erreichte, wählten tatsächlich nur etwa 40% aller Eltern „christlich-unpolitisch", während sich der größte Teil indifferent verhielt. Richard Schröter, der Vorsitzende des sozialistischen „Bundes freier Schulgemeinden" erklärte in seiner Einschätzung der Elternbeiratswahlen 1922 in Berlin die Niederlage der weltlichen Liste mit der „Lauheit" und „Interesselosigkeit" der Arbeiterschaft. Gerade die Arbeiterviertel hätten sich durch besonders niedrige Wahlbeteiligung ausgezeichnet. Im Gegensatz dazu habe der Ev. Gesamtelternbund Groß-Berlin fast restlos mobilisiert (WITTWER, S. 290 und FOERTSCH, S. 44).

Die Elternbeiratswahlen hatten für die Christlich-Unpolitischen einen höheren Stellenwert als für die „Weltlichen", weil sie im Gegensatz zu ihnen kaum andere Mittel zur Durchsetzung ihrer Ziele besaßen. Auch in Neukölln gelang es den Christlich-Unpolitischen, Anhänger über den engen kirchentreuen Kreis hinaus zu mobilisieren. Nur der kleinere Teil der Elternschaft setzte sich für

Flugblatt der Linksparteien zu den Elternbeiratswahlen von 1922 — *Ev. Magdalenengemeinde*

das sozialistische Schulprogramm ein. Das geht aus den Elternbeiratswahlen wie aus der Zahl der die weltlichen Schulen besuchenden Kinder hervor. Neukölln war zwar 1925 mit 13,4 % Konfessionslosen und 1928 mit zehn weltlichen Schulen – einem Viertel der Neuköllner Gemeindeschulen (RICHTER 1981, S. 102) – eine Hochburg der weltlichen Schule, aber die Anhängerschaft der sozialistischen Schulprogramme ging nicht sehr weit über die Elternschaft der weltlichen Schulen hinaus.[5] Die Mehrheit der sozialistischen Eltern verhielt sich dem Schulprogramm der sozialistischen Parteien eher gleichgültig gegenüber, was aber nicht bedeutet, daß sie auf dem Boden der christlichen Kultur standen – wie die Kirche gerne für sich beanspruchte (FOERTSCH, S. 44). Die Probleme der zwanziger Jahre waren gerade auch in Neukölln so vielfältig, daß den Eltern andere Dinge als Elternbeiratswahlen näher lagen.

„Für Männer wie Löwenstein kein Platz im Schulwesen"

Mit der sich verschlechternden Wirtschaftslage geriet Stadtschulrat Löwenstein immer mehr zwischen die Fronten. Die nationalkonservativen, kirchlichen und nazistischen Gruppen bekämpften ihn wegen seiner sozia-

Flugblatt der Liste Schulaufbau zu den Elternbeiratswahlen am 26. Juni 1932 (Rückseite) —
Arbeitsstelle Schulgesch. Berlins, FU Berlin

Väter und Mütter
des werktätigen Volkes!

75 - 80 Prozent Nichtwähler zählte man bei den letzten Elternbeiratswahlen gerade in Arbeitervierteln.

Mehr als 2 200 Sitze wurden bei der letzten Elternbeiratswahl kampflos den Christlich-Unpolitischen überlassen.

Soll das wieder geschehen?

Rafft euch auf! Geht vollzählig zur Elternbeiratswahl, am **Sonntag, dem 26. Juni!** Männer u. Frauen des arbeitenden Volkes!

Kämpft für den „Schulaufbau"

Gegen die „christlich-unpolitische" Gefahr!
Christlich-unpolitisch heißt: Erziehung zum Muckertum, zum Nationalismus, zur Kriegshetze, heißt **Schulreaktion!**

Hinter den „Christlich-Unpolitischen" stehen die Nazis!
Fort mit den arbeiterfeindlichen „Christlich-Unpolitischen!"
Fort aber auch mit den Kommunisten!

Ihr „proletarischer Schulkampf" heißt MIßbrauch eurer Kinder, Ausnutzung der Not der Kinder und der Schule für die parteipolitischen Zwecke der KPD.

Alle denkenden Arbeiter, Angestellten u. Beamten, alle Väter und Mütter, die ihre Kinder lieben,

werben und stimmen für die Liste

Schulaufbau!

listischen Schulpolitik, und die Kommunisten griffen ihn wegen seiner Sparpolitik und seines Reformismus an.

Bei den Elternbeiratswahlen von 1930 und 1932 zeigte sich, daß die Christlich-unpolitische Liste zunehmend ins Fahrwasser völkischer Strömungen geraten war, wie sich aus einigen ihrer Parolen entnehmen läßt: „Gegen die Sturmflut des Bolschewismus!" oder „für die Einheitsfront der deutschen Christen, für deutsches Volkstum und Evangelium!" (MArch., Hlb, Bd. 2). Hier sind noch nicht die *Deutschen Christen* gemeint, aber die für sie typische Verbindung von Volkstum und Christentum klingt hier schon deutlich an.

Obwohl die Neueinrichtung weltlicher Schulen in Berlin seit 1931 zum Stillstand gekommen war, kämpften die Ev. Elternbünde Neuköllns weiter gegen Löwensteins Schulpolitik an. In diesem Punkt wußten sie sich eins mit der gegen „die Gottlosen" und Sozialisten gerichteten Politik der NSDAP. In der Fortsetzung ihrer jahrelangen schulpolitischen Kampfstellung setzten nun weite Kreise der Ev. Elternbünde aber auch der Kirchengemeinden ihre Hoffnung auf die NSDAP, die die Beseitigung der weltlichen Schulen versprach. Gegen Löwenstein fanden sich die beiden Fraktionen der Neuköllner Elternbünde, der Ev. Gesamtelternbund Neukölln und der Verband der Ev. Elternbünde im Magdalenenbezirk zu einheitlichem Handeln bereit: Sie überreichten im Dezember 1932 gemeinsam verschiedenen kirchlichen und staatlichen Stellen eine gegen den Stadtschulrat Löwenstein gerichtete Denkschrift mit der Bitte, ihn bei den anstehenden Neuwahlen für den Neuköllner Stadtschulrat Ostern 1933 nicht mehr zu bestätigen. Denn Löwenstein gefährde die christlichen und nationalen Grundlagen der Erziehung. Er ziehe die weltlichen Schulen den christlichen vor. Er habe immer wieder versucht, den Geist der christlichen Erziehung aus den Neuköllner Schulen zurückzudrängen. Ihm als Dissidenten stehe kein Einfluß auf ein Schulwesen zu, in dem die christlichen Schulen überwiegen würden. Die Elternbünde sahen sich durch die Präsidialregierung des Reichskanzlers von Papen im Aufwind. Auf seine Argumente gestützt begründeten sie ihr Ansinnen:

„Der Herr Reichskanzler von Papen hat in seiner Regierungserklärung darauf hingewiesen, daß Lehrer, die sich nicht auf den Boden von Christentum und Volkstum zu stellen vermögen, keinen Platz in deutschen Schulen haben ... Demnach glauben wir, uns auch mit der jetzigen verantwortlichen Staatsführung eins zu wissen, wenn wir verlangen, daß für Männer wie Stadtrat Dr. Löwenstein kein Platz im Schulwesen vorhanden sein darf"

(EZA 7 / 11743, Denkschr. d. Neuk. Ev. Elternbünde).

Ostern 1933 waren die Forderungen der Ev. Elternbünde Neuköllns in Bezug auf die weltliche Schule und Stadtschulrat Löwenstein – auf andere Weise als erwartet – erfüllt worden: Nach der Machtergreifung begann der NS-Staat, die Schulreformversuche zu zerschlagen. Die Karl-Marx-Schule und die elf weltlichen Schulen in Neukölln wurden aufgelöst und durch Knaben- und Mädchenschulen alten Stils auf der Grundlage „christlicher Erziehung" ersetzt.

Gleich im Februar 1933 wurden die zwei wichtigsten Exponenten der Neuköllner Schulreform durch nationalsozialistischen Terror aus ihrem Amt und aus Deutschland vertrieben: Fritz Karsen und Kurt Löwenstein, beide Sozialdemokraten und Juden. Darauf reagierten die kirchlichen Kreise Neuköllns mit Erleichterung. Die Gemeindegruppe der *Deutschen Christen* im Magdalenenbezirk bejubelte am 21. Februar 1933 begeistert die Nachricht über die Amtsenthebung Karsens. Es „brauste Beifall durch den Saal", die Frage wurde laut, „und wo bleibt Löwenstein?" Der Schreiber dieses Artikels in der deutschchristlichen Zeitung *Evangelium im Dritten Reich* fügte seine persönliche Haltung noch hinzu: „Es war für mich, der ich zehn Jahre und noch heute im Neuköllner Schulkampf stand, eine besondere Freude, diese Kunde bekanntzugeben" (19.3.1933). Nicht nur die Deutschen Christen, sondern auch die Ev. Elternbünde und die Neuköllner Kirchengemeinde sowie konservative Zeitungen wie der *Reichsbote* und die *Kreuzzeitung* begrüßten die Demontage der Schulreform und die Vertreibung Löwensteins und Karsens.

Am 1. September 1933 waren von den elf weltlichen Schulen Neuköllns bereits neun aufgelöst worden. Die evangelischen Kreise Neuköllns erstrebten eine Wiedereinführung des Religionsunterrichts als verpflichtendes Fach. Im Herbst 1933 gingen beim Pfarramt Neukölln Briefe der „neuen" Rektoren der ehemals weltlichen Schulen über den Besuch des Religionsunterrichts ein. Zum Beispiel heißt es über die 32. Gemeindeschule lapidar: „... melde ich hiermit, daß in der 32. Volksschule in Neukölln, Rütlistraße, alle Schüler am Religionsunterricht in der Schule teilnehmen" (MArch., H1, Bd. 1).

Abkürzungen

KGN: Kirchliches Gemeindeblatt für Neukölln
EOK: Evangelischer Oberkirchenrat
Ev. Kons.: Evangelisches Konsistorium
GKR: Gemeindekirchenrat
EZA: Evangelisches Zentralarchiv
MArch.: Archiv der ehemaligen Ev. Stadtkirchengemeinde Neukölln, in den Räumen der Ev. Magdalenengemeinde

Anmerkungen

1 Die Konfrontation zwischen der Ev. Stadtkirchengemeinde Neukölln und den Anhängern der Schulreform erreichte 1920 / 21 mit den Konflikten um die ersten weltlichen Schulen Neuköllns und um Dr. Kurt Löwenstein als Bezirksschulrat ihren Höhepunkt. Von daher konzentriert sich dieser Beitrag auf diese Auseinandersetzungen. Die Reaktionen der Ev. Stadtkirchengemeinde auf die spätere Einrichtung weltlicher Schulen und auf die Umsetzung anderer Schulreformversuche wie die Lebensgemeinschaftsschulen, die Karl-Marx-Schule, die Aufbauklassen und die Abiturientenkurse bleiben dagegen unberücksichtigt. Denn sie waren ungleich schwächer, da die Fronten durch die anfänglichen Auseinandersetzungen bereits abgesteckt waren. Über die allgemeinen schul- und kirchengeschichtlichen Hintergründe liegt dem Beitrag folgende Literatur zugrunde: K. Löwenstein: *Sozialismus und Erziehung. Eine Auswahl aus den Schriften 1919-33.* Neu hrsg. v. F. Brandecker, H. Feidel-Mertz, Berlin / Bonn-Bad Godesberg 1976; daraus auch ders.: „Sozialistische Schul- und Erziehungsfragen." 1919 (1922); W. Richter: *Berliner Schulgeschichte. Von den mittelalterlichen Anfängen bis zum Ende der Weimarer Republik.* Berlin 1981; K. Scholder: *Die Kirchen und das Dritte Reich.* Bd.1, *Vorgeschichte und Zeit der Illusionen 1918-1934.* Frankfurt a.M. / Berlin 1986; *Weimarer Republik.* Hrsg. Kunstamt Kreuzberg (Berlin) u. Inst. f. Theaterwissenschaft d. Univ. Köln. Berlin 1977, daraus der Beitrag über Kurt Löwenstein, S. 545-561; W. W. Wittwer: *Die sozialdemokratische Schulpolitik in der Weimarer Republik. Ein Beitrag zur politischen Schulgeschichte im Reich und in Preußen.* Berlin 1980

2 Die Darstellung der speziellen Neuköllner Ereignisse beruht auf folgenden Quellen: *Kirchliches Gemeindeblatt für Neukölln 1919-28* u. *1933. Neuköllner Tageblatt* und *Neuköllnische Zeitung 1918-28*; Akten der damaligen Ev. Stadtkirchengemeinde Neukölln in der Ev. Magdalenengemeinde (MArch.): B2, Bd. 1; H1, Bd. 1; H1a; H1b Bd. 1 u. 2; H2. Akten des Ev. Zentralarchivs (EZA): 7 / 11742-11743, 7 / 3997, 7 / 4469, 7 / 4479, 7 / 4505-4506)

3 Die Ev. Stadtkirchengemeinde Neukölln erstreckte sich auf das gesamte alte Stadtgebiet Neuköllns und war 1920 mit etwa 220 000 „Seelen" und ihren fünf Kirchen eine der größten Großstadtgemeinden in Deutschland. Sie war nach der Zahl ihrer Kirchen in fünf Hauptbezirke gegliedert: in den Magdalenen-, Genezareth-, Martin-Luther-, Nikodemus- und Philipp-Melanchthon-Bezirk. Erst 1948 wurden diese Bezirke zu selbständigen Gemeinden. Bis dahin hatte die Riesengemeinde nur ein Pfarramt, einen Gemeindekirchenrat und einen Verwaltungsapparat, die die Gesamtgemeinde auch nach außen vertraten. Im folgenden wird sie abkürzend auch Neuköllner Kirchengemeinde genannt.

4 Über die Ev. Elternbünde in Berlin in den 20er Jahren wurde herangezogen: K. Foertsch: *Eltern an die Front! 10 Jahre Evangelischer Elternbund. Ein Beitrag zur Berliner Kultur- und Sozialgeschichte.* Berlin 1930. Das Buch von Pfarrer Karl Foertsch, dem langjährigen Geschäftsführer des Ev. Gesamtelternbundes Groß-Berlin, gibt einen guten Einblick in die zeitgenössische Betrachtungsweise.

5 So erreichte die Liste Schulaufbau (SPD) bei den Elternbeiratswahlen 1926 mit 35 % und 1928 mit 25 % innerhalb der evangelischen Gemeindeschulen Neuköllns ihre besten Ergebnisse (MArch., H1b, Bd. 1).

Rudolf Rogler

Kleine Geschichte einer liberalen Schule — Die Walther-Rathenau-Schule am Boddinplatz

Interviews mit zwei Spendern des Heimatmuseums Neukölln lenkten die Aufmerksamkeit auf eine Schule, die in der Neuköllner Geschichte fast vergessen war: die Walther-Rathenau-Schule in der Boddinstraße, eine Schule, die nicht mehr existiert, die also ihre eigene Geschichtsschreibung nicht mehr in Angriff nehmen kann.

In der Sammlung des Museums befinden sich nur wenige Objekte aus dieser Schule, darunter der Sportaufnäher, ein grüner Filzstern, Text und Melodie der Schulhymne sowie zwei Nummern der Schulzeitung *Schulfreund*.[1] Außerdem erhielt das Museum von der Tochter des Zeichenlehrers Busse drei Fotoalben mit einmaligen Dokumenten über alle Schulaufführungen und Ausstellungen dieser Schule, an denen ihr Vater beteiligt war (siehe auch D. STANIC in diesem Band).

Der folgende Bericht ist den drei ehemaligen Schülern Herrn Schubart, Herrn Nedoma und Herrn Blisse sowie dem Sohn des langjährigen Schulleiters, Herrn Lötzbeyer, zu verdanken. Mehrere Interviews, ein 22seitiger Text von Herrn Blisse, eine von Heinz-Peter Lötzbeyer erstellte Biographie stellen neben den Jubiläumsnummern der Schulzeitung und den Akten im Neuköllner Bezirksarchiv die wichtigsten Quellen dieser Arbeit dar.[2]

Vorab ein kurzer Überblick über die geschichtlichen Daten:

1908 Gründung der Rixdorfer Realschule in der Erkstraße
1912/1913 Einzug in das neue Gebäude in der Boddinstraße
1918 Umwandlung in ein Reformrealgymnasium mit Realschule
1924 Namensgebung der Schule: Walther-Rathenau-Schule
1933-38 Umbenennung in Richard-Wagner-Schule
1938 erneute Umbenennung in Lettow-Vorbeck-Schule, städtische Oberrealschule für Jungen
1945 Zerstörung; nach dem Wiederaufbau Berufsschule

Schulhymne.

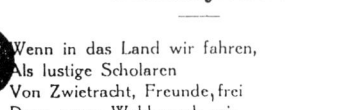

Wenn in das Land wir fahren,
Als lustige Scholaren
Von Zwietracht, Freunde, frei
Dann unser Wahlspruch sei:
  Dir, grüner Stern auf weißem Grund
  Bewahrt die Freundschaft unser Bund!

Wenn wir im Kampf verbunden
Gewandheit, Kraft bekunden,
Von Furcht und Ruhmsucht frei
Dann unser Wahlspruch sei:
  Dir, grüner Stern auf weißem Grund
  Bewahrt die Ehre unser Bund!

Wenn uns die Jugend schwindet,
Erinnrung nur uns bindet,
Ging Schulzeit längst vorbei,
Dann unser Wahlspruch sei:
  Dir, grüner Stern auf weißem Grund
  Bewahrt die Treue unser Bund!

Text der Schulhymne der Walther-Rathenau-Schule, die ab 1925 bei allen Feiern und Sportfesten gesungen wurde — *Privatbesitz Nedoma* heute: Haus der Abteilung Volksbildung mit Verwaltung, Musikschule und Volkshochschule

Kaiserzeit und Weltkrieg

1908 war die Schule in der Erkstraße, dort wo heute ein Teil des Rathauses steht, gegründet worden. Die Leitung der Realschule in Rixdorf wurde Dr. Richard Henczynski übertragen, der später noch zitiert wird. Das Gebäude lag zentral, galt aber von Anfang an als kalt und laut – laut aufgrund des schon damals starken Straßenverkehrs. Die Turnhalle der Schule hatte keine Umkleideräume. Das heißt, Sportunterricht fand vermutlich barfuß und in Alltagskleidung statt. Die Schülerzahl stieg in nur vier Jahren von anfangs 62 Schülern auf über 400; die kaisertreue Schule hatte einen militärischem Einschlag, mit harten Maßregelungen wurde die Zucht aufrechterhalten. Eine Ermäßigung vom Schulgeld gab es nur für jeden zehnten Schüler, und sie war neben der Bedürftigkeit vom Fleiß *und* vom Wohlverhalten des Schülers abhängig.

1911 erhielt diese Realschule eine eigene Vorschule, was bedeutete, daß die künftigen Realschüler dort in drei statt in vier Jahren ihre „Grundschulzeit" absolvieren konnten. Schon wenige Jahre später wurde das Gebäude als Erweiterungsbau für die Kommunalverwaltung gebraucht. In den Jahren 1910-1913 ließ die Stadt Rixdorf am Boddinplatz das neue, große Schulgebäude für 900 000 Mark errichten. Darüber existieren noch zehn minutiös ausgearbeitete Verträge, die sogar die Stundenabrechnungen für die Arbeiter und Handwerker enthalten. Der spätere Schulleiter beschreibt die neuen Gebäude als „schöne, lichte, wenn auch in mancher Hinsicht wenig zweckmäßige Gebäude in einer Sandgrube auf starken Betonpfählen errichtet. Sie stehen im oberen Teil der Stadt, wo es bisher an höheren Schulen fehlte". Sein Kollege, Studienrat Dutz, nennt das unter der Leitung des bedeutenden Stadtbaurats Kiehl geplante Gebäude „praktisch, hygienisch und geschmackvoll, in günstiger zentraler Lage" (siehe B. JACOB in diesem Band). Als die Schule mit Beginn des Schuljahres 1912/13 einzog, waren die Arbeiter noch im Haus. Turnhalle und Aula waren noch nicht fertig, die Sammlungsräume noch nicht eingerichtet.

1912 und 1914 erfolgten die ersten Realschulprüfungen. Vier bzw. zwölf Schüler nahmen daran teil. Es war anfangs eine kleine Gruppe, die mit der Realschule begonnen hatte. Allerdings gingen schon alle zwölf Schüler des zweiten Jahrgangs weiter.

Der Erste Weltkrieg beendete den steilen Anstieg der Schüler- und Lehrerzahlen. Sieben Lehrer, unter ihnen als erster der Schulleiter, und fünfzehn Schüler wurden als Hel-

Blick auf den Vorraum zur Aula, o.J. — *Heimatmuseum Neukölln*

den Opfer des Krieges – als Helden im Verständnis der Zeit. Viele Lehrer befanden sich an den „Kriegsschauplätzen", nur drei Oberlehrer und drei festangestellte Lehrer halten mit Hilfskräften den Unterricht aufrecht, darunter allein sieben „Damen als Hilfskräfte", wie der Chronist, Studienrat Dutz, 1928 erstaunt vermerkt.[3]

Die Schulleitung übernahm nach dem Tod des ersten Schulleiters im Mai 1917 Dr. Heinrich Hamel, nachdem in der Zwischenzeit Professor Oberüber (siehe H. CRÜGER in diesem Band) die Schule kommissarisch geführt hatte. Der neue Schulleiter verließ die Schule allerdings schon zwei Jahre später und ging nach Erfurt. Sein Hauptverdienst in Neukölln war, daß er die Stadt 1918, mitten im Kriege, veranlassen konnte, die Schule als Reformrealgymnasium weiter zu führen.

Dem Aufsatz von Waldemar Dutz, der 1920 als Studienrat an die Schule gekommen war, läßt sich auch eine gute Beschreibung dessen entnehmen, was die alte Schule war, wie sie aussah und wie deren Schulleiter dachte. Dutz beschreibt – oft mit den Worten der verschollenen Chronik – die Schuleinweihungsfeierlichkeiten von 1913, zu denen das Drama *Kolberg* aufgeführt wurde, und zitiert ausführlich den Schulleiter Dr. Henczynski: Die Schule sollte „der Charakterbildung dienen und die Schüler zu Ordnung, Fleiß, Pünktlichkeit und unbedingter Pflichttreue, Sauberkeit, Kameradschaftlichkeit, Mut, Willenskraft und Verantwortungsfreudigkeit erziehen." Die Verantwortungsfreudigkeit sei „besonders wichtig in einer bis in die weitesten Kreise hin demokratischen Zeit, wo man sich mit seinem Mangel an Verantwortungsfreudigkeit gern hinter Mehrheitsbeschlüssen verkriecht. Wo immer seltener der Mut gefunden wird, der dazu gehört, auch Taten entschlossen durchzuführen, die nicht den Beifall der oft kurzsichtigen Menge finden." Es wurde dann an das Beispiel des Generals Yorck bei Tauroggen erinnert und „an das leuchtende Vorbild der Verantwortungsfreudigkeit, das wir in seiner Majestät, unserem Kaiser und Könige haben, der allen Widersachern zum Trotz unsere Seemacht begründet hat." Das waren die Worte des Schulleiters bei der Eröffnung der Schule, die Dutz wie folgt kommentiert:

„Es sind dies die Worte eines Mannes, dem sie ehrlich aus dem Herzen kamen und der, wie alle sagen, die ihn kannten, selbst diese Forderung an sich erfüllte und zuletzt durch den Tod auf dem Schlachtfelde erfüllte und in unermüdlichem Eifer bei jedem seiner Schüler zu erfüllen suchte, bisweilen in rührender Weise. So soll er manchmal die Schüler des Morgens auf die Sauberkeit der Stiefel inspiziert haben und wenn er einen der kleinen Sünder erwischte, der sich bei der Säuberung ungeschickt anstellte, selbst mitgeholfen haben. Durch solche und ähnliche kleine Züge, zum Beispiel nahm er auch gelegentlich selbst an einer Schneeballschlacht der Schüler teil, gab er den Beweis, daß die alte Schule nicht bloß ein Kerker des Geistes und der Freiheit war, daß neben der sicherlich oft harten Pflicht und einer uns heute oft fremden jugendpsychologischen Behandlung der Schüler doch auch Heiterkeit und Menschlichkeit in ihr lebten."

Auch den Schulalltag beschreibt Dutz:

„Der Unterricht wurde mit einem Gebet eröffnet, die Schüler sollten in straffer Haltung vor dem Lehrer stehen, auf den Gängen und vor dem Unterricht sich lautlos bewegen, in ihrem Anzuge und am Körper sauber erscheinen. Mit dem schriftlichen Lob sollte sparsam umgegangen werden. In disziplinarischen Fällen und besonders bei erotischen Verirrungen der Jugendlichen griff man streng durch. Man dachte dabei offenbar mehr an die Integrität der Gesamtheit als an die uns ja heute noch so unbekannte Verworrenheit der jugendlichen Seele und ihre Gefahren außerhalb der Schule. Befreiung vom Religionsunterricht war nur für Konfirmanden und dabei auf ausdrücklichen Wunsch der Eltern gestattet. Die Teilnahme an Veranstaltungen von Vereinen, die außerhalb der Schule bestanden, war nur mit der Genehmigung des Direktors gestattet. Pensionen, deren Zöglinge an verbotenen Schülervereinigungen teilgenommen hatten, unterstanden der Aufsicht des Direktors."

Zeugenberichte über den Unterricht in der Zeit vor 1918 liegen nicht vor. Wir wissen nur, daß in den großen Pausen fünf bis sechs Minuten Freiübungen gemacht wurden, die für alle Schüler vorgeschrieben waren, daß nachmittags zwei Spielstunden für alle bestanden, daß es Vorturnerkurse gab und daß die Schule durch ihre Wanderfreudigkeit auffiel.

Über die Kriegszeit berichtet die Festzeitung von 1928 auf prägnante Weise:

„Es folgt die nächste Periode in der Geschichte unserer Anstalt, die Zeit des Krieges. Selbst aus den protokollarisch trockenen Aufzeichnungen der Schulakten spricht noch heute das düstere Grauen jener Zeit. Es spricht aber auch gleichzeitig daraus das große Heldenzeitalter eines Volkes, das als Volk jedenfalls wider seinen Willen und sein Wissen in den Krieg hineingeschleudert wurde und ihn durchhielt mit einem Heroismus, der einer künftigen Geschichtsschreibung von mythologischer Größe erscheinen wird. An diesem Heldentum haben unsere Kleinen und Kleinsten ebenso tapfer mitgetragen wie die Kämpfer auf dem Schlachtfelde. Auch in der Schule ist nur Krieg, alles andere verschwindet dagegen, löst sich fast auf, der Krieg wird der zentrale Unterrichtsgegenstand, um den alles kreist. Der Krieg nimmt dem Elternhaus den Vater für einige Zeit oder für immer, die Mutter hat meist die Sorge um den Lebensunterhalt, und oft haben ihn auch schon die älteren Schüler. Sorgen, Elend und Hunger überall; die Schulleistungen sinken unaufhaltsam dabei. Die unglücklichen Kinder, die man in der Schulsprache als schwer zu behandelnde Schüler bezeichnet, als pathologische oder durch die Verworrenheit der häuslichen Verhältnisse leidende Kinder, sind in dieser Zeit mehr denn je die unseligen Gegenstände disziplinarischer Verhandlungen. [Es wurden sechs Schüler von der Schule verwiesen.] ... Der Hungertyphus geht um; oft müssen in einer Stunde mehrere Schüler den Klassenraum verlassen, weil sie zusammenbrechen in den schlecht erleuchteten, schlecht gewärmten und dunstigen Räumen, die um der Wärmeersparnis willen nicht gelüftet werden dürfen. Des Nachmittags versammeln sich die Schüler zitternd und frierend in der Schule, weil zuhause kein Licht und keine Wärme zur Erledigung der Hausaufgaben ist. Die Schulfeiern werden gespensterhaft. Siegesfeiern, bei denen allen das Herz schwer ist vor Ahnungen kommenden Unheils, und Totenfeiern im schaurigen Wechsel. Sieben Lehrer der Anstalt, unter ihnen als erster der Direktor, und fünfzehn Schüler sind in den Schlachten geblieben, und bis zuletzt noch immer fieberhaftes Hoffen auf den Endsieg und dann alles zu Ende, die ewige Nacht scheint über Deutschland einzubrechen. Das waren die Schrecknisse für unsere Lehrer. Die Jugend ist stärker gewesen; sie hat im Kriege mit jugendlichem Mute gehofft und oft in rührend kindlicher Weise dem Vaterlande gedient, und dieselbe Generation hat nach dem Kriege Deutschland aus dem Abgrunde herausgerissen und wird es wieder, so glauben wir, zu einer neuen Zukunft führen. Die älteren Schüler drängten sich zu den Notreifeprüfungen, um ins Feld zu ziehen. Die noch

Kollegiumsbild des neu geschaffenen Reformrealgymnasiums mit Realschule am Boddinplatz, der späteren Walther-Rathenau-Schule, vermutlich 1919. V.l.n.r. hintere Reihe: Weßling, Rohr, Krull, Wollmann, Moritz, Petermann, Schunke, Evenius, Groth, Danicke. Vorn: Feyer, Meyer, Petermann, Hamel, Schulleiter bis 1919, Dallwig, Werner, -?- — *Privatbesitz Nedoma*

nicht mitziehen durften, taten sich zusammen zu einer Kompagnie der Jungmannschaft Neuköllns, um sich durch Waffen- und Geländeübungen auf das Feld vorzubereiten. Andere wieder gingen auf die Dörfer und Güter, um den Bauern beim Einbringen der Ernte zu helfen und wieder andere arbeiteten in kriegswichtigen Betrieben."

Die Ära Lötzbeyer in der Weimarer Republik

Mit dem Kriegsende kam die Republik, und mit ihr begann auch an der Schule ein neues Kapitel, die Ära Philipp Lötzbeyer. Lötzbeyer war im November 1919 vom Reformrealgymnasium 2 aus Wilmersdorf als Oberlehrer nach Neukölln gekommen, nachdem er sich selbst beim damaligen Stadtrat Dr. Buchenau (vgl. W. KORTHAASE in diesem Band) beworben hatte. Dem neuen Schulleiter stellten sich folgende Aufgaben:

Er mußte erstens dafür sorgen, daß der Lehrkörper wieder ergänzt wurde: 1919 wurden drei Doktoren und ein einfacher Studienrat angestellt. Der Schulleiter war ausweislich des Personalblattes damals „Dr. Oberlehrer". 1920 folgten drei einfache Studienräte und der Turnlehrer Matz. Zwischen 1921 und 1925 kamen sechs promovierte Studienräte, ein Studienrat und der Zeichenlehrer Busse dazu (siehe D. STANIC in diesem Band). Dr. Lötzbeyer konnte damals vermutlich gezielte Personalentscheidungen selbst treffen.

Zweitens war die „Beschneidung des Wildwuchses", wie er es selbst nannte, erforderlich, d.h., er mußte die Herbstschulen, also die Michaelisklassen, auslaufen lassen oder auflösen. Das geschah zwischen 1923 und 1927.

Drittens wollte er die militaristischen Strukturen an der Schule abbauen.

Viertens mußten viele neue Klassen untergebracht werden. Während mit den ersten 17 Klassen bereits alle Klassenräume belegt waren, gab es 1923 bereits 22 Klassen, und es sollten noch mehr werden. Immer wieder wurde auf einen Erweiterungsbau gehofft. Noch 1928 nannte Lötzbeyer das Jahr 1929 als den endgültige Termin für den Erweiterungsbau. Doch es gab keinen, und so mußten weiterhin Räume angemietet oder die Klassen in anderen Schulen untergebracht werden (LÖTZBEYER 1928, DUTZ 1928).

Ziele der neuen Schule

Schulleiter Lötzbeyer formulierte als Mathematiker sein Ziel knapper, als es vielleicht andere getan hätten: Die alte Schule hätte mit Mitteln, die heute als unzureichend und nur äußerlich angesehen würden, versucht, der Charakterbildung zu dienen. „Die neue Schule ist reformfreudig, macht mancherlei Versuche, will eigene Verantwortlichkeit, Gemeinschaftsgefühl und lebendige Teilnahme der Schüler am Schulleben erwecken und ihn so für die große Gemeinschaft des staatsbürgerlichen Lebens vorbereiten, legt Wert auf Ordnung und Zucht, strebt aber ein freieres und ein mehr kameradschaftliches Verhältnis mit dem Schüler an und nimmt dabei Rücksicht auf die Erkenntnisse der Jugendpsychologie". Nach Ansicht seiner Schüler wich seine Auffassung dabei nur in einem Punkt von der von Fritz Karsen ab, der wenige Straßen weiter das Kaiser-Friedrich-Realgymnasium leitete und zu einem anerkannten Reformzentrum ausbaute. Als offenbar wichtigsten Unterschied beider Schulen zitierten unabhängig voneinander ehemalige Rathenauschüler einen Ausspruch Fritz Karsens. Er soll einmal seinen Schülerinnen gesagt haben, „Meine Damen, nehmen Sie Ihre Kameraden und weisen Sie sie in die Liebe ein." Lötzbeyer habe es nicht so mit der freien Liebe gehabt, wird berichtet. Diese galt – vielleicht notgedrungen – an der Jungenschule Lötzbeyers als verwerflich.

Philipp Lötzbeyer, Schulleiter von 1919 bis 1933. Aufnahme um 1923 — *Privatbesitz Lötzbeyer*

Doch bis hin zum Ziel, das sich Lötzbeyer gesteckt hatte, war es noch ein weiter Weg, der geprägt war von der fortdauernden Not in vielen Familien und mindestens gleich stark von der Armut in den öffentlichen Kassen. Trotz dünner Finanzdecke mußte die Not weiter gelindert und die Schule der Republik zusätzlich gestützt werden. Zum Thema Schulgeld beispielsweise schrieb Dutz :

„Die neue Schule betrachtet auch die Frage des Schulgeldes und der Unterstützungen unbemittelter Schüler ganz anders. Die volle Schulgeldfreiheit hat unser verarmter Staat nicht durchsetzen können. Man begann an unserer Schule nach dem Kriege zunächst vorsichtig mit der Einrichtung der Stadtschüler, das heißt, Schüler, die kein Schulgeld zu zahlen hatten und die Lehr- und Lernmittel frei geliefert bekamen. Dann setzte eine Schulgeldstaffelung ein. Nach ihr zahlte ein Viertel der Schüler überhaupt kein Schulgeld. 1926 machte die Zahl der Freistellen oder Ermäßigungen etwa zwei Drittel der Gesamtschülerschaft aus! Allerdings mußten in dieser Zeit die bemittelten Eltern ein bedeutend höheres Schulgeld zahlen. Man machte sich aber auch klar, daß mit der Schulgeldfreiheit sehr wenig geholfen sei, wenn der Schüler daheim in bedrückten Verhältnissen lebte. So zahlte die Stadt ab 1925 Wirtschaftsbeihilfen an elf Schüler zu je 300 Mark im Jahr. Einmal konnte sogar eine Reichsbeihilfe von 500 Mark einem unserer Primaner zukommen. Die weiteren Konsequenzen in der Fortführung dieses Systems werden ja nach der politischen Parteistellung bestritten sein können. Sie auseinanderzusetzen, ist nicht Aufgabe des Geschichtsschreibers. Jedenfalls wird die Macht der Schule im sozialen Leben bedeutend erhöht, ja kann für den einzelnen schicksalentscheidend werden" (1928, S. 65).

1920 war aus der Großstadt Rixdorf/Neukölln ein Teil Berlins geworden. Seit 1921 war der unabhängige Sozialdemokrat und Reichstagsabgeordnete Kurt Löwenstein Stadtrat für Volksbildung in Neukölln. Bis 1924 lieferte das neue Bezirksamt Neukölln Lehr- und Lernmittel zu herabgesetzten Preisen. (1912 war dem Rixdorfer Lehrerverein verboten worden, Hefte und Schulbücher billiger an die Schüler zu verkaufen, weil dies als Verstoß gegen die Gewerbefreiheit angesehen wurde. Vor 1924 war dann auf kommunaler Ebene ein zweiter Versuch gemacht worden, um private und öffentliche Mittel zu sparen. Die Gründe für das Ende dieses Experiments sind nicht bekannt.) Bis 1928 wurde eine dünne Wassersuppe, später mit Semmel oder Brot, als Schulspeisung fortgeführt. Und ein Schularzt kam neu an die Schule. Er untersuchte regelmäßig die Schüler. Sein Wirken sei von unendlichem Wert gewesen, schreibt der Chronist der Schule, Studienrat Dutz, da dieser in freier Atmosphäre mit den Schülern über persönliche Dinge sprechen konnte. Hier wird etwas deutlich, was an der Schule offenbar zu kurz gekommen war. Der persönliche Kontakt zu den Schülern war anscheinend weder die Stärke der Kollegen noch des Schulleiters. Dieser, Dr. Lötzbeyer, wird von Schülern als über das übliche Maß hinaus reserviert beschrieben.

Mit all den genannten Aufgaben war die Schule bis Mitte der 20er Jahre enorm beschäftigt. Im Jahr 1923/24 bekam die Schule ihren ersten Namen (dazu und über die Hintergründe der Namenswahl siehe E. MEIER in diesem Band).

Gleichzeitig mit der Verabschiedung der ersten Abiturienten wurde am 30. September 1924 die Feier der Namensgebung ausgestaltet. Die Schule erhielt den ersten individuellen Namen und hieß für knapp zehn Jahre Walther-Rathenau-Reformrealgymnasium mit Realschule. Wie die Feierlichkeiten abliefen, beschreibt die Chronik. Eine bronzene Büste Walther Rathenaus schmückte die Halle; die Aula grüßte in lebendem Grün die vielen Ehrengäste der AEG, die Freunde Walther Rathenaus und die Vertreter des Bezirksamtes Neukölln. Die Feier begann mit der Ouvertüre zu Coriolan, „ausgeführt von dem noch jungen, aber bemerkenswert tüchtigen Schulorchester", dem die Witwe des Namensgebers einige Instrumente gespendet hatte. Es folgte die Festrede des Direktors, der die Worte von Thomas Mann als Motto wählte, daß die Republik mit Deutschen herrlich erfüllt werden könne, ja die Erfüllung deutscher Menschlichkeit überhaupt bedeute. Diesem Ziel sollten auch die Abiturienten ihre Kräfte weihen. Mit einem Rathenauwort und dem Gesang des Schulchors entließ man die Gäste. Das Zitat lautete: „Daß der Fuß nie den Boden, das Auge die Gestirne nie verliere!" (LÖTZBEYER 1928, S. 58)

Schon weniger als ein Jahr nach der Ermordung lag die Erlaubnis für die Schulbenennung vor. Studienrat Dutz, schreibt: „Der Name dieses Mannes" (gemeint ist Walther Rathenau), „der Deutschland aus dem Verfall herausführen wollte, sollte wohl ein Symbol sein, daß auch diese Schule eine zerstörte Vergangenheit überwinden sollte" (DUTZ 1928, S. 65). Der Sohn des Schulleiters, Hans-Peter Lötzbeyer, der allerdings erst 1921 geboren ist, nennt nicht Rathenau, sondern Stresemann als politische Leitfigur des Vaters. Den Geist der Schule sieht der am besten widergespiegelt in *Nathan* von Lessing, dem eine weitere Sondernummer des Schulfreundes gewidmet war, die jedoch nicht mehr auffindbar ist (Brief an den Autor v. 19. 11. 91).

Die Schulreform

Die Schul- und Lehrplanreformen von 1924/25 erzwangen eine weitere Neuordnung des höheren Schulwesens. Realschule und Reformrealgymnasium wurden bis zur heutigen Mittleren Reife, der damaligen OIII, gleichgestellt, und es wurden fundamental veränderte Stundenverteilungen vorgenommen. Es war ein riesiger Umstellungsdruck entstanden, der an die Lehrerschaft fast übermenschliche Anforderungen stellte. So jedenfalls beschreibt es der Schulleiter, und seine Ansicht stimmt mit der anderer Kollegen überein. Über diese Zeit berichten mehrere ehemalige Schüler. In Neukölln stellte man sich an Lötzbeyers Schule den neuen Anforderungen und unterlief sie nicht, wie es an anderen Schulen geschehen sein soll.[4]

Für Fritz Schubart wurde in diesen Jahren die Schule zum Versuchskarnickel (Interview 1990). So unterrichtete beispielsweise in sei-

Rathenau-Primaner am Biertisch, um 1925 — *Privatbesitz Nedoma*

ner Klasse ein Austauschlehrer aus Paris Französisch, und zwar nur durch Gesang und Wandern auf einem heute zur Kindl-Brauerei gehörenden Grundstück neben der Schule. Durch das sture Einpauken und Singen der Lieder wäre bei den Schülern bereits das Gefühl für die Aussprache entstanden. Zwar hätte die Parallelklasse zu dieser Zeit einen Vorsprung im Vokabellernen erhalten, fügt er hinzu, doch hätte seine Klasse diesen schnell wieder eingeholt, als nach einem Vierteljahr wieder normaler Unterricht erteilt wurde. Die Versuchsklasse hätte nämlich schon unbewußt die richtige Aussprache, den Tonfall und die Satzstellung erlernt gehabt!

Auch bei Schwedtke und Salewski, die beide später als Nationalsozialisten hervortraten, wurden im Englisch- und Französischunterricht neue Wege gegangen. Beide hätten, nachdem sie die Grundlagen der englischen Sprache vermittelt hatten, gleich damit begonnen, Gebrauchsenglisch in den Mittelpunkt des Unterrichts zu stellen. Da gab es wöchentlich einen Schüler, der Zeitungsdienst hatte. Dieser mußte als Lehrer mit den Schülern einen Zeitungsartikel erarbeiten, ihn einwandfrei lesen, die Vokabeln, die sie nicht intus hatten, erarbeiten und schließlich mit der Klasse den Zeitungsartikel übersetzen. Schwedtke oder Salewski, die den Schülern immer als Einheit in Erinnerung sind und auch auf einer Zeichnung als Pärchen zu sehen sind, saßen dann in der Ecke und griffen nur ein, wenn grobe Fehler gemacht wurden. Dann baten sie, im Wörterbuch nach einer treffenderen Bedeutung zu suchen. Anschließend besprach man regelmäßig mit allen die von einem Schüler gehaltene Stunde.

In Geographie las der Geologe Dr. C. W. Schmidt aus seinen Reisetagebüchern vor. Er war Reisebuchautor und beschrieb die von ihm erkundeten Gebiete so lebendig und plastisch, daß die Schüler im Geiste mitgewan-

Die Studienräte Schwedtke und Salewski auf dem Weg zur U-Bahn. Schülerzeichnung von Hamann und Nobst, O 2. Im Original 140 x 300 cm, Abb. aus dem Album des Zeichenlehrers Busse, o.J. Text:
Ich bin groß und du bist klein,
In 'n Hanomag passt keiner rein!
Drum Onkel Salew an Kurtchens Arm sich hing
Und fröhlich tippelnd mit ihm zur U Bahn ging.
Kurt Schwedtke, der ebenso wie Salewski ursprünglich an der Albrecht-Dürer Oberrealschule unterrichtet hatte, ließ sich nach seinem gescheiterten Intermezzo an Karsens KFR 1929 an die Walther-Rathenau-Schule versetzen, von wo aus er seinen Feldzug gegen Karsen und Löwenstein startete —
Heimatmuseum Neukölln

Schüler der Klasse O IIIb im Physikraum mit Dr. Kleuter, 1929 — *Privatbesitz Schubart*

dert seien, beschreibt Joachim Blisse den Unterricht.

In Geschichte, bei Dr. Schunke, wurden im Buch wenige Sätze angestrichen. „So, meine Herren, nun wollen wir mal wieder ein neues Kapitel anstreben. Nehmen Sie mal Ihr Geschichtsbuch raus, schlagen Sie es auf Seite sowieso auf. Sie wissen ja, was da drin ist, ist alles Käse. Nehmen Sie Bleistift und Lineal, ich streiche Ihnen etwas an. Wenn Sie das wissen, dann kennen Sie die Geschichte, wie sie war. Dann haben wir das angestrichen, und das klappte, das waren fünf oder sechs Sätze auf 60 Seiten. Dann stellte er sich ans Fenster und erzählte uns Geschichte. Sie können mir glauben, wir haben Geschichte gelernt" (Interview Schubart, 1991). Der liebevoll „Momme" genannte Studienrat Dr. Werner Schunke sei so etwas wie der Philosoph der Schule gewesen, erinnert sich Joachim Blisse. Schunke wirkte auch nach, als schon längst ein anderer in der Klasse von Herrn Schubart unterrichtete. So wie bei „Momme" wollten sie lernen, ohne Nebensächlichkeiten; die großen politischen Linien kennenlernen, ohne parteipolitische Brille, erzählt Herr Schubart. Und das hätten sie dem Nachfolger auch deutlich gemacht.

Dr. Rosenthals Experimentierfreudigkeit im Physikunterricht und auf Klassenfahrten war bewundernswürdig. Der Biologe Dr. Feyer war in seinen kleinen botanischen Garten im Schulhof verliebt, was sich auch auf die Schüler auswirkte.

Direktor Lötzbeyer war es, der einige fortgeschrittene Schüler während des Mathematikunterrichts die Schule vermessen ließ und die gefundenen Winkel dann in der Oberstufe für eine Klassenarbeit verwendete. Er hat sie in den Schulhof gehen lassen, sie wußten, wo ihre Meßgeräte standen, und sie haben vermessen und errechnet und kannten als einzige die genaue Höhe des Schulturms. Sie waren stolz darauf, als sie bemerkten, daß ihre Meßwerte in der Oberstufe für eine Arbeit verwendet wurden. Soweit Herr Schubart.

Das Pensum in Deutsch, Französisch und Englisch, das Herr Blisse zu Protokoll gibt, ist eindrucksvoll und erdrückend umfangreich. Trotzdem blieben bei ihm die Lehrer fast ausnahmslos in sehr guter Erinnerung. Dr. Rohrs belebende, mit Humor gewürzten Ausführungen weckten das Interesse an geschliffener Sprache und französischem Lebensstil, schreibt Herr Blisse. Die deutsche Sprache war für Rohr das luftige Netz der Gedanken. „Alles bestes Personal, wenn ich mal so sagen darf!" faßt Herr Schubart zusammen. Und trotz all dieser Parallelen zur bekannteren Neuköllner Reformschule in der Sonnenallee war immer eine gewisse Abgrenzung von dieser Schule zu spüren, die, als sie später den Namen Karl-Marx-Schule trug, von den Schülern der Walther-Rathenau-Schule eher liebevoll, statt ehedem Kaiser-Friedrich, Kaiser-Max- oder Kaiser-Marx-Schule genannt wurde.

Zur Verdeutlichung der Position der eigenen Schule soll noch einmal Studienrat Dutz zu Wort kommen. Er beschreibt mit philosophischer Distanz die Schulreform, die den Schüler in den Mittelpunkt stellen sollte:

„Die größte Umwälzung im inneren Leben der Schule brachte die Schulreform von 1925. Fassen wir sie mit einem Schlagwort zusammen, so wollte sie, daß die Mitte des Unterrichts und der Erziehung nicht mehr der Lehrer, sondern der Schüler sein sollte. Dieses Schlagwort hatte eine Zeitbewegung emporgetragen, die an die bisherige Führung der Jugend durch die ältere Generation nach dem Zusammenbruche nicht mehr glaubte. Ihre radikalen Wortführer verlangten denn auch, daß Gegenstand und Art des Unterrichts und alle sonstigen Erziehungsmaßnahmen von der Schülerschaft selbst bestimmt würden. Sie wollten das Ei des Columbus nun wirklich auf den Kopf stellen. Diese Ideen sind durchaus nicht neuartig, sondern, abgesehen von einigen Verzierungen, schon über hundert Jahre alt. Der philosophische Betrachter aber fragt sich: ‚Was geschieht hier eigentlich?' Zunächst eine Sentimentalität im Jahrhundert des Kindes. Eine müde und verzweifelte Zeit kehrt zurück in das Wunderland der Kinder, das übrigens nur für Große ein Wunderland ist, und baut sich dort ein feenhaftes Luftschloß von Staat und Gesellschaft auf. Der Schüler soll frei über sich bestimmen. Draußen im Leben aber wird der entlassene Abiturient oder der fertige Student mehr kommandiert als bei uns ein Quartaner. Wir würden, wenn wir die Schüler im vollständigen Selbstbestimmungsrecht erzögen, den karthagischen Müttern gleichen, die ihre Kinder unter Schmerzen gebären und mit Sorgen erziehen, damit sie nachher dem Moloch geopfert werden, bei uns dem Moloch des alles verschlingenden, zermalmenden, toten Wirtschaftsmechanismus. Dieser Moloch aber wird von einem Helden, in der Sage von Theseus, erschlagen und nicht von einem Knaben. Männer haben darum den Kampf aufzunehmen und nicht Knaben aufzuopfern. Die andere bittere Wahrheit ist, daß Sechs- bis Neunzehnjährige, abgesehen von genialen Ausnahmen, überhaupt keine eigenen Ideen haben können. Eine gesunde, noch nicht hysterische Jugend will auch Führer haben, aber Führer, die sie verstehen; und ebenso will eine gesunde und noch nicht hysterische männliche Generation führen und die Jugend für sich gewinnen. Das ist das Ei des Columbus, das sich nicht so leicht auf den Kopf stellen läßt, außer, wenn man die Schale zerbricht. Solche Führer sind nun nicht auf dem Markte zu haben. Darüber sind wir uns an unserer Schule vollkommen klar gewesen. Wir haben

Schüler in der Pause an jenem Schulzaun, der später abgerissen wurde und dann als Material für vielbewunderte Objekte im Kunstunterricht diente. Um 1929 —
Privatbesitz Schubart

den billigen Ruhm der Tagesberühmtheit verschmäht, und jeder hat nach seinem Maße versucht, die Jugend für sich zu gewinnen. Die weitere Darstellung wird zeigen, daß wir keine Reaktionäre gewesen sind, daß wir das Rad der Geschichte nicht zurückzudrehen versucht haben, daß wir es den Berg hinauf rollen wollten, auf dem Boden der Wirklichkeit, der oft hart und zerklüftet ist" (1928).

Zur Person des Schulleiters Dr. Philipp Lötzbeyer

Philipp Lötzbeyer wurde am 30. Januar 1881 im Kreis Kreuznach, in Sobernheim, als Sohn eines Bäckermeisters und Bauern geboren.[5] Er war das vierte von sechs Kindern einer ursprünglich kalvinistischen Familie mit starken demokratischen Traditionen. Ein Verwandter hatte in der 1848er Revolution den Bürgermeister von Sobernheim aus dem Fenster geworfen und mußte nach England fliehen. Man fühlte pfälzisch, fast französisch und war doch Muß-Preuße. Für Philipp Lötzbeyer, den jüngsten Sohn der Familie, kamen weder Landwirtschaft noch Bäckerei in Frage, denn die waren schon an die älteren Söhne vergeben. Der jüngste ging zur Schule und lernte alte und neue Sprachen, auch Hebräisch. Während seiner Gymnasiastenzeit in Kreuznach verdiente er sein Geld als Hauslehrer in einer Zigarettenfabrikantenfamilie, deren Hauptbetrieb in Kairo lag. Er interessierte sich für den Kaufmannsberuf, beschloß aber, Lehrer zu werden, weil ihn Pädagogik fesselte und er Kerschensteiner verehrte. In Straßburg, Freiburg und Berlin studierte er reine und angewandte Mathematik und Physik, promovierte, leistete sein Einjähriges ab und erreichte den Dienstgrad Leutnant der Reserve. Im Ersten Weltkrieg wurde ihm das Eiserne Kreuz Erster und Zweiter Klasse verliehen. Nach dem Seminarjahr in Bonn, Moers und Köln erhielt er 1913 als Oberlehrer in Wilmersdorf seine erste feste Stelle an einer Schule, die 1919, als er sie verließ, ein Reformrealgymnasium war. Mit seiner Berufung zum 15. November 1919 trat er sein Amt als Schulleiter in Neukölln an. Laut Personalblatt wurde er 1926 zum Oberstudiendirektor ernannt. Ab 1. Oktober 1933 wird er in Tempelhof als Studienrat geführt; ab 1936 in Steglitz in gleicher Position. Er verstarb 1953 in Berlin, seine Frau 1969 in Salzburg, wo auch die 1913 geborene Tochter lebt. Der Sohn, der 1921 geboren wurde, ist Rechtsanwalt in Bayreuth. Er berichtet von der Freundschaft seines Vaters zu einem amerikanischen Mathematiker namens John Bradshaw und daß der Vater Mitbegründer und jahrelang sehr engagierter Dozent der Berliner Volkshochschule gewesen sei. Beeinflußt sei er auch von Prof. Hergesell gewesen, der ihn für Meteorologie und Fliegerei interessiert habe. Mit dem Sohn habe der Schulleiter große Teile Deutschlands durchwandert und ihm viele Städte, Sehenswürdigkeiten und Neuheiten auf dem Gebiet der See- und Luftfahrt gezeigt. Noch mit vierzig Jahren habe der sportinteressierte Philipp Lötzbeyer Skilaufen gelernt. Später sei er mit seiner Familie viel mit dem Motorboot im Umland unterwegs gewesen.

Warum wurde der Protestant Lötzbeyer 1933 von seiner Schule vertrieben? Warum wurden seine erfolgreichen und in vielen Auflagen erschienenen Lehrbücher und vor allem seine Logarithmentafel, die bis 1951 erschien, bald nach 1933 unter anderem Namen weiter geführt?

1912 hatte Lötzbeyer in Berlin eine Wilmersdorfer Arzttochter geheiratet, Edith Hasslacher. Sie kam aus einer streng katholischen Koblenzer Kaufmanns- und Juristenfamilie. Sie hatte eine Lehrerinnenausbildung und hatte zwei Jahre in New York gelebt, bevor sie als Journalistin zur Wilmersdorfer Zeitung gegangen war. Später hat sie ihre Karriere hintangestellt und vor allem für ihren Mann gearbeitet, der ihr die komplizierten mathematischen Texte seiner Lehrbücher diktierte. Ihre Schwester war mit einem jüdischen Arzt verheiratet und ihr Bruder mit einer jüdischen Juristin, die später die erste Bundesverfassungsrichterin wurde. Durch diese Verwandtschaft galt Philipp Lötzbeyer als „jüdisch versippter Judenfreund". In den Osterferien 1933 erfuhr er durch einen Anruf seiner Frau, daß in der Zeitung gestanden habe, daß er ohne Pension entlassen sei. Lötzbeyer selbst war gerade in Dresden bei seinem Verleger, dem Hofrat Edermann. Er geriet in eine schwere körperliche und seelische Krise, weil er abgesetzt war und nicht mehr unterrichten durfte. Nur seiner Frau ist es zu verdanken, daß der Neuköllner Schulleiter wieder aufgerichtet wurde und über Jahre hinweg in mehreren Instanzen bis zum Preußi-

Zeugnis für Hans Wittbrodt vom Oktober 1929 mit den Unterschriften von Direktor Dr. Lötzbeyer, vom Vater Wilhelm Wittbrodt, Schulleiter einer Lebensgemeinschaftsschule in der Rütlistraße, und von Waldemar Dutz, Klassenlehrer, Chronist und neben Dr. Rohr prägender Geist der Schule — *Heimatmuseum Neukölln*

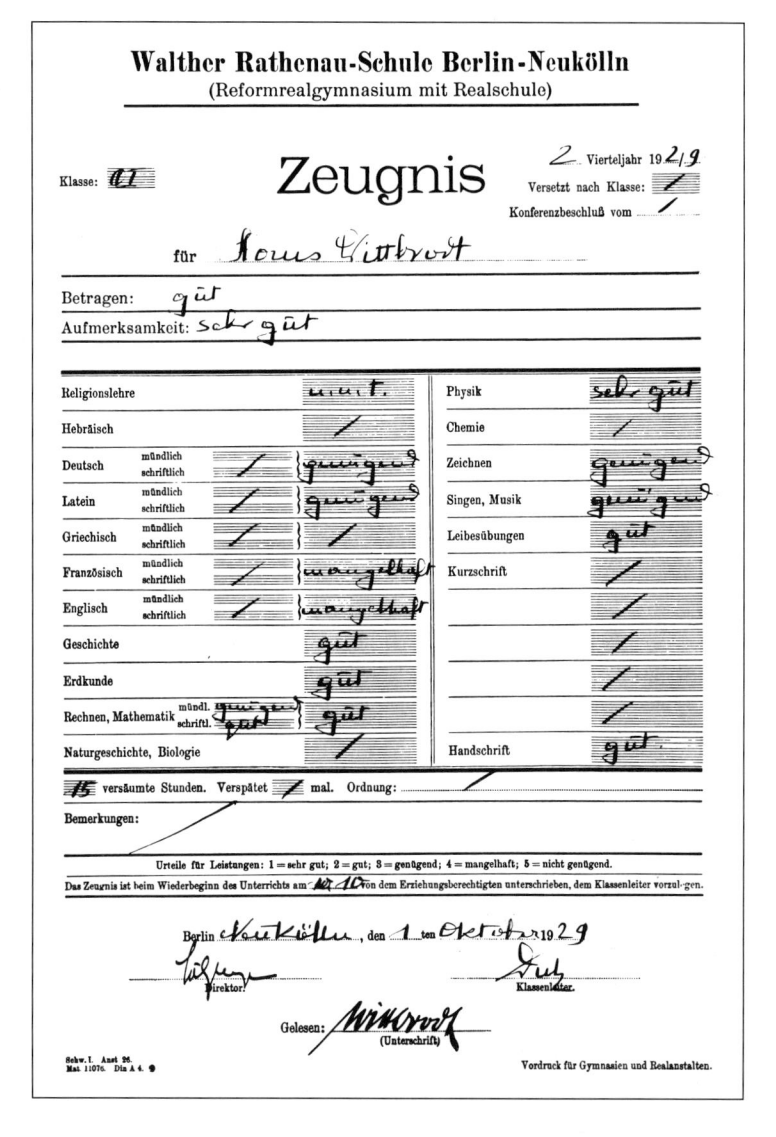

schen Oberverwaltungsgericht klagte. Erst dort wurde ihm Recht gegeben, und er erhielt wieder sein Grundgehalt als Studienrat. Auch die Rechte an seinen Schulbüchern wurden ihm abgepreßt, ein regimefreundlicher SA-Mathematiklehrer sollte Herausgeber werden. Auch hier konnte Lötzbeyer nur auf dem Klageweg eine Entschädigung und die Beteiligung an weiteren Auflagen erzwingen. Es gibt Hinweise, daß Lötzbeyer in der NS-Zeit im Amt hätte bleiben können. Allerdings hätte er dafür einen Ariernachweis erbringen müssen, was ihm faktisch keine Schwierigkeiten gemacht hätte. Er soll dieses Ansinnen aber mit den Worten „Ihr könnt mich mal!" abgelehnt haben.

Während der Naziherrschaft gab Lötzbeyer Deutschunterricht in Sexten und Quinten und suchte den Kreis um Niemöller in der Bekennenden Kirche in Dahlem auf. Sein Sohn hatte 1933, nach der Entlassung des Vaters, unter Mitschülern und Lehrern schwer zu leiden, denn auch angesehene Kollegen seien an der „Entlassung" beteiligt gewesen. Aus gut unterrichteter Quelle ist bekannt, daß zwei Lehrer an der Entlassung Lötzbeyers beteiligt waren, darunter einer der aktivsten des Kollegiums, der bereits 1912 an die Schule kam; ein kulturell hochstehender, vorbildlicher Lehrer und ein SA-Assessor, den Lötzbeyer als überzählig auf eine Entlassungsliste gesetzt hatte.

Heinz-Peter verließ die Schule. Die Familie zog nach Zehlendorf. 58jährig wurde Philipp Lötzbeyer als Major beim Heereswaffenamt als Mathematiker beschäftigt, das General Becker unterstand, der ihn aus dem Ersten Weltkrieg schätzte. General Becker gehörte zum Widerstand und beging schon vor Stalingrad Selbstmord.

Philipp Lötzbeyer wurde nach 1945 rehabilitiert und ging anschließend in den Ruhestand.

Die weitere Geschichte der Schule am Boddinplatz

Die Walther-Rathenau-Schule erhielt 1933 den Namen Richard-Wagner-Schule. Der alte Name war „untragbar" geworden. Schulleiter wurde der von der Albrecht-Dürer-Schule in der Emser Straße in Neukölln gekommene Dr. Benno Schneider. Da sein Unterricht nach Weltkrieg I bekannt ist, können wir ihn getrost als willfährigen Parteigänger mit militaristischen Zielen einstufen (siehe H. CRÜGER in diesem Band). Bereits 1938 erhielt die Schule wieder einen anderen Namen, weil in Berlin bereits eine weitere Schule den Namen Richard Wagners trug. Die Schule am Boddinplatz bekam den Namen Lettow-Vorbeck-Schule, städtische Oberschule für Jungen, so benannt nach dem gefeierten Kolonialhelden (siehe E. MEIER in diesem Band). Dann zog in die Schule eine Abteilung der

Die Lettow-Vorbeck getaufte Schule, ausgebrannt von Flammenwerfern der Roten Armee. Die SS hatte hier noch verteidigen wollen. Um 1945 — *Heimatmuseum Neukölln*

Kriegsmarine ein, die Schüler wurden ausgelagert oder gingen mit Dr. Rohr in die Kinderlandverschickung. 1945 verschanzte sich eine SS-Einheit im Gebäude, das daraufhin mit Flammenwerfern ausgebrannt und stark beschädigt wurde.

Nach dem Wiederaufbau erhielt die Schule ihren vierten Namen, Oskar-von-Miller-Oberschule, Berufsschule für Mechaniker und Dreher. Sie wurde später noch eine allgemeine Berufsschule und 1985/86 völlig umgebaut. Heute beherbergt sie die Volkshochschule, die Musikschule und die Abteilung Volksbildung des Bezirksamts Neukölln.

Die Schule hatte sich in den Jahren nach 33 offenbar wenig geändert. Das Personal war gleichgeblieben. Benno Schneider hatte zwar versucht, seine Methoden einzuführen, biß aber nach Aussagen von Herrn Blisse bei einigen Klassen auf Granit. Er sei gezwungen gewesen, nachzugeben. Eine eher liberale Kontinuität schien sich durchzusetzen, das Personal von Lötzbeyer führte die Schule offenbar in seinem Sinne weiter. Aus ihr sind viele bekannte Persönlichkeiten hervorgegangen. Das neueste Dokument im Archiv des Heimatmuseums ist ein Zeugnis des vielfach vom SED-Staat ausgezeichneten Hans Wittbrodt, des Sohnes von Wilhelm Wittbrodt, der in Neukölln sozialdemokratischer Politiker, Schulleiters der weltlichen Rütli-Schule und nach 1945 Schulrat und „Verdienter Lehrer des Volkes" war (Biographischer Teil in Bd. II).

Anmerkungen

1 R. Rogler: „Rätsel einer Schulhymne." — U. Gößwald, L. Thamm, Bez.Amt Neuk. (Hrsg.): *Erinnerungsstücke. Das Museum als soziales Gedächtnis*. Berlin 1991, S. 88-93

2 Zur Lektüre empfohlen folgende Schriften: Ph. Lötzbeyer: „Die Entwicklung der Walther-Rathenau-Schule." — *Der Schulfreund 2*, Nr. 6 (Nov. 1928). Hrsg. v. Verein der ehemaligen Schüler der Walther-Rathenau-Schule zu Neukölln, 55-60; J. Blisse: Streiflichter aus meiner Schulzeit an der Walther-Rathenau-Schule (Reformrealgymnasium) in der Boddinstr. (1926 bis 1935). Ms. v. 8. 8. 1991, im Bes. d. Autors (Heimatmuseum Neukölln)

3 W. Dutz: „Einiges zur Geschichte der Walther-Rathenau-Schule." — *Der Schulfreund 2*, Nr. 6 (Nov. 1928), 60-70

4 In einem Vortrag am 12. 11. 1991 in der VHS-Neukölln hatte Prof. Becker dies mit einem Beispiel aus seiner Schulzeit in Berlin-Wilmersdorf anschaulich beschrieben. Eines Tages kam sein Klassenlehrer in die Klasse und sagte: „Meine Herren, der Minister hat beschlossen, daß ab heute Sie der Mittelpunkt des Unterrichts sein sollen. Ich bin Ihr Experte." Er hat sich dann eine Woche hinten in die Klasse gesetzt und zugehört, wie diskutiert wurde. Nach einer Woche stand er wieder auf und sagte: „Meine Herren, Sie haben ja erlebt, so geht das nicht. Wir machen wieder weiter, wie wir es bis jetzt gemacht haben."

5 Autoren dieses Abschnitts H.-P. Lötzbeyer und R. Rogler

Dodo Stanić

Neue Kunstpädagogik an der Walther-Rathenau-Schule

Es gab viele reformfreudige Kunsterzieher in der Zeit der Weimarer Republik. Je nachdem, welche Bedingungen sie in den Schulen vorfanden, entwickelten sie mit ihren Schülern künstlerische Projekte, die nicht nur öffentliche Beachtung fanden, sondern vor allem den Kindern großen Spaß bereiteten.

Eine Schülergeneration zuvor war noch ein Zeichenunterricht praktiziert worden, der nichts mit Kreativität zu tun hatte, wohl aber mit Sauberkeit, Ordnung, Fleiß und Genauigkeit.

1923 übernahm Arthur Busse, damals 29jährig, den Kunst- und Werkunterricht an der Walther-Rathenau-Schule. Nach einer Tischlerlehre, einem Studium der Malerei an der Kunstakademie und der Teilnahme am I. Weltkrieg begann auch für ihn damit eine Phase seiner Lehrertätigkeit, in der er seine ganze Begeisterung und Aktivität entfalten konnte.

Kunst- und Werkunterricht wurde unter seiner Anleitung zu einem umfassenden schöpferischen Prozeß, bei dem sich beispielsweise das Schultreppenhaus in einen Urwald verwandelte oder der ausgediente Schulzaun zum Ungeheuer wurde.

All dies hat Arthur Busse fotografiert und damit seinen Unterricht, die Arbeit seiner Schüler und auch ein Stück Neuköllner Schulgeschichte dokumentiert.

Die Alben, in denen sich die nachfolgenden Fotos und Zeitungsausschnitte befinden, wurden nach dem Tod Arthur Busses von seiner Tochter auf dessen Wunsch dem Heimatmuseum Neukölln übergeben.

Links:
Das Treppenhaus wird zum „Urwald", Säulen und Lampen sind verkleidet, 1929/30. Zum Vergleich dasselbe Treppenhaus auf S. 273 in diesem Band —
Heimatmuseum Neukölln

Rechte Seite unten:
Kunstlehrer Busse mit Schülern bei der Arbeit an „Schachtelheim", o.J. —
Heimatmuseum Neukölln

„Schachtelheim". Stadt mit über zwei Meter hohem Dom, Rathaus und ca. 40 Häusern aus 6 000 Streichholzschachteln gebaut und mit Leimfarbe und Sand bemalt. Arbeitszeit: 4 Jahre in wöchentlich 2 Stunden. Entwurf und Ausführung: Schüler von der Quinta bis zur Prima, fertiggestellt 1931 — *Heimatmuseum Neukölln*

Der alte Schulzaun wurde zu Tieren
und Phantasiegebilden verarbeitet,
hier ein Storch, 1930/31 —
Heimatmuseum Neukölln

Zwei Totems aus dem alten Schulzaun —
Heimatmuseum Neukölln

Dokument 9   Max Osborn

Eine Schülerausstellung

Immer neue Anerkennung fordert, was jetzt die Zeichenlehrer unserer Schulen den Heranwachsenden durch unpedantische Erweckung des formalen Sinnes und eine auf natürlichen Voraussetzungen aufgebaute Anleitung ins Leben mitgeben. Mein Gott, wenn ich daran zurückdenke, wie meine Generation einst nach Gipsen zeichnen mußte, im ödesten Drill alle Lust verlor. Der Fortschritt ist gar nicht zu ermessen. Ueber alle Ausstellungen, die von ihm zeugen, kann ich nicht berichten; leider, denn was hier durch eine vernünftige und fröhliche Methode Positives für die Geistesbildung der Jugend geleistet wird, darf man sehr hoch anschlagen. Aber was ich soeben in der *Walther-Rathenau-Schule* zu Neukölln sah, kann nicht verschwiegen werden. Prachtvoll, wie dort die Zeichenlehrer Busse und Krammerer ihre Jungens listig und liebevoll dazu bringen, daß ein Gefühl für Raum, Linie, Farbe, Gestaltung von ihnen Besitz nimmt, wie sie mit ihnen die liebenswürdigste Kunstallotria treiben, die ganz gewiß für die Seele und für die Hand der Gymnasiasten von unberechenbarem Wert ist. Da werden aus den Resten eines Lattenzauns Tiere und Indianer hergerichtet. Da wird eine ganze Märchenlandschaft mit Palmen und dergleichen gezaubert. Da wird nicht nur gezeichnet und gemalt im gewöhnlichen Sinn, sondern Masken auf raffinierte Art fabriziert, an Teppichentwürfen gebastelt, Fotomontage getrieben. Da wird – man ist starr vor Bewunderung – aus Zündholzschachteln eine ganze Stadt aufgebaut, mit einer Kathedrale, mit Häusern, Straßen, Märkten. Jahre hindurch hat die ganze Schule von der Sexta bis zur Prima wöchentlich zwei Stunden an diesem herrlichen Spielzeug gearbeitet, das nun aber auch köstlich gelang. Ich sah eine Reihe der Städtebauer mit motierender Stimme – sie lachten stolz und vergnügt über ihr Werk.

Vossische Zeitung vom 26.3.1931

Klassenarbeit der Untertertia, 1931. Im Treppenhaus stand ein „Leuchtturm" mit ca. 50 Transparenten aus farbigem Seidenpapier. Hier zwei Beispiele —
Heimatmuseum Neukölln

An einer Ausstellung für das *Blatt der Hausfrau* von Oktober bis Dezember 1932 beteiligten sich Schüler der Walther-Rathenau-Schule mit selbstgemachtem Spielzeug —
Heimatmuseum Neukölln

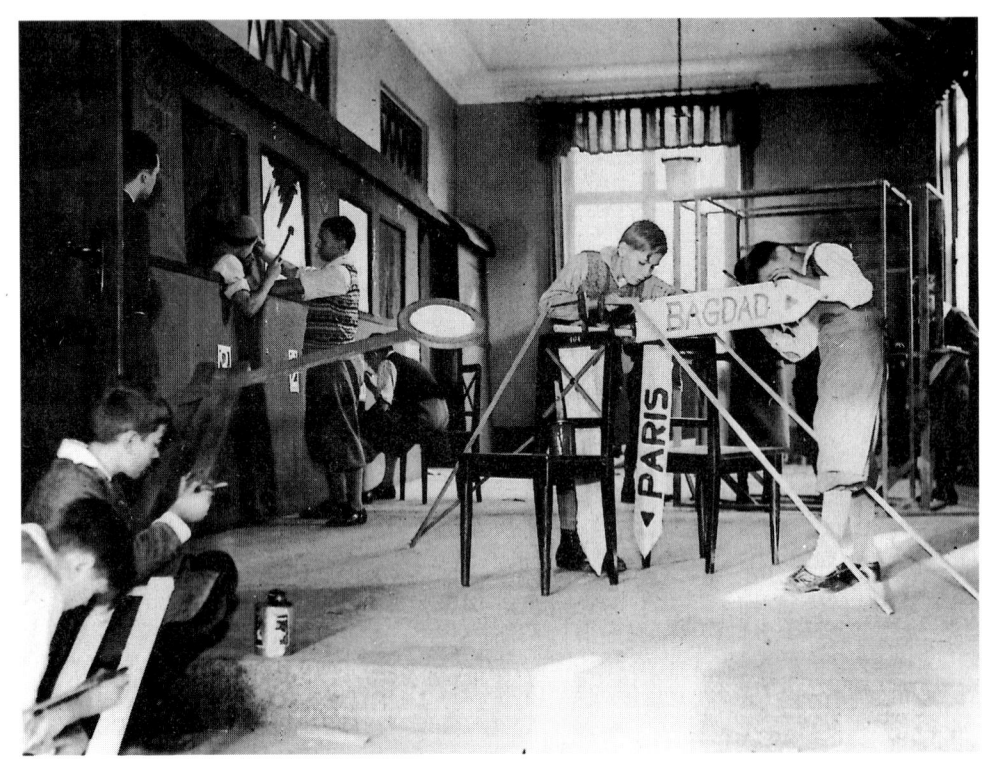

Für die Schulaufführung „Rund um die Welt"
bauten die Schüler Dekorationen.
Die Vorhalle zur Aula wurde zum
Bahnhof, 1932 — *Heimatmuseum Neukölln*

Ein Zeitungskiosk darf in keinem Bahnhof fehlen.
Für die Schulaufführung „Rund um die Welt", 1932 —
Heimatmuseum Neukölln

Themenwechsel nach 1933: „Deutsche Volkstrachten" wurden mit Leimfarbe auf einem 80 Meter langen Wandfries aus Packpapier dargestellt, 1935. Die Schüler verrichteten freiwillig am Nachmittag auf den Gängen der Schule eine Arbeit, um die sie sich rissen —
Heimatmuseum Neukölln

Themenwechsel nach 1933: Selbstgebaute Schiffsmodelle stellen die „Skagerak-Schlacht" nach, 1941 —
Heimatmuseum Neukölln

Dokument 10   Krammerer, Zeichenlehrer

Zeichen- und Kunstunterricht

Der heutige Zeichen- und Kunstunterricht will als künstlerisches Fach die im Kinde schlummernden schöpferischen und gestaltenden Kräfte wecken und entwickeln. Was der Schüler an äußeren Eindrücken empfängt, was er innerlich erlebt und was er bewußt beobachtet, das soll er durch Form und Farbe zu gestalten versuchen.

In den unteren Klassen wartet die stets rege Phantasie der kleinen Schüler gewissermaßen nur darauf, etwas schaffen zu können. Erlebnisse aus der Umgebung, Eindrücke aus dem Lebenskreise des Schülers, alles, was seine Gedankenwelt erfüllt, wird freudig und durch keinerlei Erwägungen gehemmt dargestellt. Bewegte Szenen aus dem Deutsch-Unterricht, aus der Geschichte und der Religion, Gestalten deutscher Sagen und Märchen werden durch bildhafte Wiedergabe lebendig vor Augen gebracht. Buntes Papier wird geschnitten oder gerissen und zu farbigen Bildern zusammengesetzt. Aus dem Farbenkasten werden die Farben zum leuchtenden Farbenspiel auf das Papier gebracht. Die Hände, die sich immer betätigen wollen, stellen in der Zeichenstunde kleiner Werke her; selbstgemalte Hampelmänner, Weihnachtslaternen oder Fensterbilder aus farbigem Transparentpapier. Alle diese Arbeiten müssen als Ausfluß der reichen, immer regen Phantasie des Kindes bewertet werden.

In den mittleren Klassen, in denen der Gesichtskreis des Schülers schon ein weiterer ist, können die Aufgaben vermehrt werden. Die Natur in Pflanzen- und Tierwelt wird beobachtet, Licht und Farbe in ihrer Einwirkung auf die Umgebung berücksichtigt.

Durch alle Klassen ziehen sich Übungen in der Kunstschrift. Durch schöne Buchstabenformen, Zierformen und vor allem durch gefällige Anordnung in der Fläche wird der Sinn für Geschmack und Ausdruck gepflegt.

Es wird möglichst viel im Freien gezeichnet, damit die Schüler auch draußen die Augen aufmachen lernen und die Welt mit offenen Augen betrachten können. Wie sind allerdings in der Großstadt, besonders in Neukölln, in bezug auf künstlerisch hervorragende Bauten und landschaftlich schöne Umgebung, die von der Schule aus leicht erreichbar sind, etwas stiefmütterlich weggekommen. Aber bei eifrigem Suchen findet sich doch genug, was wertvoll ist, in Skizze und Zeichnung festgehalten zu werden: das Rathaus und sein Inneres, das Amtsgericht, einige nahegelegene Friedhöfe und Parkanlagen, das böhmische Dorf. Auch Arbeit und Verkehr in belebten Straßen füllen das Skizzenbuch mit lebendigen Gestalten. Diese Arbeiten wirken anregend für viele Schüler, die von mehrtägigen Schulfahrten und nach den Ferien von der Reise gern Skizzen aus der schönen deutschen Heimat mitbringen.

Besonders auf der Oberstufe bieten derartige Arbeiten die Grundlage für mancherlei Aufgaben, um an Bauten, Plastiken und Bildern Aufbau, Linienführung, Lichtverteilung, Farbenauswahl im künstlerischen Sinne zu erkennen und, z.T. aus dem Gedächtnis, in großen Zügen wiederzugeben. Schon auf der Mittelstufe beginnend und auf der Oberstufe mit ihrem reiferen

Verständnis fortgesetzt, führt der Unterricht in die Schönheit alter und moderner Graphik ein, unterstützt durch eigene Versuche in Linol- und Holzschnitt.

Durch Heranziehung geeigneter, guter Beispiele künstlerischer Schöpfungen in der Baukunst und in der bildenden Kunst wird der Sinn für die Gestaltung des Kunstwerks und für das persönliche Schaffen des Künstlers erschlossen. Die Schüler sollen dadurch hingeleitet werden, als Erwachsene den Erzeugnissen der Kunst und des Kunstgewerbes nicht fremd und verständnislos gegenüberzustehen, sondern ihre Schönheit empfinden und genießen zu können. Und gerade derjenige, der an sich selber, bei redlichem Streben, die Mühen, aber auch die Befriedigung beim Schaffen eines kleinen Kunstwerkes gespürt hat, – auch wenn mancher Versuch nicht restlos zum Ziele führte – wird fähig sein, das Schaffen seiner Mitmenschen, der begnadeten Künstler der Gegenwart und der Vergangenheit zu verstehen und zu würdigen.

Der Schulfreund 2, Nr. 5 (1928), 35-36. Hrsg. v. Verein ehem. Schüler der Walther-Rathenau-Schule zu Neukölln

Karen Hoffmann

Die natürlichste Sache der Welt?
Erfahrungen mit der Koedukation

„Ich hab' sehr geweint, weil ich dachte ..., ich komme in eine Mädchenklasse. Das wär' mir furchtbar gewesen", beschreibt Ilse Thilo ihre Gefühle im Jahr 1931 – als 13jähriges Mädchen.[1] Sie hatte Glück. Ihre Familie lebte damals im Berliner Arbeiterbezirk Neukölln. Dort gab es – bedingt durch ein starkes politisches und soziales Engagement von Eltern wie auch von Lehrern – einige Reformschulen, mit denen sowohl in pädagogischer Hinsicht und als auch in Bezug auf die Organisationsstrukturen Neuland betreten worden war (siehe G. RADDE, V. HOFFMANN in diesem Band). Eine der Neuerungen war der gemeinsame Unterricht von Mädchen und Jungen. Koedukation wurde an „fast allen" sogenannten „weltlichen" Schulen[2] eingeführt, von denen es gegen Ende der Weimarer Republik in Neukölln elf Stück gab, sowie an allen aus diesen hervorgegangenen Versuchsschulen, den Lebensgemeinschaftsschulen. Im Bereich der höheren Schulen gab es in Neukölln die von dem Schulreformer Fritz Karsen geleitete Karl-Marx-Schule, die ab 1925 für Mädchen geöffnet war.[3] Ilse Thilo konnte so ihre gesamte Schulzeit in gemischten Klassen verbringen.

Heute muß keine Schülerin mehr Angst haben, getrennt vom anderen Geschlecht unterrichtet zu werden – im Gegenteil, das ist kaum mehr möglich. Koedukation ist seit Anfang der 70er Jahre in der Bundesrepublik zur Selbstverständlichkeit geworden und war lange Zeit kein Thema mehr. Mittlerweile hat sich das jedoch geändert: Eine Reihe von Untersuchungen über das Verhalten von Jungen und Mädchen in der Schule belegen, daß auch die jahrzehntelange gemeinsame schulische Erziehung geschlechtsspezifische Orientierungsmuster nicht aufgehoben hat, sie vielmehr eher verstärkt. In einer 1990 vom Berliner Senat herausgegebenen Broschüre über die „Förderung der Chancengleichheit von Mädchen und Jungen in der Berliner Schule" heißt es: „Die Tendenz, sich geschlechtsspezifisch zu orientieren, durchzieht Unterrichtsfächer-, Berufs- und Studienfachwahl, wobei sich abzuzeichnen beginnt, daß besonders koedukative Schulen diesen Trend bei Mädchen und Jungen zu fördern scheinen, während Unterricht in geschlechtshomogenen Gruppen ausgleichend wirkt."[4] Insgesamt seien die Mädchen an unseren Schulen benachteiligt, meinen Kritikerinnen und fordern ein Umdenken, eine Reform der Koedukation.

Hatte man sich damals in der Weimarer Republik, als die Schülerin Ilse Thilo sich so sehnsüchtig eine gemischte Klasse wünschte, die Hoffnung gemacht, daß Mädchen und Jungen die gleichen Chancen erhalten würden, wenn sie nur gemeinsam erzogen werden würden? War die Koedukation damals für die Schulreformer und Schulreformerinnen überhaupt ein Thema, das Beachtung fand und diskutiert wurde?

Über ihre praktischen Erfahrungen mit Koedukation an Neuköllner Schulen in der Weimarer Republik befragte ich zwei Zeitzeuginnen: die damalige Schülerin Ilse Thilo und die Lehrerin Marion Löffler. Ilse Thilos Eltern, die den Freidenkern angehörten, waren extra mit ihrer Familie aus einer Kleinstadt nach Berlin gezogen, um ihre Kinder in konfessionslosen, fortschrittlich geführten Schulen unterrichten zu lassen. So verbrachte ihre Tochter Ilse die gesamte Schulzeit an zwei bedeutenden Reformschulen des Bezirks.[5] Von 1927 bis 1931 war sie Schülerin an der von Adolf Jensen geleiteten 32. Lebensgemeinschaftsschule in der Rütlistraße (siehe V. HOFFMANN in diesem Band), 1931 wechselte sie dann auf die Aufbauschule der Karl-Marx-Schule über. Sie hatte eigentlich vor, Abitur zu machen. Als die Nationalsozialisten im Februar 1933 den Schulleiter Fritz Karsen und etliche Lehrer und Lehrerinnen entließen und die Struktur der Schule in ihrem Sinne völlig veränderten, entschloß sie sich, nach dem „Einjährigen" abzugehen. Nur drei Schüler und zwei Schülerinnen ihrer Klasse blieben bis zum Abitur.

Marion Löffler, Tochter aus gutbürgerlicher Hamburger Kaufmannsfamilie – mit „Großeltern wie die Buddenbrooks" –, war 1929 als junge Referendarin auf den Rat der Neuköllner Oberschulrätin Hildegard Wegscheider hin an die Aufbauschule des Kaiser-Friedrich-Realgymnasiums (ab 1930: Karl-Marx-Schule) gekommen. Sie hatte vorher noch nichts von dieser Schule gehört und hatte sich auch bis dahin nicht mit reformerischen Ansätzen auseinandergesetzt. Es gefiel ihr, und sie blieb dort, bis die Nationalsozialisten sie zusammen mit einigen anderen Kollegen und Kolleginnen als Vertretungslehrer an verschiedene Berliner Schulen versetzten (siehe G. RADDE, D. MISCHON-VOSSELMANN in diesem Band).[6]

Für Marion Löffler, damals noch „Fräulein Ruperti", war Koedukation „die natürlichste Sache von der Welt". „Ich hab' mich nie einen Augenblick gewundert, daß da Koedukation war ... Obgleich ich ja früher in Mädchenschulen gegangen bin, in Hamburg. Aber als Studentin war ich auch mit Jungen zusammen. Außerdem waren wir acht Geschwister, und wir waren immer mit Vettern und deren Freunden und sowas zusammen, also aufgewachsen bin ich immer zwischen Mädchen und Jungen."

„Wir haben das eigentlich gar nicht so empfunden, daß Jungen und Mädchen zusammen waren", erinnert sich Ilse Thilo. „Wir haben ja auch mit den Jungs zusammen jeden Sonnabend unten im Keller geduscht, Jungs und Mädchen zusammen. Da wär keiner draufgekommen, zu tuscheln oder zu gucken, gar nicht." (Die Rütlischule verfügte ab 1927 über ein Schulbrausebad).

Diese Einschätzungen überraschen etwas. Schließlich war es in der Weimarer Republik keineswegs üblich, daß – in den Städten – Mädchen und Jungen zusammen zur Schule gingen. Zwar wurden in Preußen im Jahr 1912 von insgesamt 6 Mio. Volksschulkindern etwa 2/3 in gemischten Klassen unterrichtet[7], es gab also quasi „eine Koedukation von unten"[8]. Dies galt aber für die ländlichen Gebiete und Kleinstädte. Finanzielle Erwägungen führten dazu, daß man dort für Mädchen und Jungen keine separaten Schulgebäude zur Verfügung stellte. Die Gemeindeschulen in einer Stadt wie Neukölln hingegen waren in der Regel fein säuberlich getrennt. Untergebracht waren sie meist in sogenannten Doppelschulen: ein Trakt für die Mädchen, der andere für die Jungen.

Neben dem zunehmendem Druck durch Eltern sowie durch die Lehrerinnenverbände hatten vor allem finanzielle Gründe den preußischen Landtag im Jahr 1924 bewogen, der wachsenden Nachfrage nach höherer Bildung für Mädchen durch eine sogenannte Notkoedukation zu begegnen. Mädchen durften von nun an auch höhere Knabenschulen besuchen, vorrangig da, wo „keine höheren Lehranstalten für die weibliche Jugend stehen

Marion Löffler, geb. Ruperti, mit ihrem Mann Hans. „26. 8. 39. Ein Tag vor der 1. Abreise zu den Soldaten, aufgenommen von Kurt" ist auf der Rückseite des Fotos vermerkt. Das Lehrerehepaar Löffler und ihr Freund Kurt Steffelbauer, ebenfalls Lehrer, waren aktiv im Widerstand gegen die Nationalsozialisten. Steffelbauer wurde 1942 wegen „Hochverrats" hingerichtet — *Privatbesitz Löffler*

und ihre Errichtung aus wirtschaftlichen Gründen nicht möglich ist" (STALMANN, S. 28).

Gerade die höhere männliche Bildung war bis dahin konsequent gegen weibliche Eindringlinge geschützt worden. Mit dem Hinweis auf einen angeblichen – vorwiegend von Männern normierten – „weiblichen Geschlechtscharakter"[9] wurde die Frau auf ihre Rolle als Ehefrau und Mutter verwiesen, auf die sie in einer vom Knaben getrennten, andersartigen schulischen Erziehung vorbereitet werden sollte. „Schafft Mütter!", verkündete 1921 die vehemente Koedukationsgegnerin Pestalozza: „Das heißt die Koedukation ablehnen, heißt den Lehrplan eigenartig und unterschiedlich von dem der Knabenschulen gestalten. Mütter schaffen, das heißt zum Dienen, Heben, Tragen, zur Fürsorge für Leib und Seele erziehen, heißt in den Lehrplan den Herd, die Wiege und das Krankenbett zu stellen ... Gerade der höchsten Mädchenbildung, der gymnasialen ..., müßte die Aufgabe zufallen, das innerste Wesen der Mütterlichkeit, den Verzicht zu bilden."[10]

Die Schulreformer setzten dieser Trennung der Geschlechter die Idee der Lebensgemeinschaft entgegen. Es galt, so führte Fritz Karsen aus, „in jedem Individuum den schöpferischen Menschen zu entdecken, ohne Unterschied des Geschlechts"[11]. Den Frauen wurde damit das Recht auf eine gleichartige und gleichwertige Erziehung zugestanden. Darüber hinaus sei die Koedukation, so argumentiert die dem *Bund der entschiedenen Schulreformer* angehörende Anna Siemsen, eine adäquate Antwort auf die gesellschaftliche Entwicklung in der Weimarer Republik, die zunehmend mehr Frauen in die Berufstätigkeit dränge. „Solange die männliche Ausbildung größere Möglichkeiten, eine mehr gesicherte und günstigere Lebensstellung gewährt, wird gleiche Ausbildung mit dem Manne das erreichbar Höchste, gemeinsame Erziehung ohne Bedingung und Einschränkung also das Streben sein" (SIEMSEN, S. 198).

Die bisherige Trennung der Geschlechter an den Schulen lehnten die Schulreformer ab, weil Männer und Frauen „... draußen im Leben überall vereinigt und in der modernen Zeit immer mehr aufeinander angewiesen" seien (NYDAHL, S. 336). Möglichst von früher Jugend an sollten Knaben und Mädchen gemeinsam aufwachsen. Die Emanzipation der Frau stand nicht im Mittelpunkt ihres Interesses. „Die neue Schule", so Karsen, „ ... hilft – nicht der Frau, sondern – jedem einzelnen Mädchen zum Ausdruck ihrer menschheitlichen Kraft in der Gemeinschaftserziehung" (SCHMIDT, S. 118). Ziel war die gleiche individuelle Förderung der Schüler und Schülerinnen. Koedukation wurde als natürliche Bedingung für die neue Schule gesehen, denn „Schulen Gemeinschaftsschulen nennen zu wollen, ohne die gemeinsame Erziehung der Geschlechter durchzuführen", wäre absurd, gibt Friedrich Weigelt, damals Lehrer an der Rütlischule, den Diskussionsstand unter seinen Berliner Kollegen wieder.[12]

Gemischte Klasse einer Neuköllner Lebensgemeinschaftsschule im Kunstunterricht, 1928 — *Heimatmuseum Neukölln*

Klasse der Lehrerin Hanni Teschner am Strand von Binz/Rügen mit Eltern; Lebensgemeinschaftsschule von Jensen, 1927 — *Privatbesitz Thilo*

Der Zugang zu den höheren Knabenschulen blieb allerdings in der Praxis auch gegen Ende der Weimarer Republik den meisten Mädchen versperrt: In Neukölln nahm neben der von Fritz Karsen geleiteten Karl-Marx-Schule nur noch die Realschule in Britz Schülerinnen aus der dortigen höheren Mädchenschule auf.[13] Dabei hob sich Neukölln noch positiv von den anderen Bezirken ab: Immerhin gingen 1931 von 691 Berliner Mädchen, die höhere Knabenschulen besuchten, 303 in Neukölln zur Schule![14]

Das zahlenmäßige Verhältnis zwischen Jungen und Mädchen war an fast allen höheren Knabenschulen, die Koedukation zuließen, sehr unausgewogen. Neben der Karl-Marx-Schule gab es 1930/1931 nur noch zwei Berliner Schulen, an denen die Schülerinnenzahl die Hundertergrenze überschritt: das Berlinische Gymnasium zum Grauen Kloster in Mitte und die Höhere Waldschule in Charlottenburg (ebd., 1932 und 1933, Kap. XV). Konkret bedeutete dies, daß es neben den gemischten Klassen immer noch reine Jungenklassen gab. Als beispielsweise Ilse Thilo im Jahr 1931 an die Aufbauschule der Karl-Marx-Schule kam, gab es dort, so berichtet sie, drei Untertertien, „davon zwei gemischte Klassen, Jungs und Mädels, und eine ausgesprochene Jungenklasse".

Probleme mit dem Mischungsverhältnis hat es offensichtlich auch im Volksschulbereich gegeben.[15] Friedrich Weigelt beschreibt diese Problematik in einem Aufsatz über die gemeinsame Erziehung von Knaben und Mädchen aus dem Jahr 1925. Eine im Frühjahr 1924 durchgeführte Erhebung über Koedukation an den Berliner Lebensgemeinschaftsschulen hatte ergeben, daß die Schulen die Zusammensetzung in den Klassen sehr unterschiedlich handhabten. Einzelne Schulen setzten die Geschlechter schematisch zusammen, bedacht auf eine annähernd gleiche Anzahl von Jungen und Mädchen. In der Rütlischule, die mit ihrer Konstituierung als Lebensgemeinschaftsschule im Jahr 1923 Koedukation eingeführt hatte, konnte sich jedoch jede Schülerin, jeder Schüler selbst entscheiden, ob er oder sie lieber in einer gemischten Klasse unterrichtet werden wollte oder nicht.[16] So blieben „neben den gemischten Klassen reine Knabenklassen in der 31. und reine Mädchenklassen in der 32. Schule erhalten".[17] Nach Angaben von Weigelt gab es 1924 es in der Rütlischule von 16 Klassen nur zwei, die eine ungefähr gleiche Anzahl von Jungen und Mädchen hatten, acht Klassen waren reine Jungen- bzw. Mädchenklassen, sechs Klassen wiesen ein ganz einseitiges Mischungsverhältnis auf. „Es ist erklärlich, daß sich dieses Zusammenleben nicht reibungslos von vornherein vollzog. Je älter die Kinder waren, um so schwieriger gestaltete es sich, so daß einzelne Klassen sich wieder reinlich schieden ... Je einseitiger das Mischungsverhältnis war, um so größer waren natürlich die Differenzen. Am wenigsten zeigten sie sich in den Klassen, die von Schulanfang her zusammengemischt waren" (WEIGELT, S. 162).

In der Unterrichtspraxis der Reformschulen war die Koedukation selbst kein Thema – so erlebten es die beiden Zeitzeuginnen Ilse Thilo und Marion Löffler. Auch die Problematisierung der Geschlechterrollen fand nicht statt. Im Vordergrund standen der besondere Unterricht, die neuen Methoden, politische Auseinandersetzungen, das völlig andere Zusammenleben von Schülern, Eltern und Lehrern. „Mein ganzes Sein hab' ich da reingesetzt", sagt Marion Löffler, „weil ich auch diese Pädagogik großartig fand und wirklich, wir waren ja dabei, neue Menschen zu erziehen."

In der praktischen Arbeit der Reformschulen wurden übliche Rollenfestlegungen durchbrochen: Mädchen wie Jungen hatten selbstverständlich gemeinsam Werkunterricht. In der Rütlischule nahmen auch Jungen am Handarbeitsunterricht teil. „Handarbeit war an sich für die Mädchen angesetzt. Aber es wurde immer gesagt, ein Junge muß sich auch mal Strümpfe stopfen, oder der muß auch mit der Nadel umgehen können." In der Aufbauschule wurde Handarbeit gar nicht unterrichtet. „Wir hatten als Mädchen Gymnastikunterricht ... Geturnt haben wir nachher nur mit [dem Klassenlehrer] Lewinnek, der hat ja auch freiwillig Sport gegeben. Und er hat dann das letzte halbe Jahr, das wir bei ihm hatten, bei uns Geräteturnen gemacht – Jungs und Mädchen zusammen."

In den naturwissenschaftlichen Fächern spielten die Arbeitsgruppen eine große Rolle dabei, den Schülerinnen und Schülern einen Zugang zu der Thematik zu öffnen. „Ich habe viele Nachmittage in der Karl-Marx-Schule zugebracht", erzählt Ilse Thilo. „Lewinnek – bei dem hatten wir Mathematik, Physik und auch Chemie –, der hat immer nachmittags Arbeitsgemeinschaften gehabt. Nicht nur für unsere Klasse, da waren sie bis zum Abitur dabei, also alles durcheinandergewürfelt. Wir haben da alle Versuche, die wir am Vormittag im Unterricht besprochen haben, wiederholt. In Geometrie haben wir die Körper gebaut. Dann war das Schöne, daß man welche neben sich hatte, die das bereits beherrschten und konnten, und man arbeitete zusammen, weil es eben nicht begrenzt war auf eine Klasse, sondern übergreifend."

Die Karl-Marx-Schule brach auch mit dem Privileg der Männer, an den höheren Knabenschulen ohne die weibliche Konkurrenz unterrichten zu können. Frau Löffler, damals noch „Fräulein Ruperti", gehörte zu den wenigen Frauen in Neukölln, die an solch einer höheren Schule arbeiten durften. Dies war im Bezirk nur an der Karl-Marx-Schule möglich. 1931 waren dort 13 Lehrerinnen beschäftigt – und 51 Lehrer. An den anderen Neuköllner höheren Knabenschulen unterrichtete keine einzige Lehrerin – auch nicht an der Realschule in Britz, obwohl dort – wie schon erwähnt – Mädchen aufgenommen wurden.[18] Die Wahrung der höheren Knabenschulen als Domäne der männlichen Lehrer hat in der Abwehr der Koedukation eine nicht unerhebliche Rolle gespielt. Denn wer für gemischte Klassen war, konnte kaum für die Beibehaltung eines ausschließlich aus Männern bestehenden Lehrerkollegiums eintreten.

Frau Löffler machte in der Karl-Marx-Schule die Erfahrung, daß vor allem die Mädchen sie außerordentlich unterstützten und ihr halfen, anfängliche Unsicherheiten zu überwinden. Sie erinnert sich an die Situation, als sie als junge, unerfahrene Referendarin das erste Mal die Schule aufsuchte und zu ihrem Leidwesen sofort von Karsen zu einer Klasse, einer Untersekunda, begleitet wurde, die sie unterrichten sollte: „Ich kam in die Klasse, und ein Mädchen führte den Unterricht – da war kein Lehrer. Es war Englisch – sie waren bei der Lektüre, und er [Karsen] sagte, ‚Hier, ich stelle euch eure neue Englischlehrerin vor ..., und die wird erst mal ansehen, wie ihr arbeitet‘. Und die arbeiteten dann ... Da war dieses Mädchen, die ja auch den Unterricht führte, ein KJ-Mädchen, Kommunistische Jugend, ein ganz reizendes und ganz kluges Mädchen. Und die mochte mich irgendwie, und ich freundete mich auch mit ihr an. Und es war schön, weil ich auch eine Hilfe bei ihr hatte, möchte mal sagen, in der Leitung der Klasse."

Bis heute hat Frau Löffler Kontakt zu zwei ehemaligen Schülerinnen aus der Karl-Marx-Schule. Vor allem durch die Studienfahrten, die sie mit ihren Klassen unternahm, lernte sie die Schülerinnen und Schüler gut kennen. „1932, also dicht vor 33, hatte meine Klasse noch keine Studienfahrt gemacht ... Ich hatte viel Material und viel darüber gele-

Zeichenunterricht mal ganz anders. Ilse Thilo (damals Ilse Miethke, hinten links) und Mitschüler/innen aus der Karl-Marx-Schule während einer Studienfahrt nach Finow-Falkenberg, 1932 — *Privatbesitz Thilo*

sen, daß Neusiedler angesiedelt worden sind im Osten, in der Gegend von Küstrin. Da bin ich dann mit dem Fahrrad hingefahren und habe mir diese ganze Gegend angesehen und habe als Thema gewählt: ‚Landwirtschaft' ... Ich bin mit dem Fahrrad alles abgeradelt und habe unser Nachtquartier festgelegt und unser Mittagessen. Und dann bin ich mit der Klasse hingefahren. Wir haben dann verschiedene Gruppen gemacht: Eine Gruppe hatte ‚Das Leben der Bauern und Neusiedler', die anderen hatten das Thema ‚Kuhstall' und eine Gruppe hatte ‚Schulen'. Und in dieser Gruppe waren die beiden Schülerinnen, mit denen ich jetzt noch zusammen bin ... Diese Mädchen hatten sich gleich dies interessante Thema rausgesucht, was mich natürlich auch am meisten interessiert hat". Für die Mädchen war der enge Kontakt zu ihrer Lehrerin offenbar sehr wichtig. Sie vertrauten ihr, sahen in ihr nicht nur die Lehrerin, sondern auch die ältere Freundin. So war sie in persönliche Probleme, Verliebtheiten und ersten Liebeskummer einiger ihrer Schülerinnen eingeweiht.

Es gab damals natürlich auch an den Reformschulen geschlechtsspezifische Rollenverteilungen zwischen Jungen und Mädchen. Im Unterricht an der Karl-Marx-Schule beobachtete Ilse Thilo z. B. eine gewisse Dominanz der Jungen. „Die Mädchen waren vielleicht zum großen Prozentsatz ruhiger als die Jungen. Ich weiß noch, daß Lewinnek oft gesagt hat, ‚Du mußt dich auch mal ausdrücken, du bist so gut'. Die Mädchen taten sich schwerer – bis auf einzelne, haben sich schwerer an Diskussionen und so beteiligt." Die Elite bildeten die Jungen. „Das war eigentlich nachher nur, als wir zusammengelegt wurden, 1933. Das waren ja noch eineinhalb Jahre, die wir noch zur Schule gegangen sind, bis zum Einjährigen. Da waren ein paar Mädchen aus der Ruperti-Klasse, die ans Niveau unserer Elite mehr rankamen und die dann auch mehr in Erscheinung traten. Lewinnek hat immer versucht, auszugleichen, hat gedämpft und hat sie auf eine andere Art und Weise beschäftigt, daß sie auch ruhiger waren."

Wie stark die Meinungen einiger Schüler von Vorurteilen gegenüber dem anderen Geschlecht geprägt waren, zeigen einige wenige, aber aufschlußreiche Äußerungen von Schülern der Rütlischule aus dem Jahr 1925 (WEIGELT, S. 166). Sie waren gefragt worden, ob sie die an ihrer Schule eingeführte Koedukation begrüßten und fortsetzen wollten oder nicht. „Die Mädels machen gern Aufsätze, aber wenn es an sachliches Denken herankommt, dann stehen sie da wie die Ochsen vor dem neuen Tor" (H. D., 12 Jahre). „Ich selbst stehe auf dem Standpunkt, daß die Mädels aus unserer Klasse rauskommen ... Nämlich einmal saß ich auf meinem Platz, da fühlte ich, mein Geist bleibt zurück, denn die Mädchen kommen in manchen Fächern nicht mit. Ich möchte was werden, aber?" (P. B., Klasse 2 m.).

Auch der Lehrer Weigelt hat genaue Vorstellungen von den verschiedenen Rollen, die Jungen und Mädchen in der Schule zu spielen haben. Er befürwortet die Koedukation, da „die gegenseitige Ergänzung in der besonderen Auffassung aller Gebiete zu einer ungeheuren Bereicherung, Belebung und Steigerung der ganzen geistigen Arbeit" führe (WEIGELT, S. 165). Worin er diese Ergänzung sieht, wird aus seinen weiteren Ausführungen über die Unterrichtspraxis in seiner Klasse an der Rütlischule deutlich: „Die Jungen haben die Führung, denn sie sind in der Mehrzahl; die Realien (Naturkunde, Geschichte, Erdkunde), Mathematik und praktische Betätigung stehen im Vordergrund. Aufsätze, Zeichnungen, Dichtungen werden in der Hauptsache verstandesgemäß aufgefaßt und bearbeitet. Die Mädchen besitzen vielfach nicht die innere Verbindung dazu und ihr Interesse fehlt. Dafür ergänzen sie gerade in Musik und

Friedrich Weigelt (rechts) von der 31. Schule mit seiner gemischten Klasse auf einer Harzreise, 1930 —
Privatbesitz V. Hoffmann

Dichtung die einseitige Knabenarbeit und schaffen manche genußreiche Erlebnis-Stunde. Besonders angenehm wird es empfunden, daß Knaben und Mädchen zusammen sind, wenn wir Fragen der geschlechtlichen Aufklärung berühren. Ein Junge sagte vor kurzem nach solch einem Thema: ‚Es ist doch gut, daß Mädchen dabei waren, da werden die Jungs sich mit ihnen nicht mehr in unanständiger Art darüber unterhalten'" (WEIGELT, S. 165). Den Mädchen verbleibt der unattraktive Part in diesem Arrangement: Reduziert auf ihr Gemüt wird ihnen der Verstand weitgehend abgesprochen, und darüber hinaus werden sie dazu benutzt, unerwünschtes Verhalten der Jungen abzuschwächen oder gar unmöglich zu machen. Bis heute hat sich das Vorurteil vom mangelnden Intellekt der Mädchen gehalten. Gute schulische Leistungen von Mädchen werden in der Regel nicht auf ihre Intelligenz, sondern auf Fleiß zurückgeführt. Auch die Rolle der Mädchen als auf die Jungen mäßigend einwirkende Helferinnen der Lehrer kennt jede Lehrerin und jeder Lehrer aus der heutigen Schulrealität.

Die Reformschulen der Weimarer Republik ermöglichten mit der Einführung der Koedukation erstmals auf einer relativ großen Basis gleiche Bildung für Mädchen und Jungen. Töchter aus Arbeiterfamilien erhielten über die Aufbauschulen die für sie ansonsten unerreichbare Chance des sozialen Aufstiegs durch höhere Bildung.[19] Den konservativen, moralisch-sittlichen Bedenken der Kritiker stellten die Reformer die Praxis eines natürlichen, unverkrampften Miteinander der Geschlechter gegenüber. Unbestreitbar haben sie für die Gleichberechtigung der Frau wichtige Schritte getan. Die Erwartung, durch die Einführung einer neuen, demokratischen Schule – ohne besonderes Eingehen auf das Verhalten von Jungen und Mädchen und ihre unterschiedlichen Interessen – tatsächliche Chancengleichheit herzustellen, erscheint aus heutiger Sicht nicht einlösbar. Allerdings blieb den Reformern kaum Zeit, ihre Erfahrungen mit Koedukation zu überdenken. Die Nationalsozialisten zerstörten sofort nach ihrer Machtübernahme 1933 die in der Weimarer Republik entwickelten schulreformerischen Modelle. Die Lebensgemeinschaftsschulen und die weltlichen Schulen wurden aufgelöst. Schülerinnen und Schüler wurden – nach Geschlecht getrennt – auf konfessionelle Volksschulen verteilt (siehe D. MISCHON-VOSSELMANN in diesem Band).

Die nationalsozialistischen Vorstellungen von Zucht und Ordnung, verbunden mit der Ideologie von der deutschen Mutter und Hausfrau, vertrugen sich nicht mit dem Ziel einer gleichberechtigten, gemeinsamen Erziehung von Jungen und Mädchen. Nur an den höheren Schulen wurden Ausnahmen gemacht. An der von den Nationalsozialisten wieder in „Kaiser-Friedrich-Realgymnasium" umbenannten ehemaligen Karl-Marx-Schule beispielsweise konnten auch noch nach 1933 Schülerinnen das Abitur machen.[20] Bezeichnend ist, daß nach außen hin diese Mädchen verschwiegen wurden. In der offiziellen Bezeichnung hieß die Schule nach 1933 „Höhere Schule für die männliche Jugend" (Verw.ber. 1932-1936).

Die Erfahrungen mit Koedukation an den Reformschulen blieben auf einige wenige Jahre beschränkt. Eine kontinuierliche Weiterentwicklung, eine Auseinandersetzung mit Fehlern konnte nicht stattfinden. Wer weiß, vielleicht wäre sonst die heute geforderte Reform der Koedukation schon längst Praxis.

Anmerkungen

1 Ilse Thilo, Jg. 1918, ist bis heute eng mit Neukölln verbunden. Seit 1949 ist sie an der Volkshochschule Neukölln als Dozentin tätig.

2 Jens Nydahl (Hrsg.): *Das Berliner Schulwesen*. Berlin 1928, S. 52

3 Im April 1925 wurden die ersten Mädchen an die UIII der Aufbauschule des Kaiser-Friedrich-Realgymnasiums (der späteren Karl-Marx-Schule) aufgenommen, die bereits in gemischten Klassen unterrichtet worden waren. Siehe Verwaltungsbericht der Stadt Berlin 1924-1927, H.22, Verwaltungsbezirk Neukölln. Hrsg. Statist. Amt der Stadt Berlin — Verwaltungsberichtstelle. Berlin 1931, S. 40; siehe auch G. Radde: *Fritz Karsen, Ein Berliner Schulreformer der Weimarer Zeit*. Historische und Pädagogische Studien, Bd. 4. Berlin 1973, S. 353, Tab. 5

4 Senatsverw. f. Schule, Berufsbildung u. Sport Berlin (Hrsg.): *Förderung der Chancengleichheit von Mädchen und Jungen in der Berliner Schule. Informationen für Lehrerinnen und Lehrer*. Bd. 1, Berlin 1990, Teil B, S. 5

5 Ilse Thilo kam erst mit 10 Jahren an eine öffentliche Schule. Vorher hatte sie Privatunterricht, unter anderem – zusammen mit anderen Kindern – bei Adolf Jensen, der sie auf den Übergang zur Rütlischule vorbereitete.

6 Marion Löffler, geb. 1904, arbeitete nach dem Krieg erst als Lehrerin, ab 1949 als Leiterin der Aufbauschule in Lichtenberg.

7 Vgl. Christiane Mewaldt von Wedel auf dem Frauenkongreß 1912 in Leipzig — F. Stalmann: *Die Schule macht die Mädchen dumm.* München 1991, S. 27

8 A. Siemsen: „Die gemeinsame Erziehung der Geschlechter." — Zentralinst. f. Erziehung u. Unterricht Berlin (Hrsg.): *Die Deutsche Schulreform. Ein Handbuch für die Reichsschulkonferenz.* Leipzig 1920, S. 195

9 M. Kraul: „Normierung und Emanzipation. Die Berufung auf den Geschlechtscharakter bei der Institutionalisierung der höheren Mädchenbildung." — K.-E. Jeibmenn (Hrsg.): *Bildung, Staat, Gesellschaft im 19. Jahrhundert. Mobilisierung und Disziplinierung.* Stuttgart 1989, S. 220

10 H. v. Pestalozza: *Der Streit um die Koedukation in den letzten 30 Jahren in Deutschland.* Langensalza 1921, S. 79, zit. n. H. Faulstich-Wieland (Hrsg.): *Abschied von der Koedukation? Materialien zur Sozialarbeit und Sozialpolitik.* Bd. 18. Frankfurt / M. 1987, S. 41

11 Zit. n. B. Schmidt: „Frauen- und Berufserziehung. Zum Problem der gemeinsamen Erziehung der Geschlechter bei Anna Siemsen und Olga Essig." — A. Bernhard, J. Eierdanz (Hrsg.): *Der Bund der entschiedenen Schulreformer. Eine verdrängte Tradition demokratischer Pädagogik und Bildungspolitik.* Frankfurt / M. 1991, S. 118

12 F. Weigelt: „Gemeinsame Erziehung von Knaben und Mädchen. Aus den Erfahrungen einer Gemeinschaftsschule." — *Lebensgemeinschaftsschule*, Nr. 11 (1925), S. 161

13 Die Schülerinnen der höheren Mädchenschule in Britz gingen von der II. Klasse ab auf die Realschule über (Einrichtung seit 1. 4. 23 unter gemeinsamer Schulleitung mit der Realschule) – Verw.ber. der Stadt Berlin 1924-1927, H. 22. Verw.bez. Neukölln. Hrsg. v. Statist. Amt der Stadt Berlin/Verwaltungsberichtstelle. Berlin 1931, S. 41; inwieweit es sich um echte Koedukation handelte, oder ob es innerhalb der Schule eine extra Mädchenklasse gab, konnte ich nicht ermitteln. Die Anzahl der Schülerinnen war mit 20 (1930) und 21 (1931) relativ gering, vgl. dazu die Verwaltungsberichte der Stadt Berlin v. 1932 u. 1933.

14 Statistisches Jahrbuch der Stadt Berlin. 1933, Kap. XV

15 Leider geben die Verwaltungsberichte der Stadt Berlin keinen Aufschluß über den Anteil von Mädchen und Jungen an den einzelnen Gemeindeschulen; es liegen nur die Gesamtzahlen über das Geschlechterverhältnis an den Gemeindeschulen der einzelnen Bezirke vor.

16 Die von Vertretern der Elternschaft und den Lehrerkollegien der 31./32. Gemeindeschule eingesetzte Kommission, die Richtlinien für die Organisation als Gemeinschaftsschule entwickeln sollte, hatte festgelegt, daß die Eltern für eine Übergangszeit in der Mittel- und Oberstufe entscheiden konnten, ob ihre Kinder in eine gemischte Klasse gehen sollten oder nicht. Siehe E. Engel: *Die Gemeinschaftsschulen.* Leipzig 1922, Anl. 5

17 V. Hoffmann: Die Rütlischule – zwischen Schulreform und Schulkampf (1908-1950/51). Ms , Berlin 1991, S. 84. Netterweise stellte mir der Autor sein Material zur Verfügung.

18 1931: 21 Schülerinnen neben 131 Schülern. Statist. Jahrbuch der Stadt Berlin (1933), S. 151

19 Diesen Aspekt beschreibt Erna Nelki, einst wie Ilse Thilo Schülerin an der Neuköllner Rütlischule und der Aufbauschule der Karl-Marx-Schule, in der „Autobiographie eines Arbeitermädchens." — E. u. W. Nelki: *Geschichten aus dem Umbruch der deutschen Geschichte zwischen Assimilation und Asyl.* Hannover 1991

20 Auch die Höhere Waldschule in Berlin-Charlottenburg praktizierte nach Aussage von Frau Löffler weiterhin die Koedukation. Insgesamt veränderte sich in Deutschland der auch vorher schon geringe Anteil von Mädchen an höheren Knabenschulen zur Zeit des Nationalsozialismus kaum: 1935 6,4 %, 1937 6,8 % (zum Vergleich: 1931/1932 6,7 %). Siehe H. Faulstich-Wieland: *Abschied...*, S. 84

Doris Mischon-Vosselmann

Machtübernahme an den Schulen

Zum Zeitpunkt der Machtübernahme durch die Nationalsozialisten existierte keine nationalsozialistische Bildungskonzeption, sondern Schlagworte wie „Ich will keine intellektuelle Erziehung. Mit Wissen verderbe ich mir die Jugend ... Aber Beherrschung müssen sie lernen. Sie sollen mir in den schwierigsten Proben die Todesfurcht besiegen lernen" (Hitler über Jugenderziehung) mußten ein Programm ersetzen.

Die Eile, mit der Lehrer entlassen und fortschrittliche Schulstrukturen zerschlagen wurden, täuscht. Dennoch, die systemkonforme Schule wurde schnell geschaffen, wenngleich durch die Auseinandersetzungen zwischen Schuladministration und „Bewegung" an den Schulen ein ziemliches Durcheinander angerichtet wurde. Erst ab 1938 erschienen offizielle systematische Richtlinien und Lehrpläne, die das Reichserziehungsministerium erarbeitet hatte. Danach hatte die Schule im Nationalsozialismus folgendes zu leisten:

„Die Volksschule hat nicht die Aufgabe, vielerlei Kenntnisse zum Nutzen des einzelnen zu vermitteln. Sie hat alle Kräfte der Jugend für den Dienst an Volk und Staat zu entwickeln und nutzbar zu machen. In ihrem Unterricht hat daher nur der Stoff Raum, der zur Erreichung dieses Ziels erforderlich ist. Sie muß sich daher von all den Stoffen frei machen, die auf Grund überwundener Bildungsvorstellungen in sie eingedrungen sind." (Aus den Richtlinien für Erziehung und Unterricht in der Volksschule, 1939).

„Bei der notwendigen Betonung der Gegenwartsnähe hat die Mittelschule ihre Arbeit mit wirtschaftlichen Betrachtungsweisen im nationalsozialistischen Geiste zu durchdringen. Sie soll dadurch ein Geschlecht erziehen helfen, das in sich die Verpflichtung fühlt, dafür zu sorgen, daß von den wahren Volksgütern nichts vergeudet wird. Gewissenhaftigkeit, Gründlichkeit, Ordnungssinn, Sauberkeit, Sparsamkeit und jene feste Gewohnheit, auch die kleinsten Arbeiten sorgfältig, sach- und zweckgemäß auszuführen, sollen zu Grundtugenden der Schüler und Schülerinnen werden." (Aus den Bestimmungen über Erziehung und Unterricht in der Mittelschule, 1939).

„Aufgabe der Höheren Schule ist es ..., aus allen Kreisen des Volkes die zum Dienst unter einer gesteigerten Verantwortung fähigen und bereiten jungen Deutschen auszulesen und sie zu jener Entscheidungs- und Leistungsfähigkeit zu erziehen, die sie brauchen, um später die Verantwortung des Arztes und Richters, des Offiziers und Lehrers usw. tragen zu können ..." (Erziehung und Unterricht in der Höheren Schule, 1938).

Als diese ersten reichseinheitlichen Richtlinien für die einzelnen Schulformen herausgebracht wurden, war die äußere Gleichschaltung in organisatorischer und personeller Hinsicht sowie die ideologische Schulung weitgehend abgeschlossen, die angestrebte Dequalifizierung der Schüler eingetreten. Darüber hinaus waren die Gymnasiasten-

und Studentenzahlen in so starkem Maße zurückgegangen, „daß Wirtschaft und Wehrmacht schon bald nicht mehr die nötigen Zahlen von Abiturienten und Studenten finden" konnten.[1]

Die Situation in Neukölln

Zwar gab es auch in Neukölln konservative Schulen wie beispielsweise die Albrecht-Dürer-Schule (siehe dazu die Aufsätze von E. MEIER: Namensgebung, Geschlossene Gesellschaft und von H. CRÜGER in diesem Band) oder auch Volksschulen im alten Geist; dennoch gilt für Neukölln wie für kaum einen anderen Ort, daß hier mit dem 30. Januar 1933, dem Tag der Machtübernahme, „eine reiche Schultradition und ein tiefgreifender Versuch, Reformpädagogik genannt," endete.[2]

Insgesamt läßt sich feststellen, daß sich die durch Exponenten wie Kurt Löwenstein geförderte reformpädagogische Idee, getragen von einem immer größer werdenden Kreis sozialdemokratischer Lehrer, ständig weiter ausbreitete. Diese Entwicklung war den Nationalsozialisten bereits vor 1933 mehr als ein Dorn im Auge. Im August 1932 war im *Mitteilungsblatt des Nationalsozialistischen Lehrerbundes Gau Berlin* zu lesen:

„Den Vertretern einer Schulbonzokratie, die nunmehr vierzehn Jahre dazu beigetragen haben, die Seele unserer Jugend und ihrer Erzieher zu vergiften, sei dagegen in aller Deutlichkeit gesagt, daß wir gar keine Veranlassung haben, ihr verderbliches Tun mit dem Mantel der Liebe und der Vergessenheit zuzudecken. Wir kennen die Sünden dieser Gesellschaft und die Namen ihrer Träger und haben dafür zu sorgen, daß sie so schnell wie möglich verschwinden, damit weiteres Unheil verhütet wird."

Nach dem Papen-Putsch am 20. Juli 1932 konnten nationalsozialistische Lehrer, die aufgrund des Republikschutzgesetzes vom 25. Juli 1930 mit Berufsverbot belegt worden waren, nun wieder mit Drohgebärde an die Öffentlichkeit gehen. Viele ehemals entlassene NS-Lehrer wurden wieder eingestellt. Der Nationalsozialistische Lehrerbund (NSLB) hatte überdies einen großen Zulauf, da infolge der Sparmaßnahmen, die durch die Weltwirtschaftskrise vermehrt notwendig wurden, viele Lehrer in bedrängter wirtschaftlicher Situation sich ihm anschlossen. Zwischen 1930 und 1932 wurden für Lehrer sechs Gehaltskürzungen verfügt, die in Einzelfällen bis zu einer Kürzung von 40% des Gehalts führten. So fühlte sich der Verband stark im Kampf um die „wahrhaft deutsche Schule" (ebd.). Angriffe gegen die Vertreter der Reformpädagogik und die Schulen für die werdende Gesellschaft kamen allerdings nicht nur aus der Ecke des NSLB, sondern auch von seiten des konservativen Philologenverbandes und Teilen der konservativen Elternschaft (siehe U. BACH und E. MEIER in diesem Band).

Die Auswirkungen der Machtübernahme auf die Schulen Neuköllns – Organisatorische und personelle Veränderungen

Nicht über jede Umorganisierung oder auch Auflösung einer Schule wurde derart spektakulär berichtet wie bei der Karl-Marx-Schule in Neukölln (siehe D. MISCHON-VOSSELMANN in diesem Band). Ähnlich im Kreuzfeuer der Kritik stand die Rütlischule, eine Lebensgemeinschaftsschule, die besonders unter ihrem ersten Rektor, dem Schulreformer Adolf Jensen, über Berlin hinaus bekannt geworden war (siehe G. RADDE und V. HOFFMANN in diesem Band). Hier war der kommunistische Einfluß sehr stark. Neben diesen beiden Schulen gab es in Neukölln zum Zeitpunkt der Machtübernahme elf weltliche Volksschulen, in denen es keinen Religionsunterricht gab, sowie höhere und mittlere Schulen, an denen reformpädagogische Ideen Eingang gefunden hatten, ohne daß sie direkt als reformpädagogische Schulen zu bezeichnen gewesen wären. Die meisten dieser Schulen waren von der nationalsozialistischen Umgestaltung besonders betroffen, speziell von der „Säuberung" der Lehrkörper und der Schülerschaft. Darüber hinaus wurde aber jede Schule von ihren Lerninhalten her umgestaltet, ganz abgesehen von den Änderungen, die sich im Tagesablauf einer Schule durch zahlreiche Pflichtveranstaltungen ergaben, auf die später noch eingegangen wird.

Daß auch die Sonderschulen von einschneidenden Veränderungen nicht verschont bleiben konnten, liegt auf der Hand. Mit dem nationalsozialistischen Menschenbild vereinbarte es sich nicht, daß für „körperlich und geistig minderwertige Volksschulkinder ... das Doppelte wie für ein Kind der Normalschule verausgabt wird ... Durch Zurückführung der übertriebenen Fürsorge für die minderwertigen Schulkinder auf ein normales Maß"[3] konnten in Neukölln zwischen 1933 und 1935 16 Klassen geschlossen werden.[4]

Wenn auch kein anderes Kollegium einer höheren Schule Neuköllns so radikal umgekrempelt wurde wie das der Karl-Marx-Schule, so wurden doch überall die Kollegien von „politisch unzuverlässigen und rassisch unerwünschten Elementen gesäubert."[5] Was wurde aus den Lehrern und Rektoren, die ihre Schule innerhalb weniger Wochen und Monate verlassen mußten? Ich möchte hier nicht auf Einzelschicksale eingehen, zumal die persönliche Geschichte der meisten nicht mehr nachvollziehbar ist. Für die Schulleiter hat es Fritz Hoffmann, der letzte Rektor der Rütlischule, so formuliert:

„Die große Barbarei hat sie alle, die – jeder für sich – ein Schulleben eigener Prägung entwickelt hatten, um die Vollendung betrogen: Adolf Jensen, den Dynamischen und pädagogisch so Unbedingten, Wilhelm Blume, der sein einzigartiges Scharfenberg verlassen mußte, ... Karl Linke, der am Hertzbergplatz über Jahre hinaus eng mit der Karl-Marx-Schule zusammengearbeitet hatte ..., Kurt Löwenstein, der alle Schulversuche schulpolitisch absicherte und der sie schützte, personell und materiell förderte, und Fritz Karsen, ... erschüttert von dem Entsetzlichen, was sich in Deutschland entwickelt hatte und über Europa und die Welt heraufzog."[6]

Der Schulleiter der Walter-Rathenau-Schule, einer Jungenschule am Boddinplatz, Dr. Philipp Lötzbeyer, wurde während der Osterferien als „Judenfreund, jüdisch versippt und politisch unzuverlässig beurlaubt" (siehe R. ROGLER in diesem Band). Einige seiner Kollegen an der Walther-Rathenau-Schule hatten ihn denunziert. Der Name der Schule war mit der Machtübernahme durch die Nationalsozialisten ebenso untragbar geworden, sie wurde in Richard-Wagner-Schule umbenannt. Schulleiter wurde Dr. Benno Schneider, der, wie ehedem Schwedtke, von der konservativen Albrecht-Dürer-Schule kam (siehe H. CRÜGER und E. MEIER in diesem Band).

Die 3. Höhere Knabenschule Neuköllns, die Albrecht-Dürer-Oberschule (ADO), hat sich der neuen Zeit und den neuen Machthabern freiwillig angepaßt, so daß nur ein Lehrer dieser Schule strafversetzt wurde. Studienrat Dr. Max Quadt wurde Ende 1933 einer anderen Anstalt überwiesen, vermutlich wegen politischer Unzuverlässigkeit, fiel er doch schon früher durch Abiturthemen auf, die für die ADO eher unübliche Akzente setzten, z.B. „Die Entwicklung des demokratischen Gedankens in den deutschen Reichsverfassungen von 1849, 1871 und 1919." Ein Thema eines Kollegen zum gleichen Abitur: „Demokratie, ihr Wesen und ihre Gefahren" (ebd., S. 87, 149). Versetzungen dieser Art führten bei den Betroffenen zur Verunsicherung und erzeugten Angst, so daß in der Regel die „freiwillige" Anpassung erfolgte. Ein jüdischer Schüler sowie ein Lehrer dieser Schule, Vater und Sohn, „verschwinden 1933 von einem Tag auf den andern kommentarlos aus den Listen" (ebd., S. 148f.).

Über die höheren Mädchenschulen liegen kaum Informationen vor, doch geht aus der Schulchronik des Ober-Lyzeums, der späteren Agnes-Miegel-Schule, hervor, daß auch hier der Schulleiter abgesetzt und die Schule bis zum 17.11.1933 durch den kommissarischen Leiter Dr. Bierbach verwaltet wurde. Am 17.11.1933 trat der neue Direktor, Studienrat Huth, Mitglied der NSDAP, sein Amt an. Die Schule hatte einen unglaublichen Schülerinnenrückgang zu verzeichnen. Von 1 100 Schülerinnen aus der Zeit der Weimarer Republik waren 1933 noch 400 verblieben.[7] Hier griff wohl schon voll die nationalsozialistische Anschauung, daß Frauen nicht in großem Stil höhere Bildung erhalten sollten, da nach Hitler „das Ziel weiblicher Erziehung unverrückbar die kommende Mutter"[8] zu sein hatte. In diesem Kontext steht das Gesetz vom 25.4.1933 „gegen die Überfüllung der deutschen Schulen und Hochschulen", das gegen Juden und Frauenstudium gerichtet war (SCHOLTZ 1980, S. 12.). Danach durften Frauen nur noch zu einem Anteil von 10% der männlichen Abiturienten an den Hochschulen zugelassen werden (ebd., S. 60).

Nach dem Neuköllner Verwaltungsbericht von 1932-36, der einen Rückblick auf die Jahre 1928-31 enthält, wurden an den Mittelschulen keine Entlassungen vorgenommen. Dies ist verwunderlich, da sich z.B. aus der Schulchronik der 2. Mädchen-Mittelschule, die sich am Richardplatz befand, Sympathie für die Reformpädagogik ableiten läßt. Die Schülerinnen der Klasse IB stellten in Anlehnung an die Aufbauschule unter Karsen den Antrag auf Einrichtung einer „Schulgemeinde", den das Kollegium weiterleitete. Diesem Antrag wurde durch das Provinzialschulkollegium entsprochen, so daß das Projekt als Schulversuch gestartet werden konnte. Jedes Jahr gingen einige Absolventinnen dieser Schule auf die Aufbauschule der Karl-Marx-Schule, was die Schulleiterin, Frau Dr. Gertrud Rosenow, stolz in der Chronik vermerkte. Sie hatte die Schule schon 1930 verlassen, um als Schulrätin nach Halle zu gehen, doch das Kollegium, das zu ihrer Zeit die Schülerinnen unterrichtete, blieb bis weit in die 30er Jahre hinein in seiner Zusammensetzung erhalten. Lediglich durch altersbedingtes Ausscheiden gab es Veränderungen, ein insgesamt ungewöhnlicher Fall. 1933 wurde ein Lehrer aus dem Kollegium zum kommissarischen Leiter ernannt.[9]

Mit der Auflösung der weltlichen Schulen ist ein besonders dunkles Kapitel aufzuschlagen. Sie stellte die Schulbehörde und die Volksschulen vor eine fast unlösbare organisatorische Aufgabe, mußten doch fast 5 000 Schüler dieser Schulen umverteilt werden. Die an einigen Schulen praktizierte Koedukation wurde dabei aufgehoben, d.h. Mädchen und Jungen wieder getrennt unterrichtet. Die Maßnahmen brachten für die Neuköllner Volksschulen eine Frequenzerhöhung um durchschnittlich 4,5 Kinder pro Klasse mit sich. In der Regel saßen nunmehr 42 Kinder in einer Klasse (Verw.ber., S. 66).

Die Prüfungsberichte der kommissarischen Schulleiter, die mit der Auflösung betraut worden waren, ließen selten ein gutes Haar an der Arbeit dieser Schulen und ersparten sich kaum einen Gemeinplatz, der über weltliche Schulen im Umlauf sein konnte. So ist der Bericht vom 4. April 1933 über die Auflösung der 16. Volksschule in der Lessingstraße durchaus typisch. An diesem Tag löste Franz Mahlke die sozialdemokratische Rektorin Behncke ab.

„Sie hinterließ nicht nur unordentliche Schränke und durcheinandergewürfelte amtliche Mitteilungen, sondern alles in allem gesehen – eine Schule, die in ihrer geistigen Haltung typischer Ausdruck marxistischer Massenvergiftung ist. Der überwiegende Teil des Lehrkörpers war ihren Ideen nicht nur willfährig, sondern kam dieser Einstellung von sich aus weitestgehend entgegen ...

Die Schule umfaßte 282 Schülerinnen und 9 Lehrkräfte ... Infolge der freiwilligen Abmeldungen und durch die im Interesse des national-sozialistischen Schulaufbaus getroffenen Maßnahmen der Behörden schmolz die Zahl der Kinder in Kürze erheblich zusammen. Am 19. Mai wurden die letzten ‚Unentwegten' der 6. Schule überwiesen. Ein Teil der Lehrkräfte wurde an andere Schulen versetzt. Zuvor wurde das Leistungsniveau der Kinder festgestellt durch Aufsatzthemen und eine Reihe von Fragen aus dem verbindlichen Stoffgebiet in Deutsch, Geschichte, Rechnen und Erdkunde. Das Ergebnis war beschämend, wie die Anlagen nachweisen ... Die Leistungen waren auf allen Gebieten mangelhaft, wenn nicht gänzlich ungenügend ... Der marxistische Spuk gehört nun als das traurigste Kapitel in der Neuköllner Schulgeschichte der Vergangenheit an."[10]

Aus Schülermund hört sich alles ganz anders an. Günter G. kam 1931 an eine weltliche Schule Neuköllns. „Der Schulwechsel war für mich sehr beeindruckend. Nachdem ich fast zwei Jahre nichts gelernt und nur gezittert hatte, wer heute dran war mit Prügel, kam ich auf eine Schule mit einem völlig freien, offenen Lernen, wo niemand gezwungen wurde. Das Lehren war so grundverschieden von der vorherigen Schule, weil es eigentlich kein Lehren, sondern ein Lernen war." Nach der Auflösung seiner Schule kam er an die 27. Schule. Dort hat der Lehrer „über das Wissen gestaunt, das wir mitbrachten. Wir waren den anderen we-

Franz Mahlke, Lehrer und Heimatdichter (1885-1957) —
Heimatmuseum Neukölln

sentlich voraus, und das letzte Schuljahr war für uns langweilig" (*Heil Hitler*, S. 33).

Die Rektoren der weltlichen Schulen wurden alle entlassen, und für die Lehrer begann die Zeit der Fragebogen und Überprüfungen, gegebenenfalls der Versetzung oder Entlassung. Der Schulbürokratie schienen die Revisionen nicht mit dem nötigen Nachdruck zu erfolgen. Deshalb wurden am 2. Januar 1934 die Schulräte ersucht, die Schulen in höherem Maße als bisher Revisionen zu unterziehen, um den jeweiligen Entwicklungsstand der nationalsozialistischen Erziehung zu überprüfen. Schließlich konnten aber alle Hospitationen, Revisionen und Bemühungen, Lehrer unter besondere Schulaufsicht zu stellen, nicht erreichen, daß aus Lehrern überzeugte Nationalsozialisten wurden, wenn sie es nicht aus sich heraus ohnehin waren, sondern nur, daß sie sich gezwungenermaßen den Verhältnissen beugten. So war die Möglichkeit der Weiterbeschäftigung oder Neueinstellung oft von individuellen schauspielerischen Fähigkeiten abhängig. Wer am überzeugendsten vermitteln konnte, daß „er voll und ganz auf dem Boden des Dritten Reiches steht" und die Kinder „im Sinn und in der Begeisterung für den Führer und sein Werk erziehen"[11] werde, der konnte sich der schulrätlichen Fürsprache gewiß sein. Dementsprechend anbiedernd waren auch die meisten Bewerbungsschreiben gehalten. Der Schulamtsbewerber Herbert H. fiel aber in Mißkredit, weil er „in seinem Tätigkeitsbericht Erbbiologie, Familienkunde und Rassenkunde" so behandelte, als wären es neue Fächer. Damit wurde er der „heiligen Aufgabe", die der Führer an Erziehungs- und Unterrichtsgrundsätze stellte, nicht gerecht (ebd.).

Daß den Verstellungskünsten eines Lehrers gelegentlich Grenzen gesetzt waren, zeigt das Beispiel des Neuköllner Lehrers Victor G., ehemals Sozialdemokrat, der sich aber als „Verführter" nicht strafbar gemacht hatte und seine gewandelte Gesinnung gegenüber dem Nationalsozialismus glaubhaft machen konnte. Er wurde von Eltern angezeigt, weil er sich über die vielen Hitler-Bilder im Klassenraum mokierte und den deutschen Gruß mit „Pfoten runter" quittierte (ebd.).

Ebenso wie es vorkam, daß Schüler freiwillig die Schule verließen, weil sie sich dem System nicht beugen wollten, gab es auch Lehrer, die aus eigenem Antrieb den Dienst aufkündigten. Ein solches Beispiel besonderer Zivilcourage soll hier auch angeführt werden. Der Rektor der 47./48. Gemeindeschule, Paul Gärtner, beschließt die Chronik der Schule vor seinem Ausscheiden mit den Worten: „Mit dem Umsturz 1933 folgt eine planmäßige Hetze gegen einige Lehrkräfte, besonders gegen den Rektor Gärtner, leider ist daran auch ein Lehrer der 47./48. Schule beteiligt. Die Hetzarbeit geschieht hinter den Kulissen, Denunziationen und anonyme Schreiben werden Brauch." Da die Schulverwaltung ihn nicht so schützt, wie er es glaubt, erwarten zu dürfen, tritt Rektor Gärtner am 30.9.1933 nach 35 Amtsjahren in den Ruhestand.[12]

Neben der Schüler- und Lehrerschaft wurden natürlich auch die Elternbeiräte „gesäubert". Alle aufgrund kommunistischer oder sozialdemokratischer Vorschläge gewählten Elternbeiräte mußten durch Erlaß vom 3.5.1933 mit sofortiger Wirkung ausscheiden.[13] Am 26.2.1934 wurde verfügt, daß die Neuwahl von Elternbeiräten auszusetzen sei. Damit war faktisch die Mitarbeit der Eltern in der Schule beendet, sie muckten nicht mehr auf.

Veränderungen im Schulalltag

Selbstverständlich beeinflußten die Veränderungen im Lehrkörper und unter der Schülerschaft den Schulalltag beträchtlich. Parallel zu diesen Veränderungen wurden die Lerninhalte der neuen Zeit angepaßt. Desgleichen wurde der schulische Alltag stärker reglementiert durch eine Vielzahl von Erlassen und Auflagen hinsichtlich abzuhaltender Gedenk- und Weihestunden oder Werbeaktionen für verschiedene Einrichtungen und Organisationen.

Das Klima verschlechterte sich durchweg. Es konnte kaum ein offenes Wort gesprochen werden. Selbst beiläufig hingeworfene Bemerkungen konnten eine Anzeige nach sich ziehen, und nicht wenige Lehrer mußten Denunziationen ertragen, die auf der Schulbehörde ein Nachspiel hatten. Viele Schüler bewegten sich ebenso in einem ständigen Kreislauf zwischen Anpassung und Angst, gelegentlich durchbrochen von Aktionen offener Aufmüpfigkeit. Eine Verfügung vom 26.4.1933, wonach Schüler, die aus nationalen Beweggründen strafbare Handlungen begangen hatten und deshalb der Schule verwiesen wurden, unverzüglich wieder aufzunehmen wären, steigerte bei vielen die Verärgerung. Auch die Tatsache, daß Schüler, die sich „in ihren Verbänden der nationalen Erhebung zur Verfügung gestellt" und deswegen schlechte Leistungen erzielt hatten, nachversetzt werden sollten, mußte zur Verunsicherung bei Schülern und Lehrern beitragen (ebd.).

Die „Leitgedanken zur Schulordnung" vom 20. 1. 1934 schrieben vor, daß „das gesamte innere und äußere Leben der Schule" auf die Aufgabe auszurichten sei, die Jugend zum „Dienst am Volkstum und Staat im nationalsozialistischen Geist" zu erziehen. „Lehrer und Schüler erweisen einander innerhalb und außerhalb der Schule den deutschen Gruß (Hitlergruß)"[14]. Zu diesem Gruß gab es seit 21.9. 1933 eine Ausführungsvorschrift, wonach jede Unterrichtsstunde damit zu beginnen und zu enden hatte, auch im Religionsunterricht. „Den nichtarischen Schülern ist es freigestellt, ob sie den deutschen Gruß erweisen oder nicht" (ebd.). Dazu eine Episode aus einem Kinderbrief aus dem Jahre 1933:

„In meiner Klasse war ich der einzige Jude. Aber ich bin doch gar kein Jude. Bis Ostern war ich Protestant. Dann hat man herausbekommen, daß Papa Jude ist, und da wurde ich auch Jude ... Wenn sie [die Lehrer] ins Zimmer kamen, mußte alles aufspringen und mit der rechten ausgestreckten Hand ‚Heil Hitler' rufen. Ich auch. Oder nicht. Das weiß ich nicht. Habe ich mitgemacht, dann rief die Klasse, ‚der Jud entweiht unsern Gruß'; und wenn ich nicht rief, dann schrie mich der Lehrer an: ‚Warte, du Marxistenbankert', und dann mußte ich ganz allein dreimal ‚Heil Hitler' rufen. Und die ganze Klasse lachte."[15]

Aus der *Berliner Fibel* (1935), S. 148 — *Heil Hitler, Herr Lehrer*, Reinbek 1983

Trinkbrunnen in der Berufsschule für Metallarbeiter, Donaustraße 120-126, im zeitgemäßen Schmuck. Aufnahme von 1936 —
Heimatmuseum Neukölln

Verpflichtend wie der deutsche Gruß wurde die Flaggenehrung zu Ferienbeginn und -ende sowie zu vielerlei anderen Anlässen. Zu flaggen war jeweils in der Reihenfolge schwarzweiß – Hakenkreuz – schwarzweißrot. Die Schulen und Klassenräume sollten mit „Bildern des Herrn Reichskanzlers" geschmückt und am passenden Ort Hitler-Büsten aufgestellt werden. Damit nur „künstlerisch wertvolle" Arbeiten in die Schulen gelangten, wurden von der Schulbehörde Exponate in allen Preis- und Qualitätsklassen empfohlen (ebd.). Auch Werbung für nationale Vereine und Verbände war nicht nur erlaubt, sondern die Schulleiter waren verpflichtet, diese an der schwarzen Tafel anzubringen. Die Abzeichen dieser Organisationen durften natürlich in der Schule getragen werden.[16]

An außerunterrichtlichen Veranstaltungen, die meist während der Unterrichtszeit abzuhalten waren, wurde den Schulen ein Mammutprogramm aufgeladen: Von der Schlageter-Feier bis zur Hermann-Löns-Gedenkstunde („dem Künder des Dritten Reiches"), von der Reichsgründungsfeier zur Gedenkstunde anläßlich Hitlers Amtsübernahme oder Geburtstag, von der Werbekampagne für den zivilen Luftschutz bis zur Gründungsfeier des V.D.A., vom „Großkampftag der Arbeitsschlacht" bis zur gemeinsamen Erinnerungsfeier an den Erwerb der deutschen Kolonien, vom Deutschen Erntedanktag bis zur Winterhilfswerksammlung, von der Gedenkstunde am Volkstrauertag bis zum Vortrag des Hellmuth von Wernsdorff über Deutsch-Südwest und Deutsch-Ost-Afrika, von der Ausstellung der 35. Volksschule in Neukölln zum Thema „Familienkunde" bis zum Film „Hitlerjunge Quex", von der Saar-Feier bis zu den Bismarckspielen usw. usf. Wenn auch viele der hier aufgeführten Veranstaltungen Pflichtcharakter hatten, so konnten die Schulleiter doch in gewissem Maße eine Auswahl treffen bzw. Prioritäten setzen.

Kritische Stimmen gegen den Unterrichtsablauf hemmende Aktivitäten sind sicher ebensowenig repräsentativ wie die Anbiederungen einzelner Schulleiter bei der Schulbehörde, die sich dienststeifrig geradezu darin übertrumpften, ihre Schule als Musterschule der neuen Zeit zu präsentieren. So führte Rektor Reinicke seine Schule, die 17. Gemeindeschule in der Weserstraße, nahtlos in die NS-Zeit. Das berühmte Orchester dieser Volksschule, das 1932 im Schulfunk mit Haydn und Mozart konzertierte, wird nun für die NS-Propaganda-Feiern eingesetzt und verleiht ihnen einen besonders festlichen Rahmen. Reinicke macht sich die Umerziehung seines Kollegiums zur persönlichen Aufgabe. Die Konferenzen werden in der Form ausgeweitet, daß er über Rosenbergs *Mythus des XX. Jahrhunderts* kapitelweise referiert.[17]

All die vorstehend ausgeführten Veränderungen im Schulalltag hatten jedoch weder für Lehrer noch Schüler die Auswirkungen, wie es die wenigen Verordnungen für die am Schulleben Beteiligten „nichtarischer Abstammung" hatten. Sie wurden sofort Menschen zweiter Klasse. Bei Schullandheimaufenthalten waren jüdische Kinder „unerwünscht", sie mußten den Unterricht einer Parallelklasse besuchen. „Nichtarische" Lehrer durften weder Deutsch, Geschichte noch Religion unterrichten. Da „die Erziehung zu nationalsozialistischer Weltanschauung und Staatsgesinnung" niemals „durch Rücksicht auf Angehörige anderer Anschauungen gehemmt werden" durfte, wurde „Nichtariern" die Möglichkeit eingeräumt, sich von einzelnen Unterrichtsstunden befreien zu lassen. Dennoch waren sie bis zur vollständigen „Sonderung" dem Hohn und Spott, der Diskriminierung und Aggressivität von Schüler- wie Lehrerseite ausgesetzt.[18]

Veränderungen der Lerninhalte

Aus den Gegebenheiten der Schulsituation in der Weimarer Republik resultiert, daß die komplette inhaltliche Neugestaltung einzelner Fächer schnell vollzogen werden konnte, ohne daß bereits speziell nationalsozialistische Lehrbücher existierten. In einer programmatischen Rede, gehalten am 8. März 1933, definierte Reichsinnenminister Dr. Frick die Aufgaben der Schule, insonderheit des Faches Geschichte, der „Entdeutschung" durch „völkisches Selbstbewußtsein" entgegenzutreten (*Berliner Tageblatt* v. 9.3.33). Am 5. Mai 1933 erging dann von der Schulbehörde eine Anweisung zum Geschichtsunterricht, wonach:

„Die großen nationalen Ereignisse der Gegenwart, die eine tiefgreifende Umgestaltung unseres Reiches herbeiführen, um unser Vaterland wieder groß und frei zu machen, ... in allen Schulen in den Geschichtsstunden eingehend zu behandeln [sind], die Taten des großen Führers der nationalen Bewegung und seiner Mitkämpfer sind mit Wärme und Dankbarkeit zu würdigen ... Zunächst ist nach dieser Anweisung der Geschichtsunterricht sofort zu gestalten. Dabei ist es selbstverständlich, daß die gesamte Schularbeit und nicht nur der Geschichtsunterricht die Aufgabe hat, die deutsche Jugend zu nationalen und christlichen Menschen zu erziehen und ihren Willen und ihre Kraft für das große Werk der Herstellung einer nationalen Volksgemeinschaft zu wecken und zu stärken. Bis weitere Weisungen ergehen, müssen diese Grundsätze der Gestaltung der gesamten Unterrichts- und Erziehungsarbeit zu Grunde gelegt werden."[19]

Eine der nächsten Maßnahmen zielte auf die Säuberung der Schülerbüchereien. Der Preußische Minister für Wissenschaft, Kunst und Volksbildung wandte sich über den Dienstweg am 24. August 1933 an alle Schulen:

„In Verfolgung meines Erlasses vom 8. Juni 1933 – U II C 5973 – bestimme ich, daß in keiner Schülerbücherei Schriften gehalten

Der Preußische Minister
für Wissenschaft, Kunst und
Volksbildung
U II C Nr. 1219.1

Berlin W.·8, den 19. Mai 1933
Postfach

Oberpräsident
der Provinz Brandenburg und von Berlin
Schulabteilung
Aktenzeichen: II A B C 13002.
Sonderakte.335

Schlageters Todestag.

Vor 10 Jahren wurde Schlageter im Ruhrgebiet von den Franzosen erschossen. Er tat als Student, Arbeiter und Soldat seine Pflicht in den dunkelsten Jahren einer stumpfen Ermüdung des Volkes. Mit wenigen Männern hat er ausgehalten, als Pazifismus und Landesverrat gemeinsam mit den Franzosen Deutschland beherrschten. Die Fahne der Erhebung durfte er sichtbar nicht tragen, die helle Flamme der Freiheit nicht sehen — aber seinen Namen hat er zum Feldzeichen des Kampfes gemacht. Neben Horst Wessel steht er als Beispiel vor der deutschen Jugend, die am 27. Mai in allen Schulen sein Andenken feiern soll.

Leicht ist es, im Glück patriotischem Rausch sich hinzugeben; Schlageters Ehre war seine Treue zu Volk und Land in ihrem Unglück. Die deutsche Jugend wird aufgefordert, dieses Vorbild deutlich zu sehen.

Ich ordne daher hiermit an, daß am 27. Mai d. Js. in allen Schulen meines Amtsbereichs des Todestages Schlageters in einer würdigen Schulfeier gedacht wird und bitte, sofort das Erforderliche wegen Vorbereitung der Feier zu veranlassen, auch die Presse unverzüglich zu unterrichten.

Die erforderlichen Überdrucke für die Schulen liegen bei.

Rust

An
die Herren Oberpräsidenten
(Abt. für höheres Schulwesen)

und die Herren Regierungspräsidenten
(Abt. für Kirchen und Schulen).

Mitteilung des Ministers für Wissenschaft, Kunst und Volksbildung, Rust, mit handschriftlichen Zusätzen von Schulrat Herrmann zur Schlageterfeier, 1933 — *Bezirksarchiv Neukölln* werden dürfen, die ich nachstehend kennzeichne.

1. Ungeeignete geschichtliche Bücher, wie sie durch den Erlaß U II C 5194.1 bereits verboten worden sind.

2. Marxistische und kommunistische ... Schriften ... von Marx, Engels, Kautzky, Rosa Luxemburg, Liebknecht, Trotzki, Lenin, Stalin u.ä.

3. Literarische Werke volksfremder Schriftsteller, die durch ihre Schriften verhetzend und zersetzend wirken und das Deutschtum zu schmähen sich nicht schämen; dazu gehören Bücher von Bert Brecht, Alfred Döblin, Lion Feuchtwanger, Ernst Gläser, Walter Hasenclever, Erich Kästner, Emil Ludwig Cohn, Heinrich Mann, Erich Maria Remarque, Ernst Toller, Kurt Tucholsky ...

4. Dramen und Erzählungen, in denen das Generationsproblem und seine Abart, das Lehrer-Schüler-Problem, in gehässiger und verzerrter Form behandelt werden; z.B. Forster, Der Graue; Gläser, Jahrgang 1902; Harich, Primaner; Lampel, Verratene Jungen; –, Revolte im Erziehungshaus; –, Pennäler; H. Mann, Professor Unrat; Noth, Die Mietskaserne; Torberg, Der Schüler Gerber hat absolviert; Wassermann, Der Fall Mauritius; Werfel, Nicht der Mörder, der Ermordete ist schuldig.

5. Das gute Kinder- und Jugendbuch, hg. vom Reichsausschuß für sozialistische Bildungsarbeit 1929" (ebd.).

Über solche Zusammenstellungen hinaus wurden ständig weitere einzelne Unterrichtsbücher aus dem Verkehr gezogen bzw. nachgeforscht, wer je mit bestimmten Büchern gearbeitet hat. So geriet beispielsweise das *Grimmsche Deutsche Wörterbuch* auf den Index oder die *Deutsche Kinderfibel* von Fischer/Heimann aus dem Rowohlt-Verlag. Immer wieder mußten die Schulen Inventarlisten ihrer Büchereien sowie Lektürelisten für einzelne Jahrgangsstufen einreichen.[20] Zugleich erhielten sie jedoch regelmäßig Hinweise über neue Unterrichtsmaterialien oder sogar Werbebroschüren, die genehmigt und für den Unterricht angeschafft werden sollten. So wurden z.B. Propagandaschriften, die die Parteileitung der NSDAP herausgab, ausdrücklich für den Unterricht empfohlen. Die Verlage reagierten ziemlich schnell auf die veränderte Situation und brachten zu noch genehmigten Büchern Ergänzungshefte heraus, dennoch trat häufig die Situation auf, daß Schulen angebotene Bücher einführten, noch ehe sie erschienen waren.

Desgleichen wurden andere Unterrichtsmaterialien wie Filme und Tondokumente eingezogen, die Landesbildstelle auch der „neuen Zeit" entsprechend ausgestattet mit Filmen wie „Hitlers Kampf um Deutschland", „Horst Wessel", „Volk und Führer", „Albert Leo Schlageter". Es wurden Theaterstücke empfohlen, die demselben Ziel, der Vermittlung des Nationalsozialismus, dienen sollten: *Langemarck* (Der Opfergang der deutschen Jugend) oder das Volksbühnenstück *Erbstrom* von Konrad Dürre. Letzteres wird den Schulen anheimgestellt, weil es „erbbiologische Geschehnisse unserer heranreifenden Jugend in anschaulicher Weise vor Augen" führt.[21] Im September 1933 schließlich ergingen Anweisungen für „Vererbungslehre und Rassenkunde in den Schulen":

„Die Kenntnis der biologischen Grundtatsachen und ihrer Anwendung auf Einzelmensch und Gemeinschaft ist für die Erneuerung unseres Volkes unerläßliche Voraussetzung ... Daher ordne ich bis zu endgültiger Regelung der Lehrausgaben an:

1. In den Abschlußklassen sämtlicher Schulen ... ist unverzüglich die Erarbeitung dieser Stoffe in Angriff zu nehmen, und zwar Vererbungslehre, Rassenkunde, Rassenhygiene, Familienkunde und Bevölkerungspolitik."[22]

Die Grundlagen sind im Biologieunterricht zu legen, der evtl. auf Kosten von Mathematik und Fremdsprachen auszubauen ist. Besonders Deutsch, Geschichte und Erdkunde sind in den Dienst dieser Aufgabe zu stellen. „In sämtlichen Abschlußprüfungen sind diese Stoffe für jeden Schüler pflichtgemäßes Prüfungsgebiet ... Ich sehe der Einreichung des aufgestellten Lehrplans bis spätestens 1. November 1933 entgegen" (ebd.).

Die Schulen reichten ihre Pläne ein und mußten bis Mitte Februar eine Zwischenbilanz abliefern, bei der die 2., die 3. und die 47./48. Volksschule, wie viele andere auch, minutiös ausgearbeitete Arbeitspläne vorlegten, z.B. zum Schwerpunkt Familienkunde:

„Von der Abhängigkeit des Menschen von seinen Eltern und von seinen Vorfahren. Aufstellung und Zeichnung einer Ahnentafel. Auswertung der Ahnentafel nach Vornamen, Familiennamen und Berufen. Krankheiten in einer Familie. Von den Geistesgebrechen. Von den Körpergebrechen und -krankheiten. Von der Verantwortung der Eltern gegenüber den späteren Generationen.
Rassenkunde und Rassenhygiene:
1. Entwicklung des Rassenbegriffes.
2. Erarbeitete Gedanken.
a) Jede Rasse muß untergehen, die ihr Blut sorglos Vermischungen hingibt. (Disraeli).
b) Die Blutsvermischung und das dadurch bedingte Sinken des Rassenniveaus ist die Ursache des Absterbens alter Kulturen. (Hitler).
c) Man wird vielleicht in 50 oder 100 Jahren nicht mehr verstehen, wie die Menschen einmal bei ihren Hunden, Kaninchen und Pferden streng auf die Rasse und Rassenpaarung hielten und ihre eigene Rasse in einem gro-

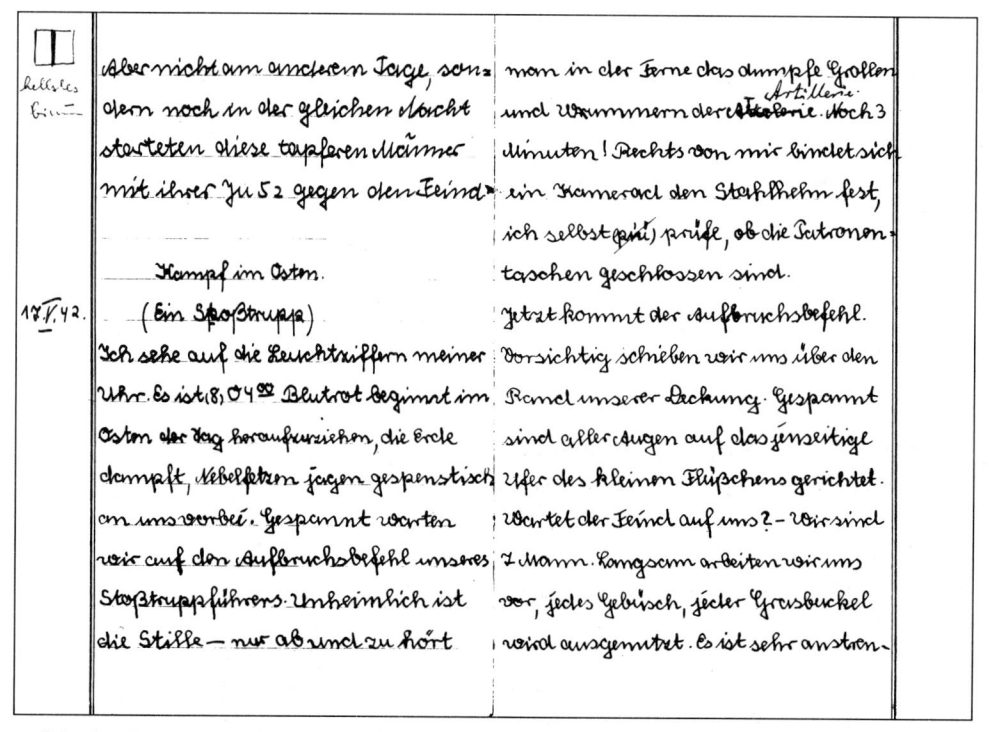

Seite eines Deutschheftes von Gisela Schmidt, Klasse IIIb. Diktat- oder Aufsatzthema: Kampf im Osten, allerdings vom 17. 5. 1942 — *Heimatmuseum Neukölln*

ben Wurstkessel verkommen und verbreien ließen. (Gorch Fock).
3. Die Entstehung der nordischen Rasse.
4. Die deutschen Rassen.
4. Bevölkerungspolitik:
Volk in Not. Volk ohne Raum. Besprechung des Filmes: Blut und Boden. Landflucht. Verstädterung. Arbeitslosigkeit. Geburtenrückgang. Das Einkind – ein Sorgenkind. Die Verhütung erbkranken Nachwuchses. Die Ausscheidung der Minderwertigen. Das Aussterben von Familien. Wir vergreisen. Von der Aufnordung. Vom deutschen Osten. Ostkolonisation. Die Förderung der gesunden Familien durch den Staat" (3. Volksschule).

Die Schüler sind gehalten worden, sich ein Rassenheft anzulegen, in das die wichtigsten Gedanken aus den vorstehenden Gebieten aufgenommen wurden. Durch die Hefte sollte gleichzeitig auf das Elternhaus eingewirkt werden, damit auch dieses mit den für das deutsche Volk wichtigsten Fragen bekanntgemacht würde (ebd.). Neuköllns Schulrat Herrmann konnte resümieren: „Das Interesse, das die Lehrer dem Stoff entgegenbringen, überträgt sich offensichtlich auch auf die Schüler, so daß der Erfolg in diesen neuen Fächern in den ersten Klassen in jeder Beziehung als guter Anfang gewertet werden kann. Die Querverbindungen zu Deutsch und Geschichte waren auch vorhanden" (ebd.).

Neben der Biologie wurden alle anderen Naturwissenschaften und selbst die Mathematik ideologisch befrachtet (siehe M. Homann und D. Mischon-Vosselmann in diesem Band). Eine reiche Auswahl typischer Mathematikaufgaben bietet das *Handbuch für Lehrer. Mathematik im Dienste der nationalpolitischen Erziehung* aus dem Jahre 1935.

Wie sich die NS-Unterrichtsziele im Deutschunterricht niederschlagen sollten, zeigt der „Vorschlag der 20. Volksschule betr. Ganzschriften für die einzelnen Schuljahre":

3. Schuljahr.
   1. *Grimms Märchen und Sagen* (Hirts Deutsche Sammlung)
   2. Neumeister: *Hitler und die Kinder*
4. Schuljahr.
   1. Hans Reinicke: *Märkische Sagen*
   2. Morgenroth: *Kinder, was wißt ihr vom Führer?*
5. Schuljahr.
   1. Lagerlotz: *Nibelungen- und Gudrunlied*
   2. Schnell: *Männer um Hitler*
6. Schuljahr.
   1. Walter Lange: *Der königliche Führer*
   2. Hans Schemm: *Dein Führer*
7. Schuljahr.
   1. Marie Diers: *Bauernvolk*
   2. Roder: *Aufbruch der Nation*
8. Schuljahr.
   1. Richard Wagner: *Lohengrin*
   2. Volbehr: *Der junge Dürer*
   3. Hitler: *Mein Kampf*[23]

Im Sportunterricht, der grundlegender und untrennbarer Bestandteil der nationalsozialistischen Gesamterziehung war, mußte nach den neuen Richtlinien lt. Verfügung vom 20. 12. 1935 täglich eine Stunde Turnunterricht erteilt werden. Die Ordnungsübungen, von Stadtturnwart Thamm zusammengestellt, vermitteln die zu setzenden Prioritäten:

„Sie erziehen als Gehorsamschule zur Unterordnung, vermitteln gute Haltung, Strammheit im Äußeren und damit Straffheit im Innern." (*Wehrsportfibel*)
Im Sportunterricht ist zu achten auf:
– Erziehung zu Disziplin und Ordnung
– Einheitliche Befehlssprache und Bewegungsformen
– Befehl und Kommando
– Der Ton muß militärisch sein.
Ein lasch ausgesprochenes und noch dazu in lässiger Haltung abgegebenes Kommando zieht auch lasche Ausführung nach sich."[24]

Eingangsstellwand der Ausstellung 1936: „Der Osten ruft", Schülerarbeiten zur Nationalpolitik, in: Schulchronik der 9. Gemeindeschule (ab 1923: 17. Volksschule) 1915-1949; heute: Victor-Büthgen-Grundschule, Sonnenallee 10 — *Heimatmuseum Neukölln*

Geschmückte Schule zur Schlageterfeier am 27. Mai. Aus der Schulchronik von 1915-1949 der 9. Gemeinde-/17. Volksschule; heute: Victor-Büthgen-Grundschule, Sonnenallee 10. In der Turnhalle soll es einen Ehrenaltar gegeben haben, o.J. — *Heimatmuseum Neukölln*

Bei Geländesportübungen und bei Ordnungsübungen im Turnunterricht gelten ab Oktober 1933 die Kommandos der SA, verfügt der Minister für Volksbildung.[25]

Insgesamt läßt sich feststellen, daß die Flut von Anweisungen und Erlassen bezüglich der Lerninhalte bei den Lehrern zu tiefer Beunruhigung führte, die im folgenden Beispiel ihre „Spitze" erreichte. Aus Unsicherheit, ob die „Herstellung oder Verwendung von Spitzen" dem „einfachen deutschen Stil" nicht zuwiderliefe, waren in Berlin Nadelarbeitslehrerinnen dazu übergegangen, diese nicht mehr anfertigen zu lassen, so daß die Schulbehörde ausdrücklich darauf hinweisen mußte, „daß die deutsche Spitze, ihre Herstellung und Verwendung, in hervorragendem Maße die Pflege und Unterstützung durch die deutsche Frau verdient" (ebd.).

Schlußbemerkung

Wie weit die an vielen Beispielen aufgezeigte Anpassung und Ausrichtung auf die NS-Ideologie auf alle Neuköllner Schulen zu übertragen ist, läßt sich im einzelnen nicht sagen. Hier und da mag es gelungen sein, die eine oder andere Richtlinie zu umgehen, doch muß man festhalten, daß die organisatorischen und inhaltlichen Veränderungen sehr schnell erfolgten, bei vielen Lehrern und vor allem Schulleitern große Bereitschaft zur Anpassung vorhanden war und die Schulbehörde ein vielfältiges Instrumentarium zur Kontrolle entwickelte, so daß Rückzugstendenzen nur wenig Spielraum eingeräumt werden konnte. Reagierten Schulen nicht in der gewünschten Form, wurden sie angemahnt, dann stellte sich der gewünschte Erfolg meist ein (ebd.).

Lehrer wurden im Laufe der Jahre immer stärker gedrängt, nationalpolitische Lehrgänge zu besuchen. Dafür wurden Schulungslager eingerichtet. „Nationalsozialist wird man nur im Lager und in der Kolonne", so Reichsminister Rust. Nicht durch Zwang, so erklärte ein Gauleiter den Teilnehmern eines Schulungslagers, „sondern durch die eigene Erziehung denke ich mir die fortlaufende Überholung der Lehrerschaft. Wer sich davon völlig ausschließt, wer ein Außenseiter ist, wer nach 10 Jahren noch nie in einem Lager war, den mag die Behörde dann zwangsweise holen, aber nicht in ein Schulungslager, sondern in ein Konzentrationslager, denn er ist nicht würdig, deutsche Kinder zu erziehen" (*Reichszeitung der deutschen Erzieher*, Nr. 9/1935).

Was unter diesen Umständen davon zu halten ist, wenn heute Schüler dieser Jahre

Turnhalle der Schule in der Onkel-Bräsig-Straße, 1936 — *Heimatmuseum Neukölln*

berichten, daß sie über Politik nie gesprochen hätten und dies als Indiz dafür gewertet wissen wollen, daß der Nationalsozialismus im Unterricht, wenn überhaupt, nur eine untergeordnete Rolle gespielt hätte, mag jeder für sich entscheiden.

Anmerkungen

1 E. Nyssen: *Schule im Nationalsozialismus.* Heidelberg 1979, S. 139. Vgl. H. Scholtz: „Die Schule als ein Faktor nationalsozialistischer Machtsicherung." — M. Heinemann (Hrsg.): *Erziehung und Schulung im Dritten Reich.* Stuttgart 1980

2 K.-I. Flessau: *Schule der Diktatur.* München 1979, S. 19

3 H.-N. Burkert, K. Matußek, W. Wippermann: *Machtergreifung Berlin 1933.* Berlin 1982, S. 229

4 Verwaltungsbericht für die Zeit vom 1. April 1932 bis März 1936 mit einem Rückblick auf die Jahre 1928 bis 1931, S. 67

5 „Berlins Schulwesen von der Novemberrevolution bis zur Befreiung von der faschistischen Diktatur." — *Schulgeschichte in Berlin.* Hrsg. v. Autorenkollektiv. Berlin 1987, S. 133

6 G. Radde (Hrsg.): *Festschrift für Fritz Karsen.* Berlin 1966, S. 44

7 Festschrift der Albert-Schweitzer-Oberschule zum 75jährigen Jubiläum, S. 46f.

8 Arbeitsgruppe Pädagogisches Museum (Hrsg.): *Heil Hitler, Herr Lehrer. Volksschule 1933-1945. – Das Beispiel Berlin.* Reinbek 1983, S. 60

9 Schulchronik der 2. Mädchen-Mittelschule, Nachlaß Rosenow. — Dt. Inst. für Internationale Pädagogische Forschung (DIPF), Archiv. Bestand der früheren Akademie der Pädagogischen Wissenschaften, Berlin. O.J.

10 Bezirksamt Neukölln von Berlin. Prüfungsberichte kommissarischer Schulleiter – 1933, Bewerbungen 1935-37. — BezArch. Neuk./37L-5-17

11 Bezirksamt Neukölln von Berlin. Schulamtsbewerber und Hospitanten. Berichte des Schulrats an den Staatskommissar. — BezArch. Neuk./37L-6-1

12 Schulchronik der 47./48. Gemeindeschule. Amtszeit Gärtner. Im Bes. der Anna-Siemsen-Oberschule, Berlin-Neukölln

13 Stadt Berlin, Bezirksamt Neukölln. Akten betr. Staatskommissar, Apr.-Dez. 1933. — BezArch. Neuk./37L-5-14

14 Ebd., Jan.-Dez. 1934. — BezArch. Neuk./37L-6-2

15 *Unterrichtseinheiten. Arbeitshefte für die Jugendbildungsarbeit – Schüleralltag im Nationalsozialismus*. Pädagogische Arbeitsstelle, Dortmund 1984, S. 16. Mitglieder der Zeugen Jehovas verweigerten den deutschen Gruß, was ihnen lt. Verordnung vom 19.10.33 untersagt wurde. Da „die Sekte verboten" war, stellte dies einen Verstoß gegen die Schulordnung dar.

16 Rundverfügungen des Oberbürgermeisters der Reichshauptstadt Berlin in Schulangelegenheiten, 1933 und 1939 bis Juni 1943. — BezArch. Neuk./37L-6-9

17 Schulchronik der 9. Gemeindeschule, ab 1923: 17. Volksschule Berlin-Neukölln. — HM-Neuk./9/0097

18 Akten betr. Staatskommissar Juli-Dez. 1935, Bd. III. — BezArch. Neuk./37L-7-1

19 Bezirksamt Neukölln von Berlin. 1. Rassenkunde, Rassenhygiene, Familienkunde, Vererbungslehre und Bevölkerungspolitik als Lehrstoff. 2. Statistik über nichtarische Kinder an Volksschulen. — BezArch. Neuk./37L-6-4

20 Bezirksamt Neukölln von Berlin. I. Lehrstoffe und Lehrpläne unter dem Nationalsozialismus. II. Lehr- und Lernbücher 1933-1944. — BezArch. Neuk./37L-5-15

21 Akten betr. Staatskommissar, Jan.-Dez. 1934. — Bez.Arch. Neuk./37L-6-2

22 Bezirksamt Neukölln. 1. Rassenkunde... — BezArch. Neuk./37L-6-4

23 Bezirksamt Neukölln. I. Lehrstoffe und Lehrpläne... — BezArch. Neuk./37L-5-15

24 Bezirksamt Neukölln von Berlin. 1. Die Leibeserziehung in der Schule. 2. Hitler-Jugend und Schule. — BezArch. Neuk./37L-5-18

25 Akten betr. Staatskommissar, Jan.-Dez. 1934. — BezArch. Neuk./37L-6-2

Dokument 11　　　Felix Wilhelm Behrend

Hitlerjugend und höhere Schule

Durch ihren Ursprung als verbotene und verfemte Parteigruppe stand die Hitlerjugend von Anfang an in scharfem Gegensatz zur Schule. Ihre Führer verstanden es, die natürliche Neigung der Jugend zur Aufsässigkeit gegen die Lehrer und ihre Freude am Verbotenen in revolutionäre Bahnen zu lenken, indem sie ihr vorpredigten, daß das meiste, was sie lernen müßte, überflüssiger Ballast und die meisten Lehrer vertrottelte volksfeindliche Elemente seien.

Welche Freude für diese Jugend, unmittelbar nach der Machtergreifung durch Hitler zu sehen, wie von revolutionären Horden die Naziflagge auf den Schulgebäuden aufgezogen wurde, wie die Schulleiter gezwungen wurden, ihnen Schulräume für ihre „Nestabende" und den Schulhof als Exerzierplatz zu überlassen!

Welche Genugtuung, daß mißliebige Lehrer, die ihnen schlechte Zeugnisse gegeben hatten, namentlich Deutsch- und Geschichtslehrer, auf ihre Denunziation hin ihr Amt verloren und daß ihre Mitschüler und die Lehrer zähneknirschend gezwungen wurden, die Aula mit Hakenkreuzfahnen auszuschmücken und das Horst-Wessel-Lied stehend mitanzuhören und mitanzusehen, wie sie die Klassenräume ohne Erlaubnis mit Hitlerbildern ausschmückten.

Das war der Beginn zur Untergrabung der Disziplin und ruhigen Schularbeit und dauernder Reibung zwischen Schule und Hitlerjugend, später etwas dadurch gemildert, daß ein großer Teil der Schulleiter durch Parteimitglieder ersetzt wurde.

Die Hitlerjugend nimmt für sich in Anspruch, daß sie die Hauptstätte der Jugenderziehung ist und beansprucht daher einen großen Teil der Zeit der Jugendlichen. Parteidienst ist das Wichtigste, und die Jugendführer entscheiden, wieviel Zeit dafür nötig ist. Die Jungen und Jüngsten wurden am späten Abend auf den Nestabenden festgehalten, wo ihnen die Partei-Dogmen eingeimpft wurden, häufig wurden sie bis in die Nacht auf Patrouille gesandt, und die Schule mußte sich damit abfinden, wenn die Schüler am nächsten Tag die Schule versäumten, einen kurzen Entschuldigungszettel vom Führer der Hitlerjugend zu erhalten. Sonnabend nachmittag und Sonntag wurden für Märsche und militärische Übungen in Anspruch genommen, so daß die Schüler und Schülerinnen dem Familienleben fast ganz entzogen wurden. Um diesem Unwesen ein Ende zu machen, traf das Erziehungsministerium mit dem Reichsjugendführer eine Vereinbarung. Mit großem Pomp wurde der Reichsjugendtag geschaffen; der Sonnabend vormittag wurde für die Hitlerjugend ein freier Tag. Dafür wurde es verboten, am Sonntag Übungen zu veranstalten und die Nestabende auf einen Tag beschränkt. Aber diese Errungenschaft, die nicht laut genug gepriesen werden konnte, verschwand nach kurzer Zeit sang- und klanglos ohne jede Erwähnung in der Presse, und seitdem kann wieder jeder Gruppenführer die Zeit der Jungen nach eigenem Gutdünken in Anspruch nehmen.

Gleichzeitig wurde auch eine Spaltung der Schülerschaft herbeigeführt. Die Hitlerjungen, die stolz in ihrer Uniform in die Schule kommen, tyrannisieren die übrigen Schüler, sie nehmen für sich einen besonderen Platz bei Schulfeiern in Anspruch, häufig nehmen sie auch gar nicht an diesen teil, sondern bevorzugen Parteifeiern. Bei Aufmärschen der Schulen bei öffentlichen Feiern marschiert die Hitlerjugend getrennt auf. Im übrigen beherrschen sie alle Schulunternehmungen, da die anderen Schüler nicht wagen können, ihre Meinung zu sagen.

Die Führung der Hitlerjugend liegt ausschließlich in den Händen der Jugendlichen selbst. Sie können die Kleinen und Kleinsten drillen und beanspruchen nach Herzenslust. Da sie völlig unerfahren sind und auch in ihrem Alter weder die Fähigkeit noch die Verantwortlichkeit besitzen können, die nötige Rücksicht auf die Leistungsfähigkeit junger Menschen zu nehmen, werden diesen Anstrengungen beim Marsch und beim Übernachten im Freien aufgelegt, denen sie nicht gewachsen sind, und Eltern und Schule müssen machtlos zusehen, wie ein Teil ihrer Kinder durch Überanstrengung des Herzens für ihr Leben unglücklich gemacht wird oder ihnen mit schweren Lungenentzündungen ins Haus gebracht wird. Da jeder Gruppenleiter ein kleiner Hitler ist, läßt er sich nicht hereinreden und ordnet an, was ihm beliebt.

Einzelne Schüler haben im Alter von 17 Jahren die Aufsicht über mehr als tausend Jugendliche. Auch die Organisation größerer Unternehmungen wie die des Besuchs des Nürnberger Parteitags ist so unzureichend, daß die Schüler völlig erschöpft nach Hause zurückkehren. Als der Leiter der Abteilung für höheres Schulwesen im Reichserziehungsministerium es wagte, in einer Zeitschrift auf diese Mißstände hinzuweisen und Besserung zu verlangen, wurde er kurzer Hand seines Amtes entsetzt. Und wie rekrutieren sich diese Führer? Es sind größtenteils die Schüler, die in der Schule wenig leisten. Typisch ist die Äußerung eines Lehrers, wie es hieß, die Führer der Hitlerjugend sollten alle in die neuen Hitlerschulen aufgenommen werden: „Gott sei Dank, dann sind wir alle schlechten und unverschämten Schüler los." Die Schule hat offiziell keinerlei Kenntnis vom Leben und Treiben in der Hitlerjugend. Sie sieht lediglich, wie die Schüler übermüdet zum Unterricht kommen und unfähig sind, sich zu konzentrieren. Dafür aber haben Direktor und Lehrer die undankbare Aufgabe, die unaufhörlichen Klagen der Eltern in ihren Sprechstunden anzuhören. Denn im Elternhaus sieht man natürlich die unheilvollen Folgen dieses Betriebs für das Weiterkommen in der Schule und die Bildung der Schüler. In einer Elternversammlung der untersten Klasse einer Berliner Schule, die einberufen wurde, um die Eltern zu bewegen, alle Kinder in die Hitlerjugend zu senden, wurde einmütig erklärt, man wolle warten, bis die Lehrer mit den Leistungen der Schüler zufrieden seien. Dieser Widerstand der Eltern war der Hauptgrund dafür, daß die Teilnahme obligatorisch wurde. Aber im großen und ganzen ist die Familie machtlos. Vielfach haben die Eltern alle Autorität verloren. Versuchen sie es, ihr Kind einem Appell oder einer Versammlung fernzuhalten, so erscheint der arrogante Jugendführer und droht mit Anzeige bei der Partei.

Aber nicht genug damit, daß das Familienleben dadurch zersplittert wird, daß der Sohn diesen Sonntag, die Tochter jenen einen Marsch machen muß, wird vielfach das Familienleben dadurch vergiftet, daß die Eltern, wenn sie Parteigegner sind, kein offenes Wort mehr zu sagen wagen. Seitdem die Hitlerjugend darauf vereidigt ist, jedes Wort gegen Partei und Führer, auch jede Äußerung der Eltern zu melden, sind Denunziationen der Eltern durch die eigenen Kinder keine Ausnahmefälle geblieben. Man denke sich nun in die Lage der Lehrer, die diesen Eltern einen Rat geben sollen!

Von der sittlichen Verrohung weiter Kreise der Jugend, die die Folge dieser Verhältnisse ist, kann sich der Unbeteiligte schwerlich ein Bild machen. Gang und gäbe ist ein Bespitzelungssystem. Besonders die religiösen Schüler, die der katholischen und protestantischen Jugendbewegung angehören, werden unter ständiger Aufsicht gehalten. Zur Teilnahme an Versammlungen bedürfen sie mancherorts sogar ausdrücklicher Erlaubnis. Auch wer ins Ausland reisen will, bedarf ausdrücklicher Genehmigung durch die Hitlerjugend, die ihm natürlich nur bei einwandfreiem Benehmen gegeben wird.

Man kann sich denken, welches Maß von Heuchelei die Folge ist. Neuerdings nach Kriegsausbruch benutzt man sogar die Hitlerjugend zu Spitzeldienst mit geladenem Revolver. Mißhandlungen von mißliebigen Mitschülern sind keine Seltenheit. Gelegentlich der antisemitischen Hetze im November des vergangenen Jahres stürzten sich die Schülerinnen der obersten Klasse einer Mädchenschule einer preußischen Provinzialhauptstadt auf eine jüdische Mitschülerin mit dem Ruf „Wir wollen dich verdammtes Judenbalg nicht mehr in der Schule" und trampelten sie im Beisein der Lehrerin solange mit Füßen, bis sie weggetragen werden mußte.

Ebenso erfolgreich ist die Propaganda des Verbands deutscher Mädchen für das Recht, sich erotisch auszuleben. Der Direktor einer höheren Mädchenschule der Reichshauptstadt kam kürzlich händeringend zu einem Kollegen mit den Worten „Jetzt bekommt die vierte von meinen Primanerinnen ein Kind. Was soll ich tun. Sie erklären stolz: Ich bin eine deutsche Mutter und erfülle meine Pflicht gegen das Volk".

Auch das religiöse Leben wird völlig zersetzt. Durch die Hitlerjugend, die vielerorts lernt, daß Geistliche nur Heuchler und Betrüger sind, daß Demut und Caritas zurückstehen müssen hinter Heldentum und Rassenverbesserung, wird der Kampf gegen das Christentum auch in die Schule getragen und macht vielfach ordentlichen Religionsunterricht unmöglich.

Ein Beispiel dafür, welcher Geist diese Propaganda beherrscht: In einer besonderen Gruppe der Hitlerjugend in der Stadt der Bewegung legte ein 14-Jähriger zehn Leitsätze vor; unter ihnen befanden sich die folgenden:

Das höchste Gut ist die Rasse. Ich will meiner Rasse treu sein.
Die Kirche ist nicht eine Mißwirtschaft, sondern eine Mistwirtschaft.

Der Verfasser ist dadurch charakterisiert, daß er später als Apothekerlehrling nach einem Halbjahr entlassen werden mußte, weil es unmöglich war, ihn auszubilden.

Man hat auch in der Schule in den ersten Jahren gehofft, daß es sich bei all diesen Erscheinungen um Auswüchse handelt, die allmählich verschwinden würden. Aber es hat sich auch hier gezeigt, daß die Grausamkeit, Überheblichkeit, Herrschsucht und innere Unwahrhaftigkeit, die den Kern der nationalsozialistischen Bewegung bilden, der durch die Ideologie nur verschleiert wird, mächtiger sind als der Wille der idealistischen Mitläufer der Bewegung, und so wird die Hitlerjugend auch weiterhin den natürlichen Trieb, sich auszutoben, der innerhalb der Partei durch Kadavergehorsam unterdrückt wird, dazu benutzen, die Jugend gegen Elternhaus und Schule aufzuputschen und Familien und Schulleben innerlich zu zersetzen.

<small>Die Kopie des Textes erhielt ich von der Tochter des Verfassers, Prof. Dr. Hilde Behrend, Edinburgh.</small>

<small>Bei „Hitlerjugend und höhere Schule" (nur als Fragment erhalten) ist das Entstehungsdatum allein aus dem Text selbst zu entschlüsseln; demzufolge schrieb Behrend den vorliegenden Text im Jahre 1939, nach Beginn des II. Weltkrieges. Da Behrend Anfang April 1939 vor den Nazis aus Deutschland floh, ist anzunehmen, daß der Text im Exil entstand.</small>

Mathias Homann

Ekkehard Meier

Wer immer strebend sich bemüht...
Kurt Schwedtke –
Eine deutsche Beamtenkarriere

I.

Kurt Karl Max Schwedtke wurde am 16.10. 1892 als Sohn eines Versicherungsdirektors in Berlin geboren. Sein Abitur bestand er 1912 am Luisenstädtischen Realgymnasium und studierte anschließend Englisch und Französisch in Freiburg und Berlin, nicht aber an Universitäten im Ausland. „Ich bin seinerzeit aus Begeisterung zu meinem Beruf unter großen Opfern und Schwierigkeiten Lehrer geworden. Ich habe als solcher Jungen und Mädchen aller Altersstufen und Erwachsene vieler Berufsschichten mit dem allerbesten Erfolg unterrichtet ..., stets die höchste Anerkennung aller meiner Vorgesetzten und der Eltern gefunden und niemals auch nur die kleinste Beschwerde in meinem Beruf erlebt", schreibt Schwedtke, der von manchem seiner Schüler allerdings eher als „Arschpauker" erlebt wurde, in seinem Rückblick.[1]

Vom 7.12.1914 bis zum 23.11.1918 nimmt Schwedtke an den Feldzügen des I. Weltkrieges teil, erst in Rußland, dann seit Juni 1915 in Frankreich. Anfang 1916 wird er zum Gefreiten befördert. Im Februar 1917 erhält er das EK II, avanciert jedoch nicht zum Offizier. „Ich habe vier Jahre an der Front gestanden und zweimal 1918 und 1919 im Verband der Gardeschützen-Division an der Niederkämpfung der Spartakusaufstände in Berlin mitgekämpft."

Von seiner bürgerlichen Sozialisation im kaiserlichen Deutschland und von seinen Kriegserfahrungen her wird es verständlich, daß die Weimarer Republik nicht sein Staat war und daß er sich nach den autoritär patriarchalischen Verhältnissen des Kaiserreiches und der Militärzeit zurücksehnte. Am 22.3.1920 besteht Schwedtke die erste Staatsprüfung in Berlin und erhält die Lehrbefähigung für Englisch und Philosophische Propädeutik in der 1. Stufe sowie für Französisch und Deutsch in der 2. Stufe. Den Eid auf die Weimarer Verfassung leistet er am 10. Mai 1920 und besteht die Assessorenprüfung am 22.3.1921 mit dem Prädikat „gut". Infolge der schweren wirtschaftlichen Belastungen der jungen Republik haben Junglehrer kaum eine Chance, verbeamtet zu werden. Schwedtke ist fast 33 Jahre alt, als er schließlich eine feste Anstellung in Neukölln erhält, wo er seit Ostern 1921 als Studienassessor an der Albrecht-Dürer-Oberschule (ADO) unterrichtet. Der ehemalige Soldat der Gardeschützen-Division erhält aus der Hand von Stadtrat Dr. Kurt Löwenstein, dem Juden und Linken, die Ernennungsurkunde zum Beamten auf Lebenszeit überreicht, nachdem dieser ihn bei einem Unterrichtsbesuch positiv begutachtet hatte.

Erst seit dem 1.4.1925 war Schwedtke beruflich und finanziell abgesichert, und in den folgenden Jahren entfaltete er eine rege Tätigkeit als Herausgeber vor allem fremdsprachlicher Texte für bekannte Schulbuchverlage wie Teubner (*Literaturkundliche Lesehefte*), Westermann (*Westermann Texte*) sowie Velhagen & Klasing (*Lesebuch*). Der Schwedtke der zwanziger Jahre stand als deutscher

Beamter fest auf dem Boden der Weimarer Verfassung und hatte als Leiter eines neusprachlichen Fachseminars vom 1.10.1926 bis zum 1.10.1931 die Aufgabe, angehende Gymnasiallehrer fachdidaktisch auszubilden und auf ihren Beruf vorzubereiten. Die Arbeitsbedingungen an der ADO gestalteten sich allerdings wenig erfreulich, da es zu „erheblichen Spannungen zwischen einem großen Teil des Lehrkörpers und dem Direktor der Schule", Oscar Marschall, gekommen war, der seine Schule patriarchalisch wie eh und je regierte. Mehrere Kollegen, u.a. Oberlehrer Arndt sowie die Studienräte Salewsky und Schwedtke, wollten sich versetzen lassen. Das Provinzialschulkollegium reagierte vor allem deshalb beunruhigt, weil es sich um „Mitglieder des Lehrkörpers handelt, auf deren weitere Tätigkeit wir besonders Gewicht legen und die in den letzten Jahren die tüchtigen Leistungen der Schule wesentlich mitbestimmt haben".

II.

Als Methodiker und Didaktiker stand Schwedtke auf der Höhe seiner Zeit und griff mit zahlreichen Aufsätzen und Schriften in die aktuelle pädagogische Diskussion ein. Das Zauberwort in der Didaktik der zwanziger Jahre hieß Arbeitsunterricht, und Schwedtke

Kollegium der Albrecht-Dürer-Oberrealschule, um 1925.
1. Reihe v.l.n.r.: Kießlich, Roschlau, Müller, Oberstudiendirektor Marschall, Dr. Kiepert, Dr. Schneider, Wollenzien; 2. Reihe: Dr. Illgner, Dr. Heinze, Dr. Arndt, Schlothauer, Dr. Reupsch, Schwedtke, Muskowitz, -?-; 3. Reihe: Waligorski, Wiedemann, -?-, Dr. Kühne, Heine, Schulz-Schwieder, Winz; oben: Bielschowsky, -?-. Falkenberg, Lundgreen —
Heimatmuseum Neukölln

war ein bekannter Vertreter dieser Richtung. Was man allerdings unter Arbeitsunterricht zu verstehen hatte, darüber gingen die Ansichten weit auseinander. In jedem Falle sollte der Unterricht effizienter und leistungsorientierter gestaltet werden, und dies sollte durch eine stärkere Beteiligung und Selbsttätigkeit der Schüler erreicht werden.

Eine Französischstunde, die gedruckt vorliegt, ist ein gutes Beispiel für Schwedtkes Methode.[2] Zahlreiche literarische Texte, aber auch viele Sachtexte sind über eineinhalb Jahre hinweg im Fremdsprachenunterricht gelesen und behandelt worden, um „nationale Wesenszüge" der Franzosen zu erarbeiten. Die 22 Schüler der Klasse werden in vier Gruppen eingeteilt, jede Gruppe hat einen „Führer", der als Sprecher auftritt. Leiter der Stunde ist der Schülersprecher der Schule, Heinz Lietzau, der spätere Intendant am Berliner Schillertheater. Die Stunde wird von den Schülern weitgehend selbst durchgeführt, der Lehrer greift nur an einigen Stellen hilfreich kommentierend ein. Der Unterricht findet ausschließlich in der Fremdsprache statt, wobei auffällt, daß fast alle Schüler mit wenigstens einem Beitrag am Unterricht beteiligt sind. Der Leser kann sich nicht ganz des Eindrucks erwehren, daß ihm hier etwas vorgeführt werden soll. Die Stunde ist eine geschickt inszenierte Schaustunde, gut geplant und organisiert vom Lehrer, der als unsichtbarer Regisseur alle Fäden in der Hand hält und sicher auf das Unterrichtsziel zusteuert. Kein Zweifel – auch heute noch würde jeder Oberschulrat den Kollegen Schwedtke belobigen und für weitere Aufgaben empfehlen. Schwedtke hat die Klasse jederzeit „im Griff"; die Schüler verfügen über ein solides Grundwissen, und die Stunde verläuft glatt und ergebnisorientiert.

Soziale Lernziele spielen bei dieser Vorstel-

Schulwanderung mit Studienrat Schwedtke nach Frankfurt / Main und in den Taunus, um 1925 — *Schularchiv Albrecht-Dürer-Oberschule*

lung von Arbeitsunterricht eine untergeordnete Rolle. Wer funktioniert, sich anpaßt und gut lernt, wird Erfolg haben. Wer sich nicht an den vorgegebenen Rahmen hält, wer aufmuckt oder nicht bereitwillig lernt, wird aussortiert. Bei dieser Art des Unterrichts, bei der der Lehrererfolg wichtiger ist als der Lernerfolg des einzelnen Schülers, hat derjenige, der anders als im Streckbett der vorgegebenen Muster lernt, kaum eine Chance. Die Methode des Lehrers und seine Lehrerleistung stehen außerhalb jeder Diskussion. Wenn ein Schüler keinen Lernerfolg hat, gibt es nur zwei Möglichkeiten: entweder er ist faul und/oder dumm. In jedem Fall gehört er dann nicht auf ein Gymnasium. Innerhalb dieses Rahmens kann der Lehrer aufgeschlossen, freundlich und jovial zu seinen Schülern sein, aber die Grenze ist immer dann erreicht, wenn in Konfliktsituationen die Autorität des Lehrers angetastet zu werden droht.

Seine eigene Lehrerrolle und die Rolle der Schüler sah Schwedtke in den althergebrachten feudalen Formen von Führer und Gefolgschaft. „Jugend kann sich nicht selbst verwalten; sie will geleitet werden und begeistert und gläubig aufschauen zu ihren Erziehern, die sie mit fester Hand und großer Liebe ins Leben führen!" Der Schüler soll unter der sicheren Führung des Lehrers erst einmal etwas lernen, bevor er sich im freien Unterrichtsgespräch äußert und mitreden kann. Im schülerorientierten Arbeitsunterricht, wie er an Reformschulen praktiziert wurde, sah Schwedtke nur „ein anarchistisches Verfahren", voller „Entartungserscheinungen".

Sein Selbstverständnis als Beamter, als Staatsdiener, und die undemokratische Struktur des Schulsystems ermöglichen es ihm und vielen anderen, sich auch in den Zeiten der Demokratie wie kleine Könige im geschlossenen Raum des Klassenzimmers aufzuführen. Schon in den zwanziger Jahren deutet sich an, daß eine eher rückwärts gewandte Ideologie und die Verwendung moderner Methoden sich nicht ausschließen müssen. Schwedtkes stark gelenkter Arbeitsunterricht ist äußerst erfolgreich und effektiv im Sinne einer Leistungsgesellschaft. Von daher gesehen war sein Unterricht in den Augen all derer, die nur die Lernfortschritte und nicht die sozialen Defizite sehen, modern und fortschrittlich. Aber Schwedtkes Unterricht, sein Unterrichtsverhalten und sein Selbstverständnis als Lehrer verhinderten geradezu eine Erziehung zur Demokratie, verstärkten vielmehr antidemokratische Affekte und Führererwartungen. Wer seinen Unterricht erfolgreich überstand, hatte gelernt sich anzupassen. Schwedtkes pädagogische Praxis förderte nur sehr begrenzt das Selbstwertgefühl und die Eigenständigkeit der Schüler, alles Eigenschaften, ohne die ein demokratisches Gemeinwesen nur schwerlich überleben kann.

III.

Gleich nach dem Regierungswechsel 1933 hat Schwedtke in einem Rückblick den politischen Standort der Höheren Schule in der Weimarer Republik aus seiner Sicht genauer bestimmt. „Sie hat in den schwarzen Stunden der Erniedrigung als unverwitterbarer Stahlfels den nationalen Gedanken festgehalten, sie war allein aus diesem Grunde Liberalisten und Marxisten ein Dorn im Auge ... Prominente Führer der marxistischen Schulbewegung, wie Dr. Karsen, sahen in diesen Schulen den Hort nationalsozialistischer Umtriebe."

In den zwanziger Jahren trat Schwedtke keiner Partei bei, aber er verstand seinen Beruf als eine politische Aufgabe. Mit einer bemerkenswerten Energie produzierte er Schulbücher wie am Fließband. Sammlungen mit literarischen Texten und Sachtexten in englischer und französischer Sprache, historische und aktuelle Texte, zeitgenössische Zeitungstexte, die Verträge von Locarno, der Dawesplan wurden in schneller Abfolge auf den Markt geworfen. Schwedtke ging es bei fast allen seinen Editionen um eine Revision des Versailler Vertrages und um die Vorbereitung auf kommende militärische Auseinandersetzungen. Der Weltkrieg sei nur deshalb verlorengegangen, weil die führenden Staatsmänner in Deutschland die Mentalität ihrer Gegner nicht kannten und daher diese auch nicht richtig einschätzen konnten. Aus diesem Grund gelte es, „in die politische Mentalität und in das politische Können unserer gefährlichen Gegner" einzudringen, um die Gedankengänge der fremden Staatsmänner zu verstehen und den „Kampf gegen die Kriegsschuldlüge" erfolgreich führen zu können. Im Fremdsprachenunterricht sollte das „Wesen" des fremden Volkes erfaßt werden, um sich seines eigenen „Wesens als Deutscher" klarer bewußt zu werden.

Als Philologe und Studienrat war es für Schwedtke selbstverständlich, daß er dem Allgemeinen deutschen Neuphilologenverband und dem Deutschen Philologenverband beitrat. Der Philologenverband war in der Weimarer Republik *die* Standesorganisation der Philologen, in der über 90 % der Lehrer an Höheren Schulen als Mitglieder organisiert waren. Der Verband gab sich zwar parteipolitisch neutral, war aber als Interessenvertretung der Gymnasiallehrer eindeutig bürgerlich-konservativ ausgerichtet und lancierte Anfragen, Beschwerden und Eingaben über die Rechtsparteien wie DVP und DNVP ins Parlament. Der Weimarer Republik stand man kühl abwartend bis kritisch gegenüber, unterstützte aktiv die Arbeit des VDA (Verein für das Deutschtum im Ausland), mit dem es enge personelle Verflechtungen gab. Der Übergang in den Nationalsozialismus vollzog sich bei den Philologen geräuschlos und sanft. So nahm der Reichsbund höherer Beamter bereits 1932 Verhandlungen mit der NSDAP auf, und wenig später reihte sich der Geschäftsführende Vorstand des Preußischen Philologenverbandes – unter ihnen PG Schwedtke – in den Chor ein: „Die geistige Bildung, die die Philologenschaft der ihr anvertrauten Jugend übermittelt, erhält erst ihren erzieherischen und nationalen Wert, wenn sie im Volkstum und in einem bewußt deutsch-völkischen und christlichen Denken wurzelt."[3]

Ende 1931 / Anfang 1932 – also relativ früh und für einen Studienrat nicht selbstverständlich – trat Schwedtke in den NSLB (Nationalsozialistischer Lehrerbund) ein, blieb aber gleichzeitig im Philologenverband. Seinen Parteieintritt, der ihm einige beamtenrechtliche Schwierigkeiten bereiten konnte, vollzog Schwedtke erst am 1. Mai 1932. In dieser Situation war bereits abzusehen, daß das öffentliche Bewußtsein immer weiter nach rechts driftete. Mit dem sogenannten Papenstreich, der widerrechtlichen Absetzung der preußischen Regierung am 20. Juli 1932, wurde von der Putschregierung das Beitrittsverbot für die NSDAP, nicht aber das für die KPD aufgehoben. Der Weg in den Faschismus war frei. PG Nr. 1 097 333 stand schon auf dem Trittbrett des immer schneller dahin fahrenden Zuges, noch ehe die Massen auf den Bahnsteig drängten.

„In den Kampfjahren der nationalsozialistischen Bewegung 1931/32 habe ich in vielen Versammlungen und Aufsätzen für die Eroberung der Macht aktiv mitgearbeitet. Im Jahre 1932 war ich wegen meiner Zugehörigkeit zur NSDAP in ein Disziplinarverfahren verwickelt. Anfang 1933 habe ich maßgebend an der Beseitigung der jüdisch-marxistischen Schulherrschaft an der früheren Karl-Marx-Schule mitgewirkt ... und seitdem im Auftrage der neuen Regierung die Umorganisation dieser Schule im nationalsozialistischen Sinne unter Anerkennung aller vorgesetzten Dienststellen" durchgeführt.

In der Krisensituation Anfang der dreißiger Jahre ist Schwedtke der Typus des geistes- und kulturgeschichtlich angehauchten Bildungsbürgers, der sich vom mehr oder weniger feinsinnigen Ästheten zum grobschlächtigen Antisemiten und „120prozentigen" (Hitler) Faschisten entwickelt. „Ich verlegte den Kampf nun in die öffentlichen Versammlungen. Im Auftrage des ‚Nationalsozialistischen Lehrerbundes' sprach ich in Steglitz, Pankow, Neukölln, Wilmersdorf, im Bezirk Kreuzberg und im Kriegervereinshaus in 10 Versammlungen zu der Berliner Lehrer- und Elternschaft über den Kulturbolschewismus an der Karl-Marx-Schule." Symptomatisch für den Wandel in der innenpolitischen Auseinandersetzung 1930/31 war das Ende einer Streitkultur, die in der Weimarer Republik über bescheidene Ansätze nie hinausgekommen war. Als einer der Exponenten des nationalkonservativen Bürgertums scheute Schwedtke vor keiner Hetze gegen die Reformschule Karsens zurück: „Der gesunde Organismus dieser verheißungsvollen Jugend wurde planmäßig zersetzt, indem kranke und dekadente Elemente aus allen Teilen Berlins in diese Schule hineingeholt wurden." Und dann zählt er diese zersetzenden Elemente auf: Juden, Ausländer, Staatenlose...

In den Auseinandersetzungen trat Schwedtke in wechselnden Rollen und Funktionen auf: mal als Dreckschleuder in der Schlammschlacht, mal in der Rolle des Herrn Biedermann als Brandstifter, der sich als Fachmann um die wissenschaftliche Ausbildung der deutschen Jugend sorgt. Der eigene ideologische Standort wird dabei nicht in Frage gestellt, denn nach eigenem Selbstverständnis ist Schwedtke als Vertreter des Bildungsbürgertums, als Fachdidaktiker und Schulfachmann, politisch neutral, objektiv und sachlich, während der Unterricht an der Karsenschule als „wissenschaftlich unzulänglich, parteipolitisch und klassenkämpferisch aufgezogen" diffamiert wird. Mit seinen Pamphleten und öffentlichen Anklagen erreichte Schwedtke immerhin einen Teilerfolg für seine Klientel: Die Karl-Marx-Schule wurde im August 1932 einer überraschenden Revision unterzogen, die jedoch im ganzen positiv ausfiel.

Schwedtke und seine Sympathisanten waren angetreten, die politischen Gegner nicht nur zu bekämpfen, sondern auszugrenzen, als Feinde zu vernichten und die Erinnerung an sie auszulöschen. Anfang der dreißiger Jahre erfüllte Schwedtke eine wichtige Aufgabe für die immer stärker werdende faschistische Bewegung in ihrer antisemitischen, deutschvölkischen Variante. Schwedtke war zu der Zeit eine der Speerspitzen der Nationalkonservativen im Kulturkampf gegen die politischen Feinde Karsen und Löwenstein, und mit seiner Pressekampagne bereitete er aktiv den Regierungswechsel auf Bezirksebene vor.

IV.

Im März 1933 war sein Pamphlet *Nie wieder Karl-Marx-Schule!* im Westermann Verlag erschienen. Die Schule wurde wieder in Kaiser-Friedrich-Gymnasium umbenannt und PG Kurt Schwedtke zum kommissarischen Oberstudiendirektor ernannt, der das Kollegium der Schule sofort von allen Linken und Juden „säuberte" (siehe D. MISCHON-VOSSELMANN in diesem Band). Im ersten Halbjahr 1933/34 erschien er häufiger in SA-Uniform in der Schule und nahm das erste Abitur nach dem Regierungswechsel in brauner Kluft ab. Gleichzeitig wurden alle reformpädagogischen Ansätze durch Drill und einen autoritären Führungsstil ersetzt. Der neue Führer der Schule scheute in einem Konfliktfall auch nicht davor zurück, die Gestapo einzuschalten. Wohl an keiner anderen Schule in Berlin wurde die NS-Ideologie so rigoros durchgedrückt wie an der ehemaligen Karl-Marx-Schule. Doch damit nicht genug. Den Vertriebenen – „Krakauer, alias Karsen" und anderen „Rassegenossen" – schleuderte Schwedtke in einem Artikel im *Völkischen Beobachter* seinen gesamten Hohn hinterher: „Jüdische Emigranten sehnen sich nach Deutschland zurück" (21.9.33).

Ende des Jahres 1934 befand Schwedtke sich für wenige Wochen auf dem Höhepunkt seines Ansehens und Wirkens in der Reichshauptstadt Berlin, in enger Fühlungnahme mit den zuständigen Ministerien und Parteistellen stehend.

– Als Nachfolger Karsens unternimmt er als Oberstudiendirektor und Führer des KFR alle Anstrengungen, die ehemalige sozialistische Vorzeigeschule in eine nationalsozialistische Musterschule umzuwandeln.

– Im Oktober 1933 wird er zum Leiter eines pädagogischen Seminars in Neukölln ernannt.

– Seit November 1933 ist er „Führer" des Allgemeinen Deutschen Neuphilologenverbandes, der „in jeder Weise die volle Gewähr bietet, daß der Verband im Sinne des Dritten Reiches geführt werde."[4]

– Seit dem 1.1.1934 erscheint Schwedtke als Herausgeber der Fachzeitschrift *Die Neueren Sprachen*.

– 1933 wird er als deutscher Vertreter auf dem Kongreß in Riga auf vier Jahre in den Vorstand des Bureau International gewählt, der Vertretung der Philologen in Europa, und im gleichen Jahr zum Redakteur des deutschen Teils für das *Bulletin International* bestimmt.

– Am 6.12.1934 legt Oberschulrat Bohm die Führung des Deutschen Philologenverbandes nieder. Sein Nachfolger wird der bisherige Führer des Preußischen Philologenverbandes, Oberstudiendirektor PG Kurt Schwedtke, der in einer öffentlichen Erklärung für den Verband sofort versichert, „auch unter meiner Führung treu zu unserer Sache zu stehen, in dem gemeinsamen Bewußtsein, damit dem Neuaufbau des nationalsozialistischen Deutschland zu dienen."

– Als Führer des Deutschen Philologenverbandes vertritt er bei internationalen Konferenzen die Politik der neuen Reichsregierung: „Im Ausland – Italien, Frankreich, Polen, Lettland – bin ich in den letzten Jahren unter ausdrücklicher Anerkennung des Reichserziehungsministeriums und des Reichsaußenministeriums für die kulturellen Belange des neuen Staates und unserer Bewegung erfolgreich tätig gewesen."

– Im In- und Ausland gilt Schwedtke als anerkannter Schulbuchautor und Fachdidaktiker.

V.

Als Autor der Bücher *Nie wieder Karl-Marx-Schule!*, *Adolf Hitlers Gedanken zur Erziehung*, *Gegen das Schlagwort in der Erziehung* und *Zur Schulreform im Dritten Reich* hatte sich Schwedtke in der aktuellen schulpolitischen Diskussion vernehmlich zu Wort gemeldet.[5] Seine Schriften der Jahre 1933/34 lassen erkennen, daß er nicht mehr und nicht weniger vorhatte, als am Werk einer neuen nationalsozialistischen Schulreform, wenn nicht federführend, so doch an maßgebender Stelle mitzuarbeiten. Nach Schwedtkes Vorstellungen soll ein kleiner Kreis von erfahrenen Schulpraktikern, ausgewiesen „durch Leistungen in der gediegenen Kleinarbeit der Schulstube", ein Reformprogramm zur Ausbildung einer „wahren Führerschicht des neuen Deutschland" entwickeln, denn es gelte, einen neuen politischen Menschen in Deutschland heranzubilden. „Nützen wir den Augenblick, wo die ganze Sache des deutschen Volkes im Gleitzustande ist, und schmieden wir aus glühendem Eisen die dauernde und starke Form der Volksgemeinschaft ...!"

In seinen Arbeiten versucht Schwedtke, einige grundlegende Gedanken zu einer zukünftigen Schulreform zu entwickeln. Wenn sich dabei – etwa in seiner Schrift *Adolf Hitlers Gedanken zur Erziehung* – mehr eigene Formulierungen als Äußerungen Hitlers finden, so beweist dies nur die große innere Übereinstimmung mit der Vorstellungs- und Gedankenwelt des „Führers", die er endgültig vollzogen hat. Die neue Schule soll zum Leben, zur Tat erziehen, damit die Jugendlichen für den kommenden (Lebens-)Kampf gerüstet sind. Alle Erziehung hat sich in den Dienst der staatlichen Macht zu stellen. Die Vertreter der neueren Sprachen haben dabei eine wichtige Rolle zu übernehmen, zumal sie schon vor 1933 stets wichtige Grundgedanken des neuen Staates in den Schülern wachgehalten hätten: die Autorität des Staates, das Führerprinzip, das Auslese- und Leistungsprinzip, den Traditionsgedanken. Hatte er in der „Systemzeit" noch für die Behandlung von Sachtexten plädiert, so soll jetzt die Besprechung der literarischen Denkmäler im Mittelpunkt des Unterrichts stehen. Die Hauptforderungen belegen die Kontinuität nationalkonservativen Denkens, denn manche Vorschläge, z.B. eine stärkere Auslese, verschärfte Anforderungen an den Gymnasien, Erschwerung des Hochschulstudiums, Landjahr und Pflichtjahr für die Mädchen sowie körperliche Ertüchtigung und Wehrerziehung für Jungen, waren bereits in den zwanziger Jahren angedacht worden.

Hinter dieser Kampagne für eine Leistungsgesellschaft standen weite Kreise des nationalkonservativen Bürgertums, die mißtrauisch beobachteten, wie (Parteibuch-)Gesinnung bei der Besetzung von Posten höher bewertet wurde als Leistung und Können.

Gegen eine ideologische Ausrichtung der Schule im NS-Sinne hatten sie nichts einzuwenden, aber diese Ausrichtung sollte und durfte nicht auf Kosten des Bildungsniveaus gehen. Wie manch anderer Pädagoge sah Schwedtke die Gefahr einer Überbetonung der deutschkundlichen Fächer auf Kosten der Fremdsprachen und der exakten Wissenschaften. Deshalb nahm er den Grundgedanken der Kulturkunde wieder auf und spitzte ihn zu. Die Beschäftigung mit den Fremdsprachen ist Teil der Vorbereitung für den feindlichen Wettbewerb und letztlich nichts anderes als eine Vorbereitung auf den Krieg. Schwedtke war sogar bereit, sein Fach Französisch zu opfern, um für Russisch als zweite Fremdsprache neben Englisch zu plädieren, da die neue Ostraumpolitik eine intensive Beschäftigung mit der slawischen Sprache und Mentalität erfordere.

Nur in Bruchstücken und erst in groben Umrissen, aber schon mit einer klaren Zielrichtung hatte PG Schwedtke 1933/34 Vorarbeiten für eine grundlegende Schulreform im nationalsozialistischen Sinne vorgelegt.

VI.

Am 4. 1. 1935 veröffentlichte das *Deutsche Philologenblatt* als Aufmacher einen Artikel aus der Feder Kurt Schwedtkes mit dem durchaus zweideutig gemeinten Titel „Besinnung" – gedacht als eigene Rückbesinnung und als Mahnung an andere, endlich zur Besinnung zu kommen. Der Artikel erschien in einem äußerst brisanten Augenblick, als die Interessengegensätze und Machtkämpfe innerhalb der nationalsozialistischen Bewegung offen ausgebrochen waren. Viele „alte Kämpfer", organisiert in SA oder NSLB, warteten auf eine grundlegende Veränderung der politischen und sozialen Verhältnisse. Doch die Parteispitze zeigte keinerlei Interesse an einer sozialen Revolution, denn in dieser wichtigen Phase des Umbruchs war die Führung an einer Mitarbeit der alten konservativen Machteliten interessiert. Für die Parteiführung war es wichtiger, die Ruhe wiederherzustellen, internationales Ansehen zu gewinnen und ungestört aufzurüsten, als die eigene Gefolgschaft zu bedienen. Um außenpolitisch handlungsfähig zu sein, sollte so schnell wie möglich eine homogene Volksgemeinschaft in Deutschland entstehen.

In dieser schwierigen Phase, einige Monate nach dem sogenannten Röhmputsch, als ein Teil der innerparteilichen Opposition liquidiert wurde, ergreift PG Schwedtke das Wort, denn er sieht „das große Werk der nationalen Revolution" durch Abenteurernaturen und Konjunkturritter bedroht. Hatte er noch kurze Zeit vorher den SA-Führer Ernst Röhm als einen großen Nationalsozialisten gefeiert, so ist er in seinem „Besinnungsartikel" bereit, jede Handlung des Führers und der Parteiführung, einschließlich des politischen Mordes, zu rechtfertigen und „dem festen und energischen Eingreifen des Führers" sein Lob auszusprechen. Die Identifikation mit dem Führer ist bis in die Wortwahl und in die Gedankengänge hinein vollzogen, wenn PG Schwedtke die Grundforderungen der Bewegung, die Autorität des Staates, die Reinheit der Rasse, die Wehrtüchtigkeit beschwört. Mahnend erinnert er an die großen Ziele des revolutionären Kampfes, die er durch zwielichtige Gestalten wie Aufsteiger, Radfahrer, Leisetreter, Parteibuchbeamte und Dilettanten bedroht sieht.

Dieser „Besinnungsaufsatz" war mehr als nur ein Bewerbungsschreiben für höhere Führungsaufgaben. Der Artikel enthielt eine sehr massive Warnung an die Kräfte, die die Revolution weiter vorantreiben wollten, denn es sei „nicht gesagt, daß diese erste Krisis auch die einzige bleiben wird." Mit seinem Hinweis auf Fehlentwicklungen der bolschewistischen Revolution goß Schwedtke zusätzlich Öl ins Feuer. Der Artikel mit der Aufforderung, endlich zur Besinnung zu kommen, mußte auf einige „alte Kämpfer" wie ein Stich ins Wespennest wirken, zumal die Machtpositionen im neuen Staat noch nicht endgültig festgelegt waren. Reichsminister Schemm scheut denn auch nicht vor starken Worten zurück, spricht von „einem grotesken Fall, daß Greuelpropaganda in Deutschland gedruckt wird" und tönt, „daß dieser Aufsatz wohl zu den niederträchtigsten Presseerzeugnissen seit dem Umsturz überhaupt gehört."

Die fragliche Ausgabe wird umgehend von der Gestapo beschlagnahmt. Am 24.1.1935 wird Schwedtke mit sofortiger Wirkung vom Dienst suspendiert, bekommt aber seine Bezüge als Oberstudiendirektor weiterhin. Seine Funktion als Führer des Deutschen Philologenverbandes bleibt ihm erhalten. Nach seiner Beurlaubung versiegt seine intensive schriftstellerische Tätigkeit, da die Verlage sich zurückziehen, sobald das Verfahren gegen ihn läuft. Aus dem NSLB wird Schwedtke unverzüglich ausgeschlossen, nicht aber aus der Partei. Gleich nach seiner Beurlaubung legt Schwedtke Protest bei der obersten Dienstbehörde ein, da „es sich um die Ehre und das Ansehen eines aktiven Parteigenossen und eines im In- und Ausland bekannten Schulmannes handelt."

VII.

Schwedtkes Gegenspieler Hans Schemm, Reichstagsabgeordneter der NSDAP, Gauamtsleiter „Bayerisch Ostmark", bayerischer Kultusminister und Reichsleiter des NSLB, sieht im Nationalsozialismus eine Erziehungsbewegung, in der alle, die deutschen Blutes sind, alle erziehen. Sein Ziel ist eine völlige Neuordnung des Lebens und des Staates. In dieser Erziehungsdiktatur, in der auf dem

Wege zur völkischen Einheit alles zur Volks-Schule gemacht wird, ist das ganze Leben Erziehung, unterliegt der einzelne einer permanenten Kontrolle. Um dieses große Ziel zu erreichen, sollen alle deutschen Erzieher im Nationalsozialistischen Lehrerbund (NSLB) zu einer Einheitsfront zusammengeschlossen werden – in Analogie zu SA und SS als Kampfbataillone Adolf Hitlers.

Für Schemm waren Machtfragen immer auch Organisationsfragen. Bis Ende 1933 hatte er durchgesetzt, daß sich 43 von 48 Lehrerverbänden „freiwillig" aufgelöst hatten. Im Sommer 1933 wurde der große deutsche (Volks-)Schullehrerverband (DLV) in den NSLB überführt. Anläßlich des Tages von Magdeburg am 7./8. 6., der als „Potsdam der Erziehung" in die Geschichte eingehen sollte, stellte Schemm einen Führungsanspruch für den NSLB auf, der nicht nur in der breiten Öffentlichkeit, sondern auch parteiintern für Unruhe gesorgt haben dürfte. „Jeder deutsche Erzieher soll im Besitz der Mitgliedskarte des NSLB sein, der Besitz dieser Karte ist zugleich ein Bekenntnis zu Deutschland ... ohne diesen Eintritt ist am Willen zur Staatsbejahung zu zweifeln ... Wer ein Verräter an Potsdam wird ..., der wird vom Volk dafür gerichtet. Die Art der Durchführung dieses Rechtsanspruchs überlassen Sie ruhig der Brutalität des Nationalsozialismus."[6]

Nach den Sommerferien 1933 prasselte ein Trommelfeuer auf die Philologen hernieder. Der Bericht in der *Nationalsozialistischen Erziehung* über einen Vortrag von Löpelmann am 16. 11. 1933 vor dem Großberliner Philologenverband läßt an Deutlichkeit nichts zu wünschen übrig: „Er ließ ... keinen Zweifel darüber, daß er und die anderen „alten Kämpfer" Adolf Hitlers nicht dulden würden, daß das Programm durch gewisse Leute mit Hakenkreuzmäntelchen verwaschen würde, verhieß auch mit Nachdruck die Beförderung solcher Vertreter ins Konzentrationslager."

Doch Schwedtke setzte sich für ein Weiterbestehen des Philologenverbandes ein und sperrte sich gegen die Vereinnahmung durch den NSLB, zumal er von Reichsinnenminister Frick unterstützt wurde. Dieser wollte die Lehrer nicht der staatlichen Kontrolle entziehen. „Es muß nicht alles in den NSLB ... Man soll nicht in unberechtigtem Machthunger alles verschlucken wollen ... Es widerspricht dem Befehl des Führers vom 6. Juli, daß die Revolution beendet sei, wenn solche Übergriffe vorkommen. Jeder revolutionäre Eingriff ist verboten und wird als gegenrevolutionär bekämpft."[7]

Bei der Auflösung der alten Verbände stellten sich außerdem zahlreiche versorgungsrechtliche, juristische und vermögensrechtliche Probleme, und die Rechtsstreitigkeiten und Verhandlungen zogen sich über Monate und Jahre hin. Angesichts dieser verzwickten Lage mußte Schwedtkes Artikel „Besinnung" auf Schemm und sein Leute geradezu wie ein Geschenk des Himmels wirken. Der Weg zu einer grundlegenden Umgestaltung und Umerziehung Deutschlands in ihrem Sinne schien endlich frei zu sein.

VIII.

Nach der Umorganisation im Schulwesen am 1. 4. 1934 erhielt Schwedtke seine Weisungen von Reichserziehungsminister Rust, und der reagierte sofort auf die Ausführungen Schwedtkes, „die durchaus geeignet sind, Staat und Bewegung vor der Öffentlichkeit des In- und Auslandes herabzusetzen ... Männer wie der Verfasser des Artikels ‚Besinnung' haben keinen Platz in deutschen Schulen, geschweige denn als Leiter. Und Verbände deren Führer dem Staate den Kampf ansagen, haben in diesem Staate keinen Platz mehr." Ministerialdirigent Dr. Löpelmann hakte nach und erklärte kategorisch, daß „der Philologenverband nunmehr zur Liquidierung fällig" sei.

Da Schwedtke PG war, wurde das Oberste Parteigericht eingeschaltet, dessen Vorsitzender Walter Buch ein Gutachten für die Gestapo verfaßte. Zwar moniert Buch, daß Schwedtke „nur die Schattenseite der Bewegung schildert", gleichzeitig aber stellt er Überlegungen an, „ob der Aufsatz des PG Schwedtke unter geringer Abänderung nicht in den ‚Parteirichter' aufzunehmen wäre." Besorgt stellt der Oberste Parteirichter der NSDAP fest: „Zur ‚Besinnung' innerhalb der Partei liegt aber nach der Geschäftslage beim Obersten Parteigericht wirklich aller Grund vor. Damit, daß die im großen Ganzen in dem Aufsatz leider richtig wiedergegebenen Zustände geleugnet werden, ist es nicht getan. Die Ausführungen des PG Schwedtke als ‚Greuelpropaganda' zu bezeichnen, ist grotesk, nicht dagegen die Ausführungen selbst ... Er sagt ja nichts anderes, als was der Führer in seiner Reichstagsrede nach dem 30. 6. 34 zum Ausdruck brachte."

Trotz seiner Beurlaubung als Schulleiter erhielt Schwedtke weiterhin die Möglichkeit, als Vorsitzender des Deutschen Philologenverbandes an Tagungen im Ausland teilzunehmen. Am 22. 2. 1935 wird er von Ministerialdirigent Löpelmann vorgeladen, der ihm mitteilt, „daß er ... an keiner Schule mehr unterrichten, sondern in eine gleichwertige Stelle des Bibliotheksdienstes eingewiesen werden sollte." Derselbe Löpelmann gibt Schwedtke grünes Licht für dessen Teilnahme am Philologenkongreß in Rotterdam im März 1935, nachdem er den Vorsitzenden des Philologenverbandes „mit der außenpolitischen Lage bekannt gemacht und ihm die Marschrichtung gewiesen" hat, und schreibt nach der Konferenz, „daß, wie auch sonst, Herr Schwedtke Deutschland würdig und geschickt vertreten hat. Ich möchte feststellen, daß es seiner diplomatischen Fähigkeit zu verdanken ist, wenn Deutschland auf Kosten Frankreichs eine immer stärkere Stellung innerhalb des Weltverbandes der Philologen einnimmt."

Schwedtke und seine Mitarbeiter im Philologenverband nehmen denn auch jede Gelegenheit wahr, die Bedeutung ihres Verbandes für internationale Kontakte hervorzuheben. Die Mitgliedschaft im Bureau International de l'Enseignement Secondaire, der internationalen Vereinigung der Lehrerschaft an höheren Schulen, sei unbedingt notwendig, da der deutsche Philologenverband in dieser Organisation aufklärend im Sinne des Nationalsozialismus wirken könne. Seiner Überzeugungsarbeit sei es zu verdanken, daß eine Kundgebung der holländischen Philologenschaft „im Sinne der ausländischen Greuelmeldungen wegen Verfolgung des deutschen Judentums etc. durch entsprechende wahrheitsgemäße Berichterstattung und Widerlegung" verhindert wurde. Noch also erfüllten Schwedtke und der Philologenverband ihre Funktion als Galionsfiguren des neuen Deutschland, die nach außen hin als konservative, deutsch-nationale Herren auftraten, in Wirklichkeit aber nur eine gemäßigtere NS-Politik vertraten und den Nationalsozialismus international salonfähig machten.

IX.

Am 5. 3. 1935 stirbt Reichsminister Schemm an den Folgen eines Flugzeugabsturzes. In der Folgezeit verliert der NSLB schnell an Dynamik und politischer Aggressivität, wird zu einem Verband mit einer riesigen Mitgliederzahl, aber ohne politische Macht. Eine Meldung der verbandseigenen Zeitschrift *Nationale Erziehung* wenige Monate nach dem Tode Schemms wirkt wie ein ironischer Nachklang auf die Arbeit ihres ehemaligen Führers. Sein mausgrauer Nachfolger Wächtler wird „in den Stab des Stellvertreters des Führers berufen, wo er als Sachbearbeiter für Schulfragen tätig sein wird." Mit dieser Entwicklung vom Revolutionär zum Sachbearbeiter war die innenpolitische Umgestaltung Deutschlands im Sinne der Parteiführung abgeschlossen. Die Parteiführung zog die wichtigen Entscheidungen in Bildungs- und Erziehungsfragen an sich und ließ auf der mittleren und unteren Ebene verschiedene Gruppen, Organisationen und Verbände mit- und gegeneinander arbeiten.

Im Juli 1935 teilt Rust Schwedtke mit, daß das Reichserziehungsministerium „die Auflösung des Philologenverbandes nicht wünsche." Eine Neuorganisation sei geplant. Solange das Verfahren schwebt, lassen die alten Kampfgefährten Schemms nichts unversucht, um den ungeliebten Schwedtke doch noch zur Strecke zu bringen. Beim Studium der Akten hat man manchmal den Eindruck, daß die alten Kämpfer eine Art Sühneopfer für den Tod ihres Führers Schemm fordern.

– Löpelmann wendet sich im September 1935 an die Gestapo und bittet um Amtshilfe. Die Geschäftsstelle des Philologenverbandes und die Privatwohnung Schwedtkes sollen durchsucht werden, da Schwedtke eine „schriftliche Beeinflussung ausländischer Delegationen" versucht habe. Bei der Durchsuchung der Räume wird nichts Belastendes gefunden. Am 8.10.1935 richtet Schwedtke ein Schreiben an den Stellvertreter des Führers, Reichsminister Heß. „Als Parteigenosse, der schon lange vor dem Umbruch aktiv für die Partei gearbeitet hat", bittet er zur „Verteidigung seiner Ehre als Beamter und Parteigenosse" um eine Unterredung.
– Ende 1935 bemängelt Meinshausen in einer Anfrage, daß Schwedtke sein Gehalt als Oberstudiendirektor in voller Höhe erhalte, obwohl er beurlaubt sei. Nach eingehender Prüfung muß das Reichserziehungsministerium dem Oberpräsidenten mitteilen: „Eine Gehaltseinbehaltung ist bei der Sachlage nicht zulässig."
– In einem Schreiben vom 24.2.1936 fordert Löpelmann wenigstens die Rückstufung Schwedtkes in das Amt eines Studienrats aufgrund von § 5 BBG, denn „wenn er sich in allgemein unterrichtlichen Fragen durchaus den damaligen Ansichten anschloß ..., so kann das nur aus einer weitgehenden Anpassung des Dr. Schwedtke an den Geist jener Zeit und aus dem Bestreben erklärt werden, auf diese Weise vorwärts zu kommen." Sein Verhalten zeige, „daß es ihm nicht so sehr um selbstlose Mitarbeit am Aufbau als vielmehr um seine eigene Person zu tun ist und daß an diesem Eigennutz auch sein Verständnis für die Forderungen des Nationalsozialismus scheitert. Dies und vor allem die Charakterlosigkeit, mit der er ... Personen angreift, um deren Gunst er sich früher selbst bemühte, läßt ihn zum Leiter einer deutschen Schule weiter ungeeignet erscheinen."

Der Versuch nachzuweisen, daß Schwedtke ein Anpasser und ein Wendehals sei, war – das mußte auch seinen erbitterten Widersachern im NSLB langsam dämmern – von keinerlei öffentlichem Interesse. Was „die Forderungen des Nationalsozialismus" waren, wurde schon längst von den Technokraten der Macht bestimmt, die in der Parteiführung saßen. In diesem kleinen Führungskreis, u.a. Heß, Bormann, Frick, Ley und Rosenberg, fällt die endgültige Entscheidung zur Auflösung des Philologenverbandes im Herbst 1935. Die Engländer sind bereit, den NSLB zu akzeptieren, und innenpolitisch ist der NSLB gezähmt. Noch im Laufe des Monats Oktober zieht sich Schwedtke von der Arbeit im Philologenverband zurück: „Ich habe meine Tätigkeit auch in dem Augenblick eingestellt, als mir amtlich zum ersten Mal eröffnet wurde, daß meine weitere Tätigkeit nicht gewünscht werde."

X.

Die „alten Kämpfer" im NSLB können lediglich durchdrücken, daß Schwedtke sich am 15. 5. 1936 einer Anhörung unterziehen muß. Doch angesichts der Harmlosigkeit der Anklagepunkte kann dieser alle Register zu seiner Verteidigung ziehen. „Ich muß mich überhaupt dagegen verwahren, daß aus dem Zusammenhang gerissenen Kleinigkeiten aus weit zurückliegender Zeit zusammengetragen werden, um Vorwürfe gegen mich zu rechtfertigen, wo doch die Tatsachen dafür sprechen, daß ich nationalsozialistisch gehandelt und für den Nationalsozialismus Opfer gebracht habe." So verweist er auf seine Auseinandersetzungen mit dem Provinzialschulkollegium wegen seines Pressekampfes gegen Karsen und erinnert an seinen Konflikt mit Kultusminister Becker 1927 wegen der Ablehnung seiner Bücher *Le génie français* und *Angelsächsische Welten*. Ganz nebenbei erwähnt er, sich „in der Systemzeit um Beförderungsstellen nicht beworben" zu haben. Lediglich den Schulleiterposten an der Westend-Schule habe er angestrebt, doch „die hierbei an mich gestellte Forderung, Mitglied der Demokratischen Partei zu werden, habe ich abgelehnt."

Schließlich reduziert sich die Anklage auf den Vorwurf, er habe während seiner Unterrichtstätigkeit in der Weimarer Republik die Klassiker zu wenig berücksichtigt, dafür aber Autoren marxistischer Tendenz behandelt. Nach dem Drama also das Satyrspiel. Die heftigen politischen Auseinandersetzungen kulminieren in der Frage, welchen Stellenwert die Behandlung klassischer Autoren im Unterricht haben soll und ob zeitgenössische, gar linke Schriftsteller in der Schule gelesen werden dürfen. Schwedtke kann jedoch den Herren glaubhaft versichern, „daß es sich nur um Beispiele handelte, die in Form von Namen und nicht in Form von Dichtungen angegeben sind und die vielfach nur als Gegenbilder gedacht waren. Ich mußte mich ja auch an die Möglichkeiten halten, die sich für mich aus der Lehrplanarbeit Berliner Schulen ergaben."

Während Tausende von Menschen in Deutschland verfolgt, gefoltert und getötet werden, setzt PG Schwedtke sich nach der Anhörung an seinen Schreibtisch und verfaßt einen längeren Besinnungsaufsatz zu dem Vorwurf, er habe in „der Systemzeit" die Klassiker nicht genügend gewürdigt. Mit diesem Bekenntnis der NS-Bürokraten und Schwedtkes zum Guten, Wahren und Erhabenen in der deutschen Literatur klingt Schwedtkes Anhörung durch die Behörde aus.

XI.

Das Verfahren schleppte sich bereits über zwei Jahre hin, als die Reichsleitung der NSDAP in einem Schreiben vom 9. 3. 1937 Rust zu einer grundsätzlichen Stellungnahme aufforderte. „Durch die neueste Anordnung des Stellvertreters des Führers sollen Mitglieder der NSDAP, die schon vor dem 30. 1. 33 Parteigenossen waren, nach dem Paragraphen des Berufsbeamtengesetzes nicht gemaßregelt werden. Erkundigungen über Schwedtke bei der Partei haben einwandfrei ergeben, daß Schwedtke als Blockleiter gewissenhaft und zuverlässig als Politischer Leiter wirkt."

Inzwischen war auch der Zufall Schwedtke zu Hilfe gekommen. Da er in einem politischen Prozeß eine wichtige Zeugenaussage zu machen habe, bittet er um die Gewährung von Urlaub für die Zeit vom 12. bis zum 14. 5. 1937 und um eine Ausreisegenehmigung. Drei Journalisten des Nationalen Kampfblattes der Schweiz *Die Front* hatten den Emigranten Dr. Kurt Löwenstein in mehreren Artikeln als „Schwerverbrecher" und

„Emigrantengeschmeiß" wüst beschimpft, als dieser im Herbst 1933 einen Vortrag in Zürich gehalten hatte. Bei ihren Angriffen hatten sie auch Löwensteins Amtstätigkeit als Volksbildungsstadtrat von Neukölln heftig kritisiert. So sollen Schüler der ehemaligen Karl-Marx-Schule mit Billigung Löwensteins bei einer Klassenfahrt nach Hamburg zusammen mit ihrem Klassenlehrer Hommes das Gängeviertel zu Studienzwecken besucht haben. Löwenstein hatte sofort Klage wegen Verleumdung eingelegt. Was lag für den Verteidiger der Journalisten, Rechtsanwalt Dr. Eugen Wildi näher, als den Prozeß zu einer politischen Propagandaveranstaltung zu machen und PG Schwedtke aus Deutschland als sachverständigen Zeugen einzuladen, der das Buch *Nie wieder Karl-Marx-Schule!* veröffentlicht hatte, aus dem die Angeklagten ihre „Informationen" bezogen hatten. Mit diesem Ansinnen, Schwedtke als Zeugen und Sachverständigen in die Schweiz fahren zu lassen, war die Behörde zur Entscheidung gezwungen. Sollte Schwedtke keine Ausreisegenehmigung erhalten, durften Löwenstein und seine Leute nichts davon erfahren, „sonst würden die Juden dies stark für sich ausschlachten." Die andere Alternative hieß aber, die Kröte endgültig zu schlucken. „Lassen wir ihn nach Zürich gehen, werden wir ihn auch als Beamten in seiner Stellung halten müssen!"

Schwedtke darf in die Schweiz ausreisen, macht vor dem Züricher Obergericht seine Zeugenaussage gegen den eigens aus Paris angereisten Löwenstein und verfaßt nach seiner Rückkehr einen handschriftlichen Bericht über seine Schweizer Expedition. Nach soviel Diensteifer wird Schwedtke für alle Unannehmlichkeiten der letzten zweieinhalb Jahre entschädigt und wieder in Gnaden in den NSLB aufgenommen. Mit Schreiben vom 26. 6. 1937 wird ihm die Aufhebung seiner Beurlaubung mitgeteilt. Am 20. 10. 1937 nimmt er die Amtsgeschäfte als Schulleiter der Viktoria-Luise-Schule, einer Mädchenschule in Wilmersdorf, wieder auf. Schwedtke wechselt dann noch einmal seinen Arbeitsplatz und leitet vom 1. 4. 1939 bis zum Kriegsende die Königin-Mathilde-Schule in Wilmersdorf als Oberstudiendirektor. Der aus der Heimat vertriebene Kurt Löwenstein stirbt am 8. 5. 1939 im französischen Exil.

XII.

Gleich nach Kriegsende stellt Oberstudiendirektor PG Schwedtke am 25. 6. 1945 einen „Antrag auf Annullierung der Mitgliedschaft in der früheren NSDAP und auf Wiederverwendung im Schuldienst". In diesem Schreiben macht er wie schon in seinem Entnazifizierungsverfahren vom 26. 5. 1945 geltend, daß er sich nach dem Reichstagsbrand am 27. 2. 1933 in einen Antifaschisten verwandelt habe. Die Liste der beigefügten Anlagen ist ebenso imposant wie aufschlußreich, vor allem wenn man sich ansieht, was er vorlegt und was er beiseite läßt: Schreiben von Hans Schemm an die Gestapo vom 6. 1. 1935, Zeitungsartikel zum Ausschluß Kurt Schwedtkes aus dem NS-Lehrerbund, seinen Artikel „Besinnung", das Rundschreiben Nr. 2/1935 an die Mitglieder des Deutschen Philologenverbandes sowie drei „Persilscheine" über seine antifaschistische Einstellung.[8]

Bereits im Sommer 1945 meldet Schwedtke sich mit einigen wegweisenden Worten als Volkspädagoge zurück. „Künftige Geschichtswissenschaft" lautet der Artikel vom 7. 9. 1945 in der *Neuen Zeit*, in dem er im Namen einer Generation spricht, „die das Unglück hatte, zwölf Jahre von einem Tyrannen regiert zu werden." Das Leid und das große Unglück, das seine Generation durchgemacht habe, lasse gerade sie berufen und befähigt erscheinen, den Weg zu einer neuen Geschichtswissenschaft zu bahnen. Von Scham, von eigener Verantwortung oder gar von eigener Schuld ist in diesem Artikel nichts zu lesen, dafür spart Schwedtke nicht mit Ratschlägen an die anderen, an die UNO und an die Alliierten, und er stellt Betrachtungen darüber an, „wie krank die Helden oftmals gewesen sind." Bei soviel Selbstgerechtigkeit, partiellem Gedächtnisverlust und gleichzeitigem pädagogischen Eifer hat man schließlich nur noch einen Wunsch: Kann er nicht einfach mal für einen Moment seine Schnauze halten?!

Angesichts der vielen großen Nazis, der Schreibtischtäter und Mörder, mag man sich mit diesem kleinen Handlanger des Systems kaum ernsthaft beschäftigen. So jemand wie Schwedtke war und ist kaum veränderbar, weil er Schuld und Verantwortung nur bei anderen – bei denen da oben – sehen kann, nie aber bei sich selbst. Schwedtke war kein Macher und auch kein Verführter des Systems. Leute wie er bildeten die Basis der damaligen Gesellschaft: als Blockwart, als politischer Leiter, als Oberstudiendirektor und lange Zeit als Funktionär. Auf diesem Fundament kann jede Führung aufbauen. Weil Leute wie er funktionieren, funktioniert das System. Sein persönliches Pech war, daß er sich in seinem Übereifer etwas zu weit vorgewagt hatte, was ihm einige kleinere Schwierigkeiten in den Jahren 1935-37 bereitet hatte. Aber andererseits bot dieses kleine Mißgeschick ihm die Chance, daß er nach dem Zusammenbruch ein wenig den Antifaschisten hervorkehren konnte.

Leiter des Schulamtes Wilmersdorf war gleich nach Kriegsende Dr. Werner Bloch, ehemals Lehrer an Karsens Schule und im April 1933 „aus rassischen Gründen" vom Schuldienst beurlaubt. Seinen Sohn Hans-Werner hatten Oberschulrat Beyer und Oberstudiendirektor Schwedtke als einzigen Schüler beim Abitur Ende 1933 als eines der „zersetzenden Elemente" durchfallen lassen (siehe auch D. MISCHON-VOSSELMANN in diesem Band). Auf Blochs Schreibtisch landete der Antrag auf Wiedereinstellung in den Schuldienst, den Schwedtke an das Bezirksamt Wilmersdorf gerichtet hatte. In einem knappen Überblick stellte Bloch die Argumente zusammen, die gegen eine Wiederbeschäftigung Schwedtkes sprachen: seine pöbelhaften Angriffe auf die Karl-Marx-Schule, seine Agitation als Schulleiter im nationalsozialistischen Sinne, sein Antisemitismus, sein Auftreten gleich nach Kriegsende als Redner bei einer Versammlung der reaktionären Deutschen Partei, seine Anpassung an den Zeitgeist sofort nach Kriegsende, als er sich als Pazifist ausgab, obwohl er in den dreißiger Jahren die Liga für Menschenrechte und den Pazifismus heftig bekämpft hatte. „Menschen dieser ... Handlungsfähigkeit ohne Reue und Einkehr sind für die Schule untragbar."

In der Zeit des Kalten Krieges und der Verhärtung der Fronten in Europa schwenkte die Stimmung in Deutschland jedoch um. Im August 1951 wurde Schwedtke aufgrund des Artikels 131 wie so viele andere Belastete wieder als Studienrat in den Schuldienst eingestellt, obwohl Dr. Bloch bei Kultussenator Tiburtius Einspruch einlegte. Der Vorgang sorgte für einen kleinen lokalen Wirbel. In der Bezirksverordnetenversammlung Steglitz verlangte die SPD Aufklärung darüber, warum ein Mann wie Schwedtke, „der trotz erfolgter Entnazifizierung als politisch und charakterlich unzuverlässig anzusehen sei", an einer Lankwitzer Oberschule beschäftigt werde. Außerdem habe er es noch 1950 für angebracht gehalten, „führende demokratische Politiker, wie z.B. Louise Schröder, in übler Weise öffentlich zu verunglimpfen." Die Diskussion war ebenso ausgedehnt wie unergiebig, denn auch in demokratischen Zeiten war die Erörterung moralischer Fragen eher lästig als erwünscht. Stadtrat Grigoleit (FDP) fand schließlich das Schlußwort, indem er Schwedtkes Wieder- und Weiterbeschäftigung mit der „fachlichen Eignung" des erfahrenen Pädagogen rechtfertigte.

Bis zu seinem Tode am 13.1.1958 unterrichtet Kurt Schwedtke, der verheiratet war und kinderlos blieb, als Studienrat an der 8. OWZ, der Beethoven-Oberschule für Mädchen in Berlin-Lankwitz.

Damit fällt endgültig der Vorhang zu diesem kleinen Lehrstück über einen deutschen Beamten, der so gar nichts von einem Helden oder wenigstens einem großen Bösewicht hat. Aber vielleicht geht gerade von seiner Mittelmäßigkeit das Beunruhigende aus, das sich bei der Beschäftigung mit Schwedtke einstellt. Er wirkt fremd und gleichzeitig doch wieder sehr vertraut.

Anmerkungen

Der Aufsatz ist die stark gekürzte Fassung einer im Entstehen begriffenen Arbeit über Schwedtke und den Deutschen Philologenverband, die an anderer Stelle erscheinen wird. Auf einen aufwendigen Anmerkungsteil ist deshalb verzichtet worden. Für Hinweise und Hilfe bei der Materialbeschaffung danke ich W. Korthaase und G. Radde.

1 Soweit nicht anders ausgewiesen, basieren die Ausführungen und Zitate auf zwei Akten — BA Potsdam REM 49.01 Spezialia 5771 (Karl-Marx-Schule) und 5772 (Studiendirektor Schwedtke). Siehe auch E. Meier: *Feste mit verjnijten Sinn*. Berlin 1983, S. 93-95 (Schülererinnerung)

2 „Wie spiegelt sich der Charakter der Franzosen in ihrer Sprache wieder?" — H. Strohmeyer, R. Münch, W. Grabert (Hrsg.): *Der neue Unterricht in Einzelbildern. Eine Sammlung aus der Schulpraxis heraus gewonnener und erlebter Unterrichtsstunden*. Braunschweig 1928, S. 158-167

3 BA Potsdam 70 Phil Nr. 112, Bl. 13 (27.3.1933); siehe auch H.-Chr. Laubach: *Die Politik des Philologenverbandes im Deutschen Reich und in Preußen während der Weimarer Republik*. Frankfurt/M. 1986

4 K. Schwedtke: „Vertreterversammlung des Allgemeinen Deutschen Neuphilologenverbandes." — *Die Neueren Sprachen 42* (1934), 51. Siehe auch R. Lehberger: *Englischunterricht im Nationalsozialismus*. Tübingen 1986

5 K. Schwedtke: *Nie wieder Karl-Marx-Schule! Eine Abrechnung mit der marxistischen Erziehung und Schulverwaltung*. Braunschweig 1933. Ders.: *Adolf Hitlers Gedanken zur Erziehung und zum Unterricht*. Frankfurt/M. 1933. Das Buch erlebte mehrere Auflagen, stand also vermutlich in vielen Lehrer- und Schülerbüchereien. Ders.: *Gegen das Schlagwort in der Erziehung*. Frankfurt/M. 1934; *Zur Schulreform im Dritten Reich*. Ebd.

6 *Nationalsozialistische Lehrerzeitung. Reichszeitung der deutschen Erzieher 7*. Hrsg. v. NSLB, Reichsleitung Bayreuth, Nr. 7 (1933), 9ff. Siehe auch F. Kühnel: *Hans Schemm. Gauleiter und Kultusminister (1891-1935)*. Nürnberg 1985

7 BA Potsdam 70 Phil, Nr. 8, Bl. 52. Zu den Auseinandersetzungen innerhalb der NSDAP, die in diesem Artikel nur angedeutet werden können, siehe auch W. Feiten: *Der nationalsozialistische Lehrerbund. Entwicklung und Organisation. Ein Beitrag zum Aufbau und zur Organisationsstruktur des nationalsozialistischen Herrschaftssystems*. Weinheim/Basel 1981

8 G. Radde: *Fritz Karsen. Ein Berliner Schulreformer der Weimarer Zeit*. Berlin 1973, S. 310

Doris Mischon-Vosselmann

Das Ende der Karl-Marx-Schule

Die Arbeiter-Mehrheit von Berlin-Neukölln hatte 1921 Kurt Löwenstein, den sozialistischen Bildungspolitiker und bedeutenden Schulreformer zum Stadtrat für das Volksbildungswesen gewählt. Mit Löwensteins Unterstützung konnte Fritz Karsen das Kaiser-Friedrich-Realgymnasium, das 1930 den Namen Karl-Marx-Schule erhielt, zum bedeutendsten reformpädagogischen Schulenkomplex der Weimarer Zeit umgestalten und ausbauen (siehe dazu G. RADDE in diesem Band). Diese Schule genoß über Berlins Grenzen hinaus ein hohes Ansehen, so daß sich die Schülerschaft nicht nur aus Neuköllner Kindern und Jugendlichen rekrutierte. So bemühte sich beispielsweise Stefan Heym bei Fritz Karsen um Aufnahme „an seiner weltbekannten Institution", nachdem er von seinem Chemnitzer Gymnasium aufgrund eines politisch unliebsamen Gedichtes relegiert worden war.[1]

Ostern 1929 war der Vorsitzende des Deutschen Philologenverbandes und des Allgemeinen Neuphilologenverbandes, Dr. Kurt Schwedtke auf Vermittlung eines Lehrers des Kaiser-Friedrich-Realgymnasiums in Karsens Kollegium eingetreten, mit den dortigen Arbeitsmethoden und dem antiautoritären Lehrer-Schüler-Verhältnis aber nicht zurecht gekommen und deshalb auf Beschluß der Neuköllner Bezirksversammlung an die Walther-Rathenau-Schule versetzt worden. Seit dieser Zeit, die er als persönliche Niederlage empfunden haben muß, führte er einen erbitterten Feldzug gegen Karsen und seinen Schulenkomplex in verschiedenen Zeitungen und Zeitschriften. „Jugend in Gärung und Not", „Die Trikolore in der deutschen Schule", „Schulbolschewismus in Neukölln", „Marxistische Berichtigungskunst", „Irrwege der Pädagogik", „Die Lüge am Pranger", „Der jüdische Schulfrevel in Berlin-Neukölln" – einige Titel der Schwedtkeschen Aufsätze[2], die seine Stoßrichtung anzeigen.

Nachdem die Karl-Marx-Schule in der oben ausgeführten Art und Weise immer wieder in die negativen Schlagzeilen der Weimarer Republik gebracht worden war, erscheint es nur folgerichtig, daß sie bereits am 21. Februar 1933 als erste Schule umorganisiert und Fritz Karsen seines Amtes enthoben wurde. So bekanntgegeben über alle Sender des deutschen Rundfunks![3] Am 22. Februar 1933 triumphierte der *Völkische Beobachter*: „Die Hochburg der marxistischen Unkultur gesäubert." Die Verlautbarung des Amtlichen Preußischen Pressedienstes dazu wurde wörtlich abgedruckt. „In Würdigung der seit langem gegen Geist und Verfassung der Karl-Marx-Schule in Berlin erhobenen Beschwerden hat der Kommissar des Reiches für das Ministerium für Wissenschaft, Kunst und Volksbildung nach Benehmen mit dem Oberbürgermeister die Umorganisation der Schule und die Beurlaubung des Oberstudiendirektors Dr. Karsen von seinen Dienstgeschäften angeordnet." Als Hauptbeschwerdeführer indessen läßt sich nur Dr. Kurt Schwedtke anführen, der, seit 1932 Parteigenosse, sich damit geradezu als Karsens Nachfolger empfohlen hatte, um die Schule seiner einstigen Niederlage gleichzuschalten und vorbildlich auf NS-Kurs zu bringen. Bei ihm mußte gewährleistet sein, was von den neuen Schulleitern mit Schreiben vom 31. Januar 1933 vom Preußischen Minister für Wissenschaft, Kunst und Volksbildung verlangt wurde: „Die besonderen Aufgaben ... machen es erforderlich, daß die Leitung der Schulen Persönlichkeiten übergeben wird, die nach strengen Maßstäben Gewähr für die Erfüllung der ihnen anvertrauten Aufgaben bieten." Am 20. April 1933, mit Beginn des Schuljahres 1933/34, wurde er zum kommissarischen Oberstudiendirektor des Kaiser-Friedrich-Realgymnasiums ernannt. Die Schule hatte ihren alten Namen wiedererhalten.[4]

Die Umorganisierung der Karl-Marx-Schule wäre sicherlich auch ohne Schwedtkes Hetzkampagne der NS-Ideologie zum Opfer gefallen, da sie aufgrund ihrer demokratisch-sozialistischen Prägung den Nationalsozialisten zutiefst verhaßt war. Daß ihre Umorganisierung jedoch von höchster Stelle eingeleitet wurde, zeigt zum einen die Bedeutung, die man dieser Schule zumaß, sie ist in letzter Konsequenz jedoch auch die Folge der jahrelangen Anschuldigungen, in denen Karsens Arbeit diffamiert wurde.

Angesichts der veränderten politischen Situation hatte man an der Karl-Marx-Schule den Abiturtermin vorverlegt, um noch einen geordneten Ablauf zu gewährleisten. Am Abend desselben Tages (22. Februar 1933) wurde Karsen telefonisch die offizielle Nachricht von seinem Ausscheiden übermittelt. Obwohl sich das Kollegium, die Schüler- und die Elternschaft hinter ihn stellten und ihm für seine Arbeit dankten, die Schüler wie auch der Berliner Stadtgemeindeausschuß die Wiedereinsetzung Karsens forderten (vgl. G. RADDE, F. KROLIKOWSKI in diesem Band) und die *Vossische Zeitung* am Ende eines sehr sachlichen Berichts über die Karl-Marx-Schule und ihren entlassenen Schulleiter anmerkte: „Die jetzt getroffene Maßregel ist in der Geschichte des deutschen Schulwesens ohne Vorgang. Die Absetzung eines Oberstudiendirektors ohne Disziplinarverfahren und ohne Ankündigung seiner weiteren Maßregelung ohne Angabe dienstlicher Gründe findet im geltenden Schulrecht, soweit wir sehen, keine Stütze" (22.2.33), hatte dies selbstverständlich keine aufschiebende Wirkung. Karsen machte sich auch keine Illusionen über die Zukunft seiner Schule und seine eigene und verließ unmittelbar nach dem Reichstagsbrand mit seiner Familie Deutschland. In der Schweiz erhielt er Asyl. Die Schüler konnten das Abitur zwar noch ablegen, die Zulassung zum Studium wurde jedoch unter Vorwänden erschwert. Es wurde ihnen angeboten, ein Jahr unter einer neuen Schulleitung anzuhängen und noch ein weiteres Mal die Reifeprüfung abzulegen (Interview L. Müller, 1982).

Unter Karsens unmittelbaren Nachfolgern änderte sich zunächst noch wenig, da mit Karl Sturm einem verdienten Kollegen unter Karsen die Leitung übertragen wurde. Nach heftigen Polemiken seitens einiger Karsengegner wurde er durch den kommissarischen Schulleiter Oberstudienrat Dr. Mosch abgelöst, unter dem aber auch weder die Arbeiter-Abiturientenkurse noch der Name der Schule angetastet wurden. Die der Karl-Marx-Schule 1927 angegliederte 53./54. Volksschule des Rektors Karl Linke wurde während seiner kurzen Amtszeit allerdings wieder dem Provinzialschulkollegium unterstellt und Linke beurlaubt (RADDE 1973, S. 198). Mit Schwedtkes Amtsantritt zu Beginn des Schuljahres 1933/34 am 20. April 1933 blieb aber nichts mehr wie es war. „Die Karl-Marx-Schule legte ihren unrühmlichen Namen ab und bekannte sich freudig wieder zu ihrer alten Bezeichnung ‚Kaiser-Friedrich-Realgymnasium'"[5]. Entsprechend seiner früheren Hetz-

Der neue Schulleiter

Karikatur Schwedtkes von einem ehemaligen Karl-Marx-Schüler, o.J. — *Privatbesitz Mischon-Vosselmann*

und Schmähschriften mußte sich Schwedtkes Wirken vor allem auf die Umerziehung der Schüler richten, dazu gehörte ein gesäubertes Kollegium.

In seiner „Abrechnung mit der marxistischen Erziehung und Schulverwaltung" mit dem Titel *Nie wieder Karl-Marx-Schule*, die 1933 erschien, charakterisiert er die Schüler dieser Schule folgendermaßen: „Das pädagogische System des Karsismus tötete die Seele des Kindes, das methodisch-didaktische den Geist. Auf allen Klassenstufen, in allen Abteilungen der Schule richtete man Jungen und Mädchen geistig und seelisch hin. Ohne Wissen, ohne Kenntnisse wuchsen sie wild heran, ekelten sich vor gediegener Arbeit und geistigem Streben, wurden Lungerer, die dem Herrgott den Tag stahlen, die konspirierten und agitierten und nur darauf warteten, die rote Fahne aufzuziehen."[6]

Mit einer Lehrerschaft, die solches zu „verantworten" hatte, konnte Schwedtke kaum zusammenarbeiten, und so ist es nicht verwunderlich, daß während des ersten Jahres unter seiner Amtsführung 58% des Kollegiums von der Schule entfernt, davon fast 42% entlassen wurden. „Veränderungen im Lehrkörper"[7] hatte es bereits am 1. April 1933 gegeben. 15 von 21 Studienassessoren bzw. -assessorinnen, die nicht festangestellt und vorwiegend aus Karsens Studienseminar hervorgegangen waren, wurde durch die Schulverwaltung der Stadt Berlin gekündigt, drei Studienräte und eine Studienrätin waren durch den Staatskommissar Dr. Meinshausen beurlaubt worden.[8]

Kurz nach Schwedtkes Amtsantritt wurden der Anstalt acht Studienräte bzw. Oberschullehrer überstellt, in den kommenden Monaten aufgrund des Gesetzes zur Wiederherstellung des Berufsbeamtentums aber zahlreiche Lehrkräfte entlassen oder an eine andere Anstalt transferiert. Letzteren sollte in der Vereinzelung die Möglichkeit genommen werden, im alten Sinne auf die Schüler einzuwirken.

Einen Großteil der Entlassungen und Versetzungen hatte Schwedtke persönlich betrieben. Sein Auftreten in der Schule war „betont nationalsozialistisch" Er lud die Kollegen zu obligatorischen Bierabenden, „auf denen er Hitlers Staat als verheißungsvollen Besieger des ‚Systems' verherrlichte" und sie zwang, „das Hoch auf den Führer anzubringen", er ließ sie bespitzeln und überwachte persönlich das Mitsingen des Deutschlandliedes und der „nachfolgenden SA-Strophe". Schwedtke befolgte damit peinlich genau den Erlaß des preußischen Innenministers, „der von den Behördenleitern forderte, ‚auch persönlich aufklärend und belehrend auf die Beamtenschaft ... einzuwirken und sich bei Gelegenheit davon zu überzeugen, daß den Beamten das wesentliche Gedankengut der Bewegung

Die noch vollständige Klasse 4a oder 5a der Karl-Marx-Schule mit über 40 Schüler/innen, darunter zahlreiche Kinder kommunistischer Eltern und neun Mitschüler deutscher Eltern, die wegen ihres jüdischen Glaubens oder dem ihrer Vorfahren bis 1938 die Schule verlassen mußten. Unter ihnen die Tochter des Rabbiners in der Isarstraße, Eva Kantorowski (2. Reihe v. hinten, 5. v.r.), 1932 — *Heimatmuseum Neukölln*

nicht mehr fremd geblieben ist'" (RADDE 1973, S. 103).

Mit Schuljahresbeginn 1933/34 war die Zahl der Klassen von ehemals 44 auf 33 gesunken, die Schülerzahl betrug noch 934. Bezüglich der Schülerbewegungen verlautbart der „Archivbericht über die Zeit der nationalsozialistischen Revolution bis zum 31. März 1934 – Höhere Lehranstalten" für die Karl-Marx-Schule folgendes: „Auch die Zahl der Klassen und Schüler war bei der Amtsübernahme des neuen Schulleiters ganz erheblich zusammengeschmolzen ... Nach der nationalsozialistischen Erhebung setzte eine Massenflucht von Schülern ein. Es waren meist linksradikal eingestellte und jüdische Schüler, ... die der Schule schleunigst den Rücken kehrten". Ostern 1932 besuchten 130 jüdische Schüler die Schule, am 31. März 1934 waren es nur noch fünf (ebd.). Mit dieser drastischen Reduzierung der jüdischen Schülerzahlen reihte sich Schwedtke ein in die Schar einzelner Anstaltsleiter, die Schüler „nichtarischer" Abstammung vom Unterricht ausschließen wollten, was mit Schreiben vom 8. Mai 1933 aus dem Hause Rust noch ausdrücklich verboten wurde. Anordnungen zu diesem Problem sollten auf jeden Fall abgewartet werden. Im Laufe des Jahres 1935 wurden schließlich erste Richtlinien zur „Sonderung der Kinder nichtarischer Abstammung" veröffentlicht.[9]

Die Vertreibung von Lehrern und Schülern war oft mit noch schlimmeren Konsequenzen verbunden, wenn ihnen die Existenzgrundlage entzogen war. Erna Nelki,

Schülerin der Karl-Marx-Schule berichtet: „Mein Klassenlehrer wurde Reisender in Sachen Kaffee, andere emigrierten sofort. Unser begabter Musiklehrer wurde als Volksschullehrer auf ein Dorf versetzt. Der jüdische Vater einer Mitschülerin ist in den ersten Tagen der Machtübernahme von den Nazis erschlagen worden ... Die ehemaligen Karl-Marx-Schüler versuchten, in einer Ausbildungsstätte unterzuschlüpfen. Ein Studium war unmöglich".[10] Einige Schüler schlossen sich Widerstandsgruppen an und opferten schließlich ihr Leben, andere hatten eine lange KZ-Haft zu überstehen (*Widerstand in Neukölln*, S. 12f.; RADDE 1973, S. 295 Anm. 58). Die meisten jüdischen Schüler erhielten auf ihrem Zeugnis den geradezu zynisch anmutenden Abgangsvermerk „Er / Sie verläßt die Anstalt, um ins Leben zu treten". Wieviele von ihnen tatsächlich eine Zukunft hatten, ist unbekannt.

Die Arbeiter-Abiturientenkurse, gegen die Schwedtke besonders heftig polemisiert hatte, waren Ostern 1933 durch Erlaß des Ministers aufgelöst worden. („Diese unglücklichen Menschen, die wertvolle Zeit vertrödelten, die gute Stellungen aufgaben, die sie hernach nicht wiederfanden, die sich aufgrund ihrer unzulänglichen Kenntnisse auf den Hochschulen nicht zurechtfanden, wandten sich haßerfüllt von der Wissenschaft, wurden revolutionäre Agitatoren gegen Staat und Vaterland" (SCHWEDTKE 1933, S. 39)).

Nun stellt sich die Frage nach den Lehrkräften, die der Schule zugewiesen wurden. Daß an die ehemalige Karl-Marx-Schule keine politisch unsicheren Kandidaten versetzt wurden, dürfte sich von selbst verstehen, und so kamen einige, die sich offen zum Nationalsozialismus bekannten. Selbst Ruheständler mußten zum Teil den Dienst wieder aufnehmen. Wie unterschiedlich sich die Forderungen der NS-Schulverwaltung in den Lehrerpersönlichkeiten ausprägte, darüber mag die Aufzeichnung eines Gesprächs mit einem Schüler der ehemaligen Karl-Marx-Schule, Dr. Klawonn, Abiturient des Jahrgangs 1937, Aufschluß geben:

„Ich spreche jetzt einen ganz besonderen Lehrer an, der eine üble Rolle gespielt hat ... Wir mußten über die Parole ‚Führer befiehl, wir folgen Dir!' einen Aufsatz schreiben. Ein Schüler schrieb darin: ‚Der Führer, der das Volk anführt.' Der Lehrer fachte deshalb eine Diskussion an, bei der wir alle Kräfte der Argumentation aufwenden mußten, damit dem Schüler nichts passierte. Dieser Lehrer ... drohte mit Gestapo und Zuchthaus, und in einer anderen Klasse hat sich eine betroffene Schülerin deshalb das Leben genommen. Nebenbei bemerkt, dieser Lehrer konnte nach 1945 Direktor einer Schule werden, weil er nachweisen konnte, daß er nie Mitglied der Partei war ... Dagegen unser damaliger Klassenlehrer, der sehr zu uns gehalten hatte, der von Anfang an in der Karsen-Schule war, der uns Tips gab, vor wem wir uns verstecken sollten, ausgerechnet der offenbarte uns, nachdem wir unser Abitur gemacht hatten und uns im Lehrerzimmer zur Verabschiedung trafen, daß er Mitglied der NS-Partei sei. Diese Situation werde ich nie vergessen, das war irgendwie tragisch: Er drehte seinen Rockkragen um und zeigte das Parteiabzeichen. Er war aber überhaupt kein Nazi. Daraufhin sagte ein anderer Kollege von ihm, der Zeichenlehrer, ‚das hat er für euch getan, einer mußte sich ja opfern.' So verworren war die Situation. Dieser Lehrer durfte nach 1945 übrigens nicht wieder in den Schuldienst, obwohl wir für ihn zeugen konnten, und auch Karsen, dem das Problem vorgetragen worden war, konnte nichts unternehmen, weil es Gesetz der Alliierten Kommandantur war."[11]

Veränderungen im Schulalltag

Wie sich die außerschulischen Anforderungen, gekoppelt mit den sonstigen Verfügungen, im ersten Jahr unter Schwedtkes Amtsführung auf den Schulalltag auswirkten, vermittelt der Jahresbericht des Kaiser-Friedrich-Realgymnasiums:

Sommerhalbjahr 1933

22. Mai 1933: 3. Stunde — Versammlung der an der Arbeit des V.D.A. (Volksbund für das Deutschtum im Ausland) interessierten Schüler in der Aula. Einleitendes über die Aufgaben des V.D.A.: Herr Kommissar Schwedtke ... Zwecks Gründung einer Ortsgruppe des V.D.A. an der Anstalt werden den Klassen Einzeichnungslisten zugestellt.

27. Mai 1933: Schlageter Feier. 9 Uhr: VI-UIII. Ansprache Herr Prof. Werner. 10 Uhr: OIII-OI. Ansprache Herr Dr. Boschann.

1. Juni 1933: Nach Schluß des Unterrichts Versammlung der an der Hitler-Jugend interessierten Schüler in der Aula. Teilnehmerzahl: 150. Ein 17jähriger Unterbannführer hält einen Werbevortrag.

9. Juni 1933: Am letzten Tage vor den Pfingstferien, 1.6.1933, sind ... einem nationalsozialistischen Schüler kommunistische Flugblätter von unbekannter Seite in die Mappe gesteckt worden. Es wird sofort nach Wiederbeginn des Unterrichts durch einen Beamten der Geheimen Staatspolizei eine genaue Untersuchung eingeleitet. Einige Schüler ..., die verdächtig erscheinen, werden verhört. Bei einem wird eine Haussuchung durchgeführt. Die Untersuchung ist ohne Ergebnis. Der Kommissar macht dem Lehrerkollegium den Kampf gegen die kommunistische Propaganda in einem Erlaß im Mitteilungsbuch zur dringenden Pflicht.

10. Juni 1933: Den Vortragsabend des N.S.L. (Luftschutzbund) Gau Groß-Berlin über die Durchführung des zivilen Luftschutzes besuchen als Vertreter der Schule die Herren Gehrig, Krüger, Frerk.

13. Juni 1933: Es findet noch einmal eine Werbeversammlung für den V.D.A. in der Aula statt ... Herr Kommissar Schwedtke betont noch einmal die Notwendigkeit der Mitarbeit am Volksbund.

28. Juni 1933: Feier zum Gedenken des Schmachfriedens von Versailles. Rede: Herr Kommissar Schwedtke. Nach der Feier fällt der Unterricht aus.

8. Aug. 1933: Verfügung des Herrn Oberpräsidenten betr. Hitler-Gruß wird den Schülern bekanntgegeben.

18. Aug. 1933: Allgemeine Konferenz um 5 Uhr. Tagesordnung (Auswahl): Einführung von Schulandachten, Reduzierung der Zahl der jüdischen Schüler, die neuen Grußformen.

22. Aug. 1933: In der 4. Pause macht der Anstaltsleiter dem Kollegium Mitteilung über die Besprechung auf der Direktorenkonferenz des Bezirks: Der Hitlergruß ist in allen Klassen zu Beginn der Stunde in straffer Form zuerst von den Schülern zu erweisen.

27. Aug. 1933: Die Anträge auf Schulgeldermäßigung und -befreiung sind für das Winterhalbjahr neu einzureichen. Beglaubigungen über arische Abkunft sind beizufügen. Nichtarier haben keine Schulgeldermäßigung.

29. Aug. 1933: Die Mitglieder des Kollegiums haben eine Erklärung betr. früherer Zugehörigkeit zur SPD abzugeben.

1. Sept. 1933: Herr Stadtschulrat Eilemann besichtigt die Schule und wohnt dem Unterricht der Herren Schmidt I, Schmidt II, Caesar und Koppelmann bei. [Daraufhin werden alle am 10.10.33 einer anderen Anstalt zugewiesen.]

6.-20. Sept. 1933: Unterricht über das Auslandsdeutschtum in allen Fächern, die sich diesem Gedanken einordnen lassen, und in allen Klassen. Die Richtlinien dafür werden in einer Gesamtkonferenz am 5.9. festgelegt.

15. Sept. 1933: Feier zur Eröffnung des Staatsrats. Übertragung der Rede des Preußischen Ministerpräsidenten Göring.

16. Sept. 1933: Gesamtkonferenz über den Disziplinarfall Hermann. Der Schüler wird von der Anstalt entfernt.

28. Sept. 1933: Konferenz der Luftschutzkommission unter Vorsitz von Herrn Krüger. Organisation des Luftschutz-Dienstes im Gebäude.

Winterhalbjahr 1933/34

25. Okt. 1933: 8 Uhr: Vorführung des Films „Hitlerjunge Quex" im Exelsior-Lichtspielhaus. Die gesamte Schule nimmt teil. Unterrichtsbeginn: 10 Uhr. Der Film wird im Unterricht ausgewertet.

26. Okt. 1933: Die Klassen UII-OI haben bis zum 24. Oktober Lehrpläne eingereicht über Rassenkunde und Vererbungslehre in den Fächern Biologie, Deutsch, Geschichte, Erdkunde. Die Lehrpläne werden im Büro vervielfältigt und der Behörde eingereicht.

Außerdem erhält jeder Fachlehrer Abzüge ... die Lehrpläne werden beraten und aufeinander abgestimmt.

1. Nov. 1933: Vom 6.-8. November nehmen die Herren Bahr, Krüger, Lindstaedt und Bertram sowie Frl. Janßen an einem Gasschutzkursus teil.

Am 7.11.1933 wurde eine Sammlung in allen Klassen zur Beschaffung einer Fahne der Hitlerjugend durchgeführt. Jeder Schüler gab einen Beitrag von 5 Pfennig.

6. Nov. 1933: Herr Frerk: Erinnerung an den Waffenstillstandstag und an die Aktion von 1923 in München.

Ab 13. Nov. 1933: Die Kampfjugend wird zur Unterstützung der aufsichtführenden Lehrer im Aufsichtsdienst auf den Fluren mit eingesetzt.

28. Nov. 1933: Alle Klassen besuchen die Luftschutzausstellung ...

29. Nov. 1933: Gesamtkonferenz 5 Uhr nachmittags. Tagesordnungspunkt: 1) Disziplinarfragen. 2) Methodik und Didaktik einzelner Fächer. 3) Verfügungen. 4) Verschiedenes.

30. Jan. 1934: Kurze Gedenkfeier an den Tag der Machtergreifung durch den Nationalsozialismus (30. Jan. 1933). Der Unterricht fällt nicht aus.

24. Febr. 1934: 5. Stunde: Horst-Wessel-Feier in der Aula.

10. März 1934: 5. Stunde: Weihestunde für den in Riga ermordeten deutschen Schüler Kurt Masting. Leiter und Ansprache: Herr Hüttlinger. Die Kampfjugend marschiert 12.30 Uhr geschlossen in die Aula ein, in der sich die Klassen vorher versammelt haben. Die Ansprache, Sprechchöre und Lieder bringen in eindrucksvoller Weise den Gedanken des Opfers für die Gesamtheit des Deutschtums, das Kurt Masting brachte, zum Ausdruck.

12. März 1934: Gedächtnisfeier für die Gefallenen. Ansprache: Herr W. Werner.

20. März 1934: Feier in der Aula zur Erinnerung an den Tag von Potsdam und zur Einleitung der Arbeitsschlacht.

Übertragung der Rede des Herrn Reichskanzlers. Einleitende Ansprache des Anstaltsleiters.

28. März 1934: Schluß des Schuljahres. Erste und zweite Stunde Unterricht. Nach der großen Pause Flaggenehrung auf dem Hof.

Mit dem Schuljahresende wird gleichzeitig Bilanz gezogen über die Arbeit an der Schule seit der „nationalsozialistischen Revolution":

Aula des Kaiser-Friedrich-Realgymnasiums. Rednerpult mit Hakenkreuzfahne, 1936 — *Heimatmuseum Neukölln*

„Zu den ersten Maßnahmen zur Neuordnung gehörte die grundsätzliche Änderung im Aufbau des Stundenplanes. Das sogenannte Blocksystem wurde aufgegeben, das Fachraumsystem entfiel. Den Klassen wurden wieder Heimräume gegeben. Die Einrichtung der Karl-Marx-Schule, zu allen Konferenzen Schüler hinzuzuziehen, wurde sofort rückgängig gemacht. Das Kollegium wurde darauf hingewiesen, daß die Verhandlungen der Konferenzen der unbedingten Amtsverschwiegenheit unterliegen ... Den Schülern wurde mitgeteilt, daß sie wieder regelmäßig Zeugnisse erhalten würden. Größter Wert wurde auf Disziplin, äußere Form, Haltung und Pünktlichkeit der Schülerschaft gelegt; die Schüler wurden wieder an Ordnung gewöhnt. Große Mühe kostete es, die Schüler wieder an den Gebrauch der deutschen Schrift zu gewöhnen; es war den Schülern der Karl-Marx-Schule empfohlen worden, nur die lateinische Schrift zu gebrauchen.

Etwa 50% der Schüler gehören jetzt den nationalen Jugendverbänden an, welcher Umstand der Ordnung und Disziplin wesentlich förderlich ist. Jetzt müssen selbstverständlich die Schüler aller Klassen wieder aufstehen, wenn ein Lehrer zu Beginn oder im Laufe des Unterrichts die Klasse betritt. Auf der Straße haben die Schüler ihre Lehrer in anständiger Form zu begrüßen. Für die Wandertage wurden ebenfalls neue Richtlinien aufgestellt. Bei den Wanderungen wird vor allem wieder auf geordnetes Antreten und auf allgemeine Disziplin der Schüler geachtet. Marsch- und Wanderlieder werden wieder gesungen ...

Eine weitere Neuerung ist die Wiedereinführung der wöchentlichen Andachten. Die-

Schüler des Kaiser-Friedrich-Realgymnasiums bauen jetzt Flugzeugmodelle im Werkunterricht, um 1936 — *Heimatmuseum Neukölln*

se wurden nach einem vom Vertrauensmann geregelten Zyklus stets von einem Lehrer organisiert. Dieser oder ein von ihm ausgewählter Schüler hält einen etwa 5 bis 10 Minuten dauernden Vortrag über eine große Persönlichkeit, die zu der Woche in Beziehung steht ...

Um alle Schüler mit den Bestimmungen des Versailler Friedensvertrages vertraut zu machen, ist seit kurzem die Einrichtung getroffen worden, daß zu Beginn einer jeden Andacht von einem Schüler der Oberstufe ein Paragraph des Versailler Diktats verlesen wird. Um eine zielbewußte Arbeit in den einzelnen Klassen und Fächern zu gewährleisten, wurde ... ein fester Lehrplan unter strenger Berücksichtigung der Ideen des Nationalsozialismus ausgearbeitet.

Die Methode des sogenannten Arbeitsunterrichts der Karl-Marx-Schule gab man ebenfalls sofort auf. Der Lehrer tritt wieder führend in den Vordergrund des Unterrichts. Er leitet die Schüler zu selbständiger Arbeit an, vermittelt ihnen aber auch ein festes Wissen. Es besteht also ein gesunder Arbeitsunterricht. Auch der Turnunterricht ist ebenfalls völlig umgestaltet worden ... Es wird jetzt wieder eifrig an den Geräten geturnt. Reck und Barren sind nicht mehr ... ‚Marterinstrumente'. Der neue Leiter berücksichtigt bei der Gesamtbeurteilung eines Schülers sehr stark seine Leistungen im Turnen.

Zusammenfassend kann man feststellen, daß die bisher geleistete Aufbauarbeit einen guten Erfolg gehabt hat ...

Es herrscht vor allem wieder Zucht und Ordnung. Die Schüler werden zum Gemeinschaftsgeist und zur Pflichterfüllung erzogen. Nicht mehr der Schüler bestimmt die Richtung und das Ziel des Unterrichts. Der Lehrer ist der Führer und der Wegweiser. Aus der Karl-Marx-Schule ist das Kaiser-Friedrich-

Die fertiggestellten Modelle werden im Freien vorgeführt und auf Tauglichkeit überprüft, um 1936 — *Heimatmuseum Neukölln*

Realgymnasium, ist eine Schule auf nationalsozialistischer Grundlage geworden" (Archivber. Höhere Schulen).

Diese Bilanz verschweigt die Schwierigkeiten, die aufgetreten sind, weil längst nicht alle Schüler die Restauration widerspruchslos über sich ergehen lassen wollten. Die neuen Lehrer setzten sich zum Ziel, wie Schwedtke es forderte, Ordnung zu schaffen und für Disziplin zu sorgen. Es setzte Drillunterricht ein, gegen den zum Teil offen opponiert wurde:

„Als zum Beispiel der Mathematiklehrer Dr. Wegener in der Aufbauklasse U2/1 eine von den Schülern geforderte mathematische Beweisführung ablehnte, da die Klasse auf Grund ihrer lückenhaften Kenntnisse angeblich doch nicht zu folgen vermöge und überdies im Pensum weit zurück stände, bestritten die Schüler diese Behauptung energisch, wohl wissend, daß ihr beurlaubter Lehrer Lewinnek ebenso gründlich wie erfolgreich mit ihnen gearbeitet hatte. An selbständiges, kritisches Vorgehen gewöhnt, erbot sich der Schüler Werner Steinbrink, seinerseits den von den Klassenkameraden gewünschten Beweis zu führen, und zwar so, daß das Problem im Wechselgespräch mit der Klasse gelöst würde. Dr. Wegener verbat sich diese ‚freche Eigenmächtigkeit', schrieb einen ‚Tadel' für Steinbrink und – kollektiv strafend – für alle übrigen Schüler in das Klassenbuch und brach die Stunde wutschnaubend ab: Steinbrink war unbeeindruckt an die Tafel getreten und hatte einfach begonnen" (RADDE 1973, S. 201).

Weitere „Disziplinfälle", wie es sie früher an der Schule nicht gegeben hat, beschäftigten immer wieder die Gremien. Neben simplen Schülerstreichen gab es auch eindeutig politische Widerstände. So empörten sich Schüler offen gegen nationalsozialistische Propaganda-Veranstaltungen wie die Schlageter-Feier und den Werbevortrag eines HJ-Führers. Zusammen mit der „kommunistischen Flugblattaktion", auf die im Jahresbericht hingewiesen wird, hatten diese Vorfälle schwerwiegende Folgen. Sieben Aufbauschüler wurden nicht zur Reifeprüfung zugelassen, und der Schüler Bloch, Sohn des entlassenen Studienrats Dr. Werner Bloch, bestand als einziger die Reifeprüfung nicht. An ihm sollte ein Exempel statuiert werden, um andere „zersetzende Elemente" abzuschrecken (ebd., S. 202).

Gerade antinationalsozialistische Aktivitäten muß es immer wieder gegeben haben, tauchen doch mehrmals Schreiben aus dem Hause Rust auf, in denen aus gegebenem Anlaß auf die beständig vorhandene bzw. noch zunehmende Gefahr marxistischer Propaganda hingewiesen und vor ihr gewarnt wird, da „durch die mechanische Gleichschaltung" dieses Problem nicht aus der Welt geschafft werden konnte. Es ergeht Anweisung, daß Vorkommnisse aus dieser Ecke der Schulbehörde unter Namensnennung der Beteiligten zu melden seien. Die Akten belegen, daß selbst Raufereien zwischen HJ-Mitgliedern und nicht organisierten Jugendlichen die Behörde beschäftigten, so daß mit Datum vom 24.6.1933 darauf hingewiesen wurde, „nur noch schwere Fälle" zu melden, alle anderen sollten schulintern geregelt bzw. gemaßregelt werden (BezArch. Neuk./37L-7-1).

Lerninhalte

Neben der Biologie wurden alle anderen Naturwissenschaften und selbst die Mathematik ideologisch befrachtet. An der ehemaligen Karl-Marx-Schule rechnete man nun Aufgaben wie die folgende: „Ein Beobachter sieht das Mündungsfeuer eines Geschützes in Nord 30 Grad Ost und hört den Abschuß 12 Sekunden später als ein Beobachter 5 km östlich von ihm. Die Schallgeschwindigkeit beträgt 1/3 km in der Sekunde. Wo steht das Geschütz?" (BezArch. Neuk./37L-7-1). Über den Deutschunterricht in dieser Zeit gibt die folgende Liste Auskunft:

3. Deutschlektüre, Sommerhalbjahr 1933, Klasse U1/1 (ehemalige Karl-Marx-Schule)

Neben Werken der Klassik und Romantik wurden gelesen: Friedrich der Große: *Politisches Testament von 1752*.

Literatur zur Frage des Auslandsdeutschtums: Grimm: *Volk ohne Raum*, Koischwitz: *Wo bist du, mein geliebtes Land?*, Kurpiun: *Der Mutter Blut*, Oertzen: *Polen an der Arbeit*, Fittbogen: *Das Grenz- und Auslandsdeutschtum*.

Aufsatzthemen einer anderen Klasse (O1a):
Einigkeit und Recht und Freiheit –
Ideal oder Utopie?
Der 1. Mai ein Tag des Volkes
Braucht Deutschland Kolonien?
Der Rhein, Deutschlands Strom,
nicht Deutschlands Grenze.
Stolz und Hochmut –
Ehrgeiz und Strebertum ...
Wehrpflicht oder Arbeitsdienstpflicht ...

Wohin diese Umstellung zwangsläufig führte, wird bereits aus den verschiedenen Lerninhalten allzu deutlich. Was sollten ehemalige Karl-Marx-Schüler/innen davon halten, wenn ihnen jetzt zur Aufgabe gestellt wurde, Geschützstellungen zu errechnen oder über den Rhein als Deutschlands Strom, nicht als Deutschlands Grenze zu reflektieren? Das Aufsatzthema „Luftschutz tut not! Beobachtungen und Gedanken zu einer nationalen Forderung" mußte sich in diesem Zusammenhang geradezu als wehrpolitisches Programm ausnehmen.

Anmerkungen

1 St. Heym: *Nachruf.* München 1988, 2. Aufl., S. 53

2 K. Schwedtke: *Nie wieder Karl-Marx-Schule.* Braunschweig/Berlin/Hamburg 1933, S. 73f. Ausführlich dazu E. Meier: „Wer immer strebend sich bemüht" und G. Radde: „Fritz Karsens Reformwerk in Berlin-Neukölln" in diesem Band

3 Vgl. G. Radde: *Fritz Karsen. Ein Berliner Schulreformer der Weimarer Zeit.* Berlin 1973, S. 196

4 Ebd., S. 199 und Stadt Berlin, Bezirksamt Neukölln: Akten betr. Staatskommissar Jan.-Juni 1936, Bd. IV. — BezArch. Neuk./37L-7-2

5 Archivbericht über die Zeit der nationalsozialistischen Revolution bis zum 31. März 1934 – Höhere Lehranstalten. Im Privatbesitz des ehemaligen KMS-Schülers Kuckhan

6 Schwedtke, S. 35. Vgl. dazu auch Schülerbeurteilungen in *Festschrift für Fritz Karsen.* Hrsg. v. G. Radde. Berlin 1966, S. 39ff. und *Widerstand in Neukölln.* Hrsg. v. Neuköllner Kulturverein. Berlin 1983, S. 20ff.

7 Jahresbericht über die Schuljahre 1932/33 und 1933/34 der Karl-Marx-Schule bzw. des Kaiser-Friedrich-Realgymnasiums. — Archiv PZ

8 Vgl. Radde 1973: Die Vertreibung erfolgte in drei Schüben. Zum 1. 4. 1933 wurden die nicht fest angestellten Studienassessoren gekündigt, darunter Gertrud Panzer, Elisabeth Mann, Alfons Rosenberg und Minna Specht. Zum Spätsommer 1933 mußten aus „rassischen" Gründen die Studienräte Dr. Bloch, Dr. Grau, Alfred Lewinnek und Alice Rund, Dr. Elisabeth Hanau und Margarete Hell, wegen staatspolitischer „Unzuverlässigkeit" Dr. Hedda Korsch, Hans Alfgen, Walter Damus, Dr. Ehrentreich, Hans Freese, Walter Fränzel, Armin Schneider, Götz Ziegler, Ernst Wildangel und Marie Torhorst die Schule verlassen. Von der dritten Säuberungswelle im Oktober 1933 wurden 12 weitere Lehrer aus dem engeren Kreis um Karsen strafversetzt, u.a. Hedwig Temborius, Dr. Roepke, Otto Koppelmann, Paul Herrmann, Friedrich Cäsar, Friedrich Lüder und Dr. Sturm (zit. n. S. 199-200).

9 Stadt Berlin, Bezirksamt Neukölln: Akten betr. Staatskommissar Juli-Dez. 1935, Bd. III. — BezArch. Neuk./37L-7-1

10 *Widerstand,* S. 24. Vgl. dazu auch S. Friedländer: *„...am meisten habe ich von meinen Schülern gelernt. Erinnerungen einer jüdischen Lehrerin."* — M. Römer-Jacobs, B. Schonig (Hrsg.): *Lehrer, Lehrerinnen. Lebensgeschichten* Bd. 8. Berlin 1987, S. 45ff. u. 60ff. sowie R. Rogler: „Alfred Lewinnek, Frontkämpfer und Reformpädagoge." — *Zehn Brüder waren wir gewesen ... Spuren jüdischen Lebens in Neukölln.* Hrsg. D. Kolland. Berlin 1988, S. 195ff.

11 Gespräch des ehemaligen Karl-Marx-Schülers Dr. Klawonn mit Schülern einer 10. Klasse der Ernst-Abbe-Oberschule im Jahre 1982. — D. Mischon-Vosselmann: Die Auswirkungen der Machtübernahme durch den Nationalsozialismus auf das Schulwesen am Beispiel der Ernst-Abbe-Oberschule (früher Karl-Marx-Schule) in Neukölln. Planung, Durchführung und Analyse einer Unterrichtseinheit in einer 10. Klasse des Gymnasiums. Schriftl. Prüfungsarbeit zur 2. Staatspr. f. d. Amt d. Studienrats. Vgl. auch Radde 1973, S. 200f.

Mathias Homann

Der Philologenverband und Dr. Felix Behrend

Als Felix Wilhelm Behrend am 16. Dezember 1957 in Melbourne/Australien starb, blieb sein Tod nahezu unbeachtet. Einzig sein Freund Adolf Bohlen erinnerte mit einem in der *Höheren Schule* (1/1958) veröffentlichten Nachruf an diesen Mann, der in der Weimarer Zeit eine der markantesten Persönlichkeiten der Neuköllner und deutschen Bildungslandschaft gewesen war. In der Oktober-Ausgabe 1980 des genannten Verbandsorgans des Philologenverbandes wurde Behrend anläßlich seines 100. Geburtstags noch einmal gewürdigt – danach breitete sich der Schleier des Vergessens über ihn. Da dieser bedeutende Pädagoge des bürgerlich-demokratischen Lagers den Zenit seiner Karriere während seiner Tätigkeit in Neukölln erreichte, scheint es angebracht, den Schleier des Vergessens im Rahmen der Ausstellung zum Neuköllner Schulwesen zu lüften und Behrend ins Licht (nicht nur) der pädagogisch interessierten Öffentlichkeit zu rücken.

Eng verbunden ist Behrends Name in Neukölln mit dem am 29. Mai 1929 in der Köllnischen Heide offiziell eröffneten staatlichen Kaiser Wilhelms-Realgymnasium, der heutigen Kepler-Oberschule. Die Schule hatte, nachdem sie seit 1915 in der Kochstraße abgebaut worden war, einen jahrelangen Existenzkampf geführt, in dessen Verlauf sie sich auf mehrere verschiedene Schulen Neuköllns verteilen mußte – nun, im Februar 1929, erhielt sie das seinerzeit „schönste und modernste Schulgebäude Deutschlands". Ihr Direktor war seit 1925 Dr. Felix Behrend. Wenige Tage vor der vielbeachteten Schuleröffnung war er auf dem Wiener Philologentag zum 1. Vorsitzenden des Deutschen Philologenverbandes gewählt worden. Zu seinem Stellvertreter wurde Adolf Bohlen ernannt, der auf Wunsch Behrends von 1928 an ebenfalls am Kaiser Wilhelms-Realgymnasium (im weiteren Verlauf des Textes KWR) tätig war. Wie die Familie Behrend wohnte Bohlen in dem zum KWR gehörigen Direktorenhaus, so daß sich ab 1929 die einflußreiche Spitze der deutschen Philologenschaft in Neukölln in der Planetenstraße 1 befand. Allein dieser in der Bezirksgeschichte bisher unbeachtete Sachverhalt bietet genügend Anlaß, die Person Behrends näher zu beleuchten; ebenso die Tatsache, daß Behrends Schicksal – und damit die Ursache dafür, daß er in Vergessenheit geriet – eng mit dem düstersten Kapitel der deutschen Geschichte, der Judenverfolgung im Nationalsozialismus, verknüpft ist.

Kindheit – Jugend – Studium

Felix Wilhelm Behrend wurde am 20. August 1880 in Königsberg/Preußen als zweiter Sohn des jüdischen Kaufmanns Michaelis Eli Behrend und dessen aus Kolberg/Pommern stammender Frau Clara, geborene Behrend, geboren. Beide Söhne wurden evangelisch getauft. Behrends Eltern starben früh, so daß er im Alter von sechs Jahren gemeinsam mit seinem Bruder nach Kolberg unter die Vormundschaft seines Onkels und in die Obhut der guten Seele der Familie, Tante Lisbeth, kam. In Kolberg besuchte er das Königliche Domgymnasium und legte dort im März 1898 das Abitur ab. Im April 1898 nahm er an der Königlich Technischen Hochschule zu Charlottenburg das Studium des Bauingenieurwesens auf, entwickelte aber über die eigentlichen Studieninhalte hinaus ein steigendes Interesse an den Geisteswissenschaften. Zudem wurde er in dieser Zeit eine der maßgeblichen Figuren der deutschen „Freistudentenschaft", d.h. der Vereinigung der Nichtinkorporierten an den deutschen Hochschulen, deren Ziel eine Liberalisierung des universitären Lebens sowie ein sich selbst erziehender, sozial engagierter, gleichwohl eher unpolitischer Student war.

Von 1901 bis 1902 übernahm Behrend die Funktion des Ersten Vorsitzenden der deutschen Freistudenten. Am theoretischen Ausbau der Grundlagen dieser Vereinigung war Behrend maßgeblich mit seinem Buch *Der freistudentische Ideenkreis* (1907) beteiligt, das 1911 eine zweite Auflage erfuhr.

Im Jahre 1902 brach Behrend das technische Studium in Charlottenburg wegen mangelnder Berufsaussichten und aufgrund der zufälligen Beziehung zu dem in Halle lehrenden Neukantianer Professor Riehl nach acht Semestern ab und wechselte an die Universität Halle-Wittenberg, um in erster Linie Philosophie zu studieren. Ohne seine Studien völlig aufzugeben, leistete er hier von 1902 bis 1903 den Einjährig-Freiwilligen Dienst ab. Bereits ein Jahr nach Ende der Militärzeit, am 29. Oktober 1904, wurde er mit der Doktorarbeit „Psychologie und Erkenntnislehre" promoviert. Doch damit nicht genug: Am 17. Februar 1906 erhielt er die Lehrbefähigung für die Fächer reine und angewandte Mathematik, Physik und philosophische Propädeutik. Eine Habilitation sollte sich anschließen, scheiterte aber „an den äußeren Verhältnissen".

Lehrerausbildung und Lehrertätigkeit – Die Zeit bis zum Ende des I. Weltkrieges

So begann die Karriere des „verhinderten Wissenschaftlers" als Lehrer im Mai 1906 mit dem Seminarjahr am Königlichen Gymnasium und Realgymnasium in Landsberg/a.d. Warthe. Von April 1907 bis März 1908 folgte das Probejahr am Königlichen Luisengymnasium in Berlin, und am 1. April 1908 trat Behrend seine erste Oberlehrer-Stelle an der Siemens-Oberrealschule in Berlin-Charlottenburg an. Während der Zeit, die er an dieser Schule verbrachte, zeigten sich erste Ansätze eines engagierten Pädagogen, der sich nicht

Felix Wilhelm Behrend, um 1930 — *Privatbesitz Behrend*

mit dem „Dienst nach Vorschrift" begnügte, sondern eigene erzieherische und unterrichtliche Vorstellungen entwickelte und umsetzte. So führte Behrend auf Spaziergängen philosophische Unterhaltungen mit Primanern, setzte sich mit der drängenden Frage der Individualität der Schüler auseinander und bemängelte das Verhalten autokratischer Direktoren. Im Juli 1910 trat eine Veränderung in Behrends Privatleben ein: Die Ehe zwischen ihm und Maria Behrend, geborene Zöllner, wurde geschlossen. Vier Kinder, von denen eines bereits wenige Jahre nach der Geburt starb, gingen aus dieser Verbindung hervor. Trotz der Verpflichtungen als Familienvater und Lehrer verfolgte Behrend weiterhin seine philosophischen Interessen, die sich u.a. in zwei Artikeln für die *Kant-Studien*, aber auch in der Aufnahme in den hehren Kreis der „Kantgesellschaft" widerspiegeln. Im I. Weltkrieg nahm Behrend als Leutnant an den Ostfeldzügen 1914/15 teil. Er erhielt 1915 das EK II, später auch das „Verdienstkreuz für Kriegshilfe". Noch während des Krieges, im Oktober 1917, trat er vertretungsweise in das Kollegium der Herder-Schule in Charlottenburg ein, an die er endgültig im April 1919 überwiesen wurde.

Im Philologenverband – Behrends Aufstieg zu einem der führenden Männer des deutschen Schulwesens

Nach dem Krieg war für Behrend der Zeitpunkt gekommen, an seine vor dem Krieg begonnene Arbeit anzuknüpfen. Jetzt, „aus dem Bewußtsein, daß nach der Revolution die höhere Schule in die schulpolitischen Kämpfe verwickelt werden müßte und die Lehrerschaft am Neuaufbau mitarbeiten müsse", band er seine Anschauungen in den organisierten Rahmen des sich neu formierenden Philologenverbandes ein. Auf Antrag Behrends wählte der Berliner Philologenverein einen schulpolitischen Ausschuß, dem die Aufgabe zukam, ein Schulprogramm zu formulieren. Dieses Programm, das Behrend entwarf und 1919 in seiner Schrift *Die Stellung der höheren Schule im System der Einheitsschule* veröffentlichte, schlug eindeutige „philologische Pflöcke" hinsichtlich einer Schulreform ein: Die Dauer der Grundschule sollte *höchstens* vier Jahre betragen, die der höheren Schule *auf jeden Fall* neun Jahre. Hinzu kamen die Forderungen nach Reformunterbau und freier Gestaltung in der Oberstufe, nach Aufbauschulen auf dem Lande und der weiterhin klaren Abgrenzung der „Oberlehrer" (= Studienräte) gegenüber den nicht-akademischen Volksschullehrern. Auf diese Weise profiliert, nahm Behrend 1919 an der Preußischen Delegiertenkonferenz der Philologen teil und kam so in den Geschäftsführenden Ausschuß des Preußischen und Deutschen Philologenverbandes. Im November 1919 wurde er in Kassel zum 2. Vorsitzenden des deutschen Verbandes gewählt, den gleichen Posten hatte er von 1919 bis 1923 im preußischen Verband inne. Um besser Einfluß auf die staatliche Schulpolitik nehmen zu können, hatte Behrend in Kassel für die Verlegung des Verbandsvorstandes nach Berlin plädiert, was auch geschah.

Seitens der Philologen war er einer der maßgeblichen Teilnehmer an der „Reichsschulkonferenz" von 1920, auf der er insbesondere gegen die *entschiedenen Schulreformer* Stellung bezog. Um die schulpolitischen Interessen des Philologenverbandes angemessen vertreten zu können, übernahm Behrend von April 1921 bis März 1922 im preußischen Unterrichtsministerium die Stelle eines „Hilfsarbeiters" (= wissenschaftlichen Mitarbeiters) und geriet auf diese Weise in unmittelbaren Kontakt zum damaligen Kultusminister C. H. Becker. Im Rahmen dieser Tätigkeit entwarf er eine Konferenzordnung, die den Kollegien mehr Rechte gegenüber dem Direktor einräumte, entwickelte einen Entwurf für die Schülermitverwaltung und den Entwurf eines Erlasses über die Bewegungsfreiheit im Unterricht; außerdem formulierte er Thesen zum künftigen Aufbau der höheren Schule, mit denen er Kultusminister Becker überzeugen konnte, an der 9jährigen höheren Schule festzuhalten. Im Anschluß an die Tätigkeit im Ministerium ließ sich Behrend mehrmals für einige Monate vom Schuldienst befreien, um sich sowohl der Verbandstätigkeit als auch wissenschaftlichen Studien intensiver widmen zu können. Insgesamt etwa 20 Veröffentlichungen unter eigenem Namen oder als Mitherausgeber – nicht gezählt die vielen Artikel im *Deutschen Philologenblatt* und anderswo – liegen als deutliches Zeichen der unermüdlichen Schaffenskraft Behrends vor. Neben der Gewinnung eines eigenen wissenschaftliches Standorts innerhalb der Pädagogik widmete sich Behrend in seinen Publikationen vor allem den Fragen der höheren Schule. So beschäftigte er sich u.a. mit der Schülerindividualität, der Ausbildung der Pädagogen und dem Berechtigungswesen. Er reflektierte darüber hinaus Probleme der Hochschulpädagogik, der deutschen Kultur im Ausland und der Interdependenz von höherer Bildung und Wirtschaft. *In Bildung und Kulturgemeinschaft* (1922), einem seiner wichtigsten Bücher, setzt er sich kritisch mit den pädagogischen Strömungen seiner Zeit auseinander. Ganz Philologe, macht er sich hier – im völligen Gegensatz zu den *entschiedenen Schulreformern* – für die Einheitsschule im Sinne eines für das gesamte deutsche Schulwesen geltenden vertikalen *einheitlichen* Aufbaus stark (womit der Einheitsschulbegriff einen völlig neuen Inhalt bekam). Zudem kritisiert er den Arbeitsschulbegriff der sozialistischen und anderer fortschrittlicher Schulreformer. Behrends Prämisse, der Unterrichtsstoff müsse so schnell und so leicht wie möglich erlernt werden, schloß zwar eine gemäßigte Form des Arbeitsunterrichts nicht aus, stand aber im krassen Gegensatz zu dem weitgehend auf autodidaktisches und praktisches Lernen ausgerichteten Arbeitsschulverfahren der sozialistischen Schulreformer.

Behrends theoretische Überlegungen fanden zudem, bezogen auf seine Fachgebiete, ihren praktischen Niederschlag in drei von ihm mitverfaßten Rechen- bzw. Mathematikbüchern. Auf den genannten Wegen erwarb sich Behrend im Laufe der Zeit eine anerkannte Sachkompetenz, die ihn dafür prädestinierte, an zahlreichen ministeriellen Sachverständigenkonferenzen teilzunehmen und Funktionen in diversen pädagogischen, schulischen und bildungspolitischen Ausschüssen und Gremien zu übernehmen.

In Neukölln

Daß ihn Kultusminister Becker zum 1. Juli 1925 auf den Posten des Oberstudiendirektors des Kaiser Wilhelms-Realgymnasiums berief, dürfte ebenfalls – aber nicht nur – auf Behrends zweifelsfreie Qualifikation zurückzuführen sein. Ungewöhnlich an diesem Vorgang ist, daß der Studienrat einer städtischen Schule zum Leiter einer staatlichen Anstalt ernannt wurde. Einiges deutet darauf hin, daß Behrend, der als dezidierter Gegner tiefgreifender Schulreformen bekannt war, ganz bewußt als Gegenpol zu den sozialistischen Schulmännern wie Löwenstein, Jensen und Karsen im schulreformerischen Versuchsfeld Neukölln installiert wurde. Behrends bis dahin gewonnene Autorität auf schul- und bildungspolitischem Gebiet, seine gesellschaftliche Reputation, seine Kontakte sowie seine Position im Philologenverband mochten zudem die Gewähr dafür bieten, den konservativen Elternkreisen, die jahrelang um den Erhalt des KWR gerungen hatten, zu entsprechen und der Schule, die kurz vor dem Exitus gestanden hatte, wieder Geltung zu verschaffen. Eine der ersten bedeutenden Maßnahmen des neuen Direktors war es, die Schule in eine Reformanstalt mit der Anfangssprache Französisch umzuwandeln, da entgegen aller Propaganda und Zahlenakrobatik der Befürworter humanistischer Bildung in Neukölln die Sextaner am KWR ausblieben.

Die in den folgenden Jahren steigenden Schülerzahlen an seiner Anstalt konnten Behrends Schritt nur bestätigen. Unterdessen befaßte er sich auch mit der Gestaltung des im Frühjahr 1927 begonnenen KWR-Neubaus. Einige Monate, bevor dieser Bau, der allem Anschein nach zugleich das Aus für die von Karsen und Taut geplante „Dammwegschule" bedeutete, im Mai 1929 eröffnet wurde, war Behrend mit seiner Familie aus der Charlottenburger Fredericiastraße in das an den Schulhof grenzende Direktorenwohnhaus gezogen. Die Behrends bewohnten die untere und die erste Etage, in den zweiten Stock zogen Adolf Bohlen und seine Frau. Damit befand sich die Leitung des Deutschen Philologenverbandes unter *einem* Neuköllner Dach: Behrend war zuständig für schul- und bildungspolitische Fragen, Bohlen für beamten- und besoldungspolitische.

Der 50jährige Behrend befand sich zu dieser Zeit auf dem Höhepunkt seiner Laufbahn: Er war 1. Vorsitzender des Deutschen Philologenverbandes, Leiter der „modernsten Schule Deutschlands", Vorstandsmitglied der Jubiläumsstiftung des Zentralinstituts für Erziehung und Unterricht, Geschäftsführer des Deutschen Ausschusses für Erziehung und Unterricht, Mitglied des schulpolitischen Ausschusses der Deutschen Demokratischen Partei, Mitglied der Kant-Gesellschaft, seit Dezember 1925 Mitglied des Pädagogischen Prüfungsamtes für Berlin und Brandenburg, außerdem seit Dezember 1925 Bezirksverordneter der DDP in Charlottenburg. Angesichts dieser Ämterfülle kann es kaum verwundern, daß ihn seine Kinder als Familienvater nur selten erlebten. War Behrend zu

Lehrerkollegium des Kaiser Wilhelms-Realgymnasium o.J. — *Privatbesitz Müller-Dietz*

Der Schein trügt: heitere Lehrerrunde des Kaiser Wilhelms-Realgymnasium im Sommer 1933, nur wenige Monate nach dem Überfall auf Behrend und wenige Monate vor seiner Entlassung. V.l.n.r.: Studienrat Schneider, Oberstudiendirektor Behrend, -?-, -?-, Oberstudienrat Burckhardt —
Privatbesitz Burckhardt

Hause, so hatte absolute Ruhe zu herrschen. Über seine Tätigkeit erfuhren die Kinder so gut wie nichts. Er legte Wert auf deren gründliche Ausbildung und war sehr dafür, daß auch die Töchter studierten. Über den Lehrer Behrend liegen keine Aussagen vor. Nur an den Schulleiter können sich Ehemalige des KWR erinnern. Als solcher erschien ihnen Behrend würdig, vornehm, intellektuell, etwas arrogant, seriös, jovial und ruhig. Behrend, so erzählt ein Ehemaliger, „thronte so etwas darüber, aber nicht als der liebe Gott, sondern seine Art war es, seine ruhige Art." Ein anderer formuliert weit schärfer: „Er war ein unpersönlicher Typ. Ihm fehlte es an natürlicher Wärme, die sicher für die jüngeren Schüler bedeutsam gewesen wäre, um ihm zu einer gewissen Popularität zu helfen. Es kann nicht bestritten werden, daß er das Kollegium offenbar fest in der Hand hatte und seine pädagogischen Grundsätze von ihm durchgesetzt wurden."

Entlassung — Flucht — Emigration

In der Nacht vom 17. zum 18. März 1933 verübten etwa fünf junge Leute in SA-Uniform ein Attentat auf Behrend in seinem Haus. Sie schossen umher und schlugen ihn nieder, so daß er längere Zeit ans Bett gefesselt blieb. Die Täter wurden nie gefaßt (siehe dazu auch E. MEIER, Geschlossene Gesellschaft... in diesem Band). Es gibt aber Hinweise, daß ein KWR-Schüler und zugleich höherer HJ-Funktionär die Gruppe anführte. Entgegen der Annahme der Tochter Behrends, niemand habe von der jüdischen Herkunft ihres Vaters gewußt, darf doch davon ausgegangen werden, daß dies in den entsprechenden Kreisen der Nazis sehr wohl bekannt war. Beispielsweise stellte das Provinzialschulkollegium im Juni 1933 in einem Brief an Kultusminister Rust fest, daß Behrend von seiten beider Eltern her „nicht-arischer Abstammung" sei. Das Attentat steht so in einer

Reihe mit dem Anschlag auf den Neuköllner Stadtschulrat Löwenstein und dem geplanten Attentat auf Fritz Karsen. Nach der Machtergreifung durch die Nazis verlor Behrend alle oben genannten Ämter, wobei der Ausschluß aus dem Philologenverband besonders infam wirkt, weil er vom Verbandsblatt nach außen hin als freiwilliger Rücktritt kaschiert wurde. Aufgrund des „Gesetzes zur Wiederherstellung des Berufsbeamtentums" wurde Behrend im Herbst 1933 seines Schulleiterpostens enthoben und als Studienrat an das Wilmersdorfer Bismarck-Gymnasium versetzt. Sein Titel und das Gehalt wurden ihm vorerst belassen, die Wohnung in der Planetenstraße mußte er jedoch aufgeben. Seinem Neuköllner Wirkungsfeld war er damit entrissen. Im Juli 1935, also zwei Monate vor den „Nürnberger Gesetzen", erhielt Behrend noch vom „Führer" das „Ehrenkreuz für Frontkämpfer", dann wurde er zum 31. Dezember 1935 infolge „der ersten Verordnung zum Reichsbürgergesetz vom 14. 11. 1935" in den Ruhestand versetzt.

Bot er danach seiner Familie zunächst das Bild eines gebrochenen Mannes, der sich die Zeit mit Lesen, Kartenspiel und Spaziergängen vertrieb, so versuchte er doch bald, sich selbst zu helfen, indem er sich wissenschaftlich pädagogischer Arbeit widmete. Das Ergebnis liegt in Form des 1949 erschienenen Buches *Grundlagen der Erziehungs- und Bildungstheorie*, Behrends pädagogischem und schulpolitischem Testament, vor.

Anfang April 1939 floh Behrend mit seinem Bruder zuerst nach Holland, von dort mit der finanziellen Unterstützung holländischer Kollegen weiter nach England, wohin seine jüngere Tochter bereits 1936 ausgereist war. Bis 1940 fand sich die gesamte Familie in England ein, wurde jedoch sogleich wieder auseinandergerissen, da Behrend, seine Frau und der Sohn in verschiedene Internierungslager – der Sohn nach Australien – kamen.

Aus den Lagern im September 1940 entlassen, entgingen Behrend und seine Frau nur knapp dem Tod durch eine deutsche Fliegerbombe. Die Suche nach einer neuen Bleibe führte die beiden über mehrere Stationen nach Oxford, wo Behrends Frau Hausarbeit als Gegenwert für eine Unterkunft verrichten konnte.

Im Juni 1942 fand Behrend endlich Arbeit als Mathematiklehrer in Sheffield, gab diese Stelle aber bald wieder auf, weil er Probleme hatte, die englischen Kinder zu unterrichten. Im Oktober 1943 machte er einen zweiten Anlauf an dem evakuierten Ramsgater St. Edwards College. An dieser Schule unterrichtete er bis 1948, also bis in sein 68. Lebensjahr. Im Jahre 1946 erfolgte der Umzug nach Ramsgate, wo Behrend und seine Frau die erste eigene Mietwohnung seit der Flucht aus Berlin bezogen.

Unter welchen Bedingungen sie in England leben mußten, verdeutlichen die Zahlen über Behrends Einkommen: Von 1939 bis 1941 verdiente er nichts; 1942 waren es 100 Pfund; 1943 bezog er 250 und von 1944 bis 1948 350 Pfund pro Jahr. Trotzdem dachte er nicht an eine Rückkehr nach Deutschland, sondern ließ sich im Mai 1947 in England naturalisieren. Beziehungen in seine ehemalige Heimat, etwa zu Adolf Grimme und Adolf Bohlen, pflegte er allerdings weiterhin.

Im Dezember 1948 starb Behrends Frau. Daraufhin entschloß er sich, zu seinem Sohn nach Australien überzusiedeln. Dieser war an der Universität Melbourne als Dozent tätig und konnte seinem Vater kleinere Arbeiten an der Hochschule verschaffen, die allerdings nicht ausreichten, seinen Lebensunterhalt zu sichern. Da auch die für die Wiedergutmachung zuständigen Stellen in Deutschland wenig Anstalten machten, Behrends finanzielle Not zu lindern, begab er sich für die Zeit von Juni bis Oktober 1952 auf die beschwerliche Reise in die Bundesrepublik, um dort persönlich die Angelegenheiten seiner Entschädigung als Verfolgter des Nazi-Regimes zu regeln. Anfang 1953 flossen schließlich in bescheidenem Rahmen die ersten Gelder, die letzte Kapitalentschädigung für den Zeitraum 1939 bis 1950 erhielten Behrends Erben im Jahre 1970 (!). Noch einmal hielt Behrend auf seiner Reise durch Deutschland Vorträge in Bonn, Hannover und Münster. Auch Berlin stattete er einen Besuch ab; seine alte Schule mochte er indes nicht wiedersehen, da er sie so, wie er sie kannte, in Erinnerung behalten wollte.

Die letzten Jahre seines Lebens verbrachte Behrend in Australien. Geistig durchaus rege, nahm er weiterhin Anteil an den kulturellen Entwicklungen in Deutschland, mußte aber auch erkennen, daß seine langjährige schul- und bildungspolitische Arbeit völlig in Vergessenheit geraten war. Ein letztes Mal trat er im Jahr 1954 an die deutsche Öffentlichkeit; *Die Höhere Schule* publizierte seine dreiteiligen „Erinnerungen an die Tätigkeit des Philologen-Verbandes". Im selben Jahr zwang ihn eine schwere Krankheit zu einem mehrmonatigen Krankenhausaufenthalt. Ob er sich danach wieder völlig erholte, ist nicht bekannt. Am 15. November 1957 starb Behrend 77jährig in Melbourne an Herzversagen.

Epilog

Behrend war (sicherlich) im Verhältnis zum Gros der Philologen ein liberaler Vertreter seiner Zunft. Nach dem I. Weltkrieg erkannte er die Zeichen der Zeit – die Moderne benötigte adäquate Schulverhältnisse –, lehnte aber jeden radikalen Schritt ab, so daß es für ihn auch keinerlei Berührungspunkte mit wirklich progressiven Kräften geben konnte. Inwieweit der Umstand, daß er in Vergessenheit geriet, darauf zurückzuführen ist, daß seine pädagogischen Vorstellungen in der Zeit des „Neuanfangs" nach 1945 überholt erschienen, sei dahingestellt. Fakt bleibt, daß die Nationalsozialisten Behrends Karriere ein jähes Ende bereiteten und ihn damit für immer der deutschen Bildungslandschaft entrissen.

Verwendete Quellen und Literatur

F. Behrend: „Erinnerungen an die Tätigkeit des Philologen-Verbandes." — *Die Höhere Schule*, H.9-11 (1954)

Ders.: „Lebenslauf." — Psychologie und Begründung der Erkenntnislehre. Diss., Halle 1904

Ders.: Lebenslauf; „Aus dem Leben eines Pädagogen." — Archiv Prof. Dr. H. Behrend

Personalblatt Felix Wilhelm Behrend — PZ Berlin

H. Behrend: *Des Schicksals Wagen*. Hrsg. v. Luisen Gymnasium, Düsseldorf. Düsseldorf 1987

Entschädigungsamt Berlin: Behrend, Felix Wilhelm. Reg. Nr. 50850

Felix Behrend. I. HA, Rep. 92, Grimme. Paket 48 — GStA Dahlem

RM f. Wissenschaft, Erziehung und Volksbildung. Personalakten, B875, Behrend, Dr. Felix Israel — BA Potsdam

Acta der Königl. wiss. Prüfungs-Kommission zu Halle/S., betr. die Jahresberichte und die Nachweisungen der Geprüften, Rep. 10, Nr. 3, Bd. 1 — Univ.archiv Halle, VA Halle

Mathias Homann

Schulalltag im Dritten Reich – Erfahrungen am Kaiser Wilhelms-Realgymnasium

Der Übergang von der Weimarer Republik zum NS-Staat vollzog sich am Kaiser Wilhelms-Realgymnasium (KWR) fließend. Im Gegensatz etwa zur exponierten Karl-Marx-Schule, die von den Nazis rücksichtslos „umgestaltet" wurde (siehe D. MISCHON-VOSSELMANN in diesem Band), boten weder das Kollegium noch die inhaltliche Konzeption des KWR bzw. des Kaiser Wilhelms-Gymnasiums (KWR/SG) den neuen Machthabern Anlaß, speziell gegen diese Schule Maßnahmen zu ergreifen.[1] Die im Grunde deutschnationale Ausrichtung der Schule, in der pädagogischen Aufbruchsstimmung der Weimarer Republik eher antiquiert wirkend (und doch die Regel), erwies sich mithin angesichts der neuen Bedingungen als ein gewisser Schutzfaktor gegenüber staatlicher Willkür. Scheinbar änderte sich daher im Schulalltag des KWR zunächst wenig. „Die Machtergreifung wurde auf der Straße demonstriert, kaum in der Schule", merkt der Ehemalige Joachim Lembke an. „Das einzige", schreibt ein anderer, Karl Tesmer, „an das ich mich erinnere, war eine kurze Feier in den Tagen danach [nach dem 30.1.33], in der Oberstudiendirektor Dr. Behrend uns die alten Schulfahnen vorführte, die in der Weimarer Zeit nicht gezeigt wurden." Das Kollegium stand der „Machtergreifung" nicht unbedingt begeistert, jedoch mehrheitlich positiv gegenüber. Kein Lehrer wurde entlassen.

Anders verhielt es sich bei Hausmeister Siebecke. „Offenbar aus parteipolitischen Gründen" wurde er alsbald seines Amtes enthoben (Schreiben Heinsch, S. 6). Sein Nachfolger war der überzeugte Nationalsozialist „Vater Landsberg", dessen liebste Formulierung „Ich und der Herr Direktor" lautete.

Jüdische Schüler, die am KWR im Gegensatz zu früher ohnehin nur noch in sehr geringer Zahl vertreten waren[2], hatten zwar zuweilen unter ihren Mitschülern zu leiden, konnten die Schule aber zunächst weiterhin besuchen; als die Verhältnisse immer bedrohlicher wurden, verließen sie – zumeist von heute auf morgen – völlig unbemerkt die Schule und schließlich mit ihren Familien das Land.[3]

Wie nicht anders zu erwarten, kamen nach dem 30. Januar 1933 einige Schüler „in HJ-Uniform zur Schule, berichteten begeistert von den Ereignissen und warben für den Eintritt in HJ und Jungvolk" (Schreiben Brombach, S. 2). Mit Erfolg: „Die Schüler wurden fast alle, und zwar ziemlich schnell ... zu gläubigen Anhängern des ‚Führers' und nahmen auch durch die Schulung in Jungvolk, HJ, SA die Ideologie an" (Schreiben Tesmer, S. 3.). Diese Einschätzung läßt sich mit Zahlen belegen: Im Jahre 1935 gehörten von 424 Schülern des KWR 224 dem Jungvolk und 68 der HJ an; 1936 waren bereits von 447 Schülern 285 im Jungvolk und 138 in der HJ, d.h., 95 % der KWR-Schüler waren in einem der NS-Jugendverbände organisiert. Mit kleineren Schwankungen hielten sich die Zahlen bis weit in die Kriegszeit hinein auf diesem Niveau.[4]

Wie die Zahlen auch zeigen, waren viele

von ihnen mehr daran interessiert, Mitglied des Jungvolks als der HJ zu werden (10- bis 14jährige kamen ins Jungvolk, 14- bis 18jährige in die HJ). Aus welchen Gründen, das erläutert der Ehemalige Wolfgang Werner in Beantwortung der Frage, ob viele Schüler seinerzeit in HJ-Uniform zur Schule gekommen seien:

„Nein, nicht viele. Das heißt, wir haben eine Mischuniform getragen, also unsere kurzen Manchester-Hosen, die schwarzen Dinger, die waren ja ganz praktisch, und ein neutrales Koppel oder unser HJ-Koppel dazu. Und dann ein Zivilhemd, nicht die Braunhemden. Und noch etwas: Aus unserer Klasse waren viele bestrebt, im Jungvolk zu bleiben; da mußte man natürlich irgendwelche Führungspositionen einnehmen, um nicht in die HJ aufgenommen zu werden. Das Jungvolk trug keine Armbinde. Diese Hakenkreuzbinde mit dem weißen Mittelstreifen, die fanden wir enorm häßlich, und das Jungvolk trug nicht diese Hakenkreuzbinde, sondern wir hatten diese Sig-Rune, weiße Sig-Rune auf schwarzem Grund. Das war unverfänglicher und sah nicht so abscheulich aus. Deshalb waren viele von uns bestrebt, im Jungvolk zu bleiben, einfach, um das äußerliche Bild nicht so häßlich zu haben."[5]

Im April 1933 erteilten die neuen Machthaber die Erlaubnis, in den Schulen die Abzeichen nationaler Vereine und Verbände zu tragen (andere Abzeichen blieben natürlich verboten) und förderten so die eindimensionale Politisierung der Bildungseinrichtungen. Ein weiterer Erlaß kurz nach der Machtergreifung verfügte, „daß ein Hitlerbild aufgehängt werden sollte neben den Bildern der Reichskanzler ...", so daß zu dieser Zeit das Bild von Ebert neben dem von Hindenburg und Hitler aufgehängt blieb. Das hat sich allerdings später geändert ... Die Bilder hingen im Foyer zwischen dem Musiksaal und der Aula" (Schreiben Heinsch, S. 4.). In den Klassenzimmern verblieben jedoch – in den Augen des Ehemaligen Fritz Heinsch ein Indiz für den „relativ liberalen Geist, den das KWR-Kollegium ... durchgehalten hat" (ebd., S. 6) – gut gerahmte Kunstdrucke von meist modernen Malern wie Lovis Corinth, Signac und van Gogh. Natürlich aber hing auch ein Bild des „Führers" in den Klassenzimmern. Zudem wurden im Juni 1936 in der Aula bronzene Büsten von Hitler und Hindenburg feierlich eingeweiht, wenige Monate später wurde „ein Bild des Herrn Preuß. Ministerpräsidenten Generaloberst Göring ... auf Empfehlung des Reichserziehungsministers angeschafft und auf dem Flur angebracht" (KWR. Jahresber. 1936/37).

Welche Veränderungen ergaben sich aber für das KWR auf längere Sicht? Wurde die Schule ein (willfähriges) Opfer der von den Nazis beabsichtigten „Gleichschaltung", also der vollständigen Aufhebung politischer und gesellschaftlicher Pluralität zugunsten der NS-Bewegung und ihrer Ideologie?

Wenngleich einige Lehrer und die meisten Schüler des KWR der NSDAP sowie ihren Unter- bzw. Jugendorganisationen beitraten, so empfand der Großteil der Ehemaligen diesen Vorgang nicht als eine gravierende Veränderung, zumal die Zugehörigkeit zu Jungvolk oder HJ eine außerschulische Angelegenheit war und daher die schulischen Belange nur indirekt berührte. Auch dem allmählichen Wandel im äußeren Ablauf des Schulalltags wird im Nachhinein keine allzu große Bedeutung beigemessen. Es darf dennoch nicht übersehen werden, daß die vom Kultusministerium angeordneten – und auch am KWR umgesetzten – Maßnahmen letztlich auf eine „Gleichschaltung" und Uniformierung der Schulen abzielten. Dies sollte u.a. auch dadurch erreicht werden, daß die Zuständigkeit für das Erziehungs- und Unterrichtswesen am 30. Januar 1934 erstmals in der deutschen Bildungsgeschichte den Ländern entzogen und einer straffen Zentralstelle, dem am 1. Mai 1934 errichteten Reichsministerium für Wissenschaft, Erziehung und Volksbildung (Leiter Bernhard Rust), unterstellt wurde. Indes, auch das bleibt festzuhalten, scheiterten viele der unzähligen Erlasse an der Schulrealität und mußten zurückgenommen werden. Wunsch und Wirklichkeit lagen für Minister Rust und seine Beamten häufig weit auseinander. Lehrern und Schülern blieb dies nicht verborgen, so daß an den Schulen folgender Witz die Runde machte: „Es gibt eine neue physikalische Zeiteinheit. Wie heißt sie? Antwort: Ein Rust. Das ist die Zeit, die ein Erlaß braucht, um von einem anderen Erlaß abgelöst zu werden" (Schreiben W. Werner, S. 5).

Das „Recht", die offizielle Schulpolitik zu kritisieren, nahmen sich nach der Erinnerung des Ehemaligen Rolf Wannig vor allem diejenigen Lehrer heraus, die durch ihre NSDAP-Mitgliedschaft bis zu einem gewissen Grad geschützt waren. Einer der Erlasse, die nur vorübergehend Bestand hatten, war der über den „Staatsjugendtag" – unterrichtsfreier Samstag für die „Erziehungsarbeit der HJ". Mit diesem Erlaß vom 30. Juli 1934 wurde der HJ der Status einer gleichberechtigten Erziehungsinstanz zugesprochen. Mitglieder von HJ und Jungvolk mußten künftig an Samstagen ihren „Dienst"[6] in der jeweiligen Organisation versehen, die (wenigen) anderen Schulpflichtigen mußten sich in der Schule einfinden und erhielten dort „nationalen Unterricht".

Ein plastisches Bild vom „Staatsjugendtag" vermitteln die Schilderungen des Ehemaligen Hans-Joachim Trube:

„Am Samstag waren doch immer die Uffmärsche von der HJ und dem Jungvolk. Die sind dann immer so ganz breit über die Straße marschiert, immer mit dem bumm... bumm... bummbummbumm, und dann haben sie irgendwas gesungen. Die Straße wurde ihnen regelrecht frei gemacht. Und da waren von meiner Klasse furchtbar viele bei. Der Strodt, der Wagner, der Grittner ... und ich, wir saßen dann in der Schule – wir mußten in die Schule kommen, weil wir da nicht bei waren ... Wir saßen da also mit vier bis fünf Schuljungs, und dann kam der Lehrer rein, dann wurden aus der Nebenklasse noch drei bis vier so 'ne Blindgänger geholt, und dann haben sie uns zusammengesetzt, damit sie ungefähr 'ne Klasse zusammen hatten; und dann wurden so nordische Sagen vorgelesen. Und der Lehrer hat gesagt: ‚Das hab' ick jetzt davon. Wenn ick euch hier nicht hätte, dann bräucht ick jetzt keinen Unterricht zu machen, dann könnt' ick nach Hause gehen.' Wir wurden so richtig als schlechte Hunde hingestellt. Wir mußten um fünf nach acht Uhr erscheinen, und dann haben sie uns Märchen erzählt. HJ und Jungvolk mußten da unten marschieren, und uns haben sie um 12/12 Uhr 30 nach Hause geschickt" (Interview Trube).

Bereits am 4. Dezember 1936 wurde der Erlaß über den „Staatsjugendtag" wieder aufgehoben, da die Stundenplanumstellungen eine zu große Verwirrung an den Schulen hervorgerufen hatten.[7]

Abgeschafft wurde am KWR mit Beginn des Schuljahres 1933/34 die alte Schulgemeinde. Mit dem Ziel, „die Idee der Führung gemeinsam zu erleben und schöpferische Kräfte bei den Jungen zu wecken", wurde von Lehrern und Schülern eine neue Schülervertretung ins Leben gerufen, die sich „Schulthing" nannte. Geführt von einem sogenannten „Aldermann", der „auf ausdrücklichen Wunsch der HJ" zugleich Vertrauensmann der HJ war, gab das Schulthing „Anregung zum Besuch von Ausstellungen über Grenzlandschutz, Luftschutz und Erbgesundheits- und Familienforschung. Es gestaltete die letzte Stunde vor den Ferien und die erste Stunde nach den Ferien zu religiöser und völkischer Besinnung durch Musik, Deklamationen und Ansprachen" (alle Zitate zum „Schulthing" aus KWR. Jahresber. 1933/34). Die Existenz dieses Schulthings war jedoch nur von kurzer Dauer und muß auf die Schüler keinerlei Eindruck gemacht haben – kein Ehemaliger erinnert sich nämlich an diese Einrichtung. Möglicherweise war auch die Verflechtung von HJ und Schulthing so eng, daß letzteres schlicht mit der NS-Jugendorganisation gleichgesetzt wurde.

Was die noch aus der Weimarer Zeit stammende Institution der Elternvertretung betrifft, so dürfte sie spätestens am 2. Juni 1935 geendet haben, als sich „die an der Anstalt bestehenden 3 Vereinigungen ‚Evangelischer Elternbund', ‚Bund der Freunde der Anstalt' und ‚Verein ehemaliger Schüler und Ruderer' ... auf Anregung und unter Vorsitz des Direktors zu einer Arbeitsgemeinschaft zusammen[schlossen], um ihre Kräfte in kameradschaftlicher Zusammenarbeit dem ideellen und materiellen Wohl der Anstalt zur Verfügung zu stellen" (KWR. Jahresber. 1935/36).

Von Bestand waren hingegen die Anfang 1934 an den Schulen eingeführten Rituale des Fahnenappells jeweils zum Halbjahresbeginn und -ende sowie des Hitlergrußes zum Stundenbeginn. Die regelmäßigen Fahnenappelle, in deren Verlauf die schwarzweißrote, die Hakenkreuz- und am KWR auch die im Oktober 1936 feierlich verliehene HJ-Fahne auf dem Dach der Schule gehißt bzw. niedergeholt wurden, fanden auf dem Schulhof statt (die HJ-Fahne erhielten Schulen, an denen überproportional viele Schüler in DJ oder HJ waren, vgl. Interview Kubicki). „Dazu trat die Schule an. Der Turnlehrer meldete die Schule dem Direktor. Der rief zum dreimaligen Sieg Heil für den Führer auf. Dann wurden das Deutschland- und das Horst-Wessel-Lied gesungen. Und das war's dann" (Schreiben Kubicki, Zusatzbl. 2).

Ein Erlaß aus dem Jahre 1935, der einerseits dem vermeintlich proletarischen und gleichmacherischen Charakter der NS-Ideologie, andererseits dem daraus folgenden Straßenterror der HJ Rechnung trug, war der über das endgültige Verbot von Schülermützen. Schon kurz nach der „Machtergreifung" hatten Abteilungen der HJ mit öffentlichen Mützenverbrennungen versucht, Schüler davon abzuhalten, die Mützen zu tragen. Tätliche Angriffe auf Schüler, die sich davon nicht beeindrucken ließen, blieben ebenfalls an der Tagesordnung. Die Reichsjugendführung untersagte dieses Vorgehen, zumal mehrere Mützenfabrikanten, die sowohl ihr Geschäft als auch Arbeitsplätze in Gefahr sahen, erbittert protestierten. Doch letztlich blieb den Behörden scheinbar kein anderer Ausweg als das Verbot der Mützen. So verschwand, wie sich einige Ehemalige erinnern, 1935 auch die kornblumenblaue Kopfbedeckung der KWR-Schüler.

Im übrigen blieb am KWR vieles beim alten. Es gab weiterhin Musik- und Theaterveranstaltungen, die wie in den Jahren zuvor das Interesse der Presse fanden. Schulfeiern etwa zu Ehren von Schiller, Löns oder Kleist, VDA- und Sportveranstaltungen sowie Kinobesuche, wenn auch jetzt deutlich nationalistischer bzw. militärischer gefärbt als in den Jahren vor 1933, gehörten ebenfalls in gewohnter Weise zum Schulleben. Die Zahl der Feierstunden und Festtage erhöhte sich unter den Nazis allerdings erheblich. Hier seien nur einige genannt: die Heldengedenkfeier (18. März), der „Geburtstag des nationalsozialistischen Staates" (30. Januar), die Feier „zu Ehren der deutschen Mutter" (Anfang Mai), „Führers Geburtstag" (20. April), die „Gedenkfeier für die Gefallenen der Bewegung" (9. November). Dazu kamen Feiern und Unterrichtsausfälle anläßlich aktueller politischer Ereignisse wie die „Rückkehr des Saarlandes in die Reichsgemeinschaft" am 1. März 1935 oder das Münchner Abkommen vom 29. September 1938. Die Feiern begannen meist damit, daß die HJ-Fahne und die blaue Traditionsschulfahne auf die Bühne der Aula getragen wurden.

Um einen Eindruck vom weiteren Verlauf derartiger Feiern zu erhalten, sei erneut Hans-Joachim Trube zitiert:

„Die Feiern waren so: Wenn jetzt ein Feiertag war, und es war keine Schule, Adolfs Geburtstag zum Beispiel, dann mußten wir zur Schule kommen, dann mußten wir alle in die Aula gehen, da wurden die Hitlerlieder *Die Fahne hoch* und *Deutschland über alles* gesungen, Arm hoch und schön Männchen machen, und die Orgel oben auf der Empore, die spielte dann mit; und dann wurde geredet, dann hat Adolf gequatscht, dann hat der Direktor gequatscht. Das dauerte so ungefähr eineinhalb bis zwei Stunden, und dann wurden wir nach Hause geschickt" (Interview Trube).

Im Laufe der Jahre erreichten die durch Feiern und außerschulische Verpflichtungen der Schüler bedingten Unterrichtsausfälle ein solches Maß, daß unter den Lehrkräften, wenn auch leise, allgemein Protest laut wurde. Was Wunder, wenn man bedenkt, daß etwa die Schüler des KWR außerdem recht häufig in den zweifelhaften Genuß von Kasernenbesichtigungen, Spalierbildung bei Staatsbesuchen, Teilnahme an Kundgebungen im Lustgarten, Anhören von Hitler- und Goebbels-Reden in der Aula, Straßensammlungen für das Winterhilfswerk, Altmaterial- und Knochensammlungen usw. zu kommen hatten. Waren die Schüler Mitglieder der HJ oder des Jungvolks, so kamen noch Schulungslehr-

Kaiser Wilhelms-Realgymnasium: „Fahneneinmarsch" bei der VDA-Fahrt nach Trier, 21. 5. 1934 — *Privatbesitz Burckhardt*

gänge, der Besuch weiterer öffentlicher Veranstaltungen und Sportfeste, die Mitgestaltung von „Kulturtagen" oder die Mithilfe beim Land- und Erntedienst hinzu. Den Schülern mögen derartige Unternehmungen eine willkommene Abwechslung gewesen sein, mancher Lehrer fürchtete hingegen um die Bildung seiner Zöglinge (vgl. KATER, S. 576f.). Dabei dürften sich besonders die Philologen, die so sehr auf den zu bewahrenden Wissenschaftscharakter der höheren Schule pochten, im krassen Gegensatz zu den Erziehungs- und Bildungszielen der NS-Ideologie befunden haben; ein Zitat aus Hitlers *Mein Kampf* macht das deutlich:

„Der völkische Staat hat ... seine gesamte Erziehungsarbeit in erster Linie nicht auf das Einpumpen bloßen Wissens einzustellen, sondern auf das Heranzüchten kerngesunder Körper. Erst in zweiter Linie kommt dann die Ausbildung der geistigen Fähigkeiten. Hier aber wieder an der Spitze die Entwicklung des Charakters, besonders die Förderung der Willens- und Entschlußkraft, verbunden mit der Erziehung zur Verantwortungsfreudigkeit, und erst als letztes die wissenschaftliche Schulung. Der völkische Staat muß dabei von der Voraussetzung ausgehen, daß ein zwar wissenschaftlich wenig gebildeter, aber körperlich gesunder Mensch mit gutem, festem Charakter, erfüllt von Entschlußfreudigkeit und Willenskraft, für die Volksgemeinschaft wertvoller ist als ein geistreicher Schwächling."[8]

Oder in der knappen Formel des Reichsjugendführers Baldur von Schirach: „Für uns ist das Gefühl mehr als der Verstand" (zit. n. KATER, S. 584).

Die Forderungen, die vor allem dem Hitler-Zitat zu entnehmen sind, fanden u.a.

Kaiser Wilhelms-Realgymnasium: VDA-Fahrt nach Koblenz; ganz rechts Oberstudienrat Burckhardt, o.J. — *Privatbesitz Burckhardt*

ihren Niederschlag in Rusts Erlaß über die „Schülerauslese an höheren Schulen" vom 27. März 1935. Danach hatte die höhere Schule die Pflicht, „unter den zu ihr kommenden Jugendlichen eine Auslese zu treffen, welche die Ungeeigneten und Unwürdigen ausscheidet, um die Geeigneten und Würdigen um so mehr fördern zu können. Die ständige Prüfung muß sich auf die körperliche, charakterliche, geistige und völkische Gesamteignung erstrecken."[9] Als unwürdig galten im Verständnis dieses Erlasses z.B. Schüler mit schweren körperlichen Leiden, „Versager" im Sportunterricht oder Schüler, die gegen „Zucht und Ordnung" verstießen. In der Folge dieses Erlasses gingen die Schülerzahlen am KWR, wie an anderen Schulen auch, zurück.[10]

Nicht ohne Auswirkungen auf das Schulwesen konnten weitere staatliche Anordnungen bleiben, die ebenfalls dem der Nazi-Ideologie entspringenden Bedürfnis nach gesunden, „körperlich ertüchtigten", strammen und uniformierten, sich der Partei widerspruchslos unterordnenden (Herren-)Menschen Rechnung trugen; so etwa – unter Bruch des Versailler Vertrages – die zuvorderst Hitlers militärischen Machtgelüsten dienende Wiedereinführung der allgemeinen, zweijährigen Wehrpflicht am 16. März 1935; des weiteren das „Reichsarbeitsdienstgesetz" vom 26. Juni 1935, das allen Männern zwischen 18 und 25 eine halbjährige Arbeitspflicht auferlegte sowie das „Gesetz über die Hitlerjugend" vom 1. Dezember 1936, das, zunächst als Kann-Bestimmung, alle „arischen" Kinder und Jugendlichen zwischen 10 und 18 Jahren zur Mitgliedschaft in der zur „Staatsjugend" erklärten HJ verpflichtete; mit der zweiten Durchführungsverordnung zu diesem Gesetz vom 25. März 1939 wurde die Mitgliedschaft in der HJ dann tatsächlich zur Pflicht.

Kaiser Wilhelms-Realgymnasium: Schüler in der Uniform der Hitlerjugend, o.J. — *Privatbesitz Müller-Dietz*

Stärker noch als im Zusammenhang mit dem kurz nach der Installierung des HJ-Gesetzes abgeschafften „Staatsjugendtag" konnte sich die HJ fortan als eine dem Elternhaus und der Schule übergeordnete Erziehungsinstanz betrachten. Vielleicht hatte die HJ doch einen größeren Einfluß auf das Schulleben am KWR, als es den Ehemaligen in Erinnerung ist. Immerhin unterhielt „Piepel" Dabel, der für die KWR-Schülerschaft zuständige HJ-Führer, in der oberen Etage der Schule eine Art Büro, in das er mitunter Schüler zitierte, die ihm unliebsam aufgefallen waren. Zudem kam es vor, daß der gesamte Schulbetrieb tageweise zusammenbrach, weil die Schüler an von der HJ organisierten Sammlungen oder Veranstaltungen teilnahmen. Und auch den aufgabenfreien Mittwochnachmittag hatten die Schüler der HJ zu verdanken, da dieser Nachmittag ganz im Zeichen der NS-Jugendorganisationen stehen sollte; d.h., die Schüler mußten sich in ihren jeweiligen Abteilungen einfinden, um im Rahmen sogenannter „Heimabende" Lieder zu singen, NS-Literatur zu lesen oder paramilitärische Übungen zu vollziehen. Begeisterung, so scheint es, riefen diese Treffen kaum hervor.

Die „Reform" des Schulwesens von 1938 –
Vom Kaiser Wilhelms-Realgymnasium zur Kaiser Wilhelms-Schule

Nach über fünf Jahren Herrschaft, also erst relativ spät, gaben sich die Nazis schließlich in ihrer Schulpolitik nicht mehr mit Halbheiten zufrieden. Von Juli 1938 an erfolgte eine umfassende amtliche Neuordnung des Schulwesens durch neue Lehrpläne.

„Der Erlaß über ‚Erziehung und Unterricht in der höheren Schule' ... ist auch für alle anderen Schularten kennzeichnend mit seiner konsequenten Politisierung der Schule und der restlosen Ideologisierung des Unterrichts. Der Lehrgang der höheren Schule wurde aus bevölkerungspolitischen Gründen auf 8 Jahre verkürzt. In den neuen Stundentafeln wurde eine völlige Umwertung der Bildungsgüter zugunsten der politisch bedeutsamen Fächer wie Leibeserziehung, Deutsch, Geschichte und Biologie sichtbar."[11]

Von nun an gab es nur noch zwei Typen der höheren Schule: „die ‚deutsche Oberschule', wegen ihres völkischen Bildungsgutes jetzt die Normalform, und das humanistische Gymnasium als seltene Ausnahme" (ebd.).

Aufgrund bestimmter Übergangsbestimmungen besaßen einige Regelungen aber schon in den Monaten zuvor Gültigkeit. So findet sich im KWR-Jahresbericht 1936/37 folgende Eintragung: „Der neue Reifeprüfungserlaß vom 30.11.36, der u.a. eine Reifeprüfung auch für UI [Unterprima] und verstärkten Unterricht in UI in Deutsch, Geschichte, Erdkunde, Biologie, Mathematik, Physik und Chemie auf Kosten von Religion, Latein, Griechisch, Musik, Zeichnen vorschreibt, wird durchgeführt" (KWR. Jahresber. 1936/37).

Demgemäß legten am 1. und 2. Februar 1937 zunächst die Oberprimaner aus Gymnasium sowie Realgymnasium, am 15. und 16. März 1937 dann die Unterprimaner der beiden Schulteile ihre Reifeprüfung ab – weder die Ober-, noch die Unterprimaner wurden dabei schriftlich geprüft (!). Diese Unterprimaner waren somit am KWR der erste Jahrgang mit einer auf acht Jahre verkürzten höheren Schulzeit.

Auch die Schaffung der „Oberschule für Jungen" hatte sich am KWR bereits vor dem oben erwähnten Erlaß vom Juli 1938 vollzogen, wobei der gymnasiale Zweig noch bis zur Reifeprüfung 1939 weiterexistierte. Der Jahresbericht 1937/38 hält für den 1. September 1937 fest: „Der Name der Schule wird gemäss einer Verordnung des Herrn Reichserziehungsministers vom 27.8. geändert in ‚Kaiser Wilhelms-Schule, Oberschule für Jungen'."[12]

Der Schulstempel, auf dem sich die Adresse der Schule zunächst von Zwillingestraße 1 (1932/33) in Zwillingestraße 21-29 (1934/35) und schließlich in die noch heute gültige Anschrift Zwillingestraße 21-29 (1937/38) gewandelt hatte, trug weiterhin das „Staatl." vor dem Namen der Schule. Schließlich wurden im Zuge des o.g. Erlasses am KWR mit Beginn des Schuljahres 1938/39 auch die alten lateinischen Klassenbezeichnungen aufgehoben und durch „Klasse 1, 2 usw." ersetzt. Gleichwohl behielt die KWS den Status einer „Doppelanstalt"[13], d.h., es wurden auch künftig ein sprachlicher und ein naturwissenschaftlich-mathematischer Zweig angeboten.

„Für Vaterland und Führer" – Der Unterricht in der Zeit des Nationalsozialismus

Auf dem Hintergrund dieser „äußeren" Veränderungen stellt sich nun die Frage nach den „inneren", d.h. nach dem Wandel des Unterrichtsgeschehens am KWR im Zuge des politischen Machtwechsels von 1933.

Schon sehr bald, im Mai 1933, erging aus dem Hause des Oberpräsidenten der Provinz Brandenburg und von Berlin ein Schreiben an die Schulräte und Bezirksschuldeputationen, das unzweifelhaft klarmachte, welche Inhalte den Schülern in Zukunft zu vermitteln seien. Das Schreiben lautet:

„Die großen nationalen Ereignisse der Gegenwart, die eine tiefgreifende Umgestaltung unseres Reiches herbeiführen, um unser Vaterland wieder groß und frei zu machen, sind in allen Schulen in den Geschichtsstunden eingehend zu behandeln, die Taten des großen Führers der nationalen Bewegung und seiner Mitkämpfer sind mit Wärme und Dankbarkeit zu würdigen ... Zunächst ist nach dieser Anweisung der Geschichtsunterricht sofort zu gestalten. Dabei ist es selbstverständlich, daß die gesamte Schularbeit und nicht nur der Geschichtsunterricht die Aufgabe hat, die deutsche Jugend zu nationalen und christlichen Menschen zu erziehen und ihren Willen und ihre Kraft für das große Werk der Herstellung einer nationalen Volksgemeinschaft zu wecken und zu stärken. Bis weitere Weisungen ergehen, müssen diese Grundsätze der Gestaltung der gesamten Unterrichts- und Erziehungsarbeit zu Grunde gelegt werden."[14]

Die KWR-Lehrerschaft befolgte offensichtlich diese Direktiven. Das geht aus den nahezu einhelligen Berichten der Ehemaligen hervor. Stellvertretend seien hier zwei ehemalige Schüler zitiert. Heinz Lambrecht schreibt:

„Der Unterricht in Geschichte und Erdkunde sowie Deutsch wurde natürlich ‚nationaler' und deutschbewußter. Die Auswirkungen des Versailler Vertrages wurden auch unter dem Aspekt des Parteienstreits und der Vielzahl der Notprogramme, die keine Besserung der Arbeitslosigkeit brachten, so gewürdigt, daß es ein leichtes war, Mitte der 30er Jahre den Fortschritt zu erkennen und Hoffnungen zu erwecken" (Schreiben Lambrecht, S. 4).

„Im Geschichtsunterricht", so Arno Dittwald, „wurde Frankreich als Erzfeind No. 1 behandelt, Völkerbund, Versailler Vertrag und die Weimarer Republik wurden diskreditiert ... Im Kunst- und Musikunterricht wurde die sogenannte ‚entartete Kunst' an den Pranger gestellt" (Schreiben Dittwald, S. 4). Ein Bestandteil der offenbar auch am KWR umgesetzten „Pflege des germanisch-deutschen Bildungsguts", die die Nazipropaganda ständig beschwor, dürften die Bastelarbeiten gewesen sein, an die sich Fritz Heinsch erinnert: „Sehr häufig wurde der Unterricht ergänzt durch Darstellungen, wie etwa in Deutsch aufgrund von Lektüre, zum Beispiel Bau von Miniaturhäusern, beispielsweise Schwarzwaldhäuser oder Bauernhäuser aus den Marschen. Die Ergebnisse wurden sehr häufig der gesamten Schule durch Ausstellung in dafür vorhandenen Vitrinen bekanntgemacht."[15]

„Kerngesunde Körper" – Über den Sportunterricht

Nach dem oben wiedergegebenen Hitler-Zitat überrascht es nicht, daß der Sport in der Schule eine erhebliche Aufwertung erfuhr. Leichtathletik, Turnen, Schwimmen, Ballspiele und seit 1935 am KWR auch Boxen (!) leisteten einen wesentlichen Beitrag „für ‚das Heranzüchten kerngesunder Körper' und die ‚Charaktererziehung' des ‚Menschenmaterials', von dem sich Hitler eine ‚rassische Elite' für seine politischen und militärischen Ambitionen versprach"[16]. Die Zahl der Sportstunden wurde zunächst auf drei, per Erlaß vom 1. Oktober 1937 schließlich auf fünf pro Woche erhöht.[17]

Insofern dürfte die in der folgenden Schilderung genannte Zahl von acht Sportunterrichtsstunden am KWR etwas hoch gegriffen sein; möglicherweise ist aber auch das nach wie vor existierende Training der Ruderriege in die Rechnung eingeflossen. Über den Sportunterricht an seiner Schule schreibt der Ehemalige Wolfgang Werner:

Kaiser Wilhelms-Realgymnasium: Klasse O III mit Herrn Donat, Lehrer für Geschichte, Deutsch, Latein und Sport, 1935/36 — *Privatbesitz Lambrecht*

„Im Turnunterricht wurde im Gleichschritt marschiert. Acht Wochenstunden Sport waren Pflicht. Es wurde eine vormilitärische Ertüchtigung angestrebt. Die Zensur im Sport entschied die Benotung des Abiturzeugnisses. War die Sportnote befriedigend, so konnte die Gesamtbenotung auch bei bester Zensur in den anderen Fächern nur befriedigend sein. Der Sportunterricht war geprägt von einer außerordentlichen Leistungsbereitschaft. Besonders das Olympiajahr 1936 gab uns enorme Leistungsanstöße. So übersprang unser Klassenkamerad Theo Landsberg, Sohn des Hausmeisters, im Stabhochsprung mit üblichem Bambusstab die Dreimetergrenze."

Im Jahre 1938 sollte das KWR sogar einen eigenen Boxraum erhalten, doch wurde der Antrag vom Finanzministerium angesichts der Kosten von 52 000 Reichsmark abgelehnt.[18]

Der hohe Stellenwert, der dem Sport eingeräumt wurde, wird auch daraus ersichtlich, daß in den Reifezeugnissen unter der Rubrik „Allgemeine Beurteilung" an erster Stelle Formulierungen wie „Er ist turnerisch und sportlich sehr gut durchgebildet" oder „Er war körperlich eifrig bemüht..." zu finden sind (Abgangszeugnisse Afdring und Barth, Kopie im Bes. d. Verf.).

Von „Ariern", „Blutreinheit" und „Rassen" — Der Biologieunterricht

Eine mindestens ebenso große Bedeutung wie der Sport gewann unter den Nazis der Biologieunterricht, besser: die dem Fach Biologie thematisch zugeordnete Rassenkunde, die zugleich in den Unterricht der sogenannten Gesinnungsfächer des deutschkundlichen Bereichs (Deutsch, Erdkunde, Geschichte und künstlerische Disziplinen) einfließen sollte.

Auf der Basis einer völlig willkürlichen und unwissenschaftlichen, von den Nazis künstlich zusammengestellten Rassenlehre sollte das Wunschbild der angeblich reinen „Herrenrasse", des sogenannten „Ariers", vermittelt werden. Als Gegenpol galt nach der NS-Ideologie der Jude, der den Herrschaftsanspruch des „Ariers" bedrohte und daher zu bekämpfen bzw. zu vernichten war.

Die Aufgabe, Rassenlehre auf der Grundlage dieses Wahn- und Unsinns zu betreiben, kam vornehmlich dem im Grunde einzigen Biologielehrer des KWR, Studienrat Plantikow, zu. Plantikow war Mitglied der NSDAP, doch das scheint sich nicht auf seinen Unterricht ausgewirkt zu haben. Er war, so erzählt der Ehemalige Hans-Peter Herz, der als „Halbjude" gegebenenfalls besonders sensibel auf rassenkundliche Hetze reagiert haben dürfte, „alles andere als ein Nazi". Andere Ehemalige bestätigen dies. Ernst Brombach

Studienrat Dr. Plantikow (Biologie) in seinem „Gebirgsgarten", o.J. — *Privatbesitz Lüdeke*

berichtet über seinen Biologielehrer: „Plantikow, dem man übrigens anmerkte, nachher, als es um die Rassenlehre ging, wie er versuchte, die Dinge, die mit dem Nazismus zusammenhingen, doch weitgehend zurückzudrängen; nicht in dem Sinne, daß er das ablehnte, ... sondern daß er verallgemeinerte." So trieb Plantikow „eigentlich nie Propaganda", im Gegenteil: Wie der Ehemalige Norbert M. Werk sich erinnert, hatte Plantikow ein Geheimnis, das der NS-Ideologie diametral entgegenstand:

„Als ich sein Vertrauen gewonnen hatte, sprach er gelegentlich im kleinsten Kreise über seine Liebe zu esoterischen Dingen. Unter anderem las er zwei oder drei Vertrauten aus dem Buch von Nostradamus vor, das damals streng verboten war. Herr Plantikow zeigte uns auch warum: in dem einen Vers war klar der Untergang des Mannes vom Inn vorausgesagt. Auch die massenhaften Zerstörungen unserer Heimat waren beschrieben."

Natürlich aber blieb Plantikows Biologieunterricht dennoch nicht völlig frei von der staatlich verordneten Rassenkunde. Wie sonst hätte der Schüler Fritz Heinsch in der mündlichen Reifeprüfung 1937 – die Rassenlehre war inzwischen von den Nazis zum Abiturpflichtfach erhoben worden – folgende Aufgaben gestellt bekommen können: „1.) Beobachtungen und Versuche über die Umbildung der Arten. 2.) Die soziale Auslese. 3.) Die nordische Rasse und die Aufnordung" (Archiv Heinsch, Kopie im Bes. d. Verf.).

„Anschaulicher" als bei Plantikow ging es scheinbar im Biologieunterricht von Studienrat Daebel zu, der durchaus offene Sympathien für das NS-Regime hegte. Hans-Jürgen Seeberger erzählt:

Kaiser Wilhelms-Realgymnasium: Klasse mit Studienrat Daebel (Biologie), 1935 — *Privatbesitz Tesmer*

„Es gab das anthropologische Institut von Eugen Fischer[19], ein absoluter Vertreter der Rassenkunde, der uns tatsächlich anregte, in die Dörfer zu gehen und die Leute nachzumessen; welche Schädelformen sie hatten, ob dinarische usw., wobei es deskriptiv blieb. Es wurde niemals gesagt, daß die Charaktere dem entsprechen ... Wir sind über die Dörfer gezogen, um die Köpfe zu messen, und zwar die Form. Ob es mehr fälische Schädel sind, ostische oder mehr nordische. Dinarisch bedeutet, mit Hinterkopf und Hakennase. Hindenburg war der fälische Typ."

Nach den vorhergehenden Ausführungen bleibt festzuhalten, daß das KWR in Sachen Biologie bzw. Rassenkunde von den Wunschvorstellungen eines Adolf Hitler weit entfernt war. Bei Studienrat Plantikow obsiegte eben trotz NSDAP-Mitgliedschaft der „Philologe" über den nazistischen „Arier" (in des Wortes schlimmster Bedeutung); der NS-nahe, aber Nicht-PG Studienrat Daebel, der Biologie möglicherweise fachfremd unterrichtete, konnte sich den ideologischen Forderungen hingegen weniger entziehen, bewahrte aber scheinbar dennoch einen gewissen Abstand zum verordneten Fanatismus.

„Wer stockt, ist lebend tot!" — Lektürepläne und Aufsatzthemen

Mittels einiger Äußerungen ehemaliger Schüler wurde bereits angedeutet, daß der Deutsch-, Geschichts- und Erdkundeunterricht am KWR nach der Machtübernahme durch die Nazis verstärkt nationalistische Züge trug. Um diese allgemeine Feststellung zu konkretisieren, seien die Jahresberichte der Schule genauer unter die Lupe genommen. Das Fach Deutsch soll im Mittelpunkt der Betrachtung stehen, denn die Tradition, Lektürepläne, Aufsatzthemen und zum Teil auch Reifeprüfungsaufgaben dieser zentralen Disziplin in den Jahresberichten genau zu dokumentieren, setzte sich im Dritten Reich fort.

Was die Literatur betrifft, so taten die neuen Machthaber bereits am 10. Mai 1933 aller Welt kund, was sie unter „aktiver Kulturförderung"[20] verstanden; in zahlreichen deutschen Universitätsstädten wurden Bücherverbrennungen organisiert, in deren Rahmen sogenanntes „undeutsches Schrifttum" in Flammen aufging. Die Werke verfemter Autoren wie Alfred Döblin, Lion Feuchtwanger, Oskar Maria Graf, Erich Kästner, Heinrich Mann und Kurt Tucholsky, um nur einige zu nennen, wurden von Mitgliedern des „Nationalsozialistischen Deutschen Studentenbundes" ins Feuer geworfen. Der faschistische Index umfaßte 12 400 Titel und das Gesamtwerk von 149 Autoren.[21] Am 20. Mai 1933 wurden allein in Berlin 500 Tonnen Bücher beschlagnahmt (Vespignani, S. 147).

Natürlich blieben die Schulen von derartigen „Säuberungsaktionen" nicht ausgenommen (siehe D. MISCHON-VOSSELMANN in diesem Band). In welchem Maße die KWR-Bibliothek ab August 1933 zu „säubern" war, ist nicht zu sagen. Die Tatsache jedoch, daß in den KWR-Lektüreplänen aus der Weimarer Zeit kaum einer der genannten Autoren zu finden ist, läßt vermuten, daß sich die Verluste an dieser Schule in Grenzen hielten. Auf der anderen Seite hielt national(istisch)e und NS-Literatur nach 1933 in einigem Umfang Einzug in die Schülerbücherei und damit in den Unterricht. An erster Stelle stand natürlich Hitlers *Mein Kampf*, der immer wieder in Auszügen gelesen wurde. Auch Hitler- und Goebbels-Reden, z.B. Hitlers „Kulturpolitische Rede vom Reichsparteitag" oder Goebbels' „Rede über die Demokratie" wurden im Unterricht durchgenommen. Weiterhin tauchen in den Lektüreplänen zwischen 1933 und 1940 auf: Alfred Rosenberg: *Der Mythus vom 20. Jahrhundert*, Hans Grimm: *Volk ohne Raum*, Hanns Johst: *Schlageter*, Kolbenheyer: *Jagt ihn – ein Mensch*, Beumelburg: *Sperrfeuer um Deutschland*, Siegert: *Tagebuch eines Richtkanoniers*, Munier-Wroblewska: *Deutsch ist die Saar*, Cremers: *Marneschlacht* u.v.a.

All diese Autoren, die im Vergleich mit den verfemten Schriftstellern als durchaus drittklassig zu bezeichnen sind, gehörten zum festen Repertoire des KWR-Deutschunterrichts im Dritten Reich. Die angeordnete Schullektüre mit ihren unverhohlen nationalistischen und zum Teil militaristischen Schriften war Bestandteil der breitangelegten Nazi-Strategie, die Jugend auf den „Kampf um Lebensraum", den „Kampf für Führer und Vaterland" – letztlich den Weltkrieg – vorzubereiten.

Gleichwohl waren die Deutschlehrer des KWR (mit wenigen Ausnahmen) offensichtlich bemüht, dieser Tendenzliteratur keinen allzu großen Stellenwert einzuräumen. Deutlich im Vordergrund stand weiterhin die Behandlung klassisch-humanistischen Bildungsgutes, wobei die Auswahl jetzt noch stärker als in der Weimarer Zeit unter dem Aspekt des „deutschen Geistes" und „deutscher Heldentaten" getroffen wurde; Kleists *Herrmannsschlacht* etwa, die *Kriegsnovellen* von Liliencron, Raabes *Nach dem großen Kriege* und Werke Wagners standen immer wieder auf dem Programm. Daneben natürlich – und sie nahmen den weitaus breitesten Raum ein – die „Klassiker" Goethe, Schiller, Hölderlin, Herder, Hebbel, Eichendorff usw.

Bemerkenswert ist hingegen, daß am KWR bis ins Schuljahr 1939/40 hinein Werke des von den Nazis verfolgten und mit Berufsverbot belegten Ernst Wiechert gelesen wurden (alle Angaben zu den Lektüreplänen KWR/KWS. Jahresber. 1934/35-1939/40, dort enden die Jahresberichte). Vor allem Studienrat Schwarzbeck nahm diesen Autor, dessen religiöse, humane Weltsicht dem Regime ein Dorn im Auge war, immer wieder in seine Jahresplanung auf und mag damit den Versuch unternommen haben, ein klein wenig gegen den völkischen Strom zu schwimmen.

Hinterlassen die Lektürepläne das Gefühl, die Deutschlehrer des KWR hätten ihren Schülern kaum mehr als die unbedingt notwendige NS-Dosis verabreicht, so ist dieses Bild nach der Durchsicht der seinerzeit gestellten Aufsatz- und Reifeprüfungsthemen nur schwer haltbar. Die NS-Ideologie mit ihren abstrusen Vorstellungen von der „Soldatenehre" bis hin zur „Rassenlehre" schlug hier voll durch.

Um einen Eindruck davon zu geben, auf welche Weise die NS-Propaganda Einzug in die Hefte der Schüler hielt, seien einige Klassenarbeitsthemen aus den Jahren 1934 bis 1940 zitiert: *Und ihr habt doch gesiegt (Gedanken zum Totensonntag)* – ein Aufsatzthema, das die Dolchstoßlegende wiederaufleben ließ. *Meine Vorbereitungen zum Reichsparteitag. – Wir sind der Schritt der neuen Zeit, Wir Jungen. – Wer uns gewann, hat Ewigkeit errungen! (Hanns Johst). – Heroische Erfindungen der Soldaten. – Der Bauer als erdgebundener Sohn seiner Scholle. – „Altes Jahr, du hast uns hart gequält; neues Jahr, die Qual hat uns gestählt. Dank den Nöten der Vergangenheit, stehn wir für die Zukunft kampfbereit. Jede Stunde kündet das Gebot: Vorwärts, marsch! Wer stockt, ist lebend tot" (R. Dehmel). – Die politischen Leitgedanken der drei großen Führerreden in Nürnberg 1935. – Wanderlust und Liebe zur Scholle – zwei Seiten deutschen Wesens. – Unsere Wehrmacht. – Weshalb brauchen wir Kolonien? – Was bedeutet der Sport für unser Volk? (Eine Ansprache). – Was bedeutet die Aufrüstung für das deutsche Volk? – Gedanken zu dem Wort A. Hitlers „Unser ganzes Leben verläuft zwischen Führung und Gefolgschaft." – Die Fahne ist mehr als der Tod. Welche Verpflichtungen ergeben sich aus den Erkenntnissen der Erbbiologie für meine Lebensführung? – Niemals darf sich die bolschewistische Pest über Europa ausbreiten! (Der Führer auf dem Reichsparteitag*

1937). – *Körperliche und geistige Zucht.* – *Welche Waffengattung würdest du bei freier Wahl bei deinem Heeresdienst bevorzugen?.* – *Gilt heute noch das Wort der alten Griechen: Krieg ist der Vater aller Dinge?* (ebd.).

Mögen derartige Themenstellungen quantitativ auch weniger ins Gewicht gefallen sein, so sollten ihr ideologischer Gehalt bzw. ihre Auswirkungen auf eine Schülerschaft, die für Soldatisches und Heldisches sehr wohl zu begeistern war, dennoch nicht unterschätzt werden.

Die Abiturthemen des Faches Deutsch boten in dieser Hinsicht noch eine Steigerung. Hier ist häufig ein deutliches zahlenmäßiges Übergewicht von „Wehr- und Ehr-Themen" zu verzeichnen. Bei der Reifeprüfung des realgymnasialen Zweiges zu Ostern 1935 standen gar ausschließlich solche Themen zur Auswahl:

„1. Der Charakter der Kriegsdichtung des Arbeiterdichters Heinrich Lersch, (dargestellt an drei Proben seiner Kriegsdichtung: a) *Soldatenabschied*, b) *Der Posten*, c) *Soldatentestament*) ...
2. Was antworte ich als Deutscher auf den §231 des Versailler Friedensvertrages? [Dieser Paragraph schrieb Deutschland die Alleinschuld am 1.Weltkrieg zu.] ...
3. Ich trete ein für Wehrtüchtigkeit des deutschen Volkes und warum? ...
4. A. Rosenberg nennt die Begriffe der ‚Ehre' und der ‚Pflicht' die hervorstehendsten Merkmale nordischer Lebenshaltung. Die gegenseitige Ergänzung dieser beiden Begriffe für den deutschen Menschen ist an Werken aus der deutschen Dichtung von den ersten Anfängen an aufzuzeigen" (KWR. Jahresber. 1934/35).

Von U-Booten, Flugzeugen und „erblich belasteten Volksgenossen" – Die NS-Ideolgie in anderen Fächern

Doch nicht allein der Deutschunterricht, auch die Fächer Französisch, Englisch und natürlich Geschichte und Erdkunde wurden in den Dienst der NS-Propaganda gestellt. Selbst vor den Naturwissenschaften Physik, Chemie und dem „neutralen" Fach Mathematik machte man nicht halt. Jüdische Forscher und Nobelpreisträger, die mit ihren Errungenschaften die Wissenschaften geprägt hatten, verschwanden aus den Lehrbüchern. Militärtechnik wurde zum Gegenstand unterrichtlicher Betrachtungen gemacht. Ballistische Kurven sowie Erhebungs- und Einschlagswinkel von Geschossen mußten errechnet werden, ebenso der exakte Standort eines U-Bootes, „das am 15. Januar 1940 vormittags westlich von England auftauchte"[22].

Einen Beitrag zur „Rassenhygiene" sollte wohl folgende Mathematikaufgabe darstellen, die bei der Reifeprüfung im Jahre 1936 gestellt wurde:

„Von einer Bevölkerungsgruppe mögen 49 auf 1 000 aller 0-30jährigen an einem einfach rezessiven Erbleiden erkrankt sein, das vom Gesetze zur Verhütung erbkranken Nachwuchses erfaßt wird. Wie hoch ist der Anteil der scheinbar gesunden, aber erblich belasteten Volksgenossen beim Inkrafttreten des Gesetzes? Wie wird sich das genannte Gesetz in den drei folgenden Generationen auswirken?" (ebd., Jahresber. 1935/36).

Darüber hinaus wurde die Begeisterung der Schüler für Bastelarbeiten und Technik im Sinne der Kriegsvorbereitung gezielt und schamlos ausgenutzt, ohne den Beteiligten den „Endzweck" ihres Treibens bewußt zu machen. Am KWR bildete sich zum Beispiel neben den bekannten Arbeitsgemeinschaften, die die Schule weiterhin anbot, eine AG „Flugmodellbau", die sich der „Pflege des Luftfahrtgedankens"[23] auf „spielerische" Weise – mit letztlich todernstem Hintergrund – widmete.

Vormilitarisierung

Die militärische Beschlagnahme der Kaiser-Wilhelms-Schule nahm im Laufe der Zeit für alle sicht- und spürbarere Formen an, die zum Teil im unmittelbaren Zusammenhang mit dem „Luftfahrtgedanken" standen. Anläßlich des „Jugend-Luftschutztages" am 2. Juni 1937 belehrte zunächst der „Luftschutzobmann der Schule", Studienrat Daebel, „die Schüler über die nötigen Verhaltungsmassregeln", anschließend wurde ein Probealarm durchgeführt (KWS. Jahresbericht 1937/38). Wenige Monate später, am 18. September 1937, folgte bereits die nächste Luftschutzübung, und für den 20. September 1937 verzeichnet der Jahresbericht: „Der Unterricht fällt wegen der großen Berliner Luftschutzübungen aus. Die Turnhalle wird vom 17.-20. mit Einquartierung belegt" (ebd.). Vorträge von Soldaten in der Aula ergänzten die schulischen Bemühungen, den Schülern das Leben „in Reih und Glied" schmackhaft zu machen.

Konkret wurde der militärische „Anschauungsunterricht" im Jahre 1938, als die Schule mehrfach von der „Wehrmacht" belegt wurde. Eine „Flakabteilung aus Lankwitz" benutzte am 10./11. August d.J. die Turnhalle und einige Schulräume „für eine Nachtübung". Rund fünf Wochen später sorgte die militärische Belegung von sieben Schulräumen für Unterrichtsausfall in den unteren Klassen. Eine weitere Woche später, am 23. September 1938, fand ein Wandertag statt, da „das Schulgebäude (7 Klassenräume und Turnhalle) wieder von Abteilungen des Flak-Regiments 12 Lankwitz belegt" wurde. Diese Besetzung dauerte am nächsten Tag fort, so daß erneut einige Klassen schulfrei hatten. Bis zum 8. Oktober schließlich hielt sich das Militär in der Schule auf, ohne daß es zu weiteren Unterrichtsausfällen gekommen wäre (sämtl. Angaben zur Einlagerung der Wehrmacht vgl. KWS. Jahresber. 1938/39).

Die Wirkung dieser militärischen „Besetzung" auf die Schüler war sehr unterschiedlich. Bei den meisten Ehemaligen hinterließ die Anwesenheit der Soldaten keine bleibenden Eindrücke, zumal der Unterricht kaum beeinträchtigt war. Mancher empfand die Schulbesetzung als „Abwechslung", und G. Barth wiederum entsinnt sich, „wie beeindruckt wir waren von den schneidigen Soldaten ..." Der Ehemalige Wolfgang Werner stellt zwar fest, daß „die Raumbeschlagnahme ... keinen Einfluß" auf den Unterricht hatte, erinnert sich aber daran, daß das Militär auf andere Weise für Unruhe sorgte: „In der Planetenstraße wurden von Wehrmachtsangehörigen Privatwagen auf Probe gestartet und gebremst, um ihre Tauglichkeit für eine Requirierung zu prüfen. Dieser Lärm störte den Unterricht" (Schreiben Kubicki, Wannig, Lembke, H. Werner, Barth, W. Werner).

Die Verantwortlichen der KWS hatten sicher keinen Einfluß darauf, ob Soldaten in der Schule ihr Lager aufschlugen oder nicht. Insofern kann die Belegung durch das Militär natürlich nicht als Bestandteil des eigentlichen Unterrichts betrachtet werden. Andererseits dürfte die unmittelbare Präsenz der Uniformierten dazu beigetragen haben, die Akzeptanz der Schüler, was das Militär betrifft, zu steigern.

Die Schule in der Zwillingestraße im Urteil ehemaliger Schüler

Die Ehemaligen, die auf den vorhergehenden Seiten zu Wort kamen, absolvierten ihre (Real-)Gymnasialzeit zum Großteil oder

Kaiser Wilhelms-Realgymnasium: Schüler im
Klassenzimmer, um 1934 — *Privatbesitz Lüdeke*

gänzlich während des Dritten Reiches. Nicht zuletzt deshalb ist die Frage von Interesse, wie sie ihre Schulzeit in der Zwillingestraße rückblickend einschätzen.

Der fast einhellige Tenor lautet: „Es war eine schöne Zeit." Vor dem Hintergrund einer Epoche, die zweifellos als die verabscheuungswürdigste in die deutsche Geschichte eingegangen ist, mag dieses Urteil überraschen. „Die Zeit", so heißt es, „heilt alle Wunden", und vielleicht ist es dieser Umstand, der manchen ehemaligen Schüler nicht im Zorn, sondern versöhnt zurückblicken läßt.

„Die Schule", war nicht schlecht, hab ich ganz schön was von profitiert. Ausbildung war nicht schlecht. Die Schule war ja bekannt dafür, daß man ganz schön ranmußte. Also die Schulzeit betrachte ick als völlig positiv, und ich muß auch sagen, hinsichtlich all dieser Hitler- und Parteiquälereien, daß man da eigentlich ziemlich wenig belangt wurde, daß sie einen da ziemlich in Ruhe gelassen haben – bis auf ein paar Clowns, die hat aber keiner ernstgenommen ... hätt man viel mehr ernstnehmen müssen. Also schikaniert bin ich da nicht worden. Ick würde sagen: war 'ne gute Schule, aber man mußte sich ganz schön auf den Hintern setzen und büffeln. Ick hab ganz schön gearbeitet" (H.J. Trube).

Viele Ehemalige stellen vor allem die große Leistungsforderung und -fähigkeit der Schule in der Vordergrund. Die Ausführungen Ernst Brombachs bieten abschließend eine zusammenfassende Beurteilung aus pädagogischer Sicht: „Die Klassengemeinschaft war geprägt von einem festen Zusammengehörigkeitsgefühl, das jedoch die individuelle Entwicklung nicht einengte. Ein leistungsbezogenes Konkurrenzdenken der Schüler gab es nicht. ‚Teamwork', damals ein noch unbekannter Begriff, war ein wesentlicher Bestandteil der häuslichen Vor- und Nachbereitung. Die Lehrerschaft vermittelte ein gutes Fachwissen. Die Lerninhalte wurden vom Schüler erarbeitet; weitgehend wurde zu Stoffdiskussionen angeregt. Fach- und stoffspezifisch wurden in Gruppen Inhalte und Ergebnisse erarbeitet. Autoritäres Verhalten der Lehrer war die Ausnahme, die Bereitschaft zur Kommunikation überwog. Nach 1933 wurde ein verstärktes Nationalbewußtsein erkennbar; ein ideologischer Zwang wurde jedoch nicht ausgeübt. – Das Schulgebäude trug m.E. durch seine wohl weitgehend von Dr. Behrend beeinflußte pädagogische Gestaltung mit dazu bei, eine freiere Schulatmosphäre zu erreichen, die sich gleichermaßen auf Lehrer und Schüler positiv auswirkte."

Anmerkungen

1 Dieser Aufsatz ist ein von der Redaktion gekürzter Auszug aus dem sehr viel detaillierteren Bericht von Mathias Homann, Von der Heckerschen Realschule zur Kepler-Oberschule, 1992, unveröff. Ms. bei W. Korthaase. Als Quellen dienten u.a. Interviews und Briefwechsel des Autors mit ehemaligen Schülern des KWR im Zeitraum 1990-91.

2 Vgl. KWR. Jahresberichte 1908/09 bis 1931/32. — PZ Berlin (sämtl. o.S.). 1936 waren auf dem KWR 2 jüdische und 3 „jüdisch-mischblütige" Schüler, 1937 1 jüdischer und 2 „jüdisch-mischblütige", ab 1938 (bis Mitte 1942 nur noch 1 „jüdisch-mischblütiger" Schüler). Vgl. KWR. Fragebogen für höhere Schulen, 1936-1941. Keine Angaben für die Zeit von 1932/33 bis 1935

3 Siehe dazu den Bericht von H.-P. Herz in D. Kolland (Hrsg.): *Zehn Brüder waren wir gewesen... Spuren jüdischen Lebens in Neukölln.* Berlin 1988

4 1937 waren von 417 Schülern 251 im Jungvolk (DJ) und 134 in der HJ; 1938 waren von 370 Schülern 234 im DJ und 113 in der HJ; 1939 von 340 Schülern 212 im DJ und 109 in der HJ; 1941 von 299 Schülern 182 im DJ und 104 in der HJ. Vgl. KWR. Fragebogen für höhere Schulen, 1935-1941

5 Interview W. Werner, S. 7. Vgl. auch H.-M. Stimpel: „Kindheit und Jugend in der Zeit des Nationalsozialismus – Versuch eines autobiographischen Teilberichts." — W. Klafki, (Hrsg.): *Verführung – Distanzierung – Ernüchterung. Kindheit und Jugend im Nationalsozialismus. Autobiographisches aus erziehungswissenschaftlicher Sicht.* Weinheim u. Basel 1988, S. 108-119, hier S. 112

6 Zum Dienst im Jungvolk vgl. G. Otto: „Es war alles so normal – und doch ganz anders." — W. Klafki (Hrsg.): *Verführung...*, S. 120-130, hier bes. S. 120-125

7 Vgl. L. v.Dick: *Oppositionelles Lehrerverhalten 1933-1945.* Weinheim u. München 1988, S. 318, Anm. 7. Vgl. auch M. H. Kater: „Hitlerjugend und Schule im Dritten Reich." — Th. Schnieder, L. Gall (Hrsg.): *Historische Zeitschrift* Bd. 228, H.3 (1979), 572-623, hier S. 591. Kater gibt an, daß der „Staatsjugendtag" u.a. auch deshalb aufgehoben wurde, weil sich Lehrer und sogar Schüler über diese Einrichtung beklagten, zudem die HJ-Führung ständig gegen die Abmachungen verstieß.

8 A. Hitler: *Mein Kampf.* 846.-850. Aufl. München 1943, S. 452. Zur wissenschaftlichen Schulbildung vgl. ebd., S. 464-470

9 Zit. n. K.-H. Füssl u. Ch. Kubina: *Dokumente zur Berliner Schulgeschichte.* Berlin 1982, S. 29. Der gesamte Erlaß ist dort auf den Seiten 29-35 abgedruckt.

10 Zwar gibt es in den Jahresberichten nicht mehr den „Bericht über die Schüler", in dem akribisch statistische Daten festgehalten wurden, über den „Fragebogen für höhere Schulen" lassen sich Angaben über die Schülerzahlen jedoch eruieren. Am 15. 5. 1935 hatte das KWR 423 Schüler, im Jahre 1936 ist ein Anstieg auf 447 Schüler zu verzeichnen. Danach gehen die Zahlen zurück: 1937 417 Schüler, 1938 370 Schüler, 1939 340 Schüler, 1940 339 Schüler, 1941 299 Schüler, 1942 280 Schüler (vgl. KWR. Fragebogen... 1935-1942). Daß der „Auslese-Erlaß" am KWR auf fruchtbaren Boden fiel, geht aus einem Zeitungsbericht über eine Elternversammlung im Dezember 1935 hervor (vgl. „Aufgaben der Schule." — *Neuköllner Tageblatt* Nr. 288, 8. 12. 1935).

11 G. Giese: *Quellen zur deutschen Schulgeschichte seit 1800.* Göttingen 1961, S. 52. Der gesamte Erlaß ist zu finden in Preuß. Finanzminist., höhere Schulen: Neuordnung des höheren Schulwesens. Schulreform 1929-1938. Bl. 290-295 — GStA Merseburg, Rep. 151, I C, Nr. 7304

12 KWS. Jahresber. 1937/38. Der Erlaß über die Schulbezeichnung „Oberschule für Jungen" vom 4. 8. 1937 ist zu finden in Stadtpräsident Berlin, Nr. 881/1; o.F. — StA Potsdam (Orangerie), Pr. Br. Rep. 60

13 Zum Status der KWS als „Doppelanstalt" vgl. BA Potsdam, REM 5162, Mai 1939; o.F.

14 Akten betr. Staatskommissar, Apr.-Dez. 1933. Schreiben v. 5. 5. 1933 — Bez.Arch. Neukölln/37L-5-14

15 Antwortschreiben Heinsch, S. 4. Vgl. auch KWR. Jahresber. 1935/36. Zum ideologischen Hintergrund der für die Nazis bedeutenden Darstellung ländlichen bzw. bäuerlichen Lebens vgl. Frankfurter Kunstverein... (Hrsg.): *Kunst im Dritten Reich. Dokumente der Unterwerfung.* Frankfurt/M. 1980, S. 310-346

16 Daß der Sportunterricht am KWR zunächst auf drei Stunden in der Woche erhöht wurde, ist dem Zeitungsartikel „Aufgaben der Schule" (Anm. 10) zu entnehmen. Die Erhöhung auf fünf Sportstunden pro Woche wurde in den „Richtlinien für die Leibeserziehung" festgelegt, vgl. Stadtpräsident Berlin, Nr.881/1; o.F. — StA Potsdam, Pr. Br. Rep. 60.

17 K.-I. Flessau: *Schule der Diktatur. Lehrpläne und Schulbücher des Nationalsozialismus.* Mit einem Vorwort von Jochen Gamm. Frankfurt/M. 1979, S. 28. Zum Stellenwert, den die Nazis dem Sport beimaßen, vgl. auch Preuß. Finanzminist.: Körperliche Erziehung in den Schulen 1929-1944. Bl. 84f. — GStA Merseburg, Rep. 151, I C, Nr. 7193

18 Vgl. Preuß. Finanzminist: Höhere Schulen in Groß-Berlin 1938-44; o.F. — GStA Dahlem, Rep. 151/13496

19 Eugen Fischer (1874-1967), Professor der Anthropologie, erster NS-Rektor der Berliner Universität. 1942 emeritiert. Vertreter der Pseudo-Wissenschaft „Rassenhygiene"

20 R. Vespignani: *Faschismus.* Berlin 1976, S. 76

21 H. Schnorbach: *Lehrer und Schule unterm Hakenkreuz. Dokumente des Widerstands von 1930-1945.* Königstein/Ts. 1983, S. 72

22 Vgl. Abiturprüfung Mathematik Ostern 1939 (KWS. Jahresbericht 1938/29 u. KWS. Jahresbericht 1939/40. Abitur Ostern 1940)

23 Preuß. Finanzminist.: Höhere Schulen Allgemein. Bd. 1, 1929-1937, Bl. 52; Erlaß Rusts von 1934 betr. Pflege der Luftfahrt in den Schulen — GStA Merseburg, Rep. 151, I C, Nr. 7295

Dokument 12   Stadtrat Johannes Eilemann

Ein Wort über die Neuköllner Schulen und über deutsche Erziehung

Die deutsche Schule der Zukunft soll und wird schlechthin Charakterschule sein, und nach dem Willen des Führers wird alles getan werden müssen, um in allen Schulen Stolz, Begeisterung zu wecken und den Glauben an deutsche Art. Alle Schulen werden dann ihre Pflicht erfüllen, *wenn sie in erster Linie erziehen* erst in ihrer Arbeit und Lebensgemeinschaft, dann alle Schüler zu Verschwiegenheit, Treue, Gehorsam und Selbständigkeit, immer zu Willens- und Entschlußkraft, zu Verantwortungsfreudigkeit und Opferwilligkeit. Geist und Körper müssen jederzeit einsatzbereit sein zum Wohle des Ganzen! Unser Führer hat diese hohen Ziele selbst aufgestellt. Wir müssen ihnen nachjagen. Man komme nicht mit dem Hinweis, daß mit dem Nachsprechen dieser Worte innerhalb der Organisationen und Bünde diese Ziele schon erreicht seien. Auch durch den harten Kampf der nationalsozialistischen Bewegung sind sie noch nicht erreicht worden. Männer machen Geschichte. Im Führertum des Nationalsozialismus sind jene Tugenden glänzend erreicht worden und werden jeden Tag und jede Stunde bewährt, aber in der großen Masse derer, die seit dem Januar oder März d.J. [1933] in die allmöglichen Organisationen hineingeströmt sind, und sich in ihnen oder den Amtsstuben und den Bünden täglich besonders laut zum Nationalsozialismus bekennen, sieht es manchmal noch böse aus. Da ist von echtem Nationalsozialismus in der Lebensführung zuweilen wenig zu sehen. „Gemeinnutz geht vor Eigennutz" ist für uns immer noch Aufgabe! Wir sehen im einzelnen Menschen nicht immer Erfüllung.

Ihr Eltern, erwartet von den höheren Schule und von der Schule überhaupt nicht alles. Das *Erbgut* eurer Kinder wird immer die *Grundlage* für das bilden, was aus euren Kindern werden kann. Dazu wird die Stimmung in eurem Haushalt kommen, werden euer eigenes Vorbild, eure eigene geistige und seelischen Haltung maßgeblichen Einfluß haben.

Weiter: Was lesen eure Kinder? Welche Kinostücke bevorzugen sie? Glaubt ihr, diese Einflüsse wären gering? Und dann, welchem Bunde gehören eure Kinder an? Was haben sie darin für Freunde? Gute und schlechte Menschen gibt es überall. Zu welchen halten sie sich? Zu welchem Führer schauen sie auf? Wenn Adolf Hitler ihr Idealführer ist, oder Hermann Göring, oder Dr. Goebbels, oder der Standartenführer des Ortsteils, oder ein *erprobter* Jugendführer, dann ist alles in Ordnung, sie haben sich dann die Besten ihres Volkes zum Vorbild genommen. Sie sollen es sich indessen nicht leicht machen, ihren Helden nachzuahmen ... Unser oberster und vornehmster Erzieher ist heute unbestritten *Adolf Hitler*. Für jeden von uns und für jedes unserer Kinder müssen also gelten

die 10 Gebote für Nationalsozialisten.

Es scheint mir aus besonderen Gründen am Platze, sie hier zu wiederholen. Lest sie aufmerksam durch, dann werden alle, die über das Thema „Jugend, Elternhaus und Schule" mit mir nachdenken, davon etwas haben.

Hitlers Entscheid ist endgültig!

Verletzt nie die Disziplin, über alles können wir sachlich diskutieren!

Vergeude nie deine Zeit in Schwätzereien und selbstgefälliger Kritik, sondern fasse an und schaffe!

Sei stolz, aber nicht dünkelhaft!

Das Programm sei dir ein unantastbares Dogma!

Du bist das Aushängeschild der Partei, danach richte dein Betragen und Auftreten!

Übe treue Kameradschaft, dann bist du ein wahrer Sozialist!

Im Kampfe sei zäh und verschwiegen!

Mut ist nicht Rüpelhaftigkeit!

Recht ist, was der Bewegung und damit Deutschland und deinem Volke nützt!

...

Diese besonderen und erst recht diese allgemeinen Ausführungen mußten u.E. einmal gemacht und der Öffentlichkeit mitgeteilt werden, „weil besonders unsere höhere Schulbildung grundsätzlich nicht Männer heranzog, sondern vielmehr Beamte, Ingenieure, Techniker, Chemiker, Juristen, Literaten und, damit die Geistigkeit nicht ausstirbt, Professoren" (Adolf Hitler). Daran schuld hatten aber neben den Männern der früheren Regierungen und neben der höheren Schule selbst in erheblichem Maße die Eltern, die nicht ernsthaft genug sich um die Erkenntnis von Seele und Geist ihrer Kinder bemüht hatten; also, bloß Gedächtnisleistung, mit der vor Eltern und Tanten paradiert wird, eine gewisse Allerweltsaufgeschlossenheit und Frühreife (vor allem bei einzigen Kindern) verbürgen keine hinreichende Begabung, ebensowenig wie eine dreiste Schlagfertigkeit und Keßheit Vater und Mutter gegenüber. „Freie Bahn dem Tüchtigen". – Jawohl! Auch heute, heute erst recht, aber nur in jenem anständigen Sinne – tüchtig ist, wer etwa taugt, gemessen an der Art seiner Eingliederung in die neue Ordnung der Mannigfaltigkeit und straffen Zucht, die der nationalsozialistische Staat wünscht.

Auszug aus „Soll unser Kind die höhere Schule besuchen?" — *Nationalsozialistische Erziehung 2*. Hrsg. von Hans Schemm. Beilage für den Gau Groß-Berlin, Nr. 1 vom 13. 1. 1934

Stadtrat Eilemann bei der Einweihung der Schule Köpenicker Straße in Rudow am 24. 8. 1934 —
Heimatmuseum Neukölln

Mathias Homann

„Niemals einer Nazi-Agitation unterlegen"?
Die Lehrer während des Dritten Reichs

In der Darstellung des Schullebens und des Unterrichtsgeschehens am Kaiser Wilhelms-Realgymnasium (KWR) der NS-Zeit fehlten zumeist die Hauptakteure: die Lehrer. Von ihnen aber hing es hauptsächlich ab, in welchem Grad der Schulalltag nationalsozialistisch geprägt war.[1]

Verharrten die KWR-Lehrer, wie viele ihrer Kollegen aus anderen Schulen auch, in der wertkonservativen Ecke, oder ließen sie sich im Laufe der Zeit vom NS-System vereinnahmen?

Auf der Basis der Akten, die im Berlin Document Center (Abt. Master File) lagern, läßt sich hinsichtlich einer NSDAP- oder NSLB-Mitgliedschaft der KWR-Lehrer folgendes festhalten: Von den insgesamt 118 Lehrern (Direktoren, Studienräte, Studienassessoren, Hilfslehrer etc.), die in der Zeit von 1929 bis zum Ende der KWS in der Zwillingestraße tätig waren, sind 21 nicht verzeichnet. Eine Mitgliedschaft in Partei oder Lehrerbund ist damit jedoch keineswegs ausgeschlossen. Vier Lehrkräfte waren ausschließlich Parteimitglieder, 43 nur Mitglied des NSLB (Nationalsozialistischer Lehrerbund). 48 Pädagogen gehörten sowohl der NSDAP als auch dem NSLB an, und zwei, nämlich Direktor Behrend und Studienrat Behrens, waren – aus verständlichen Gründen, denn beide waren jüdischer Herkunft – weder Mitglied der NSDAP noch des NSLB. Mehr als 80 Prozent aller Lehrer des KWR waren also erwiesenermaßen NS-organisiert.

Ohne im Vergleich zu anderen Schulen sonderlich herauszuragen, sprechen die reinen Zahlen für ein ausgeprägt nationalsozialistisches Lehrerkollegium. Dokumentieren diese Zahlen aber zugleich eine entsprechend ausgeprägte innere Einstellung der Lehrerschaft? Dazu die Einschätzungen zweier ehemaliger KWR-Schüler: „Ich bin niemals", so Hans-Jürgen Seeberger, „einer typischen Nazi-Agitation unterlegen, die [Lehrer] haben immer nur soviel getan, wie sie mußten, hatte ich das Gefühl. Ich glaube, daß das so ein bißchen diese Nischenfunktion gegen diese links-sozialistische Pädagogik in Neukölln war, daß sich da das Elitäre bis in die Nazi-Zeit umgekehrt, auf andere Weise erhalten hat. Das hat sich dann gegen die plebs, erst die Roten, dann die Nazis, erhalten." Ähnlich sieht es Rolf Wannig:

„Es gab für die Schüler keinen abrupten Umschwung nach Weimar. Eher eine allmähliche nationale Wandlung. Die deutsch-nationalen Lehrer gab es auch schon zu Weimarer Zeiten. Sie traten mehr in den Vordergrund. Spotten taten auch sie – über alles, was ihnen zu doll erschien. Sie konnten die Klappe auch ungestörter aufreißen als die ‚Unpolitischen'. Besondere Kritikpunkte: die sich ändernde Schulpolitik in den ‚Ausleserlassen' des Kultusministers Rust. Kritik der politischen Linie gab es nicht, wohl aber Besorgnis nach der Sudetenkrise und dem Böhmen/Mähren-Einmarsch. An Kriegspropaganda kann ich mich nicht erinnern – eher im Gegenteil. Die Sorge um den Frieden war etwas, das die

Lehrer durchaus ansprachen. Im übrigen war Schule eben Schule mit entsprechendem Lernstoff. Politik fand in der HJ oder anderen Gremien statt und war bis auf einige Ausnahmen ... nicht Sache der Schule."

Bei aller gebotenen Vorsicht läßt sich das KWR-Kollegium in der Zeit des Dritten Reiches grob in zwei Fraktionen unterteilen; zum einen diejenigen, die mehr oder weniger deutlich ihre Sympathie für das NS-Regime zum Ausdruck brachten, und zum anderen jene, die dem Nazismus eher reserviert gegenüberstanden – letztere vielleicht in der Formulierung des Ehemaligen Ernst Brombach zu fassen: „Das ist der Typ des Lehrers, der zwar niemals ‚anti' war, aber auf keinen Fall ‚pro'."

Ein uneingeschränkter Gefolgsmann des NS war Studienassessor Karl-Heinz Gagern, seit dem 1. April 1937 Turnlehrer am KWR. Was Hans-Peter Herz über diesen „Sportsmann" zu berichten weiß, zeigt, welche erschreckenden Auswirkungen der Rassenwahn des NS an den Schulen haben konnte:

„Aber sonst kann ich mich nur noch an einen Turnlehrer erinnern, einen ganz widerlichen Nazi, Herr Gagern, der mich drangsaliert hat, wo er nur konnte. Wir sollten schwimmen lernen, im Stadtbad Neukölln. Ich war auch dabei, und dann ließ er die Klasse antreten, ließ mich raustreten, als wir schon in der Badehose waren, und sagte: ‚Nichtarier kommt nicht ins Schwimmbecken, du mußt hier, während wir Unterricht machen, am Rand stehen.' Solche Scherze hat der sich erlaubt, und der prügelte auch."

„Ruhe, ich bin Nazi, bei mir knallt's!" Mit diesen Worten führte sich Studienrat Otto Hell, als er Pausenaufsicht hatte, bei Gerhard Schimmel und seinen Mitschülern ein. Hell, der seit Oktober 1933 am KWR Deutsch, Französisch und Philosophische Propädeutik unterrichtete, war, was immer das heißen mag, „ein ehrlicher Nazi". Hell hatte lange an der Deutschen Schule in Athen unterrichtet und soll sehr unglücklich darüber gewesen sein, daß er von dort zurück ins Reich versetzt wurde. Schon ein halbes Jahr vor dem Machtantritt der Nazis war er in die NSDAP eingetreten, und zwar in die „Ortsgruppe Griechenland" beim „Gau Auslands Abteilung". Obwohl streng und autoritär, war er bei den Schülern „sehr beliebt". „Er verstand es", schreibt der Ehemalige Gerhard Schimmel, „den Unterrichtsstoff fesselnd und spannend darzustellen." Hell hatte aber auch eine andere Seite, die bestens in das Schulkonzept des NS paßte. So erinnert sich der Ehemalige Wolfgang Werner, daß sein Französischlehrer sagte:

„Wir müssen unseren inneren Schweinehund überwinden', das waren so seine Ausdrücke. Das heißt, wenn wir faul waren; sagen wir mal, wir haben also irgendwelche französischen Vokabeln nicht so gekonnt, wie er wollte, dann meinte er, wir wären zu faul, und wir müßten unseren inneren Schweinehund überwinden ... Und nach dem Krieg habe ich ihn nochmal getroffen, und er hatte Angst ...; er hat ein Entnazifizierungsverfahren durchmachen müssen und hatte große Angst, das heißt, seinen eigenen inneren Schweinehund hat er nicht so recht überwinden können."

Wolfgang Werner entsinnt sich einer Unterrichtssituation, in der Lehrer Hell eine äußerst zweifelhafte Figur abgab: „Ich kann mich erinnern, 1939 hat ein Schüler Herrn Hell gefragt: ‚Ist es wahr, daß unsere Regierung beabsichtigt, die Juden zu vergasen?'... Das war für uns ein Schock. Und die Antwort war vieldeutig und nichtssagend – er wußte wahrscheinlich auch nicht, was er sagen sollte –; die Antwort war: ‚Die Judenfrage muß gelöst werden, so oder so.' Da kann man natürlich alles draus lesen und nichts ... Da waren wir natürlich erschüttert."

Soweit es sich beurteilen läßt, hielt Hell seine politischen Ansichten ansonsten weitgehend aus dem Unterricht heraus. Zumindest lassen die von ihm gestellten Aufsatzthemen und die von ihm gewählte Lektüre nicht erkennen, daß er seine Schüler extrem nationalsozialistisch indoktrinierte. Vielleicht gab er sich auch damit zufrieden, die von ihm vertretene NS-Ideologie an anderer Stelle zu verbreiten: Hell, der alljährlich die „Reichsparteitage" besuchte und „manchmal in SS-Uniform in der Schule auftrat", war einer der eifrigsten Redner bei den immer zahlreicher abgehaltenen Schulfeiern.[2]

Es scheint, als hätten häufig gerade diejenigen Lehrer, die PG waren, im Unterricht und den Schülern gegenüber Distanz zum NS erkennen lassen. Ob bewußt oder unbewußt: Sie nutzten offensichtlich den bedingt vorhandenen Freiraum, der sich im Schutze ihrer Parteizugehörigkeit ergab. Daneben diejenigen, die ohnehin wenig für den NS übrig hatten und dies – sozusagen „ungeschützt" – in Wort und Tat deutlich machten. Manch andere wiederum, die nicht in der Partei waren, entpuppten sich als „150prozentige". Und schließlich gab es Lehrer, deren Mitgliedschaft in NSDAP und NSLB sich klar im Unterricht widerspiegelte.

„Einer der schlimmsten Nazi-Einpeitscher, die es auf dieser Schule gegeben hat", war Studienrat Dr. Karl Schneider, der seit dem 1. April 1930 am KWR Deutsch, Geschichte und Erdkunde unterrichtete. Obwohl kein NSDAP-Mitglied, rannte er schon „im Januar 1933 ... mit einer Hakenkreuzbinde am blauen Zivilanzug herum". Zudem war er „ei-

Kaiser Wilhelms-Realgymnasium, Lehrerkollegium um 1939; stehend als zweiter v.r.: Schneider; sitzend als dritter v.r.: Dr. Reinecke, Schulleiter von 1938-45, links daneben Dr. Abel — *Privatbesitz Paczkowski*

ner der wenigen, die am strammsten mit ‚Heil Hitler' grüßten". Schneiders Unterricht strotzte vor NS-Ideologie. „Er verbreitete sich", weiß der Ehemalige Norbert Werk zu berichten, „oft und gerne in absurden Ideen, z.B. bei der Besprechung der dänischen Schweinezucht: ‚Dort züchtet man extra magere Schweine, weil die Engländer ihren bacon so mager importieren. Und es ist doch gerade der Speck am Schwein der beste Teil.' So sah er die Welt." Hans-Joachim Trubes Schilderungen bestätigen, daß Schneider unter Anglophobie gelitten haben muß:

„VDA, Deutschtum im Ausland, Volk ohne Raum, da konnt' er druff 'rumreiten, aber von Geographie habe ich bei ihm nicht viel gelernt. Das war so ein Eierkopp: Kneifer uff der Neese, wenig Haare ..., ein sehr Treudeutscher ... Besonders auf die Engländer war er schlecht zu sprechen und auf die Amerikaner, weil die soviel Geld hatten; die Engländer, weil sie so schöne Kolonien hatten und uns weggenommen hatten. Der VDA war sein Steckenpferd. Das wurde immer sehr ausgeschlachtet, daß wir Deutschen so unglücklich sind, weil wir den 1.Weltkrieg verloren haben." Im Deutschunterricht mußten „natürlich ... Führerreden wiedergegeben werden", und der Geographieunterricht beschränkte sich „auf die Vermittlung von ‚Blut und Boden-Theorien'."

Da er sich „für einen Militärsachverständigen hielt", hatten die Schüler leichtes Spiel, etwa diesen Erdkundeunterricht auszuheben. Der Ehemalige Hans-Jürgen Seeberger erzählt: „Der war fasziniert vom Kartenlesen, und wir haben eigentlich immer irgendwelche Formationen mit Querschnitten von Endmoränen oder sowas behandelt. Da haben wir gesagt – wir haben ja nichts gewußt – : ‚Aber da kann man eine schöne Maschinengewehrstellung einbauen.' Und da war er fasziniert,

die Stunde war gerettet, und man kriegte 'ne zwei in Erdkunde." Es kam auch vor, daß „er der Klasse einen Text [diktierte], den die Eltern unterschreiben mußten. Darin griff er Leute an, die ihren Kindern ausländische Namen gaben" – Stanislaw Kubicki weiß, wovon er spricht.

Im übrigen hatte Schneider nach dem Tod von Oberstudienrat Burckhardt die Funktion des VDA-Repräsentanten am KWR übernommen. Als solcher versuchte er, „durch ständige Sammlungen und durch Verteilen von Flug- und Druckschriften des VDA Propaganda zu machen". Angeblich verlor Schneider „seinen faschistischen Einschlag" im Krieg, da er einerseits „wohl den Wahnsinn erkannte" und andererseits „um die Zukunft seines gerade geborenen Kindes bangte". Festzuhalten bleibt dennoch, daß er die Schüler des KWR / der KWS über Jahre hinweg in unerträglicher Weise mit nationalsozialistischem Gedankengut behelligte.[3]

Studienrat Dr. Adolf Bohlen reagierte nach zwei Jahren auf den „neuen Wind", der durch die Klassenzimmer fegen sollte. „Wegen nervöser Erschöpfung" (Jahresber. 1935 / 36) wurde er in den Jahren 1935 und 1936 mehrmals, zum Teil für einige Monate, beurlaubt. Er, der den „deutschen Gruß" nicht mitmachte, hatte vermutlich recht bald erkannt, daß seine hehren Vorstellungen von höherer Schule mit der bildungsfeindlichen NS-Schulpolitik in keiner Weise zu vereinbaren waren. Seine „Beschwerden", die angeblich keine waren, sondern auf gute Kontakte zum Hausarzt zurückgingen[4], traten im Jahre 1938 erneut auf, wurden durch ein Herzleiden verstärkt und führten letztlich dazu, daß Bohlen „zum 1. Juli 1939 auf eigenen Antrag hin in den Ruhestand versetzt" (Jahresber. 1939/40) wurde. Zuvor noch, am 22. Dezember 1938, hatte er, zusammen mit Hausmeister Landsberg und anderen Lehrern des KWR, das „Treuedienst-Ehrenzeichen für

Kaiser Wilhelms-Realgymnasium: Klasse VII mit Studienrat Schneider, 1937 — *Privatbesitz Lambrecht*

25jährige Dienstzeit" erhalten (ebd.). Es deutet alles darauf hin, daß sich Bohlen ganz bewußt – wenn auch spät – dem Schuldienst entzog, weil er es ablehnte, für ein diktatorisches System zu arbeiten. Darüber hinaus erscheint es nicht abwegig, seine „freiwillige Beurlaubung" im direkten Zusammenhang mit der im Frühjahr 1939 erfolgten Flucht seines Freundes Felix Behrend zu sehen.

„Läährer Kiene" wurde er hinter seinem Rücken von den Schülern genannt, der Latein-, Geschichts- und Religionslehrer Gerhard Kühn, seit April 1935 am KWR tätig. Seinen Spitznamen erhielt Kühn, weil „er darauf bestand, mit ‚Herr Studienrat' angeredet zu werden ... Er war eine gute Seele, trotzdem er sich etwas militärisch gab, womit ihn kein Mensch ernstnahm. Er erschien eines Tages in Offiziersuniform mit langem Säbel, sehr stolz." Dieser ehemalige „Rittmeister im Berliner Wachregiment", der „wegen seiner großen Nase nicht recht ernstgenommen wurde", war „ein klassischer Konservativer." Im Unterricht verhielt er sich weitgehend unpolitisch, und doch scheint er im Grunde seines Herzens wenig für die NS-Diktatur übrig gehabt zu haben. „Wenn er", so der Ehemalige Bernhard Strodt, „im Unterricht Kritik an den *Deutschen Christen* übte und sich im Sinne der *Bekennenden Kirche* zum Paulinischen Christentum bekannte, nahmen wir das als eine seiner Eigenarten; daß hierzu damals ein besonderer Mut gehörte, habe ich erst viel später erkannt."

Mindestens ebensoviel Mut brachte Kühn im November 1938 vor der Klasse von Stanislaw Kubicki auf:

„Er war völlig neutral. Ließ sich in keiner Weise erkennen. Aber einmal brach es mit ihm aus. Das war am Montag nach der Reichskristallnacht. Wir hatten gleich früh als erstes Religion. Er ließ eine Philippika gegen die Nazis los, und ich kann mich noch eines Satzes sehr genau erinnern: ‚Ein Volk, das so etwas tut (die Synagogen niederbrennen), wird untergehen.' Dann klappte er zu und hat in den ganzen Jahren nie wieder etwas in der Richtung gesagt."

Kühn scheint im Kollegium der KWS der einzige gewesen zu sein, der gegenüber Schülern derart emotional und zugleich dezidiert auf die furchtbaren Ereignisse vom 9./10. November 1938 reagierte. Die „Reichspogromnacht", in deren Verlauf überall im Reich SA-Leute und Parteigenossen jüdische Gotteshäuser und jüdisches Eigentum niederbrannten oder verwüsteten, jüdische Mitmenschen verprügelt, verhaftet, in Konzentrationslager gebracht oder getötet wurden – die „Reichspogromnacht", die den Höhepunkt des Anfangs vom Ende für das deutsche Judentum bedeutete, rief ansonsten an der KWS keine sonderlichen Reaktionen hervor. Dazu die Stimmen dreier Ehemaliger: „Der ein oder andere Lehrer hat davon berichtet, so ganz dunkel. Aber draußen, in der Köllnischen Heide, da war nichts zu merken. In der Gegend war es in jeder Beziehung ruhiger." Und: „An der Schule hat man eigentlich nichts gespürt. Man hat da eigentlich nicht drüber geredet. Die Eltern haben auch gesagt, man solle den Mund halten. Da hat man ja leider den Schwanz eingekniffen." Und schließlich: „Im Grunde haben wir uns geschämt. An der Schule wurde das Thema unterdrückt, weil man sich schämte. Man wendete sich ab – PEINLICH! Die abgebrannte Synagoge in der Fasanenstraße wurde angeguckt" (Interviews mit Lambrecht, Trube, Wannig). Vor dem Hintergrund dieser Aussagen gebührt Studienrat Kühn noch größere Achtung.

Am 1. Mai 1937 trat Studienrat Paczkowski in die NSDAP ein. Seinen Dienst als „Ortsgruppenschulluftschutzhelfer, Schulluftschutzobmann" und „Schuljugendwalter" versah er „in den Ortsgruppen Richardplatz und Hertzbergplatz". Aus welchen Gründen er NSDAP-Mitglied wurde, ist eine Frage, die sich auch mancher Schüler gestellt haben mag. Paczkowski nämlich war in den Augen der Ehemaligen keineswegs ein Nazi. Im Gegenteil. Der ehemalige Schüler Bernhard Strodt erinnert sich, daß „Patscha ... in Nebenbemerkungen Distanz [zum NS] erkennen" ließ; doch nicht nur in Nebenbemerkungen, sondern, wie Norbert Werk zu berichten weiß, auch in kleineren Exkursen machte Paczkowski aus seiner „Abneigung gegen das Nazi-Regime" keinen Hehl:

„... auch sprach er in diplomatischer Art gegen den Krieg. Er warnte uns vor den persönlichen Schrecken des Kampfes und der Entbehrungen. Im August 1939 war er eine gewisse Zeit abwesend. Als er zurückkam, erzählte er im vertrauten Kreise, daß er auf irgendeine Art in das Gebiet des polnischen Korridors geschickt worden war, um dort an der Aufwiegelung der deutschen Bevölkerung mitzuwirken, um Unruhen zu fördern. Ein Nazi war er keinesfalls."

Den wohl überzeugendsten Beweis für die antinazistische Haltung des Lehrers Paczkowski liefert der „Halbjude" Hans-Peter Herz:

„Er ist in der Klasse immer mit dem NSDAP-Abzeichen erschienen, aber dieser Mann war wirklich kein Nazi und hat das auch sehr deutlich gemacht. Mit dem hatte ich ein sehr bewegendes Erlebnis, das mich dann später veranlaßt hat, zusammen mit anderen rassisch-verfolgten Mitschülern, mit Helmut Brandt und Kurt Samuel, dafür zu sorgen, daß er nach '45 von den Amerikanern wieder an der Schule eingestellt wurde. In meiner

Kaiser Wilhelms-Realgymnasium: Klasse O III oder V IIg mit den
Studienräten Hauffe (links) und Hell (rechts), 1936 — *Privatbesitz Burckhardt*

Klasse war der Sohn des damaligen Reichskommissars für die Reichshauptstadt, Lippert. Der saß hinter mir, und eines Tages war mein Platz mit dem Wort ‚Jude' beschmiert, mit weißer Kreide, und auf die Jacke hatte man mir von hinten einen Judenstern gemalt. Paczkowski kam in die Klasse, ging durch den Raum, sah das auf meinem Tisch und auf meiner Jacke, ließ mich aufstehen und fragte: ‚Wer war das?' Ich hatte natürlich keinen Mut, Lippert zu nennen. Mein Banknachbar und auch Freund, der stand sofort auf und sagte: ‚Wenn du dich nicht traust, sag ich das – Lippert war's.' Darauf sagte Paczkowski zu mir: ‚Wenn Sie das nächste Mal nicht den Mut haben, zu sagen, was ist, dann sind Sie dran. Aber jetzt mach ich mal 'ne Ausnahme.' Er ließ den Lippert raustreten, ließ ihn einen Schwamm naß machen, die Bank abwischen, die Jacke abwischen, dann schlug er den Schwamm in beiden Händen aus und hat dem Lippert zwei Ohrfeigen versetzt, an die der sicher sein Leben lang denken wird, und hat gesagt: ‚Solange ich in dieser Klasse Klassenlehrer bin, passiert das nicht wieder!' Das muß gewesen sein... 1940".

Daß auch der Glaube vor allzu nazistischem Gebaren schützen konnte, dafür steht Studienrat Maximilian Hauffe. In einem Artikel zu Hauffes 80. Geburtstag heißt es: „Politisch war er völlig unbelastet, da er als gläubiger Katholik und überzeugter Demokrat die nationalsozialistische Gewaltherrschaft stets abgelehnt und im Rahmen des Möglichen bekämpft hatte."[5] Der ehemalige Schüler Rolf Wannig bestätigt zumindest Hauffes Distanz zum NS: „Hauffe war zurückhaltend gegenüber dem NS. Er war Jesuit. Nur zögernd und eher abfällig hob er den Arm. Er hat den Hitlergruß nie richtig gelernt, der fiel ihm schwer. Außerdem tat Hauffe sicher politisch weniger, als er mußte." Mag das „Marburger Loblied" auf Hauffe auch etwas überzogen klingen, so repräsentiert er doch den Typus des Lehrers, der trotz „Reichskonkordat" und Gleichschaltung der Amtskirchen die eigentlichen religiösen Werte für sich beanspruchte.

Zu Beginn dieses Kapitels wurde die Frage gestellt, ob der hohe Prozentsatz von NSDAP- bzw. NSLB-Mitgliedern innerhalb des KWR-/KWS-Kollegiums zugleich eine entsprechend starke nationalsozialistische Beeinflussung der Schüler durch die Lehrer zur Folge hatte. Die vorangehenden Schilderungen machen deutlich, daß eine simple Gleichsetzung von Mitgliedschaft und innerer Überzeugung den tatsächlichen Gegebenheiten nicht gerecht würde. Das Spektrum der Art und Weise, in der sich dieses Kollegium im NS verhielt, ist weiter als vielleicht zunächst angenommen. Von „Gleichschaltung" jedenfalls kann am KWR/KWS keine Rede sein. Insgesamt schwamm die Schule zwar mit dem Strom, doch gab es hier und da Anzeichen von Widerspruch. Es ist nicht zwangsläufig ein Gegensatz zu dieser Feststellung, wenn der Ehemalige Hans-Jürgen Seeberger in bezug auf die im Unterricht gelesenen Bücher von Ernst Wiechert erklärt: „Wenn ich mir das heute ansehe, dann wurden wir eigentlich darauf, daß wir in Kürze fallen würden, vorbereitet; dieses Kolonnen- und Gemeinschaftsgefühl, sich gegenseitig helfen..."

Die Geschichte der KWS in der Zeit des Nationalsozialismus bliebe unvollständig, würden nicht die Schicksale der Schüler und

Kaiser Wilhelms-Realgymnasium, Untersekunda mit Dr. Abel. Im Hintergrund das bekannte Hitler/Hindenburg-Bild. Die Schüler v.l.n.r., 1. Reihe: Fabian, Schmidinger, Winterling, Reissmann, Luchmann, Malischewski, 2. Reihe: Kubicki, Meseberg, Marx, -?-, Tesler, Jordan, Gohlke, 3. Reihe: Moxter, Käsebier, Sdzuy, Schröder, Bietz, Heller, Wiechert, o.J. — *Privatbesitz Kubicki*

Lehrer erwähnt. Was die Schüler betrifft, so sollen die Zahlen für sich sprechen. Jeder der Ehemaligen, die sich zur Auskunft bereit erklärten, hat im Krieg Klassenkameraden verloren.

Von zuletzt 17 Schülern in der Klasse des Ehemaligen Horst Bornemann (Abitur 1939) sind „mindestens sechs gefallen". Horst Debbert (Abitur 1938) vermutet, daß „von 18 Mitschülern etwa 12 im Krieg gefallen" sind. Aus Stanislaw Kubickis Klasse (Abschluß 1944) „kehrten nur fünf nicht zurück, unsere drei Nazis und leider auch unser Erzkommunist und unser Erzkatholik. In unserer Klasse gab es noch einen quasi Selbstmord. Reissmann stürzte sich aus der Wohnung im vierten Stock, als ihn die Gestapo holen wollte." Als sie 1942 Abitur machten, waren Gerhard Schimmel und seine Mitschüler zu acht – „davon sind vier gefallen." Aus Hans Schmoldts Klasse („Notabitur" 1940) sind „vermutlich ein Drittel gefallen." Aus Bernhard Strodts Klasse, die am Schluß (1938) etwa 25 Schüler umfaßte, blieben sieben im Krieg, von den zehn Schülern, die mit Karl Tesmer im März 1937 die Reifeprüfung ablegten, „sind drei meines Wissens gefallen." „Von unseren 23", so Hans-Joachim Trube, „sind acht bis zehn gefallen", und Rolf Wannig schreibt: „im Krieg starb etwa die Hälfte der Klasse, vielleicht mehr" – die Klasse bestand beim Abitur (1940) aus 12 bis 14 Schülern. Wolfgang Werner („Notabitur" 1940) schreibt: „Von 15 Schülern in der 8. Klasse sind fünf gefallen, zwei schwerverwundet."

Der von den Schülern entrichtete Blutzoll, das zeigen allein diese ungefähren Angaben, war hoch. Wieviele Opfer insgesamt der Krieg in der Schülerschaft der KWS forderte, läßt sich nur schätzen. Angesichts der oben genannten Zahlen kann man aber davon ausgehen, daß mehr als ein Drittel der KWS-Schüler den II. Weltkrieg nicht überlebte.

Und was wurde aus den Lehrern der KWS?

Was Studienrat Kühn betrifft, so glaubt Norbert Werk, daß er „in russischer Gefangenschaft erbärmlich zugrunde gegangen" ist.

Um das Schicksal des Biologielehrers Plantikow ranken sich – und das entspricht seinem Ruf als Geschichtenerzähler – völlig unterschiedliche Legenden. Norbert Werk ist der Ansicht, „daß die Bolschewisten Herrn Plantikow verhaftet und ihn im KZ Buchenwald zu Tode gehungert hätten." Dementgegen meint Heinz Müller-Dietz gehört zu haben, daß Plantikow nach dem Krieg in Stuttgart hauptberuflich „als Astrologe gewirkt", also „Horoskope gestellt" habe. Die dritte Version zum Verbleib Plantikows liefern die Ehemaligen Rolf Wannig und Stanislaw Kubicki; danach wurde Plantikow, so Rolf Wannig, durch dauernde Schülerrufe „Mörder! ... in den Tod getrieben." Ein Schüler, der zu Hause viele Probleme hatte, hatte sich im Biologiesaal mit arsenhaltigem „Schweinfurter Grün" das Leben genommen.

Studienrat Dr. Bohlen kam mit Hilfe seines Freundes Felix Behrend zurück in den Schuldienst. 1946 wurde er von den britischen Behörden zum Oberschulrat in Münster ernannt, eine Funktion, die er bis 1951 erfüllte. Darüber hinaus war Bohlen 1947 Mitbegründer und bis 1956 Vorsitzender des Allgemeinen Deutschen Neuphilologenverbandes. Der Träger des Bundesverdienstkreuzes erster Klasse (1954) starb am 6. August 1973 in Garmisch-Partenkirchen.[6]

Unbekannt ist der Verbleib von Studienrat Hell. Nur daß die britischen Behörden im April/Mai 1950 nach seinem Aufenthaltsort forschten, läßt sich den vorhandenen Unterlagen entnehmen. Dabei könnte sich herausgestellt haben, daß Hell in Traunsdorf bei Traunstein/Oberbayern Unterschlupf gefunden hatte.

Turnlehrer Gagern war seit 1951 wieder im

Neuköllner Schuldienst tätig – an der II. Oberschule, der heutigen Albert-Schweitzer-Oberschule.

Herr Paczkowski hingegen war zunächst nach dem Krieg arbeitslos. „Ich habe ihn", so der ehemalige Schüler Norbert Werk, „1947 in Berlin nochmal in seinem Heim besucht. Er war sehr gealtert und erbärmlich ausgehungert ... Er war ein Schatten seiner alten Art." Ähnliches berichtet Hans-Joachim Trube: „Paczkowski, der einen sehr verbitterten Eindruck machte und kaum ein Wort mit mir wechselte ... Ick hab bloß ‚Guten Tag' gesagt, er war ja mein Lateinlehrer. Er war sehr mager geworden." Später wurde Paczkowski, der vermutlich zuvor ein Entnazifizierungsverfahren durchlaufen mußte, wieder in den Neuköllner Schuldienst übernommen. Bis zum 1. Juni 1955 war er als Studienrat tätig und starb am 6. Juni 1967.

Anmerkungen

1 Dieser Aufsatz ist ein von der Redaktion gekürzter Auszug aus dem sehr viel detaillierteren Bericht von M. Homann: Von der Heckerschen Realschule zur Kepler-Oberschule. Unveröff. Ms. bei W. Korthaase. Den Einschätzungen der Lehrer am KWR liegen Interviews und Briefwechsel des Autors mit ehemaligen Schülern im Zeitraum 1990-91 zugrunde.

2 KWR. Jahresber. 1933/34, o. S. — PZ Berlin; ebd., Personalbl. Hell, Otto. Vgl auch: Master File: Hell, Otto — Berlin Document Center; zudem Aussagen von Schimmel, Wannig, Seeberger, W. Werner, Tesmer

3 Personalbl. Schneider, Karl — PZ Berlin sowie Aussagen von Herz, Werk, Trube, Strodt, Seeberger, Kubicki

4 Diese Information erhielt ich von Frau Prof. Dr. Hilde Behrend.

5 Luther, N.N., Oberstudienrat i.R.: „Maximilian Hauffe 80 Jahre alt." — *Chronica. Schulzeitung des Gymnasium Philippinum*. Marburg 1970, S. 261f sowie Aussage Wannig

6 H. Richter: „Adolf Bohlen." — Allgemeiner Deutscher Neuphilologenverband (Hrsg.): *Mitteilungsblatt 17*, H.3 (1964), 144-150

Dieter Henning

Die Nutzung „heiligen Bodens" —
Die Gartenarbeitsschule aus nationalsozialistischer Sicht

Die abrupte Beendigung der reformpädagogischen Bestrebungen im Dritten Reich läßt sich durch Unterlagen von 1936 bis 1941 im Bezirksarchiv Neukölln belegen. Es wird darin zwar immer wieder auf die Wichtigkeit der Schulgartenarbeit hingewiesen und gefordert, jedes nur geeignete Gelände zu nutzen oder erforderliche Schritte zur Freimachung einzuleiten. So in einem Schreiben des Oberbürgermeisters der Stadt Berlin an den Bezirk Neukölln vom 10.12.1936: Alle Schüler(innen) vom 6.-8. Schuljahr sollen an der Gartenarbeit teilnehmen, für weite Fahrten sind Schülerdienstfahrscheine auszugeben und Mittel für diese Maßnahmen festzustellen und für den Haushaltsentwurf 1937 anzumelden. Als Hilfe für die Feststellung der Kosten wurde eine auszugsweise Abschrift eines sehr ausführlichen Berichts des Rechnungsprüfungsamtes (RPrA. HA/III.1) vom 1.10.1936 mitgesandt. Auch wurden bekannte Ziele und Organisationsformen artikuliert, aber schon am 29. September 1936 taucht in einer Besprechung der Schulräte Groß-Berlins die Formulierung auf: „In der Hauptsache würde aber die Arbeitsschule dazu beitragen, in den Kindern die Liebe zur Natur zu wecken und in ihnen den Gedanken der Verbundenheit von Blut und Boden wach werden zu lassen."

Am 22. März 1937 schrieb der Bezirksbürgermeister Neuköllns an Schulrat Herrmann:

„Von den Aufsichtsbehörden wird in immer stärkerem Maße auf die *Bedeutung und Wichtigkeit des Unterrichts in den Gartenarbeitsschulen* hingewiesen.

Praktische Boden- und Gartenarbeit wecken und fördern Natur- und Heimatliebe und schaffen wesentliche Grundlagen zu den hohen Zielen des nationalen Siedlungswerkes unseres Führers.

An diesen besonderen Erziehungsaufgaben durch starke Beteiligung an dem Betrieb der Gartenarbeitsschulen mitzuarbeiten, muß das Bestreben jeder Schule sein."

Am 17. Juni 1938 fand eine Besichtigung der Zentralen Gartenarbeitsschule in Britz durch den Magistratsoberschulrat Rüthe und die Magistratsschulräte der Verwaltungsbezirke 1-20 statt. Ein danach erschienener Bericht von 14 Seiten offenbart in beklemmender Weise die Pervertierung der alten Gartenarbeitsschulidee. „Der Gedanke der Gartenarbeitsschulen in Neukölln reicht bis in die Vorkriegszeit zurück. Er wurde 1920 erstmalig in Neukölln verwirklicht, und zwar von den damaligen sozialdemokratischen Machthabern, die natürlich die Gartenarbeitsschule für ihre marxistischen Erziehungsziele auswerten wollten ..." 1933 nahm der Stadtrat Eilemann die Gartenarbeitsschulen unter seine besondere Obhut. Er ging an den Ausbau der Gartenarbeitsschulen im Sinne nationalsozialistischer Weltanschauung. Die Familie als Wohn- und Werkgemeinschaft hätten Vater, Mutter und die Kinder vor hundert und mehr Jahren als Leben auf einem Stück Boden als Einheit empfunden. Sie hätten ihr Leben als arbeitende Gemeinschaft geführt: „Das war ihre gemeinsame Lebenswurzel!", die im Laufe des liberalistischen Zeitalters verlorengegangen sei.

„Wir müssen darum als nationalsozialistische Erzieher der Großstadtjugend nach Gelegenheiten suchen, diese Lebenswurzel wieder freizulegen. Eine solche Gelegenheit bot besonders die Neuköllner Gartenarbeitsschule am Dammweg dar. Sie war das Lieblingskind der jüdischen Herren Löwenstein und Krakauer. Auf ihrem Gelände sollte sich ja die Karsensche Großschule für 3000 Kinder und annähernd 100 jüdische Lehrkräfte erheben! Beim Anblick dieser Gartenschule, die eine irregeleitete Schüler- und Elternschaft eigennützig verwaltet hatte und nun dafür sorgte, daß sie wüst und leer zurückblieb, wurde jedem klar, daß die Gartenarbeitsschulen ihre Arbeit verantwortungsbewußt und unter Beachtung und Verwirklichung der nationalsozialistischen Erziehungsgrundsätze beginnen mußten."

Dieses Musterbeispiel an Perfidie und demagogischer Verfälschung ist kennzeichnend für das Vorgehen eines verantwortlichen NS-Beamten. Diese Hetze läßt deutlich werden, wie Karsens pädagogische Intentionen von denen verfolgt wurden, „die Vernunft und Demokratie durch eine mittelalterliche ständische Organisation ersetzen wollten; die das Heil der Menschheit nicht in internationaler Verständigung, sondern in einem primitiven Nationalismus, in der Wiederbelebung der dumpfen Urinstinkte von Blut und Boden und Rasse erblickten."[1]

„Innerhalb der großen Erziehungsaufgabe zur Weltanschauung des Nationalsozialismus lehrt der Schulgarten das harte Ethos von der Bodengebundenheit des Blutes." So ein Zitat des Regierungs- und Schulrats Kaie in dem 14seitigen Bericht. Kaie war Referent im Reichs- und Preußischen Ministerium für Wissenschaft, Erziehung und Volksbildung.

Am 6. Juli 1938 legte Otto Mehlan, der Arbeitsleiter der Arbeitsgemeinschaft für Schulgärten (und Gründer und Leiter der Wilmersdorfer Gartenarbeitsschule) in einem Schreiben an den Oberschulrat Ruthe 1.) Aufgaben des Schulgartenleiters und 2.) Vorschläge zur „Bildung von Lehrgängen mit besonderer Aufgabenstellung" vor. Die folgenden Zitate belegen in nicht zu überbietender Klarheit die Vereinnahmung der Gartenarbeitsschulen für die nationalsozialistische Erziehung.

Zu 1): „*I. Organisation der Jahresarbeit ...*

3. Überwachung der Arbeit im Sinne der staatspolitischen und volkswirtschaftlichen Erfordernisse (Erzeugungsschlacht, Schadenverhütung, Kampf dem Verderb, I. und II. Vierjahresplan) ...

4. *Anlage* und ständige Beobachtung von *Schau- und Versuchsbeeten* für die Erzeugungsschlacht, die Vierjahrespläne und für Züchtungs-, Erb- und Rasselehre ...

II. Zuteilung und Überwachung der täglichen Arbeit ...

2. *Ständige Überwachung der Arbeit* bezüglich *Ausrichtung auf*

a) *weltanschauliche* Ziele – ‚Blut und Boden', ‚Gemeinnutz vor Eigennutz', ‚Kampf ums Dasein', Erb- und Rasselehre ..."

Zu 2) „*2. Der Schulgarten im Dienste der weltanschaulichen Erziehung*

a) Verwirklichung der Idee von ‚Blut und Boden'

b) Verwirklichung des Programmsatzes ‚Gemeinnutz vor Eigennutz!'

c) Pflanze, Tier und Mensch im ‚Kampf ums Dasein'

d) Erb- und Rasselehre im Schulgarten

e) Hans Schemm: ‚Nationalsozialismus ist angewandte Biologie.'"

In den Abschnitten 3 bis 5 geht es um den Schulgarten im Dienste der Volkswirtschaft, der Volksgesundheit und Volksbrauchtumskunde, im Abschnitt 6 um die ästhetische Erziehung, im Abschnitt 7 um Beobachtungsunterricht im Schulgarten. Nationalsozialistischer Logik folgend, schrieb Otto Mehlan unter dem Absender NSLB [Nationalsozialistischer Lehrerbund], Arbeitsgemeinschaft für Schulgärten, am 12. Februar 1940 an den Stadtschulrat Dr. Meinshausen einen Brief zum Thema „Zusammenfassung und Ausrichtung der Schulgartenarbeit auf die Forderungen der Kriegsernährungswirtschaft". Als Anlage fügte er Leitsätze zur Kriegserzeugungsschlacht 1940 bei. Es ist schwer zu beurteilen, ob Otto Mehlan aus eigenem Antrieb, in vorauseilendem Gehorsam oder auf Weisung von „oben" handelte. Eine diesbezügliche Klärung würde auch nichts an dem absoluten Nullpunkt, den reformpädagogische Ansätze von einst damit erreicht hatten, ändern. In den Leitsätzen heißt es:

„Für den Einbau des Schulgartens in die Kriegserzeugungsschlacht sind folgende Leitsätze zu beachten:

1. Jedes Fleckchen Erde, das genügend Licht erhält, muß für Gemüseanbau genutzt werden ...

4. Nicht auf Aussäen und -pflanzen kommt es an, sondern auf hohe Qualitätsernten ...

16. Nichts gedeiht auf unserm deutschen Boden und unter unserm Klima, was nicht von der Saat bis zur Ernte mit Fleiß und Sorgfalt gehegt und gepflegt werden müßte.

17. Jede Gartengemeinschaft sei heute mehr denn je eine Pflegstätte echter Kameradschaft.

18. Deutscher Boden ist heilig. Jeder Quadratmeter deines Gartens ist ein Teil deines großen Vaterlandes. Die deutsche Ernte [es muß wohl „Erde" heißen] trägt das Brot deines Volkes. Wer Boden ungenutzt läßt, versündigt sich an beiden."

Diese Ideologie zu verurteilen, kann nach dem Gang der Geschichte keine Frage mehr sein. Doch müssen wir uns hüten zu glauben, daß solch Denken restlos vorbei ist. Umso wichtiger ist es, zu den Grundanliegen der Reformpädagogik zurückzukehren, sie neu zu überdenken und nach heutigen Erkenntnissen weiterzuführen.

Anmerkung

1 Fritz Karsen in seinem Artikel „Karl-Marx-Schule in Berlin-Neukölln †. Ein Nachruf von xxx." — *Informationen*, H.9 (Zürich 1933), S. 21. Hinweis von G. Radde

Werner Vathke

Den Bomben entkommen, der „Obhut" entronnen – Meine Kinderlandverschickung 1943-1945

Im Schuljahr 1942/43 besuchte ich die 2. Klasse (Quinta) der Albrecht-Dürer-Oberschule am Richardplatz in Berlin-Neukölln. Mit meinen Eltern und meiner neun Jahre jüngeren Schwester wohnte ich in der Britzer Hufeisensiedlung, wo ich heute wieder wohne.

In der ersten Jahreshälfte 1943 hatte es schon schwere Luftangriffe auf Berlin gegeben. Es kam vor, daß wir nicht rechtzeitig zur Schule kamen, weil die Oberleitungen der Straßenbahn teilweise zerstört waren. In unserem Luftschutzkeller achteten wir Schulkinder sehr auf die Dauer des Fliegeralarms: dauerte er über Mitternacht, durften wir eine Stunde später zur Schule kommen, dauerte er über zwei Uhr nachts, so waren es zwei Stunden, die uns „geschenkt" wurden. In dieser Situation fand irgendwann im Frühsommer 1943 in unserer Schule eine große Eltern-, Schüler- und Lehrerversammlung statt, auf der die bevorstehende Verschickung ganzer Schulgemeinschaften angekündigt wurde. Ich erinnere mich, daß der christlich eingestellte Direktor, Herr Dr. Sachrow, die Eltern fast davor warnte, ihre Kinder der „Kinderlandverschickung" (KLV) anzuvertrauen. Studienrat (oder Oberstudienrat) Koch dagegen, der schon einen KLV-Aufenthalt mit Schülern hinter sich hatte und – wie wir später lernten – auf eine Karriere aus war, warb dafür.

Ich weiß nicht, wieviele Schüler und Lehrer die Albrecht-Dürer-Oberschule im Jahre 1943 hatte, auch nicht, wieviele von ihnen schließlich an der Kinderlandverschickung teilnahmen. Wer nicht mitfuhr, mußte ab Herbst 1943 entweder privat außerhalb Berlins Unterschlupf suchen oder in Berlin bleiben und eine Schule außerhalb des Stadtgebiets, z.B. in Königs-Wusterhausen besuchen. Solche einstigen „Berlin-Pendler" sind mir bekannt, ihre Eltern waren in der Regel ausgesprochene Gegner des NS-Regimes.

Auch mein Vater hatte große Bedenken gegen eine Ganztags-„Betreuung" seines Sohnes durch die Hitler-Jugend. Da ich auf das Abenteuer einer weiten Reise mit meinen Schulkameraden nicht verzichten wollte, erreichte ich schließlich die Zustimmung meiner Eltern durch stete Wiederholung der in Berlin drohenden Bombengefahr.

Im September 1943 verließen wir Berlin vom Görlitzer Bahnhof und fuhren in südöst-

Dr. Sachow war 1943 Direktor der Albrecht-Dürer-Oberschule — *Privatbesitz Vathke*

licher Richtung durch ganz Schlesien bis Krakau, von dort weiter über Neu-Sandez (heute wieder Nowy Sacz) bis nach Krynica dicht an der Grenze zur Slowakei. Eine so weite Reise hatte ich bis dahin noch nie erlebt, die Mehrzahl meiner Mitschüler wohl auch nicht.

Bad Krynica war ein Kurort mit einer großen Anzahl von Hotels und Pensionen, die nun fast alle von der Kinderlandverschickung belegt waren. Unser Lager für Neuköllner Lehrer und Schüler war im Hotel Dom Soplicowo mit dem Namen „Haus Vaterland" untergebracht. Die meisten von uns wurden in Zweibettzimmern einquartiert, die mit Waschbecken, Doppeltüren und einem Balkon ausgestattet waren. Das Haus- und Küchenpersonal war polnisch, die Besitzerin des Hotels wohnte in einem Anbau des Hauses.

Lagerleiter war Studienrat Walter Koch, der auch gegenüber den wechselnden „Lagermannschaftsführern" der HJ Herr im Hause war. Dort wohnten auch die Lehrer Dr. Arndt, Herr Klein von der Albrecht-Dürer-Oberschule und Herr Issberner von der Lettow-Vorbeck-Schule mit ihren Ehefrauen. Der Schulunterricht verlief nach Schulen getrennt in Räumen des Hotels. Da keine Turnhalle zur Verfügung stand, fand die dem NS so wichtige „körperliche Ertüchtigung" nur bei Ausmärschen und Geländespielen im Wald, beim Baden im nahegelegenen Freibad oder beim Skilaufen im Winter statt.

Der Tag begann mit dem Hissen, später dem Aufhängen der HJ-Fahne vom oberen Balkon der Straßenfront des Hauses. Während der Woche waren die Tagesabläufe vollständig verplant, es gab Freizeit nur am Sonntagnachmittag zwischen Mittag- und Abendessen. Obwohl es uns nicht gestattet war, den Ort zu verlassen, benutzte ich mit einem Freund diese freien Sonntagsstunden, um an der Bahnlinie in Richtung Slowakei kilometerweit vorzudringen und die Gegend neugierig zu erkunden. Die Erlebnisse in der fremden Umgebung nahmen uns mehr gefangen als die Inhalte des Unterrichts. Ich kann mich nur an die Lateinstunden bei Herrn Dr. Arndt erinnern, auch an einige Mathematikstunden bei Herrn Koch.

Gegen den HJ-Drill regte sich schon bald pubertärer Widerstand bei uns Jungen. Die Lust am Exerzieren und an den verordneten Ausmärschen nahm zusehends ab. Bis auf einen nahmen wir die uns fremden Lagermannschaftsführer nicht eigentlich ernst, zumal sie meist besser kommandieren als denken und sprechen konnten. Ich hatte mir strikt vorgenommen, kein Heimweh zu haben. Trotzdem war ich doch sehr enttäuscht, als im Mai 1944 ein Zug mit Müttern und Vätern aus Berlin eintraf und meine Eltern nicht dabei waren. Zur Zeit des Elternbesuchs lag ich im KLV-Krankenhaus, das in dem supermodernen Hotel „Patria" untergebracht war, das dem weltbekannten polnischen Sänger Jan Kiepura gehörte, den wir natürlich nicht kannten. Ich hatte die Gelbsucht, die fast alle in unserem Lager erwischt hatte.

Ich war damals 13 Jahre alt und hatte immer Hunger. So ging es auch meinen Altersgenossen, während die jüngeren Mitschüler weniger darunter litten. Gemessen an den Kriegsverhältnissen war die Versorgung mit Lebensmitteln nicht schlecht. Ich habe damals das schnelle Essen gelernt, weil nur die schnellsten Esser eine Chance hatten, noch einen Nachschlag zu bekommen. Auch Appelle der Lehrer für bessere Tischmanieren halfen da nichts.

Bald hatten wir herausgefunden, daß nur einer unserer Lehrer ein Nazi war (diesen Ausdruck benutzten wir nicht): der Lagerleiter Koch. Die anderen Lehrer waren „bürgerliche" Leute, die im Unterschied zu Koch nicht autoritär waren und keine körperliche Züchtigung ausübten. Wir fühlten uns zu diesen Lehrern mehr und mehr hingezogen, zumal auch die Frau von Dr. Arndt eine Mutterrolle übernahm, die uns wohltat. Natürlich beobachteten wir genau die unterschiedlichen ehelichen Beziehungen unserer Lehrer, die sich sehr voneinander unterschieden.

Zur vorwiegend polnischen Bevölkerung hatten wir so gut wie keinen Kontakt. Gelegentlich konnten wir an den Litfaßsäulen morgens blutrote Anschläge lesen, die mitteilten, daß 20 oder 50 polnische Geiseln (man nannte sie anders) erschossen worden seien, weil „Banden" (Partisanen) in der Nähe einen deutschen Posten überfallen und getötet hatten. Die Anschläge waren in deutscher und polnischer Sprache abgefaßt. Wir lernten praktisch kein Wort polnisch. In Krynica waren auch ukrainische Soldaten in deutscher Uniform einquartiert. Die Melodien ihrer Marschgesänge, wenn sie an unserem Haus vorbeimarschierten, kann ich noch heute summen.

Wir hatten auch keinen Kontakt zu den anderen Lagern, am wenigsten zu den Mädchenlagern. In Sichtweite von uns war die Martha-Gunkel-Schule, eine Mädchen-Oberschule aus Britz, untergebracht. Sie bewohnten das Haus „Mimosa". Daneben stand das Haus „Flora", in dem noch Schüler der Albrecht-Dürer-Oberschule und anderer Neuköllner Oberschulen einquartiert waren. Dort wohnten ältere Jahrgänge als im Haus Vaterland, wo wir die Ältesten waren (Jahrgänge 1929/30).

Kontakt hatten wir mit unseren Eltern über die vielen Briefe, Karten und Pakete, die täglich eintrafen und abgingen. Ich genoß das Privileg, die Post für unser Lager vom Postamt abholen zu dürfen. Wir und die Eltern numerierten die Briefe, das war angesichts der Kriegslage eher praktisch.

An einer Schrankwand in unserem Zweierzimmer hatten wir eine Europakarte angebracht und anfangs noch Fähnchen in die von Deutschen eroberten Gebiete gesteckt. Irgendwann merkten wir dann, daß es eher zurück als vorwärts ging, und wir beendeten das Fähnchenstecken. Inzwischen waren die Engländer und Amerikaner in der Normandie gelandet, was bei uns Jubel auslöste: konnten wir denen doch nun endlich zeigen, wie gut der Atlantikwall hielt. Die einwandfreie Organisation unserer Übersiedlung in das „Protektorat Böhmen und Mähren" bestärkte uns in dem Gefühl, daß unser Staat unbesiegbar war und daß er für uns vorausplanend immer sorgen würde.

Wir konnten gelegentlich schon fernen Kanonendonner von der Front bei Lemberg hören, als wir am 17. Juli 1944 frühmorgens Krynica per Bahn verließen, wohin, wußten wir nicht. Am nächsten Tag kamen wir in Rewnitz (Revnice) an, das südwestlich von Prag am Fluß Berounka liegt. Wir schrieben als Absender: KLV-Lager Alumnat, Rewnitz a.d. Beraun. Rewnitz ist ein Dorf an der wichtigen Bahnstrecke von Prag nach Pilsen; von dort fuhr man in 45 Minuten nach Prag.

In Rewnitz gab es für unsere und die anderen Neuköllner Oberschulen zwei Lager: Haus Alumnat und Haus Bulova. Für beide Lager war wieder Herr Koch Hauptlagerleiter, während unser Haus Alumnat einen Herrn Dr. Schneider vom staatlichen Kaiser-Friedrich-Gymnasium in der Neuköllner Zwillingestraße zum Lagerleiter erhielt. Er war wie Koch Parteigenosse, verhielt sich uns gegenüber jedoch weit weniger autoritär.

Das Haus Alumnat war einmal das Hauptgebäude eines Gutes gewesen. Die großen Scheunen standen damals noch auf dem Hof. Die Atmosphäre in Rewnitz war eine ausgesprochen friedliche, wir konnten vergessen, daß wir im Krieg lebten. Zumindest die tschechischen Kaufleute waren freundlich zu uns, es gab auch keine blutroten Anschläge an der Litfaßsäule. Selbst Prag, wo wir oft hinfuhren, schien vom Krieg kaum berührt.

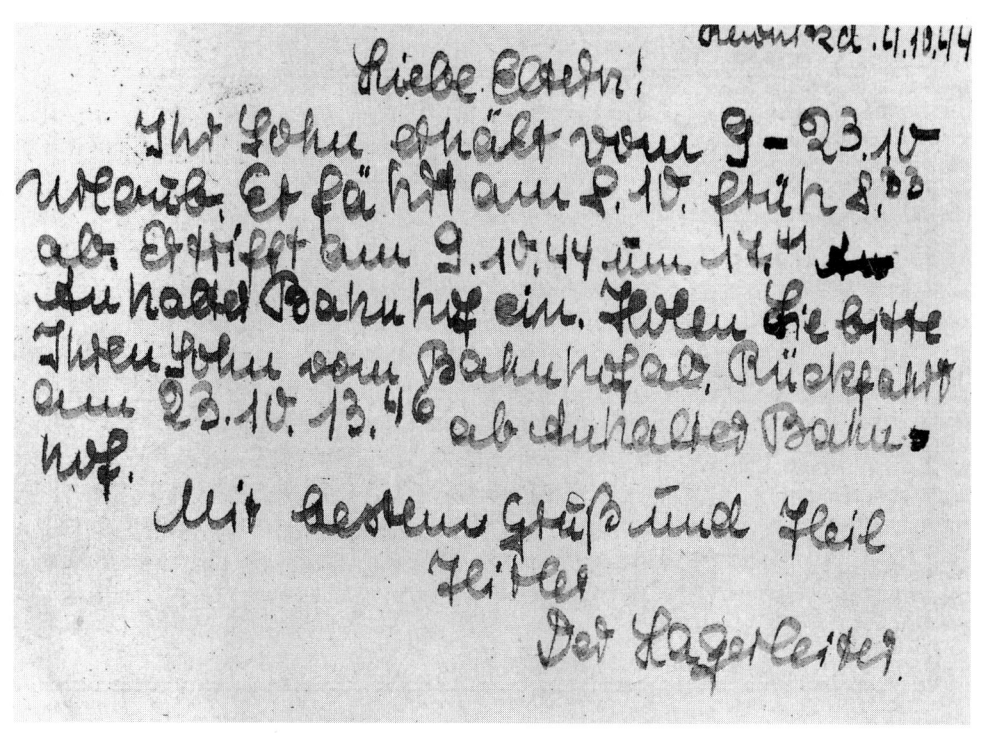

Postkarte eines Schülers aus dem KLV-Lager Rewnitz an seine Eltern,
4. 10. 1944 — *Schularchiv der Albrecht-Dürer-Oberschule*

Im August 1944 durfte ich für 10 Tage allein nach Hause fahren, da ich in Krynica keinen Elternbesuch bekommen hatte. Herr Koch nahm mir in fast feierlicher Weise das Versprechen ab, auf jeden Fall zurückzukommen, stellten wir doch geradezu die Basis seiner Existenz auch bei einem negativen Ausgang des Krieges dar, auf den ein so intelligenter Mann damals gewiß schon eingestellt war, während wir einfach unfähig waren, etwas anderes als ein siegreiches Ende zu denken. Das Gegenteil war wie eine schwarze Wand, auf die niemand zuzugehen wagte. So hatte die staatliche (weniger die schulische) Erziehung auf uns, auf mich gewirkt.

Da wir in Rewnitz nur zwei kleine Lager hatten und Herr Koch als Hauptlagerleiter nicht mehr in unserem Hause wohnte (er hatte ein Privatquartier wie andere Lehrer auch), ließ die allgemeine Disziplin gegenüber der Zeit in Krynica fühlbar nach. Das hatte auch damit zu tun, daß wir gelernt hatten, die Lagererziehung zu unterlaufen und immer mehr eigene Wege zu gehen. Mein Freund Horst Pook und ich wurden nach einigen Wochen mit vier anderen Einzelgängern in eine neue Stube verlegt, die Stube 3 im Parterre des Hauses. So paradox es klingen mag, so haben wir sechs Jungen dort vom Spätsommer 1944 bis April 1945 Denk- und Lebensformen eigenständig entwickelt, die geradezu auf Selbstbestimmung und Demokratie hinausliefen.

Da wir nicht bereit waren, die übliche Lager-Hackordnung mitzumachen, beschlossen wir, daß in unserer Stube jeder für eine Woche im Turnus „Stubenältester" sein sollte. Normalerweise wurde der körperlich Stärkste zum Stubenführer „gewählt". Den Lagermannschaftsführer nahmen wir gar nicht

Doppelseite aus *Die Brücke*, Folge 11, Dezember 1943. Diese Schrift wurde von der NSDAP in den besetzten Gebieten – hier Generalgouvernement – herausgegeben und sollte von den adressierten „Mädel und Jungen in den KLV-Lagern" mit einem Weihnachtsgruß an die Eltern geschickt werden. „Generalgouverneur" Frank verweist darin stolz auf 130 Lager im „Aufnahmegau der Erweiterten Kinderlandverschickung", die in beschlagnahmten Hotels und Gasthöfen errichtet wurden und somit eine nicht unwirksame, da von Kindern bewohnte „Schutzfront" vor Partisanen bildeten — *Schularchiv der Albrecht-Dürer-Oberschule*

mehr ernst und sabotierten seine Befehle, wo es nur ging. So versteckten wir uns im Garten vor anbefohlenen Ausmärschen, um uns dann allein im Haus unserem „Diplomatenspiel" zu widmen, einer Erfindung von uns, die sich aus einem Kostümfest in Krynica entwickelt hatte: Jeder von uns vertrat einen Staat (Deutschland war nicht darunter) und verhandelte mit den Vertretern der anderen Staaten die verschiedensten Anliegen. Natürlich wurde auch Krieg geführt, Flug- und Seegefechte wurden mit farbigen Markierungsnadeln an einer Weltkarte an der Schrankwand „gesteckt", wir schrieben eigene

Herzliche Weihnachtsgrüße
aus dem Generalgouvernement senden Hamburger und Berliner Jungen und Mädel allen Angehörigen im Reich und an der Front.

Zeitungen (mit den Originalnamen der entsprechenden Länder), stellten eigenes Papiergeld her. Ich habe heute noch einige wenige Pesetenscheine, denn ich vertrat Spanien. Unsere Stube veranstaltete verbotene Nachtspaziergänge an der Beraun entlang, ging ins Kino, wo wir unsere Lehrer sahen, selbst aber nicht gesehen wurden. Im Herbst 1944 wurden wir für zwei bis drei Wochen zum Hopfenpflücken ins Egerland geschickt.

Mit dem Winter und dem Weihnachtsfest 1944 kam die deutsche Ardennenoffensive: für uns die Bestätigung für den erwarteten Endsieg. Uns packte geradezu eine Euphorie.

Der Vater meines Freundes kam Weihnachten zu Besuch und schenkte ihm ein kleines Philips-Radio, das uns allabendlich die Nachrichten des schweizerischen Landessenders Beromünster in die Stube brachte. Wir waren uns unseres Privilegs sehr bewußt, auch der Gefahr, beim Abhören eines Auslandssenders erwischt zu werden. Bei gelegentlichen Zimmerkontrollen hatte mein Freund schon immer die Hand am Apparat, um auszuschalten oder einen harmlosen Sender einzustellen. Wir waren durch Zufall auf Beromünster gestoßen, kannten den Ort auch gar nicht. Unser Abend-Hörprogramm dürfte nicht im Sinne des Vaters meines Freundes gewesen sein, trat er doch in der Uniform eines „Goldfasans" (höhere NS-Partei-Uniform) auf und war „Kreishauptstellenleiter" im Ministerium für Volksaufklärung und Propaganda, dem Goebbels-Ministerium. Diese Tatsache verhinderte aber auch, daß uns die Lagerleitung das Radio hätte wegnehmen können!

Dies nun mag ein unverständliches Kapitel der Jugend-Kriegsgeschichte sein: daß wir sechs Jungen, die wir jeden Abend sowohl den deutschen als auch die Wehrmachtsberichte der „Feindmächte" hörten und somit bestens informiert waren, dennoch die sichtbare Entwicklung zu einem verlorenen Krieg nicht akzeptieren konnten. Wir fühlten uns täglich in der Versuchung, beim allmorgendlichen Lagebericht, den Lagerleiter Schneider nach dem Frühstück vor einer großen Wandkarte von Mitteleuropa gab, unsere besseren Lagekenntnisse auszuplaudern, aber wir haben dieser Versuchung gottlob widerstanden.

Im Haus Alumnat waren wir 13-14jährigen die ältesten Schüler, aber noch zu jung, um von den SS-Werbern zu Beginn des Jahres 1945 als Freiwillige für die Waffen-SS gewonnen zu werden. Dies war auch ein eigenartiges Ergebnis der NS-Erziehung: in Gesprächen waren wir alle der Meinung, nur die Waffen-SS hätte noch kampffreudige „Kerle" in ihren Reihen, die Wehrmacht sei eigentlich schon verschlissen und lahm. Aber zu dem Entschluß, einer solchen intakten Kampftruppe freiwillig beizutreten, hätte es dann doch nicht gereicht, auch wenn wir ein Jahr älter gewesen wären. Die Schüler der Jahrgänge 1928/29 aus dem Hause Bulova wurden damals in sogenannte „Wehrertüchtigungslager" gebracht, von wo aus viele noch in die Kämpfe gerieten und in die Kriegsgefangenschaft.

Ab 24. Februar 1945 bis Mitte April wurde unser Jahrgang dann auf einem Militärgelände bei Beraun für den Volkssturm ausgebildet. Wir lernten den Umgang mit verschiedenen Waffen, auch mit der Panzerfaust. Ich weiß noch, welche Anstrengung es für mich bedeutete, mit zwei schweren Munitionskästen im Gleichschritt singend durch die Stadt Beraun zur Kaserne zu marschieren. Natürlich sollten uns die Tschechen weder Schwäche noch Angst ansehen.

Daß in dieser Zeit der Schulunterricht keine große Rolle mehr spielte, kann man sich vorstellen. Neben der Volkssturmausbildung, die vornehmlich die Wochenenden ausfüllte, mußten etliche von uns für einige Wochen nach Prag, um dort „Bahnhofsdienst" zu machen. Unsere Aufgabe war es, die zumeist auf dem Hibernerbahnhof ankommenden schlesischen Flüchtlinge durch die Prager Innenstadt zum Hauptbahnhof zu bringen, von wo sie weiter in Richtung Westen abtransportiert wurden. Etwa einen Monat vor dem Ende der deutschen Herrschaft in Prag mußten ein Klassenkamerad und ich eine „SS-Dame" mit Kind und feinerem Gepäck bis weit in einen Vorort mit der Straßenbahn bringen. Im Unterschied zu den einfachen Flüchtlingen, die uns von ihrem Proviant Essen anboten, hatte diese Dame nicht einmal ein Dankeschön für uns übrig. Schlimmer war, daß danach keine Straßenbahn mehr fuhr und wir kilometerweit in unseren HJ-Uniformen durch dunkle

Prager Vorstadtstraßen zurücklaufen mußten. Niemand hat uns bedroht. Einen Monat später wurden deutsche Soldaten und Zivilisten auf der Treppe zum Hradschin reihenweise totgeschlagen.

Bis auf den Gehorsam bei der Volkssturmausbildung, die von verwundeten, nicht mehr kriegsbegeisterten Soldaten vorgenommen wurde, hatten wir inzwischen fast alle Achtung vor den bisherigen Autoritäten verloren: wir trotzten der HJ-Führung in Prag durch unerlaubtes Tragen unserer Uniformen („Russenkutten"), wir stahlen Brot und andere Lebensmittel entweder von den Schwestern der Nationalen Volkswohlfahrt, die die Flüchtlinge mit Essen versorgten oder von den Paketen, die für unser Lager bestimmt waren. Das Gestohlene (Butter, Margarine, Brot) wurde gerecht innerhalb der Stube 3 geteilt. Stube drei organisierte auch den spätabendlichen Brotdiebstahl aus der unverschlossenen Lagerküche.

Als um den 15. April die ersten Gerüchte von unserer baldigen Abfahrt laut wurden, begannen wir mit großem Vergnügen, vor den Augen unserer Lehrer unsere Schulbücher zu verbrennen. Ich sehe noch *Elementa Latina* in Flammen aufgehen. Bis zur endgültigen Abfahrt sollten noch 12 lange ungewisse Tage vergehen. Trotz des ausbleibenden Rettungszuges waren wir Jungen ganz sicher, daß „sie" uns hier wegbringen würden, und zwar ganz und gar „planmäßig". Wir kampierten praktisch zwischen Lager und Bahnhof, hatten schon Gepäck in die Güterwaggons geladen. Am 27. April 1945 um 3 Uhr 30 verließen wir Rewnitz in einem Personenzug mit angehängten Güterwaggons und einigen Plattenwagen mit leichter Flak am Schluß. Der Zug fuhr in Richtung Süden über Pisek und Zditz nach Budweis. Hinter Budweis fuhren wir über die Grenze „ins Reich", für uns in die „Ostmark". Am Sonntag, dem 29. April fuhr unser Zug fast im Schrittempo an einem Steinbruch vorüber, in dem Männer in Sträflingskleidung unter SS-Bewachung arbeiteten. Wir hatten keine Ahnung, daß dies der Steinbruch des KZ Mauthausen war.

Noch während unserer Wartezeit in Rewnitz waren Tieffliegerer über uns hinweggebraust, auch während der Fahrt mit dem Zug überflogen sie uns, verzichteten jedoch auf einen Angriff. Im Nachhinein gesehen hatten wir ein unbeschreibliches Glück, denn damals wurden einzelne Passanten auf den Landstraßen mit Bordwaffen beschossen und nicht selten getötet.

Auch war die Donaubrücke hinter Mauthausen noch intakt, so daß wir ohne Behinderung in das Gebiet der „Alpenfestung" südlich der Donau einfahren konnten. Es kam zu einem mehrtägigen Halt am Bahnhof von Ernsthofen an der Enns. Dort hörten wir am 2. Mai über Rundfunk, daß der Führer Adolf Hitler, „an der Spitze seiner Truppen kämpfend", in Berlin gefallen sei, daß Großadmiral Dönitz zu seinem Nachfolger bestimmt und Goebbels zum Reichskanzler ernannt worden sei. Da wir beobachtet hatten, daß Herr Koch und Herr Dr. Schneider sich ihrer NSDAP-Parteiabzeichen inzwischen entledigt hatten und die anderen Lehrer schon sehr kritische Reden führten, versuchten wir sie zu ärgern, indem wir ein aufgefundenes Hitlerbild in unserem Eisenbahnwaggon mit Trauerflor versehen aufhängten. Indessen übten wir schon den Gruß „Heil Dönitz". Während der Wartezeit in Ernsthofen hatten wir zwar ungute Gefühle, was unsere Weiterfahrt und das Ziel unserer Reise anbetraf, aber wir vertrauten weiterhin fest auf die Planung „von oben". Es fuhren ja noch täglich die üblichen Personenzüge mit den Arbeiter-Pendlern, und an den Häusern standen Parolen wie „Der Kreis Amstetten steht und kämpft!" Wir befanden uns gerade in der Lücke zwischen dem von den Amerikanern bis Linz vorgetragenen Angriff und dem Vorstoß der Russen von St. Pölten aus. In Ernsthofen, wo neben uns auch Soldaten auf einen Weitertransport warteten und wo eine Einheit der „Wlassow-Armee" (sowjetische Soldaten in deutschen Uniformen) gelandet war, erlebten wir die ersten Plünderungen von Lebensmittelwaggons. Ich sehe noch heute die verhungerten „Russen" in den deutschen Kommißklamotten in Bergen aufgeplatzer Ersatzkaffee-Säcke herumkriechen, um nach nahrhafteren Lebensmitteln zu suchen. Ja, es gab auch Leberwurst in Büchsen und abgepackte Feigen. Da wir trotz der warmen und sonnigen Witterung unsere Winteruniformen trugen, konnten wir Beute immer gut in unsere „Überfallhosen" werfen. Sie waren über den Knöcheln zugebunden, und man konnte nichts aus den weiten Hosenbeinen verlieren.

Am 4. Mai fuhr unser Zug endlich weiter, ennsaufwärts bis Hieflau. Dort sahen wir die letzte Hakenkreuzfahne an einem Mast – und zwar auf Halbmast – wehen. Einen Tag später führte uns die Fahrt nach Bad Aussee, wo wir meinten, ein Empfangskomitee würde uns begrüßen und in das neue Lager fahren. Doch man hatte uns nicht erwartet und wollte uns auch nicht haben, also mußte der Zug zurückfahren nach Selzthal. Jetzt dämmerte uns, daß es wohl keine „Planung von oben" mehr gab. Erst jetzt fuhren wir ins Ungewisse. Für unsere Lehrer muß das ganz anders ausgesehen haben. Aber sie sprachen mit uns nicht darüber.

Die Besatzung des Flakzuges hinter unseren Personenwaggons begann sich aufzulösen, die Soldaten „gingen stiften". Nur diejenigen, deren Heimat inzwischen von der Roten Armee erobert worden war, blieben im Zug. Kriegsgefangene britische Soldaten, die neben unserem Zug Gleisarbeiten verrichteten und von einem Soldaten mit Flinte bewacht wurden, lachten uns an und wiesen auf den Bewacher als „our protector" (‚unser Beschützer'). Sie ahnten das baldige Ende des Krieges und ihrer Gefangenschaft.

Am 9. Mai auf der Weiterfahrt nach Bischofshofen sahen wir die ersten weißen Fahnen. Schon vorher hatten wir Fahrzeuge der deutschen Wehrmacht in den Straßengräben liegen sehen, darunter völlig neu aussehende „Tiger"-Panzer. In Bischofshofen fand nichts mehr statt, es war wie eine Starre vor dem Tod. Nur vereinzelt liefen Soldaten mit und ohne Waffen herum, sonst war alles still und verlassen. Wenige Kilometer südlich fuhren wir dann noch am selben Tage den Siegern in die Arme. St. Johann im Pongau war von den Amerikanern bereits eingenommen, und riesige Kriegsgefangenenlager waren von ihnen erst kurz zuvor geöffnet worden: britische, französische, serbische, polnische und besonders viele sowjetische Gefangene liefen frei herum.

Die Amerikaner kümmerten sich um uns zunächst gar nicht („We don't fight kids"). Sie schickten befreite britische Gefangene in den Zug, um uns zu inspizieren. Sieben Tage lebten wir weiter in unserem Zug. Eigentlich kümmerten sich um uns nur diese befreiten Gefangenen, unter ihnen viele Australier und Neuseeländer. Sie gaben uns Jungen – nicht unseren Lehrern – reichlich zu essen und Seife zum Waschen. Ihre Gespräche mit uns – unser Schulenglisch erwies sich als sehr hilfreich – mieden das Thema Politik und Krieg. Nachdem wir den Zug verlassen hatten, wurden wir zunächst in selbstgebauten Zelten, dann aber mit Hilfe der Amerikaner in Scheunen der Bauern untergebracht. Bei „unserem" Bauern mußten die „Amis" das Scheunentor mit einem Jeep gewaltsam aufbrechen, wir waren nicht sehr gefragt.

Unsere ersten Schritte in den Ort St. Johann brachten uns einen Schock bei: an beiden Ortseingängen hingen Transparente mit den Worten: „We thank our liberators" (‚wir danken unseren Befreiern'). Dabei hatten wir

Zeugnis der Klasse 4 für Werner Vathke, ausgestellt von Lagerleiter Koch im KLV-Lager Rewnitz, Februar 1945 — *Privatbesitz Vathke* noch am 5. Mai in Hieflau die Hakenkreuzfahne wehen sehen.

Als die „Engländer", wie wir sie nannten, am 25. Mai in ihre Heimat abtransportiert wurden, begann für uns eine schlimme Zeit. Sie hatten als die ersten uns begegnenden Sieger bei uns jedoch sehr gute Samen gelegt für eine neue Sicht des Lebens. Ich bin ihnen noch heute überaus dankbar dafür.

Das Verhältnis zu unseren Lehrern gestaltete sich nun völlig neu: Wir machten jetzt bewußt große Unterschiede zwischen den Lehrern und ihren Frauen, die uns väterlich und mütterlich behandelten und denen, die weiterhin mit autoritären Mitteln ihre „Herrschaft" über uns behaupteten. Jetzt gaben wir unseren Lehrern die Zensuren, aber nicht für intellektuelle Leistungen, sondern für ihr Sozialverhalten. Damals regte sich zum ersten Mal bei mir der Gedanke, einmal Lehrer werden zu wollen, um es besser zu machen.

Weil mein Freund Horst Pook über die Extra-Rationen der Lehrer gemeckert hatte, wurde er vor allen von Herrn Koch geohrfeigt. Darauf drehte sich Horst um und lief in die Berge. Ich sollte ihn aufhalten, dachte aber nicht daran. Stunden später kam er mit einem großen Stein in der Hand zurück. Herr Koch hatte sich gefangen und tat meinem Freund nichts mehr. Aber wir wollten bei diesem „Lagerleiter" nicht mehr bleiben und lieber unseren Weg nach Berlin allein suchen.

Am 15. Juli, als die Schulgruppen in ein Gebirgsdorf in der Nähe verlegt wurden, riß beim Verladen des Lehrergepäcks auf einen Lkw der Griff eines Koffers von Herrn Koch, und er beschimpfte uns mit Ausdrücken wie „Packzeug" u.ä. Mein Freund ließ den Koffer stehen und sagte zu mir, „wenn du nicht mitkommst, gehe ich morgen allein". Für mich war klar, daß ich mitgehen würde.

Wir besorgten uns unser großes Gepäck aus der Kofferbaracke und legten uns abends am Scheunenausgang zum Schlafen nieder.

Sehr früh machten wir uns aus dem Staube: wir trugen wieder unsere Winteruniform, weil wir sie dann nicht schleppen mußten, dazu noch größere Batzen Gepäck, denn ich hatte meinem Freund klargemacht, daß wir zu Hause vielleicht nichts mehr vorfinden würden. Seit Februar hatten wir keine Nachricht von unseren Eltern und sie nicht von uns. So trug mein Freund auch das sagenhafte Radio bei sich. Er hat es noch jahrelang nach dem Krieg benutzt. Es war wohl der waghalsigste Entschluß meines Lebens, damals im Juli 1945 vom Salzachtal nach Berlin aufzubrechen, allein hätte ich es auch nicht gewagt.

Bei unserer Flucht hatten wir einen Helfer, einen polnischen Kriegsgefangenen, der am Warschauer Aufstand als Soldat teilgenommen hatte. Wir hatten ihn schon zur „Engländerzeit" am Wiesenrand kennengelernt, wo er saß und die Landschaft abzeichnete. Er erzählte uns, daß er Pianist sei. Er kannte sich besser in der deutschen Literatur aus als wir und sprach gut deutsch. Von ihm lernte ich, daß man nicht stolz sein kann auf die Leistungen anderer, sondern nur auf etwas, das man selbst geleistet hat. Er hatte uns gefragt, warum denn ein beliebiger Deutscher auf Goethe oder Beethoven stolz sein könne. Dieser Pole begleitete uns im Zug bis Salzburg, wo er sich von uns verabschiedete. Warum haben wir damals nicht daran gedacht, uns seinen Namen und eine Adresse in Polen geben zu lassen?

Am 16. Juli müssen wir in Salzburg angekommen sein. Mitte Oktober war ich wieder in Berlin, und zwar ohne meinen Freund. Ein anderer Freund, der die ganze Zeit bei der „Lagermannschaft" ausgeharrt hatte, war bereits am 11. September wieder in Berlin.

Obwohl mit dieser Flucht die KLV-Zeit für uns aufgehört hatte, gehört der Rückweg nach Berlin in gewisser Weise doch zu diesem Kapitel. Nur war es mit dem Fahren nicht so einfach: die deutsch-österreichische Grenze

Passierschein für Werner Vathke und Horst Pook über die österreichisch/bayerische Grenze.
Der Stempel „No objection" vom 23. 7. 1945 war entscheidend — *Privatbesitz Vathke*

bei Salzburg war für uns praktisch geschlossen. Unser erster Versuch, im offenen Güterwaggon die Grenze nach Bayern zu passieren, scheiterte daran, daß wir keinen Passierschein hatten. Wir besorgten uns daraufhin vom Bürgermeister eines grenznahen Dorfes einen Passierschein für den kleinen Grenzverkehr, der jedoch von den amerikanischen Posten nicht anerkannt wurde. Ich habe den Schein noch heute. Er trägt inzwischen einen Stempel mit der Aufschrift „No objection" ('Kein Einwand'), den uns ein freundlicher amerikanischer Offizier in Salzburg gegeben hatte. Damit durften wir endlich nach Deutschland. In unseren Hosenbeinen fuhren viele kleine österreichische Kartoffeln mit über die Grenze. Der Passierschein mit dem wichtigen Stempel diente in den kommenden Wochen unserer Lebensmittelversorgung, denn darauf wurden die uns ausgehändigten Lebensmittelmarken vermerkt. Er war zu einem „Amtspapier" geworden.

Über viele Umwege mit diversen Personen- und Militärzügen gelang es uns, in den Harz zu kommen, wo wir Verwandte meines Freundes aufsuchen wollten. Auf unserer Fahrt hatten wir zum ersten Mal die Zerstörungen des Bombenkriegs in München, Aschaffenburg, Hanau und Kassel gesehen und konnten uns lebhaft ein Bild von Berlin machen. Wir wanderten durch den Wald von Bad Grund nach Wildemann und trafen die Verwandten meines Freundes nicht an, sie waren schon nach Hannover zurückgekehrt. In Hannover war die Wohnung des Großonkels meines Freundes als einzige in der zahlreichen Verwandtschaft unzerstört geblieben. So hausten dort in jedem Zimmer mehrere Menschen, und mich konnte man eigentlich nicht mehr verkraften. Mein Freund und ich unternahmen daher sehr bald den Versuch, über die grüne Grenze in die sowjetische Besatzungszone und nach Berlin zu gelangen. Als wir an die Grenze bei Ilsenburg am Harz kamen, wurde dort heftig geschossen, und uns verließ der Mut. Wir kehrten um.

Ich schrieb an Onkel und Tante in Hamm/Westfalen und bat um Notaufnahme. Ein anderer Onkel, der dort bereits Unterschlupf gefunden hatte, holte mich in Hannover ab. Von meinen Eltern wußte keiner meiner Verwandten etwas. In Hamm mußte ich Arbeit in einer Gärtnerei übernehmen, um Lebensmittelmarken zu bekommen. Meine kinderlosen Verwandten waren sehr traurig, als Anfang Oktober mein Freund auftauchte, um mich für einen zweiten Versuch zum Grenzübertritt abzuholen. Diesmal gelang es uns, bei Oebisfelde nachts durch die Aller watend die russische Zone zu erreichen.

Am nächsten Morgen sah ich die ersten sowjetischen Sieger auf den Straßen. Wir fuhren mit dem Zug nach Magdeburg, wo der Großvater meines Freundes wohnte. Von ihm erfuhren wir, daß Horsts Vater von den Russen „mitgenommen" und die Wohnung der Familie beschlagnahmt worden war. Seine Mutter war am Tag zuvor von Magdeburg nach Hannover aufgebrochen.

Mein Freund und ich trennten uns – für sechs Jahre, was wir damals nicht ahnen konnten. Ich fuhr weiter nach Aschersleben, das meine Mutter kurz zuvor in Richtung Berlin verlassen hatte. Nun wußte ich aber, daß sie und meine Schwester lebten. Meine Fahrt nach Berlin mußte ich über Nacht in Belzig unterbrechen. Dort erlebte ich, neben einem Kohlenhaufen unter Planen versteckt, wie betrunkene sowjetische Soldaten den Wartesaal des Bahnhofs überfielen und sich die Frauen „holten". Es war die einzige Szene dieser Art, die ich erlebt habe.

Eigenartigerweise weiß ich nicht mehr, wann ich zu Hause ankam und wie das Wiedersehen mit Eltern und Geschwistern verlief. Mein Vater war recht bald aus sowjetischer Kriegsgefangenschaft entlassen worden. Er war bei den Endkämpfen im Berliner Tiergarten noch verwundet worden, als er Verwundete zum Zoobunker schleppte. Er war stolz darauf, in beiden Kriegen als aktiver Soldat keinen Schuß abgefeuert zu haben.

In Britz war inzwischen eine „Oberschule V" für Jungen und Mädchen im alten Dorfschulgebäude gegenüber der Dorfkirche eröffnet worden. Dort traf ich viele meiner Kameraden aus der Kinderlandverschickung wieder. Der Schulleiter, Herr Elsner, und viele Lehrerinnen und Lehrer waren entweder Antifaschisten oder zumindest keine Nazis. Unsere neuen Mitschüler und Mitschülerinnen waren häufig auch Kinder von Nazigegnern, sie bildeten jedoch keine Gruppe wie wir ehemaligen KVL-Schüler. Unser recht selbstbewußtes Auftreten und erste Oppositionshandlungen brachten uns dann schnell in Verdacht, noch immer der NS-Ideologie anzuhängen, was jedoch nicht zutraf. Bald wurde ich zum Vertrauensschüler gewählt und hatte meine „Auftritte" mit dem neuen Schulleiter. Er hatte wohl nicht ganz unrecht, wenn er mein Verhalten und das meiner KLV-Mitschüler als „pubertär" klassifizierte. Was er nicht wissen konnte, war, daß wir gerade eine sehr intensive Phase der Lehreranalyse hinter uns hatten, die unsere Kritikbereitschaft sehr gefördert hatte. Als später dann die „guten" Lehrer der KLV-Zeit mit ihren Ehefrauen per Lkw in Berlin eintrafen, haben wir sie abgeholt und ihnen beim Transport ihrer Habe in ihre Wohnungen geholfen. Herr Koch ist damals – und wohl auch später – nicht nach Berlin zurückgekommen. Als seine ehemaligen Lieblingsschüler durch die Klassen gingen, um anerkennende Unterschriften („Persilscheine") für ihn zu sammeln, haben wir jede Unterstützung abgelehnt. Herr Koch war für uns zum Inbegriff des autoritären und egoistischen Erziehers geworden, dessen Stern mit seinem Parteiabzeichen und dem Ende des NS-Systems endlich untergegangen, aber noch längst nicht vergessen war.

Die Zeit der Kinderlandverschickung war beendet, eine ganz neue Schulzeit begann, die für mich 1950 mit dem Abitur endete. Zurückblickend muß ich feststellen, daß die „Kinderlandverschleppung", wie sie in Berlin genannt wurde, für mich immerhin zur Folge gehabt hat, daß ich im Verlauf des ganzen Krieges nicht einen einzigen Toten sehen mußte. Das ist eine recht beachtliche Bilanz, meine ich. Die Befürchtung Dr. Sachrows und meines Vaters, daß die Hitler-Jugend uns voll in ihre Gewalt bekommen würde, hat sich auch nicht erfüllt. Den altersgemäßen Trotz, den wir sonst unseren Eltern gezeigt hätten, wandten wir gegen die staatliche Erziehung und Indoktrination und behaupteten uns doch recht achtsam.

Verzeichnis der Abkürzungen

AsD	Archiv der sozialen Demokratie Bonn
BA	Bundesarchiv
BezArch.	Bezirksarchiv Neukölln / Rathaus
GStA	Geheimes Staatsarchiv
HM-Neuk.	Heimatmuseum Neukölln
PZ	Pädagogisches Zentrum Berlin
StA	Staatsarchiv
Verw.ber.	Verwaltungsbericht
im Bes.	im Besitz
Ms.	Manuskript
Neuk.	Neukölln
o.Dat.	ohne Datierung
o.J.	ohne Jahr
o.S.	ohne Seitenangaben
zit.n.	zitiert nach